Groß im Handel

Fachstufe II für die Ausbildung
im Groß- und Außenhandel

von

Dipl.-Hdl. Dipl.-Kfm. Hartwig Heinemeier

Dipl.-Kfm. Jürgen Hermsen

Dipl.-Hdl. Peter Limpke

Dipl.-Hdl. Hans Jecht

winklers

55671

Vorwort

Groß im Handel: Alle Titel dieser Buchreihe unterstützen das folgende Unterrichtskonzept:

- Schulische Inhalte sollen näher an die berufliche Erlebniswelt der Schüler herangebracht werden.
- Das selbstständige Lernen der Schülerinnen und Schüler soll unterstützt werden.
- Den Schülerinnen und Schülern soll ein umfassender Kompetenzerwerb ermöglicht werden. Vermittelt werden daher umfangreiche Fachinformationen. Wir haben versucht, diese möglichst anschaulich darzustellen. Gleichberechtigt und gleichrangig unterstützen wir auch den Erwerb von Methoden- und Sozialkompetenzen, um das Ziel „Können soll mehr als Wissen sein" zu erreichen.

Die Fachstufe II umfasst die Lernfelder 9 bis 12 des Rahmenlehrplans für den Ausbildungsberuf Kaufmann im Groß- und Außenhandel/Kauffrau im Groß- und Außenhandel vom 13. Januar 2006. Dieser ist nach dem Lernfeldkonzept strukturiert. Das heißt, die Lernfelder wurden so konzipiert, dass sie konkrete berufliche Situationen umfassen. In der Auseinandersetzung mit diesen Situationen können die Auszubildenden sowohl die für den Beruf erforderlichen fachlichen und methodischen als auch personale und soziale Kompetenzen erwerben.

Auch der vorliegende dritte Band der Schulbuchreihe *Groß im Handel* möchte vor diesem Hintergrund die Handlungskompetenz der Lernenden explizit und nachhaltig fördern.

Als Handlungskompetenz verstehen wir „die Fähigkeit des Einzelnen, sich in beruflichen, gesellschaftlichen und privaten Situationen sachgerecht, durchdacht, sowie individuell und sozial verantwortlich zu verhalten" (KMK). Die Schülerinnen und Schüler sollen für die selbstständige Bewältigung der zunehmend komplizierteren und komplexeren Praxis in den Großhandelsunternehmen vorbereitet werden.

In einem von dem neuen Rahmenlehrplan geforderten Unterricht muss ein Schulbuch

- den von den Lernsituationen ausgelösten Lernprozess strukturieren,
- die zur Erreichung der geforderten Kompetenzen notwendigen Inhalte und Methoden darstellen,
- zum Lesen und zum Lernen bewegen und motivieren.

Komplexe Lernsituationen – sowohl für das **gesamte Lernfeld** als auch für die einzelnen Kapitel – konkretisieren das Lernfeld. Sie stellen den Ausgangspunkt problem- und entscheidungsorientierten Lernens dar.

Die einzelnen Kapitel dieses umfassenden und verständlichen Schulbuchs sind einheitlich gegliedert:

1. **Einstieg:** Jedes Kapitel beginnt mit einer anschaulichen Fallschilderung oder Darstellung, die auf eine Problemstellung des Kapitels hinweist.
2. **Information:** Es schließt sich ein ausführlicher Informationsteil mit einer großen Anzahl von Beispielen und weiteren Veranschaulichungen an.
3. **Aufgaben:** Die im Aufbau folgenden Lernaufgaben, die der Erschließung des Textes dienen, sollen von den Schülern mithilfe des Informationsteils selbstständig gelöst werden.
4. **Aktionen:** Durch Anwendung wichtiger Lern-, Arbeits- oder Präsentationstechniken im Zusammenhang mit dem behandelten Thema werden Grundlagen zum Erwerb der beruflich geforderten Handlungskompetenz gelegt.
5. **Zusammenfassung:** Am Kapitelende werden die wesentlichen Lerninhalte in Form einer farblich hervorgehobenen Übersicht als Post-Organizer zusammengefasst. Die Übersicht eignet sich sehr gut zur Wiederholung des Gelernten.

Die übersichtliche Gestaltung der Kapitel, die ausführlichen Erläuterungen der Fachbegriffe, die leicht verständliche Textformulierung und die vielen Beispiele und Abbildungen veranschaulichen die Inhalte ganz besonders, sodass das Lernen wesentlich erleichtert wird.

Das umfangreiche Sachwortverzeichnis am Schluss des Buches soll dem schnellen und gezielten Auffinden wichtiger Inhalte dienen.

Für die hier vorliegende 2. Auflage wurden alle Kapitel aktualisiert und z. T. überarbeitet. Die Unternehmenssteuerreform 2008 ist berücksichtigt.

Juli 2008 *Die Verfasser*

2., überarbeitete Auflage, 2008
© Bildungshaus Schulbuchverlage
Westermann Schroedel Diesterweg
Schöningh Winklers GmbH
Postfach 33 20, 38023 Braunschweig
Telefon: 01805 996696 Fax: 0531 708-664
service@winklers.de
www.winklers.de
Lektorat: Marion Grunert, Erftstadt
Druck: westermann druck GmbH, Braunschweig
ISBN 978-3-8045-**5567**-9

Inhaltsverzeichnis

Erklärung der Symbole

A Die so gekennzeichneten Aufgaben sind in einem zum Lehrbuch gehörenden Arbeitsheft (ISBN 3-8045-5564-0) dargestellt.

FIBU möglich Bei den so gekennzeichneten Aufgaben ist der Einsatz eines Finanzbuchhaltungsprogramms möglich.

Die so gekennzeichneten Aufgaben können als EXCEL-Arbeitsblätter, unter der Best.-Nr. 5562, von der Winklers-Homepage kostenlos heruntergeladen werden.

CD-ROM, Warenwirtschaftssystem

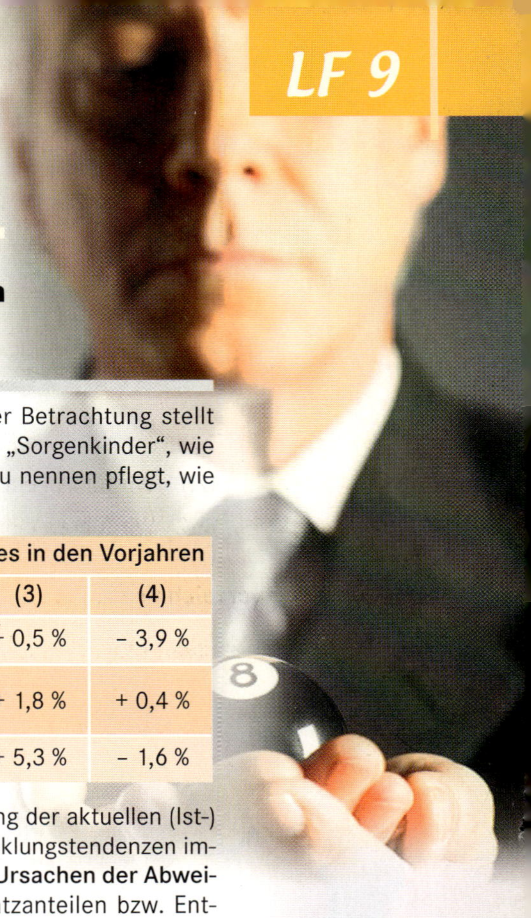

Einstieg in das Lernfeld 9

Marketing planen, durchführen und kontrollieren

Lernsituation

Die Verantwortlichen der Textilgroßhandlung ***Spindler KG*** sind mit der Absatzentwicklung von einigen Produkten ihrer Warengruppen *Sportartikel* und *Sport- und Freizeitbekleidung* unzufrieden. Bei näherer Betrachtung stellt sich die Situation dieser „Sorgenkinder“, wie sie Herr Spindler auch zu nennen pflegt, wie folgt dar:

Warengruppe	Umsatzanteil aktuell	Entwicklung des Umsatzes in den Vorjahren			
		(1)	(2)	(3)	(4)
Heimtrainer-Systeme	8,7 %	+ 3,2 %	+ 1,7 %	+ 0,5 %	– 3,9 %
Mountain- und Trekkingfahrräder	12,8 %	+ 7,6 %	+ 5,6 %	+ 1,8 %	+ 0,4 %
Sport- und Freizeitschuhe	23,4 %	+ 12,3 %	+ 3,7 %	+ 5,3 %	– 1,6 %

Herr Spindler ist hierüber verstimmt, hat doch bei aller sonst zu beklagenden Absatzentwicklung im Großhandel gerade der Sportartikelbereich in der jüngsten Vergangenheit in der ***Spindler KG*** einigermaßen für stabile bzw. sogar moderat steigende Absatzzahlen gesorgt.

Da neben der Feststellung der aktuellen (Ist-)Situation und der Entwicklungstendenzen immer die Frage nach den **Ursachen der Abweichungen** bei den Umsatzanteilen bzw. Entwicklungen gestellt werden muss, beruft Herr Spindler in Abstimmung mit Frau Strobel eine außerordentliche Abteilungsleiterkonferenz ein. In dieser ersten Krisensitzung führt der Geschäftsführer der ***Spindler KG*** aus:

Herr Spindler:

„… ist der **Umsatz** der einzige Wert, über den das **Nachfrageverhalten unserer Kunden** abgelesen werden kann. Er besagt, ob unsere Waren bei den Einzelhändlern und damit auch beim Endverbraucher ankommen oder nicht. Insofern sind auch die folgenden Fragen und deren Beantwortung für uns äußerst wichtig:

- Was ist der eigentliche Grund für den auffälligen Umsatzrückgang bei den Warengruppen *Heimtrainer-Systeme* und *Sportschuhe?*
- Warum konnten wir unsere Kunden in diesen Bereichen nicht halten; warum konnten wir sie offensichtlich nicht von unseren Produkten überzeugen?
- Warum waren die Warengruppen *Mountain- und Trekkingfahrräder* sowie *Sport- und Freizeitschuhe* in der Vergangenheit überaus erfolgreich und warum sind sie es jetzt nicht mehr in diesem Maße?
- Warum sind insbesondere bei den Sport- und Freizeitschuhen und unseren Heimtrainern die Umsätze so zurückgegangen?
- Wie können wir die Entwicklung wieder umkehren?

Diese Fragen und weitere mehr gilt es zu untersuchen und zu beantworten – und die Geschäftsführung will Antworten, und zwar recht schnell. Bitte denken Sie intensiv darüber nach, wie wir mit einer durchdringenden und überzeugenden **marketingpolitischen Strategie** unsere Kunden in diesem Sportsegment wieder erreichen können. Setzen Sie das **gesamte absatzpolitische Instrumentarium** ein, um die flaue Nachfrage nach diesen für uns wichtigen Umsatzträgern in kurzer Zeit vergessen zu machen.

Ein etabliertes Unternehmen wie das unsrige, meine Damen und Herren, hat an **die Bindung von bestehenden Kunden** zu denken. Das Kundenverhalten ist ein wichtiges Zeichen dafür, ob ein Unternehmen ‚rund‘ läuft oder aber womöglich Probleme hat.“

Herr Spindler greift zu seinem noch halb gefüllten Glas Wasser, leert es in einem Zug und fährt dann mit seinen Ausführungen fort:

„Wir erwirtschaften in den Warengruppen *Heimtrainer-Systeme, Sportfahrräder* sowie *Sport- und Freizeitschuhe* mittlerweile 45 % unseres Umsatzes mit 27 % unserer Kunden. Diese **Kernkunden** müssen wir ermitteln; sie müssen bei allen unseren Absatzbemühungen jetzt im Vordergrund stehen.

Insofern möchte ich, dass unverzüglich und zunächst auf einen Zeithorizont von drei Monaten bezogen verstärkt Aktionen anlaufen, die

- *bisherige Kunden* weiterhin im Unternehmen *halten,* aber auch
- aus unseren *Kunden*, die lediglich sporadisch bei uns kaufen, *gebundene Kunden* machen und
- *ehemalige Kunden* zu unserem Unternehmen *zurückbringen.*

Und eines, meine Damen und Herren, möchte ich an dieser Stelle mit Nachdruck nochmals unterstreichen: Die Schlüsselgröße ist und bleibt ein **zufriedener Kunde.**“

Nach einer kurzen Diskussion über die **Bedeutung der Kundenzufriedenheit** für die Textilgroßhandlung ***Spindler KG*** beendet Herr Spindler diesen Tagesordnungspunkt mit zwei abschließenden Sätzen:

„Wenn ein Kunde zur Konkurrenz abgewandert ist, weil er mit unseren Produkten und/oder dem Service nicht mehr zufrieden war, ist es schon zu spät. Daher müssen wir als ein am Markt erfolgreich handelndes Großhandelsunternehmen regelmäßig prüfen, wie zufrieden unsere Kunden sind und wo die Gründe für die mögliche Unzufriedenheit liegen.

Kommen wir nun zu weiteren Ergebnissen der aktuellen Marktbeobachtung im Sportsektor, zu der Frau Bode einige spezielle Ausführungen machen wird.“

Frau Bode:

- „Wir haben – auch im Zusammenhang mit der in der letzten Woche stattgefundenen *Sportartikelmesse Ispo* – nochmals die Bestätigung erhalten, dass mittlerweile der Fußballschuh auch ein Modeschuh geworden ist. Vor allem in der *sportlichen Damenwelt* sind solche Modelle gefragt. Trendige Schuhe mit Multinockensohle, die man optisch primär mit einem Fußballplatz in Verbindung bringt, werden derzeit zu 90 % in der Freizeit getragen. Derartige *Lifestyle-Impulse* sind wichtig, denn der Fußball als Vereinssport hat in Deutschland schon bessere Zeiten gesehen. Was für diesen speziellen Fall gilt, ist auch – wie wir alle wissen – auf fast den gesamten Sportschuhbereich übertragbar.
- Des Weiteren ‚in‘ ist in Deutschland das sportliche **Wandern mit Stöcken** in Form von *Nordic Walking* und diversen Varianten. Dieser derzeit bedeutendste Trend, dem mit steigender Tendenz schon zwei Millionen Bundesbürger frönen, hat dem Handel neue Absatzhorizonte erschlossen. Die ***Spindler KG*** hat in diesem Segment zu wenig getan, ja, vielleicht sogar die Zeichen der Zeit aus welchen Gründen auch immer verschlafen (ein strenger Blick geht hinüber zum Verantwortlichen für die Warengruppen *Sportartikel* sowie *Sport- und Freizeitbekleidung,* Herrn Kühne).
- Auch hier spielt selbstverständlich eine entsprechende **Outdoor-Mode** eine wichtige Rolle. Kunden wollen sich von anderen Menschen absetzen, auch wenn sie mit atmungsaktiven Schuhen und einer wasserfesten Jacke nur zum Briefkasten gehen, so meine feste Überzeugung.

  Wir müssen deshalb in Zukunft verstärkt auf die Stabilisierung dieser Marktsegmente setzen und sie den neuen Wünschen einer Generation anpassen, die ein **starkes Fitnessbedürfnis** hat. Gleichzeitig müssen wir eigene Angebotssegmente für Frauen und Senioren weiter auf- und ausbauen. Sie wollen durch ein persönliches Fitnessprogramm, das regelmäßiges Laufen und alle Formen von *Nordic Walking* einschließt, aktiv und jung bleiben.
- Drittens: Auch ist es in allen Schichten wieder sehr beliebt, in die Berge zu gehen. Freizeitforscher sprechen hier von einem

‚Marlboro-Feeling‘. Jeder zehnte Deutsche zwischen 14 und 19 Jahren hat zuletzt seinen **Urlaub draußen in der Natur** verbracht und auf Komfort weitgehend verzichtet. Im Alter zwischen 50 und 65 Jahren ist es sogar jeder Dritte gewesen.

Obwohl viele Sportartikel aus Rohöl gefertigt werden – übrigens liegt der Anteil der Grundstoffe, die auf Öl basieren, z. B. bei einem Paar Ski, bei 80 % – und obwohl das Öl immer teurer wird, *können wir uns Preiserhöhungen in dieser schwierigen Zeit nicht leisten,* worüber zwischen allen Anwesenden, glaube ich, Einigkeit besteht. Lassen Sie uns daher aus der Not eine Tugend machen und im Rahmen der zu entwickelnden Marketingkonzeption **unser Preisbewusstsein** in der Kommunikation mit den Einzelhändlern gebührend herausstellen.

Uns ist darüber hinaus ja allen bekannt, dass die Konkurrenz bereits ähnliche Angebote wie die gerade genannten bereithält. Ob sich unsere Kunden nun zukünftig für unser Angebot oder ein anderes entscheiden, hängt vom so genannten USP (‚unique selling propositions‘ = einzigartiger Vorteil) ab. Dieser kann z. B. im besonderen Produktnutzen, in der räumlichen Nähe unseres Unternehmens zum Kunden, einem besonderen Service oder wie gesagt im Preis liegen. An dieser Stelle wird Herr König aus Sicht des Außendienstes mit den Ausführungen fortfahren.“

Herr König:

„Traditionell setzen wir nach wie vor auf unsere **persönliche Beratung.** Nur dadurch schaffen wir beim Umsatz für uns den nötigen Mehrwert. Wir werden daher in Zukunft wesentlich energischer gegen den immer stärker werdenden *‚Beratungsdiebstahl‘* in unserer Branche vorgehen müssen. Nach meiner persönlichen Einschätzung hat er enorm zugenommen.

Viele Einzelhändler kommen in unsere Niederlassungen oder bitten um den Besuch eines Außendienstmitarbeiters, lassen sich ausführlich von unserem Fachpersonal beraten und nutzen dann diese Kenntnisse, um Rabatte herauszuholen oder im Internet oder in Großbetriebsformen unserer Branche einzukaufen. Unser Unternehmen wird also von immer mehr Kunden ausgenutzt und indirekt vom Einzelhändler dafür bestraft, dass es eine große Zahl von gut ausgebildeten Mitarbeitern beschäftigt.

Als gut positioniertes Textilgroßhandelsunternehmen müssen wir uns daher fragen, ob Einzelhändler denn bereit wären, für diese Beratung, die bisher immer im Preis inbegriffen war, auch im Sinne eines fairen Angebots extra zu bezahlen. Die Antwort wissen wir noch nicht. Was wir aber wissen, ist, dass hier in Zukunft von beiden Seiten umgedacht werden muss, beim Großhandel und beim Einzelhandel. An dieser Stelle greifen dann auch weitere Überlegungen hinsichtlich des verstärkten Ausbaus unseres Angebots über das Internet, das insgesamt und gemessen an den Aktivitäten der Konkurrenz noch starkes Ausbaupotezial hat.

Was erwarten wir nun als ***Spindler KG*** insgesamt von der weiteren Entwicklung? In erster Linie neue Marken, neue Produkte, neue Ideen. Dabei ist die **Nachfrage nach Qualitätsprodukten** nicht nur in unseren einzelnen Niederlassungen gestiegen. Wir hoffen, so wie bei *Inlineskating* oder *Nordic Walking* wieder **echte neue Trendprodukte** zu finden, vor allem für jugendliche Endverbraucher – Trends, die dann zu Dauerbrennern werden. Wie beispielsweise der neue Volkssport *Nordic Walking*.

Beim Nachdenken über eine Neupositionierung in den Warengruppen *Sportartikel* sowie *Sport- und Freizeitbekleidung* werden wir sicher mit großer Aufmerksamkeit das komplette **Outdoor-Angebot für Frauen** unter die Lupe nehmen müssen. Selbstverständlich sollten wir auch alles das einbeziehen, was mit *Running* – mittlerweile eine Ganzjahresaktivität –, *Fitness, Outdoor* und wie gesagt mit *Nordic Walking* zu tun hat. Das schließt auch die neuen Entwicklungen im Langlauf ein, die von der Nordic-Walking-Begeisterung angestoßen worden sind.

Ganz wichtig für uns ist auch das Suchen und Finden von sinnvollen **Marketing- und Promotion-Kooperationen** zwischen unseren Industriepartnern und uns.“

Nach weiteren interessanten und kontroversen Redebeiträgen ging die Sitzung erst zu später Stunde zu Ende. Das Ergebnis unter den Beteiligten war einstimmig: Es soll umgehend ein offensives, aggressives Marketingkonzept erarbeitet werden, um verloren gegangene Marktanteile in den Warengruppen *Sportartikel* und *Sport- und Freizeitbekleidung* zurückzugewinnen. **„Marketing bedeutet Aufbruch statt Zurückhaltung!"** lautet die ausgegebene Devise von Herrn Spindler, womit er auch gleichzeitig die Abteilungsleiter in die Pflicht nahm, im Rahmen der Sortimentspolitik über entsprechende Veränderungen nachzudenken. Nichts sollte mehr tabuisiert werden.

Darüber hinaus soll die ***Spindler KG*** in Zukunft verstärkt insbesondere in den Markt *Wandern/Urlaub in der Natur* eingreifen und ihn aktiv beeinflussen und mitgestalten.

Sie sind in dieser Situation aufgefordert, bei der Entwicklung einer entsprechenden **Marketingkonzeption** mitzuhelfen und die folgenden in der Abteilungsleitersitzung festgelegten Beschlüsse umzusetzen.

1. Die **Gründe für unterschiedliche Entwicklungen,** verbunden mit Veränderungen bei Warengruppenanteilen, die von den Erwartungen abweichen, können vielschichtig sein. Ermitteln Sie mithilfe der Methode des Brainstormings, welche Gründe dies sein könnten.
2. Da es bei der Entwicklung der Marketingkonzeption keinerlei zu beachtende Vorgaben seitens der Geschäftsleitung gibt, bedeutet das konkret für Ihre Arbeit, dass Sie im Rahmen der Sortimentspolitik, der Preis- und Konditionenpolitik, der Distributionspolitik, der Kundendienstpolitik und der Kommunikationspolitik frei sind in der Festlegung Ihrer absatzpolitischen Entscheidungen.
   a) ▪ Informieren Sie sich mithilfe des Lehrbuches über das Wesen des Marketings (Bearbeitung mithilfe der SQ3R-Methode).
      ▪ Erstellen Sie eine Mindmap, die alle wichtigen Informationen zum Marketing enthält.
   b) Diskutieren Sie anschließend im Plenum die entscheidenden Fragen einer möglichen Sortimentsveränderung.
   c) Formulieren Sie gemeinsam ein oder mehrere realistische Marketingziele (Was will die ***Spindler KG*** in diesem Jahr erreichen?).
   d) ▪ Führen Sie mit den Ihnen zur Verfügung stehenden Mitteln eine Marktforschung bzw. eine Markterkundung durch. Erstellen Sie für diese Zwecke u. a. einen Fragebogen und führen Sie die Befragung durch.
      ▪ Setzen Sie auch informationstechnische Systeme zur Sammlung und Auswertung von Marktinformationen und Kundendaten ein.
      ▪ Denken Sie daran: „Kunden gewinnen" ist planbar. Grundlage jeder Planung ist dabei die möglichst detaillierte und aktuelle Kenntnis des Marktes (Markt-Unternehmensanalyse).
      ▪ Werten Sie die Ergebnisse Ihrer Forschungen gemeinsam aus und leiten Sie daraus eine Marktprognose ab.
3. a) Jede Warengruppe sollte ihren eigenen Marketingmix haben. Bilden Sie daher arbeitsteilige Teams, in deren Verantwortungsbereich je eine ausgewählte Warengruppe liegt, auf die Sie sich zuvor im Plenum im Rahmen der Festlegung des Gesamtkonzepts festgelegt haben. Je nach Bedarf können Untergruppen gebildet werden, die für einzelne absatzpolitische Instrumente zuständig sind.
   b) Jedes Team erstellt anschließend ein schlüssiges Konzept mithilfe der absatzpolitischen Instrumente des Marketingmix.
      ▪ Analysieren Sie hierzu zunächst die absatzpolitischen Instrumente mithilfe der Lehrbücher und der weiteren Ihnen zur Verfügung stehenden Hilfsmittel.

- Stellen Sie anschließend deren Besonderheiten in einer Matrix übersichtlich zusammen.
- Machen Sie Vorschläge, wie die verschiedenen absatzpolitischen Instrumente die Umsatzsituation der einzelnen Warengruppen verbessern können.

c) Entwickeln Sie für Ihr Marketingkonzept in einem nächsten Arbeitsschritt einen Zeit- und Arbeitsplan und legen Sie innerhalb des Teams die Verantwortlichkeiten fest.

d) Berücksichtigen Sie bei der konzeptionellen Umsetzung Ihrer Ideen auch die neuesten Veröffentlichungen über den Umsatz im Internet und seine Verbreitung.

4. Sammeln Sie in der Phase der Ideenfindung mögliche Vorschläge für das Gesamtkonzept. Tragen Sie die Ideen in einen Sammelbogen ein. Verwenden Sie dafür die Kreativitätstechnik des Brainwritings (6-3-5-Methode) unter Berücksichtigung der Regeln für das Brainwriting.
5. Stimmen Sie die Auswahl der absatzpolitischen Maßnahmen im Sinne des Marketingmix auf das Gesamtkonzept ab. Beachten Sie, dass das Marketingkonzept Ehrlichkeit, Glaubwürdigkeit, Verständnis, Einfühlungsvermögen und Zuverlässigkeit vermitteln soll.
6. Stellen Sie abschließend Ihr Marketingkonzept für die von Ihnen übernommene Warengruppe unter Zugrundelegung von geeigneten Präsentationsmethoden und unter Berücksichtigung der Präsentationsregeln vor. Bereiten Sie Ihre Präsentation gut vor, sodass Sie die Vorstandsebene der *Spindler KG* überzeugen. Begründen Sie die getroffenen Einzelentscheidungen.

9.1 Wir erschließen Marketing als eine zentrale Aufgabe zur Sicherung bzw. Steigerung des Absatzerfolges

Einstieg

Die beiden Abteilungsleiter der Textilgroßhandlung *Spindler KG*, Herr Treuend (Einkauf) und Herr Trumpf (Verkauf), stellen es als Erste mit einiger Besorgnis fest: den schleppenden Absatz in den letzten drei Monaten.

Erfasst hat es so gut wie sämtliche Warengruppen der Textilgroßhandlung, ganz besonders aber die *Warengruppen Damenober-* und *Herrenbekleidung.*

Beide denken gemeinsam mit der **Geschäftsleitung über geeignete Maßnahmen** zur Verbesserung der Erfolgssituation nach.

In dieser durchaus angespannten Situation liest Frau Strobel in einer Fachzeitschrift das folgende äußerst interessante Untersuchungsergebnis:

Ergebnisse einer Untersuchung bei 300 Besuchern von Fachgeschäften – je zur Hälfte Männer und Frauen

Anteil der Frauen bzw. Männer, die mit „trifft zu/trifft voll und ganz zu" geantwortet haben.

Aussage	Frauen %	Männer %
Qualität ist nicht nur Strapazierfähigkeit, hier spielt auch das edle Aussehen (eines Kleidungsstücks) eine große Rolle.	77	76
Ich wäre enttäuscht, wenn man, nur um den Preis zu halten, die Stoffqualität und Verarbeitungsqualität senkt.	86	83

Aussage	Frauen %	Männer %
Lieber etwas mehr Geld ausgeben und dafür ein gutes Kleidungsstück bekommen.	83	80
In der schnelllebigen Zeit ist die Qualität eines Kleidungsstücks nicht mehr so wichtig, wie das früher der Fall war.	25	24
Für mich ist wichtig, dass das Kleidungsstück in Passform und Farbe gefällt, das Material spielt nur eine untergeordnete Rolle.	35	32
In Kleidung aus reiner Schurwolle ist man immer gut angezogen.	62	69
Das Material (eines Kleidungsstücks) hat für mich keine große Bedeutung, wichtiger ist es, dass man es in der Waschmaschine waschen kann.	24	21
Das Material, aus dem ein Kleidungsstück hergestellt ist, ist für mich wichtiger als die Marke des Herstellers.	86	81

1. **Welche Bedeutung können Ihrer Meinung nach die Ergebnisse der Untersuchung für die Textilgroßhandlung *Spindler KG* haben?**
2. **Denken Sie über mögliche absatzpolitische Fehler des *Spindler*-Managements nach und machen Sie der Geschäftsführung Vorschläge zu ihrer Beseitigung.**

Informationen

Ohne die Ausrichtung seiner unternehmerischen Aktivitäten **an den Bedürfnissen des Kunden** kann heutzutage kein Großhandelsunternehmen mehr erfolgreich am Markt bestehen.

Darüber hinaus ist es wichtig

- zu beobachten, was die Konkurrenz macht,
- die eigenen Stärken und Schwächen richtig einschätzen zu können,
- die richtigen Kundengruppen anzusprechen,
- neue Entwicklungen zu erkennen und
- Marktnischen zu nutzen.

Großhandelsunternehmen müssen sich in ihren Entscheidungen daher **am Markt orientieren.** Eine derartige Marktorientierung umzusetzen in entsprechende unternehmerische Maßnahmen ist die Aufgabe des Marketings.

Definition **Marketing (engl. = auf den Markt bringen) = Sämtliche unternehmerischen Maßnahmen, die darauf abzielen, einen Absatzmarkt für die eigenen Produkte zu *erobern* und zu *sichern*. Alle Entscheidungen sind daher konsequent auf die Kunden, d. h. auf die Märkte ausgerichtet.**

Warum Marketing? – Ursachen und Bedeutung des Marketings

Drei wichtige Aspekte machen heutzutage das Marketing so bedeutsam:

Käufermärkte

Seit Beginn der 70er-Jahre ist der Warenabsatz durch den Wandel von *Verkäufermärkten* zu *Käufermärkten* zunehmend schwieriger geworden.

In Situationen, in denen die Nachfrage wesentlich größer ist als das Angebot, spricht man von einem **Verkäufermarkt.** Auf einem Verkäufermarkt herrscht Mangel an bestimmten Gütern und Dienstleistungen.

Beispiel

In einem asiatischen Bergdorf gab es nur eine Übernachtungsherberge. Als in dieser Region zufällig bedeutsame archäologische Funde gemacht wurden, setzte ein Touristenstrom aus aller Welt ein. Die Inhaber der Herberge konnten nicht mehr so viele

Übernachtungsbetten bereitstellen, wie nachgefragt wurden. Aufgrund dieser enorm gestiegenen Nachfrage konnten sie die Übernachtungspreise wesentlich höher festsetzen als zuvor.

Käufermärkte hingegen, bei denen das Güterangebot größer ist als die Güternachfrage, konnten entstehen durch

- ein *größeres Güterangebot* aufgrund des schnellen technologischen Fortschritts,
- *gesättigte Märkte,*
- kritischeres, wählerischeres und preisbewussteres Konsumentenverhalten und
- stärkeren Wettbewerb.

Beispiel

Nach den archäologischen Ausgrabungen und den Presseberichten in aller Welt entstanden in dem einst ruhigen Bergdorf aufgrund des einsetzenden Besucherstroms weitere Herbergen und sogar komfortable Hotels. Im weiteren Verlauf wurden Bettenkapazitäten geschaffen, die über die Nachfrage nach Betten weit hinausgingen. Der Tourist als Nachfrager nach Übernachtungsmöglichkeiten war nun in einer äußerst vorteilhaften Situation:

- Aufgrund des Wettbewerbs unter den Herbergsinhabern im Ort waren die Übernachtungspreise auf ein akzeptables Niveau zurückgegangen.
- Herbergen, die sich nicht auf die speziellen Bedürfnisse ihrer Besucher eingestellt hatten, konnten keine Zimmer mehr vermieten.

Es handelt sich nun um einen Käufermarkt, auf dem nur jene Anbieter von Übernachtungsmöglichkeiten eine Chance zum wirtschaftlichen Überleben haben, die mit ihrem Angebot die Bedürfnisse der Kunden befriedigen.

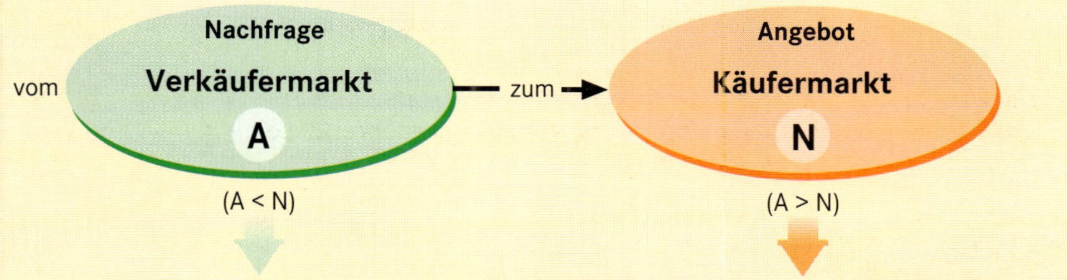

Verkäufermarkt

- Die Nachfrage ist größer als das Angebot.
- Der Markt wird vom Verkäufer beherrscht.
- Der Absatz der Güter/Dienstleistungen bereitet dem Verkäufer keine Schwierigkeiten.
- Besondere Bemühungen um Käufer sind nicht erforderlich.

Käufermarkt

- Das Angebot ist größer als die Nachfrage.
- Der Markt wird vom Käufer beherrscht.
- Aufgrund der großen Konkurrenz können die Käufer zwischen verschiedenen Anbietern (den leistungsfähigsten und preisgünstigsten) wählen.
- Erhebliche Bemühungen um Käufer sind zur Wahrung der eigenen Absatzchancen erforderlich.

In der Situation eines *Käufermarktes* (die Märkte der Gegenwart sind in der Regel Käufermärkte), in der es nicht mehr ausreicht, (passiv) darauf zu warten, ob die Käufer die eigenen Güter nachfragen, kommt dem Unternehmensbereich Absatz eine besondere Bedeutung zu.

Veränderungen im Verhalten und der Struktur der Konsumenten

- **Komplexer Konsument**

  Die *Bildung von Zielgruppen* ist heutzutage ungleich schwerer, da Verhaltensweisen und Einstellungen der Kunden weniger als früher von demografischen Merkmalen (Alter, Geschlecht, Familienstand, Beruf, Einkommen, Haushaltsgröße usw.) abhängen.

  Der Repräsentant einer Käufergruppe, der sich früher eindeutig durch Prestigebewusstsein auszeichnete, zeigt heute ein sehr gegensätzliches Verhalten. Auf der einen Seite kauft er z. B. Konserven und Waschmittel bei einem Billiganbieter und andererseits steht er bereits eine Stunde später beim exklusiven Herrenausstatter, um dort eine Markenjacke für 400,00 € zu erwerben.

  Dieser Konsument vereinigt den Sparkauf mit dem prestigeorientierten Markenkauf.

Die Verhaltensweisen des neuen Konsumenten lassen sich insofern nicht exakt definieren. Der gleiche Kunde kann sich situationsbedingt prestigeorientiert, erlebnisorientiert und umweltbewusst zeigen, je nach Einstellungen und Lebensstil.

Die Lebensstilforschung der GfK nennt in diesem Zusammenhang verschiedene *Lebensstilgruppen*[1].

- **Wertewandel**[2]

  Kunden richten ihr Augenmerk nicht mehr nur auf die Ware selbst oder die Sortimentsqualitäten, sondern zunehmend auch auf Aspekte wie Umwelt- und Tierschutz oder Kinderarbeit in den Entwicklungsländern.

  So ist beispielsweise das **Umweltmarketing** zum Schutz von Umwelt und Verbraucher nicht nur eine Aufgabe für die Marketingabteilung. Vielmehr ist Umweltmarketing eine Aufgabe, der sich das gesamte Unternehmen in allen Funktionsbereichen zu stellen hat. Beim Großhandel spielen diese Zusammenhänge größtenteils bei der Sortimentsgestaltung, der Verpackung und der Entsorgung eine wichtige Rolle.

  Eine negative Berichterstattung in einem dieser Bereiche kann das Image des Großhändlers empfindlich schädigen und einen (fast) irreparablen Schaden zur Folge haben.

- **Trends**

  Trends werden immer kurzlebiger und widersprüchlicher; die Zeit der klaren Trends ist für immer vorbei. Produkte, die heute noch „in" sind, können nach kurzer Zeit bereits „out" sein.

  Der Markt verlangt vom Großhändler eine ständige Veränderung und Verbesserung seines Angebots, damit Kunden nicht zur Konkurrenz abwandern. Insofern kommen Produktveränderungen in immer geringeren Zeitabständen auf den Markt. Diese Dynamik erfordert vom Großhändler Flexibilität und ein hohes Maß an Sensibilität für neue Kundenwünsche.

Verwundbarer Riese

Handy-Marktführer Nokia unterliefen schwere Fehler – die Konkurrenten witterten Morgenluft:

„... Nokia hat einen entscheidenden Trend verschlafen. Klapphandys sind inzwischen auch in Europa beliebt – und so verlieren die Finnen an Boden, was zu werten ist als Folge schwerer Fehlentscheidungen:

1. Nokia achtete bei neuen Geräten zuletzt stärker auf die Kosten als auf das Design.
2. Der Handy-Gigant hat die Konkurrenten unterschätzt ..."

- **Bevölkerungsstruktur**

  Der Anteil der über 60-Jährigen wächst ständig. Schon bald wird ein Drittel der Gesamtbevölkerung älter als 60 Jahre sein. Damit bekommt der Seniorenmarkt eine neue Dimension, nicht nur wegen der Anzahl der Senioren, sondern auch aufgrund eines veränderten Altersbewusstseins. Schon heute spricht man von den *„jugendlichen Sechzigern"* und auch den *„aktiven Siebzigern"*.

  Dies alles sind Herausforderungen, die im Rahmen von neuen Marketingkonzepten auch vom Großhandel zu lösen sind.

Veränderte Marktbedingungen auf der Angebotsseite

- Im **Handel** wird die Trennung in die unterschiedlichen Betriebs- und Vertriebsformen mehr und mehr verwischt. Alle Anbieter versuchen sich in *neuen Vertriebswegen,* um ihre potenziellen Kunden bestmöglich zu erreichen.

1 siehe Kap. 9.2
2 Änderungen im Verhalten heutiger und künftiger Konsumenten werden, vereinfacht formuliert, als „Wertewandel" bezeichnet.

- Neue Wettbewerber, die bisher noch nicht an den Einzelhandel und den Endverbraucher verkauft haben, treten als Konkurrenten des Großhändlers auf.

Der Produzent produziert, der Großhandel mischt das Sortiment, der Einzelhandel verkauft – diese klassische Teilung existiert nicht mehr. Jetzt verkaufen Produzenten plötzlich selbst und stecken die Handelsspanne in die eigene Tasche. Händler greifen ihrerseits den Trend zur Vertikalisierung auf und bringen eigene Marken ins Spiel. Hinzu kommen der aufstrebende Online- und der Versandhandel. Sogar Tankstellen machen plötzlich dem Bäcker Konkurrenz. Jeder will Umsatz machen, egal wie. Und diese Tendenz wird sich in Zukunft noch verstärken.

Günstige Küche/Essen im Möbelhaus als kulinarischer Geheimtipp

Frühstück für 1,50 €, Mittagessen ab 3,99 € oder das Glas Weizenbier für 2,20 € – damit locken die Möbelhausketten (u. a. IKEA), aber auch Großhändler wie Metro bundesweit in ihre „Erlebnisrestaurants".

Alles wie immer – das Fünf-Minuten-Ei, der Pott Kaffee, die Zeitung. Frühstück. Hanau, neun Uhr, das Restaurant im IKEA-Möbelmarkt. Möbel gibt es erst in einer halben Stunde. Gemütlich geht anders, und trotzdem frühstücken hier 250 Menschen. Darunter mancher Stammgast. „Wir haben ja alle wenig Rente und nur bei IKEA kann man noch frühstücken gehen. 1,50 €. Das möchte ich dazu sagen. Das ist konkurrenzlos. Ohne Parkgebühren, ohne alles, ich denke, das ist es, was das Rentnerleben ausmacht", erzählt ein Rentner.

Kaffee bis zum Abwinken

1,50 € für zwei Brötchen, Käse, wahlweise Lachs oder Salami und Kaffee, so viel man trinken kann. Nicht nur Rentner wissen dieses Angebot zu schätzen. Noch belegen junge Familien die meisten Plätze im IKEA-Restaurant. Da stört auch nicht, dass das Restaurant alles andere als Kaffeehausatmosphäre bietet. „Muss es ja auch nicht. Kaffeehausatmosphäre ist mit Kindern äußerst unpraktisch", sagt eine junge Mutter. IKEA freut sich über den Zuspruch und erweitert den Frühstückstempel. Im Frühjahr wird angebaut, hundert neue Sitzplätze.

Gute Laune beim Einkauf ist das Ziel

Schon hat sich IKEA auf Rang 14 der größten Gastronomiebetriebe Deutschlands vorgearbeitet. Erfolgsgeheimnis? Natürlich die günstigen Preise. „Unsere Zielsetzung ist aber nicht, viel Profit zu machen, sondern das Einkaufserlebnis zu unterstützen. Und dem Kunden für wenig Geld gute Qualität anzubieten", sagt der Restaurant-Chef bei IKEA-Hanau.

Wesen des Marketings

Will insbesondere das *mittelständische* Großhandelsunternehmen seine Selbstständigkeit nicht aufgeben, dann hilft nur die *Suche nach einer Erfolg versprechenden Angebotsstruktur* in seinem Kundenumfeld (= **planmäßige Absatzvorbereitungen**).

Nur so kann es gelingen,

- einen Markt zu finden, auf dem es seine Güter absetzen kann, bzw.
- bereits bestehende Märkte auszubauen und zu sichern.

Marketing, das den Markt in den Mittelpunkt aller Überlegungen stellt, bezieht sich daher auf **alle Maßnahmen zur Marktbildung und Marktbeeinflussung.**

Der Begriff Markt kann sich dabei sowohl auf den Beschaffungs- als auch auf den Absatzmarkt beziehen. Im Folgenden soll unter Marketing die Ausrichtung der unternehmerischen Aktivitäten am *Absatzmarkt* verstanden werden.

Insofern orientiert sich ein marketingbewusster Großhändler mit all seinen Aktivitäten zielbewusst, planmäßig und organisatorisch an den *Problemen, Wünschen und Bedürfnissen ausgewählter Kundengruppen.*

Nicht die Ware steht im Mittelpunkt. Vielmehr wird das Unternehmen vom Absatzmarkt her geführt, sodass sämtliche unternehmerischen Maßnahmen durch das „Denken vom Markt her“ geprägt sind. Dabei werden sowohl Kundenwünsche dauerhaft erfüllt, als auch der eigene Unternehmenszweck, d. h. die Gewinnerzielung, erreicht.

Um sämtliche **marktorientierte Maßnahmen** an den potenziellen Einzelhändlern ausrichten zu können, müssen die Entscheidungsträger im Unternehmen

- ihren Markt kennen (Käuferwünsche; Konkurrenzverhalten) und
- die richtigen Maßnahmen (= absatzpolitische Instrumente) auswählen und gezielt einsetzen.

Zum Marketing im Großhandel gehören deshalb u. a.:

- Markterkundung und Marktforschung (= Marktuntersuchung) mit ihren Teilbereichen *Marktanalyse* und *Marktbeobachtung*
- die Marktprognose
- die absatzpolitischen Instrumente:
  - Produktpolitik
  - Sortiments- und Kundendienstpolitik
  - Preis- und Konditionenpolitik (= Kontrahierungspolitik)
  - Distributionspolitik
  - Kommunikationspolitik

Beispiel

Bei der Planung zur Aufnahme neuer Schokoriegel in das Warensortiment eines Lebensmittelgroßhändler mit Cash and Carry werden Marktdaten erhoben, Einzelhändler befragt, aktuelle Trends und Entwicklungen verfolgt. Auf dieser Grundlage werden die Schokoriegel ausgewählt, die in das Sortiment aufgenommen werden sollen, der Preis ausgerichtet und die Kommunikationsmaßnahmen geplant.

Letztlich beeinflusst Marketing sämtliche Unternehmensbereiche, angefangen vom Einkauf über die Beschaffungsorganisation und Lagerhaltung bis hin zur Personalabteilung[1].

1 siehe auch Schaubild in Kap. 9.12, S. 125

Marketingkreislauf

Der Marketingkreislauf verläuft in sechs Phasen:

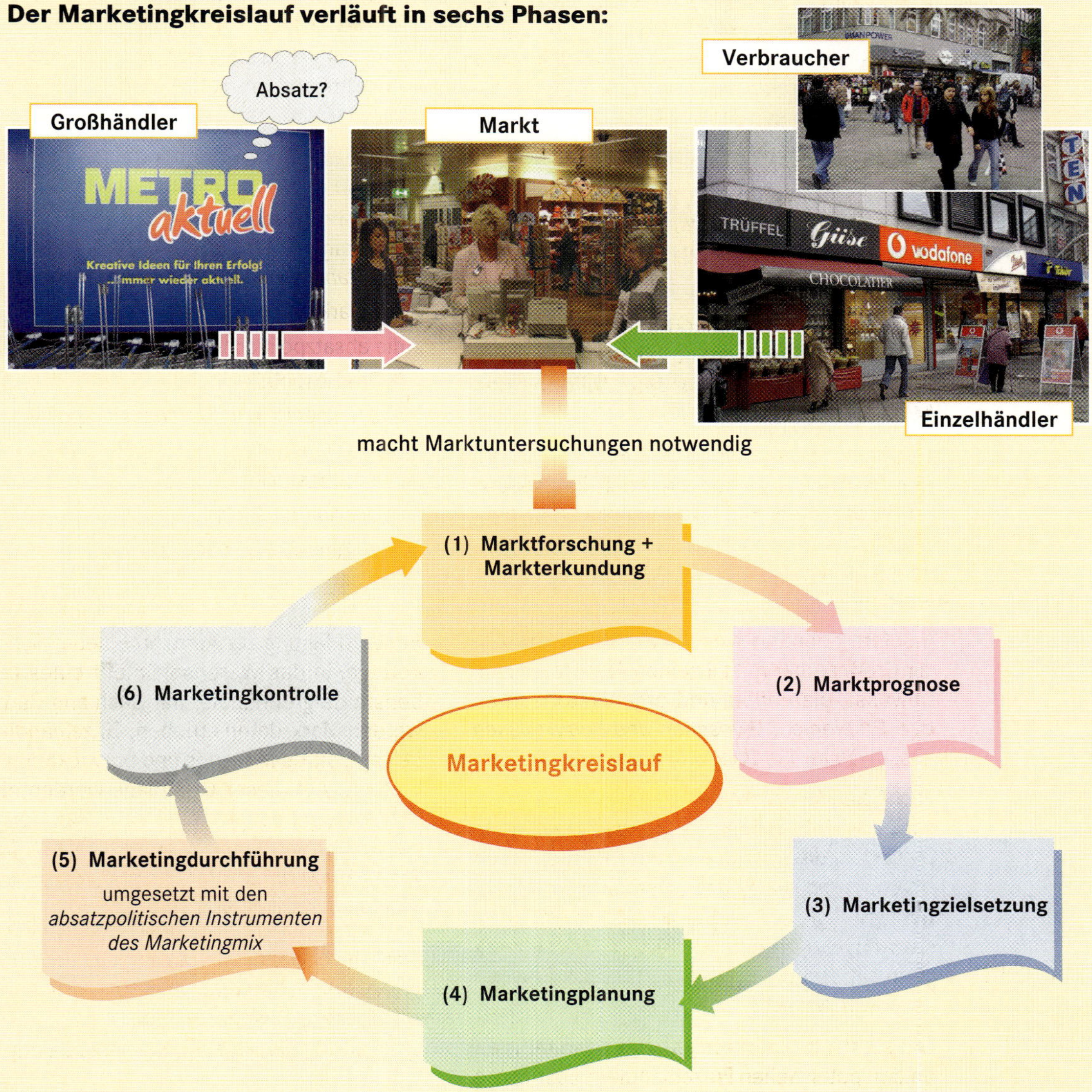

Phase 1 Marktforschung + Markterkundung	*Marktforschung* (Marketingresearch) bedeutet das systematische Sammeln von Informationen zur Einschätzung und Beeinflussung des Absatzmarktes. Marktforschung soll den Markt transparent machen. Von *Markterkundung* spricht man, wenn Informationen als Ergebnis einer unsystematischen, gelegentlichen Informationsbeschaffung eingeholt werden.
Phase 2 Marktprognose	Die Ergebnisse der Marktforschung werden zur *Voraussage der Marktentwicklung* verarbeitet. Die Marktprognose ist die Grundlage für die absatzpolitischen Entscheidungen des Großhändlers.
Phase 3 Marketingzielsetzung	Die Ergebnisse der Marktforschung und -prognose bilden die Grundlage für die Zielsetzungen des Marketings. Zur Erreichung der Marketingziele werden die absatzpolitischen Instrumente eingesetzt.

Phase 4 **Marketingplanung**	Die Detailplanung beschäftigt sich mit der Aufgabe, welche Marketinginstrumente in welcher Kombination eingesetzt werden sollen (Marketingmix[1]). Die Planungen müssen laufend überprüft werden, da die sich ständig verändernden Märkte Korrekturen erfordern. Die Kombination der unterschiedlichen, aufeinander abgestimmten absatzpolitischen Marketinginstrumente ist abhängig von der entsprechenden Marktsituation und den Marketingzielen.
Phase 5 **Marketingdurchführung**	Zur konkreten Durchführung der Marketingstrategien steht im Marketing ein umfangreiches Instrumentarium zur Verfügung. Es werden sechs große absatzpolitische Instrumentenbereiche unterschieden: Produkt-, Sortiments-, Distributions-, Kundendienst-, Kommunikations- sowie Preis- und Konditionenpolitik (= Kontrahierungspolitik).
Phase 6 **Marketingkontrolle**	Nach der Durchführung der Marketingmaßnahmen erfolgt die Kontrolle über die erzielten Wirkungen, z. B. durch Kundenbefragungen oder die Überprüfung der Absatzzahlen. Je langfristiger Marketingstrategien geplant werden, desto rechtzeitiger sind begleitende Kontrollen während der Durchführung des Marketingmix notwendig, damit aufgetretene Fehlentwicklungen frühzeitig behoben werden können.

Ob eine Marketingkonzeption mit Erfolg durchgesetzt werden kann, ist – wie erwähnt – von verschiedenen Voraussetzungen abhängig.

Der Schlüssel zum Erfolg liegt letztlich bei jedem Unternehmen in der Fähigkeit, rechtzeitig und angemessen Änderungen des Marktes zu berücksichtigen. Die *Marktforschung* liefert dazu das Basismaterial[2], während die *absatzpolitischen Instrumente* dem Unternehmen dazu dienen, aktiv Einfluss auf den Absatzmarkt zu nehmen.

Ziele des Absatzmarketings

Die Ziele des Großhandelsunternehmens auf den verschiedenen Ebenen (z. B. Unternehmen, Marketing, Kommunikation und Werbung) müssen untereinander abgestimmt und aufeinander bezogen sein. Damit werden „Zielkonflikte“, die zu Verlusten führen, vermieden.

Unternehmensziele

Die ursprünglichen Unternehmensziele, z. B. Gewinn, Rentabilität, Wirtschaftlichkeit, werden durch das Marketing immer mehr am Markt orientiert.

Beispiele **für marktbezogene Unternehmensziele**

- Festlegung der Märkte, auf denen das Unternehmen aktiv wird
- Erreichen eines hohen Marktanteils bzw. der Marktführerschaft
- Unabhängigkeit, z. B. von anderen Unternehmen
- Steigerung des Jahresumsatzes auf 4,5 Mrd. €
- Ausschöpfen des Marktpotenzials bis 20..

Marketingziele

Die Marketingziele werden aus den Unternehmenszielen abgeleitet. Sie wirken sich auf die Gestaltung aller absatzpolitischen Instrumente aus (Produkt, Sortiment, Kundendienst, Preise und Konditionen, Kommunikation und Distribution).

Beispiele

- Erhöhung des Marktanteils eines Produkts der Unterhaltungselektronik um 10 % innerhalb der nächsten 3 Jahre
- Steigerung des Reingewinns auf 2,1 Mio. € in der Warenwelt Damen
- Gewinnung eines neuen Marktes, z. B. im Ausland
- Erreichen eines bestimmten Deckungsbeitrags zur Deckung der fixen Kosten

Absatzpolitische Unterziele – Instrumentalziele

Zur Erreichung der Marketingziele müssen aus ihnen instrumentelle Ziele abgeleitet werden, d. h., es ist zu überlegen, welche Zielsetzung in den einzelnen absatzpolitischen Bereichen geeignet ist, um das Gesamtziel zu erreichen.

Beispiele

Ziele im Rahmen der Produktpolitik:

- Umgestaltung der Packung der Hausmarke (Design und Farbe) mit dem Ziel einer höheren Werbewirksamkeit
- Veränderung des Namens, abgestimmt auf die Kundengruppe der 14- bis 20-Jährigen

1 Ausführungen zum Marketingmix s. Kap. 9.12
2 siehe Kap. 9.2
3 Ausführungen zur Deckungsbeitragsrechnung s. Kap. 8.5 in *Groß im Handel – Fachstufe I* und Kap. 9.4

Ziel im Rahmen der Sortimentspolitik:

- Reduzierung der Fehlverkäufe bei Damenjeans der Größe XS bis Juni des übernächsten Jahres auf maximal 10 %

Ziel im Rahmen der Kundendienstpolitik:

- Bereitstellung eines Ersatzgeräts im Falle der Reparatur oder Wartung von Büromaschinen ab einem Gerätewert (Neuwert) von 700,00 € – soll ausnahmslos allen Kunden gewährt werden

Ziel im Rahmen der Preispolitik:

- Erhöhung der Handelsspanne von derzeitig 49,09 % auf 53,1 % in der Warenwelt „Spielparadies"

Ziele im Rahmen der Kommunikationspolitik:

- Erhöhung des Bekanntheitsgrades eines Produkts oder des Sortiments um 15 %
- Verbesserung des Unternehmensimages innerhalb der nächsten 12 Monate
- fünfmaliger Kontakt mit einem Werbespot innerhalb der nächsten sechs Monate in Deutschland bei den 24- bis 49-jährigen Hausfrauen
- Bekanntmachung einer Sonderaktion

Ziele im Rahmen der Distributionspolitik:

- Einrichtung von 15 weiteren Niederlassungen im Freistaat Bayern innerhalb der nächsten 2,5 Jahre
- Senkung der firmenfremden Zustellkosten um 12 % bis spätestens in 1,5 Jahren

Werbeziele

Die Werbeziele werden aus den Kommunikationszielen abgeleitet und beziehen sich auf alle möglichen Werbemaßnahmen.

Beispiele

- Vorstellung eines neuen Produkts und seines Nutzens bei der infrage kommenden Zielgruppe
- Beeinflussung von Kundinnen und Kunden als vorbereitende Einstimmung für das Verkaufsgespräch
- Stärkung des Vertrauens in ein Produkt zur Erhaltung von Markentreue

Werden diese Zielsetzungen des Unternehmens nach *ökonomischen* und *psychografischen*[1] Gesichtspunkten eingeteilt, so sind zu nennen:

Marketingziele	
ökonomische wirtschaftliche	**psychografische** (sollen das Kaufverhalten beeinflussen bzw. ändern)
• Umsatz • Wachstum • Gewinn • Marktanteil • Marktführerschaft • Deckungsbeitrag	• Image • Bekanntheitsgrad • Arbeitsplatzversicherung • Einschätzung der Qualität • Corporate Identity[2] • Vertrauen • Käufertreue

Marktsegmentierung[3]

In den Wohlstandsgesellschaften, in denen sich der Kauf von Ge- und Verbrauchsgütern zum Ausdruck von Mode und Persönlichkeit entwickelt, und in einer weltweit wachsenden Wirtschaft mit ständig enger werdenden Handelsverflechtungen ist es für die Führung eines Unternehmens wichtig, die *Entwicklung des Absatzmarktes* ausreichend zu berücksichtigen.

Dies kann dann gelingen, wenn sich das Unternehmen

- den Veränderungen des Marktes mit flexiblen Konzepten anpasst und
- den potenziellen Gesamtmarkt in möglichst gleichartige Abnehmergruppen aufteilt.

Damit der Einsatz besonderer absatzpolitischer Aktivitäten auch lohnenswert ist, sollten die Marktsegmente (Zielgruppen) folgende Merkmale aufweisen[4]:

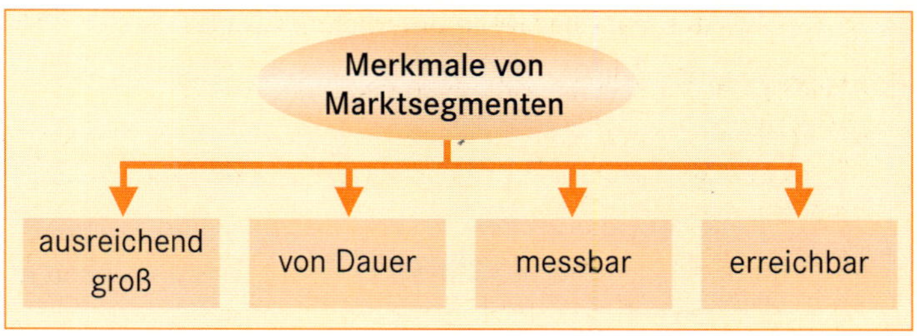

1 Psychografie (aus dem Griechischen) = Seelenkunde
2 Allgemeine unternehmerische Vorstellung über das innere und äußere Gesamtbild einer Unternehmung. CI versucht, ein einheitliches und unverwechselbares Unternehmensbild anzustreben (s. Kap. 9.6).
3 Segment (lat) = Ausschnitt; Teil eines Ganzen
4 Die Zielgruppe (Kundenkreis) ist in sich gleichartig, aber gegenüber anderen Käufersegmenten unterschiedlich. Eine derartige Marktsegmentierung erlaubt es dem Handelsmanagement, jede Zielgruppe mit dem jeweils optimalen Marketingmix zu bearbeiten (s. Kap. 9.12).

Beispiel

Die ***Spindler KG*** hat sich mit ihrem Sortiment spezialisiert auf Herren-, Damen- und Haushaltswäsche, Fashion, Damenober-, Sport- und Freizeitbekleidung. Damit ist aus dem gesamten Textilmarkt ein Teilmarkt ausgewählt (selektiert) worden.

Sieht das Unternehmen den zukünftigen Wachstumsmarkt beispielsweise bei den in den letzten Jahren ständig modebewusster gewordenen Männern, und hierbei wiederum bei den Kunden mit gehobenen Ansprüchen an die Qualität der Ware, die Umweltverträglichkeit und den äußeren Schick (s. Einstiegsbeispiel), wird es sein Sortiment im Bereich Herrenwäsche dem Bedarf dieser Schicht anpassen.

Indem die ***Spindler KG*** den Markt für Herrenwäsche aufteilt und Teilmärkte bildet, die in sich möglichst homogen und untereinander möglichst trennscharf sind, kann sie diese Teilmärkte mit differenzierten Marketingstrategien bearbeiten.

Das Unternehmen kann sein Angebot an Herrenwäsche ganz speziell gestalten und über eine eng gezielte Streuung den potenziellen Kunden (seien es nun Prestigetypen, Neuheitentypen, Sicherheitstypen, Traditionstypen usw.) der jeweiligen Zielgruppe nahebringen.

Bestünde eine derartige Marktsegmentierung nicht, müsste das Management der ***Spindler KG*** undifferenziert, d. h. in Bezug auf alle potenziellen Nachfrager einheitlich, vorgehen und könnte dabei die besonderen Bedarfsstrukturen der verschiedenen Käufersegmente (Zielgruppen) nicht berücksichtigen.

Definition **Marktsegmentierung = Aufteilung eines Marktes auf bestimmte, möglichst gleichartige Zielgruppen (= Marktsegment) mit dem Ziel, die eigene Marketingpolitik (Marktforschung und absatzpolitische Maßnahmen) auf deren Bedarf auszurichten.**

Bei der Bildung von Marktsegmenten können u. a. folgende Merkmale eine Rolle spielen:

demografische		**Kaufverhalten (Verhaltensmerkmale)**	**psychografische**
sozioökonomische	**geografische**		
Alter, Geschlecht, Nominaleinkommen, Kaufkraft, Ausbildung, Ausbildungsabschluss, Berufstätigkeit, Berufsgruppe, Konfession, Religion, Nationalität, Rolle im Haushalt, Familiengröße, *Familienlebenszyklus*	Staat, Region, Land, PLZ-Gebiet, Stadt, Stadtviertel, Gemeinde	Kaufanlass, Kaufhäufigkeit, Markentreue, Händlertreue, Verwendungsmotiv, Verwendungshäufigkeit, Einstellung zum Produkt, Einstellung zum Hersteller/Händler, Reaktion auf Marketingmaßnahmen	soziale Schichtzugehörigkeit, Lebensstil, Persönlichkeitsmerkmale

„Familienlebenszyklus und Kaufverhalten“

Abgrenzbare Konsummuster lassen sich – wie erwähnt – u. a. nach dem Alter der Konsumenten unterscheiden. Bedeutsam ist hier jedoch, dass nicht das Alter in Lebensjahren die entscheidende Größe ist, sondern das **Lebensstadium.**

Das **Lebensstadiumkonzept** geht dabei davon aus, dass jeder Mensch im Laufe seines Lebens bestimmte Abschnitte durchmacht, die zwar nicht immer mit dem gleichen Alter, aber stets in der gleichen *Reihenfolge* auftreten. Dabei können bestimmte Phasen auch *ausgelassen* werden, was insbesondere für die Deutschen gilt, die aufgrund der sozialen und wirtschaftlichen Lage immer weniger Kinder bekommen, sodass die diesbezüglichen Lebensstadien oft *fehlen*.

556718

Lebensstadium:	Kauf- und Verhaltensmuster:
1. Junggesellenstadium Junge, alleinstehende Menschen, die nicht mehr bei ihren Eltern wohnen	Wenige finanzielle Verpflichtungen; Meinungsführer in Bezug auf Modetrends; freizeitorientiert. Gekauft werden: Küchengrundausstattungen, Grundmobiliar, Autos, Kleidung, Urlaubsreisen, Stereoanlagen.
2. Frisch verheiratet Jung und noch ohne Kinder	Finanziell relativ gut gestellt; hohe Erwerbsrate bei Gebrauchsgütern, die dem Einrichten der Wohnung dienen; relativ hohe Mietausgaben.
3. „Volles Nest I“ Das jüngste Kind ist unter sechs.	Flüssige Mittel knapp; Unzufriedenheit mit Lebensstandard im Vergleich zu Familien ohne Kinder; Tendenz zu demonstrativem Konsum; stark umworbene Produkte werden bevorzugt gekauft: Kindermöbel, Tiefkühltruhen, Geschirrspüler, Kinderspielzeug, Grillgeräte.
4. „Volles Nest II“ Das jüngste Kind ist sechs oder älter.	Finanziell wieder bessergestellt; ein Teil der Ehefrauen ist berufstätig; Beeinflussung durch die Werbung ist weniger stark. Gekauft werden: Lebensmittel, Fahrräder, Musikinstrumente.
5. „Volles Nest III“ Ältere Ehepaare mit abhängigen Kindern	Finanziell noch bessergestellt; noch mehr Ehefrauen berufstätig; Kinder beginnen z. T. zu arbeiten; schwer beeinflussbar durch Werbung. Gekauft werden: Ersatzbeschaffungen und Erweiterung der Wohnungseinrichtung; persönlicher Bedarf der Eltern wieder im Vordergrund.
6. „Leeres Nest I“ Ältere Ehepaare, Kinder aus dem Haus, Familienoberhaupt noch berufstätig	Hohes Einkommen, hochwertiger Konsum; kein Interesse an neuen Produkten. Gekauft werden: organisierte Urlaubsreisen, Bücher, Gesundheitsprodukte. Viel geringere Außensteuerung als in früheren Stadien und damit schlechtere Beeinflussbarkeit durch Marktkommunikation.
7. „Leeres Nest II“ Ältere Ehepaare, Kinder aus dem Haus, Familienoberhaupt im Ruhestand	Spürbarer Einkommensrückgang; Sicherung des Eigenheimes, Rückzug ins Private. Gekauft werden: Medizinische Vorrichtungen und gesundheits-, verdauungs- und schlaffördernde Mittel.
8. Alleinstehend, im Ruhestand	Gleicher oder höherer Bedarf an medizinischer Versorgung und gleiche Produktansprüche wie die anderen Gruppen im Ruhestand; starker Einkommensrückgang; besonderes Aufmerksamkeits-, Zuneigungs- und Sicherheitsbedürfnis.

Quelle: William D. Wells and George Gubar: „Life-Cycle Concepts in Marketing Research“, in: „Journal of Marketing Research“, November 1966, S. 362

Zielgruppenorientierte Marketingstrategien erfordern den Einsatz EDV-gesteuerter Kundendateien bzw. Zielgruppendateien. Mögliche Zielgruppen für die Textilgroßhandlung ***Spindler KG*** könnten im Einzelhandelsbereich sein: Fach- und Spezialgeschäfte, Kaufhäuser und evtl. Kleinpreisgeschäfte.

Die differenzierte Nachfragestruktur und das unterschiedliche Verhalten der möglichen Kunden eines Großhandelsunternehmens erfordern eine differenzierte Marketingstrategie. Dabei ist es hilfreich, den Markt in sämtliche in Betracht kommenden Segmente aufzuteilen und entsprechend zu bearbeiten.

Durch die **Bildung von Marktsegmenten** verspricht sich der Großhändler u. a.	→ die Steigerung der Kundenzufriedenheit
	→ die bessere Beurteilung der eigenen Marktposition im Wettbewerb mit der Konkurrenz
	→ das Erreichen von Wettbewerbsvorteilen
	→ den gezielten und wirtschaftlichen Einsatz seiner absatzpolitschen Marketinginstrumente
	→ gesicherte Vorhersagen über die segmetspezifische Marktentwicklung
	→ flexibler auf Marktveränderungen reagieren zu können

Aufgaben

1 Will ein Großhandelsunternehmen neue Märkte erschließen, Märkte vergrößern und sichern, so muss es ein durchdachtes Marketingkonzept haben.
a) Was verstehen Sie unter Marketing?
b) Worin liegt der Unterschied zwischen Werbung und Marketing?

2 Aufgrund welcher wirtschaftlichen Entwicklung kommt dem Unternehmensbereich Absatz und damit dem Marketing eine besondere Bedeutung zu? Nehmen Sie ausführlich Stellung.

3 Begründen Sie, warum es auf einem Verkäufermarkt nicht notwendig ist, Absatzmarketing zu betreiben.

4 Welcher Zusammenhang besteht zwischen Unternehmenszielen und Marketingzielen?

5 Wie unterscheiden sich ökonomische und psychografische Marketingziele?

6 Was ist allgemein unter Marktsegmentierung zu verstehen?

7 Warum ist es für ein Großhandelsunternehmen sinnvoll, Marktsegmente zu bilden?

8 Bestimmen Sie möglichst ausführlich unter Zugrundelegung der Merkmale der Marktsegmentierung die Zielgruppe (= Marktsegment) für die folgenden Güter:
a) Backmischungen
b) Füllhalter
c) Seife
d) höherpreisige, sportliche Freizeithemden
e) Schmuck
f) Seidenbettwäsche

Die Güter können Ihren Vorstellungen entsprechend noch spezifiziert werden.

9 Der Marketingkreislauf vollzieht sich in sechs Phasen. Beschreiben Sie diese Phasen im Einzelnen unter Berücksichtigung der chronologischen Abfolge.

10 Welche Aussage(n) zum Bereich Marketing ist/sind richtig?
a) Marketing stellt sämtliche Maßnahmen zur Förderung des Absatzes in den Mittelpunkt.
b) Auf einem Käufermarkt herrscht Mangel an bestimmten Gütern und Dienstleistungen.
c) Auch durch Änderungen im Verhalten heutiger und künftiger Konsumenten kommt dem Unternehmensbereich Absatz eine besondere Bedeutung zu.
d) Die Bewältigung der Marketingaufgaben verläuft in idealtypischen sechs Abschnitten.
e) Werbeziele werden aus den Unternehmenszielen abgeleitet.
f) Veränderte Marktbedingungen auf der Angebotsseite erleichtern dem Großhandel seinen Warenabsatz.
g) Zum Marketing im Großhandel gehört die Finanzierungspolitik.
h) Marktsegmentierung bedeutet die Aufteilung eines Gesamtmarktes in gleichartige Teilmärkte.

11 Künftig werden an das Marketing neue Aufgaben gestellt. Beschreiben Sie, wie dies in Ihrem eigenen Unternehmen im Hinblick auf den Umweltschutz, den gegebenen Wertewandel und die Bevölkerungsentwicklung aussieht.

12 a) Vergleichen Sie anhand der nachstehenden Grafik die Umsatzentwicklung der Elektrogroßhandlung Thomas Drautz OHG mit der Umsatzentwicklung der Branche.

b) Nennen Sie vier mögliche Gründe für die abweichende Umsatzentwicklung in der Großhandelsunternehmung gegenüber der Branche in den Jahren 2 und 3.

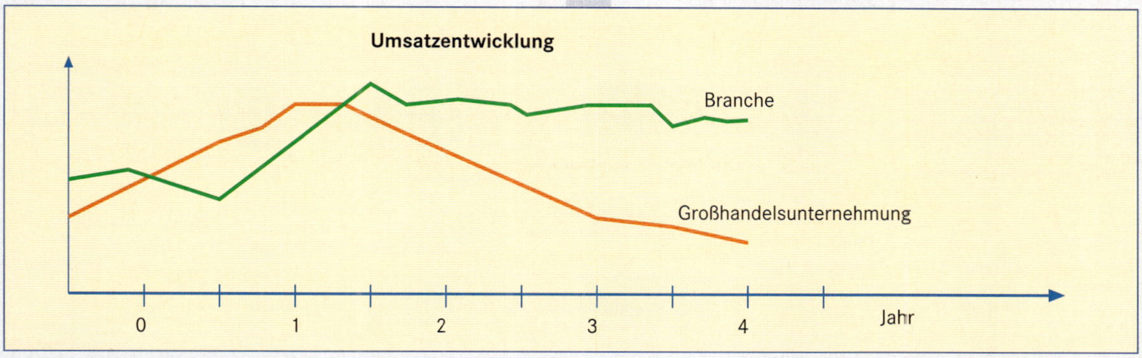

Aktionen

1 Schaffen Sie sich eine Übersicht zu dem Thema „Notwendigkeit, Ziele und Aufgaben des Marketings".

a) Bilden Sie hierzu arbeitsgleiche Teams.

b) Nutzen Sie für Ihre Recherchen verschiedene Informationsquellen:
- Lesen Sie die Information dieses Kapitels mithilfe der Methode des aktiven Lesens.
- Nutzen Sie darüber hinaus beispielsweise das Internet, Bibliotheken, Nachschlagewerke, Befragungen im eigenen Ausbildungsunternehmen oder Fachzeitschriften.

c) Fassen Sie die Informationen in diesem Kapitel des Lehrbuches und Ihrer Recherchen mithilfe des Computers in einer entsprechenden visuellen Darstellung zusammen.

2 Erstellen Sie mithilfe des Programms Mindmanager eine Mindmap zu Notwendigkeit, Zielen und Aufgaben des Marketings.

3 a) Formulieren Sie in Gruppenarbeit für die ***Spindler KG*** ein oder mehrere Marketingziele für ein selbst von der jeweiligen Gruppe zu bestimmendes Sortiment aus der Warengruppe Herrenbekleidung.

b) Bereiten Sie anschließend Ihre Ergebnisse für die Präsentation übersichtlich und leicht verständlich auf, z. B. mithilfe eines Diagramms.

c) Stellen Sie die so strukturierten Ergebnisse den anderen Gruppenmitgliedern vor. Eine zusammenfassende Würdigung Ihrer Arbeit sollte am Schluss nicht vergessen werden.

Zusammenfassung

Marktsegmentierung

Wesen

Aufteilung eines Gesamtmarktes in gleichartige Teilmärkte (Marktsegmente)

Ziel

Ausrichtung der Marketingpolitik auf den Bedarf der Marktsegmente (Zielgruppen)

Voraussetzungen

- nachfragerelevante Unterschiede zwischen den einzelnen Marktsegmenten
- ausreichender Umfang
- Wachstumschancen

Merkmalsklassen

- sozioökonomisch
- geografisch
- Kaufverhalten
- psychografisch

Vorteile

- zielgerichtete Ansprache der ausgewählten Zielgruppe (Sortimentsanpassung an Kundenkreis)
- schnelleres Erkennen von Marktveränderungen
- flexibleres Reagieren auf Marktveränderungen
- gezielterer und wirtschaftlicher Einsatz der Marketinginstrumente

Käufermärkte + Veränderungen auf der Konsumentenseite

erfordern die unternehmerische Einstellung auf die

Probleme + **Wünsche** + **Bedürfnisse**

kurze Lieferzeiten – pünktliche Lieferung – gute Qualität – angemessener Preis – guter Kundenservice – Sortimentserweiterung – überzeugendes Beschwerdemanagement

der potenziellen Kunden

Konsequenz: **Führen des Unternehmens vom Absatzmarkt her**

→ zielbewusste, planmäßige und organisatorische Einflussnahmen auf den Absatzmarkt mittels

Absatzmarketing

Wesen

Sämtliche Maßnahmen, die auf die gegenwärtigen und zukünftigen Markterfordernisse ausgerichetet sind, um
- einen Markt zu schaffen,
- ihn zu vergrößern und
- zu erhalten.

Ziele

zur Verringerung des Absatzrisikos

ökonomische (quantitative)

ausgerichtet auf einen bestimmten wirtschaftlichen Erfolg, z. B. Wachstumssteigerung oder Gewinnerhöhung

psychografische (qualitative)

ausgerichtet auf z. B. das Vertrauen, das Image, die Corporate Identity, die ökonomischen Produktstandards

absatzpolitische Instrumente

zur aktiven Einflussnahme auf den Absatzmärkten
- Produktpolitik
- Sortimentspolitik
- Preis- und Konditionenpolitik
- Distributionspolitik
- Kommunikationspolitik
- Kundendienstpolitik

} Gesamtabstimmung durch Marketingmix[1]
Ziel: Sicherung und Ausweitung des Absatzmarktes

Unternehmensziele

Marketingziele
= definierte Ziele der Marketingmaßnahmen in Bezug auf Gewinn, Marktanteile, Umsatz, Marktentwicklung und Marktdurchdringung[2]

Absatzpolitische Unterziele im Bereich
Produkt – Sortiment – Preise und Konditionen – Kundendienst – Kommunikation – Distribution

zunehmende Feinabstimmung ↓

1 siehe Kap. 9.12
2 Grad der Verbreitung eines Produktes innerhalb eines Marktes

9.2 Wir beschaffen uns die für unsere marketingpolitischen Entscheidungen notwendigen Informationen

Einstieg

Die Verantwortlichen in der ***Spindler KG*** stellen aufgrund von Anfragen aus dem Einzelhandel ein zunehmendes Interesse der Verbraucher an Bettwäsche aus Seide fest. Um die Wettbewerbsfähigkeit nicht zu verlieren, soll das Sortiment entsprechend erweitert werden.

Ausschnitt aus dem Spindler-Sortiment

Eine **Marktanalyse** soll letztlich darüber Auskunft geben, ob durch diese Sortimentsvertiefung langfristig neue Kunden gewonnen werden können. Sie soll darüber hinaus über die Gründe und die Nachhaltigkeit (künftiges Verhalten) des *Verbraucherinteresses* informieren.

Weiterhin erwartet man in der Textilgroßhandlung, von den Analyseergebnissen Hinweise zu bekommen über:

- Einstellungen
- Erwartungen
- die farblichen und sonstigen Prioritäten
- Aktionen, mit denen für diese Ware geworben werden muss

Gleichzeitig sollen **Informationen über die Konkurrenz** und deren Verhalten gewonnen werden:

- Zahl und Marktanteile
- Sortimentsschwerpunkte
- Absatzgebiete
- Marketingaktivitäten
- Angebotspreise

Denn je besser die Informationen über den Markt insgesamt sind, so die Meinung von Geschäftsführerin Strobel, desto besser werden die Entscheidungen über Einsatz und Wirkung der marketingpolitischen Instrumente sein.

Die *Marktanalyse* soll für die ***Spindler KG*** letztlich die Grundlage sein,

- den zukünftigen Nachfrageumfang nach Seidenbettwäsche vorherzusagen und
- die notwendigen werblichen Maßnahmen zu ermitteln.

1. Machen Sie Vorschläge, wie sich Herr Trumpf, Leiter der Verkaufsabteilung, und sein Team die notwendigen Informationen über das Verbraucherverhalten und die Konkurrenz beschaffen können.
2. Worin sehen Sie die Notwendigkeit der regelmäßigen Informationsbeschaffung?

Informationen

Marktuntersuchung als Instrument des Marketings

Ein Großhandelsunternehmen, das erfolgreich sein will, muss seinen Markt genau kennen. Dazu gehört nicht nur, dass es **ein attraktives Sortiment** anbietet und weiß, wo man es möglichst günstig einkaufen kann. Es muss auch **die Wünsche seiner Kunden kennen** und außerdem wissen, ob sie mit seinem Geschäft und den angebotenen Leistungen zufrieden sind.

Genauso wichtig ist es, möglichst umfassend über die absatzfördernden **Maßnahmen der Konkurrenten** Bescheid zu wissen. Das Ziel eines Großhandelsunternehmens sollte es sein, sich von seinen Konkurrenten möglichst abzuheben und auf ihre Stärke Rücksicht zu nehmen oder ihre Schwäche auszunutzen.

Damit die verschiedenen Marktinformationen beschafft und verarbeitet werden können, muss das Unternehmen *den Markt zuvor untersuchen.*

Definition **Marktuntersuchung ist die Beschaffung notwendiger Informationen über die abhängigen Märkte des Unternehmens. Hierunter fallen alle Aktivitäten zur Sammlung und Analyse von Informationen für Marketingentscheidungen. Bezogen auf den Absatzmarkt sind dies insbesondere Informationen über:**

- **Verhaltensweisen und Einstellungen der Nachfrager und**
- **Produkte und Marktstrukturen (Marktteilnehmer)**

Beispiel „Trend-Scout"

Markenfirmen bezahlen Trend-Scouts in allen großen Städten. Diese teilen ihre Beobachtungen aus der Szene der Zentrale mit. Auf dieser Grundlage werden neue Schuhtypen erzeugt und in einigen firmeneigenen Schuhgeschäften probeweise zum Kauf angeboten. Die Registrierkassen in den Filialen sind vernetzt. Im Zentralcomputer wird daher rasch erkennbar, wie die Szene auf das Bild reagiert, das sich die Firma von ihr gemacht hat. Steigen die Verkaufszahlen eines Typs, geht er groß in Produktion. Selbst wenn die Firma sich geirrt hat, entsteht damit eine neue Wahrheit.

In Sekundenschnelle findet die Bauanleitung ihren Weg durchs Internet nach Asien, wenige Wochen später ist der Schuh in Europa lieferbar. Konkurrenten wittern einen Trend und beginnen mit dem Kopieren. Ist die erste Kopie auf dem Markt, ist das Original schon ein Stück originaler geworden.

Der Ursprung einer neuen Form ist kreisförmig.

Eine Kettenreaktion von Nachahmungen beginnt, in die sich Abweichungen einschleichen. Überlagerungen, Kombinationen, Zufälle und Missverständnisse spielen die gleiche Rolle wie die mitspielenden Akteure. So wie ein Raver den anderen nachahmt, kopiert eine Schuhfirma die andere und alle gemeinsam kopieren sie die Szene, die nichts anderes ist als die Gesamtheit dieser Kopiervorgänge.

Wird die Marktuntersuchung gelegentlich, d. h. unsystematisch, durchgeführt, so spricht man von **Markterkundung.**

Geschieht das Sammeln von Informationen dagegen systematisch, so liegt **Marktforschung** vor.

Insbesondere der mittelständische Großhändler ist aus Kostengründen auf die *eigene,* **unsystematische Markterkundung** angewiesen. Diese sollte aber durchaus ausreichend sein, da sein Absatzmarkt in der Regel nicht so umfangreich und deshalb überschaubar ist.

Mögliche Informationsquellen sind:

- sporadische Gespräche mit Kunden
- Berichte des Verkaufspersonals, besonders von Außendienstmitarbeitern
- Marktberichte in Fachzeitschriften
- Messeberichte
- Konjunkturdaten und -prognosen
- wirtschaftspolitische Maßnahmen der Regierung und der Europäischen Zentralbank

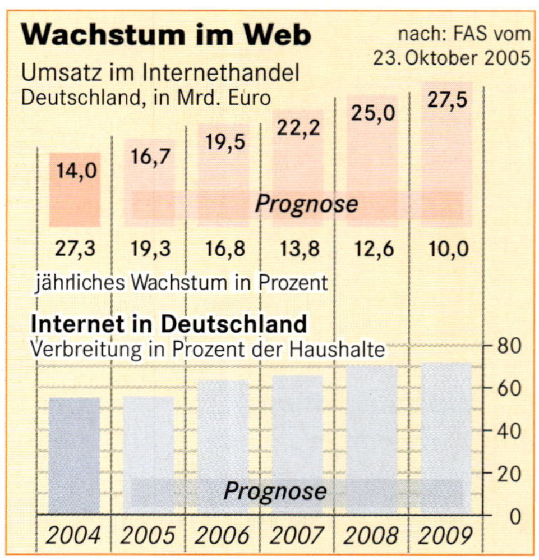

Die **systematische Absatzmarktforschung** stellt im Einzelnen Informationen bereit über:

Forschungsgebiete	
die eigene Stellung am Markt → **Absatzforschung**	Erforschung der eigenen Marktstellung und der Wirkung der absatzpolitischen Maßnahmen (Planung und Kontrolle des Einsatzes der marketingpolitischen Instrumente wie z. B. Werbung, Preispolitik, Kundendienst- oder Sortimentspolitik)
die Konkurrenz und die Entwicklung der Branche → **Konkurrenz- bzw. Wettbewerbsforschung**	◆ Beobachtung und Analyse der auf einem bestimmten Markt anwesenden Mitbewerber ◆ Ziel: ▪ Wettbewerbsverhalten der Konkurrenten soll transparent gemacht werden. ▪ Voraussichtliche Reaktionen der Konkurrenz auf die eigenen geplanten Entscheidungen sollen im Voraus erkannt werden → Erfolg der eigenen Marketingstrategie soll gewährleistet werden. ◆ liefert Informationen über die Konkurrenten, insbesondere über: ▪ grundsätzliche Aspekte, wie Zahl, Rechtsform, Betriebsform, Standort, Betriebsgröße, Erscheinungsbild ▪ die Produkte der Mitbewerber ▪ die Marktanteile ▪ deren Marketingkonzeptionen ▪ die eingesetzten absatzpolitischen Instrumente, insbesondere über die Preis-, Werbe- und Sortimentspolitik ▪ Entwicklungstendenzen: - Muss mit neuen Konkurrenten gerechnet werden? - Sind Veränderungen der Marktanteile zu erwarten? - Wie könnte das Verhalten von neuen Mitbewerbern aussehen? - Welche Absatzstrategien könnten sie verfolgen? ◆ Durchführung: Befragungen von Einzelhändlern im Rahmen eines direkten Interviews ◆ Auswertung: ▪ u. U. durch betriebliche Stabsstelle ▪ mit EDV-Unterstützung
die Stärke des eigenen Standortes → **Standortforschung**	Analyse eines Standortes bezüglich seiner Brauchbarkeit im Sinne der handelsbetrieblichen Ziele. Ein günstiger Standort kann nach Prüfung der folgenden **Standortfaktoren** gefunden werden: 

	Harte Faktoren ◆ *Marktpotenzial:* ▪ Konkurrenzsituation ▪ Kundendichte ▪ Nähe zu anderen Unternehmen ▪ als potenzielle Kunden ▪ unternehmensrelevante Dienstleistungen ◆ *Regionale Faktoren:* ▪ Mieten- und Grundstückspreise ▪ Verkehrsanbindung ▪ Parkplatzsituation ▪ Elektrizitäts-, Abwasser- und Energiepreise ▪ behördliche Auflagen und Beschränkungen ▪ Kaufkraft/Löhne und Gehälter ▪ Zulieferer/Materialversorgung ◆ *Gründungsklima:* ▪ Anzahl der Gewerbeanmeldungen ▪ Anzahl der Gewerbeabmeldungen ▪ Beschäftigungstrend ▪ Insolvenzen **Weiche Faktoren** ◆ Image der Kommune ◆ Lebens- und Freizeitwert ◆ Wohn- und Lebenshaltungskosten ◆ Umweltsituation ◆ Kultur- und Sportangebot
das Image → **Imageforschung**	◆ Das Image eines Handelsunternehmens ▪ ist das Gesamtbild, das sich Menschen über das Unternehmen machen; ▪ gibt dem Unternehmen sein Gesicht und macht es unterscheidbar; ▪ hat zentrale Bedeutung für die Kaufentscheidung. ◆ imagebildende Faktoren: ▪ Erwartungen und Vorstellungen der Kunden ▪ das absatzpolitische Instrumentarium, insbesondere die Preis-, Kunden- und Sortimentspolitik sowie die Werbung ▪ Verkaufspersonal und Außendienstmitarbeiter ▪ Außenfront- und innere Gestaltung der Geschäftsräume

Profilanalyse

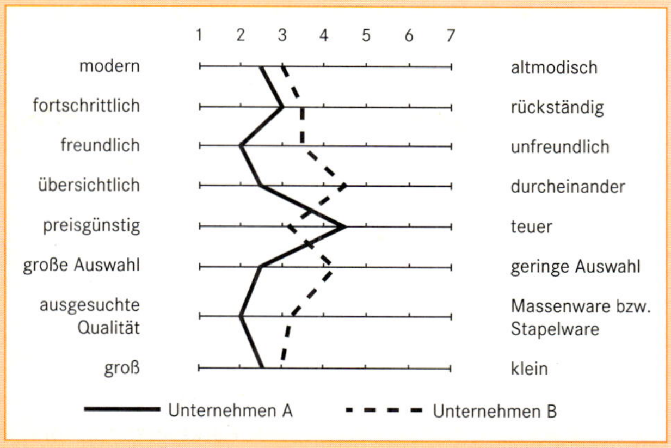

Um der Neigung vieler Befragter entgegenzuwirken, zur Mitte der 7er-Skala zu tendieren, sollten die 7 Punkte der Skala verbal umschrieben werden: z. B. 1 = sehr zutreffend, 2 = zutreffend, 3 = weniger zutreffend, 4 = weder noch, 5 = weniger zutreffend, 6 = zutreffend, 7 = sehr zutreffend.

allgemeinwirtschaftliche Verhältnisse

Informationen über die volkswirtschaftliche Entwicklung (Kaufkraft, Preise, Lohnniveau usw.) und den Einfluss der allgemeinen Wirtschaftspolitik und der Konjunkturbewegungen

- Wie wird sich die Bevölkerung und ihr Einkommen entwickeln?
- Wie kann sich das Konsumverhalten in Abhängigkeit vom Einkommen entwickeln?
- Welches Kaufverhalten herrscht in der Branche vor?

die tatsächlichen und möglichen Nachfrager (Kundenstrukturanalyse)

→ **Bedarfsforschung**

kann eingeteilt werden in

Tatsachenforschung
(Was tut der Kunde?)

liefert objektive Daten über den Markt:
- Kaufkraft und Kaufkraftveränderungen
- Zusammensetzung der Nachfrager
- Käufergewohnheiten: Mode, Markentreue
- Marktgröße und Aufnahmefähigkeit des Marktes

Meinungs- und Motivforschung
(Was meint der Kunde? Aus welchen Motiven tut oder meint der Kunde etwas?)

gibt Auskunft über:
- Gründe für die Kaufentscheidung (Nutzerwartungen)
- Käuferreaktionen auf Änderung der Qualität, Preise, Produktgestaltung, Verpackung sowie des Kundendienstes
- Meinung des Kunden über Produkte und Konkurrenzprodukte

Beispiel

Um die nötigen Informationen über Käufer und Mitbewerber zu erhalten (s. Einführungsbeispiel), müssen von der ***Spindler KG*** schwerpunktmäßig die folgenden Fragenkomplexe berücksichtigt werden:

- Welche Einstellungen haben die Kunden zu Seidenbettwäsche?
- Welche Personen bzw. welche Haushalte kaufen Seidenbettwäsche?
- Welche Ware (Marken, Hersteller) wird in welchem Umfang, zu welchen Zeitpunkten, in welchen Einzelhandelsgeschäften nachgefragt?
- Welche Motive sind für den Kauf entscheidend?
- Welche Kaufanregungen gehen von der qualitativen, farblichen und designmäßigen Aufmachung und anderen Marketingaktivitäten aus?
- Erkennt der Einzelhandel in zunehmendem Maße Kaufinteresse?
- Lassen sich bei der Konkurrenz Absichten zu einer Ausweitung bei diesem Artikel erkennen?

Definition **Marktforschung ist die systematische** Beschaffung, Auswertung und Interpretation von Informationen über

- **jetzige und zukünftige Marktsituationen und -entscheidungen eines Unternehmens (z. B. über Konkurrenten, allgemeine Marktdaten [Kaufkraft, Preise, Lohnniveau]) oder darüber,**
- **wie die Waren beim Kunden ankommen und**
- **wie der zukünftige Bedarf aussehen wird.**

Bereiche der Marktforschung

Die Marktforschung lässt sich unterteilen in die Bereiche:

- Marktanalyse
- Marktbeobachtung
- Marktprognose

Marktanalyse

Die Marktanalyse ist die **einmalige Untersuchung** des Marktes zu einem **bestimmten Zeitpunkt,** beispielsweise die Feststellung des tatsächlichen Absatzes einer neu auf den Markt gebrachten Kollektion von Herrenunterwäsche für den Mann zwischen 18 und 38 (= **Zeitpunktuntersuchung).**

Werden die Größen des Marktes mengen- und wertmäßig erfasst und seine Entwicklung in der Zukunft prognostiziert, so spricht man von der **quantitativen Marktanalyse.** Hierbei sind drei Marktgrößen zu unterscheiden:

- das Marktpotenzial,
- das Marktvolumen und
- der Marktanteil.

Ergebnis einer *quantitativen* Marktanalyse:

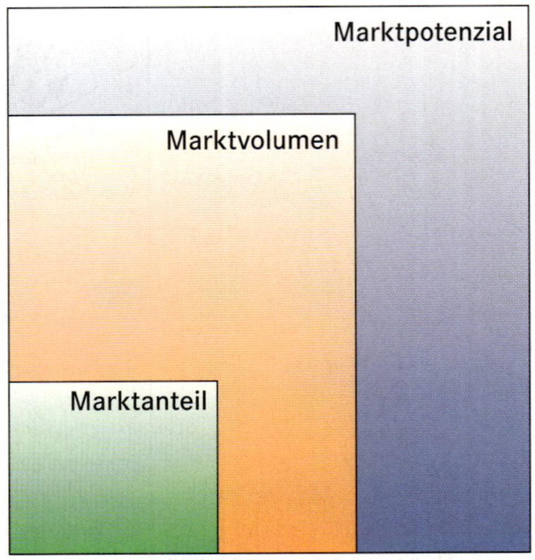

- Als **Marktpotenzial** wird die *maximale Aufnahmefähigkeit eines Marktes* für eine Sachleistung oder eine Dienstleistung bezeichnet.
- Unter **Marktvolumen** versteht man die von *allen Anbietern tatsächlich abgesetzte Menge* an bestimmten Gütern oder Dienstleistungen auf dem gesamten Markt.
- **Marktanteil** ist der *tatsächliche Absatz* bzw. *realisierte Umsatz* eines Anbieters, ausgedrückt als Prozentsatz des Marktvolumens.

$$\text{Marktanteil in \%} = \frac{\text{tatsächlicher Absatz (Umsatz)} \cdot 100}{\text{Marktvolumen}}$$

Marktbeobachtung

Die Marktbeobachtung ist eine laufende Beobachtung des Marktes **über einen längeren Zeitraum** hinweg (= Kette von Marktanalysen), z. B. die Beobachtung der Absatzentwicklung von neu gestalteten Freizeitsportschuhen im Zeitablauf (= **Zeitraumuntersuchung).**

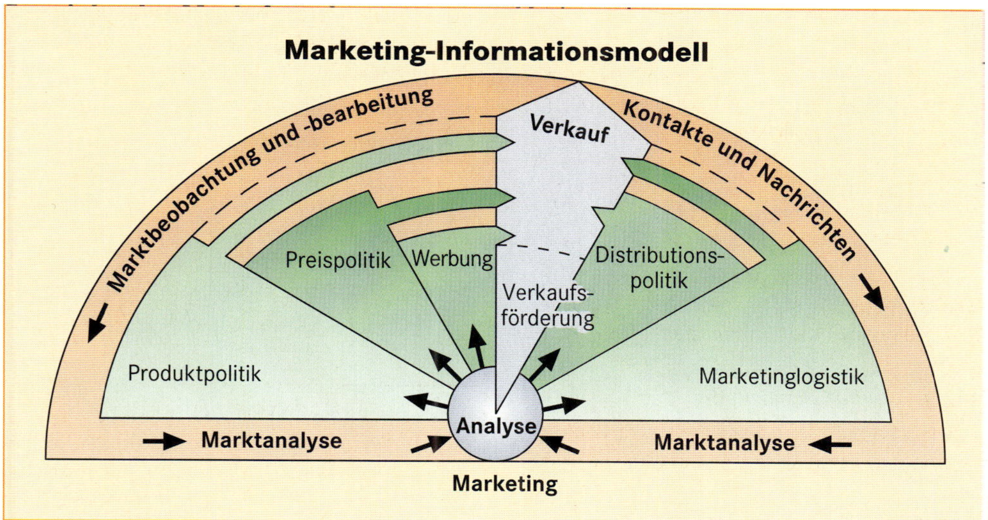

nach: Ahlefeld, Hans-Ulrich: Den Außendienst optimieren. In „Plus", Jg. 1971, Heft 3, S. 33

Marktprognose

Die *Ergebnisse* der Marktbeobachtung bzw. der Marktanalyse werden zur **Marktprognose** *(= Voraussage der Marktentwicklung)* verarbeitet. Mit ihr wird versucht, die zukünftige Marktentwicklung abzuschätzen und vorauszuberechnen. Die Marktprognose ist die Grundlage für die absatzpolitischen Entscheidungen der Unternehmer.

Erhebungsarten und -methoden der Marktforschung

Nach **der Art** *(dem Verfahren)* der Datenerhebung unterscheidet man zwischen *Sekundär-* und *Primärerhebungen (-forschungen).*

Sekundärerhebungen

Definition Um **Sekundärerhebungen** (Sekundärforschungen/Deskresearch) handelt es sich, wenn bereits vorhandenes Zahlenmaterial ausgewertet wird (= mittelbare Erhebung der Daten).

Die Sekundärforschung[1] ist

- sehr kostengünstig, da die Daten bereits erhoben wurden.
- weniger zeitaufwändig als die Primärforschung.
- nicht exklusiv, da die Daten auch anderen Marktforschern zur Verfügung stehen.
- unzureichend, da die vorhandenen Daten nicht ausreichen.

Für Sekundärerhebungen kann das Datenmaterial **innerbetrieblichen** als auch **außerbetrieblichen** Quellen entnommen werden.

1 secundus (lat.) = zweiter; Sekundärerhebungen verwenden Material „aus zweiter Hand"

Betriebsinterne Datenquellen	Betriebsexterne Datenquellen
◆ Statistiken über Anfragen und Angebote ◆ Auftragseingänge ◆ Absatzstatistiken ◆ Daten der Kosten- und Leistungsrechnung (KLR), z. B. der Deckungsbeitragsrechnung[1] ◆ Reklamationslisten und -berichte ◆ Berichte und Umsätze der Außendienstmitarbeiter ◆ Lagerbestandslisten ◆ Kundenkarteien und -dateien ◆ Warenpreislisten ◆ Daten aus früheren Primärerhebungen ◆ Messeberichte ◆ Statistiken über Marketingkosten	◆ Veröffentlichungen ▪ staatlicher Stellen, wie z. B. Deutsche Bundesbank, Pressestellen der Ministerien, statistische Ämter ▪ von den Industrie- und Handelskammern (IHK) ▪ supranationaler Behörden, wie z. B. EU, UNO, OECD, WHO, Weltbank ▪ wirtschaftswissenschaftlicher Institute, z. B. IFO-Institut, Institut für Handelsforschung an der Universität Köln ▪ von Wirtschaftsverbänden, z. B. Jahresberichte der Bundesarbeitsgemeinschaft der Mittel- und Großbetriebe des Einzelhandels, des Bundesverbandes des Deutschen Groß- und Außenhandels ◆ Jahrbücher ◆ elektronische Datenbanken und Datenvermittlungsorganisationen ◆ Firmenhandbücher und Adressbücher ◆ Auskunfteien ◆ Fachbücher und Zeitschriften ◆ Berichte in Zeitungen und Magazinen ◆ Publikationen von Unternehmen: Kataloge, Prospekte, Geschäftsberichte, Preislisten

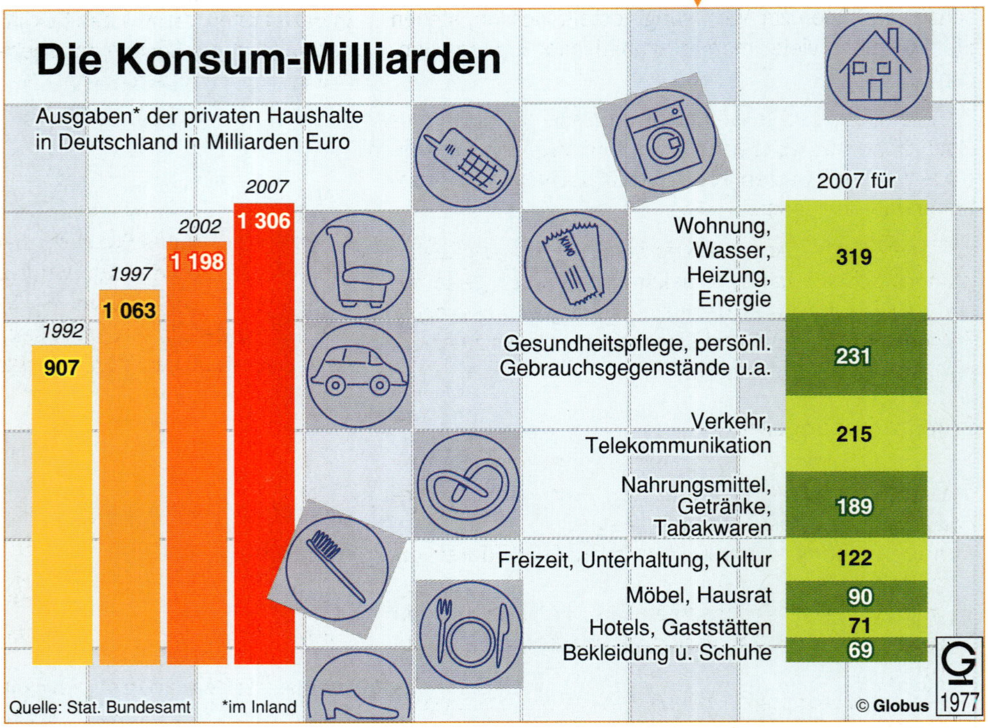

1 Zum DB siehe erklärende Hinweise in *Groß im Handel – Fachstufe I*, Kapitel 8.5. Der DB dient den Sekundärerhebungen, indem er Informationen liefert über Absatzsegmente (z. B. einzelne Artikel, Artikelgruppen, Aufträge, Absatzgebiete) und deren Beitrag zur Deckung der fixen Kosten des gesamten Unternehmens und zum Gewinn. Die DB-Rechnung dient daher der Vergleichbarkeit und gibt damit aufschlussreiche Anhaltspunkte für einen möglichst effektiven Einsatz der absatzpolitischen Marketinginstrumente.

Sekundärstatistische Daten aus dem Warenwirtschaftssystem

EDV-gestützte Warenwirtschaftssysteme stellen eine der bedeutendsten Quellen für die Datenbeschaffung innerhalb der sekundärstatistischen Marketingforschung dar. Aufgrund der gespeicherten Artikelbewegungen liefern sie eine Vielzahl von Informationen über:

Ausgewählte Informationsbereiche		
Angebotsverarbeitung Fakturierung Scanner/Abbuchung Kassenabwicklung Lagerabgang bei ◆ Verkauf ◆ Bestellung Abfragen nach ◆ Artikelbestand ◆ Lagermenge ◆ Bestellbestand ◆ bestellte Menge ◆ Preis ◆ Bestandswert Substitutionsartikel Kreditlimitprüfungen Vergleich der Umsätze	Preisfestlegung nach ◆ Aufträgen ◆ Kunden Rabattvergabe nach ◆ Auftragsmenge ◆ Kunden ◆ Artikel Lieferschein ◆ standard ◆ individuell Transport ◆ Verwaltung ◆ Auswertungen ◆ Optimierung Gewinnentwicklung Kostenentwicklung	Außendienst ◆ Provisionen ◆ Bewertung ◆ mobile Datenerfassung Außenhandel ◆ Zollpapiere ◆ Umsatzsteuer ◆ Fremdwährungen Optimierung ◆ Regalplanung ◆ Sortimente Stücklisten ◆ Vertrieb (Sets) ◆ Ersatzteile Auswertung von Umsätzen ◆ des Tages ◆ des Monats ◆ des Jahres

Derartige Daten, die von EDV-gestützten Warenwirtschaftssystemen zur Verfügung gestellt werden, stellen die Grundlage vieler marketingpolitischer Entscheidungen dar.

Darüber hinaus sollte aber nicht vergessen werden, dass **Gespräche mit Kunden und Konkurrenten** sowie **Kontakte mit Lieferanten** ebenfalls zu wertvollen Informationen führen können.

Bei jedem Problem der Marktforschung sollten zu Beginn grundsätzlich vorhandene sekundäre Quellen gesichtet und analysiert werden, denn sie können dazu beitragen, Entscheidungen des Handelsmanagements bis zu einem gewissen Grad abzusichern.

Primärerhebungen[1]

Definition **Primärerhebungen (Primärforschungen/Fieldresearch) liegen vor, wenn**
- **neue bisher noch nicht erhobene Marktdaten ermittelt und**
- **hierzu eigene Erhebungen durchgeführt werden (oder z. B. durch beauftragte Marktforschungsinstitute),**
- **die in erster Linie (primär) für eine bestimmte Marktuntersuchung benötigt werden.**

Primärerhebungen sind immer dann notwendig, wenn die Informationen, die aus den Sekundärerhebungen gewonnen wurden, zur Lösung des speziellen absatzpolitischen Problems nicht ausreichen.

Beispiel

Auskunft über das Preisbewusstsein und bestimmte Bevorzugungen der Kunden beim Kauf von Seidenbettwäsche kann nicht von der Sekundärforschung erwartet werden. In diesem Falle müssen eigens für diesen Zweck z. B. Umfragen gemacht werden.

Vorteile	Nachteile
◆ Erhebung noch *nicht existierender* Informationen ◆ Datenerfassung kann zielgerichtet erfolgen und ist relativ lückenlos	◆ kosten- und zeitintensive Datenerfassung und Informationsbeschaffung ◆ spezielles Know-how erforderlich ◆ Mitarbeiter sind u. U. nicht objektiv (Verfälschungen möglich)

1 primus (lat.) = Erster, Primärerhebungen verwenden Material „aus erster Hand" (= unmittelbare Erhebung der Daten).

Das Informationsmaterial bei einer Primärerhebung kann grundsätzlich mithilfe der folgenden vier **Methoden** gewonnen werden:

- Befragung
- Beobachtung
- Experiment
- Markttest

Befragung

Die **Befragungsmethode** ist die wichtigste und daher auch die am häufigsten angewandte Erhebungsmethode zur Beschaffung von Informationen.

Wird der gesamte infrage kommende Personenkreis in die Befragung einbezogen, so liegt eine **Vollerhebung** vor. Beschränkt man sich hingegen auf einen Teil (z. B. einen bestimmten Prozentsatz) der Auskunftspersonen, so spricht man von **Teilerhebung.**

Aus Zeit- und Kostengründen wird es einem Großhandelsunternehmen im Allgemeinen nicht möglich sein, sämtliche infrage kommenden Kunden zu berücksichtigen. In diesem Falle hilft das *Modell des repräsentativen Querschnitts:*

- Die ausgewählte Teilmasse soll möglichst genau den gesamten Abnehmerkreis widerspiegeln. Weist sie die gleichen Wesensmerkmale wie die Gesamtheit in Bezug auf ihre Zusammensetzung auf, so ist die Befragung als *repräsentativ* anzusehen.

Beispiel

Die Zielgruppe bei der Nachfrage von Seidenbettwäsche setzt sich aus Personen verschiedenen Geschlechts, Alters, Berufs, Kinderzahl, Religionszugehörigkeit, Schulbildung, Einkommens usw. zusammen (Einzelhändler wurden gesondert befragt). Würde sich die Befragung der ***Spindler KG*** nun lediglich auf ledige Männer und Frauen im Alter zwischen 25 und 35 Jahre beschränken, so ergäbe das wegen der geringen Repräsentativität verfälschte Ergebnisse.

Bei anderen Artikeln muss auch die Zusammensetzung der repräsentativen Gruppe eine andere sein. Es wäre z. B. bei der Befragung nach qualitativ hochwertigen Damenblusen, durchgeführt von einem Großhändler, sicherlich verfehlt, lediglich Fachgeschäfte mit einem qualitativ und preislich gehobenen Sortiment einzubeziehen.

- Damit hat die geringere Größe der Stichprobe keinen entscheidenden Einfluss auf die Güte des Ergebnisses.

Die Befragung kann **schriftlich, mündlich** (durch persönliches Interview) oder **telefonisch** durchgeführt werden. Befragt werden können generell Hersteller, Handelsunternehmen und Endverbraucher.

Schriftliche Befragungen können durchgeführt werden mittels Fragebogen, die entweder repräsentativ ausgewählten Personen direkt per Post zugesandt, Zeitungen beigelegt oder an Geschäftspartner im eigenen Unternehmen verteilt werden.

Bei *telefonischen* und bei *mündlichen Befragungen* (= direkten Interviews) stellt der Interviewer gezielte Fragen und trägt die Antworten in einen Fragebogen ein. Die folgende Tabelle zeigt **Vor- und Nachteile der einzelnen Befragungsarten** auf.

Kriterien	Befragungsart		
	schriftlich	mündlich	telefonisch
Rücklaufquote	unterschiedlich	hoch	hoch
Beeinflussung durch Dritte	möglich	kaum möglich	nicht möglich
Umfang der Befragung	mittelgroß	groß	klein
Interviewereinfluss	nicht möglich	groß	relativ groß
Genauigkeit	gering	hoch	unterschiedlich
Zuverlässigkeit	unterschiedlich	hoch	relativ hoch
Geschwindigkeit der Durchführung	relativ gering	niedrig	hoch
Kosten	niedrig	hoch	relativ niedrig
Repräsentativität	relativ gering	relativ hoch	gering
Erklärung der Fragen	nicht möglich	möglich	möglich

Eine weitere, *besondere Form der Befragung* ist das **Panel.**

Definition **Von einem Panel spricht man, wenn ein in einer repräsentativen Stichprobe erfasster gleich bleibender Personenkreis über einen längeren Zeitraum hinweg entweder**

- **immer zum selben Thema oder**
- **über jeweils verschiedene Themen oder**
- **in einem gemischten Themenkatalog über gleich bleibende und wechselnde Themen befragt wird.**

Panelerhebungen sind *dynamische Erhebungen.* Indem die Ergebnisse der abgelaufenen Periode (z. B. Monat, Halbjahr, Jahr) mit vorangegangenen Perioden verglichen werden, ermöglichen sie Aussagen über die neuen *Marktströmungen* und *-entwicklungen.*

Panels findet man bei allen größeren Marktforschungsinstituten. Sie können dort angefordert oder auch in Auftrag gegeben werden. Grundsätzlich ist zu unterscheiden zwischen Haushalts- und Unternehmerpanels.

***Beispiele* aus der Praxis**

- **Haushaltspanels:**
  Bestimmte Haushalte führen über die durchgeführten Einkäufe (Zahl der gekauften Waren, Markennamen, Hersteller usw.) Buch und übermitteln die Daten in regelmäßigen Abständen einem Institut.
  - ZFD-Pkw-Besitzerpanel
  - BBF-Haushaltsreport
  - ZFD-Allensbach-Hausfrauenpanel
- **Handelspanels:**
  Bestimmte Einzelhandelsunternehmen geben Informationen über die Verkäufe.
  - GfK[1]-Cash-und-carry-Panel
  - AC Nielsen[1]-Gebrauchsgüterindex
  - GfK-Sport-Panel
  - GfK-Foto-Panel

Problem des Panels:

- Die befragten Personen ändern ihr Verhalten *(= Paneleffekt).*
- Durch das Ausscheiden und Altern von Panelteilnehmern ist der ausgesuchte und befragte Personenkreis nicht mehr repräsentativ *(= Panelsterblichkeit).*

Beobachtung

Die Vorteile der **Beobachtung** liegen darin, dass

- sie im Gegensatz zur Befragung ohne das Wissen der Zielgruppe durchgeführt und
- das tatsächliche Verhalten frei von verhaltenswirksamen Einflüssen zwischen Erhebungsperson und Informationsgeber beobachtet und analysiert werden kann.

Die häufigsten Anwendungsgebiete dieser Methode sind im Handel

- Verkaufsgespräche,
- Kaufverhalten,
- Zählen und Beobachten von Personen,
- Blickregistrierung zur Analyse von Aufmerksamkeitswirkungen.

Für die Beobachtung können Beobachter und/oder technische Geräte (z. B. Spiege , Lichtschranken, Blickregistrierungsgeräte, Kameras) eingesetzt werden.

1 Die GfK (Gesellschaft für Konsumforschung) und AC Nielsen sind die weltweit größten Marktforschungsunternehmen und liefern Daten aus mehr als 100 Ländern.

Beispiel

Impuls TV ermöglicht erstmals die maßgeschneiderte Steuerung von TV-Werbeimpulsen am Verkaufsort:

Bei *Impuls TV* erhält der Kunde auf seinem Weg durch das Cash-and-carry-Großhandelsunternehmen gezielt Werbebotschaften. Der Impuls für die Präsentation geht von einem patentierten Sensor im Griff des Einkaufswagens aus, der den Start des Spots auf einem Plasmabildschirm auslöst. Dabei sind Streuverluste minimal und der werbetreibende Auftraggeber zahlt nur für die tatsächlichen Kontakte. Da alle Vorgänge gespeichert werden, lässt sich später mühelos feststellen, welcher Händler mit welchem Wagen wo und wann die Werbung gesehen hat. Durch Verknüpfung mit den Bon-Daten lässt sich zudem direkt ableiten, welche Wirkung die Werbung auf den Warenverkauf hatte. Der Kunde bleibt dabei anonym.

Experiment

Definition **Unter einem Experiment kann die Erprobung einer neuen Maßnahme vor ihrer Einführung verstanden werden.**

Damit hat das Experiment die Aufgabe, die Wirkungen erst zu schaffender Tatbestände zu erforschen.

Experimente lassen sich unterscheiden nach

den Bedingungen, unter denen das Experiment durchgeführt wird	**der Art der Ermittlung** der Ergebnisse
◆ **Feldexperimente** finden unter normalen Alltagsbedingungen auf einem Testmarkt statt, wie z. B. der Stadt Hildesheim	◆ **Befragungsexperimente**
◆ **Laborexperimente** werden unter speziellen für den Test geschaffenen (künstlichen) Bedingungen außerhalb des Marktes durchgeführt. Sie können deshalb nicht als repräsentativ angesehen werden.	◆ **Beobachtungsexperimente**

Markttest

Um über eine flächendeckende Neueinführung eines Produktes oder auch einer Marketingmaßnahme zu entscheiden, kann der Großhändler einen Markttest durchführen. Die Ware wird auf einem regional begrenzten Teilmarkt (Testmarkt) angeboten und der Verkauf getestet.

Ziel ist es hierbei, die Kundenreaktionen auf einem räumlich begrenzten Markt zu beobachten, um aufgrund der gewonnenen Daten Rückschlüsse auf die Gesamtkundschaft ziehen zu können.

Der Testmarkt muss repräsentativ sein, d. h. die gleiche sozioökonomische Struktur aufweisen wie der Gesamtmarkt. Bekannte Testmärkte sind z. B. das Saarland und Berlin.

Beispiele

Produkttest: Der Hersteller von Seidenbettwäsche will sein Angebot um fünf neuartige Farbkompositionen erweitern. Um zu ermitteln, wie diese Ausführungen vom Markt aufgenommen werden, wird die Bettwäsche zunächst auf dem Testmarkt der Stadt Köln getestet (= *Minimarkttest*).

Preistest: Die Textilgroßhandlung ***Spindler KG*** will auf dem relativ kleinen Testmarkt „Region Hannover" feststellen, wie sich die geplante Preiserhöhung für Trainingsanzüge aus Goretex um durchschnittlich 8,2 % auf den zukünftigen Absatz auswirkt.

Aufgaben

1 Worin besteht der Unterschied zwischen Marketing und Marktforschung?

2 Nennen Sie das Ziel der Marktforschung.

3 Die ***Spindler KG*** will ihr Angebot an spezieller Ausrüstung für Hochgebirgswanderer ausweiten. Um ganz sicherzugehen, dass die Ware auch ihre Abnehmer finden wird, wollen die Verantwortlichen den Markt untersuchen lassen.

Auf welche Informationen werden sie dabei besonderen Wert legen?

4 Wie kann die Primärforschung durchgeführt werden und welchem Zweck soll sie dienen?

5 Unterscheiden Sie zwischen Marktanalyse, Marktbeobachtung und Marktprognose.

6 Welche wirtschaftlichen Vorteile kann ein Unternehmer gegenüber seinen Konkurrenten aufgrund einer richtig erstellten Marktprognose haben?

7 Welche drei Aussagen können den folgenden Begriffen zugeordnet werden?

- Marktanalyse
- Marktbeobachtung
- Marktprognose

a) Sie versucht, durch den Vergleich von betrieblichen Kennziffern den Absatz zu beeinflussen.

b) Sie untersucht die Struktur von Angebot und Nachfrage zu einem bestimmten Zeitpunkt.

c) Sie ist die in Abständen von einigen Jahren immer regelmäßig wiederkehrende Wellenbewegung der Wirtschaft.

d) Sie ist bemüht, die zukünftige Marktentwicklung richtig abzuschätzen und vorauszubestimmen.

e) Sie verfolgt laufend die Marktentwicklung.

f) Sie ist eine langfristige Veränderung der Wirtschaftsentwicklung.

8 a) Erklären Sie die Erhebungstechniken Primär- und Sekundärerhebung.

b) Welche Nachteile sehen Sie bei einer Sekundärerhebung im Vergleich zur Primärerhebung?

9 Warum kann Marktforschung dazu beitragen, das Marktrisiko zu reduzieren?

10 Sie sind in einer Textilgroßhandlung tätig. Ihr Abteilungsleiter beauftragt Sie eines Tages, die wichtigsten Daten über die Sortimente der Konkurrenz zusammenzustellen. Auf welche sekundärstatistischen Quellen würden Sie zur Erledigung dieses Auftrages zurückgreifen?

11 Worin liegen die Vorteile des Panels gegenüber den sonstigen Befragungsarten?

12 Das Unternehmen Bruns & Co. KG möchte seine neue Rasierermarke „AC 2000“ mit revolutionierender Technologie auf den Markt bringen. Um herauszufinden, wie die Verbraucher auf das neue Angebot reagieren, wird der Markt systematisch untersucht.

a) Wie kann das Unternehmen Bruns & Co. KG im Rahmen der Primärerhebung zu den gewünschten Informationen kommen?

b) Warum spielt in diesem Fall die Sekundärerhebung eine untergeordnete Rolle?

c) Warum muss der Schwerpunkt zur Gewinnung der Marktinformationen im Bereich der Marktanalyse liegen? Grenzen Sie bei Ihrer Begründung Marktanalyse von Marktbeobachtung ab.

d) Bestimmen Sie ein Marktsegment für den Rasierer „AC 2000“ und beschreiben Sie vor diesem Hintergrund notwendige Produkteigenschaften des neuen Gerätes.

13 Erklären Sie folgende Methoden der Marktforschung:

a) Befragung/Interview

b) Panel

c) Beobachtung

d) Testmarktverfahren

14 Eine Handelskette hat ein Marktforschungsinstitut mit einer Kundenbefragung zu einem bestimmten Artikel beauftragt. Das Ergebnis ist nachstehend auszugsweise angegeben.

a) Nennen Sie zwei Gründe, die für die Beauftragung einer auf Marktforschung spezialisierten Unternehmung sprechen.
b) Welche Erkenntnisse kann die Handelskette aus diesem Profil gewinnen?

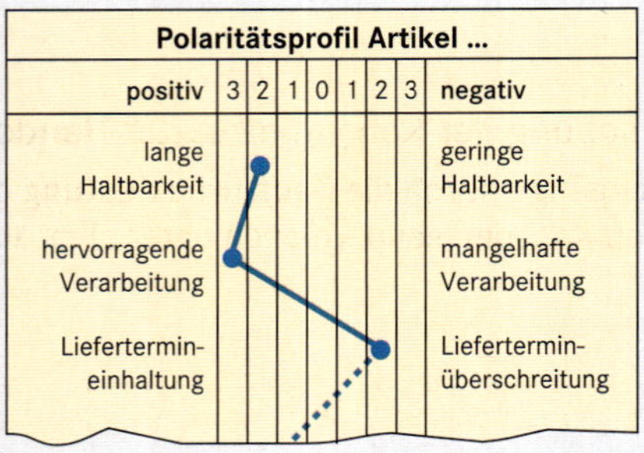

15 Ein Hersteller von Kameras beabsichtigt, eine batterieunabhängig zu betreibende Kamera, die zudem die Kombination von Spiegelreflex- und Digitalkamera in sich vereint, zu entwickeln.

Nachteile, die z. B. durch das nicht immer zeitgerechte Film-wechseln-müssen entstehen, entfallen damit. Die Kamera ist umweltfreundlich (keine Batterien) und soll in ihrer Form und Handhabung den besonderen Ansprüchen von Ästheten und Hobbyfotografen gerecht werden. Der Marktpreis soll knapp unter 650,00 € liegen.

a) Die Geschäftsleitung möchte zur Absicherung ihrer endgültigen Entscheidung eine Marktanalyse durchführen lassen. Um zu absatzpolitisch relevanten Ergebnissen zu gelangen, werden Sie gebeten, Argumente zu suchen, die gegen die Entwicklung einer derartigen Kamera sprechen.
b) Die Befragung im Rahmen einer durchzuführenden Primärerhebung sieht vor, eine bestimmte Zielgruppe auszuwählen. Welche Merkmale sollte dieser Personenkreis aufweisen?
c) Begründen Sie, warum die Befragung schriftlich, mündlich oder telefonisch durchgeführt werden sollte.

16 Welche Informationen liefert die Marktforschung im Rahmen der

a) Kunden-,
b) Konkurrenz-,
c) Imageforschung?

17 In der Marktforschung unterscheidet man nach der Art der Datenerhebung zwischen Sekundär- und Primärerhebungen. Welche der folgenden Erhebungen ist der Sekundärerhebung zuzuordnen?

a) Panel-Befragungen zu Verbrauchsgewohnheiten
b) Auswertung der Branchenkennzahlen des Großhandelsverbandes
c) schriftliche Kundenbefragung mittels Fragebogen
d) Durchführung von Konsumenteninterviews
e) gezielte Befragung bezüglich der Beurteilung unserer letzten Werbekampagne, durchgeführt durch ein von uns beauftragtes Marktforschungsinstitut

18 Eine Gruppe von 4 500 Haushalten soll auf einem von einem Marktforschungsinstitut entworfenen Fragebogen ihre täglichen Einkäufe festhalten. Daten, die eingetragen werden müssen, sind: Warenart, Marke, Größenordnung und Preis. Zur Auswertung senden die Haushalte ihre Daten im Rhythmus von 14 Tagen an das Marktforschungsinstitut.

a) Um welche Art der Datenerhebung handelt es sich im vorliegenden Fall?
b) Nach welchem Verfahren wurden die Haushalte ausgewählt?
c) Welcher Bereich der Marktforschung liegt hier vor?
d) Welche Informationen sollen Ihrer Meinung nach mit der durchgeführten Untersuchung gewonnen werden?

Aktionen

1 *„Immer weniger Ausgaben für klassische Einzelhandelsgüter“* liest Geschäftsführerin Strobel in einer Ergebnisstudie des Bundesverbandes der deutschen Volksbanken und Raiffeisenbanken. Nach Aussage der Autoren der Studie[1] findet nur noch knapp jeder dritte Euro, den die privaten Haushalte für den Konsum ausgeben, den Weg in die Kassen des Handels. Die Studie, die die Spindler Geschäftsführung ausführlich analysierte und dabei leider auch viele Parallelen zum eigenen Unternehmen feststellen musste, ist im Folgenden auszugsweise wiedergegeben:

Konsumschwäche und Verschiebung der Konsumstruktur: Handel leidet doppelt

Der Handel beklagt seit Jahren **Umsatzrückgänge durch die Kaufzurückhaltung** der Verbraucher. Er leidet jedoch nicht nur unter dem schwächelnden Konsum, sondern auch unter einer **Verschiebung der Ausgabenstruktur der privaten Haushalte.** (...)

Anteile der Konsumausgaben der privaten Haushalte im Inland nach Verwendungszwecken[2]

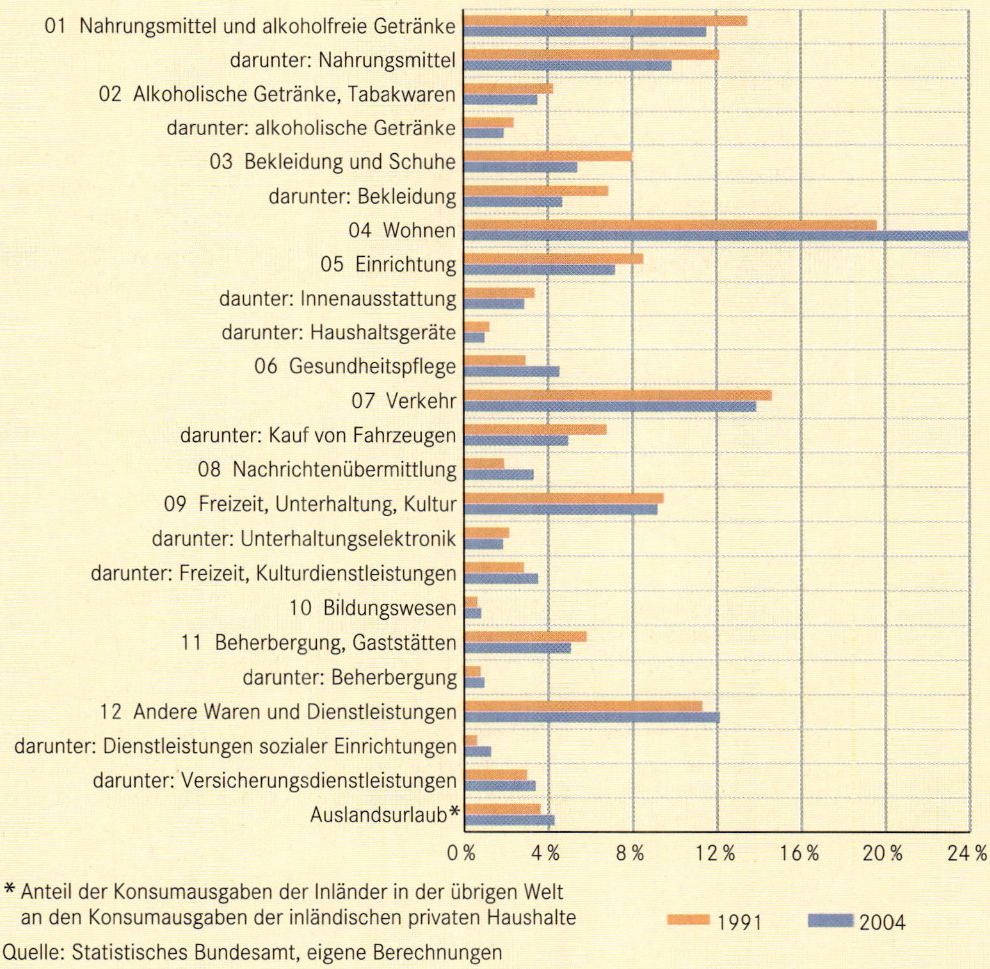

* Anteil der Konsumausgaben der Inländer in der übrigen Welt an den Konsumausgaben der inländischen privaten Haushalte

Quelle: Statistisches Bundesamt, eigene Berechnungen

---

[1] bvr Nr. 11/2005 vom 17. August 2005, Seite 3

[2] ebd., Seite 4

a) Vergleichen Sie die Konsumausgaben der privaten Haushalte innerhalb des angegebenen Zeitraums.
   - Welche Entwicklungen lassen sich hinsichtlich der Ausgabenverwendung feststellen?
   - Welche Gründe könnten hierfür ausschlaggebend sein?

b) Aktualisieren Sie das vorliegende Datenmaterial mithilfe des Internets.

c) Bereiten Sie das gesamte Zahlenmaterial neu auf. Stellen Sie die Entwicklungen mithilfe eines Stabdiagramms dar. Verwenden Sie dazu das Programm Excel.

d) Welche **Schlussfolgerungen** ziehen Sie aus den vorliegenden und ggf. neu hinzugewonnenen statistischen Daten?

2 In einer Abteilungsleiterkonferenz der ***Spindler KG*** unter Vorsitz von Frau Strobel wurden Anfang Februar die folgenden Beschlüsse gefasst:

- Herr Kalweit soll das Marktforschungsinstitut Franke & Co. KG beauftragen, das Verhalten der Kunden hinsichtlich ihres *aktiven Urlaubs- und Freizeitverhaltens* systematisch zu untersuchen.
- Frau Bode soll anhand der Daten aus den Warenwelten *Sport* und *Hobby,* zusammengestellt aus sämtlichen ***Spindler***-Niederlassungen, eine Vorlage für die nächste Abteilungsleiterkonferenz in drei Monaten erstellen. Die Vorlage soll Auskunft geben über Verkaufsschwerpunkte und mögliche Trends.

a) Warum hat die stellvertretende Vorstandsvorsitzende im vorliegenden Fall nicht eine *Markterkundung* von Herrn Kalweit gefordert?

b) Worin liegt der Unterschied in der Datenbeschaffung zwischen Herrn Kalweit und Frau Bode?

c) Auf welche *betriebsinternen Datenquellen* wird Frau Bode zur Erarbeitung der Tischvorlage für die nächste Abteilungsleiterkonferenz zurückgreifen können?

d) Suchen Sie im Internet nach entsprechenden Quellen zum *Ausgabenverhalten der privaten Haushalte.* Stellen Sie dabei mögliche Entwicklungen und Trends heraus.

e) Welche weiteren Informationen – neben der Bedarfsforschung – benötigt die ***Spindler KG*** im Rahmen einer systematisch durchzuführenden Absatzmarktforschung?

f) Sichern Sie Ihre Ergebnisse für ein Kurzreferat vor dem Plenum.

3 a) Erarbeiten Sie arbeitsteilig einen für eine Kundenbefragung zu verwendenden Fragebogen rund um das Thema *Urlaub und sportliche Feizeitgestaltung.*
   - Beachten Sie die Regeln für den *Grundaufbau eines Fragebogens.*
   - Überlegen Sie sich bei der Aufstellung der Fragen, welche Informationen Sie mit diesen Fragen erhalten wollen.

b) Präsentieren Sie die Ergebnisse Ihrer Gruppenarbeit.

c) Fassen Sie die einzelnen Gruppenergebnisse zusammen für die Erstellung der endgültigen Fassung des Fragebogens.

d) Bringen Sie den Fragebogen mithilfe des Computers in eine ansprechende Form.

4 Führen Sie die Befragung zum Thema *Urlaubsverhalten und sportliche Aktivitäten in der Freizeit* in Ihrer Stadt durch. Die Befragung, durchgeführt mit dem Quotenverfahren, sollte möglichst repräsentativ[1] sein.

a) Werten Sie die Antworten Ihrer Befragungsaktion arbeitsteilig mithilfe der **Clusteranalyse** aus. Prüfen Sie dabei, ob sich aufgrund Ihrer Resultate bestimmte Verbrauchergruppen unterscheiden lassen.

b) Stellen Sie Ihre Ergebnisse in Form von Diagrammen grafisch dar. Verwenden Sie hierfür das Tabellenkalkulationsprogramm Excel.

c) Formulieren Sie die aus der aufbereiteten Befragung gewonnenen **Schlussfolgerungen.** Sie sollten einem Großhandelsunternehmen wie der ***Spindler KG*** Hinweise darüber geben, was es bei seinen weiteren marketingpolitischen Maßnahmen bezüglich des Urlaubs- und Freizeitverhaltens seiner Kunden berücksichtigen sollte.

d) Präsentieren Sie die von Ihnen formulierten Schlussfolgerungen in geeigneter Form.

1 typisch, stellvertretend für die Gesamtheit

Zusammenfassung

Absatzmarktforschung

Wesen

- liefert sämtliche Daten, die über die Möglichkeiten und Probleme des Marktes, über Absatzchancen, über Notwendigkeit von Marketingaktivitäten und deren mögliche Wirkung informieren.
- verhilft zu Markttransparenz.
- ist die notwendige Voraussetzung des Marketingmix.
- konzentriert sich auf den Absatzmarkt.

Bereiche

- Marktanalyse: Zeitpunktbetrachtung
- Marktbeobachtung: Zeitraumbetrachtung

Einsatzgebiete

beschafft Informationen über:

- den Standort
- die Kundenstruktur
- die Konkurrenz
- das Image des Handelsunternehmens

Marktuntersuchung

Markterkundung

Unsystematisches, gelegentliches Sammeln von Informationen durch das Unternehmen selbst.

Marktforschung

Systematisches Sammeln von Informationen zur Einschätzung und Beeinflussung des potenziellen Absatzmarktes, mit wissenschaftlichen Methoden vorbereitet und vom Unternehmen selbst oder von Marktforschungsinstituten durchgeführt. Die Marktforschung soll den Markt transparent machen.

Dies kann erzielt werden entweder

ergänzend — *fortlaufend* durch — und/oder — *einmalig* durch

Marktbeobachtung
→ zeitraumbezogene Marktuntersuchung

Marktanalyse
→ zeitpunktbezogene Marktuntersuchung

Absatzforschung

Analyse und Beobachtung der Nachfrage **(Bedarfsforschung)**

Analyse und Beobachtung der Mitbewerber **(Konkurrenz- bzw. Wettbewerbsforschung)**

Ergebnis: **Marktprognose** → Erstellung einer Marketingstrategie → Umsetzung des Marketingkonzepts (Marketingmix)

mit Zielsetzung →

Absatzmarkt

- Erschließung (Marktlücken finden)
- Sicherung
- Erweiterung

Marktforschung

Erhebungsarten

- **Primärerhebungen** (Fieldresearch)
  - Ermittlung **neuer** bisher noch nicht erhobener Marktdaten
  - durch
- **Sekundärerhebungen** (Deskresearch)
  - Auswertung bereits **vorhandener** Daten
  - aufgrund von bestimmten **Quellen**

Erhebungsmethoden

- **Befragung**
  - schriftlich, mündlich, telefonisch } einmalig
  - Panel = über einen längeren Zeitraum
- **Beobachtung**
- **Experiment**
- **Markttest**
- **betriebsinterne**
  - Marketingstatistiken
  - Kundenkarteien
  - Lagerbestandslisten
  - Warenpreislisten
  - Daten der Kosten- und Leistungsrechnung
- **betriebsexterne**
  - = Daten, die außerhalb des Unternehmens erstellt werden, aber zugänglich sind

9.3 Wir wenden im Großhandel Maßnahmen der Produktpolitik an

Einstieg

Der Freund von Nina Kröger, Axel Reisewitz, ist Auszubildender zum Industriekaufmann bei der Grünpunkt AG. Er ist momentan in der Marketingabteilung eingesetzt.

Axel Reisewitz: „... und dann kümmern wir uns gerade ganz stark im Rahmen des Marketings um die Produktpolitik, ein Marketingbereich, den ihr im Großhandel ja nicht habt!“

Nina Kröger: „Halt, halt! Natürlich kümmert sich auch der Handel um die Produktpolitik!“

Axel Reisewitz: „So?“

Nina Kröger: „Schau dir mal diesen Zeitungsartikel an!“

556740

GF PARIS: „Eine Ware ist nicht besser, weil sie schön verpackt ist und einen schönen Namen hat – wählen Sie unbeeinflusst von der Verpackung – das ist Freiheit – kaufen Sie Waren ohne Namen – sie sind ebenso gut, aber billiger – die freien Produkte finden Sie bei Carrefour.“ Die französische Supermarktkette dieses Namens hat 5 Mio. Euro in einen Werbefeldzug gesteckt, der vierzig Produkte – Speiseöl, Kaffee, Konfitüren, Waschmittel usw. – ohne Namen, d. h. ohne Marke, als „freie Produkte“ lanciert und sich – wie man bei Carrefour versichert – bereits nach wenigen Wochen reichlich bezahlt machte. Die Namenlosen („No Names“) hatten in der Folgezeit rasch Nachahmer gefunden – in den USA, Kanada und Europa. Die Idee, „gute, preiswerte Ware ohne Marketingballast“, wird von breiten Verbraucherschichten (man spricht von 65 %) gutgeheißen. Mittlerweile bieten Einkaufsgenossenschaften und freiwillige Ketten etwa 1 100 sog. „Weiße“ an.

Axel Reisewitz: „Da ist aber produktpolitisch vom Einzelhandel die Rede!“

Nina Kröger: „Wenn sowohl in der Industrie als auch im Einzelhandel die Produktpolitik wichtig ist, dann kann sie im Großhandel als zwischengelagerter Wirtschaftsstufe nicht unbedeutend sein ...“

Stellen Sie fest, welche generellen Überlegungen ein Großhändler bei der Einführung von Produkten anstellen muss.

Informationen

Produktpolitik

Definition **Im Rahmen der Produktpolitik eines Unternehmens wird über Qualität, Technik, Form, Farbe und sonstige Ausstattung eines Produktes entschieden.**

Die Produktpolitik umfasst im weiteren Sinn:

- die Produktgestaltung
- die Planung des Produktlebenszyklus
- die Markenpolitik
- die Packungspolitik

Die Produktpolitik ist überwiegend eine Aufgabe von Industrieunternehmen. Sehr oft versuchen jedoch auch Handelsunternehmen, aktiv auf die produktpolitischen Entscheidungen der Erzeugerunternehmen Einfluss zu gewinnen. Dies geschieht häufig durch Großhandlungen oder durch solche Einzelhandelsunternehmen, die aufgrund ihrer Größe und Marktmacht eine unmittelbare Wirkung auf die Industrieunternehmen erzielen können. Gegenstand der Einflussnahme kann die Qualität der Produkte, ihre logistische Handhabbarkeit (z. B. Transport- oder Stapelfähigkeit) oder die äußere Produktgestaltung sein. In einigen Bereichen können Großhandlungen jedoch auch direkt Maßnahmen der Produktpolitik anwenden.

Hauptziel der Produktpolitik ist es, dass die Käufer Produkte möglichst positiv beurteilen. Dafür gibt es verschiedene Möglichkeiten:

Coca-Cola ist kein Getränk. Coca-Cola ist Weltanschauung, ist „American Way of Life“, Freiheit und Frohsinn. Die geriffelte 0,2-Liter-Flasche mit der Jugendstilschrift ist kein Behälter. Das ist ein Denkmal der Konsumgesellschaft oder (für Andy Warhol und Jasper Johns, für Rauschenberg und Mel Ramos) Kunst. Doch so viele Mythen verdecken den Blick aufs Geschäft. Und das lief so sagenumwoben in den letzten Jahren keineswegs. Der Konkurrent Pepsi holte beträchtlich auf und das „einzig wahre Getränk“, Coca-Cola, drohte in den USA zur Nummer zwei unter den Durstlöschern zu werden. Mit einem neuen Manager kam neuer Schwung in die Konzernzentrale. Als all seine Akti-

Test

vitäten den vollen Erfolg nicht brachten, griff er zum letzten Mittel: Er änderte das ein Jahrhundert alte Rezept der braunen Brause. Coca-Cola ist nicht mehr das, was es einmal war. Die braune Brause schmeckt seit dem 8. Mai (vorerst nur in den USA) anders als vorher. Süßer vor allem. Das Rezept des Drinks wurde geändert und Durstige in 155 Ländern der Erde werden sich umstellen müssen – oder zu den Flaschen und Dosen der Konkurrenz greifen.

Quelle: Frankfurter Rundschau vom 18. Mai 1985

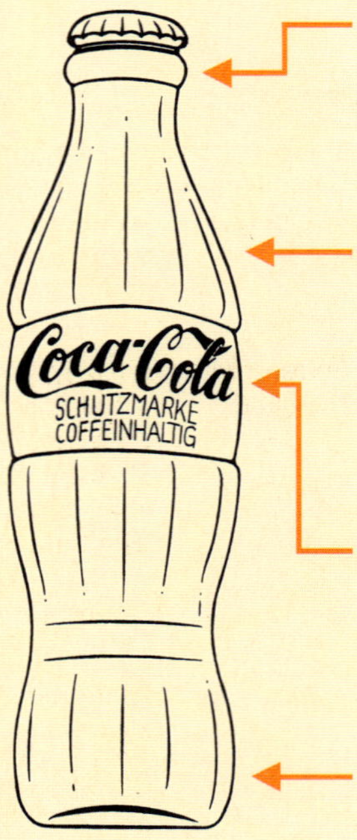

Produktgestaltung:

Festlegung u. a. der Eigenschaften, der Qualität, des Geschmacks, der Formen und Farben von Produkten

Planung des Produktlebenszyklus:

Es muss der richtige Zeitpunkt getroffen werden, veraltete Produkte aus dem Markt zu nehmen bzw. neue Produkte einzuführen.

Markenpolitik:

Durch Verwendung von Markenzeichen wird eine eindeutige Abhebung von der Konkurrenz versucht.

Packungspolitik:

Auch die äußere Gestaltung des Produkts spielt eine wichtige Rolle.

Produktgestaltung

Die optimale Gestaltung eines Produkts trägt ganz entscheidend zu einem möglichen späteren Markterfolg eines Unternehmens bei. Die Festlegung der Erscheinungsform eines Produkts hat daher so zu erfolgen, dass seine Eigenschaften den Anforderungen und Wünschen der Marktteilnehmer gerecht werden. Art und Charakter des Produkts werden bestimmt durch:

- Aussehen des Produkts
- Qualität des Produkts
- Farbe und Konsistenz des Produkts
- Konstruktionsform oder Produktansatz
- Produkteigenschaften und Produktnutzen
- Zusatznutzen

Die Produktgestaltung ist überwiegend eine Aufgabe der Industrie. Der Handel kann dabei jedoch einen gewissen Einfluss nehmen:

- Er kann die Hersteller über Entwicklungen auf dem Markt informieren, Einführungschancen prüfen und die Einführung neuer Produkte unterstützen.
- Er wirkt bei der Industrie auf Lieferung handelsgerechter Versandeinheiten und Verpackungen hin.

Lebenszyklus eines Produkts

Eine Aufgabe der Produktpolitik ist es, durch rechtzeitige Einführung verfeinerter, abgeänderter oder neuer Produkte den zukünftigen Absatz zu sichern bzw. zu erweitern. Jedes Unternehmen, dem es gelingt, neue Produkte zu entwickeln und vor der Konkurrenz auf den Markt zu bringen, erzielt einen beträchtlichen Wettbewerbsvorteil.

Produkte durchlaufen – vergleichbar dem Menschen – verschiedene Lebensalter. Die Kenntnis, in welcher Phase des Lebenswegs sich ein bestimmter Artikel gerade befindet, ermöglicht einen effizienten Einsatz der absatzpolitischen Instrumente.

Insbesondere bei Konsumgütern lässt sich der Lebenszyklus eines Produkts in folgende Phasen einteilen:

- In der *Einführungsphase* sind die Umsätze gering, da das Produkt noch wenig bekannt ist. Auch hohe Werbeaufwendungen führen noch nicht dazu, dass das Produkt sich in der Gewinnzone befindet. Da der Anbieter gewissermaßen eine Monopolstellung hat, kann er einen hohen Produktpreis verlangen.
- In der *Wachstumsphase* steigen die Umsätze sehr stark an: Das Produkt kommt in die Gewinnphase. Die nach wie vor starke Werbung erfasst breite Käuferschichten. Konkurrenten treten als Nachahmer auf, sodass die Preise sinken.
- In der *Reifephase* können die Umsätze zwar noch wachsen, aber die Wachstumsraten verringern sich. Der Preiswettbewerb verschärft sich.

556742

- In der *Sättigungsphase* erreichen die Umsätze ihren höchsten Punkt. Der Gesamtgewinn ist am größten. Doch spätestens jetzt müssen entweder Pläne für ein neues Produkt fertig sein oder Verjüngungsmaßnahmen für das existierende Produkt ergriffen werden, die seinen Lebenszyklus verlängern.
- In der *Degenerationsphase* sind die Umsätze und Gewinne rückläufig.

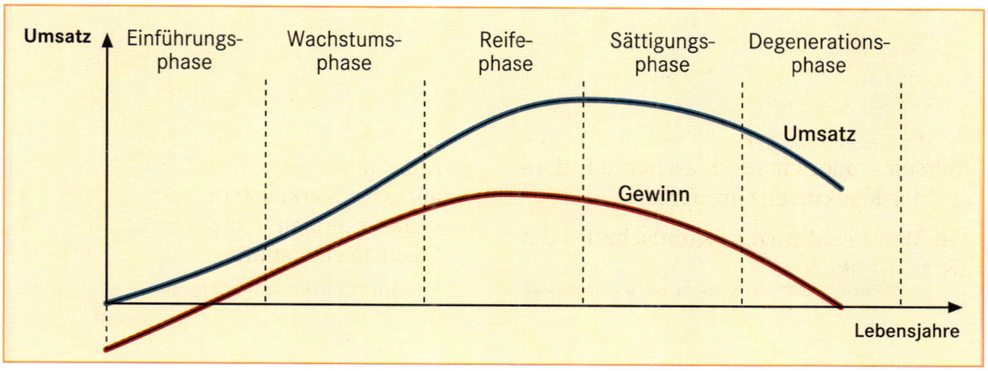

Phasen des Produktlebenszyklus

	Einführung	Wachstum	Reife	Sättigung	Degeneration
Umsatz	gering; langsam steigend	stark ansteigend	weitere, aber weniger starke Marktausdehnung (Zahl der Neukunden wird kleiner)	Umsatzvolumen stagniert auf hohem Niveau bzw. fällt leicht	rückläufig (stark fallend)
Begründung	• Marktwiderstände • organisatorische Probleme	• Marktdurchdringung • erste Konkurrenzprodukte	• Konkurrenzdruck • Preisdruck	• Konkurrenzprodukte ziehen Kunden ab • Preisdruck	überlegene, neuartige Konkurrenzprodukte tauchen auf; Kunden wandern in starkem Umfang ab
Kosten	hohe Kosten pro Stück	sinkende Stückkosten	weiter fallende Stückkosten		steigende Stückkosten
Begründung	hohe Fixkosten für Werbung und Organisation; geringe Stückzahlen	Fixkostendegression, da Bekanntheitsgrad steigt			hohe Fixkosten
Erfolg	Verlust (die Kosten für Werbung und Absatzförderung sind hoch; die verkaufte Menge noch niedrig)	steigende Gewinne	langsam sinkender Gewinn	leichter Gewinnrückgang	fallende Gewinne/ Verlust
Konkurrenten	keine oder wenige	Zahl der Konkurrenten und Intensität der Konkurrenz nimmt zu	Kampf um Marktanteile	Kampf um Marktanteile verstärkt sich	Zahl der Konkurrenten nimmt ab
Operative Marketingziele	Produkt bekannt machen, Erstkäufe herbeiführen	größtmöglicher Marktanteil	größtmöglicher Gewinn bei gleichzeitiger Sicherung des Marktanteiles		Kostensenkung und „Absahnen“

Ein Unternehmen sollte möglichst über eine Mischung aus Produkten in unterschiedlichen Lebensphasen verfügen. Nur so lassen sich Umsatz- und Gewinnschwankungen im Rahmen des unternehmerischen Handelns im Zeitablauf ausgleichen.

Das vorgestellte idealtypische (= theoretische) Lebenszyklusmodell kommt in der Praxis recht häufig vor und gibt wertvolle Denkanstöße und Anregungen für die Strategiefindung von Unternehmen. Es ist jedoch nicht allgemein gültig. Funktionen eines Produkts, Marketingstrategien, Zeitgeist und sonstige Faktoren können den Verlauf des Lebenszyklus entscheidend verändern. Solche realtypischen (= wirkliche) Verläufe können sein:

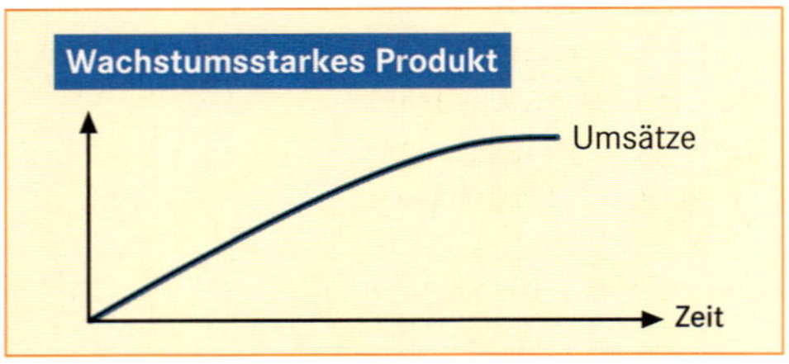

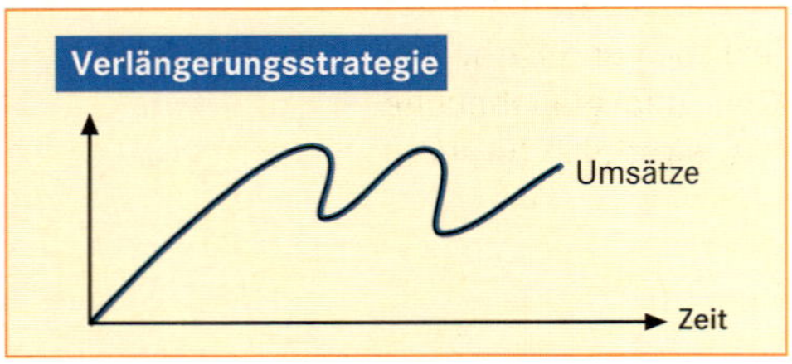

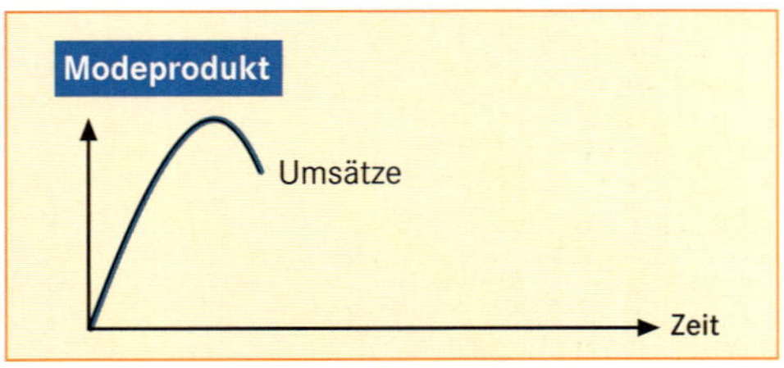

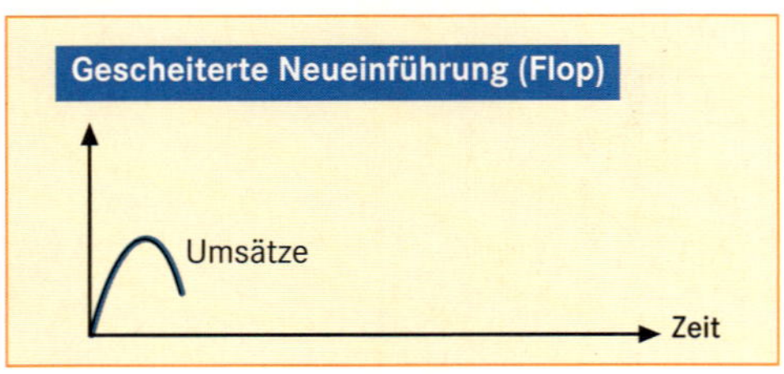

Markenpolitik

Im Rahmen der Markenpolitik eines Unternehmens soll der Käufer durch die Wahl eines Produktnamens oder Warenzeichens an das Produkt gebunden werden. Markenartikel der Hersteller (= Herstellermarken) sind Waren,

- die durch Warenzeichen gekennzeichnet sind, die in stets gleicher Art, Aufmachung und Mengenabpackung überall erhältlich sind,
- deren Lieferung in gleich bleibender oder verbesserter Qualität gewährleistet ist.

Beispiele

Gustin, Odol, Persil, Rama

Die **Marke** enthält

- einen Markennamen, der den ansprechbaren Teil der Marke darstellt,
- und ein Markenzeichen, das die Ware optisch im Bewusstsein des Verbrauchers festhält.

Beispiele

Verwendung finden als Markenzeichen **Symbole:** der Bär von Bärenmarke, die Kuh von Milka, der Mercedes-Stern

bestimmte Schreibweisen: Coca-Cola-Schriftzug, 4711-Marke

Mit der Anmeldung des Warenzeichens beim Patentamt erwirbt das Unternehmen das ausschließliche Recht, mit diesem Zeichen die Waren oder deren Packungen bzw. Verpackungen zu versehen.

Gründe für die Schaffung eines Markenartikels:

- Nur durch die Markierung lässt sich die Ware aus der Masse der anderen Waren herausheben und sich so von Konkurrenzwaren deutlich abheben.
- Die mit der Markierung erreichte Kennzeichnung und Herausstellung der Ware ermöglicht eine warenspezifische Werbung, die gezielt auf die besonderen Eigenschaften und Vorzüge gerichtet ist.
- Nur die Markenbildung bietet die Möglichkeit, für eine Ware ein besonderes Image aufzubauen.
- Markenartikel ermöglichen es, bei den Kunden eine gewisse Markenbindung und Markentreue zu der entsprechenden Ware aufzubauen.

Markentreue

In Deutschland ist es besonders schwer, Kunden von einer Marke zu überzeugen. Nach einer Studie der Agenturvereinigung WPP Group wird vermutet, dass die Ursache in einer mangelnden Begeisterungsfähigkeit und einer ausgeprägten Kritikneigung steckt. In anderen europäischen Ländern liegt die Markenbindung weitaus höher. Der Spitzenwert auf einer Skala bis 100 liegt beispielsweise bei Gilette in Großbritannien bei 57, in Frankreich bei 53 und in Deutschland bei 38.

www.wirtschaftslexikon24.net/d/markentreue/markentreue.htm

Bei **Herstellermarken** üben die Handelsbetriebe lediglich eine Verteilerfunktion für die vom Produzenten hergerichteten Markenartikel aus. Es können aber durch größere Einzelhandels- oder Großhandelsunternehmen Informationen über geäußerte Verbraucherwünsche und Unzufriedenheitsreaktionen hinsichtlich bestimmter Produkte an die Hersteller weitergegeben werden. Ob Änderungsvorschläge durchgesetzt werden können, hängt von der Marktmacht ab.

Handelsmarken (Haus- oder Gemeinschaftsmarken) sind Warenzeichen der Großbetriebe im Einzelhandel (Versandhäuser, Warenhäuser) oder mit dem Einzelhandel kooperierender Großhandlungen. Die **Handelsunternehmen sind Eigentümer der Marke.**

Beispiele

„Elite“ bei Kaufhof Galeria, „Privileg“ bei Quelle, „jinglers“ bei C & A

Die ausführenden Markierungsaufgaben einschließlich der damit verbundenen produktbezogenen Aktivitäten werden vielfach an weisungsgebundene Hersteller übertragen. Der Absatz von Handelsmarkenerzeugnissen erfolgt normalerweise nur in Betrieben des Markeneigentümers.

Packungspolitik

Packung und Verpackung

Neben dem *Leistungskern* und der *Markierung* (Markenpolitik) ist auch die **Verpackung** ein Produktelement.

Definition **Die Umhüllung der Ware aus Gründen der Zweckmäßigkeit nennt man Verpackung.**

Die ursprüngliche Aufgabe der Verpackung war der Schutz der Ware vor äußeren Einflüssen, Feuchtigkeit und schädlichen Temperaturen, Druck und Stoß.

Definition **Wenn eine Verpackung über das Zweckmäßige hinaus einen verkaufsfördernden, werblichen Zusatznutzen aufweist, der als Verkaufsanreiz und Umsatzsteigerung genutzt wird, so wird die Verpackung zur Packung.**

Die Packung bietet die Ware in einprägsamer Form, wirksam durch Text, Bild und Farbe, oft auch sichtbar durch Glas und glasähnliche Stoffe, zum Kauf an – sie wirbt also für ihren Inhalt.

Gewerbliche Schutzrechte

	Patent	Gebrauchsmuster	Marke	Geschmacksmuster
Gegenstand des Rechtsschutzes:	**Erfindungen** (Gegenstände, Stoffe, Herstellungs- und Arbeitsverfahren)	**Erfindungen** (Neuerungen an Gegenständen, keine Verfahren)	**Wort-, Bild-, Hörmarken, 3D-Marken** zur Kennzeichnung und Unterscheidung von Waren oder Dienstleistungen	**Muster und Modelle** in gewerblicher Verwendung
Voraussetzungen:	Neuheit, Erfindungshöhe, Anwendbarkeit auf einem gewerblichen Gebiet	Neuheit, Erfindungshöhe, Anwendbarkeit auf einem gewerblichen Gebiet	Unterscheidungskraft	Neuheit und Eigentümlichkeit der Gestaltung
Erteilung der Schutzrechte durch:	**Deutsches Patentamt**	**Deutsches Patentamt**	**Deutsches Patentamt**	**Deutsches Patentamt**
Schutzdauer:	20 Jahre	3 Jahre (Verlängerung bis höchstens 10 Jahre)	10 Jahre (Verlängerung um jeweils weitere 10 Jahre)	5 Jahre (Verlängerung bis höchstens 20 Jahre)

ZAHLENBILDER 128 710

Informationsaufgabe der Packung

Mit dem Aufkommen der Selbstbedienung fällt der Warenpackung in verstärktem Maße eine Verkaufsfunktion zu, d. h., die Packung muss verkaufen helfen. Sie ersetzt gewissermaßen das Verkaufsgespräch und wird dadurch zu einem wichtigen **Informationsträger.**

Die Packung muss Auskunft geben über

- Warensorte, Menge, Preis und Herkunft
- Bestandteile, Zusammensetzung, Zusatzstoffe, Haltbarkeit, Behandlungsverfahren, Pflegeanleitungen und Gebrauchsanweisungen, soweit dies gesetzlich vorgeschrieben ist bzw. sinnvoll erscheint
- Verwendungszweck (abhängig von der Art der Ware)

Absatzaufgabe der Packung

Die Fülle der miteinander konkurrierenden Waren zwingt die Hersteller, ihre Waren aus der Menge der Konkurrenzerzeugnisse herauszuheben, um dadurch die Verkaufsfähigkeit zu steigern. Hersteller und Händler haben erkannt, dass dabei Formgebung und äußere Gestaltung entscheidend für den Absatz sind.

Die Packung soll die Kunden auf die Ware aufmerksam machen und zum Kauf anregen. Dabei soll sie nicht nur zum einmaligen Kauf anreizen, sondern auch den wiederholten Kauf fördern und schließlich zur Markentreue erziehen. Form und Ausstattung müssen so viele Merkwerte und Erinnerungsstützen enthalten und so unverwechselbar sein, dass sie sich bewusst oder unbewusst einprägen. Eine Ware muss daher aus der anonymen Masse herausgehoben werden und ein bestimmtes unverwechselbares Aussehen erhalten. Man kann sagen, dass die „Persönlichkeit“ einer Ware durch die Packung geprägt wird.

> „Sie müssen eine Verpackung haben, von der die Frau wie von einer vor ihren Augen auf und nieder tanzenden Taschenlampe gefesselt und fasziniert wird.“
>
> *Gerald Stahl, geschäftsführender Vizepräsident, Package Council*
>
> aus: Vance Packard, „Die geheimen Verführer“, Verlag Ullstein GmbH, Frankfurt – Berlin – Wien, o. J., Seite 79

Jede Farbe, jede farbige und gestalterische Kombination einschließlich Dekor (Druckbild) soll beim Kunden optische und psychische Reaktionen hervorrufen, soll in ihm Kaufwünsche wecken und ihn schließlich zum Kauf bewegen. Insbesondere bei Gütern, die völlig gleichartig sind, wie Wasch- und Putzmittel, Grundnahrungsmittel und vielem mehr ist die Packungsgestaltung von herausragender Bedeutung.

Selbst Zucker, Salz oder Geschirrspülmittel werden heute vom Hersteller mit Firmenaufdruck oder Markenzeichnungen in Packungen geliefert, die sich durch Form, Farbe, Größe, grafische Gestaltung und Material bzw. Charakter (Glasflaschen, Kunststoffflaschen, Aluminiumdosen, Tuben, Faltschachteln, Tüten, Beutel, Zylinder mit kreisrunder oder ovaler Grundfläche usw.) von Packungen der Konkurrenz unterscheiden.

Gerade die Farbe ist weniger ein Appell an die Vernunft, als vielmehr ein **Anruf an das Gefühl,** an das Unbewusste. Sie soll bei den Käufern bestimmte Vorstellungen hervorrufen.

Seit langem verbinden wir bestimmte Farben mit dem Geschmack z. B. bestimmter Getränke: *Braun* mit Coca-Cola, *Grün* mit Pfefferminz, *Gelb* mit Zitrone usw. Ein Kunde verlangt „Kaugummi in einer gelben Packung“ und erwartet, dass es nach Zitrone schmeckt, oder er verlangt eine grüne Packung und erwartet Minzgeschmack, doch er verlangt Kaffee in grünen oder roten Paketen. *Blau* fördert den Verkauf von Eisenwaren. *Rosa* ordnen wir kosmetischen Artikeln zu. Bestimmte Farbtöne hindern oder fördern den Verkauf: *Blau* für Teepackungen gibt uns den Eindruck einer schwachen, *Rot* aber einer zu starken Sorte.

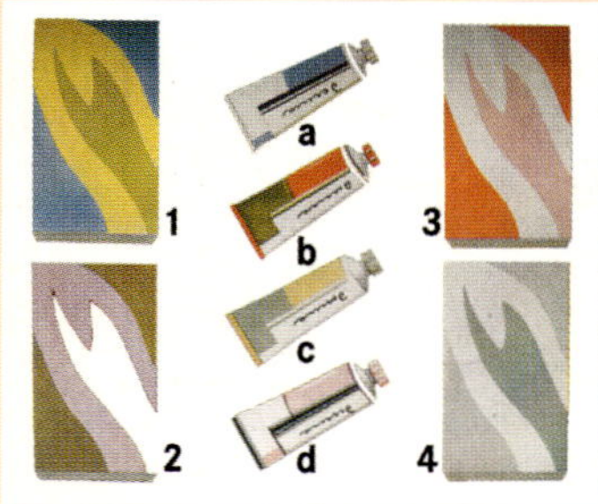

1 = süß, 2 = salzig, 3 = sauer, 4 = bitter. Die Tuben a, b, c, d enthalten eine Salbe oder Creme, deren Bestimmung durch die Farbgebung wie folgt suggeriert wird:

a) Zahnputzmittel, mechanische Reinigung; frisch, aber nicht parfümiert
b) aktive Vitamincreme, stimulierende und aktivierende Salbe im pharmazeutischen, weniger im kosmetischen Bereich
c) lindernde, zarte Wirkung, auch hautpflegend, schmerzlindernd
d) „Schönheitscreme“, parfümiert, kosmetisches Produkt, hygienisch

Weitere Beispiele

Farbgebung	emotionale Wirkung
Gelb und Grün	belebend und erfrischend
Grün und Orange	natürlich und frisch
Blau und Weiß	kühl und sauber
Rosa bzw. Hellblau	Zärtlichkeit und Liebe
Schwarz und Dunkelrot	edles Aussehen
starkes Grün, Blau und Rot	Freude und Spaß
dunkles Rot	Leidenschaft

Bei einheitlicher Verpackungsart, wie bei Arzneimitteln in Tuben oder Döschen, Wein und Likören in Flaschen oder Marmeladen in Gläsern, ist das **Etikett** das wesentliche Merkmal der Unterscheidung. Ihm kommt deshalb gerade in manchen Wirtschaftszweigen die Bedeutung zu, die man der Packung allgemein zumisst.

Neben der Selbstbedienung hat der Trend hin zur verpackten Ware und die Gedankenverbindung Warenqualität – Packung den Markengedanken gefördert (Markenartikeleinsatz). Der Käufer sieht in der Packung eine Garantie; vor allem die Marke, die Markierung, das gleich bleibende Bild der Umhüllung sind ihm Kennzeichen für die Beständigkeit der Warengüte.

Schutzaufgabe der Packung

Einen weiteren Anspruch, den Handel und Verbraucher gemeinsam an die Packung stellen, ist der **Schutz der Ware** vor Transport- und Lagerschäden.

Beitrag der Packung zum Umweltschutz

Da unsere Umwelt ständigen Gefahren ausgesetzt ist, auch

- aufgrund der Verpackungsflut und
- dem immer häufiger festzustellenden sorglosen Umgang mit Verpackungsabfällen,

ergeben sich Forderungen nach einer **umweltfreundlichen Packungsgestaltung.** Insofern hat der Gesetzgeber Regeln für den Umgang mit Verpackungen aufgestellt (siehe Verpackungsverordnung).

Durch das Verpacken von Waren entstehen **Kosten,** die letztlich der Endverbraucher bezahlen muss.

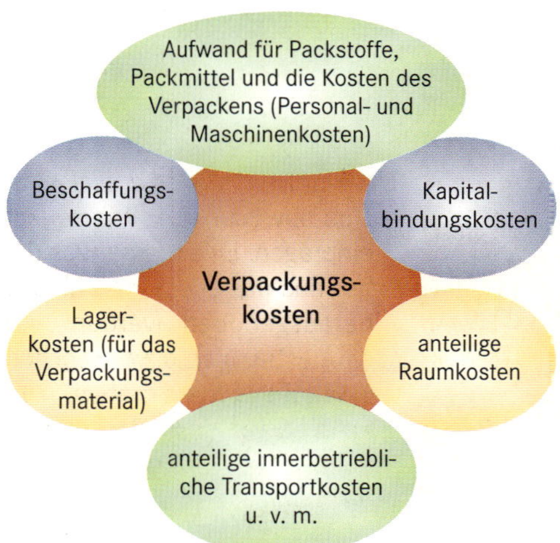

Diese Kosten müssen in einem vertretbaren Verhältnis zueinander stehen. Dabei muss allerdings berücksichtigt werden, dass die Leistungsausstattung (Gestaltung, Grafik, Farbe, Form, Zusatznutzen) von Packungen verschieden ist, dass sich die Packgüter in ihrer Empfindlichkeit unterscheiden und auch sehr verschiedene Warenwerte aufweisen. So wird man bei Elektrogeräten mit 3–8 % der Selbstkosten für die Packung auskommen, während man bei Lebensmitteln, die in der Regel nicht ohne Verpackung verkauft werden können (Reis, Konserven, Butter, Schokolade usw.), oft mit 30 % rechnen muss.

Daher sind stets Maßnahmen zu begrüßen, die zum Ziel haben, die Verpackung und damit auch die Verpackungskosten zu minimieren

Darüber hinaus belastet Typenwirrwarr das Produktionsprogramm, erschwert die Lagerhaltung und führt bei minimalen Umsatzanteilen der verschiedenen Sorten zu hohen Kosten, Unwirtschaftlichkeit und letzten Endes zur Verteuerung der Waren.

Die Entstehung dieser sinnlosen Vielfalt ist häufig darin zu sehen, dass manche Hersteller durch die Wahl von ständig neuen Zwischengrößen die Preisoptik ihrer Waren verbessern wollen. Weitere Ursachen sind im Wettbewerb zu sehen, der viele Unternehmen dazu verleitet, mit immer neuen Variationen, mit immer neuen Riesen- und Kleinstmengen ihrer verpackten Waren eine Erweiterung oder ein Halten des Marktanteils anzustreben.

Sowohl eine **Bereinigung des Sortiments** als auch eine **Begrenzung der Packungsgrößen** dürften wesentlich dazu beitragen, den Wettbewerb auf seine wichtigsten Größen, nämlich Preis und Qualität, zu konzentrieren. Den Käufern würde eine bessere Marktübersicht geboten und die Bedarfsbefriedigung erleichtert. Darüber hinaus kann eine wesentliche Kostensenkung erreicht werden, die auch eine Senkung der Verbraucherpreise zur Folge haben müsste.

Des Weiteren werden durch nicht praktiziertes Recycling die Rohstoffe knapper, mit der Folge, dass sich die Waren bzw. Packungen verteuern.

Nicht zu übersehen ist allerdings, dass erst durch den Effekt der *Absatzförderung durch marktgerechte Packungen* Massenfertigung möglich ist. Vorverpackung und Packung fördern die Nachfrage, Nachfrage schafft höhere Produktion, höhere Produktion führt zu niedrigeren Preisen. Denn je mehr hergestellt wird, desto rationeller und billiger kann produziert werden. Die Rationalisierungsersparnisse bei der Verpackung können dann an die Abnehmer weitergegeben werden.

Aufgaben

1 Welche Bereiche umfasst die Produktpolitik?

2 Wovon hängt eine optimale Produktgestaltung ab?

3 Welche Lebensphasen durchläuft ein Produkt normalerweise?

4 Bringen Sie Beispiele für Produkte, die
a) einen idealtypischen Verlauf,
b) einen realtypischen Verlauf haben.

5 Aus welchen Bestandteilen setzen sich Marken zusammen?

6 Unterscheiden Sie Handelsmarken von Markenartikeln.

7 Welche wirtschaftlichen Gründe sprechen für das Vorhandensein von Markenartikeln im Handel?

8 Nennen Sie
a) Markenartikel,
b) Handelsmarken
aus Ihrem Erfahrungsbereich.

9 Welche Aufgaben hat die Packung
a) für den Verbraucher und
b) für den Handel bzw. Hersteller?

10 Welche wirtschaftliche Bedeutung hat das Verpacken der Ware für den Großhandel?

11 Was verstehen Sie unter „verkaufsaktiver Packung“?

12 Warum ist es von besonderer Bedeutung, dass die Packung eine Umweltschutzfunktion erfüllt?

13 Nennen Sie Maßnahmen von Verbrauchern und Händlern bzw. Herstellern, die geeignet sind, Fehlentwicklungen im Verpackungswesen zu vermeiden.

14 Welche Bedeutung bzw. Auswirkungen haben die Packungskosten auf die Verbraucherpreise?

15 Erklären Sie, wie es möglich ist, dass durch fortschrittliche Packungen die Verkaufspreise gesenkt werden können.

Aktionen

1 a) Lesen Sie das Kapitel.

b) Sammeln Sie in Partnerarbeit zu jedem Buchstaben Begriffe *zum Thema „Produktpolitik“.* Zu jedem Feld soll ein Begriff mit dem Anfangsbuchstaben gefunden werden. Notfalls kann der betreffende Buchstabe auch im Begriff erscheinen.

A	N
B	O
C	Produktgestaltung
D	Q
E	R
F	S
G	T
H	U
I	V
J	W
K	X
L	Y
M	Z

c) Überprüfen Sie, ob Sie alle Begriffe definieren können. Einigen Sie sich dann mit Ihrem Partner auf die zehn wichtigsten Begriffe.

d) Vergleichen Sie die Ergebnisse Ihrer Nachbarn:
- Haben Ihre Nachbarn Begriffe zu Buchstaben gefunden, zu denen Sie nichts gefunden haben?
- Halten Ihre Nachbarn andere Begriffe aus der Produktpolitik für wichtig als Sie? Können Sie diese auch definieren?
- Erstellen Sie zwei Wandzeitungen, die zwei Begriffe anschaulich erläutern.

e) Bereiten Sie sich darauf vor, die zwei Begriffe Ihrer Wandzeitung im Plenum vorzustellen.

2 a) Erstellen Sie eine Mindmap, die alle wesentlichen Inhalte der Produktpolitik zusammenfasst.

b) Bereiten Sie sich darauf vor, einen fünfminütigen Vortrag zur Produktpolitik zu halten.

3 Axel Reisewitz:

„Ja, jetzt bin ich überzeugt, dass die Produktpolitik auch im Großhandel eine wichtige Rolle spielt.“

Nina Kröger:

„Na, sage ich doch! Was macht ihr denn gerade so im Bereich der Produktpolitik?“

Axel Reisewitz:

„Wir suchen gerade nach neuen Produktideen mithilfe des morphologischen Kastens.“

Nina Kröger:

„Was ist das denn?“

Axel Reisewitz:

„Der morphologische Kasten ist eine Kreativitätstechnik, die man in der Produktpolitik, aber nicht nur da, anwenden kann. Beim morphologischen Kasten werden für ein neu zu entwickelndes Produkt Eigenschaften oder Bestandteile aufgelistet (z. B. Form, Material, Farbe, Beschriftung, Zusatzfunktionen usw.). Für jeden Aspekt werden dann möglichst viele verschiedene Ausprägungen (z. B. bei Material Holz, Aluminium, Stein, Kunststoff usw.) gesammelt.

Anschließend können aus den vorhandenen Möglichkeiten verschiedene Varianten zusammengestellt werden, die näher untersucht werden sollen.“

Entwicklung einer Zimmerlampe (vereinfacht):

Produktmerkmal	Teillösung 1	Teillösung 2	Teillösung 3	Teillösung 4
Farbe	blau	rot	schwarz	gelb
Material	Metall	Holz	Stein	–
Form	rund	eckig	oval	teils eckig
Strom sparen	verspiegeln	Stromsparlampe	Zeituhr	Dynamo

Vorgehen:

1. Umschreiben Sie das Problem. Diese Aussage bildet die Überschrift über dem morphologischen Kasten.
2. Entwickeln Sie die Parameter (= Teilprobleme = Im Beispiel oben die Produktmerkmale) des Problems durch Analyse und eventuelles Brainstorming.
3. Erarbeiten Sie Lösungsalternativen zu den Teilproblemen.
4. Kombinieren Sie die Lösungsvarianten der Teilprobleme zu Lösungsvarianten des Gesamtproblems.
5. Bewerten Sie die Lösungsvarianten und wählen Sie die sinnvollste aus. Füllen Sie Ihren morphologischen Kasten aus.

Eine der Ideen des morphologischen Kastens ist es, systematisch Kombinationen nach Lösungen von Problemen abzusuchen. Dass dabei auch von vornherein unsinnige Kombinationen durchprobiert werden, die noch niemand vorher gemacht, stellt eines der Grundelemente der Kreativität dar.

Gehen Sie davon aus, dass Sie zur Designabteilung eines Unternehmens gehören.

a) Bilden Sie zwei Arbeitsgruppen.

b) Entwickelt werden sollen ein neues Design
- für einen (neuen) Schreibtisch,
- für ein (neues) Telefon.

c) Stellen Sie ohne Vorurteile einen morphologischen Kasten auf.

d) Drucken Sie Ihren morphologischen Kasten als Word-Tabelle aus.

e) Bereiten Sie sich darauf vor, Ihren morphologischen Kasten zu präsentieren.

4 a) Stellen Sie in Gruppenarbeit mithilfe der Netzwerktechnik (Strukturlegetechnik) die Konsequenzen dar, die sich aus der Forderung nach einer Reduzierung der Verpackung ergeben:
- Suchen Sie die Konsequenzen aus dieser Forderung.
- Verbinden Sie die Beziehung zweier Wirkungen mit einem Pfeil in die entsprechende Richtung.
- Kennzeichnen Sie im weiteren Verlauf die Pfeile

  – nach ihrer Wirkung:
  mit + bei einer Beeinflussung in derselben Richtung bzw. mit – bei einer Beeinflussung in entgegengesetzter Richtung

  – nach ihrem Zeithorizont:
  mit unterschiedlichen Pfeilfarben für kurz-, mittel- und langfristig

  – nach ihrer Intensität:
  mit unterschiedlichen Strichstärken: 0 = keine oder äußerst geringe, 1 = geringe, 2 = starke, 3 = sehr starke Intensität.

b) Fertigen Sie eine Folie Ihrer Arbeit (z. B. durch die Benutzung eines Flussdiagramms) mithilfe des Computers und geeigneter Software an.

Beachten Sie dabei die Tipps zur Gestaltung von Folien und Plakaten.

c) Bereiten Sie sich darauf vor, Ihr Arbeitsergebnis mittels Overheadprojektor vorzutragen:
- Prüfen Sie zuvor, ob der Inhalt der Folie auf der Projektionsfläche zu lesen ist.
- Achten Sie auf die Anwendung der Präsentationsregeln.

556750

Zusammenfassung

Produktpolitik = Entscheidung über die Ausstattung eines Produkts

Produktgestaltung
Produktqualität und -eigenschaften

Packungspolitik

Planung des Produktlebenszyklus
wirkungsvolle Planung des Lebenswegs von Produkten

Markenpolitik
Herausstellung eines Produkts gegenüber anderen

Packung

und ihre ...

Aufgaben

Informationsfunktion
Gebrauchsfunktion
Rationalisierungsfunktion
Absatzförderungsfunktion
Transport- und Lagerungsfunktion
Umweltschutzfunktion

- ermöglicht die Einführung von Portionierung, von Markenartikeln, von Selbstbedienung
- erhöht – verbrauchergerecht genutzt – die Lebensqualität

Gestaltungselemente

Form
Farbe
Schrift
Grafik
Material
Größe
Konstruktion

macht die Ware verkaufsaktiv und fördert den Impulskauf

Gefahren für die Umwelt durch:

- nutzlose und zu aufwändige Packungshüllen
- Verschwendung von Rohstoffen
- Verwendung von nicht wiederverwertbaren Materialien

Maßnahmen:

- Recycling
- Mehrwegsystem
- Flaschenpfand
- umweltbewusstes Verhalten des Verbrauchers, des Herstellers und des Handels

Auswirkungen auf die Kosten

- unnötige Erhöhung der Verkaufspreise durch aufwändige Packungsmittel und -gestaltung
- Kostensenkung durch Massenproduktion und Rationalisierung (z. B. durch Mehrfachpackungen, weniger Verkaufs- und Lagerfacharbeiter)

- ist getreuer Spiegel des Konsumverhaltens
- schafft Voraussetzungen für neue Ware, neue Käufer und neue Lebensgewohnheiten
- ist die Voraussetzung u. a. für die Rationalisierung im Großhandel
- ist Werbeträger und zugleich Werbemittel für Hersteller und Händler

9.4 Wir treffen sortimentspolitische Entscheidungen

Einstieg

Der Artikelbericht der Warengruppe Damenoberbekleidung dient dem Verkaufsabteilungsleiter der ***Spindler KG,*** Herrn Trumpf, als Unterlage für die Kontrolle seines Sortiments.

Artikelbericht (Auszug)

ART.-BERICHT VON 6. FEBRUAR BIS 12. FEBRUAR .. WARENGRUPPE: DOB

WARENART 1 ***** MÄNTEL *****

ARTIKEL-NR. INTERNE NR.	BEZEICHNUNG	VK-PREIS EK-PREIS	VK-ST. BESTAND	BESTAND VK BESTAND EK	UMSATZ GEWINN	KALK. % ERZ. %	ABV. %
70200 10001	BETTY JORDAN	369,00 187,40	5 1	369,00 187,42	1.845,00 1.008,00	54,6 54,6	83,3
70400 10004	DECO INTERN	359,00 169,50	2 2	718,00 339,00	718,00 379,00	52,8 52,8	50,0
70410 20001	KTM	256,60 126,10	5 8	2.042,80 1.008,80	1.283,00 652,50	52,4 52,4	38,4
70000 10002	STEIGER	179,00 78,50	4 2	358,00 157,00	716,00 402,00	55,6 55,6	66,6

WARENART 2 ***** KLEIDER *****

ARTIKEL-NR. INTERNE NR.	BEZEICHNUNG	VK-PREIS EK-PREIS	VK-ST. BESTAND	BESTAND VK BESTAND EK	UMSATZ GEWINN	KALK. % ERZ. %	ABV.
70400 30001	DECO INTERN	205,00 89,89	3 6	1.230,00 537,34	615,00 345,33	56,2 56,2	33,3
70410 30003	KTM	198,00 84,90	5 2	396,00 169,80	990,00 565,50	57,1 57,1	71,4

Stellen Sie fest, welche Sortimentsentscheidungen Herr Trumpf auf der Grundlage dieses Berichts treffen sollte.

Informationen

Definition **Sortimentspolitik** ist die bewusste, planmäßige Gestaltung des Sortiments. Ziel der Sortimentspolitik ist es, Inhalt und Umfang des Sortiments so zu gestalten, dass die geplanten Umsätze und Gewinne erreicht werden.

Sortimentsgliederung

Definition Das **Sortiment** ist die **Gesamtheit aller Waren und Dienstleistungen,** die ein Handelsbetrieb anbietet. Es besteht aus verschiedenen Sorten, die zu Artikeln, Warenarten und Warengruppen zusammengefasst werden können.

Die **Sorte** ist die kleinste Einheit des Sortiments. Gleichartige Sorten, die sich nur nach der Menge, Größe, Farbe und Musterung unterscheiden, bilden einen **Artikel.** Verschiedene, aber ähnliche Artikel werden zu **Warenarten** und **Warengruppen** zusammengefasst.

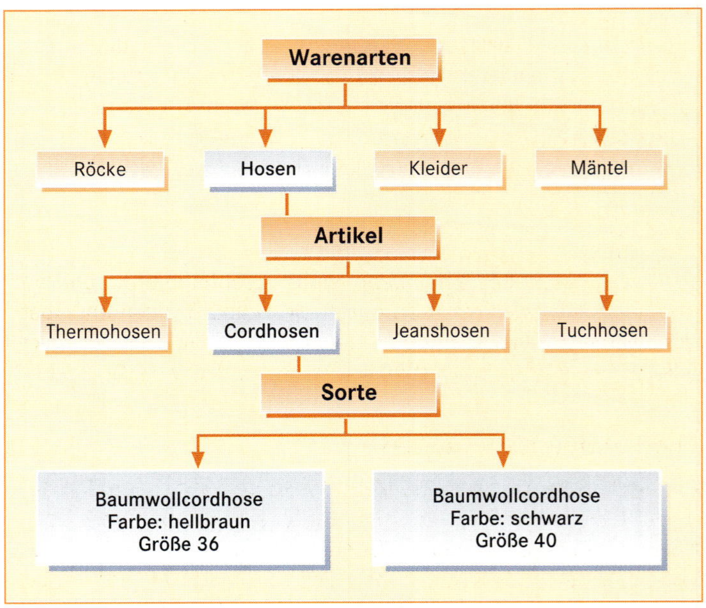

556752

Beispiel

Sortiment	Warengruppen
Lederwaren	Koffer, Geldbörsen, Damentaschen, Herrentaschen
Schuhe	Damenschuhe, Herrenschuhe, Kinderschuhe
Bekleidung	Damenoberbekleidung, Herrenoberbekleidung, Damenwäsche, Herrenwäsche usw.
Lebensmittel	Fleisch, Fisch, Molkereiprodukte usw.

Sortimentsumfang

Der Sortimentsumfang eines Handelsbetriebes wird mit den Begriffen „Sortimentsbreite“ und „Sortimentstiefe“ beschrieben.

- Die **Sortimentsbreite** wird durch die Zahl der Warenarten und Warengruppen bestimmt. Je mehr Warenarten und Warengruppen in einem Handelsbetrieb angeboten werden, umso breiter ist sein Sortiment. Ein breites Sortiment enthält viele Warenarten und Warengruppen. Ein schmales Sortiment besteht nur aus einer oder wenigen Warenarten.
- Die **Sortimentstiefe** wird durch die Artikel- und Sortenzahl bestimmt. Je mehr **Artikel** und Sorten innerhalb einer Warenart angeboten werden, umso **tiefer** ist ein Sortiment. Ein Handelsbetrieb führt ein tiefes Sortiment, wenn er innerhalb der einzelnen Warenarten viele Artikel und Sorten anbietet. Werden innerhalb der einzelnen Warenarten nur wenige Artikel und Sorten angeboten, spricht man von einem **flachen** Sortiment.

Kern- und Randsortiment

Nach der Bedeutung für den Gesamtumsatz kann man das Sortiment eines Handelsbetriebes unterteilen in Kern- und Randsortiment:

- Das **Kernsortiment** ist der Sortimentsteil, auf den sich die Haupttätigkeit des jeweiligen Handelsbetriebes erstreckt. Es erbringt in der Regel den überwiegenden Umsatzanteil.
- Das **Randsortiment** wird zur Abrundung des Kernsortiments geführt. Es erbringt in der Regel den geringeren Umsatzanteil.

Beispiel

Zum Kernsortiment einer Lebensmittelgroßhandlung gehören u. a. Molkereiprodukte, Nährmittel, Brot- und Backwaren, Obst und Gemüse, Fleisch- und Wurstwaren. Im Randsortiment führt dieses Geschäft Zeitschriften, Strümpfe und Kunststoffgeschirr.

Kundendienstleistungen

Kundendienstleistungen sind Nebenleistungen eines Großhandelsbetriebs, die er zusätzlich zu seiner Hauptleistung, dem Verkauf von Waren, erbringt. Dazu gehören Leistungen, die in unmittelbarem Zusammenhang mit der Ware stehen, und warenunabhängige Leistungen, die der Bequemlichkeit des Kunden beim Einkauf dienen.

Warenbezogene Dienstleistungen von Großhandelsbetrieben sind z. B.:

- Produktberatung und Produktinformationen
- Gebrauchsanleitungen
- Aufstellen und Inbetriebnahme von technischen Geräten (Maschinen, EDV-Systeme usw.)
- Garantiegewährung
- Reparaturservice
- Inspektions- und Wartungsservice (z. B. bei Büromaschinen und Kraftfahrzeugen)
- Ersatzteildienst
- Ersatzbereitstellung im Falle der Reparatur oder Wartung
- Warenmanipulation, z. B.:
  - Anarbeitung im Stahlhandel (Biegen, Bohren, Sägen u. Ä., Bearbeitungsvorgänge am Rohmaterial)
  - Übernahme von Reifungsprozessen (bei Bananen, Tee usw.)
  - Dauerlagerung von Waren unter produktadäquaten Bedingungen (z. B. bei Teppichen)

Nicht warenbezogene Dienstleistungen, die von Großhandelsbetrieben angeboten werden können, sind z. B.:

- Übernahme von betrieblichen Funktionen der Kunden (Rechnungswesen, Werbung usw.)
- Überlassung von EDV-Kapazitäten
- Unternehmensberatung
- Personalschulung
- Finanzierungshilfen

Die zunehmende **Bedeutung des Kundendienstes** hat seine Ursachen in:

- dem steigenden Wettbewerb auf immer mehr gesättigten Märkten
- der Schaffung von Wettbewerbsvorteilen
- den ständig komplizierter werdenden Produkten
- dem wachsenden Wunsch der Kunden nach Problemlösungen, die sehr häufig Produkt und Dienstleistung einschließen
- dem steigenden Wettbewerb zwischen gleichartigen Massengütern und dem sich daraus ergebenden Wunsch der Großhändler, sich von der Konkurrenz abzuheben

Bestimmungsgrößen der Sortimentspolitik

Die Sortimentspolitik eines Großhandelsbetriebes wird durch verschiedene Einflussgrößen bestimmt.

Die Entscheidung eines Großhandelsbetriebes über seine **Sortimentsorientierung** bestimmt den Rahmen des Sortimentsinhalts. Großhandelssortimente lassen sich danach unterscheiden in:

- **stofforientierte Sortimente** (z. B. Sortimente von Stahlgroßhandlungen)
- **herkunftsorientierte Sortimente** (z. B. Sortimente von Großhandelsbetrieben, die auf bestimmte Hersteller oder Herkunftsländer spezialisiert sind)
- **bedarfsorientierte Sortimente** (z. B. Sortimente von Arzneibedarfsgroßhandlungen, Sanitärgroßhandlungen, Bürobedarfsgroßhandlungen, Baugroßhandlungen)

Die zur Verfügung stehende **Lagerfläche** begrenzt die Zahl der in einem Sortiment geführten Warenarten, Artikel und Sorten.

Zu einer Begrenzung des Sortimentsumfangs kann ebenfalls das zur Verfügung stehende **Kapital** führen.

Bei der Sortimentsgestaltung muss der Großhandelsbetrieb auch die Zusammensetzung der **Sortimente der Konkurrenz** beachten.

Der **Bedarf des angesprochenen Kundenkreises** ist eine wesentliche Einflussgröße für die Sortimentsgestaltung. Wenn Großhandelsbetriebe keine Umsatz- und Gewinneinbußen erleiden wollen, müssen sie ihr Sortiment an Änderungen des Kundenbedarfs anpassen.

In der Bevölkerung hat das **Umweltbewusstsein** in den letzten Jahren stark zugenommen. Dies hat Auswirkungen auf ihr Einkaufsverhalten. Handelsbetriebe können diesem Bewusstseinswandel durch die Aufnahme umweltverträglicher Waren in ihr Sortiment Rechnung tragen. Sie können z. B. Waren, deren Herstellung, Verwendung oder Beseitigung die Gesundheit und Umwelt belasten, aus ihrem Sortiment herausnehmen und durch umweltverträgliche Waren ersetzen.

Sortimentskontrolle

Durch eine ständige Kontrolle des Sortiments sollen Informationen über Sortimentslücken und nicht oder nur schwer verkäufliche Warenarten, Artikel und Sorten gewonnen werden. Dazu können insbesondere folgende Methoden angewendet werden:

Fehl- und Nichtverkaufskontrolle

Von **Fehlverkäufen** wird gesprochen, wenn eine Ware, die grundsätzlich im Sortiment geführt wird, zum Zeitpunkt der Nachfrage durch den Kunden nicht auf Lager war.

Von **Nichtverkäufen** spricht man, wenn Kunden eine Ware nachfragen, die im bestehenden Sortiment nicht geführt wird.

Sortimentskontrolle durch die kurzfristige Erfolgsrechnung

Die kurzfristige Erfolgsrechnung (KER) ist ein Teilgebiet des handelsbetrieblichen Rechnungswesens. Sie kann manuell oder mithilfe der elektronischen Datenverarbeitung (EDV) durchgeführt werden. Die mithilfe der EDV durchgeführte kurzfristige Erfolgsrechnung liefert u. a. warengruppen- und artikelgenaue Informationen über den Umsatz, Abverkauf, Lagerbestand, Lagerumschlagshäufigkeit und Roherträge.

Die Auswertung der kurzfristigen Erfolgsrechnung hilft, wirtschaftliche und unwirtschaftliche Artikel im Sortiment aufzuspüren.

Beispiel

Aus dem Artikelbericht der Warengruppe Damenoberbekleidung der ***Spindler KG*** kann Herr Trumpf für jeden Artikel den Verkaufspreis (VK-Preis) und Einkaufspreis (EK-Preis) pro Stück, die in der Zeit vom 6. Febr. bis 12. Febr. verkauften Stück (VK-Stück), den Lagerbestand in Stück (Bestand), den Lagerbestand bewertet zu Verkaufspreisen (Bestand VK) und zu Einkaufspreisen (Bestand EK), den Umsatz in der Zeit vom 6. Febr. bis 12. Febr., den Rohertrag in Euro (Gewinn) und in Prozent (ERZ %) sowie den Abverkauf in Prozent (ABV %) entnehmen.

Aus dem Artikelbericht kann Herr Trumpf eine „Renner-“ und eine „Pennerliste“ erstellen. Die Rennerliste enthält alle Artikel aus dem Artikelbericht, die gut verkauft wurden. Die Pennerliste führt die Artikel auf, die wenig verkauft wurden.

RENNER-PENNER-BERICHT WARENGRUPPE: DOB

WARENART 1 ***** MÄNTEL ***** ABVERKAUF BESSER 60 %

ARTIKEL-NR. INTERNE NR.	BEZEICHNUNG	VK-PREIS EK-PREIS	VK-ST. BESTAND	BESTAND VK BESTAND EK	UMSATZ GEWINN	KALK. % ERZ. %	ABV. %
70200 10001	BETTY JORDAN	369,00 187,40	5 1	369,00 187,40	1845,00 1008,00	54,6 54,6	83,3
70000 10002	STEIGER	179,00 78,50	4 2	358,00 157,00	716,00 402,00	55,6 55,6	66,6

BERICHTSENDE

RENNER-PENNER-BERICHT FILIALE: 001

WARENART 1 ***** MÄNTEL ***** ABVERKAUF SCHLECHTER 60 %

ARTIKEL-NR. INTERNE NR.	BEZEICHNUNG	VK-PREIS EK-PREIS	VK-ST. BESTAND	BESTAND VK BESTAND EK	UMSATZ GEWINN	KALK. % ERZ. %	ABV. %
70400 10004	DECO INTERN	359,00 169,50	2 2	718,00 339,00	718,00 379,00	52,8 52,8	50,0
70410 20001	KTM	256,60 126,10	5 8	2042,80 1008,80	1283,00 652,50	52,4 52,4	38,4

BERICHTSENDE

Für die Sortimentskontrolle eignet sich als Instrument der kurzfristigen Erfolgskontrolle besonders gut die **Deckungsbeitragsrechnung**[1].

Sortimentsprogrammplanung mithilfe der Deckungsbeitragsrechnung

Ziel der Sortimentsprogrammplanung ist es, die wirtschaftlichsten Artikel bzw. Artikelgruppen ins Sortimentsprogramm aufzunehmen.

Beispiel

Ein Großhandel führt die Artikelgruppen I, II, III und IV. Es gelten folgende Daten:

Artikelgruppe	I	II	III	IV
Verkaufserlöse	260.000,00	325.000,00	680.000,00	450.000,00
- Wareneinsatz	120.000,00	300.000,00	400.000,00	270.000,00
- variable Gemeinkosten[2]	40.000,00	150.000,00	120.000,00	120.000,00
= Deckungsbeitrag	100.000,00	-125.000,00	160.000,00	60.000,00

Fixe Kosten: 250.000,00 €

Bei dem vorliegenden Sortimentsprogramm wird mit Verlust gearbeitet:

	Deckungsbeitrag der Betrachtungsperiode von Artikelgruppe I:	100.000,00 €
-	Deckungsbeitrag der Betrachtungsperiode von Artikelgruppe II:	- 125.000,00 €
+	Deckungsbeitrag der Betrachtungsperiode von Artikelgruppe III:	+ 160.000,00 €
+	Deckungsbeitrag der Betrachtungsperiode von Artikelgruppe IV:	+ 60.000,00 €
-	fixe Kosten	- 250.000,00 €
	Verlust	- 55.000,00 €

Das Sortimentsprogramm wird geändert. Artikelgruppe II weist einen negativen Deckungsbeitrag (- 125.000,00 €) auf und wird aus dem Sortimentsprogramm genommen.

Die Erfolgssituation verbessert sich entsprechend um 125.000,00 € auf einen Gewinn von 70.000,00 € (= - 55.000,00 € + 125.000,00 €).

welches Produkt übernehme ich?

Wo setze ich Werbung ein? → % Anteil an D Beitrag am höchsten ist

[1] siehe auch *Groß im Handel - Fachstufe I*, Kap. 8.5
[2] auch: variable Handlungskosten

Ist in der Unternehmung freie Kapazität[1] vorhanden, so ist keine Entscheidung hinsichtlich einer alternativen Kostenträgerauswahl zu treffen. Alle Kostenträger mit einem positiven Deckungsbeitrag werden ins Sortimentsprogramm aufgenommen.

Fortsetzung des Beispiels

Der Betrieb möchte wegen der frei gewordenen Kapazität den Umsatz der übrigen drei Artikelgruppen durch Werbemaßnahmen steigern. Es stellt sich die Frage, bei welcher Artikelgruppe Werbemaßnahmen die betriebliche Erfolgssituation am meisten verbessern.

Die Rangfolge der wirtschaftlichsten Artikelgruppen wird durch die **Deckungsbeiträge in Prozent von den Verkaufserlösen**[2] festgelegt:

Artikelgruppe	I	III	IV
Deckungsbeitrag in Prozent von den Verkaufserlösen[2]	38,462 %	23,529 %	13,333 %

Werbemaßnahmen zur Steigerung des Umsatzes sind in unserem Beispiel in folgender Rangfolge am erfolgversprechendsten: Artikelgruppe I, Artikelgruppe III, Artikelgruppe IV.

Eine Umsatzsteigerung von beispielsweise 100.000,00 € würde bei Artikelgruppe I zu einem Zuwachs des Deckungsbeitrages der Periode von 38.462,00 € (38,462 % von 100.000,00 €) führen. Bei Artikelgruppe III wird in diesem Fall ein Zuwachs des Deckungsbeitrages der Periode von 23.529,00 € (23,529 % von 100.000,00 €) erzielt. Bei Artikelgruppe IV beträgt er 13.333,00 € (13,333 % von 100.000,00 €).

Bei freier Kapazität ergibt sich die Rangfolge der wirtschaftlichsten Kostenträger durch die Deckungsbeiträge in Prozent von den Verkaufserlösen.

Möglichkeiten der Sortimentsveränderung

Wenn durch Sortimentskontrollen Sortimentslücken oder nicht bzw. schwer verkäufliche Artikel festgestellt werden, sind Veränderungen im Sortiment des Großhandelsbetriebes erforderlich. Durch Bereinigung und Erweiterung versuchen Großhandelsbetriebe, ihr Sortiment an das veränderte Nachfrageverhalten der Kunden anzupassen. Dadurch soll die Leistungsfähigkeit des Großhandelsbetriebes erhöht werden.

Bei einer **Sortimentsbereinigung** werden bestimmte Artikel und Sorten aus dem Sortiment gestrichen. Dadurch wird der Sortimentsumfang verringert.

Bei einer **Sortimentserweiterung** werden zusätzliche Artikel und Sorten in das Sortiment aufgenommen. Die Aufnahme zusätzlicher Artikel und Sorten in schon bestehende Warenarten und Warengruppen führt zu einer Vertiefung des Sortiments. Die Aufnahme zusätzlicher Warengruppen führt zu einer Sortimentsverbreiterung. Eine besondere Form der Sortimentserweiterung ist die **Diversifikation**.

Definition **Diversifikation bedeutet die Aufnahme bedarfsverwandter oder sonstiger Waren und Leistungen, die in keinem direkten Zusammenhang mit dem bisherigen Betätigungsfeld des Unternehmens stehen.**

1 Zur „Sortimentsprogrammplanung bei knapper Kapazität" sei auf die vertiefende Fachliteratur verwiesen.

2 Verkaufserlöse ≙ 100 %
Deckungsbeitrag ≙ x %

$$x = \frac{100 \cdot \text{Deckungsbeitrag}}{\text{Verkaufserlöse}}$$

Dabei kann zwischen horizontaler, vertikaler und lateraler Diversifikation unterschieden werden.

- Bei der **horizontalen Diversifikation** dehnt das Unternehmen seine Aktivitäten auf Bereiche aus, die auf derselben Wirtschaftsstufe liegen. Mit den neu aufgenommenen Waren und Leistungen wendet sich das Unternehmen in der Regel an bereits vorhandene Kunden oder an Abnehmer, die sich auf derselben Wirtschaftsstufe wie diese befinden.

Eine Lebensmittelgroßhandlung nimmt Blumen in ihr Sortiment auf.

- Bei der **vertikalen Diversifikation** werden Produkte der vor- oder nachgelagerten Wirtschaftsstufen in das Sortiment aufgenommen.

Eine Textilgroßhandlung kauft eine Wäschefabrik.

- Bei der **lateralen Diversifikation** werden Produkte in das Sortiment aufgenommen, die in überhaupt keinem Zusammenhang zum bisherigen Sortiment stehen.

Die Textilgroßhandlung ***Spindler KG*** kauft ein Softwareunternehmen.

Aufgaben

1 Was versteht man unter einem Sortiment?

2 Fassen Sie folgende Artikel in zwei Warengruppen zusammen:

Frischmilch, Früchtejogurt, Weintrauben, Goudakäse, Pfirsiche, Apfelsinen.

3 Wodurch können sich die Sorten folgender Artikel unterscheiden?

a) Jeanshosen b) Kondensmilch c) Mineralwasser

4 Beschreiben Sie die Tiefe und Breite des folgenden Sortiments:

- Damenschuhe in 30 verschiedenen Formen und Farben, Größe 36 bis 42;
- Herrenschuhe in 20 verschiedenen Formen und Farben, Größe 39 bis 48.

5 Welche der folgenden Artikel gehören zum Kernsortiment einer Schuhgroßhandlung?

Damenschuhe, Stiefel, Ledergürtel, Einlegesohlen, Hausschuhe, Schnürsenkel, Geldbörsen.

6 Stellen Sie Kundendienstleistungen zusammen, die die ***Spindler KG*** ihren Kunden anbieten sollte.

7 Welche Kundendienstleistungen erwarten Kunden beim Kauf von

a) Büroeinrichtungen, b) Maschinen, c) Kraftfahrzeugen, d) Baustoffen?

8 Durch welche Größen wird die Gestaltung eines Sortiments beeinflusst?

9 Unterscheiden Sie Fehlverkäufe und Nichtverkäufe.

10 Welche Hilfe bietet die kurzfristige Erfolgsrechnung bei der Sortimentskontrolle?

11 Die Marktforschung eines Großhandelsbetriebes ermittelt folgende Absatzmöglichkeiten:

Artikel	A	B	C	D	E
Absatz (Stück)	80 000	110 000	100 000	90 000	60 000
Verkaufspreis (€)	12,00	15,00	9,00	10,00	8,00

Den Kunden sollen auf alle Artikel 2 % Skonto und 20 % Wiederverkäuferrabatt gewährt werden.

Es wird mit folgenden Kosten gerechnet:

Artikel	A	B	C	D	E
variable Stückkosten (€)	6,00	13,00	5,00	6,00	5,00

Fixe Kosten: 650.000,00 €

a) Welches Sortimentsprogramm empfehlen Sie dem Großhandelsbetrieb?
Welcher Gewinn/Verlust ist bei Ihrer Empfehlung zu erwarten?

b) Zur Verbesserung des Betriebsergebnisses werden Werbemaßnahmen erwogen. Bei welchen Artikeln sind Werbemaßnahmen am erfolgversprechendsten?
Stellen Sie eine entsprechende Rangfolge der Artikel auf.

12 Ein Sportartikelgroßhandel führt vier verschiedene Fitnessgeräte (Typ I, II, III, IV).

Fitnessgerät	Typ I	Typ II	Typ III	Typ IV
Verkaufserlöse (€)	800.000,00	600.000,00	300.000,00	900.000,00
variable Kosten (€)	570.000,00	460.000,00	340.000,00	654.000,00

Fixe Kosten: 606.000,00 €

a) Ermitteln Sie den Betriebserfolg.

b) Zur Verbesserung der Erfolgssituation soll das Sortimentsprogramm umstrukturiert werden. Welches Sortimentsprogramm empfehlen Sie dem Sportartikelgroßhändler?
Zu welchem Betriebsergebnis hätte Ihr Sortimentsprogramm geführt?

c) Zur weiteren Verbesserung des Betriebsergebnisses sollen Werbeaktionen durchgeführt werden.
Bei welchem Gerätetyp sind Werbemaßnahmen am erfolgversprechendsten?
Stellen Sie eine entsprechende Rangfolge der Gerätetypen auf.

d) Die Werbeaktionen kosten 10.000,00 €. Damit könnte bei jedem Gerätetyp eine Umsatzsteigerung von 100.000,00 € erreicht werden.
Es soll für den Gerätetyp geworben werden, bei dem der Werbegewinn am höchsten ist.
Mit welcher Ergebnisverbesserung ist zu rechnen?

13 Welches Ziel verfolgt ein Großhändler durch eine Sortimentsbereinigung?

14 Welche Sortimentserweiterung wird als Diversifikation bezeichnet?

Aktionen

1 Stellen Sie das Sortiment Ihres Ausbildungsbetriebes in Ihrer Klasse vor.

a) Geben Sie einen Überblick über die Warengruppen, die Ihr Ausbildungsbetrieb führt.

b) Erläutern Sie die Einflussgrößen, die die Sortimentsgestaltung Ihres Ausbildungsbetriebes bestimmen.

2 a) Erstellen Sie eine Übersicht der Kundendienstleistungen Ihres Ausbildungsbetriebes.

b) Präsentieren Sie die Übersicht in Ihrer Klasse und begründen Sie, warum Ihr Ausbildungsbetrieb diese Dienstleistungen anbietet.

Zusammenfassung

Sortiment
= Gesamtheit der angebotenen Waren und Dienstleistungen

- **Gliederung**: Warengruppe, Warenart, Artikel, Sorte
- **Umfang**:
  - Sortimentsbreite (breites und schmales Sortiment)
  - Sortimentstiefe (tiefes und flaches Sortiment)
- **Bedeutung für den Gesamtumsatz**:
  - Kernsortiment
  - Randsortiment
- **Kundendienstleistungen**:
  - warenbezogene Dienstleistungen
  - nicht warenbezogene Dienstleistungen

Sortimentsgestaltung

Bestimmungsgrößen
- Branche
- Lagerfläche
- Kapital
- Sortiment der Konkurrenz
- Bedarf des Kundenkreises
- Umweltverträglichkeit der Waren

Sortimentskontrolle
durch:
- Fehl- und Nichtverkaufskontrolle
- Kurzfristige Erfolgsrechnung
  - manuell
  - mithilfe der EDV
  - unter Einsatz der Deckungsbeitragsrechnung

Sortimentsveränderungen
- Sortimentsbereinigung: Aufgabe einzelner Artikel und Sorten
- Sortimentserweiterung: Aufnahme zusätzlicher Artikel und Sorten
- Diversifikation: Aufnahme von Warengruppen, die mit dem bisherigen Sortiment keine oder nur geringe Verwandtschaft aufweisen

556758

9.5 Wir treffen Entscheidungen über die optimale Organisation der Warenverteilung

Einstieg

Die Geschäftsleitung der ***Spindler KG*** überlegt sich gemeinsam mit dem Abteilungsleiter für den Verkauf, Herrn Trumpf, ob sie ihre Artikel „Seidenbettwäsche" sowie „Sport- und Freizeitkleidung" weiterhin lediglich über den **Absatzweg** des Fachhandels (Fach- und Spezialgeschäfte) verkaufen soll oder ob es vorteilhafter wäre, ebenfalls Warenhäuser, Kaufhäuser und Verbrauchermärkte zu beliefern.

Der Geschäftsleitung ist darüber hinaus sehr bewusst, dass besonders *Beratungsleistungen* im Angebot eines Großhändlers an Bedeutung gewinnen werden. Aufgrund der vom Großhandelsverband durchgeführten Umfragen konnte belegt werden, dass Einzelhändler, die die Geschäftsbeziehung als qualitativ gut empfinden, eher bzw. stärker an das Großhandelsunternehmen gebunden sind. Dies spricht, so die ***Spindler***-Geschäftsführung, für die aktivere Pflege von Kunden, die – finanziell – von größerer Bedeutung sind. Eine Möglichkeit zur Verbesserung der Qualität von Geschäftsbeziehungen liegt nach Frau Strobels Meinung deshalb in der gezielten Interaktion mit dem Kunden, z. B. durch verstärkte Besuche des Außendienstes.

Insofern soll im Zusammenhang mit der Suche nach der **optimalen Absatzform** entschieden werden, ob die infrage kommenden Einzelhändler neben den bisher eingesetzten beiden Außendienstmitarbeitern, Herr Breiter und Herr König, von einem weiteren, neu einzustellenden *Reisenden* betreut werden sollen oder ob alternativ zu diesem Reisenden ein *Handelsvertreter* eingesetzt werden soll.

Herr Trumpf wird beauftragt, Lösungsvorschläge für beide Fragestellungen zu erarbeiten und sie der Geschäftsleitung innerhalb der nächsten vier Wochen vorzulegen.

Welche Entscheidungen hinsichtlich der optimalen Absatzmethode würden Sie anstelle von Abteilungsleiter Trumpf treffen? Benutzen Sie zu Ihrer Entscheidungsfindung u. a. die Marktforschungsergebnisse aus dem Einstiegsfall von Kapitel 9.12.

Informationen

Wesen der Distributionspolitik

Definition Im Rahmen der Distributionspolitik werden sämtliche Entscheidungen im Zusammenhang mit den Fragen der Warenverteilung getroffen, d. h.

- auf welchen Wegen und
- mit welchen Absatzmittlern

die Waren vom Großhändler zum Einzelhändler bzw. Endverbraucher gebracht werden sollen.

Zwei wesentliche Gebiete sind zu unterscheiden:

Absatzwege und -formen (= akquisitorische[1] Distribution)

Es muss sichergestellt werden, dass aufgrund der Kundennachfrage

- die richtige Ware oder Dienstleistung
- zur richtigen Zeit
- am richtigen Ort
- in der erforderlichen Menge und
- im richtigen Zustand dem Abnehmer zur Verfügung gestellt wird.

Marketinglogisitik (= physische Distribution)

Im Rahmen der Marketinglogistik wird entschieden über

- zentrale oder dezentrale Lage,
- Eigen- oder Fremdlager,
- Eigen- oder Fremdtransport.

Definition **Marketinglogistik = Sämtliche Transport- und Lagertätigkeiten im Zusammenhang mit der Auslieferung der Waren an die Kunden.**

Distribution (Absatzmethoden)

- **Absatzwege** (Distributionswege)
  - **indirekt** = Einschaltung von z. B. Einzelhandelsunternehmen, nachgelagerten Großhandlungen usw.
  - **direkt** = Direktverkauf an Endabnehmer ohne Einschaltung des Handels — durch →
- **Absatzformen** (Distributionsorgane)
  - **unternehmenseigene Absatzorgane**
  - **unternehmensfremde Absatzorgane**

Absatzwege und Absatzformen

Grundsätzlich gibt es für einen Großhändler im Zusammenhang mit seinem Waren**absatz**[2] die nebenstehenden **Absatzwege**[3] und **Absatzformen.**

Bei der **Auswahl der Absatzwege** (*Channel Marketing*) muss der Großhändler berücksichtigen

- die Größe und Finanzkraft seines Unternehmens
- die eigene Markmacht

den Umfang und die Art des Sortiments:

- Lagerfähigkeit
- Ware des täglichen Bedarfs oder Luxusgut
- beratungsintensive Ware

die Kundenstruktur:

- Anzahl der potenziellen Kunden
- geografische Verteilung der Kunden
- Bedarfshäufigkeit
- Einkaufsgewohnheiten
- Aufgeschlossenheit gegenüber verschiedenen Verkaufsmethoden, wie z. B. Direktverkauf

die Kosten- und Umsatzsituation

die speziellen Besonderheiten der Ware

die Konkurrenzsituation:

- die Zahl der Mitbewerber
- die Art der Konkurrenzprodukte
- die Distributionsmethoden der Konkurrenz
- Stärken und Schwächen des eigenen Sortiments gegenüber der Konkurrenz
- Angebotsmodalitäten, wie z. B. Internet oder Versandhandel

---

1 acquirere (lat.) = erwerben, anschaffen; akquisitorisch = die Kundenwerbung betreffend – Als Akquisition bzw. Akquise werden alle Maßnahmen der Kundengewinnung durch persönliche Verkaufsgespräche im Rahmen des Direktverkaufs bezeichnet.

2 Der Absatz kann gegliedert werden in die Vorbereitung, die Anbahnung (durch Absatzmittler; Absatzformen) und die Durchführung (u. a. Absatzwege).

3 Die Absatz- bzw. Distributionswege wurden bereits in *Groß im Handel – Grundstufe,* Kapitel 1.6 ausführlich behandelt, sodass an dieser Stelle schwerpunktmäßig auf die Distributionsorgane bzw. Absatzformen eingegangen wird.

Absatzformen (Distributionsorgane)

Unternehmenseigene Absatzorgane

Unternehmenseigene Absatzorgane sind sämtliche unternehmenseigene Personen oder Unternehmensbereiche, die schwerpunktmäßig mit der Erschließung von Absatzmärkten, der Anbahnung des Warenabsatzes und der Kontaktpflege mit den Kunden beschäftigt sind.

Wichtige Absatzformen mit **eigenen** Organen sind daher:

- Mitglieder der Geschäftsleitung
- Verkaufsabteilungen
- Verkaufsniederlassungen
- Handlungsreisende (Mitarbeiter im Außendienst)

Diese Möglichkeiten können alternativ oder kombiniert im Unternehmen angewandt werden.

Mitglieder der Geschäftsleitung/Verkaufsabteilungen

Insbesondere in kleineren bis mittleren Großhandelsunternehmen sowie im Investitionsgüter- und Bekleidungssektor sind es die **Mitglieder der Geschäftsleitung,** die den Verkauf übernehmen.

Die Unternehmen, die in verschiedenen Marktsegmenten und Warengruppen sowie in einem räumlich größeren Verkaufsgebiet tätig sind, haben eigene **Verkaufsabteilungen** eingerichtet. Die Tätigkeiten in einer Verkaufsabteilung umfassen sowohl die Herstellung von Kundenkontakten, das Schreiben von Angeboten, das Abschließen von Kaufverträgen, die Kundenberatung als auch die Bearbeitung von Reklamationen.

Verkaufsniederlassungen

Die Einrichtung von Verkaufsniederlassungen ist dann zweckmäßig, wenn das Unternehmen eine bestimmte Größe erreicht hat bzw. ein großes Absatzgebiet bearbeitet werden muss. Die Mitarbeiter können so die Handelswaren ohne die Einschaltung Dritter an die Kunden eines bestimmten Gebietes verkaufen, können ihnen verkürzte Lieferzeiten anbieten und sie direkt betreuen.

Handlungsreisender

Der **Handlungsreisende** ist kein Mitarbeiter *außerhalb* der Unternehmung, sondern im Unternehmen **angestellt** und an Weisungen gebunden (= Handlungsgehilfe). Auf ihn treffen alle Merkmale eines kaufmännischen Angestellten zu:

- Bezug eines festen Gehalts (Fixum)
- oft zusätzliche Umsatzprovisionen
- Anspruch auf Auslagenersatz, wie für Übernachtungen, Verpflegung usw.

Definition

Der Handlungsreisende schließt **in fremdem Namen und für fremde Rechnung Geschäfte ab.**

Normalerweise besitzt der Reisende *Abschlussvollmacht*, d. h., er kann

- Geschäfte für sein Unternehmen selbstständig abschließen (= Abschlussreisender),
- Mängelrügen entgegennehmen oder auch, bei besonderer Vollmacht,
- Zahlungen empfangen (= Inkassoreisender).

Zu den weiteren wesentlichen Aufgaben gehören:

- Kunden und potenzielle Käufer aufsuchen
- Kundengespräche führen
- Waren oder Dienstleistungen anbieten
- Bestellungen entgegennehmen
- Kontakte mit Kunden pflegen
- neue Kunden werben
- seinem Arbeitgeber Informationen über Abnehmer, die Konkurrenz und den Markt beschaffen

Besitzt der Reisende keine Abschlussvollmacht, so beschränkt sich seine Tätigkeit auf die Vermittlung von Geschäften und die Entgegennahme von Bestellungen (= Vermittlungsreisender). Der Kaufvertrag kommt in diesem Fall mit der Bestellungsannahme bzw. der Lieferung der Ware zustande.

Der Einsatz eines Handlungsreisenden hat für das Großhandelsunternehmen folgende

Vorteile	Nachteile
◆ Als fest angestellter Mitarbeiter steht er seinem Arbeitgeber ständig und mit seiner ganzen Arbeitskraft zur Verfügung. ◆ flexible Einsatzmöglichkeiten	Aufgrund der Gehaltszahlungen entstehen für den Arbeitgeber fixe Kosten, die insbesondere in konjunkturschwachen Phasen, in denen der Absatz rückläufig ist, zu einer wirtschaftlichen Belastung führen. Aus diesem Grund ist der Aufbau einer eigenen Absatzorganisation mit Reisenden nur dann zweckmäßig, wenn das Absatzgebiet voll erschlossen ist.

Aufgaben, Kompetenz und Verantwortung eines Mitarbeiters im Außendienst veranschaulicht die folgende Stellenbeschreibung:

Stellenbeschreibung:

1. **Stellenbezeichnung:** Mitarbeiter im Außendienst
2. **Unterstellung:** Abteilungsleiter Verkauf, Bundesrepublik Süd
3. **Überstellung:**
4. **Dienstrang des Stelleninhabers:** Sachbearbeiter
5. **Stellvertretung:**
   Wird vertreten von: Mitarbeiter im Außendienst für Verkaufsbezirk A
   Platzhalter:
   Vertritt selbst: Mitarbeiter im Außendienst für Verkaufsbezirk A
6. **Ziel der Stelle:**
   Hat in seinem Verkaufsbezirk die vorhandenen Kunden optimal und im Sinne der festgelegten Verkaufspolitik mit dem Ergebnis steigender Verkaufserfolge zu betreuen, neue solvente Abnehmer zu gewinnen und das Unternehmen möglichst umfassend und präzise über die betreuten Abnehmer, über das Verhalten der Konkurrenz und über Tendenzen im Markt zu informieren.
7. **Aufgaben, Kompetenz, Verantwortung**

7.1 Führt Kundenbesuche entsprechend den Richtlinien der erforderlichen Besuchshäufigkeit und Besuchsdauer je nach Kunde sowie auf spezielle Anforderung durch die Verkaufsleitung durch, mit den Zielen,
- Verkaufsaufträge bei solventen Kunden einzuholen,
- alle zur lückenlosen Führung des Kundenbogens erforderlichen Informationen über den Kunden einzuholen,
- Möglichkeiten für die Entwicklung neuer Produkte festzustellen,
- die Richtigkeit des gegenwärtigen Angebots zu überprüfen und ggf. Neuerungen einzuführen,
- den Servicegedanken gegenüber den Kunden zu vertiefen,
- Informationen des Unternehmens zu überbringen,
- die besonderen Vorzüge des eigenen Unternehmens und des eigenen Produktangebots für den Kunden in überzeugender Weise darzustellen und
- Probleme zu klären, die aufgrund ihrer hervorragenden Bedeutung die persönliche Anwesenheit eines Repräsentanten des Unternehmens erforderlich machen.

556762

7.2 Sucht beständig nach neuen potenziellen Abnehmern im Verkaufsbezirk, um sie dann als Kunden für das Unternehmen zu gewinnen.

7.3 Setzt sich nachhaltig und mit Überzeugungskraft für die Durchsetzung der von der Unternehmensführung beschlossenen Verkaufspolitik beim Kunden ein.

7.4 Erfüllt seine Verpflichtungen zur Information entsprechend der „Übersicht Informationssystem“ in möglichst umfassender und präziser Weise.

7.5 Erstellt halbjährlich zu den festgelegten Zeitpunkten eine nach Produkten gegliederte Absatzprognose für seine Kunden und legt sie dem Abteilungsleiter Verkauf vor.

7.6 Fertigt zu jedem Besuch einen Besuchsbericht auf dem dafür vorgesehenen Formblatt an und übersendet ihn innerhalb von zwei Tagen nach dem Besuch an das Unternehmen.

7.7 Führt den Kundenbogen lückenlos und aktualisiert ihn kontinuierlich.

7.8 Setzt sich ein für die Einhaltung des für ihn festgesetzten Jahreskostenetats und begründet Abweichungen von mehr als 5 %.

7.9 Plant seine Kundenbesuche und sonstigen Reisen und übersendet dem Unternehmen bis zum Freitag jeder Woche dort eingehend einen detaillierten Besuchsplan für die Folgewoche.

7.10 Führt Reisekostenabrechnungen sachlich und termingemäß entsprechend der geltenden Spesenregelung durch und übersendet sie an das Unternehmen.

7.11 Organisiert Besuche von Vorgesetzten und Technikern sowie Produktvorführungen bei Kunden und ist verantwortlich für den reibungslosen Ablauf von Vorführungen.

7.12 Nimmt nach Abstimmung mit der Verkaufsleitung Bundesrepublik Süd teil an Messen, Tagungen und Veranstaltungen in seinem Verkaufsbezirk, soweit dies der Förderung des Absatzes in seinem Verkaufsbezirk dienlich ist.

7.13 Arbeitet an der eigenen Weiterbildung und beantragt Unterstützung entsprechend seinen individuellen Trainingsbedürfnissen bei dem Verkaufsleiter Bundesrepublik Süd. Nimmt teil an entsprechenden Tagungen und Seminaren.

aus: Weis: „Marketing“. Ludwigshafen (Rhein), 1999

Franchising

Definition **Beim Vertriebsfranchising überträgt der Franchisegeber (z. B. Großhändler) dem Franchisenehmer gegen Bezahlung das Recht, bestimmte Waren und Dienstleistungen unter genau festgelegten Bedingungen zu vertreiben.**

Die Rechte und Pflichten der *selbstständig bleibenden* Kooperationspartner werden im Franchising-Vertrag festgehalten[1].

1 Rechte und Pflichten siehe *Groß im Handel* –

Der Franchisenehmer ist stärker in das Vertriebssystem des Franchisegebers eingebunden als der bloße Vertragshändler.

Er verkauft seine Erzeugnisse oder seine Dienstleistung zwar rechtlich selbstständig, zahlt jedoch ein Entgelt für die Verwendung einheitlicher Ausstattung, eines einheitlichen Namens und Auftretens nach außen, eines Symbols oder zur Nutzung einer Marke und eines einheitlichen Vertriebssystems sowie oftmals für die gemeinsame Buchhaltung.

Im Rahmen der Distributionspolitik (des Absatzmarketings) sind als **Vorteile** für den **Franchisegeber** insbesondere zu nennen:

- niedrige Distributionskosten: Der Franchisegeber kann den erheblichen Aufwand eines Filialsystems vermeiden und ein für sein Unternehmen zugeschnittenes Vertriebsnetz aufbauen.
- hoher Distributionsgrad (Markt-, Kunden- und Partnernähe)
- gute Realisierbarkeit der eigenen Marketingkonzeption.[1]

Der **Franchisenehmer** hat den **Nachteil,** dass er

- seine Dispositionsfreiheit weitgehend aufgibt,
- das volle Absatzrisikos übernimmt und
- zur Standardisierung seines Sortiments gezwungen ist.

Beispiele für Franchise-Aktivitäten in Deutschland nach Branchen (Anzahl der Franchise-Systeme/prozentualer Anteil)

- Einzelhandel: 368/25,6 %
- Schulung und Beratung: 126/8,8 %
- Makeln und Vermitteln: 111/7,7 %
- sonstiger Vertrieb: 76/5,3 %
- Transport und Zustellung: 51/3,5 %
- Reinigung und Instandhaltung: 48/3,3 %
- Vermietung und Leasing: 41/2,8 %
- Versandhandel und Direktvertrieb: 41/2,8 %
- sonstiger Service: 23/1,6 %

Unternehmensfremde Absatzorgane

Handelsvertreter

Im Gegensatz zum Reisenden ist der Handelsvertreter **selbstständiger Gewerbetreibender** (§ 84 HGB).

Selbstständig ist, wer im Wesentlichen seine Tätigkeit frei gestaltet und seine Arbeitszeit frei bestimmen kann.

Beispiel

Das Unternehmen Franz Rudolph e. Kfm., Elektrotechnik, hat ein neues Produkt zur Energieeinsparung in sein Sortiment aufgenommen. Es handelt sich um Platz sparende Sonnenkollektoren. Man kann sie im Garten oder auf einem Flachdach, z. B. einer Garage, anbringen. Die Kollektoren sollen neben der normalen Heizungsanlage eingesetzt werden.

Um die Absatzchancen zu erhöhen, sind die Geräte den potenziellen Kunden bisher im direkten Kontakt durch den Reisenden Herrn Büttner angeboten worden. Doch die Anfangserfolge von Herrn Büttner halten nicht an. Dies ist offensichtlich auf die mangelnde Vertriebserfahrung und die scharfe Konkurrenz zurückzuführen.

Nun hatte Herr Rudolph vor längerer Zeit schon einmal die Handelsvertreterin Frau Reich mit der Einführung eines von ihm neu entwickelten Produkts beauftragt. Er weiß, dass Frau Reich auch heute noch im Auftrag anderer Unternehmen weiter altbewährte Heizungsanlagen verkauft. Herr Rudolph beschließt daher, Frau Reich, die in Berlin ansässig ist, mit dem Absatz im Gebiet Brandenburg und Sachsen-Anhalt zu beauftragen. Frau Reich ist als vertrauenswürdige Person bereits vielen Kunden bekannt, außerdem besitzt sie umfangreiches Fachwissen. Darüber hinaus wird Frau Reich im Gegensatz zum Reisenden Herr Büttner nur für zustande gekommene Verträge bezahlt.

Definition Die ständige[2] Aufgabe des Handelsvertreters ist es, **im Namen und für die Rechnung eines anderen Unternehmens** Geschäfte zu vermitteln *(= Vermittlungsvertreter)* oder abzuschließen *(= Abschlussvertreter).*

1 Weitere Vorteile, die das Franchising mit sich bringt, sind in *Groß im Handel – Fachstufe I,* Kap. 7.3 nachzulesen.
2 Der Handelsvertreter darf **nicht** nur von Fall zu Fall für den Unternehmer tätig sein.

Hinsichtlich seiner Aufgaben ist der Handelsvertreter

Vermittlungsvertreter	Abschlussvertreter
Er **vermittelt** lediglich Geschäfte für andere Unternehmen. Die vermittelten Aufträge bedürfen daher noch der Bestätigung durch den Auftraggeber.	Er **schließt** Geschäfte im Namen und auf Rechnung anderer Unternehmen **ab.** Eine Bestätigung durch den Auftraggeber ist nicht mehr erforderlich. Eine Inkassovollmacht berechtigt ihn, Zahlungen entgegenzunehmen.

Der Handelsvertreter schließt Geschäfte für *ein* Unternehmen ab (= Einfirmenvertreter); er kann aber auch gleichzeitig für mehrere Unternehmen tätig sein (= Mehrfirmenvertreter). Voraussetzung: keine direkten Konkurrenzprodukte. Diese Inhalte und weitere Regelungen werden im Vertrag zwischen Auftraggeber und Handelsvertreter geregelt, dem sog. **Agenturvertrag.**

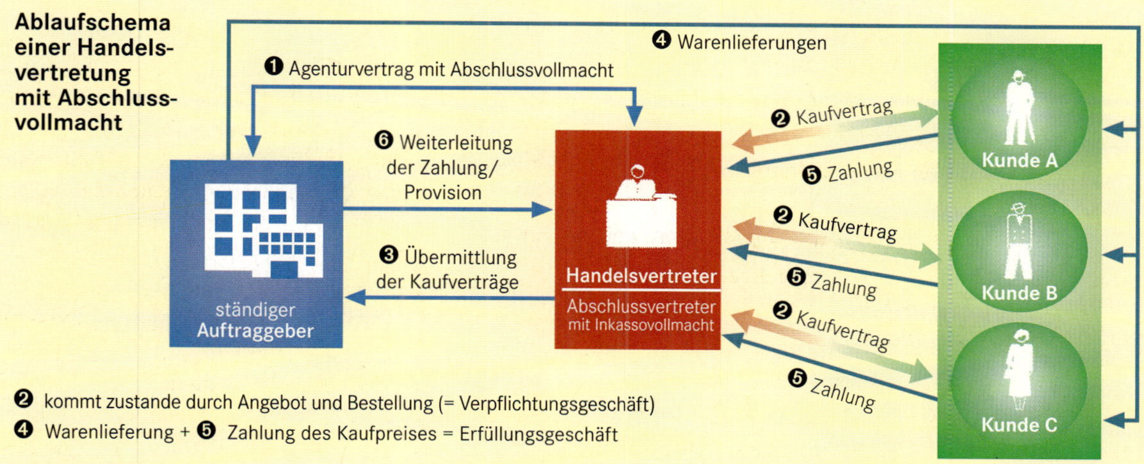

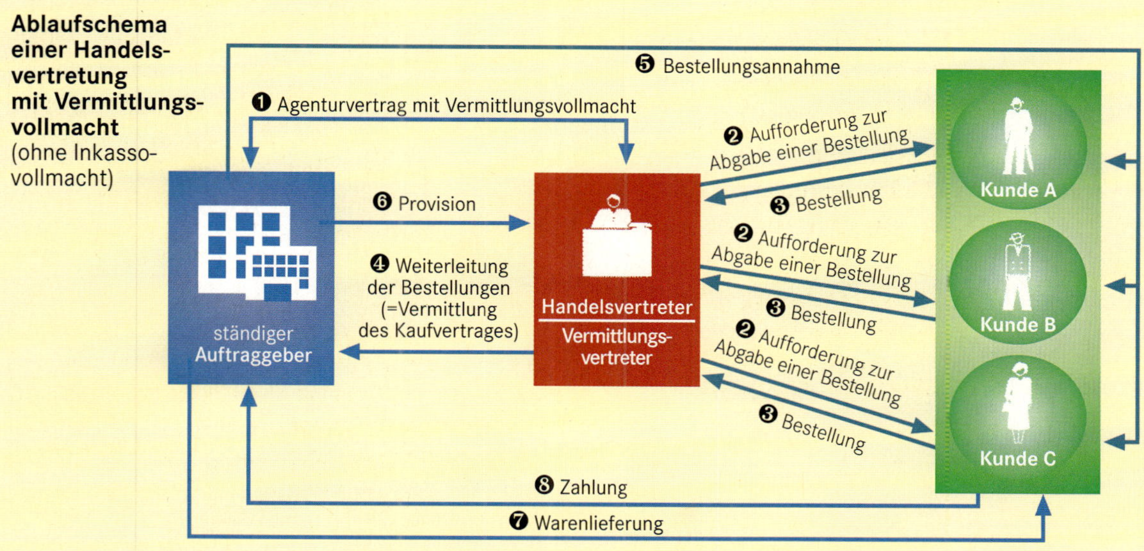

Pflichten des Handelsvertreters	Rechte des Handelsvertreters
◆ **Sorgfaltspflicht** Sämtliche Geschäfte sind mit der Sorgfalt eines ordentlichen Kaufmanns auszuführen, z. B. die Prüfung der Zahlungsfähigkeit und Kreditwürdigkeit der Kunden. ◆ **Benachrichtigungspflicht** Über die vermittelten oder abgeschlossenen Geschäfte muss das auftraggebende Unternehmen unverzüglich unterrichtet werden. Sollte es der Auftraggeber wünschen, muss über den Stand der Bemühungen Auskunft gegeben werden. ◆ **Bemühungspflicht** Der Handelsvertreter hat sich um die Vermittlung oder den Abschluss von Geschäften zu bemühen Dabei müssen die Interessen des Auftraggebers wahrgenommen werden. ◆ **Treuepflicht** Geschäftsgeheimnisse dürfen nicht verwertet oder anderen Personen mitgeteilt werden Das gilt auch für die Zeit nach Beendigung des Vertragsverhältnisses (§ 490 HGB). ◆ **Wettbewerbsverbot** Der Handelsvertreter darf nicht gleichzeitig das Produkt eines Konkurrenten vertreten. Diese Regelung kann ausgedehnt werden, sodass es ihm untersagt ist, auch nach Beendigung seiner Tätigkeit für den Auftraggeber in Wettbewerb zu diesem Unternehmen zu treten.	◆ **Recht auf Provision** Der Handelsvertreter erhält für jedes durch seine Dienste zustande gekommene Geschäft eine Provision; die Höhe wird vertraglich vereinbart und wird fällig, sobald der Auftrag ausgeführt ist. ◆ **Provisionsarten** ▪ *Abschlussprovision* bekommt der Handelsvertreter für sämtliche Geschäfte, die durch ihn vermittelt oder abgeschlossen wurden. Das gilt auch für Nachbestellungen von Kunden, die er durch seine Aktivitäten gewonnen bat. ▪ Anspruch auf *Delkredereprovision* hat er, wenn von ihm die Haftung für den Zahlungseingang übernommen wird. ▪ *Inkassoprovision* kann er beanspruchen für ordnungsgemäß eingezogene Rechnungsbeträge. ◆ **Recht auf Überlassung von Unterlagen** Zur Ausübung seiner Tätigkeit kann der Handelsvertreter vom Auftraggeber die nötigen Unterlagen verlangen, wie Preislisten, Allgemeine Geschäftsbedingungen, Warenmuster, Werbematerial usw. ◆ **Recht auf Ausgleich** Auch wenn das Vertragsverhältnis zwischen Handelsvertreter und Auftraggeber bereits beendet ist, kann er eine angemessene Ausgleichsentschädigung für Geschäfte mit neuen Kunden verlangen. Voraussetzung ist jedoch, dass diese Kunden noch von ihm zuvor geworben wurden und dass der Unternehmer auch weiterhin erhebliche Vorteile aus dieser Geschäftsbeziehung hat Der Ausgleichsanspruch beträgt maximal eine Jahresprovision (Berechnungsgrundlage: Durchschnitt der letzten fünf Jahre).

Nach dem **Tätigkeitsfeld** kann unterschieden werden zwischen

Platzvertreter	Bezirksvertreter
Er ist nur für einen Ort zuständig.	Er hat ein bestimmtes Gebiet oder einen bestimmten Kundenkreis zu betreuen. Provision erhält er für sämtliche Geschäfte, die in seinem Bezirk oder Kundenkreis zustande gekommen sind. Seine unmittelbare Mitwirkung wird demnach nicht vorausgesetzt.

Kündigung

Der Agenturvertrag kann zum Monatsende (§ 89 HGB) gekündigt werden:

- im 1. Jahr mit einer Frist von 1 Monat
- im 2. Jahr mit einer Frist von 2 Monaten
- im 3.–5. Jahr mit einer Frist von 3 Monaten
- danach mit einer Frist von 6 Monaten

Bedeutung

Handelsvertreter werden von den Unternehmen zur Vermittlung von Kaufverträgen eingesetzt,

- zum einen, weil sie Spezialkenntnisse besitzen,
- zum anderen, weil sie ein Absatzgebiet kostengünstig erschließen können, da sie auf Erfolgsbasis tätig sind.

Die Provisionskosten sind für den Auftraggeber proportional, denn sie fallen und steigen proportional mit dem vom Handelsvertreter erbrachten Umsatz.

Handelsvertreter können

- innerhalb einer Branche,
- in einem regionalen Gebiet

mehrere Unternehmen, die sich gegenseitig ergänzen, gleichzeitig vertreten.

Handelsvertreter kontra Handlungsreisender

Zur Lösung der Problemstellung, ob es vorteilhafter für die ***Spindler KG*** ist, zukünftig einen Reisenden oder einen Vertreter zu beschäftigen, hat Herr Trumpf die folgende Kriterienliste erstellt:

Kriterium	Reisender	Einfirmenvertreter	Mehrfirmenvertreter
vertragliche Bindung	§ 59 ff. HGB, unselbstständig, stark weisungsgebunden	§ 84 ff. HGB, selbstständig, grundsätzlich nicht weisungsgebunden	in der Regel wie Einfirmenvertreter
Arbeitszeit und Tätigkeit	Vorgabe durch das Unternehmen, Unisatzsoll	freie Gestaltung im Rahmen des Vertrages	in der Regel wie Einfirmenvertreter
Entgelt	Gehalt, evtl. Provision und Prämie	Provision vom erzielten Umsatz (Deckungsbeitrag)	in der Regel wie Einfirmenvertreter
zusätzliche Kosten	Kfz-Kosten, Bürokosten, Sozialleistungen, Telefonkosten, Tagegelder, Übernachtungsgelder	eventuell aus Vertrag, z. B. garantiertes Einkommen	in der Regel keine
Kostencharakter	größtenteils fix	fast nur variabel	in der Regel variabel
Kundenbearbeitung	weitgehend nach Vorgabe durch die Verkaufsleitung	nach eigener Entscheidung in Abstimmung mit der Verkaufskonzeption des Unternehmens	wie Einfirmenvertreter, Überschneidungen können auftreten
Kontakte zu Kunden	auf der Basis des Verkaufsprogramms und persönlicher Beziehungen	auf der Basis des Verkaufsprogramms und persönlicher Beziehungen	sehr vielseitige Kontakte durch das breite Verkaufsprogramm von verschiedenen Unternehmen
Interessenlage	vertritt vorwiegend Interessen des Unternehmens	vertritt Interessen des Unternehmens und „eigene“ Interessen	vertritt vorwiegend sein Interesse und das seiner Kunden
Änderung der Verkaufsbezirke	grundsätzlich leicht möglich	schwieriger, nur mit Einverständnis des Vertreters, sonst Änderungskündigung	wie Einfirmenvertreter

Kriterium	Reisender	Einfirmenvertreter	Mehrfirmenvertreter
Berichterstattung	kann vor Verkaufsleitung genau vorgeschrieben werden	muss vertraglich vereinbart werden	wie Einfirmenvertreter
Einsatzmöglichkeiten	grundsätzlich im gesamten Unternehmen	nur im Rahmen des Vertrages	Rücksichtnahme auf die anderen vertretenen Unternehmen
Arbeitskapazität	steht dem Unternehmen voll zur Verfügung	steht dem Unternehmen voll zur Verfügung	verteilt sich auf mehrere Unternehmen
Arbeitsweise	weitgehend unternehmensorientiert	unternehmens- und einkommensorientiert	vorwiegend einkommensorientiert
Verkaufstraining	integrierter Bestandteil der Aus- und Weiterbildung	entsprechend des Vertrages	schwieriger möglich, nur im Rahmen des Vertrages
Nebenfunktion	Verkaufsförderung, Markterkundung, Kundendienst	entsprechend der vertraglichen Vereinbarungen	schwieriger möglich, nur im Rahmen des Vertrages
Kündigung	wie bei jedem Angestellten	Sonderregelung, eventuell Ausgleichsanspruch nach § 89 HGB	wie Einfirmenvertreter

Generell sind bei einer derartigen Entscheidung zu berücksichtigen:

- die Kostensituation des Unternehmens
- die Unternehmensgröße
- die jeweiligen Aufgabenbereiche der beiden Absatzmittler

Die folgende rechnerische Überlegung (Kostenvergleichsrechnung) von Herrn Trumpf soll ihn bei seiner Entscheidungsfindung einen Schritt weiterbringen:

Handlungsreisender	Handelsvertreter
Fixum p. a.: 30.000,00 € Umsatzprovision: 3 %	Provision vom Umsatz: 9 %

Herr Trumpf will nun ermitteln, ab *welcher Umsatzhöhe* sich der Einsatz eines fest angestellten Reisenden lohnt (= kritischer Umsatz):

a) mathematische Lösung

Gesamtkosten des Reisenden = Gesamtkosten des Handelsvertreters

$$30.000 + \frac{3}{100} = \frac{9}{100}\ x$$

$$\frac{6}{100}\ x = 30.000$$

$$\underline{\underline{x = 500.000\ €}}$$

Probe: 500.000 · 0,09 = 45.000 €
30.000 + (500.000 · 0,03) = 45.000 €

b) grafische Lösung

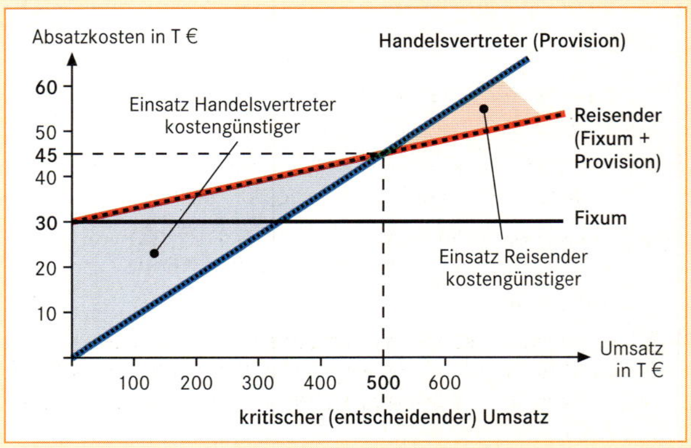

Die beiden Kurven schneiden sich bei einer Umsatzhöhe von 500.000,00 € (= kritischer Umsatz). Bei einer Umsatzhöhe bis 500.000,00 € ist es für die ***Spindler KG*** lohnenswerter, einen Handelsvertreter einzusetzen. Über 500.000,00 € Umsatz ist der Einsatz eines Reisenden kostengünstiger.

Da Herr Trumpf im kommenden Geschäftsjahr für das neu zu betreuende Absatzgebiet einen Umsatz von etwas mehr als 550.000,00 € erwartet, wäre es vom kostenrechnerischen Standpunkt aus betrachtet nahe liegend, der Geschäftsleitung den Einsatz eines Reisenden zu empfehlen:

Kosten des Handlungsreisenden

550.000,00 € · 0,03 + 30.000,00 € = 46.500 €

Kosten des Handelsvertreters

550.000,00 € · 0,09 = 49.500,00 €

Kommissionär

Beispiel

Der Verkauf der Sonnenkollektoren ist auch für die Handelsvertreterin Frau Reich nicht einfach. Viele Kunden stehen dem neuen Produkt doch noch sehr skeptisch gegenüber. Bemerkbar macht sich auch, dass das Unternehmen *Franz Rudolph e. Kfm., Elektrotechnik,* den meisten Kunden unbekannt ist (Handelsvertreterin Reich arbeitet ja im Namen von Franz Rudolph). Herr Rudolph benötigt deshalb jemanden, der den Kunden bekannt und daher vertrauenswürdig ist. Weiterhin soll sein Unternehmen nach außen hin gar nicht mehr in Erscheinung treten. Die für ihn handelnde Person muss andererseits jedoch ein großes Interesse am Verkauf seiner Sonnenkollektoren haben.

Bei seiner Suche stößt er auf den *Kommissionär* Herrn Henke, der diese Bedingungen erfüllt.

Ablaufschema einer Verkaufskommission

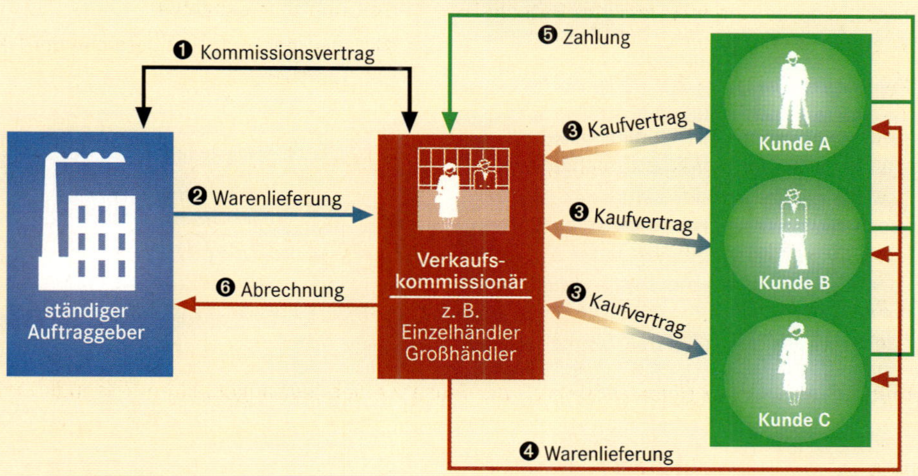

Erklärung zum Ablaufschema

❷ Warenlieferung: Kommittent bleibt Eigentümer der Kommissionsware, Kommissionär wird Besitzer.

❹ Warenlieferung: Kommissionär verkauft die Kommissionsware in eigenem Namen. Mit der Eigentumsübertragung an einen Dritten verliert der Kommittent sein Eigentum an der Kommissionsware.

❺ Zahlung: Der Rechnungsbetrag für die verkaufte Ware wird an den Verkaufskommissionär überwiesen, weil er die Ware in eigenem Namen verkauft hat. Er ist aber zur Weiterleitung des Betrages an den Kommittenten verpflichtet.

❻ Kommissionär rechnet die verkaufte Kommissionsware ab: Verkaufspreis – Provision, u. U. – Provision für die Haftung des Zahlungseingangs (Delkredereprovision), – Verkaufskosten = Überweisungsbetrag an den Kommittenten. Nicht verkaufte Ware kann an den Kommittenten zurückgeschickt werden.

Definition **Kommissionär ist, wer es gewerbsmäßig übernimmt, Waren oder Wertpapiere für Rechnung seines Auftraggebers (Kommittenten) in eigenem Namen zu kaufen (Einkaufskommissionär) oder zu verkaufen (Verkaufskommissionär; § 383 HGB).**

Da der Kommissionär die Waren im *eigenen Namen* verkauft, erfahren die Kunden nicht, dass er **nicht Eigentümer der Ware** ist und sie nur im Auftrag verkauft.

Der Verkauf *auf Rechnung seines Auftraggebers* besagt, dass der Verkaufspreis (abzüglich Provision) dem Auftraggeber zusteht.

Sowohl Einkaufs- als auch Verkaufskommissionäre können **ständig** oder **von Fall zu Fall** für den Auftraggeber tätig sein. Grundlage ist ein **Kommissionsvertrag.**

Pflichten des Kommissionärs	Rechte des Kommissionärs
◆ **Sorgfaltspflicht** (§ 384 HGB) Sämtliche Geschäfte müssen mit der Sorgfalt eines ordentlichen Kaufmanns ausgeführt werden, z. B. ordnungsgemäße Warenpflege und -lagerung. ◆ **Befolgungspflicht** (Weisungsgebundenheit) Die Vorschriften und Weisungen des Auftraggebers (Kommittenten) sind genauestens zu befolgen. Dies gilt insbesondere hinsichtlich der vorgeschriebenen Preisgrenze, die z. B. beim Verkauf nicht unterschritten werden darf. ◆ **Anzeigepflicht** (Benachrichtigungspflicht) ◆ Ein ausgeführtes Kommissionsgeschäft (Kauf bzw. Verkauf) muss dem Auftraggeber unverzüglich mitgeteilt werden (§ 384 HGB). ◆ **Abrechnungspflicht** Jedes ausgeführte Kommissionsgeschäft muss mit dem Kommittenten abgerechnet werden. Der Verkaufskommissionär beispielsweise überweist den eingenommenen Rechnungsbetrag abzüglich seiner Provision und sonstigen Aufwendungen an den Kommittenten. Sind bei dem Geschäft günstigere Bedingungen ausgehandelt worden (z. B. günstigere Rabatte oder Preise), so kommen diese unmittelbar dem Auftraggeber zugute. ◆ **Haftungspflicht** Der Kommissionär haftet für Beschädigungen und den Verlust der in seinem Besitz befindlichen Waren.	◆ **Recht auf Provision** (§§ 394, 396, 403 HGB) Nach Erfüllung des Kaufvertrages steht dem Kommissionär für seine Tätigkeit eine Provision zu. ◆ **Recht auf Ersatz besonderer Aufwendungen** (§ 396 HGB) ◆ Sind dem Kommissionär bei der Ausführung des Kommissionsgeschäftes besondere Aufwendungen entstanden, z. B. Fracht, Hausfracht, Wiegegebühren, Zoll, Maklergebühr, Telefonkosten, Versicherung usw., kann er Erstattung verlangen. ◆ **Selbsteintrittsrecht** (§§ 400, 403 HGB) Der Kommissionär kann Waren, die er für Kommissionsgeschäfte erworben hat, selbst erwerben. Der Verkaufskommissionär z. B. hat so den Vorteil, dass er den Differenzbetrag zwischen der (niedrigeren) Preisgrenze und dem (höheren) Verkaufspreis für sich erwirtschaftet. Der Selbsteintritt muss gemeldet werden (§ 405 HGB). ◆ **Gesetzliches Pfandrecht** (§ 397 HGB) (Zurückbehaltungsrecht) Der Kommissionär hat ein Pfandrecht an der vom Kommittenten gelieferten Ware. Bedeutung: Wenn der Kommittent mit seinen Zahlungen im Verzug ist (z. B. mit Provisionen oder der Erstattung von Auslagen), kann der Kommissionär die bei ihm lagernde Ware als Pfand zurückbehalten, bis seine Ansprüche erfüllt sind.

Bedeutung

Von besonderer Bedeutung ist der Kommissionär als Kaufmann mit Fachwissen. Aufgrund der ihm bekannten Märkte ist er hilfreich bei der **Einführung neuer Produkte.** Neben den Kenntnissen über das Absatzgebiet kennt er die Erwartungen, Ansprüche und wirtschaftlichen Verhältnisse der Kunden. Für den Auftraggeber übernimmt er die Lagerhaltung und die Rechnungsabwicklung.

Sehr häufig ist der Kommissionär im Außenhandel als Spezialist und Bearbeiter ihm bekannter Auslandsmärkte anzutreffen.

Die **Vorteile** des Kommissionsgeschäftes **für den Kommissionär** sind darin zu sehen, dass er

- erst nach Erfüllung des Vertrages bezahlen muss,
- stets ein tiefes und breites Sortiment anbieten,
- nicht verkaufte Ware nach Ablauf einer bestimmten Frist zurückgeben kann.

Der Kommittent

- trägt daher allein das Absatzrisiko,
- spart aber andererseits Lagerkosten.

Die Handelsvorschriften, die auf den Handelsvertreter und den Kommissionär anzuwenden sind, gelten unabhängig davon, ob

- deren Unternehmen nach Art oder Umfang einen in kaufmännischer Weise eingerichteten Geschäftsbetrieb erfordert oder
- ins Handelsregister eingetragen sind.

Sie werden daher in der Regel nicht als Kaufleute bezeichnet, sondern im Allgemeinen als Gewerbetreibende.

Marktveranstaltungen

Marktveranstaltungen sollen den Warenabsatz des Großhandelsunternehmens fördern. Zu nennen sind:

Märkte

- **Sondermärkte**

  Handel mit landwirtschaftlichen Produkten, wie z. B. Obst, Wolle oder Vieh; Anbieter sind die Erzeuger, Nachfrager der Groß- und Einzelhandel.
- **Großmärkte**

  Handel mit Lebensmitteln, wie z. B. Fisch, Fleisch und Gemüse; Anbieter sind die Erzeuger und der Aufkaufgroßhandel, Nachfrager der Groß- und Einzelhandel.
- **Auktionen**

  Versteigerung von nicht vertretbaren Waren, wie z. B. Blumen, Holz, Tabak oder Obst.

Messen

Eine **Messe** ist eine zeitlich begrenzte, wiederkehrende Veranstaltung, auf der eine Vielzahl von Ausstellern ausstellt und überwiegend nach Muster an *gewerbliche Wiederverkäufer, gewerbliche Verbraucher* oder *Großabnehmer* vertreibt.

Ziel des ausstellenden Großhändlers ist es,

- das eigene Sortiment zur Schau zu stellen, zu erläutern und zu verkaufen,
- Informationen auszutauschen,
- Kundenkontakte aufzunehmen und aufzufrischen sowie
- den Bekanntheitsgrad zu steigern.

Kunden haben auf einer Messe die Möglichkeit, die Angebote verschiedener Anbieter zu vergleichen und sich ein Bild von der Marktsituation zu machen.

Gesamtwirtschaftlich tragen Messen zur Schaffung von Markttransparenz bei und können regional positive Beschäftigungseffekte auslösen.

Beispiele **bekannter Messen**

- Internationale Modemesse (IGEDO) Düsseldorf
- Frankfurter Buchmesse
- Leipziger Frühjahrs- und Herbstmesse
- CeBIT in Hannover
- Deutsche Industriemesse in Hannover
- Internationale Grüne Woche Berlin
- CMT (Caravan, Motor, Touristik) Stuttgart
- Kölner Antiquitäten- und Kunstmesse
- Internationale Funkausstellung Berlin
- Nürnberger Spielwarenmesse
- Süßwarenmesse Dusseldorf
- Internationale Möbelmesse Köln
- „IHM“ – Internationale Handwerksmesse München
- Internationale Lederwarenmesse in Offenbach

Messen gewinnen zunehmend an Bedeutung wegen der

- Umsatzanbahnung,
- Gewinnung neuer Kunden,
- Imagepflege,
- neuesten Marktinformationen.

Wendet sich die Veranstaltung vornehmlich an das allgemeine Publikum, handelt es sich um eine **Ausstellung**[1].

Ausstellungen

Eine Ausstellung ist eine zeitlich begrenzte Veranstaltung, auf der eine Vielzahl von Ausstellern ein repräsentatives Angebot einer oder mehrerer Wirtschaftszweige oder Wirtschaftsgebiete ausstellt und vertreibt oder über dieses Angebot zum Zwecke der Absatzförderung informiert (§ 65 GewO). Ausstellungen dienen vornehmlich Informations- und Repräsentationszwecken, weniger dem Verkauf.

Ausstellungen können auch von *Privatpersonen* besucht werden.

Beispiele

- Internationale Funkausstellung in Berlin
- Automobilausstellung in Frankfurt
- Deutsche Bootsausstellung in Hamburg
- Deutsche Industrieausstellung in Berlin

Warenbörsen

Börsen sind ständige Einrichtungen an festen Börsenplätzen. Gehandelt werden z. B. Waren wie Getreide, Baumwolle, Kaffee, Kakao, Zucker, Leder, Blei.

Aufgaben

1 a) Welches Merkmal haben Kommissionär und Handelsvertreter gemeinsam und

b) worin unterscheiden sich Kommissionär und Handelsvertreter?

2 Das Unternehmen Erich Naumann, Elektrotechnische Anlagen GmbH, handelt mit Geräten für die Elektro- und Nachrichtentechnik. Es ist in Stuttgart ansässig und will seine Produkte nun auch in Norddeutschland und im benachbarten Frankreich und Österreich einführen. Welcher Absatzhelfer ist geeignet, die Neueinführung der Geräte zu übernehmen?

3 Worin besteht der Unterschied zwischen einem Vermittlungs- und einem Abschlussvertreter?

4 Erläutern Sie folgende Rechte und Pflichten des Handelsvertreters:

- Sorgfaltspflicht
- Benachrichtigungspflicht
- Bemühungspflicht
- Treuepflicht
- Wettbewerbsverbot

5 Ein Großhändler steht vor der schwierigen Aufgabe, den Absatz seiner Produkte in einem neuen Absatzgebiet durch einen unternehmensfremden Absatzmittler übernehmen zu lassen. Vergleichen Sie zu diesem Zweck in einer Gegenüberstellung die Vor- und Nachteile beim Einsatz eines Kommissionärs bzw. eines Handelsvertreters.

6 Welchen Vorteil bietet das Kommissionsgeschäft dem Kommissionär?

7 Was verstehen Sie unter Delkredereprovision?

8 Worin bestehen die Unterschiede zwischen Kommissionär und Handelsvertreter hinsichtlich ihrer Pflichten?

9 Warum hat ein Handelsvertreter nach Beendigung des Vertragsverhältnisses ein Recht auf Ausgleich?

1 Viele Messen werden auch als Ausstellungen bezeichnet. So dienen manche Veranstaltungen dieser Art beiden Zwecken zugleich: dem der Messe und dem der Ausstellung. Sie sind daher nicht nur eine für Fachleute bestimmte Informations-, Verkaufs- und Einkaufsgelegenheit, sondern dienen auch der allgemeinen Aufklärung und Belehrung.

10 Berechnen Sie den maximalen Ausgleichsanspruch, wenn der Handelsvertreter in den letzten sieben Jahren folgende Umsätze erzielte:

1. 870.000,00 €
2. 1.003.200,00 €
3. 930.000,00 €
4. 1.580.200,00 €
5. 1.170.000,00 €
6. 1.380.400,00 €
7. 985.000,00 € (letztes Jahr)

Der Provisionssatz war mit 4,3 % festgelegt.

11 Warum erwirbt der Verkaufskommissionär kein Eigentum am Kommissionsgut?

12 Was verstehen Sie unter dem gesetzlichen Pfandrecht des Kommissionärs?

13 a) Vergleichen Sie den Handlungsreisenden und den Handelsvertreter bezüglich ihrer

- Rechtsstellung,
- Dauer der Tätigkeit und
- Vergütung.

b) Entscheiden Sie, ob im nachstehend aufgeführten Fall ein Vertreter oder ein Reisender eingesetzt werden soll. Ermitteln Sie hierzu den „kritischen Umsatz".

Reisender:

- Fixum: 48.000,00 € p. a.
- Umsatzprovision: 4 %

Handelsvertreter:

- erwarteter Jahresumsatz: 450.000,00 €
- Umsatzprovision: 12 %

- Das Ergebnis ist mathematisch und grafisch zu ermitteln.
- Ihre Entscheidung hinsichtlich des Einsatzes eines bestimmten Absatzmittlers ist zu begründen.

c) Eine Alternative zum Einsatz eines Handelsvertreters besteht für das Großhandelsunternehmen in der Einrichtung eigener Verkaufsniederlassungen.

Nennen Sie jeweils zwei betriebswirtschaftliche Argumente, die für das eine bzw. andere Distributionsorgan sprechen.

14 Im Großhandelsunternehmen Matthei GmbH plant man für den Vertrieb eines neuen Artikels Handlungsreisende oder Handelsvertreter als Absatzmittler einzusetzen. Die Entscheidung soll einzig und allein unter Kostenaspekten erfolgen.

Kosten für den Handelsvertretereinsatz

- Umsatzprovision: 7,5 %
- Auslagenersatz je Monat: 500,00 € pauschal

Kosten beim Einsatz eines Reisenden

- Fixum pro Monat: 4.000,00 €
- Umsatzprovision: 2,5 %
- sonstige Kosten je Monat: 1.200,00 €

Der erwartete Jahresumsatz liegt bei 1,5 Millionen Euro.

a) Bei welcher Umsatzhöhe entsprechen sich die Kosten der beiden Absatzmittler (kritischer Umsatz)?

b) Für welches Distributionsorgan würden Sie sich bei dem erwarteten Umsatz entscheiden? Ermitteln Sie hierzu rechnerisch die Kosten, die für den Vertreter und den Reisenden pro Jahr anfallen.

15 Nennen Sie den Unterschied zwischen Ausstellungen und Messen.

16 Erkunden Sie, an welchen Messen und Ausstellungen Ihr Ausbildungsunternehmen als Aussteller teilnimmt und welche Gründe für diese Präsenz angegeben werden.

17 Welche Vorteile hat ein Großhändler als Franchisegeber?

Aktionen

1 a) Bilden Sie Arbeitsgruppen und informieren Sie sich über das vorliegende Kapitel „Distributionspolitik". Bearbeiten Sie dazu das Kapitel unter Anwendung der SQ3R-Methode.

b) Fassen Sie Ihre Informationen schriftlich zusammen.

c) Zur Vertiefung und Gesamtwiederholung sollen Sie Ihr Ergebnis mit den anderen Gruppen austauschen. Gehen Sie dabei nach der *Fishbowl-Methode* vor:

- Bilden Sie einen Innenkreis und einen oder mehrere Außenkreise.
- Im Innenkreis befinden sich jeweils ein Gruppensprecher sowie der Moderator; ein oder zwei Stühle bleiben frei.
- Im Außenkreis sitzen die restlichen Teilnehmer.
- Der Moderator erläutert das Thema, im Innenkreis diskutieren die Anwesenden das bearbeitete Themengebiet.
- Möchte ein Teilnehmer des Außenkreises sich an dem Gedankenaustausch beteiligen, so kann er auf einen der freien Stühle des Innenkreises wechseln. Er erhält dann als Nächster das Wort. Danach setzt er sich wieder in den Außenkreis zurück.

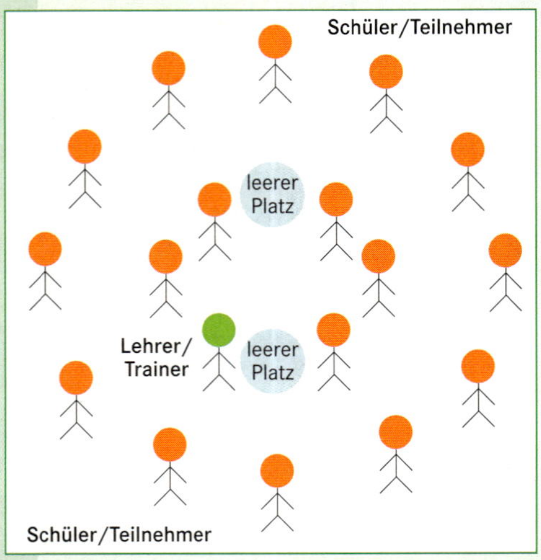

2 Zur Vertiefung und Lernkontrolle dieses Kapitels soll abschließend eine *Fragerunde* durchgeführt werden:

a) Bilden Sie zunächst Kleingruppen zu etwa vier bis sechs Personen.

b) Erstellen Sie in der Gruppe mithilfe von diversen Arbeitsunterlagen mehrere Fragen zum Thema „Unternehmensfremde Absatzorgane" auf Karten und formulieren Sie auf der Rückseite der Karten eine Musterlösung.

c) Im Plenum zieht jeweils ein Team eine Karte und versucht, diese zu beantworten.

d) Die Klasse baut abschließend mit den so entstandenen Karten (Fragen mit dazugehörigen Antworten) eine Lerndatenbank auf.

3 Führen Sie nach der Fragerunde innerhalb Ihres Teams eine Nachbereitung durch in Form eines Feedbacks mittels *Blitzlicht.*

Das Blitzlicht dient dazu, sich gegenseitig darüber Auskunft zu geben, was die einzelnen Teammitglieder gerade fühlen und denken. Beachten Sie die Blitzlichtregeln.

Blitzlichtregeln

- Jeder kann, niemand muss sich äußern darüber,
  - wie er sich momentan fühlt,
  - wie zufrieden er mit dem Ergebnis ist,
  - wie er die Zusammenarbeit im Team erlebt hat usw.
- Jeder macht kurze (Blitzlicht!) persönliche Aussagen („ich", nicht „man"!).
- Das Blitzlicht soll nur eine kurze Bestandsaufnahme sein. Deshalb werden die Beiträge weder kommentiert noch diskutiert.
- Es spricht jeweils nur eine Person.

Zusammenfassung

Mögliche Absatzorgane des Großhandelsunternehmens

unternehmenseigene	unternehmensfremde	
Reisender	**Handelsvertreter**	**Kommissionär**
	Begriff und Tätigkeit	
Der Reisende schließt **im fremden Namen** und **für fremde Rechnung** Geschäfte ab.	Der Handelsvertreter ist mit der Vermittlung oder dem Abschluss von Verträgen **im fremden Namen für fremde Rechnung** beauftragt (Vermittlungs- und Abschlussvollmacht)	Der Kommissionär schließt Verträge im **eigenen Namen für fremde Rechnung** ab (Abschlussvollmacht) → Die Ware wird nicht sein Eigentum!
	Rechtsgrundlage	
Arbeitsvertrag	Agenturvertrag	Kommissionsvertrag
	Rechtsstellung	
kaufmännischer Angestellter	selbstständiger Gewerbetreibender	
	Dauer der Tätigkeit, Vergütung	
ständig; Fixum (festes Gehalt), oft Umsatzprovision	ständig; Provision ◆ Umsatzprovision ◆ evtl. Delkredereprovision (bei Haftung für Eingang der Forderung) ◆ evtl. Inkassoprovision	ständig und von Fall zu Fall; Provision (Kommission) ◆ Umsatzprovision ◆ evtl. Delkredereprovision ◆ evtl. Inkassoprovision
	Vorteile	
◆ arbeitet lediglich für ein Unternehmen ◆ ist flexibel einsetzbar	im Absatzgebiet ansässig mit engem Kontakt zu den Kunden; Provisionen sind nur nach erfolgreichen Vermittlungen fällig.	für den Kommissionär: ◆ Wareneingang nicht sofort zu bezahlen ◆ breites, tiefes (aktuelles) Sortiment ◆ kein Absatzrisiko, da Rückgaberecht für den Auftraggeber (Lieferer): ◆ geringe Lagerkosten ◆ Ware in Kundennähe

Marktveranstaltungen dienen der Absatzförderung

Märkte
- Sondermärkte
- Spezialmärkte
- Auktionen

Messen
- sind Verkaufsveranstaltungen
- finden in regelmäßigen Abständen statt
- bieten einen Überblick über das Warenangebot
- Besucherkreis: Wiederverkäufer und gewerbliche Verbraucher
- Arten:
  - Warenmessen
  - Mustermessen
  - Fachmessen

Ausstellungen
- sind Informationsveranstaltungen
- werden in regelmäßigen Abständen abgehalten
- Besucherkreis: für jeden Interessierten zugänglich

Warenbörsen

9.6 Wir informieren uns über die Bedeutung der Kommunikation mit Kunden (Geschäftspartnern)

Einstieg

Der Leiter der Abteilung Verkauf der ***Spindler KG,*** Herr Trumpf, der Trainer der lokalen Fußballmannschaft, Herr Busch, sowie Geschäftsführer Spindler (v. l. n. r.) an einem Sonntag beim Heimspiel „ihres“ Teams gegen den Lokalrivalen.

1. Begründen Sie, warum die Textilgroßhandlung ***Spindler KG*** im heimischen Waldstadion Bandenwerbung betreibt.
2. Schlagen Sie weitere Maßnahmen vor, die die beiden Gesellschafter, Herr Spindler und Frau Strobel, ergreifen sollten, um
   - ihren neu ins Sortiment aufgenommenen Artikel Seidenbettwäsche bei potenziellen Abnehmern bekannt zu machen,
   - seinen Verkauf zu fördern und
   - für das Unternehmen als Ganzes ein gutes Image aufzubauen bzw. positiv zu verstärken.

Informationen

Voraussetzung für jede Kommunikation ist das Vorhandensein eines *Senders,* einer *Botschaft,* eines *Trägers der Botschaft* und eines *Empfängers.* Kommunikation kommt dann zustande, wenn vom Empfänger die Botschaft aufgenommen wird und er sich mit ihr auseinandersetzt. Die Rückmeldung (Feedback) an den Sender erfolgt in Form der anschließenden Reaktion des Empfängers, z. B. durch Käufe.

Die folgende Darstellung gibt den *Marketingkommunikationsprozess* vereinfacht wieder:

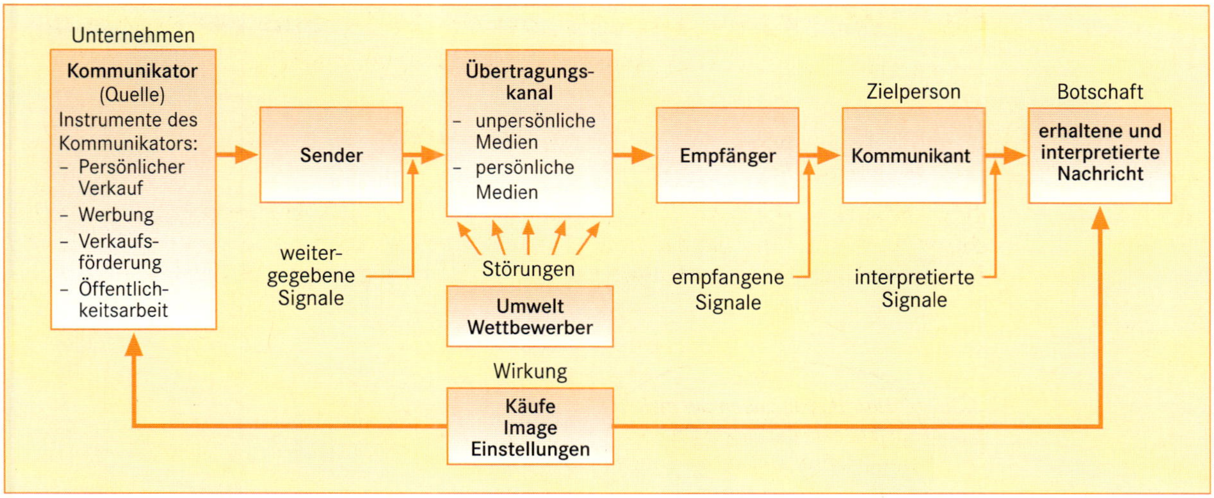

Bei diesem *Prozess der Verständigung* untereinander sollte die folgende Kommunikationsformel berücksichtigt werden:

- **Wer** (z. B. Großhandelsunternehmen)
- **sagt was** (Botschaft)
- **über welchen Kanal** (Werbeträger, Außendienst)
- **zu wem** (Zielperson oder Zielgruppe)
- **mit welcher Wirkung** (Kommunikationserfolg, Käufer, Änderungen von Einstellungen, Auswirkungen auf das Unternehmensimage).

Definition **Marketingkommunikation ist die Verständigung des Unternehmens**

- **mit möglichen Kunden,**
- **mit der Öffentlichkeit und**
- **mit Unternehmensangehörigen.**

Zur Kommunikationspolitik gehören sämtliche auf den Absatzmarkt gerichteten Informationsprozesse. Ziel dieser **Informationsprozesse** ist die Beeinflussung von Einstellungen und Erwartungshaltungen gegenüber dem Produkt und dem Unternehmen im Sinne der Unternehmensziele (z. B. Steigerung des Absatzes).

Dabei müssen Inhalt, Ausmaß, Zeitbezug und Zielgruppenbezug eindeutig festgelegt werden **(= Operationalisierung der Kommunikationsziele).**

Beispiele

- Verbesserung des Unternehmensimages durch Steigerung der Markenbekanntheit
- Steigerung des Umsatzes um 8 % innerhalb der nächsten zwölf Monate im Marktsegment Seidenbettwäsche

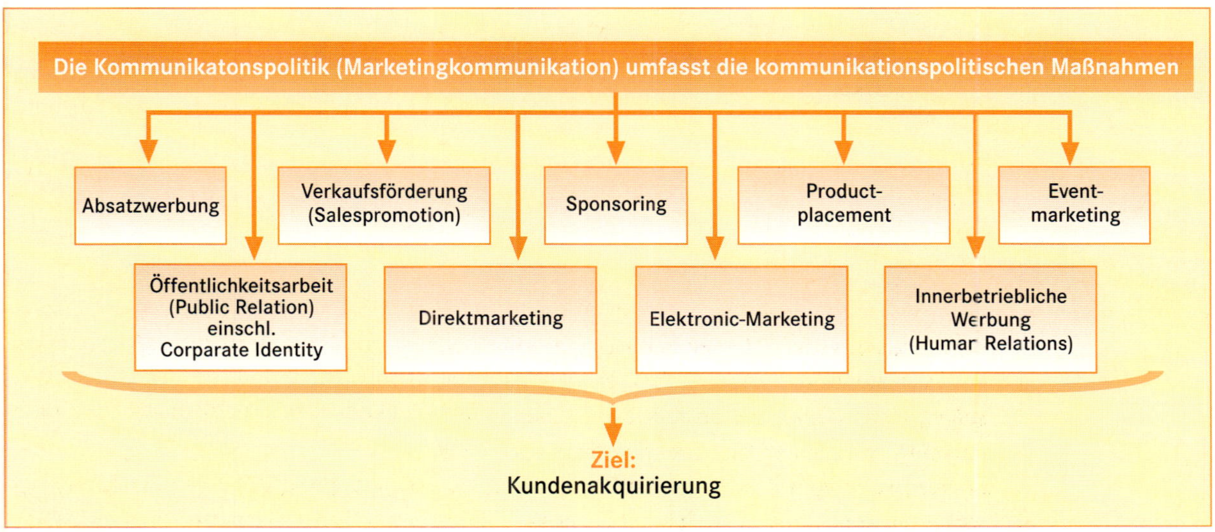

Absatzwerbung

Ziele und Aufgaben

Die wichtigste Form der Kommunikationspolitik ist die **Absatzwerbung**[1]. Mit ihrer Hilfe bemühen sich Unternehmen, Waren und Dienstleistungen abzusetzen. Verschiedene Werbemittel, z. B. Zeitungsanzeigen, unterstützen sie dabei.

Aufgabe der Werbung ist es, die Ware der Zielgruppe so nahe zu bringen, dass sie sie schließlich auch kauft.

Die Werbung stellt die Verbindung her zwischen Hersteller bzw. Händler und Zielgruppe (Käufersegment).

Ohne Werbung, die die Verwender über das breite Warenangebot unterrichtet, gäbe es keinen Massenabsatz und damit keine Massenproduktion.

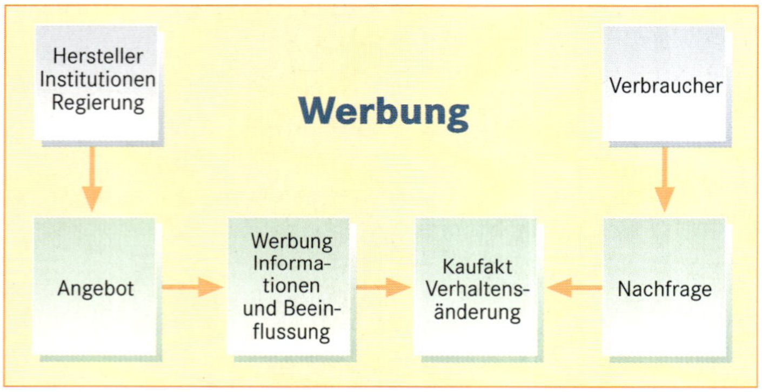

Im Wirtschaftsleben hängt von den Kunden viel ab. Fragen sie längere Zeit nur wenig Waren und Dienstleistungen nach, dann gerät wegen des Nachfrageausfalls die gesamte Wirtschaft in Gefahr. Sind die Kunden hingegen ausgabefreudig, dann geht es dem Handel, der Konsumgüterindustrie und den Wirtschaftsbetrieben in anderen Branchen gut.

Aus diesem Grund setzen die Unternehmen alles daran, das Kundenverhalten zu erforschen und zu beeinflussen. Dabei spielt die **Werbung als absatzpolitisches Instrument** eine wichtige Rolle.

Sie ist für Hersteller wie Händler notwendig, um in einer auf Wettbewerb ausgerichteten Wirtschaft überleben zu können. Nicht umsonst gilt daher bei den Unternehmen das Motto: *„Wer nicht wirbt, der stirbt!"*

Absatzwerbung

Primäre Ziele der Werbung

aus der Sicht des Großhandels

- neue Waren bekannt machen **(Einführungswerbung)**
- den bestehenden Kundenkreis erhalten **(Erinnerungs- oder Stabilisierungswerbung)**
- beim Kunden neue Bedürfnisse wecken und dadurch neue Kunden hinzu- oder ehemalige Kunden zurückgewinnen **(Expansionswerbung)**

aus der Sicht des Kunden

- über Güter informieren und aufklären, wie z. B. über die Eigenschaften, Verwendungsmöglichkeiten, Verbesserungen oder über technischen Neuerungen
- eine Marktübersicht geben und damit Preisvergleiche ermöglichen

1 In den weiteren Kapiteln 9.7, 9.10 und 9.11 wird die Absatzwerbung im Detail weiterbehandelt werden. Insofern sind diese Kapitel ebenfalls Bestandteil der Kommunikationspolitik.

- In erster Linie besteht das Interesse der **Einführungswerbung** darin, die neue Ware bekannt zu machen. Dabei soll gleichzeitig im Bewusstsein bzw. Unterbewusstsein der Konsumenten das Verlangen entstehen, dieses bestimmte Produkt zu kaufen. Sekundär ist es dabei, ob der Verbraucher den Artikel im weitesten Sinne benötigt oder nicht.
- Bei der **Expansionswerbung** soll mit Werbemaßnahmen der Umsatz erhöht bzw. der Marktanteil gesteigert werden. Dabei können Kunden, die das Produkt bereits kennen und kaufen, dazu angeregt werden, mehr zu bestellen. Auch neue Kunden können geworben werden. Dabei sind in der Regel neue Verwendungszwecke aufzuzeigen.
- Die **Erhaltungswerbung** ist vor allem bei rückläufiger Konjunktur von Bedeutung. Im Vordergrund stehen die Erhaltung des bisherigen Bekanntheitsgrades und die Tatsache, dass der Marktanteil nicht absinkt, sondern ebenfalls erhalten bleiben soll.

Die Grenzen sind fließend. Eine scharfe Trennung der verschiedenen Primärziele ist nicht möglich.

Sämtliche Ziele dienen letztlich dem Hauptziel der Wirtschaftswerbung: der Anbahnung, Erhaltung und Förderung des Absatzes zur Maximierung des Gewinns.

Die Werbung hat ihr Ziel erreicht, wenn der Kunde die Ware gekauft hat. *„Mit Absatzwerbung läuft nicht alles wie von selbst – doch ohne Absatzwerbung läuft gar nichts"* ist eine weit verbreitete Erkenntnis in den Handelsunternehmen.

Definition **Wirtschaftswerbung ist die planmäßige Beeinflussung einer bestimmten Zielgruppe, um den Absatz bzw. die Nachfrage nach einer Ware oder Dienstleistung zu fördern, anzuregen oder hervorzurufen.**

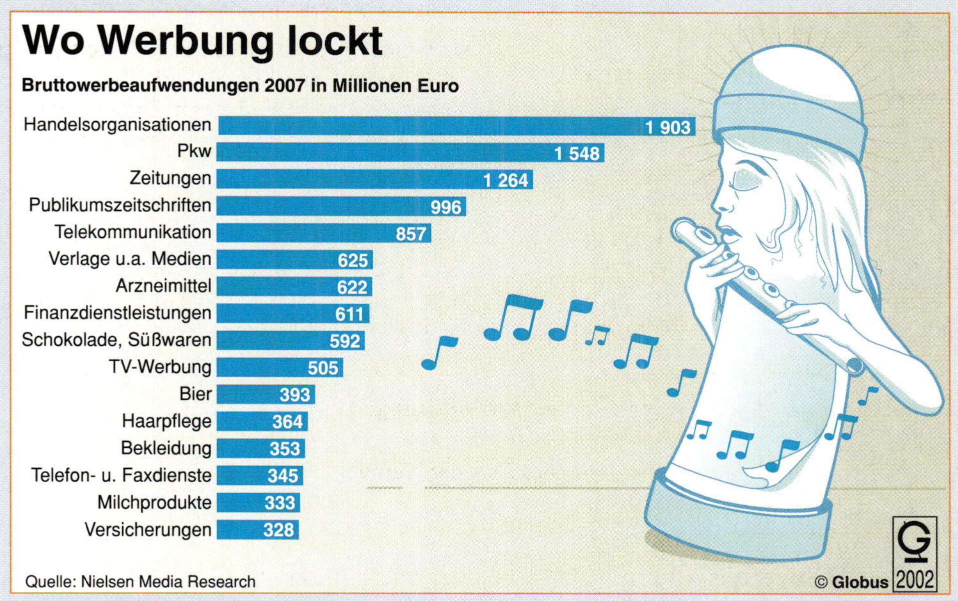

Im Mittelalter priesen Marktschreier lauthals ihre Waren an, heute ist die Werbeindustrie zu einem milliardenschweren Wirtschaftszweig aufgestiegen. Als werbeintensivste Branche zeigte sich 2007 der Handel, allen voran der Lebensmitteleinzelhandel. Der größte Zuwachs bei den Werbeaufwendungen entfiel im Vergleich zum Vorjahr aber auf den Pkw-Markt. Auf Platz drei kamen Zeitungen, die einerseits selbst hohe Werbe-Investitionen tätigten, andererseits aber auch nach dem Fernsehen mit die höchsten Einnahmen durch Werbung verbuchen konnten.

Reklame

Reklame ist die übertriebene und zum Teil unseriöse Form der Massenwerbung für Waren und Dienstleistungen.

Direktmarketing

Definition **Als Direktmarketing (auch *Dialogmarketing* oder *Direct-Response-Werbung*) wird jede Werbemaßnahme bezeichnet, die eine persönliche Ansprache des möglichen Kunden mit der Aufforderung zur Antwort enthält und sich durch eine deutlich hervorgehobene Responsemöglichkeit von der einfachen Direktwerbung unterscheidet.**

Im Unterschied zur Direktwerbung wird im Dialogmarketing die Möglichkeit, sich mit dem Unternehmen in Verbindung zu setzen, aktiv verstärkt.

In der Praxis wird ein Werbemittel wie ein Mailing z. B. durch Beilagen oder aufgeklebte Giveaways, durch das Angebot von Verlosungen oder Einladungen zu Veranstaltungen aufgewertet. Besonders exklusive Papiersorten, Kartonagen, Sonderfarben, Präsente oder Theaterkarten können vom Großhändler genutzt werden oder begleitende Maßnahmen, wie z. B. eine nachfolgende SMS, werden eingesetzt, um die persönliche Ansprache zu intensivieren und die Möglichkeit einer Antwort (Response) durch den Empfänger zu erhöhen.

Ein besonders häufig genutztes Instrument im Direktmarketing ist das **Callcenter**[1]. Im persönlichen *Telefongespräch* erhält das Großhandelsunternehmen zusätzlich Informationen über den Kunden und seine Präferenzen.

Definition **Als Telefonverkauf (auch *Telefonmarketing* bzw. *Telemarketing*) wird eine Form des Verkaufs bezeichnet, bei der die Akquisition, die Beratung und der Vertragsabschluss in Teilschritten oder komplett per Telefon vorgenommen werden.**

Nutzen

Der Nutzen des Telefonverkaufs besteht in den geringen Kosten gegenüber dem persönlichen Besuch bei den Kunden. Aus Kostengesichtspunkten ist der Telefonverkauf zwischen dem aufwändigen Außendienstverkauf einerseits und dem Versenden von Printwerbung zur Erzielung eines Vertragsabschlusses andererseits einzuordnen.

Die persönliche Ansprache ist ein wirkungsvolles Element in Vertrieb und Service. Im Gespräch kann auf Kundenfragen besser eingegangen, argumentiert und überzeugt werden als z. B. im Dialog eines Mailings mit Responseabschnitt zur Rücksendung. Dies zeigt sich an deutlich höheren Bestellquoten im Vergleich zum klassischen Mailing (Werbebrief). Darüber hinaus können Streuverluste minimiert werden.

Andererseits liegen die Kosten pro Kontakt mehrfach über denen eines Werbebriefes mit einfacher Ausstattung. Hochwertige Mailings kosten mitunter jedoch mehr als ein Anruf.

Einsatzmöglichkeiten des Direktmarketings sind häufig:

- Kundeninformation zu Produktneuheiten
- Aktivierung von Altkunden
- Kundenrückgewinnung
- Telefonverkauf
- Terminvereinbarung für den Außendienst

1 Als *Callcenter* wird ein Unternehmen oder eine Organisation bezeichnet, in dem Marktkontakte telefonisch hergestellt werden.

Stärken des Direktmarketings

Durch die Möglichkeit der Unterscheidung der Kunden (von einem „Starkunden" bis zu einem „Verzichtskunden") kann der Großhändler eine Werbemaßnahme für jeden Kunden individuell gestalten. So rechtfertigt ein „Starkunde", der ein hohes Umsatz- und Gewinnpotenzial sowie beste Wachstumsaussichten aufweist, einen hohen Marketingaufwand. Dies kann z. B. geschehen durch:

- intensive Kundenbetreuung, und zwar vor, beim und nach dem Kauf
- bevorzugte Lieferung
- Berücksichtigung von Sonderwünschen

Einen so genannten „Verzichtskunden", der durch ein geringes Umsatzpotenzial und geringe Wachstumsaussichten gekennzeichnet ist, sollte man besser aufgeben, da er meist schon einen negativen Deckungsbeitrag aufweist.

Weiterhin werden Kundenbeziehungen aufgebaut, die zur Kundentreue und letztlich zu einer engen Kundenbindung führen sollen. Stammkunden erwirtschaften nach wie vor die meisten Umsätze. So ist es bis zu siebenmal leichter, einen Stammkunden zum Kauf zu bewegen, als einen neuen Kunden für sich zu gewinnen. Daher hat das Direktmarketing nicht nur für die Gewinnung von Neukunden Vorteile, sondern dient vor allem dem Ziel, Stammkunden eng an das Unternehmen zu binden.

Diese Kundennähe und die Kundenzufriedenheit haben weiterhin positive Abstrahlungseffekte auf den Markt. Vor allem mit der **Direct-Response-Werbung** ist es möglich, neue Zielgruppen zu erschließen, da der Empfänger einer Werbebotschaft sein Interesse damit bekundet, dass er auf die Werbebotschaft reagiert. Die dadurch gewonnenen Daten können wiederum in weiteren Aktionen verwendet werden, um Werbemaßnahmen individueller zu gestalten.

Die *individuelle Kontaktansprache* vermindert insbesondere die Streuverluste der eingesetzten Werbemittel und führt somit zu einer *Gewinnverbesserung* aufgrund der Kostensenkungspotenziale. Das Direktmarketing erlaubt dem Großhändler insofern einen effizienteren Einsatz seiner finanziellen Mittel.

Öffentlichkeitsarbeit (Public Relations)

Was ist PR?

„Wenn ein junger Mann ein junges Mädchen kennen lernt und ihr sagt, was für ein großartiger Kerl er ist, so ist das *Reklame.* Wenn er ihr sagt, wie reizend sie aussieht, so ist das *Werbung.* Aber wenn das Mädchen sich für ihn entscheidet, weil sie von anderen gehört hat, was für ein feiner Mensch er sei, dann ist das *Public Relations.*"

Alwin Münchmeyer, Privatbankier

Beziehen sich die kommunikationspolitischen Maßnahmen nicht auf eine bestimmte Ware, sondern auf das Unternehmen als Ganzes, auf die Pflege der Beziehungen zur Öffentlichkeit, so spricht man von **Öffentlichkeitsarbeit.** Dabei will man Vertrauen gewinnen, Sympathien erzeugen und allgemein ein positives Image aufbauen. Geworben wird um die positive Meinung der Öffentlichkeit.

Definition Unter **Öffentlichkeitsarbeit sind sämtliche Maßnahmen zu verstehen, die ein Unternehmen ergreift, um sein Ansehen in der Öffentlichkeit zu pflegen oder zu verbessern. Man nennt diese entsprechenden Maßnahmen auch Imagepflege.**

Angesprochen werden sollen mithilfe der Öffentlichkeitsarbeit nicht nur die Kunden, sondern alle, die in irgendeiner Verbindung zum Unternehmen stehen, wie z. B. Geschäftspartner, Kapitalgeber, Behörden, Parteien, Regierungen, Gewerkschaften, Massenmedien usw.

Öffentlichkeitsarbeit wird nicht nur von einzelnen Unternehmen, sondern ebenso für einzelne Wirtschaftszweige insgesamt betrieben, z. B. von den Großhandelsverbänden oder der chemischen Industrie.

Mittel der Public Relations-Politik sind u. a.:

- allgemeine und spezielle Informationen an Journalisten von Presse, Rundfunk und Fernsehen
- Interviews
- Pressekonferenzen
- PR-Anzeigen
- Broschüren und Zeitschriften
- Geschäftsberichte
- Wettbewerbe

- Modeschauen
- Informationsabende
- Betriebsbesichtigungen („Tag der offenen Tür“)

- Mitwirkung des Unternehmers in Vereinen und Verbänden
- Förderung des Gemeinwohls, z. B. durch Spenden

Eng verwandt mit Public Relations ist das *Sponsoring.*

Sponsoring

Sponsoring bietet die Gelegenheit, durch Förderung geeigneter Personen, Vereine oder Organisationen den Bekanntheitsgrad des Unternehmens zu steigern sowie die Produkt- und/oder Imageziele des Unternehmens zu gestalten (Marketing by sponsoring).

Beispiele für Sponsoringbereiche

Kultursponsoring:	Sozialsponsoring:
■ Musikveranstaltungen	■ Bildung
■ Kunstausstellungen	■ Wissenschaft
■ Tourneen von Musikgruppen	■ karitative Einrichtungen
Sportsponsoring:	**Umweltsponsoring:**
■ Sportvereine	■ ökologische Aktionen
■ Sportler	■ Stiftungen und Vereine
■ Mannschaften	

Beim Sponsoring herrscht das *Prinzip von Leistung und Gegenleistung.* Als Gegenleistung wird von der gesponserten Partei das *Firmenlogo* oder die *Werbung des Sponsors* in der Öffentlichkeit gezeigt (z. B. über Trikotwerbung). Bezweckt wird damit eine psychologische Übertragung des positiven Bildes, das die Öffentlichkeit vom Gesponserten hat, auf den Sponsor selbst.

Weitere mögliche Gegenleistungen für Kunden oder Mitarbeiter des Sponsors: verbilligte oder Gratiseintritte, Zugang zu Schlüsselpersonen, VIP-Boxen o. Ä., Spezialanlässe usw. Letztlich ist Sponsoring in allen Bereichen der Kommunikationspolitik einsetzbar.

Ziele der Sponsoringmaßnahmen:

- Erhöhung des Bekanntheitsgrades
- Gestaltung und/oder Verbesserung des Unternehmensimages
- Kontakte zu bestimmten Zielgruppen

*Herr Fröhlich, Kommanditist der **Spindler KG,** gemeinsam mit einer Politikerin bei der Einweihung eines neuen Kindergartens in Hannover, bei dessen Finanzierung die **Spindler KG** maßgeblich beteiligt war.*

Ein entsprechender Bericht mit Foto erschien in der lokalen Presse sowie in der Verbandszeitschrift des Groß- und Außenhandels.

Corporate Identity

Voraussetzung für erfolgreiche PR-Maßnahmen ist eine klare **Corporate-Identity-Politik,** die als Weiterentwicklung des Public Relations-Gedankens gesehen werden kann.

Definition **Die Corporate-Identity-Politik soll ein unverwechselbares Bild vom Unternehmen vermitteln und damit das Unternehmensimage verbessern.**

Ziel der Corporate Identity nach außen ist die Profilierung des Unternehmens, um den steigenden Anforderungen aus Markt und Gesellschaft zu begegnen.

Gestaltungsmöglichkelten sind: *Corporate Design* (Firmenlogo, Farbe, Schrift), *Corporate Communications* (z. B. Image-Slogans) und *Corporate Behaviour* (Führung, Konferenzstil, Umgangston).

Corporate Communications (Kommunikation)	Corporate Design (Erscheinungsbild)	Corporate Behaviour (Verhalten)
= stimmt die einzelnen Instrumente der Kommunikationspolitik aufeinander ab (= Kommunikationsmix). Sie soll nach außen hin wirken, indem sie ein **einheitliches** Erscheinungsbild darstellt und gleichzeitig höhere Kundenakzeptanz erzielt.	= optische Umsetzung durch **einheitliche** visuelle Gestaltungselemente. Im Rahmen eines CI-Konzepts liefert die visuelle Erscheinung erste Impulse zur Wahrnehmung einer Unternehmensidentität. Das Corporate Design wird geprägt von gleich bleibenden Gestaltungselementen wie dem **Logo**, den **Hausfarben**, der **Hausschrift,** der **typografisch gestalteten Form des Slogans** sowie den **stilistischen Sollvorgaben** für Abbildungen, Fotos und andere Illustrationselemente. Diese Konstanten bestimmen das Design aller visuellen Äußerungen des Unternehmens: der Produkte und ihrer Verpackung, der Kommunikationsmittel, der Architektur und weiterer Sonderbereiche wie des Fotodesigns, der Beschilderung, der Gebäudebeschriftung und mitunter sogar der Arbeitskleidung. 	= **einheitliches** Verhalten der Mitarbeiter Firmenverhalten zeigt sich unter anderem darin, ◆ wie Mitarbeiter *miteinander* und *mit Kunden und Lieferanten* umgehen, ◆ wie Konflikte gelöst werden, ◆ wie auf Probleme reagiert wird, ◆ wie viel Offenheit und Vertrauen im Umgang mit der Öffentlichkeit vorherrscht. Zu beurteilen ist auch das Verhalten des Unternehmens gegenüber seinen Mitarbeitern, also der **Führungsstil,** nach welchen Kriterien das Personal eingestellt und befördert wird, die Ausbildung und Mitarbeiterförderung, die Lohnpolitik und die Sozialleistungen.

Aus dem Unternehmen selbst wird ein unverwechselbarer Markenartikel. CI wendet sich sowohl an Mitarbeiter und Gesellschafter als auch an Kunden, Absatzmittler, Banken, politische Gruppen, Vereine, Gewerkschaften usw.

Beispiele

Eine die absatzpolitischen Überlegungen übergreifende Maßnahme kann der getrennte Einsatz der beiden folgenden werblichen Entwürfe sein, die eine Werbeagentur für die ***Spindler KG*** erstellt hat. Sie sollen – wann immer es angebracht erscheint – eine konkrete produktbezogene Maßnahme begleiten oder aber auch für sich allein *ohne Produktbegleitung* im Rahmen der Kommunikationspolitik/Corporate-Identity-Politik eingesetzt werden.

Diese Entwürfe machen bewusst keine produktbezogenen Aussagen und sind daher für sämtliche Warengruppen der Textilgroßhandlung verwendbar.

Der Einsatz der Entwürfe soll nach der Vorstellung der Werbeagentur bei den potenziellen *Spindler*-Kunden den Eindruck vermitteln, dass die ***Spindler KG*** ein Synonym ist für **Verständnis, Einfühlungsvermögen und Zuverlässigkeit.** Dies soll letztlich ein **unverwechselbares Bild** von der Textilgroßhandlung vermitteln und damit das Unternehmensimage erhöhen.

Entwurf 1:

Wir haben die *einfachste Lösung* Ihres Problems!

Spindler!
vergleichen – kaufen – sparen

Der erste Entwurf überzeugte die Verantwortlichen der ***Spindler KG*** deshalb, weil *Das Ei des Kolumbus* sprichwörtlich für die **einfache Lösung eines Problems** steht:

Man muss nur die richtige Idee haben.

Entwurf 2:

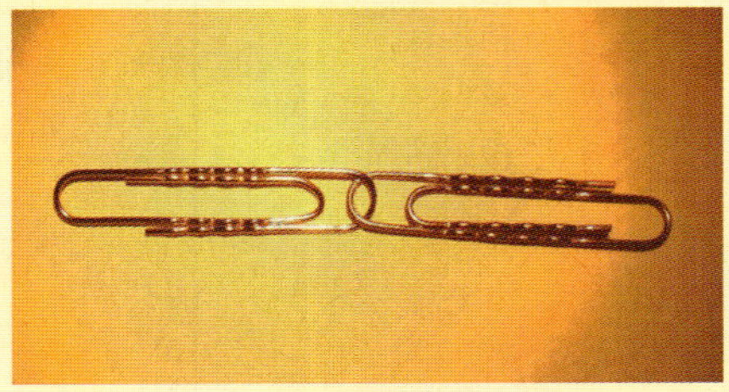

Kombinieren Sie *niedrige Preise* mit *hoher Qualität* **Spindler!**

Verkaufsförderung (Salespromotion)

Salespromotion ist allgemein ein Oberbegriff für verschiedene, den Absatz fördernde Instrumente.

Als Verkaufsförderung werden alle Maßnahmen angesehen, die die Erlebnisqualität steigern, also am Ort des Verkaufs bzw. Kaufs **(Point of Sale)** eingesetzt werden.

Maßnahmen der Verkaufsförderung gehen daher über die eigentliche Absatzwerbung hinaus, da sie z. B. auch Elemente wie Preispolitik und Service enthalten. Insofern unterstützt Verkaufsförderung die Werbung in den Massenmedien sowie die Arbeit des Verkaufspersonals (der Außendienstmitarbeiter und der Verkäufer im Handel).

Im Gegensatz zur klassischen Absatzwerbung ist die Verkaufsförderung **kurzfristig,** d. h. taktisch, und auf eine **spezifische Situation ausgerichtet.**

Definition **Unter Verkaufsförderung sind alle Maßnahmen des Großhändlers zu verstehen, die seine Absatzbemühungen unterstützen.**

Beispiele

- Für die *Einführung einer neuen Kosmetikserie* werden von einem Großhandelsunternehmen folgende Maßnahmen am Point of Sale vorgesehen: attraktive Ständer mit großen Postern zur Präsentation der Ware, eine kostenlose Beratung, die Ausgabe von Proben und Autogrammstunden mit dem weiblichen Star einer Fernsehserie.
- *Contest:* Konsumenten müssen sich durch eine bestimmte Leistung für die Teilnahme an der Verlosung qualifizieren.

  Das Ziel der Aktion ist die Erhöhung des Produktinteresses durch produktbezogene Aufgabenstellung.

Verkaufsfördernde Maßnahmen

mit Zielrichtung

Einzelhandel

- Kooperation bei der Werbung (Überlassung von Displaymaterial, Zuschüsse zu den Werbekosten)
- besondere Nachlässe
- Prämien
- Schulungen
- Werbegeschenke
- Messen, Musterschauen, Demonstrationen
- Kundendienst, Informationsdienste
- Händlerzeitschriften
- Schaufensterwettbewerbe
- Kalkulationshilfen

Verbraucher

(relevant insbesondere für den Konsumgütergroßhandel)

- Preisausschreiben
- Centaktion
- Aktion mit Prominenz
- Gutscheinaktionen
- Ballonwettflug
- erlaubte Zugaben
- Sonderangebote
- günstige Warenplatzierung
- ansprechende Gestaltung der Verkaufsräume und Schaufenster
- Suchaktionen
- Kostprobenverteilung (Sampling-Aktionen)
- Selfliquidating offers (z. B. Verkauf von Büchern zum Selbstkostenpreis bei Kaffeegeschäften; durch das Angebot eines Zweitartikels wird die Nachfrage nach Röstkaffee erhöht)
- Contests: Teilnahmescheine am Produkt, in Nähe des Produkts oder in Anzeigen. Konsumenten müssen sich durch eine bestimmte Leistung für die Teilnahme an der Verlosung qualifizieren.
- Verbundpromotion: Mehrere, teilweise verschiedenartige Produkte werden unter einem „verbindenden" gemeinsamen Thema zusammengefasst.

Verkaufspersonal

- Verkaufswettbewerbe
- Prämien für besondere Leistungen
- Besichtigungsfahrten zum Hersteller
- eigene Verkäuferschulungen, z. B. Schulung der Verkaufstechnik und Vermittlung von Fachwissen bei beratungsintensiven Waren, z. B. Computern
- zusätzliches schriftliches Informationsmateria
- Prospekte und Kataloge
- Handbücher
- Bedienungsanleitungen
- Proben und Muster

Durch derartige Maßnahmen lässt sich der Warenverkauf allgemein nachhaltig beeinflussen. Stets soll zum **Impulskauf** angeregt werden. Er kann dazu beitragen, den Umsatz zu steigern und die Marktposition des Herstellers bzw. Großhändlers zu verbessern.

Persönlicher Verkauf

Großhandelsunternehmen stehen in den letzten Jahren vor immer größeren wirtschaftlichen Herausforderungen: zunehmender Wettbewerbsdruck, Ausschaltungs- oder Umgehungsgefahren und steigende Mobilität weiter Kundenkreise. Hinzu kommt, dass bei sehr vielen Waren aufgrund der Marktsättigung mit sehr geringen Spannen kalkuliert wird (Preisdruck). Das hat zur Folge, dass oftmals Preisgleichheit besteht.

Aus diesen Veränderungen ergibt sich für den Großhändler zwangsläufig, sich auf das *Beziehungsmanagement* auszurichten und auf die *Bindung ausgewählter Kunden* zu fokussieren, um das eigene Überleben am Markt langfristig sicherstellen zu können.

Es sind dann häufig die persönlichen **Kontakte,** die darüber entscheiden, welcher Anbieter den Auftrag erhält.

Definition Beim **persönlichen Verkauf** versucht das Großhandelsunternehmen, potenzielle Kunden durch direkte Kommunikation von der Leistungsfähigkeit seines Angebotes so zu überzeugen, dass sie bereit sind, die angebotene Ware zu kaufen. Zu diesem Zweck werden mit möglichen Kunden Verkaufsgespräche geführt.

Das **Verkaufsgespräch** in den Geschäftsräumen und im Außendienst bringt für das Handelsunternehmen den effektivsten Werbeerfolg. Mithilfe der Sprache informiert und berät die Verkaufskraft den Kunden. Dabei kann der Gesprächspartner überzeugt und zum Kaufabschluss geführt werden.

Mit dem erfolgreich geführten Verkaufsgespräch können die verschiedenen Elemente einer Werbebotschaft besser als mit jedem Werbebrief oder Katalog an den potenziellen Kunden herangetragen werden.

Das Verkaufsgespräch gliedert sich in:

- Vorbereitungsphase
- Kontaktphase
- Gesprächseröffnungsphase
- Argumentationsphase
- Abschlussphase
- Nachabschlussphase[1]

Eventmarketing

Definition Unter **Events** versteht man Veranstaltungen oder Ereignisse, die von Unternehmen gezielt zur Kommunikation eingesetzt werden.

Imagegewinn heißt das Ziel, das Unternehmen mit diesen Veranstaltungen verknüpfen.

Im Mittelpunkt steht beim Eventmarketing die **direkte** Kommunikation mit der Zielgruppe.

Emotionen werden bei dieser **zielgruppengerechten Veranstaltung** über alle Sinne angesprochen. Inhalte werden emotional erlebbar gemacht und auf diese Weise viel nachhaltiger und wirksamer vermittelt, als andere absatzpolitische Maßnahmen dies können.

Beispiel

Über Publikumsaktionen, Ausstellungen, Konzerte, Shows, Modeschauen, Messen, Außendienstkonferenzen, Pressekonferenzen, Verkaufspräsentationen, Sport- und Kulturveranstaltungen oder Volksfeste sollen die eigenen Produkte oder Dienstleistungen sowie der Firmenname bei den Gästen nachhaltig in Erinnerung bleiben (= **erlebnisorientierte Kommunikation**).

Die klassischen Kommunikationsaufgaben des Marketing-Events lauten: **Information – Emotion – Aktion – Motivation.**

Erst diese Mischung macht das Eventmarketing wirksam und bedeutsam. Dabei stehen die folgenden *Ziele* im Vordergrund:

- Imagebildung und -förderung
- Schaffung und Steigerung des Bekanntheitsgrades des Unternehmens und seiner Leistungen
- aktive Ansprache der Zielgruppe und dadurch Verbesserung des Dialogs
- die Schaffung einer einmaligen Erlebnissituation
- die Gewinnung neuer Kunden

Events ersetzen klassische Werbung und Public Relations nicht. Die Abstimmung im Rahmen des Kommunikationsmix sowie mit dem Gesamtmarketing-Konzept des Unternehmens ist unbedingt erforderlich.

E-Marketing und E-Mail

Electronic-Marketing (E-Marketing) ist Marketing mittels elektronischer Medien, also in der Hauptsache **E-Mail** und **Internet.**

E-Mail-Marketing ist schnelle und aktuelle Kundeninformation. Mithilfe von E-Mails kann der Großhändler *direkte Kontakte zu potenziellen Kunden* herstellen oder bereits bestehenden Kunden aktuelle Informationen zukommen lassen.

1 Ausführungen über den Aufbau eines Verkaufsgespräches sind nachzulesen in *Groß im Handel - Grundstufe,* Kap. 2.13.

556786

Die besonderen Stärken von E-Mail und Internet liegen in zwei Bereichen.

→ Sie ergänzen die gängigen Medien der Kundenansprache, Kundeninformation und Werbung (Kataloge, Broschüren, Hörfunk, Fernsehen usw.).

→ Sie liefern – schneller und genauer – Daten über Kundenverhalten: Informationen, die jedes Großhandelsunternehmen benötigt, um sein Sortiment und seinen Service auf bestimmte Kundenzielgruppen zuzuschneiden und akzeptable und wettbewerbsfähige Preise dafür zu kalkulieren.

Beispiele

- Benachrichtigung, dass neue Ware eingetroffen ist (z. B. neue Herbstkollektion)
- Information über Sonderangebote

Ein besonderer Vorteil sind die geringen Kosten: Mit nur einem Mausklick können 500 oder mehr E-Mails gleichzeitig versendet werden. Es ist allerdings unbedingt zu beachten, dass E-Mail-Werbung nur dann zulässig ist, wenn der Empfänger damit einverstanden ist.

Der Kontakt über das Internet eröffnet dem Großhändler auch die Möglichkeit, wichtige Anregungen von der Kundenseite her zu erhalten und diese für seine weitere Planung auszuwerten.

Beispiele

- Kunden-E-Mail an die Kontaktadresse (erste Kontaktaufnahme durch den Kunden oder Antwort auf eine Kundeninformation)
- Eintrag ins Gästebuch
- Chat-Forum auf der Homepage

Im Internet kann darüber hinaus mit weiteren Aktivitäten geworben werden, wie mit

- Websites,
- Bannern und Buttons und
- Weblogs, abgekürzt „Blogs".

- **Website:** Hier kann sich der Großhändler mit seiner Homepage darstellen und Informationen bieten, beispielsweise über sein Sortiment, Sonderaktionen oder Kontaktaufnahmemöglichkeiten.

- **Banner und Buttons:** Mit der entsprechenden Platzierung von Werbebannern und Buttons kann das Großhandelsunternehmen auf seine Homepage aufmerksam machen.
- **Blogs** sind Seiten mit sehr einfachen Redaktionssystemen, auf denen die Betreiber ganz leicht neue Nachrichten einfügen können. Einige Blogs haben eine große Menge an Stammlesern, die immer wieder auf die Seite kommen – das zu erreichen sollte das Ziel eines Unternehmens sein.

Allerdings stellt keines der Kommunikationsmittel für sich ein Zaubermittel dar. Um die jeweiligen Stärken und Schwächen auszutarieren, werden die einzelnen Maßnahmen oft miteinander gemischt, man spricht in diesem Zusammenhang von *„Cross-Media"*. Wichtig hierbei ist die richtige Strategie:

Es kommt darauf an, nicht alle Informationen auf einmal zu liefern. So könnte man etwa in einer ersten *E-Mail* auf eine Dienstleistung aufmerksam machen – mit dem Hinweis auf eine *Website,* die weitere Details liefert und ihrerseits die Möglichkeit bietet, schriftliches Material anzufordern. Am Schluss könnte dann ein *Telefonat* stehen.

Productplacement

Definition **Productplacement bedeutet die Integration des Namens, des Produktes, der Verpackung, der Dienstleistung oder des Logos eines Markenartikels oder eines Unternehmens in den Massenmedien.**

Die Platzierung ist so geschickt in den Handlungsablauf eingebaut, dass der Zuschauer die werbende Absicht nicht mehr erkennt oder als störend empfindet.

Die Möglichkeiten reichen von Film und Fernsehen (Videoclips, Spielfilme usw.) über Veranstaltungen (u. a. Theateraufführungen, Kinofilme) bis zum redaktionellen Teil von Zeitungen.

Productplacement umgeht somit die Positionierung des Produktes im bezahlten Anzeigenraum. Als Entgelt wird in den meisten Fällen ein Produktionskostenzuschuss von der Privatwirtschaft gezahlt. Damit kann ein Teil der horrenden Produktionskosten schon abgedeckt werden, bevor zum Beispiel ein Film in den Kinos oder im Fernsehen anläuft.

Innerbetriebliche Werbung (Human Relations)

Die beste PR-Arbeit wird erfolglos bleiben, wenn das *Betriebsklima schlecht* ist.

Die innerbetriebliche Werbung wendet sich daher an die Belegschaft des Unternehmens. Im Mittelpunkt stehen Maßnahmen zur Verbesserung der internen Kommunikation, um den Informationsaustausch und die Kommunikation mit den Mitarbeitern zu fördern.

Definition **Human Relations[1] bezeichnen die Pflege und Gestaltung zwischenmenschlicher, interner Beziehungen in einem Unternehmen.**

Das Ziel ist es, gute zwischenmenschliche Beziehungen im Unternehmen zu schaffen und zu pflegen, sodass das Betriebsklima und damit die Arbeitsfreude und die Arbeitsleistung positiv gefördert werden. Denn schon längst haben die Unternehmen die Bedeutung funktionierender Sozialbeziehungen erkannt: Identifikation, Motivation und Kooperationsbereitschaft der Mitarbeiter lassen sie zu glaubwürdigen Multiplikatoren außerhalb des Unternehmens werden.

Beispiel

Die Geschäftsführung der ***Spindler KG*** möchte ihre Mitarbeiterinnen und Mitarbeiter an sich binden und zu besonderer Leistung motivieren. Sie gibt eine interne Zeitschrift heraus, in der Werksangehörige im Mittelpunkt stehen:

Berichte über Einzelne und ihre Arbeit, Erfolge der Betriebsfußballmannschaft, interessante Hobbys und private Nachrichten.

Da eine positive Einstellung der Mitarbeiter zu ihrem Unternehmen in den Familien- und Bekanntenkreis hineingetragen wird, kann eine erfolgreiche Human Relations-Politik zu einem weiteren Imagegewinn des Unternehmens führen.

Mittel und Maßnahmen sind u. a.:

- soziale Fürsorge für Betriebsangehörige, wie z. B. Werkskindergarten, Sporteinrichtungen, werkseigene Erholungsheime
- Werkzeitungen mit Berichten und Informationen über Probleme des Unternehmens und der Belegschaft, Maßnahmen der Unternehmensleitung, Jubiläen, Familienereignisse
- Vorschlagssysteme für Verbesserungsvorschläge, wie z. B. Gestaltung des Arbeitsablaufs, des Arbeitsplatzes
- Werksfilme
- Betriebsfeste
- Betriebsausflüge
- Sportveranstaltungen

Beim Versuch, die einzelnen Kommunikationsmaßnahmen optimal zu kombinieren (= Kommunikationsmix), kommt es immer darauf an, *die jeweilige Marktsituation zu berücksichtigen.*

Kommunikationsmix

Definition **Kommunikationsmix ist der abgestimmte Einsatz aller kommunikationspolitischen Maßnahmen.**

Beispiel

Ein Großhandelsunternehmen für Reitsportartikel möchte sich als Experte für die Beziehung „Mensch – Pferd" darstellen. Alle Werbemaßnahmen laufen unter dem Slogan *„Sie – Ihr Pferd – und WIR".* In ausgewählten Sportfachgeschäften werden Infotheken für Reitsportfreunde eingerichtet, eine Spende für die Olympia-Reitmannschaft wird groß herausgestellt und die Mitarbeiterinnen und Mitarbeiter erhalten einen kostenfreien Reitkurs. Darüber hinaus präsentiert sich das Unternehmen auf der Ausstellung Pferd & Jagd.

Zug für Zug zu besseren Umsatzzahlen!
Kluge Großhändler überlegen sich eine langfristige Kommunikationsstrategie, die sie dann diszipliniert mithilfe des Kommunikationsmix umsetzen.

1 Alternativ zu Human Relations wird auch der Begriff „Internal Relations" verwendet.

Bedeutung von Kommunikationsinstrumenten nach Branchen[1]				
Instrument	Dienstleister	Hersteller von Industriegütern	Hersteller von Konsumgütern	Handel
(Media-)Werbung	2	1	2	2
Information/Schulung/ Werbeunterlagen für den Handel			2*	
Verkaufsgespräch	3	3	3*	1
Persönliche Beziehungen	3	3	3*	
Telefongespräch	2	2		
Mailing, Direktmarketing, Wurfsendung	1	1	1	3
Verkaufsförderung/-unterlagen	2	2	2	2
Merchandising			2	
Messen, Präsentationen, Tagungen, Kongresse	1	2	1*	
Preisgestaltung/Sonderangebote/ Aktionen/Werbezuschüsse/Rabatte	2	2	2*	3
Exklusivangebote				2
Zusatzleistungen (z. B. Parkplätze, Dienstleistungen)				2
Garantien, Service	2	2	2	

Bedeutung = Wichtigkeit und Intensität des Einsatzes;
1 = relativ bedeutsam; 2 = bedeutsam; 3 = sehr bedeutsam
* Zielgruppe Handel

Starker Ausbau in Neue Medien und Direkt-Marketing

Inwieweit hat sich in den letzten Jahren – eventuell auch bedingt durch die Rezession – Ihr Angebotsportfolio geändert bzw. inwieweit haben Verschiebungen in den Disziplinen stattgefunden?

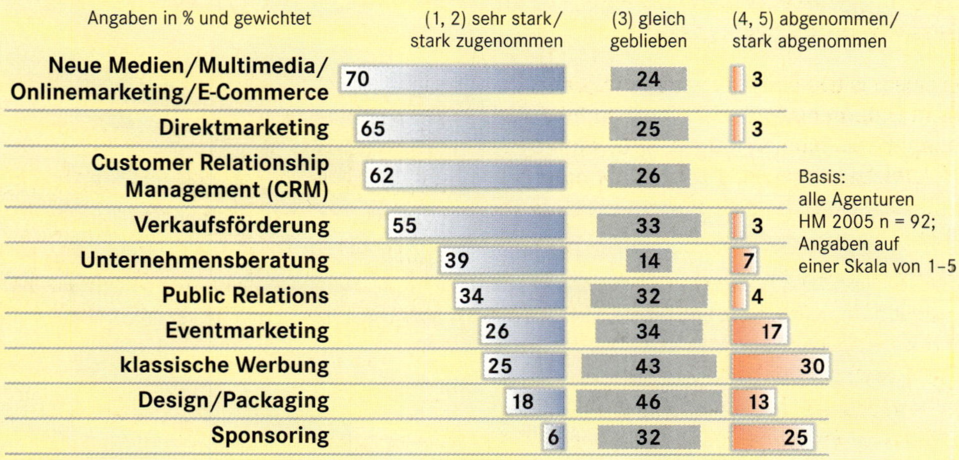

Quelle: CZAIA Marktforschung

1 Quelle: Universität St. Gallen, Studie „Best Practice in Marketing“

Aufgaben

1 Was verstehen Sie unter Wirtschaftswerbung?

2 Welche Aufgabe hat die Werbung
a) aus der Sicht des Verbrauchers,
b) aus der Sicht des Großhändlers?

3 Ordnen Sie jeweils nur ein Beispiel den absatzpolitischen Zielen zu:
a) Erinnerungswerbung
b) Einführungswerbung
c) Expansionswerbung

Beispiele:
I. umfangreiche Werbemaßnahmen, um neue Waren und/oder Dienstleistungen bekannt zu machen
II. verstärkte Werbemaßnahmen, um zusätzliche Käufer (von der Konkurrenz) zu gewinnen
III. gelegentlich durchgeführte Werbeaktionen, um Leistungen eines Unternehmens bei bestehendem Kundenkreis und früheren Kunden im Bewusstsein zu erhalten

4 Wann hat die Werbung ihr Ziel erreicht?

5 Welches vorrangige Ziel verfolgt die Absatzwerbung?
a) Werbung soll ein Unternehmen in der Öffentlichkeit bekannt machen.
b) Werbung soll das Ansehen des Unternehmens verbessern.
c) Durch Werbung sollen Waren und Dienstleistungen eines Unternehmens bekannt und begehrenswert gemacht werden.
d) Ziel der Werbung ist es, den Kunden zu beraten und zu informieren.

6 Ein Absatzgroßhändler führt Verkäuferschulungen für seine Einzelhandelskunden durch. Um welches Instrument handelt es sich?

7 Nennen Sie Zielgruppen für Public Relations.

8 Erklären Sie den Unterschied zwischen Produktwerbung und Öffentlichkeitsarbeit.

9 Entscheiden Sie, welche Art Werbung (Absatzwerbung, Public Relations, Verkaufsförderung) vorliegt.
a) Im Supermarkt werden Käsehäppchen als Proben an Kunden verteilt.
b) Im Central-Kino werden Werbedias ortsansässiger Geschäfte vorgeführt.
c) Ein Großhändler lässt an Einzelhändler in der Innenstadt Handzettel verteilen.
d) Eine Textilgroßhandlung lädt zu einer Modenschau ein.
e) Ein Bräunungsstudio verschickt Werbebriefe an Stammkunden.

10 Nennen Sie geeignete Public Relations-Maßnahmen für folgende Zielgruppen:
a) Kinder
b) Lieferanten
c) Kunden
d) Publikum allgemein
e) Sportinteressenten
f) Kindergärten

11 Die unten stehende Grafik zeigt die Entwicklung der Werbeinvestitionen in Deutschland.
a) Nennen Sie zwei Gründe für diese Entwicklung der Werbeinvestitionen im gesamten Zeitrahmen von sechs Jahren.
b) Berechnen Sie, um wie viel Prozent die Werbeinvestitionen im Jahr 2006 von denen im Jahre 2003 (2000) abweichen.

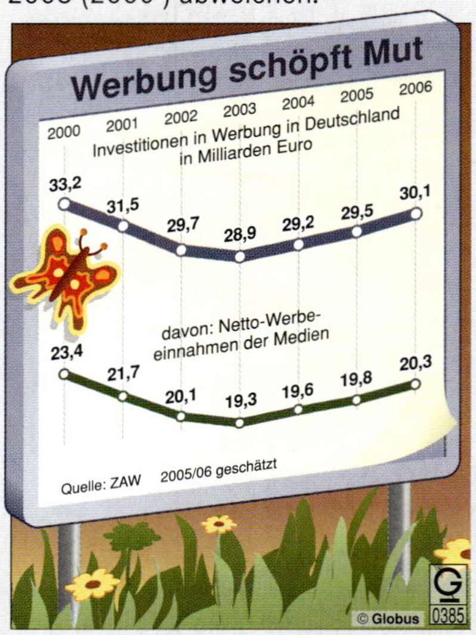

Aktionen

1
a) Sammeln Sie mithilfe der Kartenabfrage Informationen zum Thema „Wie kann der Großhändler für seine Waren werben?“.
b) Heften Sie alle Vorschläge an die Pinnwand, ordnen Sie sie nach Sinneinheiten und bilden Sie anschließend Oberbegriffe.
c) Halten Sie mithilfe des *Clusters*[1] verbleibende Ideen und weitere gedankliche Verknüpfungen und Einfälle fest.
d) Stellen Sie eine Rangfolge bezüglich der Bedeutung der einzelnen Maßnahmen für den Großhandel auf.

1 siehe *Groß im Handel – Grundstufe,* Kap. 1.2

2 a) Suchen Sie aus Zeitungen und Zeitschriften jeweils zwei Beispiele für Öffentlichkeitsarbeit/Sponsoring, Absatzwerbung und Reklame.
b) Welche werbliche Aktion halten Sie inhaltlich für besonders gut gelungen? Begründen Sie Ihre Aussagen.

3 Führen Sie in Gruppen eine Erkundung durch: Stellen Sie fest, welche Formen der Verkaufsförderung (Salespromotion) in Großhandelsunternehmen durchgeführt werden. Beachten Sie die Hinweise zur *Durchführung von Erkundungen.*
a) Entwerfen Sie zuvor einen Beobachtungsbogen.
b) Werten Sie alle Beobachtungen aus.
c) Stellen Sie die Ergebnisse der Erkundung auf übersichtliche Weise dar.

4 a) Schauen Sie sich verschiedene Fernsehsendungen Ihrer Wahl an. Versuchen Sie dabei festzustellen, inwieweit Unternehmen dort ihre Markenartikel im Rahmen des Productplacements einbringen.
b) Fertigen Sie über Ihre Beobachtungen einen *Ereignisbericht* an (Ereignisberichte können mithilfe von W-Fragen gegliedert werden: Wann – Wo – Was – Wer – Wie – Warum).
c) Tragen Sie Ihre Ausarbeitung vor:
- Fassen Sie sich kurz.
- Reden Sie laut und deutlich und in kurzen und verständlichen Sätzen.
- Machen Sie kurze Pausen, wenn ein Gedanke abgeschlossen ist.
- Schauen Sie die Zuhörerinnen und Zuhörer an.
- Veranschaulichen Sie Ihre Ausführungen.

d) Bereiten Sie sich auf Fragen der Klasse vor.

Zusammenfassung

Kommunikationspolitik

umfasst die folgenden (ausgewählten) Maßnahmen

soll → neue Waren bekannt machen und ihren Absatz sichern und steigern.

	Absatzwerbung	Öffentlichkeitsarbeit (Public Relations)	Verkaufsförderung (Salespromotion)	Persönlicher Verkauf	Productplacement
Ziel	Waren bekannt und begehrenswert machen	das Ansehen in der Öffentlichkeit pflegen und verbessern	zum Impulskauf anregen; Verkaufsaktivitäten fördern	Erzielung von Verkaufsabschlüssen, Information	Eeeinflussung des Umworbenen, ohne dass die Werbung bewusst wahrgenommen wird
Gegenstand	Nutzen von Waren und Dienstleistungen	das ganze Unternehmen	(zusätzliche) Maßnahmen, die die Absatzwerbung einzelner Waren unterstützen	Bezug auf die Vorteile, die mit dem Erwerb einer Ware verbunden sind	Waren (i. d. R. Markenartikel), Dienstleistungen, Regionen, Länder
Kommunikationsträger	Zeitungsannoncen; Handzettel; Anschlagflächen	Personen (persönliche Ansprache im Geschäft), Zeitungen; Betriebsbesichtigungen; Förderung des Gemeinwohls auf Veranstaltungen	Kalkulationshilfen; Gutscheinaktionen; Displaymaterial; Messen; Kostprobenverteilung; Verkäuferschulungen	eigene Außendienstorganisation, Handelsvertreter, eingenes Verkaufspersonal	Kinofilme, Romane, Fernsehen (Videoclips; Spielfilme), Veranstaltungen (z. B. Theater), Zeitungen, Pressemitteilungen
Streuverluste	mittelgroß	meistens groß	überwiegend gering	überwiegend sehr gering	schwer zu bestimmen

Die verschiedenen Kommunikationsmaßnahmen sind im Rahmen des **Kommunikationsmix**
- optimal zu kombinieren,
- der jeweiligen Marktsituation entsprechend einzusetzen.

9.7 Wir wägen die Nutzung unterschiedlicher Werbearten ab

Einstieg

Beispiel 1

Beispiel 2

1. Stellen Sie fest, wodurch sich die Werbeanzeige 1 der ***Spindler KG*** von der Werbeanzeige 2 unterscheidet.
2. Ordnen Sie die beiden Werbeanzeigen der jeweiligen Werbeart zu.

Informationen

Die Werbearten kann man unter verschiedenen Gesichtspunkten einteilen:

Werbearten

Unterscheidung nach

Anzahl der Werbenden
- Alleinwerbung (Individualwerbung)
- Gemeinschaftswerbung
- Sammelwerbung

Anzahl der Umworbenen
- Einzelwerbung (Direktwerbung)
- Massenwerbung

Alleinwerbung (Individualwerbung)

Definition Von **Alleinwerbung** spricht man, wenn die Werbung von einem Unternehmen allein durchgeführt wird. Firmenname und Ware sind aus der Werbung ersichtlich (siehe Beispiel 1).

Gemeinschaftswerbung

Definition **Gemeinschaftswerbung** bedeutet: Ein Fachverband oder mehrere Unternehmen einer Branche werben gemeinsam ohne Namensnennung für ihre Branche (siehe Beispiel 2 und das folgende Foto).

Damit sich die Gemeinschaftswerbung für den einzelnen Großhändler absatzfördernd auswirkt, muss er versuchen, die Werbeaussage mit seinem Unternehmen zu verbinden.

Sammelwerbung

Definition **Sammelwerbung liegt vor, wenn sich mehrere Unternehmen verschiedener Branchen, z. B. aus derselben Einkaufsstraße oder eines Stadtteils, zusammenschließen und unter Namensnennung gemeinsam für ihre Leistungen werben.**

Der Großhändler wird sich für die Sammelwerbung entschließen, weil er dadurch preisgünstig und noch dazu zusätzlich werben kann.

Allerdings kann und sollte die Sammelwerbung die Alleinwerbung nicht ersetzen.

Wirtschaftliche Bedeutung

Jegliche Art von Werbekooperationen ermöglicht es den Großhändlern, durch die Zusammenfassung mehrerer einzelner – zumeist relativ kleiner – Werbeetats zu einem großen Vorteile zu erzielen. So sind mit der Sammelwerbung beispielsweise folgende Vorteile verbunden:

- Ein gemeinsamer, einprägsamer Slogan und ein einheitliches Symbol können entwickelt und benutzt werden.
- Es wird eine anhaltend gleich bleibende Werbung mit hohem Wiedererkennungswert erreicht. Zudem sind umfangreiche, für den einzelnen Händler preiswerte Serien von Kleinanzeigen möglich.
- Ein Werbe-Profi kann eingesetzt werden, z. B. Betriebswirtschaftliche Beratungsstelle für den Großhandel.
- Es werden größere Aktionen mit hoher Durchschlagskraft möglich.
- Den massiven Kampagnen der Großbetriebe kann besser begegnet werden.
- Bei der Werbung durch Fachverbände kann eine gewisse Exklusivität für einen kleinen Kreis erreicht werden.

Einzelwerbung (Direktwerbung)

Bei der Einzelwerbung werden bestimmte Personen oder Unternehmen durch Gespräche, Werbebriefe, Warenproben oder Zusendung von Preislisten **direkt angesprochen.** Zwar entstehen dadurch höhere Werbungskosten, meist ist aber der wirtschaftliche Erfolg auch größer.

Massenwerbung

Die Werbung richtet sich an eine Vielzahl möglicher Kunden. Die Werbung ist unpersönlich gehalten.

Soll die Wirtschaftswerbung sehr breite, nicht abgrenzbare Kunden erreichen, so spricht man von **gestreuter Massenwerbung (= Allgemeinwerbung).**

Beispiele

- Fernsehwerbespot
- Postwurfsendungen

Wendet sich die Wirtschaftswerbung hingegen an einen bestimmten Kundenkreis, z. B. an Fachhändler, so liegt **gezielte Massenwerbung (= Gruppenwerbung)** vor.

Aufgaben

1 Um welche Art der Werbung handelt es sich bei dem Werbeslogan „Esst mehr Obst – und ihr bleibt gesund“?

2 Welche Werbeart liegt bei folgendem Text auf einem Handzettel vor: „Hannover, Oktoberfest auf dem Schützenplatz. Freitag: Riesenfeuerwerk, Mittwoch: Familientag. 23. September bis 2. Oktober 20..“?

3 Was ist unter Einzelwerbung zu verstehen?

4 Was versteht man unter Gemeinschaftswerbung?

5 Worin besteht der Unterschied zwischen Alleinwerbung und Einzelwerbung?

6 Welcher Unterschied besteht zwischen den folgenden Beispielen 1 und 2?

Beispiel 1: Werbespot im ZDF kurz vor den heute-Nachrichten

Beispiel 2: In der Südstadt einer Großstadt erhalten die Bewohner einen an sie gerichteten Werbebrief des Inhabers einer neuen Vollkornbäckerei.

Aktionen

1 Bearbeiten Sie dieses Kapitel mithilfe des aktiven Lesens.

2 Klären Sie *mithilfe der Kopfstandmethode,* warum die verschiedenen Werbearten für Großhandelsunternehmen wichtig sind.

3 Erstellen Sie eine *Mindmap,* die alle wichtigen Informationen dieses Kapitels zu Werbearten und die Ergebnisse der Aktion 2 enthält. Verwenden Sie zur Anfertigung der Mindmap das Programm Mindmanager.

4 Stellen Sie Ihrer Klasse verschiedene Werbearten Ihres Unternehmens vor. Erklären Sie die Zielsetzung der Aktionen. (Fragen zur Zielgruppe, zum gewählten Zeitpunkt und zu den Gestaltungselementen sollten in erster Linie beantwortet werden können.)

Zusammenfassung

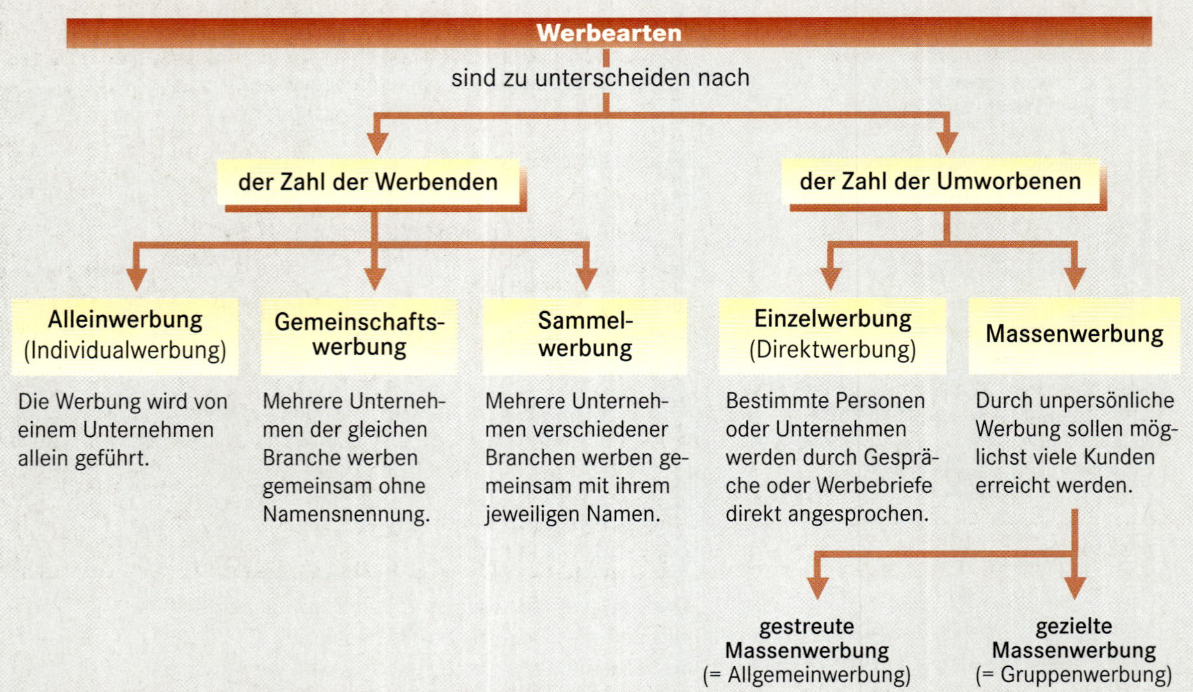

9.8 Wir informieren uns über die Gefahren der Werbung

Einstieg

Eines Tages erhält die Geschäftsführerin der Textilgroßhandlung ***Spindler KG,*** Frau Strobel, von einer offensichtlich mit den Leistungen des Unternehmens nicht zufriedenen Einzelhändlerin ein relativ scharf formuliertes Schreiben, dem der nebenstehende Comic beigefügt war.

Da man in der Zentrale der hannoverschen Textilgroßhandlung derartige Beschwerden sehr ernst nimmt, nimmt Herr Trumpf, Leiter der Verkaufsabteilung, bei der nächsten Abteilungskonferenz die Zeichnung zum Anlass, mit seinen Mitarbeitern die Problematik von werblichen Maßnahmen vor dem Hintergrund des eigenen Unternehmensleitbildes[1] zu erörtern.

1. Stellen Sie fest, mit welcher grundsätzlichen Problematik der Abteilungsleiter Trumpf und seine Mitarbeiter vor dem Hintergrund der Comiczeichnung konfrontiert werden.
2. Führen Sie mögliche Gefahren der Werbung auf.

1 siehe *Groß im Handel – Grundstufe,* Kap. 1.1

Informationen

Die Werbung hat neben der Aufgabe, über Waren und Dienstleistungen zu informieren, auch eine **Motivationsfunktion.**

Menschliche Entscheidungen erfolgen nur zu einem geringen Teil (ca. 25 %) über den Verstand. Überwiegend sind Entscheidungen von den Gefühlen (Emotionen) beeinflusst. Am Anfang steht dabei der Mensch mit seinen Träumen, Hoffnungen und Wünschen, die zu bestimmten Begierden werden können. Der Wunsch wird zur Motivation, konkretisiert sich dann im Bedarf und wird schließlich in den Kauf umgesetzt.

Werbung, die den Verstand übergeht und die Gefühle anspricht, **gaukelt** dem Kunden vor, dass er mit der bestimmten Ware z. B. Ansehen erwirbt, dass er mit ihr zu den besonderen Menschen gehört. Oder sie versucht ihm **einzureden,** dass derjenige, der diese Ware besitzt, besondere Eigenschaften hat: Er wird bewundert, ist attraktiv, sportlich oder weltgewandt. Besonders stark wirken Werbebotschaften, die an die sexuellen Triebwünsche gerichtet sind. Sichtbares Zeichen dafür sind die häufig in der Werbung erscheinenden attraktiven Frauen.

Werbung, die darauf abzielt, dass der Verbraucher mit der Ware bestimmte Vorstellungen verbindet, die mit den Eigenschaften der Ware in keinem Zusammenhang stehen, bezeichnet man als **suggestive Werbung** (suggestiv = seelisch beeinflussend; etwas einredend; zu etwas überredend).

Beispiele für emotionale Werbebotschaften

- Freiheit an den Füßen
- Sicherheit und Erfolg durch elegante Kleidung
- Das Gefühl von Freiheit in Jeans und Jacketts von ...
- Behaglichkeit und Wärme – Wohnmöbel von ...
- Ein Hauch von Zärtlichkeit – Die Nachtwäsche von ...
- Sorglos schlafen – sicher geweckt – durch unsere ...uhren

Der Kunde soll davon überzeugt werden, dass die Ware ihm einen Vorteil/Nutzen bringt, der über ihren üblichen Gebrauchswert hinausgeht. Die Werbebotschaft für ein Aftershave „Mit diesem Duft kann dir alles passieren" verspricht Attraktivität, Aufregendsein, Schönheit und Exklusivität, und zwar für **jeden** Mann, der dieses Aftershave kauft.

Die Gefahr für den Kunden besteht darin, dass er sich nicht klarmacht, dass man Derartiges nicht mit einem Kosmetikartikel kaufen kann und dass er unterbewusst Ware und Werbebotschaft gleichsetzt. Hier soll eine Kaufentscheidung fallen aufgrund **gefühlsmäßiger (emotionaler) Beeinflussung.**

Zur suggestiven Werbung gehört auch die **„Leitbildwerbung",** bei der bekannte Persönlichkeiten für Waren werben. So sieht man beispielsweise Sportler, die für ein Getränk werben, das sie selbst gar nicht trinken, oder Schauspieler machen Werbung für einen Kosmetikartikel, den sie privat nicht benutzen. Die Leitbildwerbung verfolgt den Zweck, dass sich bestimmte Verbraucher oder Verbrauchergruppen mit diesen „Vorbildern" identifizieren und ihnen nacheifern, um mit ihnen etwas gemeinsam zu haben.

Soll die Werbung sich überwiegend an den Verstand wenden, so muss sie logisch aufgebaut sein und überzeugen können. Man spricht dann von **informierender (sachlicher) Werbung.**

Wegen der zunehmenden Werbemüdigkeit und der abnehmenden Wahrnehmung von Werbung durch die Konsumenten werden immer häufiger Markenartikel, ob Autos, Schuhe, Uhren, Zigaretten, Computer u. v. m. – als Requisiten getarnt – so geschickt in die Handlungen von Reportagen und Kino- oder Fernsehfilmen eingebaut, dass der Zuschauer die werbende Absicht nicht mehr erkennt. Die Absicht ist, dass sich der Zuschauer mit den Hauptakteuren des Filmes identifiziert und dann als Folge die Markenprodukte kauft. **„Productplacement"** nennen es die Werbefachleute[1].

Aus den genannten Gründen hört man sehr häufig, dass die Werbung, indem sie den Verbrauchern einredet, mit der Ware/Dienstleistung gleichzeitig ein bestimmtes Gefühl zu erwerben, **manipuliert,** d. h. dass man Dinge kauft, die man bewusst und überlegt so nicht gekauft hätte.

1 siehe Kap. 9.6

„Reklame“

Ich wollte von gar nichts wissen.
Da hab ich eine Reklame erblickt.
Die hat mich in die Augen gebissen.
Sie predigte mir von früh bis spät
Laut öffentlich wie im Stillen
Von der vorzüglichen Qualität
Gewisser Bettnässer-Pillen.
Ich sagte: „Mag sein! Doch für mich nicht!
Nein, nein!
Mein Bett und mein Gewissen sind rein!“
Doch sie lief weiter hinter mir her.
Sie folgte mir bis an die Brille.
Sie kam mir aus jedem Journal in die Quer
Und säuselte: „Bettnässer-Pille“.
Sie war bald rosa, bald lieblich grün.
Sie sprach in Reimen von Dichtern.
Sie fuhr in der Trambahn und klettere kühn
Nachts auf die Dächer mit Lichtern.
Und weil sie so zäh und künstlerisch blieb,
War ich ihr endlich zu Willen.
Es liegen auf meinem Frühstückstisch
Nun täglich zwei Bettnässer-Pillen.
Die isst meine Frau als „Entfettungsbonbon“.
Ich habe die Frau belogen.
Ein holder Frieden ist in den Salon
Meiner Seele eingezogen.

Joachim Ringelnatz (1883 – 1934)

Eine Übersicht über die Argumente der Befürworter und Gegner der Wirtschaftswerbung zeigt die folgende Darstellung:

Werbung

PRO	KONTRA
Werbung	Werbung
◆ informiert den Kunden über neue Waren (im Interesse der Kunden verbessern die Unternehmen ständig ihre Produkte und entwickeln neue).	◆ verleitet den Menschen zu Handlungen, für die er sich sonst nicht entscheiden würde (sie manipuliert).
◆ kann dazu beitragen, den Absatz/Umsatz des Großhändlers zu steigern.	◆ treibt häufig gefühlsmäßige Beeinflussung (Suggestion).
◆ ist eine wichtige wirtschaftliche Größe für das Wirtschaftswachstum und den Wohlstand eines Landes.	◆ vermittelt nur positive Informationen über die Ware.
◆ lässt durch erhöhte Absatzzahlen (Produktion) die Stückkosten sinken und damit die Verkaufspreise.	◆ gaukelt eine heile Welt vor.
◆ erhält Arbeitsplätze und schafft neue.	◆ trägt nicht dazu bei, die Markttransparenz zu erhöhen.
◆ erhöht den Gewinn.	◆ fördert bei den Verbrauchern das vorrangige Lebensziel, sich mit materiellen Gütern zu versorgen.
◆ hilft, die eigenen Waren von denen der Konkurrenz abzugrenzen.	◆ verursacht zu hohe Kosten und erhöht damit die Preise.
◆ fördert die Konkurrenz, weil sie die Marktübersicht erhöht: Die Kunden können konkurrierende Angebote nach Qualität und Preis eher beurteilen.	◆ steigert die Suchtgefahren (Tabak, Alkohol, Tabletten).
◆ erhöht die Befriedigung der Händler-/Verbraucherwünsche und damit die Lebensqualität.	◆ gefährdet den Wettbewerb, weil sich nur finanzstarke Unternehmen aufwändige Werbemaßnahmen leisten können.
◆ belebt das Straßenbild.	◆ führt zu ständig steigender Güterproduktion und trägt damit zur Belastung der Umwelt bei.

Aufgaben

1 Werbung hat u. a. suggestive Wirkung. Was verstehen Sie darunter?

2 Welches Beispiel würden Sie der informativen Werbung zuordnen?

Beispiele für Geschirrspülmittel:

a) Der knallgelbe Kraftspüler

b) Ein Liter nur 0,69 €

c) Jetzt ist Wasch dran.

d) Wasch ist toll.

e) Das schafft nur Wasch: Kräftige Apfelsinenfrische bringt frischen Wind in Ihr Geschirr.

3 Erklären Sie die Aussage „Werbung manipuliert“.

4 Sammeln Sie je fünf verschiedene Schlagworte für suggestive Werbung, wenn

a) die sexuellen Wünsche,

b) Sorge, Angst, Schuldgefühle,

c) Prestige, Ansehen, Statusgefühl

angesprochen werden sollen.

5 Beschreiben Sie die „Leitbildwerbung“.

6 Warum gibt es Productplacement? Nennen Sie sechs Beispiele aus der Praxis.

Aktionen

1 Schaffen Sie sich eine Übersicht zum Thema „Welchen Gefahren sind Verbraucher durch Werbung ausgesetzt?"

- Bilden Sie dazu Arbeitsgruppen.
- Wenden Sie die Methode der *Kartenabfrage* an.
- Unterstützt werden sollte Ihre Arbeit durch die Internetrecherche.

2 Lesen und bearbeiten Sie den Text des vorliegenden Kapitels *Gefahren der Werbung*.

a) Arbeiten Sie den Text nach der *5-Schritt-Lese-Methode* durch (Überfliegen – Unbekanntes nachschlagen – Lesen – Zusammenfassen – Wiederholen).

b) Halten Sie die Inhalte in einer Skizze fest (Mindmap – Schema [Ablauf- oder Ordnungsschema] – Bild, das den Textinhalt darstellt).

3 a) Erarbeiten Sie arbeitsteilig einen Fragebogen zum Thema „Welchen besonderen Gefahren sind wir als Verbraucher Ihrer Meinung nach durch die Werbung ausgesetzt?"

- Beachten Sie die Regeln für den *Grundaufbau eines Fragebogens.*
- Überlegen Sie sich bei der Aufstellung der Fragen, welche Informationen Sie mit diesen Fragen erhalten wollen.

b) Präsentieren Sie die Ergebnisse Ihrer Gruppenarbeit.

c) Fassen Sie die einzelnen Gruppenergebnisse zusammen für die Erstellung der endgültigen Fassung des Fragebogens.

d) Bringen Sie den Fragebogen mithilfe des Computers in eine ansprechende Form.

4 Führen Sie die *Befragung* zum Thema *Gefahren durch Werbung* in Ihrer Stadt oder Gemeinde durch. Die Befragung, durchgeführt mittels Quotenverfahren, sollte möglichst repräsentativ[1] sein.

5 a) Werten Sie die Antworten Ihrer Befragungsaktion arbeitsteilig mithilfe der *Clusteranalyse* aus. Prüfen Sie dabei, ob sich aufgrund Ihrer Resultate bestimmte Konsumentengruppen unterscheiden lassen.

b) Stellen Sie Ihre Ergebnisse in Form von *Diagrammen* grafisch dar. Verwenden Sie hierfür das Tabellenkalkulationsprogramm Excel.

c) Formulieren Sie die aus der aufbereiteten Befragung gewonnenen *Schlussfolgerungen.* Sie sollten einem Großhandelsunternehmen Hinweise darüber geben, was es bei seinen Werbeaktivitäten bezüglich des Gefahrenpotenzials der Werbung berücksichtigen sollte.

d) Präsentieren Sie die von Ihnen formulierten Schlussfolgerungen in geeigneter Form.

6 a) Bilden Sie in Ihrer Klasse fünf Gruppen und führen Sie eine Pro- und Kontra-Diskussion als Rollenspiel durch.

- Jeweils ein Mitglied von vier Gruppen wird die Rolle eines Gastes in der Talkshow „Brennpunkt" übernehmen.
- Ein Mitglied der fünften Gruppe wird die Rolle des Moderators übernehmen.
- Das Thema der Talkshow lautet: Sollte Werbung generell verboten werden?

b) Weisen Sie einzelnen Gruppenmitgliedern eine bestimmte Rolle in der Diskussion zu und bereiten Sie für die Rollenspieler die Rollenkarten vor.

c) Besorgen Sie sich wichtige Sachinformationen, um die Rollenspieler mit den entsprechenden Pro- und Kontra-Argumenten auszustatten. Denken Sie sich in Ihre Rolle ein.

d) Der Moderator/die Moderatorin führt in das Thema ein und steuert die Diskussion.

e) Die anderen Schüler/-innen verfolgen die Diskussion der Rollenspieler, bilden sich eine eigene Meinung und notieren Beobachtungen (ggf. auf einem Beobachtungsbogen).

f) Diskutieren Sie anschließend in der Klasse über die beobachteten Argumente der Rollenspieler.

g) Der Moderator/die Moderatorin fasst die Ergebnisse der Diskussion an der Tafel zusammen.

7 In der Aktion 2 von Kapitel 9.6 haben Sie Werbemittel aus Zeitungen und Zeitschriften gesammelt.

a) Welche Gefühle sollen bei den Personen der Zielgruppe geweckt werden?

b) Ist es Ihnen möglich, sich aufgrund des Werbematerials ein genaues (sachliches) Bild von der beworbenen Sache zu machen?

1 typisch, stellvertretend für die Gesamtheit

556798

Zusammenfassung

Werbung

informiert	suggeriert	manipuliert
sachliche Werbung, mit der der menschliche Verstand angesprochen werden soll. (Der Mensch handelt rational = verstandesmäßig.)	gefühlsmäßige oder seelisch beeinflussende Werbung (Der Mensch handelt emotional = gefühlsmäßig.)	gezielte Lenkung des Verbrauchers, z. B. durch Warenplatzierung

9.9 Wir informieren uns über die gesetzlichen Regelungen des Wettbewerbs als Grundlage für die Entwicklung von Werbemaßnahmen

Einstieg

Die aufstrebende und am Markt aggressiv agierende Textilgroßhandlung Hogen & Co. OHG lässt in der Nähe der Geschäftsräume der ***Spindler KG*** Handzettel an die Einzelhändler verteilen, die gerade im Begriff sind, die ***Spindler KG*** aufzusuchen (siehe Abbildung).

Den beiden Geschäftsführern der ***Spindler KG*** ist aufgrund von Kontrollkäufen der Konkurrenzware bekannt, dass es sich bei dem vollmundigen Angebot um eine geschickte Mischung aus Seide und Kunstfasern aus Fernost handelt.

PREISSTURZ BEI TOP QUALITÄTSWARE

Dieses einmalige Angebot erhalten Sie nur bei Textil-Hogen!

Wir sind ein junges, dynamisch wachsendes Textilunternehmen. Unser geschäftlicher Erfolg insbesondere der letzten Monate ist zurückzuführen auf

- ✔ die absolut zuverlässige Qualität ausgesuchter Textilwaren, die ihresgleichen sucht,
- ✔ unsere faire Preiskalkulation, die sich in sämtlichen Warengruppen unseres Hauses niederschlägt,
- ✔ das breite und tiefe Sortiment, das Ihnen keine weitere Großhandlung bieten kann – *vergleichen Sie genau!* – sowie
- ✔ die fachmännische Beratung durch hervorragend geschultes Personal, was man ja sonst heutzutage in der Textilbranche gar nicht mehr finden kann.

Erneut möchten wir unseren Kunden ein Top-Angebot präsentieren:

- ➡ Seidenbettwäsche in sechs verschiedenen Farbtönen
- ➡ aus deutscher Produktion
- ➡ zum sensationellen Einführungspreis von nur **95,70 €** für 2 Bett- und Kissenbezüge

Natürlich können wir nicht sämtliche Artikel, die wir in unseren modern ausgestatteten Geschäftsräumen für Sie zur Verfügung halten, aufführen.

Wir laden Sie daher herzlich ein, sich selbst vor Ort von unserem Warenangebot, unserem Service und unseren Qualitätsansprüchen zu überzeugen.

Als besonderes Angebot erhalten Sie bei Ihrem ersten Besuch in unseren Geschäftsräumen einen Sonderrabatt auf den Gesamtbetrag Ihrer Erstorder in Höhe von

12 % !!!

Ihre
Textilgroßhandlung Hogen & Co. OHG
Podbielskistraße 36, 30163 Hannover
Tel: 2517 4451 · Fax: 2517 4872 · E-Mail: info@hogen.de

Darüber hinaus stört sie, dass die Konkurrenzgroßhandlung

- Werbung in unmittelbarer Nähe ihrer Geschäftsräume betreibt sowie
- verdeckt auf mangelnde Warenqualität und Professionalität des Personals der ***Spindler KG*** hinweist.

Zwar importiert die ***Spindler KG*** als Direktimporteur viele Seidenartikel ebenfalls aus China und lässt von einem deutschen Kleinunternehmer eine spezielle und fast noch unbekannte Nachbearbeitung zur Gebrauchsverbesserung vornehmen. Dies hat die Geschäftsführer aber bis heute nicht veranlassen können, die Ware als „aus deutscher Produktion“ zu deklarieren, so wie es Recherchen zufolge die Hogen & Co. OHG aufgrund des nachträglichen Annähens von Knöpfen in einer deutschen Näherei getan hat.

Frau Strobel und Herr Spindler wollen daraufhin gegen diese unsaubere Art des Konkurrenzkampfes vorgehen.

Prüfen Sie, ob dem Großhändler Hogen & Co. OHG diese Werbung gestattet ist. Berücksichtigen Sie die Regelungen des UWG (Gesetz gegen den unlauteren Wettbewerb).

Informationen

Ein wichtiger Grundpfeiler der sozialen Marktwirtschaft ist das Konkurrenz- und Wettbewerbsprinzip:

- offene und freie Märkte
- Chancengleichheit auf allen Märkten
- Sicherung der Konkurrenz zwischen den Anbietern: Viele Kaufentscheidungen, die über Erfolg oder Misserfolg von Unternehmen entscheiden, werden durch den Preis bestimmt. Deshalb liefern sich die Unternehmen hier einen harten Wettbewerb; sie gewähren ihren Kunden Rabatte, Skonti, nehmen Altgeräte in Zahlung, geben günstige Kredite u. v. m., damit bei ihnen und nicht woanders gekauft wird.

Ein Wettbewerb ohne Kontrolle wirkt sich jedoch für alle Beteiligten nachteilig aus. Unternehmen wollen ihre Position ausbauen und sich vor neuer Konkurrenz schützen. Insofern hat der Staat die Aufgabe, eine funktionsfähige Wettbewerbsordnung zu schaffen. Ein funktionierender Wettbewerb stellt sicher, dass der Kunde die besten Qualitäten zu den günstigsten Preisen kaufen kann. Damit der Wettbewerb aber auf Dauer fair bleibt, muss der Staat klare „Spielregeln" aufstellen und deren Einhaltung überwachen.

Gesetz gegen den unlauteren[1] Wettbewerb (UWG)

Das UWG will einen fairen Wettstreit zwischen allen Unternehmen am Markt sicherstellen und gleichzeitig die Konsumenten vor irreführenden Angaben schützen.

§

§ 1 UWG bestimmt, dass unlautere Wettbewerbshandlungen zum Nachteil der Mitbewerber, der Verbraucher oder der sonstigen Marktteilnehmer unzulässig sind.

§ 5 UWG verbietet alle irreführenden Werbemaßnahmen.

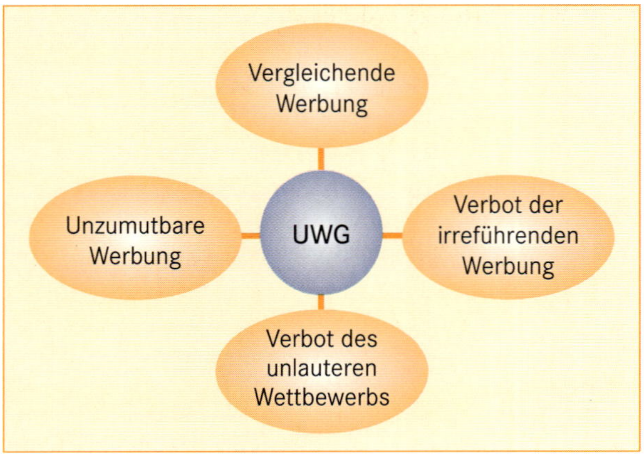

1 Unlauter: nicht den gesetzlichen Bestimmungen entsprechend, nicht ehrlich

Das UWG stellt klar, dass **die Verbraucher und die Mitbewerber** gleichermaßen und gleichrangig geschützt werden sollen. Zugleich schützt es auch das Interesse der Allgemeinheit an der Erhaltung eines unverfälschten und damit funktionsfähigen Wettbewerbs.

Unlautere Wettbewerbshandlungen (§ 4 UWG)

Wettbewerbswidrig und damit **unzulässig** sind z. B. die folgenden Handlungen:

- Es wird Druck oder Angst auf den Käufer ausgeübt.
- Es werden bei verkaufsfördernden Maßnahmen wie Preisnachlässen, Zugaben oder Geschenken die Bedingungen für deren Inanspruchnahme nicht genau angegeben.

ROT für wettbewerbswidriges Verhalten!

Beispiel

Koppelungsangebote: Rasierapparat – Zugabe Rasierschaum, Tabakpfeife – Zugabe Tabak, zwei T-Shirts zum Preis von einem. Nimmt der Werbende solche Koppelungen vor, muss er klar jeden Einzelpreis benennen, damit der Kunde seinen Preisvorteil kennt.

- Es wird der Werbecharakter von Wettbewerbshandlungen verschleiert.
- Es wird die Teilnahme an einem Gewinnspiel mit dem Warenabsatz gekoppelt. Dies ist verboten. Dadurch soll der Kunde vor einem psychologischen Kaufzwang geschützt werden und nicht durch unübersichtliche oder verschleierte Gewinnmöglichkeiten zu einem Kaufvertragsabschluss verleitet werden.

Beispiel

„Für jeden Kauf ab 50,00 € nehmen Sie an der Verlosung eines Beauty-Weekends teil". Derartige Maßnahmen zielen darauf ab, die Spiellust auszunutzen und das Urteil des Kunden hierdurch zu trüben.

- Der Mitbewerber wird gezielt behindert.
- Der Mitbewerber wird herabgesetzt oder verunglimpft. Durch üble Nachrede oder Verleumdung soll der Konkurrent geschädigt werden.

Beispiel

Ein Textilgroßhändler behauptet wider besseres Wissen, dass der Inhaber der Textil- und Sportgroßhandlung Fischer sehr hoch verschuldet sei.

Irreführende Werbung (§ 5 UWG)

Das Gesetz verbietet alle irreführenden[1] Werbemaßnahmen.

Dieser Grundsatz verlangt nicht nur eine klare, sondern auch wahre Werbung. Eine irreführende Angabe liegt vor, wenn sie einen unrichtigen Eindruck hervorruft.

Beispiel

Die Werbung eines Schlankheitsinstituts „Garantiert in 14 Tagen 14 Pfund abnehmen" ist irreführend und damit unzulässig, da hiermit ein sicherer Erfolg auch bei krankhaft Übergewichtigen vorgetäuscht wird, eine Garantie für einen Gewichtsverlust aber tatsächlich nicht gewährt werden kann (werbliche Aussagen zur Gesundheit müssen darüber hinaus wissenschaftlich nachweisbar sein).

Irreführende Angaben können auch gemacht werden über

- sich selbst oder die eigenen geschäftlichen Verhältnisse, wie z. B. über Größe und Bedeutung des eigenen Unternehmens: Größe der Verkaufsfläche, Höhe des Umsatzes, Zahl der Mitarbeiter;
- die Ware oder Leistung, wie z. B. die Beschaffenheit, den Zustand, die Echtheit, die Wirkung, den Ursprung oder die Herstellungsart.

Beispiele

- Unzulässig wäre es z. B., Kunstseide als Seide zu verkaufen oder Schlafzimmer und Betten im Prospekt abzubilden, die komplett einschließlich Bettzeug ausgestattet sind, während der dazu angegebene Preis nur für den leeren Bettrahmen gilt.
- Der Zusatz „echt" oder „Original" ist nur zulässig, wenn es auch unechte oder nachgeahmte Waren dieser Art gibt: Die Bezeichnung „echte Zuchtperlen" oder „echte Kunstseide" ist daher nicht erlaubt.

Mondpreiswerbung

Es ist irreführend und verstößt damit gegen das UWG, mit reduzierten Preisen zu werben, wenn der frühere (höhere) Preis nur für einen unangemessen kurzen Zeitraum gefordert wurde (Werbung mit überhöhten Ursprungspreisen – *Mondpreise*).

Beispiel

Eine sog. Mondpreisbildung wird im Teppichhandel für eine Werbung mit 50%igen Preisnachlässen auf Orientteppichen angenommen, wenn nicht zuvor mindestens sechs Monate lang für die gleiche Ware Verkaufspreise verlangt wurden, die den herabgesetzten Preis um 100 % überstiegen haben.

Ist streitig, ob es sich tatsächlich um eine unzulässige Mondpreiswerbung handelt, greift eine Beweislastumkehr ein. Es muss nunmehr der Werbende nachweisen, ob und wie lange er einen bestimmten Preis gefordert hat.

1 Maßstab ist das Leitbild eines durchschnittlich informierten und verständigen Verbrauchers. Für das Verständnis einer Werbeaussage ist daher der Eindruck maßgebend, den sie auf die angesprochenen Gruppen macht. Auf die subjektive Absicht des Werbenden kommt es nicht an.

Lockvogelwerbung

Sie liegt vor, wenn einzelne, aus dem gesamten Angebot hervorgehobene, besonders preisgünstige Waren in der Werbung angepriesen werden, die dann in den Geschäftsräumen nicht (= Scheinangebote) oder nicht in ausreichender Menge vorhanden sind.

Will der Händler nicht gegen das UWG verstoßen, so muss er die beworbene, preisgünstige Ware im Regelfall **für 2 Tage** vorrätig haben. Es muss generell sichergestellt sein, dass die aufgrund einer Anzeige normalerweise zu erwartende Nachfrage gedeckt ist.

Damit soll verhindert werden, dass Kunden, wenn die angekündigte Ware nicht mehr vorhanden ist, verleitet werden, andere Waren zu kaufen.

Hat der Werbende *nur ein begrenztes Sortiment,* muss er das Sonderangebot entsprechend seinem Lagervorrat *mengenmäßig und zeitlich begrenzen,* z. B.:

- nur gültig in der 34. Kalenderwoche
- solange Vorrat reicht
- Abgabe nur in haushaltsüblichen Mengen

Dasselbe gilt auch für Dienstleister. Diese müssen ebenfalls ihre Dienstleistung nach einer Werbung mindestens zwei Tage anbieten. Eine Unterschreitung der *Zwei-Tages-Grenze* ist in Ausnahmefällen denkbar, zum Beispiel bei unerwarteter und außergewöhnlich hoher Nachfrage oder wenn unvorhergesehene Lieferschwierigkeiten aufgetreten sind.

„Dauertiefstpreise" gelten einen Monat

Karlsruhe (dpa). Wirbt ein Unternehmer mit „Dauertiefstpreisen", dann muss er die Waren mindestens einen Monat zu den angegebenen Preisen verkaufen. Das gilt allerdings nur für lagerfähige Produkte.

Wenn sich die Werbung auf rasch verderbliche Waren mit täglich wechselnden Preisen wie Obst und Gemüse bezieht, geht der Kunde davon aus, dass die Preisangabe nur für wenige Tage gilt. Deshalb müssen die Preise nur für diesen Zeitraum beibehalten werden.

Damit gab der BGH einer Klage der Zentrale zur Bekämpfung unlauteren Wettbewerbs gegen eine Einzelhandelskette teilweise statt. Das Gericht beanstandete, dass das Unternehmen die Preise für tiefgefrorene Fischstäbchen sowie ein Reinigungsmittel 16 beziehungsweise 28 Tage nach Erscheinen der Werbeanzeige angehoben hatte.

Vergleichende Werbung (§ 6 UWG)

Definition **Vergleichende Werbung ist jede Werbung, die einen Mitbewerber oder die Erzeugnisse oder Dienstleistungen, die von einem Mitbewerber angeboten werden, erkennbar macht.**

Kritisierend-vergleichende Werbung ist grundsätzlich zulässig, wenn der Werbeinhalt wahr und klar ist. Vergleichende Werbung darf aber u. a.

- **nicht irreführend,** herabsetzend oder verunglimpfend sein;
- nur Waren und Dienstleistungen **gleichen Bedarfs oder Zweckbestimmung** vergleichen (kein Vergleich von „Äpfeln“ mit „Birnen“);
- nur wesentliche, wichtige, **nachprüfbare** (für den Kunden) und typische Eigenschaften – dazu kann auch der Preis gehören – in objektiver Weise vergleichen.

Bei einem werblichen Vergleich sollten daher die Vor- und Nachteile der vergleichenden Waren oder Leistungen in *sachlicher Weise* gegenübergestellt werden. Es sollten auf keinen Fall einseitig nur die Vorteile der eigenen Ware und die Nachteile des Konkurrenzartikels herausgestellt werden. Das Verschweigen von Mängeln des eigenen Angebots ist unzulässig, wenn hierdurch ein falscher oder irreführender Gesamteindruck entsteht. Die Grenze des Erlaubten ist auch dann überschritten, wenn das Konkurrenzangebot gegenüber dem eigenen als minderwertig herausgestellt wird.

Beispiele unzulässiger vergleichender Werbung

- Eine Krankenkasse wirbt mit einem Fragebogen, in dem die Versicherungsnehmer aufgefordert werden, neben den abgedruckten eigenen Kassenleistungen die der Konkurrenz einzutragen und beide miteinander zu vergleichen.

  Mit dem Fragebogen lässt sich das Angebot des Wettbewerbers nur unzureichend erfassen, sodass ein unzutreffendes Gesamtbild der vergleichenden Versicherungsleistungen entsteht.
- „Billige Composite Rackets (Graphite-Fiberglas) muten wir Ihnen nicht zu.“

  Mit dieser vergleichbaren Werbeaussage eines Händlers für Tenniszubehör bezieht er sich unmittelbar auf die (minderwertige) Qualität seiner Mitbewerber. Daraus folgt: Die Anpreisung der eigenen Leistung ist durchaus statthaft, nicht jedoch die Hervorhebung des eigenen Angebots durch Herabsetzung oder Verunglimpfung anderer.

Die *Werbung mit Warentest-Ergebnissen* ist zulässig. Es muss zu erkennen sein, wann und von welchem Institut der Test durchgeführt worden ist und wo das Testergebnis nachgelesen werden kann.

Preisvergleiche

Die Werbung mit Preisgegenüberstellungen ist grundsätzlich erlaubt.

Zulässige Werbung mit Preisgegenüberstellungen:

Beispiele

- „Seidenblusen zum halben Preis, statt 59,00 € nur noch 29,50 €“
- „Mountainbikes, um 75,00 € reduziert“
- Bei Lebensmittelgroßhändler Homann kostet die 100-g-Schoko-Nuss 0,69 € – bei uns aber nur 0,59 €“ (erlaubt, weil nachprüfbar).

Irreführende Preisgegenüberstellungen sind allerdings verboten.

Beispiele

Ein Möbelgroßhändler wirbt:

„Wohnzimmerschränke bis zu 30 % reduziert“.

Bei den Schränken handelt es sich jedoch nicht um Neuware, sondern um Ausstellungsstücke.

Wenn der Werbende nicht mit einem deutlichen Zusatz darauf hingewiesen hat, dass es sich um Ausstellungsstücke handelt, ist die Werbung irreführend.

Ein Qualitätsvergleich wird häufig herabsetzend sein, ein Preisvergleich dann, wenn er den Eindruck vermittelt, dass das Angebot der Konkurrenz überteuert sei.

Benutzung fremder Firmen- oder Geschäftsbezeichnungen

Beispiel

Ein Großhändler wählt absichtlich den geschützten Firmennamen eines Mitbewerbers an demselben Ort. Durch die beabsichtigte Verwechslungsgefahr möchte er vom guten Ruf seines Konkurrenten profitieren.

Unzumutbare Belästigung (§ 7 UWG)

Durch das Verbot *unzumutbarer Belästigungen* werden Verbraucher und Gewerbetreibende besser vor unerwünschter Werbung mittels Telefon, Fax oder E-Mail geschützt:

- Unerwünschte **Telefonwerbung** gegenüber Privatpersonen in Form so genannter *„Initiativ-Anrufe" („Cold-Calls")* ist eine „unzumutbare Belästigung" und unzulässig, wenn nicht **vorher** eine Einverständniserklärung vorliegt.

  Bislang waren so genannte *Kaltanrufe* nur bei Privatpersonen gesetzlich untersagt. Grundsätzlich gilt das Verbot der Belästigung durch Telefonwerbung jedoch *auch für Anrufe unter Gewerbetreibenden.* Um Neukunden zu gewinnen, sind „Kaltanrufe" wegen Kundenfangs durch Belästigung nach § 1 UWG verboten (OLG Frankfurt vom 24. Juli 2003/6 U 36/03).

  Ausnahmen sind nur dann zugelassen, wenn der Angesprochene den Anruf selbst nachgefragt hat oder wenn berechtigter Anlass zu der Annahme besteht, der Angerufene sei mit dem Anruf uneingeschränkt einverstanden. Dies wird regelmäßig nur bei *ständigen Geschäftsbeziehungen* angenommen.

VORSICHT GEBOTEN

Zuweilen wird die strenge Regelung des UWG umgangen, indem Unternehmen Meinungs- und/oder Marktforschungsumfragen vortäuschen. Während des Telefonats wird dann ein Verkäufertermin unter dem Vorwand der Übergabe eines „Dankeschön-Präsents" vereinbart.

Eine weitere, oft genutzte Methode zur Überwindung von Vorbehalten von Kunden sind Einladungen zu kostenlosen Produktpräsentationen oder Hausmessen des Anbieters.

Nicht zuletzt werden seitens der oft als *„Telefondrücker"* bezeichneten Callcenter-Agenten Methoden zur Überrumpelung der Sekretärin angewendet, wie z. B. der Vorwand, eine dringende private Nachricht von einer Klinik weitergeben zu müssen. Dem irritierten Chef wird dann gesagt, man habe „Akademie" gesagt und rufe deswegen so schnell zurück, weil der Prospekt, den man verschickt habe, eine falsche Rückrufnummer enthalten habe.

- Die gleiche gesetzliche Regelung gilt auch für **Faxwerbung.**
- Bei **E-Mail-Werbung** muss ausdrücklich eine Einwilligung des Adressaten für diese Art der Werbung vorliegen. Darüber hinaus muss der Absender mit gültiger Adresse identifizierbar sein, damit der Empfänger die Zustellung derartiger Werbesendungen untersagen kann.

  Ausnahme: Hat der Unternehmer die E-Mail-Adresse durch eine Bestellung erhalten, so kann er dem Kunden eine Werbemail für ähnliche Produkte zuschicken.

Beispiel

Hat ein Kunde z. B. Bücher bestellt, so darf der Unternehmer ihm eine Werbe-E-Mail für Bücher zusenden. Weitere Voraussetzung ist, dass der Unternehmer bei jeder Werbe-E-Mail darauf hinweist, dass der E-Mail-Empfänger dieser Werbeart widersprechen kann.

Als unzumutbare Belästigung gilt aber auch Werbung, die der Empfänger erkennbar nicht wünscht, z. B. Werbeeinwurf in den Briefkasten trotz Aufkleber *Keine Werbung!.*

Verrat von Geschäfts- und Betriebsgeheimnissen und Bestechung (§§ 17-19 UWG)

Beispiel

Ein Angestellter gibt betriebsinterne Daten der Preisberechnung an den Geschäftsführer eines Konkurrenzunternehmens weiter.

Mögliche Rechtsfolgen bei Wettbewerbsverstößen

Beseitigungs- und Unterlassungsanspruch

Bei Verstoß eines Konkurrenten gegen die wettbewerbsrechtlichen Bestimmungen kann der Großhändler die Beseitigung verlangen und bei Wiederholungsgefahr auf Unterlassung klagen (§ 8 UWG).

Anspruch auf Schadensersatz

Bei fahrlässigen oder vorsätzlichen Verstößen gegen die Vorschriften des UWG kann der klagende Händler Schadensersatz fordern (§ 9 UWG). Der Schadensersatzanspruch setzt Verschulden voraus.

Strafrechtliche Verfolgung

Übertretungen der Gesetze und Verordnungen werden von Amts wegen, d. h. von der Staatsanwaltschaft, verfolgt, entweder automatisch oder auf besonderen Antrag. Sachlich zuständig sind immer die Landgerichte. Örtlich ist das Gericht zuständig, in dessen Bezirk der Beklagte seine gewerbliche Niederlassung bzw. seinen Wohnsitz hat. Besonders gefährliche Formen der Werbung[1] können mit Geld- und Freiheitsstrafen bis zu zwei Jahren geahndet werden (§ 16 UWG).

1 Die Gefährlichkeit ergibt sich insbesondere daraus, dass eine Vielzahl von Abnehmern betroffen ist.

Zuständig für Streitigkeiten sind zunächst die **Einigungsstellen** bei den Industrie- und Handelskammern (§ 15 UWG). Sie sollen Wettbewerbsstreitigkeiten durch gütliche Vergleiche regeln und damit hohe Prozesskosten aufgrund gerichtlicher Auseinandersetzungen vermeiden.

Gewinnabschöpfungsanspruch (§ 10 UWG)

Zusätzlich zu den Sanktionen *Unterlassung und Beseitigung* sowie *Schadensersatz* gibt es den **Gewinnabschöpfungsanspruch.** Der Gewinnabschöpfungsanspruch regelt die Abführung des Gewinns, der durch wettbewerbswidrige Maßnahmen auf Kosten einer Vielzahl von Abnehmern erzielt wurde. Wer zahlreiche Verbraucher vorsätzlich um kleine Beträge prellt und so zulasten einer Vielzahl von Abnehmern wettbewerbswidrige Gewinne erwirtschaftet, soll diese nicht behalten können. „Unrecht soll sich nicht lohnen", lautet die Devise.

Beispiel

In einem an eine Vielzahl von Verbrauchern gerichteten Werbeschreiben wird mit in Wahrheit nicht bestehenden Gewinnmöglichkeiten geworben, wobei nähere Informationen unter einer 0190er-Nummer zu erfragen sind. Der Schaden bei den einzelnen Anrufern ist verhältnismäßig gering, sodass es sich nicht lohnt, gegen den mühsam zu ermittelnden Absender rechtlich vorzugehen. Der Versender der unlauteren Werbung hat aber durch Rückläufe über gebührenpflichtige 0190-Rufnummern Gewinn aus seiner Werbeaktion gemacht. Diesen muss er nun herausgeben, sodass ein Anreiz für die Durchführung solcher wettbewerbswidrigen Maßnahmen zukünftig entfällt.

Aufgaben

1 Beurteilen Sie die folgenden Aussagen vor dem Hintergrund des UWG.

a) Der Inhaber einer Textilgroßhandlung kündigt einen größeren Warenposten an: „Greifen Sie zu, nur noch wenige Exemplare."

b) In einem Werbebrief steht: „... ist mein Sortiment umfangreicher und preisgünstiger als das der Großhandlung Liebermann. Vergleichen Sie genau!"

c) Der Einzelhändler Schulz erzählt dem Großhändler Schneider, Feinkosthändler Adler sei pleite. Heute wäre der Insolvenzantrag gestellt worden.

d) Der Großhändler Paul lässt seine Briefbögen mit einem Foto bedrucken, das einen Herstellerbetrieb mit demselben Namen zeigt.

e) Bei seiner Geschäftseröffnung schenkt ein Textilgroßhändler den ersten zehn Kunden ein Kleidungsstück im Wert von 50,00 €.

f) Anzeige: „Bei Barzahlung gewähren wir 3 % Rabatt!"

g) Ein Großhändler importiert aus Fernost Kleidungsstücke, die er ausschließlich mit „Made in Germany" deklariert.

h) Die Großhandlung Drautz GmbH inseriert in der Textilfachzeitschrift: „Unser Sortiment braucht bezüglich Preis und Qualität keinen Vergleich zu scheuen, insbesondere den nicht mit der Konkurrenz ***Spindler KG.***"

i) Großhändler Völker bietet aus seinem Sortiment das Faxgerät IOS73/8 im Rahmen einer zeitlich befristeten Sonderaktion zum Preis von 215,00 € anstatt 315,00 € an.

2 Ein Lebensmittelgroßhändler erfährt, dass ein Mitbewerber mit Sonderrabatten für Kantinen wirbt. Wie sollte sich der Großhändler verhalten?

3 Was verstehen Sie unter Lockvogelwerbung?

4 Erklären Sie, was Sie unter irreführender Werbung verstehen.

5 Nennen Sie vier Beispiele für irreführende Angaben in der Werbung.

6 Der Großhändler Hischer gewährt seinem Personal 20 % Rabatt. Üblich sind in der Branche jedoch nur 15 %. Ist diese Regelung zulässig?

7 Großhändler Bodenstein gewährt neuerdings seinen Kunden bei Barzahlung 3 % Rabatt. Der aufmerksame Konkurrent Dettmer hat jedoch feststellen müssen, dass bei Bode kurz zuvor die Preise um durchschnittlich 8 % erhöht wurden. Was kann Herr Dettmer unternehmen?

8 Ist Telefon- und Telefaxwerbung rechtlich zulässig? Begründen Sie Ihre Antwort.

9 Welche Ziele hat das Gesetz gegen den unlauteren Wettbewerb?

10 Was verstehen Sie unter einer Einigungsstelle?

11 Welche Folgen können Verstöße gegen das Gesetz gegen den unlauteren Wettbewerb haben?

12 Was wird im UWG unter Gewinnabschöpfungsanspruch verstanden?

Aktionen

1 a) Schaffen Sie sich eine Übersicht zum Thema „Welche gesetzlichen Regelungen muss ein Großhandelsunternehmen bei seinen werblichen Aktivitäten beachten?“. Benutzen Sie dafür verschiedene Informationsquellen:

- Lesen Sie die Informationen dieses Kapitels mithilfe der Methode des aktiven Lesens.
- Suchen Sie darüber hinaus im Internet nach Ausführungen zum UWG.
- Nutzen Sie für die weitere Informationsbeschaffung Bibliotheken, Nachschlagewerke und Behördenauskünfte.

b) Fassen Sie die Informationen dieses Kapitels und Ihrer Recherchen in einer Mindmap zusammen.

Falls möglich verwenden Sie das Programm Mindmanager.

2 a) Erarbeiten Sie in Gruppen von vier bis sechs Teilnehmern die *Bedeutung von gesetzlichen Regelungen für einen ungestörten Wettbewerb.*

b) Wenden Sie dabei die *Kopfstand-Technik* (auch Umkehrmethode genannt) an: Verkehren Sie die Problemstellung ins Gegenteil und erarbeiten Sie Lösungen für die veränderte Problemstellung mithilfe der *Kartenabfrage.*

c) Sammeln Sie sämtliche Vorschläge und systematisieren Sie sie an der Pinnwand.

d) Halten Sie das Gesamtergebnis für Ihre eigenen Unterlagen mithilfe des Computers in einer entsprechenden Darstellung fest.

3 In der Aktion 2 von Kapitel 9.6 haben Sie Werbemittel aus Zeitungen und Zeitschriften gesammelt.

Prüfen Sie, ob die Ihnen vorliegenden Unterlagen gegen das *Gesetz gegen den unlauteren Wettbewerb* verstoßen. Begründen Sie Ihr Ergebnis.

4 a) Informieren Sie sich bei Ihrem Ausbildungsunternehmen, welche rechtlichen, ethischen und moralischen Kriterien bei der Gestaltung der Werbung berücksichtigt werden.

b) Bereiten Sie sich darauf vor, die erhaltenen Informationen in Form eines Referats vor der Klasse zu halten. Denken Sie daran, dass Sie mit Visualisierungsmitteln die Präsentation wirkungsvoll unterstützen können.

Zusammenfassung

Gesetz gegen den unlauteren Wettbewerb (UWG)
zum Schutz der Verbraucher sowie Mitarbeiter untereinander und der Allgemeinheit

Grundsätzlich **verboten:**

- Ausnutzen der Unerfahrenheit von Kindern
- Ausüben von Druck und Angst auf Käufer
- Koppelung von Gewinnspielen mit dem Warenverkauf
- geschäftsschädigende Behauptung
- irreführende Werbung
- Mondpreiswerbung
- Lockvogelwerbung
- Benutzung fremder Firmen- oder Geschäftsbezeichnungen
- unzumutbare Belästigung durch Telefon-, Telefax- und E-Mail-Werbung
- Verrat von Geschäfts- und Betriebsgeheimnissen
- Bestechung von Angestellten anderer Unternehmen

Ausnahmen
(erlaubte Maßnahmen):

- **Preisgegenüberstellungen**
- **Vergleichende Werbung (nachprüfbar und nicht irreführend)**

Rechtsfolgen bei Wettbewerbsverstößen

Privatrechtliche Ansprüche auf:
- Beseitigung und Unterlassung
- Schadensersatz

Strafrechtliche Verfolgung durch Behörden:
- Geldstrafen
- Freiheitsstrafen

Einigungsstellen bei der IHK sollen Wettbewerbsstreitigkeiten durch gütliche Vergleiche regeln.

9.10 Wir erstellen einen Werbeplan unter Beachtung der Werbegrundsätze und bewerten den Erfolg der Werbemaßnahmen

Einstieg

Die Textilgroßhandlung ***Spindler KG*** will ihre Werbung durchschlagskräftiger gestalten. Der Abteilungsleiter für den Verkauf, Herr Trumpf, verspricht sich von der Anzeigenwerbung im Verbandsmagazin sowie in der Fachzeitschrift für den Textileinzelhandel eine nennenswerte Umsatzsteigerung.

Die Anzeigen werden regelmäßig und ganzseitig auf der letzten Seite abgedruckt. Insgesamt werden hierfür drei Viertel der für Werbezwecke zur Verfügung stehenden Geldsumme ausgegeben. Für andere Werbemaßnahmen – auch für die am Standort – bleiben daher nur noch geringe finanzielle Mittel übrig.

1. Zeigen Sie, welchen möglichen Fehler Verkaufsleiter Trumpf begangen hat.
2. Führen Sie auf, welche zentralen Fragestellungen die Verantwortlichen der Textilgroßhandlung ***Spindler KG*** im Rahmen einer Werbeplanung beantworten müssen.

Informationen

Werbeplanung

Grundsätzlich gilt, dass die Werbung die Vorzüge der Ware bekannt machen und herausstellen muss, damit der Verbraucher ihren Nutzen für sich erkennen kann. **Ziel der Werbung ist es, Ware verkaufen zu helfen.** Damit dieses Ziel erreicht werden kann, muss Werbung **planmäßig** betrieben werden.

Ein **Werbeplan** ist die systematische Vorbereitung der Werbekampagne.

Er muss die Einzelheiten für die Durchführung der Werbung festlegen. Dabei sind sieben Bereiche vom Großhändler selbst oder von einer von ihm beauftragten Werbeagentur festzulegen.

Bereich		zentrale Fragestellung	*Beispiele*
Werbeziel(e)		**WAS** soll mit den Werbemaßnahmen erreicht werden? **WELCHE** Wirkung soll erzielt werden?	◆ **Erweiterung** des Absatzmarktes aller oder bestimmter Waren ◆ **Erhaltung** des bereits gewonnenen Kundenstammes, Einführung neuer Waren ◆ **Erhalt** des bisherigen Bekanntheitsgrades ◆ **Einführung** eines neuen Produkts
Werbeetat		**WIE VIEL** Geld steht für die Werbung zur Verfügung?	◆ Vorjahresbetrag (evtl. plus Zuschlag) ◆ gleicher Prozentsatz vom Planumsatz wie in der Branche im Durchschnitt ◆ geschätzte Ausgabesumme eines direkten Konkurrenten (plus Zuschlag) (Je mehr Personen angesprochen werden sollen, desto höher sind die Werbekosten.) Der Werbeetat sollte sich in erster Linie an den Werbezielen orientieren. Sinnvoll ist in der Regel ein antizyklisches Vorgehen.
Streukreis (Zielgruppe)	bestimmen die Reichweite der Werbemaßnahmen	**WER** soll mit der Werbung angesprochen werden?	Personenkreise, wie z. B. Lebensmitteleinzelhändler, Spezial- und Fachgeschäfte, Discounter Die Zielgruppe muss genau bestimmt werden, um *Streuverluste* beim Einsatz von Werbmitteln und Werbeträgern zu minimieren, denn Werbung bleibt ohne Wirkung, wenn die Personen wenig oder keinen Bezug zu der beworbenen Ware haben.
Streugebiet (Werbezielgebiet)		**WO** soll geworben werden?	Das werbende Unternehmen muss entscheiden, ob auf dem *Gesamtmarkt* oder auf bestimmten *Teilmärkten* geworben werden soll. Das Werbegebiet muss möglichst genau bestimmt werden, um unnötige Kosten zu vermeiden und um die Zielgruppe auch tatsächlich zu erreichen.
Streuweg (Werbemittel und Werbeträger)[1]		**WOMIT** soll geworben werden? (In welcher Form soll geworben und welche Medien sollen genutzt werden?)	◆ *Werbemittel:* Anzeigen, Prospekte, Beilagen, Werbegeschenke, Schaufenster, Fernsehspot, Kinospot, Werbefilm, Beschriftung von Straßenbahnen u. a. ◆ *Werbeträger (Medien):* Zeitung, Zeitschrift, Fernsehen, Kino, Fahrzeuge, Menschen u. a.
Werbemittelgestaltung		**WIE** können die Werbeziele umgesetzt werden, sodass sie von der Zielgruppe verstanden und angenommen werden?	Klarheit der Aussagen, Informationen, Argumente; Farben; Formen u. a. Die Werbebotschaft sollte den Vorteil, den Nutzen der Ware für den Kunden herausstellen und ihn so motivieren, die Ware zu kaufen.
Streuzeit (Werbetiming)		**WANN** soll mit der Werbekampagne begonnen werden und wie lange soll sie laufen?	◆ in jeder zweiten Ausgabe der Fachzeitschrift ◆ in bestimmten Abständen ◆ zu bestimmten Anlässen, wie Muttertag, Theatersaison, Frühjahrshausputz, Badesaison, Sonderveranstaltungen u. a. (Berücksichtigung des Werbetermins) Das Werbetiming ist vor allen Dingen bei der **Markteinführung** von Produkten wichtig.

1 siehe Kap. 9.11

Wie ein *Werbeetat* eines Baustoffgroßhandels – in Verbindung mit der Festlegung von Werbeobjekten, Zielgruppe, Werbezielen, Gestaltung, Strategie, Medienauswahl, Werbegebiet und -zeitraum – aufgestellt werden kann, zeigt das folgende Beispiel:

Beispiel

Werbekonzeption (Bauindustrie, Baugewerbe, Bauhandwerk) (Angaben in €)

	Jan.	Febr.	März	April	Mai	Juni	Juli	Aug.	Sept.	Okt.	Nov.	Dez.
Veranstaltung mit Fliesenlegern		1.000									1.000	
Veranstaltung mit Stuckateuren	1.000											
Veranstaltung mit Isolierern										1.000		
Veranstaltung mit Dackdeckern												1.000
Kundenzeitschrift				2.500					2.500			
Werbebriefe, eigene Prospekte	750	750	750	750	750	750			750	750	750	750
Persönliche Besuche	500	500	500	500	500	500	500		500	500	500	500
Sonderveranstaltung zum Tag der offenen Tür			5.000									
Werbegeschenke										3.000		
Gesamtsumme: 31.000,00 €	2.250	2.250	6.250	3.750	1.250	1.250	500		3.750	5.250	2.250	2.250

Werbedurchführung

Im Anschluss an die Werbeplanung folgt die **Durchführung.** Da der Einsatz von Werbeträgern bzw. Werbemitteln bei den potenziellen Kunden eine möglichst große Werbewirkung erzielen soll, müssen folgende **Werbegrundsätze** beachtet werden:

Wahrheit

Werbung muss frei sein von unzutreffenden Behauptungen, Übertreibungen und Entstellungen von Tatsachen. Durch unwahre Aussagen über Beschaffenheit, Verwendbarkeit und Preise der angebotenen Waren wird

- der Kunde irregeführt und verärgert;
- gegen das Gesetz gegen den unlauteren Wettbewerb (UWG) verstoßen.

Deshalb sollten auch Steigerungsformen wie „unerreicht“, „einmalig“, „unübertrefflich“, „das Allerbeste“ möglichst vermieden werden. Ein Zuviel an Lob stellt die Glaubwürdigkeit der Werbung infrage.

Wirksamkeit

Um Aufmerksamkeit zu erreichen, muss die Werbung ideenreich sein. Die Werbemaßnahmen sollen sich von denen der Konkurrenz deutlich abheben (Originalität der Werbung). Hinzu kommen die Wahl geeigneter Werbemittel und die Einprägsamkeit.

Je wirksamer eine Werbemaßnahme ist, desto sicherer kann das Hauptziel „Absatzförderung“ erreicht werden. Wie die Werbung auf den Kunden wirkt, bevor er seine Kaufentscheidung trifft, lässt sich vereinfacht in einem stufenartigen Zusammenhang darstellen. Sehen Sie hierzu auch die sogenannte AIDA-Formel auf der folgenden Seite.

A	I	D	A
Attention = Die Werbebotschaft soll Aufmerksamkeit erzielen.	**Interest** = Interesse wecken. Dadurch soll die Werbebotschaft im Gedächtnis des Umworbenen bleiben (= länger anhaltende Aufmerksamkeit).	**Desire** = Drang, Kaufwunsch auslösen. Dem Umworbenen soll eine angenehme Gefühls- oder Erlebniswelt vermittelt werden, sodass er die Ware besitzen möchte.	**Action** = Aktion, Kauf bewirken. Der Umworbene kauft die Ware.
Beispiele, Maßnahmen, Aktivitäten			
durch Lautsprecherdurchsage, Schlagzeile, Melodien, Blickfang, Farbgestaltung, Internetauftritte, Messen, Werbematerial, Wurfsendungen, Werbung →	zielmarktbezogene Werbemaßnahmen, Direct Mailings, Besuche des Außendienstes →	Live-Produktdemonstrationen, Testveranstaltungen, Referenzkundenbesuche, Geschenke, Proben, persönliche Kontakte; es werden die Vorzüge der Ware herausgestellt, der Kunde wird von den Vorteilen der Ware überzeugt – es entsteht ein Kaufmotiv (= Steigerung des Interesses, starkes Verlangen). →	durch Zeitungsanzeigen oder Prospekte mit Bestellschein und Werbepräsente bei Bestellung; Befristung des Angebots, Test in kundeneigener Umgebung, persönliches Verkaufsgespräch, Individualisierung und Maßanfertigung von Produkten, Pre-Sales-Service, Angebotskombinationen
Aber: Botschaft hören heißt noch lange nicht Interesse haben.	**Aber:** Interesse heißt noch lange nicht Kaufwunsch haben.	**Aber:** Kaufwunsch haben heißt noch lange nicht kaufen.	**Aber:** Kaufen heißt noch lange nicht Produkttreue.

Um Wirksamkeit zu erzielen, muss der Großhändler daher auch auf **Stetigkeit** achten. Einmalige Werbemaßnahmen haben erfahrungsgemäß nur bescheidenen Erfolg; sie müssen über einen längeren Zeitraum erfolgen.

Werden dabei die Ausgaben für die Werbung parallel zum Konjunkturverlauf eingesetzt, so spricht man von **prozyklischer Werbung.**

Dabei werden die Werbeaktionen parallel zu der Entwicklung des Bedarfs geplant und umgesetzt. Dieses werbliche Verhalten ist in der Praxis vorwiegend festzustellen. Ziel der Unternehmen ist es, *in Zeiten bereits hoher allgemeiner Nachfrage* die Kunden durch Werbemaßnahmen zum Kauf der eigenen Waren zu bewegen.

Wird hingegen eine Ausgabenpolitik für werbliche Zwecke betrieben, die *dem Konjunkturverlauf entgegengerichtet* ist, so liegt **antizyklisches Werbeverhalten** vor. Die werblichen Aktionen werden in diesem Falle zum Ausgleich von Umsatzschwankungen und Nachfragerückgängen durchgeführt.

5567110

Antizyklisches Verhalten eines Süßwarenherstellers in der Phase des wirtschaftlichen Abschwungs

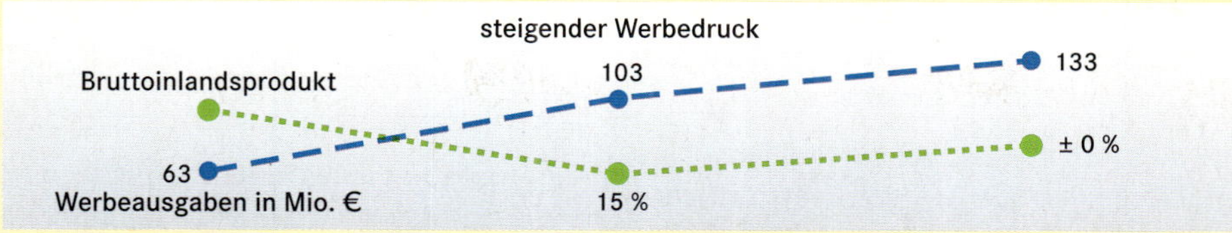

Große Anzahl von Produkteinführungen

Jahr 1	Jahr 2	Jahr 3
Lila Pause Cocos-Mandel Lila Pause Vanilla-Nut	Milka 300 g Tender/Leo/Milkinis Weihnachtsmischbeutel	Fresh/Happy Cows/Hasenei Osterhasenwerkstatt Weihnachtssnaps Weihnachtskugeln (Marzipan)

Antizyklisches Werbeverhalten gehört zur Philosophie der ***Spindler KG,*** die auch in dieser Werbeanzeige zum Ausdruck kommt nach dem Motto: „Jetzt erst recht!"

Unwirksam wird antizyklisches bzw. antisaisonales Verhalten bei starker Saisongebundenheit der Produkte, beispielsweise Werbung für Schokoladenweihnachtsmänner im Juni.

Klarheit

Die Werbebotschaft sollte schnell erfassbar, leicht verständlich und übersichtlich sein.

Wirtschaftlichkeit

Das Ziel des Großhändlers muss es sein, mit möglichst geringen Kosten seinen Umsatz zu steigern. Er muss daher sehr genau prüfen, ob die durch die Werbung erzielte Wirkung in einem angemessenen Verhältnis zu den Werbekosten steht (= Werbeerfolgskontrolle).

Werbeerfolgskontrolle

(Marketing-Controlling)[1]

Ermittlung des ökonomischen Werbeerfolgs

Die Beurteilung des Werbeerfolgs hängt von der Zielsetzung ab, die der Großhändler mit einer Werbemaßnahme erreichen will.

Steht die Umsatzsteigerung im Vordergrund, so muss er überprüfen, ob durch die Werbemaßnahme eine Steigerung seines Umsatzes erreicht wurde.

$$\text{Werbeerfolg} = \frac{\text{Umsatzsteigerung}}{\text{Werbekosten für die Werbeaktion}}$$

Der Werbeeinsatz war immer dann wirtschaftlich, wenn das Ergebnis größer als 1 ausfällt.

Beispiel

Ein Lebensmittelgroßhändler hat nach Abschluss einer Werbemaßnahme einen Umsatzzuwachs von 255.000,00 € (= Werbeertrag). Für die Werbemittel (Zeitungsanzeigen, Direktkommunikation und Salespromotion) musste er insgesamt 102.000,00 € aufbringen. Sein Werbeerfolg war positiv, er betrug 2,5.

1 siehe auch Kap. 9.13

In der Fachliteratur wird häufig der Ausspruch eines erfolgreichen Geschäftsmannes zitiert: *„Ich weiß, dass ich die Hälfte meiner Werbegelder zum Fenster hinauswerfe. Leider weiß ich nur nicht, welche Hälfte.“*

Dieser Ausspruch weist auf die Probleme hin, die mit der Kontrolle des Werbeerfolgs verbunden sind.

Nur theoretisch lässt sich also der Werbeerfolg - wie soeben dargestellt - ermitteln. Praktisch treten Schwierigkeiten auf:

- Häufig lassen sich die Werbekosten nicht genau von den anderen Kosten im Unternehmen abgrenzen.
- Andere Absatzmaßnahmen und Faktoren - neben der eingesetzten Werbemaßnahme - können sich ebenfalls und gleichzeitig auf den Umsatz auswirken.

Beispiel

die Produktgestaltung; Bedarfsverschiebungen (Mode); Preisänderungen bei der Konkurrenz, Konjunktureinflüsse und anderes mehr

- Eine zeitliche Abgrenzung der Werbeerträge ist häufig unmöglich: Eine Werbemaßnahme kann z. B. schon längst abgeschlossen sein, ihre absatzfördernde Wirkung kann aber unvermutet und unerkannt noch über einen längeren Zeitraum wirken. Der durch die Werbemaßnahme in die Zukunft ausgestrahlte Bekanntheitsgrad verfälscht insofern die Ergebnisse folgender Werbemaßnahmen (Carry- Over-Effekt).
- Der durch eine Werbemaßnahme erzielte Werbeeffekt kann den Bekanntheitsgrad anderer, u. U. sogar konkurrierender Produkte ebenfalls steigern, wenn die Produkte oder die für sie durchgeführten Werbemaßnahmen einander ähnlich sind („Halo-Effekt“).

Außerdem liegt der wirtschaftliche Werbeerfolg nicht nur im Verkauf der verlangten Ware, sondern auch im Verkauf zusätzlicher Ware. Für den Großhändler ist es daher sehr schwer, diesen Erfolg festzustellen.

Ist das Ziel die Erhaltung des bisherigen Umsatzes, so sind die Schwierigkeiten einer Erfolgskontrolle darin zu sehen, dass der Händler nicht sagen kann, um wie viel sein Umsatz zurückgegangen wäre, wenn er die Werbemaßnahme nicht durchgeführt hätte.

Ermittlung des außerökonomischen Werbeerfolgs

Von außerökonomischen Werbeerfolgen spricht man dann, wenn es dem Großhändler gelingt,

- die Kundenkontakte zu erhöhen,
- den Bekanntheitsgrad seines Unternehmens zu steigern,
- die Erinnerungsfähigkeit der Kunden an sein Unternehmen zu erhöhen,
- das Image des Unternehmens zu verbessern.

Um in diesem Zusammenhang die Wirksamkeit der Werbemaßnahmen überprüfen zu können, hat man Kennziffern entwickelt, die sich an der AIDA-Formel orientieren:

		Beispiel (Grundlage: Zielgruppenstärke von 350 Einzelhändlern)
Attention =	$\frac{\text{Zahl der Adressaten}}{\text{Gesamtzahl der Zielgruppe}}$	Anteil derjenigen, die durch die Werbung des Großhändlers aufmerksam geworden sind: $= \frac{133}{350} = \underline{\underline{38\ \%}}$
Interest =	$\frac{\text{Zahl der Interessenten}}{\text{Gesamtzahl der Zielgruppe}}$	Anteil derjenigen, die sich für die umworbene Ware interessieren: $= \frac{42}{350} = \underline{\underline{12\ \%}}$
Desire =	$\frac{\text{Zahl der Überzeugten}}{\text{Gesamtzahl der Zielgruppe}}$	Anteil derjenigen, die die umworbene Ware gerne kaufen würden: $= \frac{14}{350} = \underline{\underline{4\ \%}}$
Action =	$\frac{\text{Zahl der zusätzlichen Käufer}}{\text{Gesamtzahl der Zielgruppe}}$	Anteil derjenigen, die die umworbene Ware gekauft haben: $= \frac{5}{350} = \underline{\underline{1{,}4\ \%}}$

5567112

Die Erfolgskontrolle muss sich dabei über einen längeren Zeitraum erstrecken. Methoden zur außerökonomischen Werbeerfolgskontrolle sind:

- das Erinnerungsverfahren (Recall-Verfahren)
- das Wiedererkennungsverfahren
- Image-Analysen

Fehler lassen sich allerdings bei derartigen Methoden nicht ausschließen.

Werbeerfolgsmessung im Internet

Die wichtigsten Mittel der Werbeerfolgskontrolle im Internet

Cookies sind Textinformationen, in denen Informationen wie Name, Passwort aber auch Besuchshäufigkeit oder persönliche Identität eines Anwenders beim Besuchen einer Webseite hinterlegt werden können.

Remote-Links sind Verknüpfungen mit Dateien, die sich auf anderen Rechnern befinden. Anders als bei lokalen Links muss auf eine externe Seite zugegriffen werden. Das ermöglicht, über die Zugriffe auf diese externen Dateien die Aufrufe anderer Seiten zu zählen.

Mitgliedschaften und Insider-Log-ins dienen der Marktforschung und ermöglichen es, mit den Kunden engere Beziehungen einzugehen. Darüber hinaus eröffnet sich die Möglichkeit des direkten Versandes von Werbe-E-Mails an diese registrierten Kunden.

Spionagesoftware: Software, die die Aktivitäten eines Anwenders im Internet oder auf einer Webseite protokolliert und an einen Betreiber meldet. Die nur auf die Gewinnung marketingrelevanter Daten ausgerichtete Software, die oft ohne Wissen des Benutzers installiert wurde, ist nach deutschem Recht illegal (in der Praxis aber häufig anzutreffen).

Aufgaben

1 Warum muss Werbung planmäßig betrieben werden?

2 Wie bezeichnet man die Gruppe, die durch die Werbung angesprochen werden soll?

3 Was versteht man in der Werbung unter Streuzeit?

4 Erläutern Sie den Begriff Streugebiet.

5 Ordnen Sie zwei von den fünf Beispielen den Werbefachbegriffen a) Streuzeit und b) Streugebiet zu.
Beispiele:

a) Die Getränkegroßhandlung einer Kreisstadt eröffnet eine Filiale in Marienhagen.

b) Die neue Einkaufsmöglichkeit soll 14 Tage vor bis 14 Tage nach der Eröffnung bekannt und populär gemacht werden.

c) Es sollen die männlichen und weiblichen Jugendlichen im Alter von 12 - 25 Jahren angesprochen werden.

d) Es sollen Marienhagen und die unmittelbare Umgebung abgedeckt werden.

e) Es sollen Kosten für verschiedene Werbemittel/Werbeträger miteinander verglichen werden.

6 Prüfen Sie die folgenden Beispiele und entscheiden Sie, ob für die genannte Zielgruppe ein geeigneter Werbeträger ausgewählt wurde. Begründen Sie Ihre Antworten.

a) In einer Jugendzeitschrift wird für Ferienreisen in die Karibik geworben.

b) In einem Managermagazin wird zum Kauf von ausländischen Wertpapieren mit einer besonders hohen Rendite geraten.

c) Kurz vor einer Schulfunksendung im Radio wird für Autos geworben.

d) Im Kino wird vor Beginn des Hauptfilmes ein Spot für Erfrischungsgetränke gezeigt.

7 Nennen Sie die zentralen Fragestellungen der Werbeplanung.

8 Welche Zielgruppen sollen mit den folgenden Werbeaktionen angesprochen werden?

a) Bergsportzentrale Münzer setzt auf Zeltkomfort.

b) Alles für den Hobbybastler.

c) Exklusive Mode für die selbstbewusste Frau von heute.

d) Ihr Verbrauchermarkt – Ihre günstige Einkaufsstätte.

e) Die neue Skimode für alle, denen Qualität und Design etwas bedeuten.

9 Welcher Streuweg wäre bei folgenden Werbemaßnahmen für den Großhändler der beste?

a) Ein großer Getränkehersteller wirbt für sein neues „light"-Produkt.

b) Eine Baustoffgroßhandlung bringt sich bei ihrem bekannten Kunden in Erinnerung.

c) Die Großhändler des Stadtteils Lahe werben alle 14 Tage gemeinsam.

d) Ein Discountgeschäft startet zweimal im Monat eine größere Werbeaktion mit vielen verschiedenen preisgünstigen Waren aus dem Gesamtsortiment.

10 Ordnen Sie die Grundsätze der Werbung (Wirtschaftlichkeit, Wahrheit, Klarheit, Originalität, Wirksamkeit) den folgenden Beispielen zu:

Beispiele:

a) Eine Erhöhung der Aufmerksamkeit durch eine originelle Werbung führt zu einer klaren Abgrenzung von der Konkurrenz.

b) Die Werbewirkung bei einzelnen oder gezielt ausgewählten Kundengruppen sollte, trotz aller damit verbundenen Schwierigkeiten, fortlaufend überprüft werden.

c) Übertreibungen in der Werbung wie auch bewusst falsche Aussagen bewirken die erwünschte Aufmerksamkeit und Aufnahme der Werbebotschaft.

d) Besonders eingängige, klare und leicht verständliche Aussagen führen zu einem Vertrauensschwund und zum Verlust an Glaubwürdigkeit und Umsatzeinbußen für den Großhändler.

e) Das Verhältnis zwischen dem Aufwand der Kosten für die Werbung und dem Ertrag muss wirtschaftlich zu rechtfertigen sein.

11 Erkären Sie die AIDA-Formel.

12 Was verstehen Sie unter einem Werbeetat?

13 Wie nennt man die Gesamtheit der Maßnahmen zur Überwachung der Wirtschaftlichkeit der gesamten oder einzelner Werbemaßnahmen?

14 Wie wird der Werbeerfolg festgestellt?

15 Beschreiben Sie die Problematik der Werbeerfolgskontrolle.

16 Wann spricht man von außerökonomischem Werbeerfolg?

17 Betrachten Sie die Abbildungen 1 und 2, die Entwicklungen von Werbeaufwand und Umsatz darstellen.

Umsatz/Höhe der Werbeausgaben

Umsatz/Höhe der Werbeausgaben

a) Erläutern Sie die beiden Abbildungen.

b) Nennen Sie jeweils ein Beispiel, wann ein Großhandelsunternehmen seine Werbeausgaben so einsetzen sollte, wie es in Abb. 1 bzw. in Abb. 2 dargestellt ist.

18 Von einer Lebensmittelgroßhandlung werden turnusmäßig Flyer an die 8 500 Einzelhändler verschickt. In der letzten April-Ausgabe veranstaltete die Großhandlung ein Preisausschreiben, das die folgenden Ergebnisse lieferte:

- Teilnehmer: 6 375
- konkrete Anfragen: 680
- Einzelhändler mit positiver Stellungnahme nach dem Besuch des Außendienstmitarbeiters: 170
- Käufer der neuen Produktlinie „Gourmet light": 94

Ermitteln Sie die Kennziffern des außerökonomischen Werbeerfolgs.

19 Ein Großhändler hat gemeinsam mit einer Werbeagentur für seine Hausmarke eine Werbekampagne entwickelt, die sich auf drei Strategien stützt:

a) Einrichtung eines Showrooms beim Einzelhandel mit dem Ziel, 15 % der Kunden zum Anhalten und Betrachten des Ausstellungsraumes zu bewegen

b) Sendung eines im regionalen Fernsehen laufenden TV-Spots. Dadurch soll erreicht werden, dass sich mind. 25 % der Zuschauer später an den Produktnamen erinnern.

c) Anzeigenschaltung in der Fachzeitschrift des Verbandes. Man möchte dadurch erreichen, dass 2,5 % der Zeitschriftenleser an dem gleichzeitig angebotenen Preisausschreiben teilnehmen.

Stellen Sie fest, wie sich der Werbeerfolg bei den drei Strategien ermitteln lässt.

5567114

Aktionen

1 Die Textilgroßhandlung ***Spindler KG*** führt jährlich in Ihrer Abteilung eine Sonderaktion durch. Sie als Auszubildende/-r haben die Aufgabe, diese Aktion zu planen. Die begleitende Werbekampagne soll innerhalb der nächsten vier Wochen stattfinden. Die gesamte Aktion soll von Ihnen auf der Grundlage der **Leittextmethode** durchgeführt werden (Informieren - Planen - Entscheiden - Ausführen - Kontrollieren - Auswerten).

a) Bilden Sie sortenspezifische Teams (maximal sechs Personen).

Regeln für Teamarbeit

✓ Alle sind für das Teamergebnis mitverantwortlich.
✓ Jeder arbeitet mit.
✓ Jeder kann seine Meinung frei äußern, alle Meinungen und Ideen werden akzeptiert.
✓ Jeder fasst sich kurz.
✓ Es redet immer nur eine Person.
✓ Niemand wird beim Sprechen unterbrochen.
✓ Die Beiträge der Teammitglieder werden im Team diskutiert, um letztlich den „richtigen“ zu finden.
✓ In der Diskussion werden andere nicht verletzt.
✓ Bei einer umfangreicheren Aufgabe übernimmt jedes Teammitglied einen Teilbereich.
✓ Jeder ist gegenüber dem Team für die übernommenen Aufgaben verantwortlich.
✓ Fühlt sich jemand unwohl, sagt er es sofort.

b) Sammeln Sie erste Ideen in einem **Brainstorming** für diese Aktion (Welche Waren? Welches Motto? Wann? Wer?). Halten Sie Ihre Überlegungen in einem Fadenkreuz schriftlich fest.

c) Erstellen Sie einen schlüssigen Werbeplan gemäß den Informationen, die Sie in den Kapiteln Ihres vorliegenden Lehrbuches dazu finden. Benutzen Sie die in diesem Kapitel abgebildete *Übersicht zu einem Werbeplan* (Spalten 1 und 2) und ergänzen Sie eine dritte Spalte mit den von Ihnen getroffenen *Entscheidungen*.

Bereich	zentrale Fragestellung	Entscheidungen
Werbeziel(e) (...)	Was, Welche (...)	(...)

d) Präsentieren Sie Ihre Planungsergebnisse – unterstützt durch *PowerPoint* – der Abteilungsleitung. Beachten Sie dabei die *Grundregeln zur Präsentationsdarstellung:*

- **„Weniger ist mehr“.** Ihre Zuhörer müssen die Präsentation schnell lesen und verstehen können. Deshalb: **K**eep **I**t **S**hort and **S**imple! – KISS!
- Präsentationen sind kein reines Lesemedium. Sie sollen den Vortrag nur visuell ergänzen, *nicht verdoppeln!*
- Als Faustregel kann gelten: zwei bis drei Minuten pro Folie.

Tragen Sie Ihr Ergebnis möglichst in freier Rede vor. Helfen werden Ihnen dabei die *Regeln für einen guten Vortrag*.

2 a) Der Abteilungsleiter hat die von Ihrem Team vorgeführte Präsentation für gut befunden und stellt einen Werbeetat von 50.000,00 € für die *werblichen und verkaufsfördernden* Maßnahmen zur Verfügung. Ermitteln Sie den ökonomischen Werbeerfolg bei einer erwarteten Umsatzsteigerung von 85.000,00 €.

b) Unterbreiten Sie Vorschläge, mit welchen betriebswirtschaftlichen Maßnahmen die Verantwortlichen der Textilgroßhandlung ***Spindler KG*** diesen Werbeerfolg verbessern könnten.

c) Warum könnte es Schwierigkeiten bereiten, diese von Ihnen gemachten Vorschläge in eine aussagekräftige ökonomische Werbeerfolgskontrolle einzubinden?

3 a) Welche konkreten Maßnahmen der Verkaufsförderung würden Sie wählen, um die werblichen Maßnahmen zur geplanten Sonderaktion zu unterstützen?

b) Notieren Sie Ihre Ergebnisse auf Karten und präsentieren Sie diese.

c) Diskutieren Sie Vor- und Nachteile der einzelnen verkaufsfördernden Maßnahmen unter Einbeziehung des vorgegebenen Werbeetats (Höhe: 50.000,00 € für die gesamte Werbekampagne). Entscheiden Sie sich für zwei, die Ihnen am geeignetsten erscheinen.

d) Stellen Sie das kostenmäßige Verhältnis der (geschätzten) verkaufsfördernden Maßnahmen im Vergleich zu den anderen werblichen Maßnahmen (Kosten der übrigen Werbemittel) in Form eines Kreisdiagramms prozentual dar. Verwenden Sie hierfür das Tabellenkalkulationsprogramm Excel.

4 Prüfen Sie, inwieweit Productplacement, Public-Relations-Maßnahmen und Sponsoring für die Werbekampagne zur geplanten Sonderaktionen sinnvoll wären.

5 Führen Sie nach der Präsentation innerhalb Ihres Teams eine Nachbereitung durch in Form eines *Feedbacks mittels* **Blitzlicht.** Das Blitzlicht dient dazu, sich gegenseitig darüber Auskunft zu geben, was die einzelnen Teammitglieder gerade fühlen und denken. (Blitzlichtregeln siehe im Aktionsteil von Kap. 9.5)

6 In der Aktion 2 von Kapitel 9.6 haben Sie Werbemittel aus Zeitungen und Zeitschriften gesammelt.

a) Welches Werbeziel, welche Zielgruppe und welche Werbebotschaft werden in den jeweiligen Beispielen angesprochen?

b) Ordnen Sie den jeweiligen Werbemitteln die entsprechenden Werbeträger zu (siehe auch Kapitel 9.11).

c) Was fällt Ihnen zu allererst bei der Werbemittelgestaltung auf?

d) Was könnte der Grund dafür sein, dass die Werbung gerade zum jetzigen Zeitpunkt erscheint?

7 a) Fragen Sie in Ihrem Ausbildungsunternehmen nach, welcher Werbeetat dort für eine bestimmte Werbekampagne bereitgestellt wird.

a) Erkundigen Sie sich nach der *Durchführung der Werbeerfolgskontrolle* für diese Kampagne.

b) Bereiten Sie sich darauf vor, die Ergebnisse Ihrer betrieblichen Informationen vorzutragen.

Zusammenfassung

Im Einzelnen sind vom Großhändler und/oder einer beauftragten Werbeagentur festzulegen (Planungsschritte):

Werbeplanung
(Grundlage: die Marketingziele)

↓

Zielgruppenbestimmung
umworbener Personenkreis; Streukreis

↓

Formulierung der Werbeziele für die Zielgruppe

↓

Bestimmung des Werbeetats
Geldmittel, die für eine bestimmte Werbekampagne zur Verfügung stehen

↓

Streuweg
Auswahl der *Werbemittel und Werbeträger,* mit denen die Umworbenen erreicht werden sollen (gleichzeitig auch Festlegung der **Werbeinhalte**)

↓

Streugebiet
Festlegung des Einsatzgebietes der Werbung

↓

Streuzeit
zeitlicher Einsatz der Werbung → Werbeerfolgskontrolle

5567116

Werbegrundsätze	Werbeerfolgskontrolle	
Wirksamkeit (= Originalität und Stetigkeit) unter Beachtung der „AIDA"-Formel: Attention, Interest, Desire, Action	ökonomischer Werbeerfolg	außerökonomischer Werbeerfolg
Wahrheit	**Werberendite:** $\frac{\text{Umsatzsteigerung}}{\text{Werbekosten}}$	◆ Imageverbesserung ◆ Erhöhung der Kundenkontakte ◆ Steigerung des Bekanntheitsgrades
Klarheit		
Wirtschaftlichkeit		

9.11 Wir gestalten Werbemittel für werbliche Maßnahmen und wählen entsprechende Werbeträger aus

Einstieg

1. Führen Sie an, warum die Werbefläche für die Werbung der Textilgroßhandlung ***Spindler KG*** so wichtig ist.
2. Nennen Sie weitere Möglichkeiten, wie durch Werbung neue Waren bekannt gemacht werden können.

Informationen

Damit der Großhändler mit seiner Werbung die Umworbenen auch erreicht, muss er **Werbemittel** erarbeiten und im nächsten Schritt für diese Werbemittel geeignete **Werbeträger** finden.

Definition **Das Werbemittel beinhaltet bzw. stellt die Werbebotschaft dar.**

Sämtliche Werbemittel dienen als Medium, mit dessen Hilfe die Werbebotschaft des Großhändlers zum Kunden gelangen soll.

Beispiele für Werbemittel

- Plakate
- Zeitungsanzeigen
- Aufschriften auf Straßenbahnen und Omnibussen
- Ausstellungsräume (Showrooms)
- Lichtwerbung
- Werbegeschenke
- Werbefunk- und Fernsehsendungen

Werbeträger hingegen sind das **Transportmittel** für das Werbemittel.

Beispiele für Werbeträger

- Litfaßsäulen
- Sportveranstaltungen
- Schaufenster
- Fernsehen
- Fachzeitschriften
- Adressbücher
- Hörfunk
- Anzeigenblätter
- Internetwerbung
- Gebäude
- Zeitungen
- Internet
- Kino

Definition **Werbeträger[1] = Gegenstände oder Personen, durch die die Werbemittel an die Zielgruppe herangetragen werden.**

Zwischen Werbemitteln und Werbeträgern kann nicht immer trennscharf unterschieden werden. Sie können z. B. auch identisch sein, wie beim Werbebrief oder Schaufenster.

1 Werbeträger werden auch als *Streumedien* bezeichnet, da durch sie die in den Werbemitteln enthaltene Werbebotschaft auf die Empfänger „gestreut" werden soll.

Werbemittel

Ausstattung

Ein nicht zu unterschätzendes Werbemittel im Handel ist die Gestaltung der Waren in den Geschäfts-, Verkaufs- und Ausstellungsräumen sowie im Schaufenster.

Der Sortimentsaufbau, die Präsentation der Ware, die Gestaltung der Geschäftsräume insgesamt, auch die Ausstellung der Modelle spielen für den Umsatz eine wichtige Rolle.

Ausstellungsräume eines Sanitärgroßhändlers

Umstritten ist vielfach die Wirkung von Displays (= Verkaufshilfen aus Pappe, Plastik, Holz oder Metall). Untersuchungen zeigen, dass hiermit im Großhandel nur schwache Kaufanreize ausgelöst werden. Es kommt allerdings wesentlich auf die Gestaltung des Displays an, ob es vom Kunden angenommen wird oder nicht. In vielen Fällen fehlt eine adäquate Ansprache des potenziellen Kunden. Wird ein Display auch als Prospektständer genutzt und wird dem Kunden dort sogar z. B. eine Materialprobe angeboten, so trägt dies bei entsprechender Aufmachung und Platzierung zu besserer Kundeninformation bei.

Warenpräsentation im Schaufenster

Eine weitere Verbindung zum Geschäft stellt das Schaufenster her (z. B im Sanitärgroßhandel) und gibt diesem ein werbewirksames Aussehen.

Insofern sind die **Gestaltung und der Aufbau der Waren im Schaufenster** die wichtigste Voraussetzung für die Anziehungskraft bzw. Werbewirksamkeit des Schaufensters, auch wenn dessen Bedeutung für den Großhandel insgesamt nicht überbewertet werden sollte.

Verkaufsgespräch

Neben der Warenpräsentation im Schaufenster ist das **Verkaufsgespräch ein Werbemittel,** das je nach Branche unterschiedlich starke Bedeutung hat. Es ist daher ein nicht zu unterschätzendes und darüber hinaus preisgünstigstes Werbemittel des Großhändlers[1].

Warenpräsentation im Verkaufsraum

Der Kunde soll sich im Verkaufsraum wohl fühlen; er soll zum Kaufen angeregt werden. Zu einer angenehmen Kaufatmosphäre mit dem Ziel einer Umsatzsteigerung kann insbesondere die **Warenanordnung in den Regalen und auf den Verkaufstischen** beitragen, auch wenn deren Bedeutung mit der im Einzelhandel nicht zu vergleichen ist.

Packung der Ware

Schon lange hat die Packung für den Großhändler mehr als nur eine Schutzfunktion für Transport und Lagerung. Ihre wirtschaftliche Bedeutung liegt heutzutage vielmehr darin, den **Kunden** – durch unterschiedliche Aufmachung und Gestaltung – **zum Kauf anzuregen**[2].

Leuchtmittel

Ihr Einsatz soll die Kunden auffordern, das Geschäft zu betreten.

Vitrinen

Vitrinen sind nicht an den Standort des Händlers gebunden. Sie sollten dort aufgestellt werden, wo der Kundenstrom besonders groß ist.

1 siehe *Groß im Handel – Grundstufe,* Kap. 2.13
2 siehe Kap. 9.3

Anzeigen

Die Zeitungsanzeige ist für den Großhändler sehr bedeutsam. Das kleine und mittlere Unternehmen wird aus Kostengründen und um Streuverluste zu vermeiden regionale und örtliche Blätter bevorzugen, insbesondere aber Anzeigen in Fachzeitschriften schalten.

Neben der Zeitungsanzeige bedienen sich Großhändler mit größerem Geschäft zur Bekanntmachung ihrer Waren des **Prospekts,** den man farbig gestaltet und direkt an die Kunden verschickt.

Checkliste zur Anzeigenbeurteilung

- Erregt die Headline die Aufmerksamkeit des Betrachters?
- Wird der Betrachter zum Handeln aufgefordert?
- Ist der Inhalt überzeugend und nachvollziehbar?
- Ist der Text kurz, verständlich und aussagekräftig?
- Stimmt der inhaltliche Aufbau der Anzeige, Headline, Bild, Text, Anschrift und Coupon?
- Ist die grafische Aufmachung zeitgemäß und dem Stil der Zielgruppe bzw. der Interessenten angepasst?
- Ist das Unternehmensprofil erkennbar und hebt sich die Anzeige von den übrigen Anzeigen klar ab?
- Ist der Aufbau optisch reizvoll oder wirkt die Anzeige eher überladen?

Spindler KG Textilgroßhandlung
Hannover

17. Juni 20..

Jetzt noch besser disponieren:
***SPINDLER*-Informationen ab sofort im Doppelpack**

Sehr geehrter Geschäftspartner,

effiziente und vorausschauende Planung ist für Sie als Unternehmer sehr wichtig.

Aus diesem Grund hat sich die ***SPINDLER KG*** entschlossen, Ihnen Ihre ***SPINDLER***-Informationen ab sofort im Doppelpack zu schicken.
Sie erhalten sie nun also nicht mehr wöchentlich, sondern alle 14 Tage.

Ihre Vorteile: So haben Sie bereits im Voraus für **zwei Wochen** den vollen Überblick über alle Angebote und können noch besser disponieren.

Das Farbsystem hilft Ihnen dabei:
Alle aktuellen Angebote für die **erste Woche** finden Sie zukünftig gebündelt im Einleger mit dem **roten Hinweisbalken**. Die Angebote der **zweiten Woche** haben wir für Sie im Einleger mit dem **gelben Hinweisbalken** zusammengestellt.

So profitieren Sie auch weiterhin von allen ***SPINDLER***-Angeboten und sparen mit System!

Wir freuen uns auf Ihren Besuch in Ihrem Textil-Großmarkt.

Mit freundlichen Grüßen

Spindler
G. Spindler
Geschäftsleitung

Kühne
A. Kühne
Kundenmanagement

Handzettel

Für den Großhändler mit kleinerem Geschäft ist aus Kostengründen auch der Handzettel geeignet. Er wird meist als einseitig bedrucktes oder häufig selbst vervielfältigtes Werbeblatt verteilt.

Werbebriefe

Neben dem Verkaufsgespräch ist der Werbebrief das persönlichste Werbemittel im Handel. Mit seiner Hilfe kann der Händler einen bestimmten Kundenkreis ganz gezielt und persönlich ansprechen.

Der Werbebrief in Verbindung mit Prospektmaterial, Bestell- und Preislisten ist im Rahmen der *Direktwerbung* ein wesentliches Werbemittel von Großhandelsunternehmen. Gegenüber Anzeigen und sonstiger Werbung hat er kaum Streuverluste.

Anlässe für das Versenden von Werbebriefen können z. B. Sonderverkäufe, die Einrichtung neuer Abteilungen oder die Aufnahme neuer Artikel in das Sortiment sein.

Weitere Werbemittel

- **Werbebotschaften auf Geschäftsfahrzeugen,** Straßenbahnen, Omnibussen, Plakat- und Häuserwänden, Telefonzellen, Litfaßsäulen, Tragetaschen. Außenaufsteller. Sandwichmen (Plakatträger), Hostessen usw.
- Werbebotschaften im Zusammenhang mit Zugaben, wie z. B. auf Kugelschreibern, Fähnchen, Taschenkalendern, Kostproben, Ansteckern, Türklebern usw.
- **Werbedias im Kino**
- **Fernsehspots**

  Sie sind auf bestimmten Gebieten ein Konkurrent der Anzeige. Wegen sehr hoher Kosten und großer Streuverluste – sehr viele der Angesprochenen kommen als Käufer gar nicht infrage – sind sie für den Großhandel uninteressant.
- **Werbedurchsagen im Rundfunk**

  Hier ist dagegen die Situation bereits anders. Die Regionalprogramme erlauben einen gezielteren Einsatz. Gerade in jüngster Zeit nutzen größere Großhändler (z. B. im Bereich Baustoffe) die Rundfunkwerbung als Werbemittel.

- **Telefonwerbung**

  Telefonwerbung ist, um beim Kunden nicht als Belästigung empfunden zu werden, vom Großhändler mit größtem Einfühlungsvermögen durchzuführen. Sie ist auch nur mit Personen zulässig, mit denen eine ständige Geschäftsbeziehung besteht[1].

- **Werbung im Internet**

  Im Internet können tagesaktuelle Informationen zur Verfügung gestellt werden, wie Preislisten, Sonderkonditionen, Exklusivangebote, Sortimentserweiterungen und -einschränkungen, Sortimentsgruppierungen, Lieferzeiten und Ähnliches mehr.

- **Ausstellungen**[2]

  Sie sind für bestimmte Großhandelsbereiche von besonderer Bedeutung.

Beispiele für den Baustoffhandel

Fliesen und Platten lassen sich nur schwer beschreiben. Auch eine noch so gute Abbildung vermittelt nicht denselben positiven Eindruck wie das Material selbst. Dazu kommt, dass der Käufer seine Auswahl im Rahmen eines reichhaltigen Sortiments treffen will und sich beraten lassen möchte.

Ausstellungen für Elemente, z. B. Wohndachfenster, dienen dazu, dem Kunden die entsprechende Technik besser erläutern zu können. Einen Drehkippbeschlag beispielsweise muss man vorführen; dies nutzt mehr als noch so viele Worte.

- **Messen**[2]

  Waren-, Muster- und Fachmessen (z. B. Internationale Textil- und Bekleidungsmesse in Köln)

Auswahl der Werbemittel

Bei der Überlegung, ob der Großhändler lieber relativ viel Geld für einige Werbemittel ausgeben sollte oder besser weniger Geld für viele einzelne, ist Folgendes zu bedenken:

Die *Chance,* jeweils neue Käufer zu erreichen, nimmt mit der Anzahl der Werbemittel ab, da es in einem solchen Fall immer häufiger vorkommt, dass mit den letzten Werbemitteln keine neuen Käufer erreicht werden, sondern genau dieselben Kunden wie mit den ersten. Es scheint grundsätzlich besser, eine bestimmte Geldsumme für *wenige* Werbemittel auszugeben, als sie über viele Werbemittel zu verteilen.

Beeinflusst wird die Auswahl vor allem von:

- dem Werbeziel
- der anzusprechenden Zielgruppe
- der Anzahl der Personen (Reichweite)
- der Höhe der Geldsumme, die für die Werbung ausgegeben werden kann
- dem Image des Geschäfts
- der Werbung der Konkurrenten
- der möglichen Aufmerksamkeitswirkung des einzelnen Werbemittels in der anzusprechenden Zielgruppe

© Erich Schmidt Verlag

1 Telefonwerbung als „unzumutbare Belästigung“ s. Kap. 9.9
2 s. auch Kap. 9.5 unter „Marktveranstaltungen“

Aufgaben

1 Welcher Unterschied besteht zwischen Werbemitteln und Werbeträgern?

2 Nennen Sie verschiedene Werbeträger.

3 Ein Großhändler möchte eine neue Warengruppe einführen. Welche Werbemöglichkeiten sind für diesen Zweck geeignet?

4 Ordnen Sie drei Werbemittel den Werbeträgern zu: a) Zeitung, b) Litfaßsäule und c) Kinoleinwand.
Werbemittel: Plakat – Modenschau – Werbedia – Werbegeschenk – Inserat – Katalog.

5 Welcher Werbeträger ist für Public-Relations-Maßnahmen des Großhändlers am besten geeignet?

6 Welche Bedeutung hat das Verkaufsgespräch für den Einzelhandel, insbesondere für Fachgeschäfte?

7 Nennen Sie Werbemittel außerhalb des Großhandelsunternehmens.

8 Ein Großhandelskaufmann in einer Kleinstadt möchte seine Stammkunden auf die Eröffnung seines Erweiterungsbaus aufmerksam machen. Welches Werbemittel ist hierfür besonders geeignet?

9 Welches Werbemittel hat für den Handel die größte wirtschaftliche Bedeutung?

10 Warum wird ein Unternehmer ohne Filialgeschäfte für seine Anzeigenwerbung regionale und örtliche Blätter bevorzugen?

11 Aus welchen Anlässen können Werbebriefe versandt werden?

12 Welches Werbemittel hat die größte, welches die zweitgrößte Werbewirkung usw.? Stellen Sie eine Rangfolge auf.
Werbemittel: Werbebrief – Zeitungsanzeige – Schaufenster – Plakat – Prospekt – Handzettel.

Aktionen

1 Der Abteilungsleiter beauftragt Ihr Team für die geplante Werbekampagne (s. Kap. 9.10, Aktion 1 und 2) mit der *Gestaltung der entsprechenden Werbemittel* und der Planung der *verkaufsfördernden Maßnahmen.*
Denken Sie daran, dass der Werbeetat 50.000,00 € beträgt.

2
- Sammeln Sie alle Informationen, die für die Gestaltung der Werbemittel wichtig sind.
- Beachten Sie bei dieser Arbeit die *„Methoden zur selbstständigen Informationsgewinnung“.*
- Fassen Sie anschließend Ihre Ergebnisse in einer *Mindmap* zum Thema „Merkmale eines aussagekräftigen Plakates und einer Zeitungsanzeige“ zusammen.

3 Wählen Sie aus aktuellen Anzeigen und Plakaten ein besonders gut gelungenes und ein weniger gut gelungenes Beispiel aus. Erklären Sie Ihren Klassenkameraden Ihre Entscheidung.

4 Erstellen Sie für die Werbekampagne
- ein Plakat und/oder
- eine Zeitungsanzeige (ganzseitig und in Farbe).

a) Beachten Sie dabei die gesetzlichen Regelungen aus dem Kapitel 9.9 sowie die Werbegrundsätze aus dem Kapitel 9.10.
b) Erstellen Sie Ihre Entwürfe mit einer Software, soweit ihr Einsatz für das jeweilige Werbemittel geeignet erscheint.
c) Visualisieren Sie darüber hinaus Ihre Präsentation mithilfe von Abbildungen aus dem Internet.
Verwenden Sie dazu die Bildersuche von www.google.de.
d) Bereiten Sie sich darauf vor, Ihre Entwürfe bzw. Ihren Entwurf zu präsentieren.

5 Ermitteln Sie die Kosten der unter Aktion 3 aufgeführten Werbemittel sowie für lokale Kinowerbung und einen Rundfunkspot. Erkundigen Sie sich dafür
- bei den fachbezogenen Printmedien nach den Anzeigenpreisen,
- bei dem populärsten Radiosender in Ihrer Heimatregion,
- bei mindestens zwei Druckereien nach den Druckkosten für Ihren Entwurf und
- im nächstgelegenen Kino nach dessen Angebotspreisen.

Stellen Sie Ihr Ergebnis mithilfe einer Folie dar. Beachten Sie die Hinweise zur *Gestaltung von Folien* und zur *Arbeit mit dem Overheadprojektor.*

5567122

6 Überlegen Sie genau, welche Werbeträger und Werbemittel Sie benutzen wollen, um Ihre Zielgruppe anzusprechen (Grundsatz der Werbewirksamkeit), ohne dabei aber den Blick für die Kosten zu verlieren (Werbeerfolg).

Erstellen Sie tabellarisch einen Mediastreuplan für die Durchführung der Werbekampagne. Berücksichtigen Sie dabei insbesondere die folgenden Fragen (soweit nicht schon im aufgestellten Werbeplan des Kapitels 9.10 beantwortet):

- Wann soll die gesamte Aktion beginnen?
- Wann sollen einzelne Werbemittel in ihrem Verlauf eingesetzt werden?
- Wann soll die Kampagne enden?

Gibt es darüber hinaus günstige Werbetermine, die zu berücksichtigen wären?

Hilfreich könnte der folgende Vorschlag sein:

Mediastreuplan für:			Terminübersicht:											
Werbeträger	Werbemittel	Werbebotschaft	Jan.	Febr.	März	April	Mai	Juni	Juli	Aug.	Sept.	Okt.	Nov.	Dez.

Erstellen Sie eine entsprechende Tabelle am Computer mithilfe der Tabellenkalkulation Excel.

7 Prüfen Sie, welche Werbeart(en) für die in Kapitel 9.10, Aktion 1 beschriebene Werbekampagne hinsichtlich ihrer Wirkung auf die Kunden sinnvoll wäre.

8 Prüfen Sie, ob sämtliche von Ihnen geplanten Maßnahmen der Wirtschaftswerbung (= Kommunikationspolitik) (s. Kap. 9.6, 9.7 und 9.10) sinnvoll aufeinander abgestimmt sind.

9 a) Stellen Sie Ihre Ergebnisse unter Berücksichtigung von Aktion 6 dem Plenum vor. Wählen Sie hierfür geeignete Medien (Pinnwand, Flipchart, Overheadprojektor, Computer, Tafel, Papier/Pappen/Karten).

b) Seien Sie darauf vorbereitet, Ihren Klassenkameraden/-innen Ihre Entscheidungen zu erläutern und Fragen zu beantworten.

Zusammenfassung

innerhalb des Unternehmens, z. B.

Werbemittel		Werbeträger
Warenpräsentation, Verkaufsgespräch, Beleuchtung	→	Verkaufsraum
Schaufensterdekoration	→	Schaufenster

Werbemittel
= Werbebotschaft

Werbeträger
= Transportmittel der Werbung

außerhalb des Unternehmens, z. B.

Werbemittel		Werbeträger
Plakat	→	Litfaßsäule, Hauswand
Werbeaufschriften und -botschaften	→	Straßenbahnen, Menschen, Telefonzellen, Autos
Zeitungsanzeige	→	Tageszeitung, Fachzeitschrift
Werbedurchsage	→	Hörfunk
Dias	→	Kino

9.12 Mit dem optimalen Marketingmix wollen wir ein bestimmtes Marketingziel bestmöglich erreichen

Einstieg

Die Ergebnisse der **Marktanalyse** und einer nachfolgenden **Marktprognose** über die Nachfrage nach Seidenbettwäsche sowie zeitgleich nach Sport- und Freizeitkleidung waren für Geschäftsführung und Abteilungsleiter eindeutig: Die Informationen über das veränderte Kauf- und Freizeitverhalten konnten bestätigt werden. Prognosen über die zukünftige Absatzentwicklung waren mehr als positiv ausgefallen. Zunehmende Nachfrage insbesondere nach Seidenbettwäsche verzeichnet der Einzelhandel vor allen Dingen von anspruchsvollen Alleinlebenden beiderseitigen Geschlechts in der Altersgruppe zwischen 21 und 35 Jahren mit einem mittleren bis höheren Einkommen. Interessanterweise ist es die gleiche Käuferschicht, die den Nachfrageschwerpunkt bei modischer und qualitativ hochwertiger Freizeit- und Sportgarderobe bildet.

Der Trend zum Einpersonenhaushalt wird auch in Zukunft anhalten, sodass die Gruppe der Singles für die ***Spindler KG*** zu einer zusehends wichtigeren Zielgruppe wird. Hinzu kommt, dass die neue Singlegeneration eine ausgeprägte Konsumneigung entwickelt. Die Kaufkraft dieser Personengruppe wird durch Erbschaften weiter erhöht werden.

Den Marktuntersuchungsergebnissen zufolge werden sich die Ausgaben zukünftig auf vier Bereiche konzentrieren: Kleidung, Sportgarderobe und Freizeitartikel, Einrichtungsgegenstände und Reisen.

Darüber hinaus erhält das Management der ***Spindler KG*** aus der Verbandszeitschrift die Information, dass im Bereich Sportkleidung in Westdeutschland rund 3,47 Milliarden Euro ausgegeben werden, was gut jedem fünften ausgegebenen Euro oder 63,70 € je Einwohner entspricht.

Die Gruppe der jungen, gut verdienenden, qualitäts- und gesundheitsbewussten 21- bis 35-Jährigen ist also ein lohnendes Segment, und zwar in den Warenbereichen Freizeit- und Sportkleidung sowie Qualitätsseidenbettwäsche.

Die *Marktanalyse* ergab ferner, dass bereits zwei der vier lokalen Mitbewerber der ***Spindler KG*** diese Zeittrends erkannt, Sortimentsschwerpunkte bezüglich dieser Zielgruppe gebildet hatten und dadurch bedeutende Marktanteile gewinnen konnten. Mit zu diesem Markterfolg hatte deren Strategie zur Förderung eines positiven Unternehmensimages beigetragen – ein Bereich der Absatzforschung, der bis zum gegenwärtigen Zeitpunkt von der ***Spindler KG*** sträflich vernachlässigt wurde.

Die Verantwortlichen der ***Spindler KG*** wollen daher versuchen, durch den **aufeinander abgestimmten Einsatz von Marketinginstrumenten** die Absatzchancen für Seidenbettwäsche sowie für Freizeit- und Sportkleidung zu nutzen, Marktanteile zu gewinnen und dadurch die Umsatzsituation wesentlich zu verbessern.

Unterbreiten Sie der Geschäftsführung der ***Spindler KG*** eine schlüssige, marktdurchgreifende Marketingkonzeption.

5567124

Konzeption des Absatzmarketings

Am Anfang der unternehmerischen Tätigkeit muss Marketing stehen, das sämtliche weiteren Entscheidungen des Großhändlers beeinflusst.

Bei der Entwicklung eines fortschrittlichen **Marketingkonzepts** wiederum muss an erster Stelle die **Erforschung der Kundenwünsche** stehen.

Die **Konzeption eines Absatzmarketings** bedeutet, dass
- sich das Großhandelsunternehmen *am Kunden orientieren* muss,
- um unter Zuhilfenahme des integrierten Marketings
- die *Kundenwünsche erfüllen* zu können.

Wünsche der Kunden → Markterkundung und Marktforschung → absatzpolitische Instrumente → Befriedigung der Kundenwünsche zwecks Gewinnerzielung

Eine erfolgreiche *Absatzmarketingkonzeption* basiert auf drei Säulen:

Kundenorientierung

Das Warenangebot, aus dem der Kunde seine Wahl treffen kann, wird zunehmend größer. Das bedeutet aber auch, dass der Großhändler sich stärker am **Bedarf der Nachfrage** orientieren muss.

Integriertes Absatzmarketing

Das Absatzmarketing beeinflusst nicht nur den Absatzbereich, *sondern wirkt sich auf sämtliche Funktionsbereiche bzw. Abteilungen des Großhandelsunternehmens aus* (= integriertes Absatzmarketing).

Das **integrierte Marketing** ist darauf ausgerichtet, dass die einzelnen unternehmerischen Aufgaben gegenseitig abgestimmt werden und so dann auf den Absatzmarkt treffen.

Kundenzufriedenheit

Es ist letztlich die **Zufriedenheit der Kunden** mit den Produkten, dem Preis, dem Service u. v. m. des Großhändlers, die den Bestand des Unternehmens langfristig sichert.
Fünf Faktoren tragen maßgeblich zur Kundenzufriedenheit bei:
- *Verlässlichkeit:* Zuverlässigkeit, Sorgfalt und die Kontinuität in der Leistungserbringung
- *Entgegenkommen:* Servicebereitschaft, Schnelligkeit, Flexibilität und Erreichbarkeit
- *Souveränität:* Kompetenz, Respekt und Ehrlichkeit
- *Einfühlungsvermögen:* Verständnis und Kommunikationsvermögen
- *Materielles Umfeld:* Gebäude, Räume, Ausstattung und Anbindung

Doch ein zufriedener Kunde ist noch kein gebundener Kunde. Wer seine Kunden langfristig binden will, muss einen Zusatznutzen bieten, wozu ein professionelles *Beschwerdemanagement* gehört.

Unternehmensleitung

Beschaffung | Lagerhaltung | Marketing | Finanzen | Personal

Marketing → Absatzmarkt

Hierzu müssen die absatzpolitischen Instrumente berücksichtigt werden, die sich gegenseitig bedingen oder ergänzen.

Marketingmix

Das Zusammenwirken der absatzpolitischen Instrumente wird als *Marketingmix* bezeichnet.

Definition **Marketingmix** ist die zu einem bestimmten Zeitpunkt eingesetzte **optimale Kombination der Marketinginstrumente,** mit der ein Großhandelsunternehmen versucht, ein bestimmtes Marketingziel zu erreichen.

Die absatzpolitischen Instrumente im Überblick

Produktpolitik	Sortiments- und Kundendienstpolitik	Distributionspolitik	Kommunikationspolitik	Preis- und Konditionenpolitik
• Produktgestaltung • Packungspolitik • Planung des Produktlebenszyklus • Markenpolitik	• Sortimentserweiterung • Sortimentsbereinigung • Diversifikation • Reparaturservice • Wartungsservice • Parkplätze u. v. m.	• Betriebs- und Vertriebsform • Standort • Eigen- oder Fremdtransport • Bedienungsform • Eigen- oder Fremdlager • Geschäftsgröße und -ausstattung • Öffnungszeiten	• Absatzwerbung • Öffentlichkeitsarbeit • Sponsoring • Productplacement • Verkaufsförderung • persönlicher Verkauf • Human Relations • Eventmarketing • Messen und Ausstellungen • Direktkommunikation • Onlinekommunikation	• Preisstellung • Mischkalkulation • Sonderangebote • Preisdifferenzierung • Rabattgewährung • Konditionengewährung

↓

so kombiniert, dass ein
- bestimmtes Ziel
- bestmöglich erreicht wird

↓

optimaler Marketingmix

Die relative Bedeutung der einzelnen absatzpolitischen Instrumente ist in erster Linie abhängig von der **Ware** selbst und vom **Verhalten der Kunden.**

Beispiele

- Bei Alltagsgütern spielt der **Preis** eine wesentliche Rolle, während er bei Luxusgütern weniger wichtig ist.
- Bei einigen Produkten ist der **Kundendienst** oftmals ausschlaggebend für den Kauf, wie bei Computern oder Automobilen. Bei anderen hingegen, wie bei Zahnpasta, Waschmittel oder Zucker, spielt er keine Rolle.
- Die **Sortimentspolitik** ist immer dann von wesentlicher Bedeutung, wenn die verschiedenen Produkte sich stark voneinander unterscheiden, z. B. bei DVD-Rekordern oder bei Speiseölen. Weniger wichtig ist sie bei standardisierten oder gleichartigen Produkten.
- Die **Absatzwerbung** wiederum ist in ihrer wirtschaftlichen Bedeutung sehr viel stärker abhängig vom jeweiligen Produkt, z. B. Stahlnägel, TV-Flachbildschirme.

5567126

Die folgende Übersicht zeigt anhand ausgewählter absatzpolitischer Instrumente deren unterschiedliche Bedeutung für einzelne Produkte/Dienstleistungen (1 = geringe Bedeutung; 5 = hohe Bedeutung):

Der optimale Marketingmix, der dem Unternehmen den größtmöglichen Gewinn ermöglicht, muss selbstverständlich immer auch vor dem Hintergrund der *jeweiligen Ware* gesehen werden. Da jede Ware ihr eigenes Bedeutungsprofil besitzt, gewinnen auch die einzelnen absatzpolitischen Instrumente unterschiedliche Bedeutung:

Waren/DL Instrumente	private Unfall-versicherung	Tages-zeitung	Reis	Haar-wasch-mittel	Abend-kleid
Absatzwerbung	3	3	1	5	3
persönlicher Verkauf	5	1	2	1	4
Distributionspolitik	4	4	5	4	3
Kundendienst	3	2	–	–	2
Preispolitik	2	3	4	3	3

Eine allgemeine Formel, wie die einzelnen Instrumente dosiert werden sollen, gibt es, wie gesagt, nicht. Dies hängt damit zusammen, dass das menschliche Verhalten bezüglich der Wirkung von Marketingkonzepten keinen bekannten und langfristig gültigen Gesetzmäßigkeiten folgt. Im Marketingbereich aber kommt dem menschlichen Verhalten eine zentrale Stellung zu.

Billardspiel: Die Stoßrichtung muss beim Marketingmix stimmen.

Die Bedeutung verschiedener Marketinginstrumente aus der Sicht des Handels zeigt die unten stehende Rangskala:

4 – Werbung
4 – Verkaufsförderung
3 – Sortimentspolitik
2 – Kundendienst
2 – Verpackung
2 – Preispolitik
1 – Produktgestaltung

(4 = außerordentlich bedeutend; 3 = sehr bedeutend; 2 = bedeutend; 1 = weniger bedeutend)

Neben den Kunden und Produkten sind es weitere Kräfte, die der Großhändler zu berücksichtigen hat, wenn er in einer bestimmten Marktsituation zu entscheiden hat, in welcher Kombination und wie lange marketingpolitische Instrumente eingesetzt werden sollen, um einen optimalen Marketingmix zu erreichen.

Marktkräfte, die auf den Marketingmix einwirken

Kaufverhalten der Kunden

z. B. bestimmt durch:
- Kaufgepflogenheiten
- Lebensgewohnheiten
- Kaufkraft
- Image
- soziale Umwelt
- verändertes ökologisches Bewusstsein

Verhalten der Händler

z. B. bestimmt durch:
- ihre Motivierungen
- ihre Gepflogenheiten, Struktur und Einstellungen
- ihr Potenzial

Marketingmix

Stellung und Verhalten der Konkurrenten

z. B. beeinflusst durch:
- Branchenstruktur
- Verhältnis von Angebot und Nachfrage
- technologische und soziale Trends
- Ausmaß des Preis- und Qualitätswettbewerbs

Verhalten des Staates

z. B.: Sicherheits- und Umweltschutzauflagen, Vorschriften über Preise, Werbung, Absatzweg (z. B. Vertrieb von Pharmazeutika)

Letztlich kommt es darauf an, die einzelnen absatzpolitischen Instrumente der jeweiligen Marktsituation entsprechend **einzusetzen und zu kombinieren (= Marketingmix)**, um den Zielmarkt bzw. die Zielgruppe erreichen zu können.

Dabei kann insbesondere die Beantwortung gezielter Fragen (siehe unten) sehr hilfreich sein.

Ein *Marketingkonzept* ist dann erfolgreich gewesen, wenn die Erwartungen der Kunden an die Ware bzw. Dienstleistung, die sie **vor dem Kauf** hatten, **nach ihrem Kauf** erfüllt worden sind.

1. Angebot

- Wie kann ich mein Angebot (besser noch als bisher) an den Bedürfnissen meiner Kunden ausrichten?
- Wie werde ich mein Angebot entwickeln, damit meine Kunden einen bestimmten Nutzen davon haben (z. B. Erleichterung bestimmter Alltagsaufgaben)?
- Wie muss ich mein Angebot entwickeln, damit es sich von dem meiner Konkurrenten unterscheidet (z. B. nachweisbare Qualitätsmerkmale)?
- Welche Art von Verpackung sollte mein Produkt erhalten (z. B. besondere Imagewirkung, hohe Transportsicherheit)?
- Welche Art von Service muss ich anbieten, um meine Kunden zufrieden zu stellen und mich von der Konkurrenz abzuheben (z. B. Lieferservice, Ersatzteilservice)?

2. Preise

- Welchen Preis akzeptieren meine Kunden?
- Werden meine Kunden auf einen besonderen Einführungspreis reagieren (Preis sinkt oder steigt im Laufe der Zeit)?
- Sollte ich meinen Preis an dem der Konkurrenz orientieren (z. B. Niedrigpreise, Orientierung am Preisführer)?
- Welcher psychologische Preis ist für meine Kundengruppe geeignet (z. B. Preisschwellen: „0,99-Preise“, Velben-Preise: hohe Preise für Kunden, die auffallen möchten, Snob-Preise: hohe Preise für Angebote, die sich nur einkommensstarke Kunden leisten können)?
- Inwiefern sollte ich meine Preise differenzieren (z. B. je nach Nachfrage, Region, Kundengruppe)?
- Zu welchen Konditionen biete ich meine Produkte an (z. B. Skonto, Rabatte, Lieferung inklusive)?

3. Distribution

- Welche Entscheidung über die Auswahl des Distributionssystems und die Gestaltung, Steuerung und Überwachung aller Transport- und Lagervorgänge ist richtig?
- Sind die gewählten Absatzwege und sonstigen verkaufsbedingten Rahmenbedingungen kundengerecht?
- Entspricht mein Lagersystem den heutigen modernen und flexiblen Anforderungen, die der Absatzmarkt fordert?
- Sind meine gewählten Transportmittel zuverlässig, kostengünstig, umweltverträglich und schnell genug?

4. Kommunikation

- Was sollte ich meinen Kunden über mich und mein Angebot sagen? Auf welchem Weg?
- Stimmen Firmenlogo und Briefpapier mit dem Image meines Unternehmens überein?
- Welche Kunden möchte ich ansprechen (z. B. Kommunikation bei Neukunden: breit streuende Mittel; Kundenbindung: gezielte persönliche Ansprache)?
- Welche Werbemedien sprechen meine Kunden an (z. B. Anzeigen, Plakate, Kataloge, Spots)?
- Welche Öffentlichkeitsarbeit ist geeignet (z. B. Informationsveranstaltungen, Sponsoring, Presseeinladungen, Newsletter)?

aus: GründerZeiten Nr. 20, Ausgabe 05/2004, hrsg. vom Bundesministerium für Wirtschaft und Arbeit; eigene Ergänzungen

Wirkung des Marketingmix

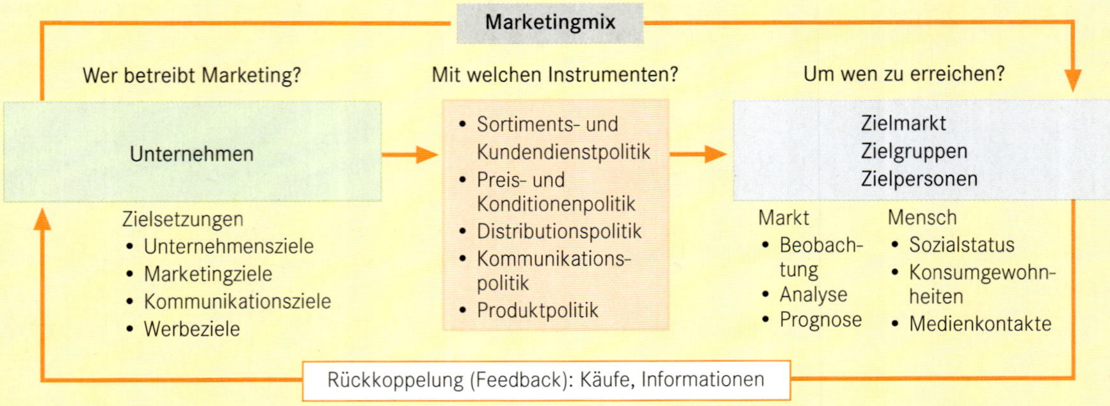

5567128

Phasen des Produktlebenszyklus[1]					
	Einführung	**Wachstum**	**Reife**	**Sättigung**	**Degeneration**
			Strategien im Marketingmix		
Produkt-politik	ein Grundprodukt anbieten (Produkt-innovation)	Produktvarianten (Differenzierung), Serviceleistungen und Garantien anbieten	Produktdifferenzierung (neue Produkte der gleichen Produktgruppe; den unterschiedlichen Ansprüchen der Kunden gerecht werden)	Produktvariation (Abnehmer mit veränderten Produkten neu ansprechen; Lebenszyklus soll verlängert werden)	Sonderangebote; nur Artikel mit positivem Deckungsbeitrag am Markt halten, alle anderen eliminieren
Preis-politik	auf maximalen Wert für den Nutzer orientiert; Einführungspreis oder -rabatte (aggressive Preistaktik)	je nach Strategie, viele Alternativen (Preisanpassung/-senkung)	Preisverfall (Preis wie Konkurrenz oder niedriger; Rabatte)		Preissenkungen
Distribution	Vertriebsstrukturen aufbauen	Distributionsnetz verdichten	Anpassung (neue Kundengruppen) Distributionsnetz weiter verdichten		Distributionsnetz selektiv nach Deckungsbeitrag ausrichten
Werbung	Produkt bei Frühnachahmern und im Handel bekannt machen (Einführungswerbung)	Produkt im Massenmarkt bekannt machen (Expansionswerbung)	vermehrte Werbung im Sinne einer Stabilisierungswerbung	Erhaltungswerbung (neue Verwender; Verwender neu ansprechen)	Erhaltungswerbung (Erinnerungswerbung) nur noch für die treuesten Kunden (Orientierung auf neues Produkt)
Verkaufs-förderung	mit intensiver Verkaufsförderung Erstkäufe anregen	Aufwand senken, hohe Nachfrage voll ausnutzen	Aufwand erhöhen; Anreize zum Markenwechsel geben		auf ein Minimum herunterfahren

in Anlehnung an Kotler/Bliemel: „Marketing Management“, Stuttgart 1995, S. 586

Aufgaben

1 Erklären Sie Ihren Mitschülern den Begriff „Marketingkonzeption“.

2 Welche Marketingziele könnten bei der Durchführung der Marketingkonzeption mithilfe des Marketingmix und der Marktsegmentierung möglicherweise im Mittelpunkt stehen?

3 Nennen Sie Marktaspekte, die eine erfolgreiche Marketingkonzeption in jedem Fall berücksichtigen muss.

4 Was verstehen Sie unter
a) Marketingmix?
b) einem optimalen Marketingmix?

5 Welche Marktkräfte wirken auf den Marketingmix?

6 Welche Maßnahmen beinhaltet die Kommunikationspolitik?

7 Nennen Sie drei mögliche Werbeziele der Großhandelsunternehmung.

8 Ein Elektrogroßhandelsunternehmen hatte in den letzten drei Jahren im Sortimentsbereich „Handwerkersägen“ rückläufige Umsätze zu verzeichnen. Die Unternehmensleitung will diese Entwicklung bremsen. Ihr Ziel für die nächsten zwölf Mo-

1 Beschreibung der Phasen siehe Kap. 9.3

nate ist die kontinuierliche Umsatzsteigerung durch nachhaltige Belebung der Nachfrage. Sie plant daher für ihr Standardmodell, die Universalsäge SL 300, einen optimalen Einsatz der marketingpolitischen Instrumente.

a) Formulieren Sie die festzulegenden Marketingziele.

b) Zeigen Sie mögliche absatzpolitische Maßnahmen des Marketingmix auf.

c) Begründen Sie die Marketingkonzeption einschließlich der ausgewählten marketingpolitischen Maßnahmen.

9 a) Welche absatzpolitischen Instrumente gehören zum Marketing?

b) Welches dieser Instrumente halten Sie für ein Handelsunternehmen am wichtigsten? Begründen Sie Ihre Antwort.

10 Welche Aussage/n trifft/treffen auf den Marketingmix nicht zu?

a) Grundsätzlich sind Produktmanager für die Kombination absatzpolitischer Instrumente zuständig.

b) Marktsegmentierung ist die Grundvoraussetzung für den optimalen Marketingmix.

c) Der Bereich der Mitarbeiterschulungen gehört nicht zum Marketingmix.

d) Unbedingter Teil des Marketingmix ist die Lagerhaltung.

e) Unter Marketingmix versteht man das koordinierte Vorgehen im Absatzbereich.

11 Welche Aussage(n) sind richtig?

a) Die Präsentation über virtuelle Verkaufsstellen (= E-Commerce) ist Teil der Öffentlichkeitsarbeit.

b) Am Anfang der unternehmerischen Tätigkeit muss Marketing stehen.

c) Zum Marketing im Großhandel gehören u. a. die Kommunikations- und die Produktpolitik.

d) Alle Maßnahmen, die am Point of Sale eingesetzt werden, fördern das Image des Unternehmens.

e) Für den langfristigen Bestand eines Großhandelsunternehmens ist die *Kundenzufriedenheit* weniger entscheidend, das *Image des Unternehmens* dafür aber umso mehr.

f) Kommunikationspolitik ist das kostenlose bzw. kostenpflichtige Angebot von Nebenleistungen.

g) Eventmarketing hat u. a. die erlebnisorientierte Kommunikation zum Ziel.

h) Unter Sponsoring versteht man die Unterstützung z. B. einer Organisation der Öffentlichkeit durch Geldmittel.

12 Nennen Sie vier Segmentierungsmerkmale Ihrer Wahl und beurteilen Sie diese in Bezug auf die absatzpolitischen Maßnahmen eines Unternehmens.

Aktionen

1 Konsumausgaben in Deutschland lassen sich nicht nur danach betrachten, wozu die Verbraucher sie verwenden, sie werden zusätzlich danach aufgeschlüsselt, welche *Branchen die nachgefragten Güter und Dienstleistungen liefern*. Hier hat insgesamt der Handel (EH und GH) immer noch den größten Anteil, obwohl er in den letzten Jahren ständig abgenommen hat.

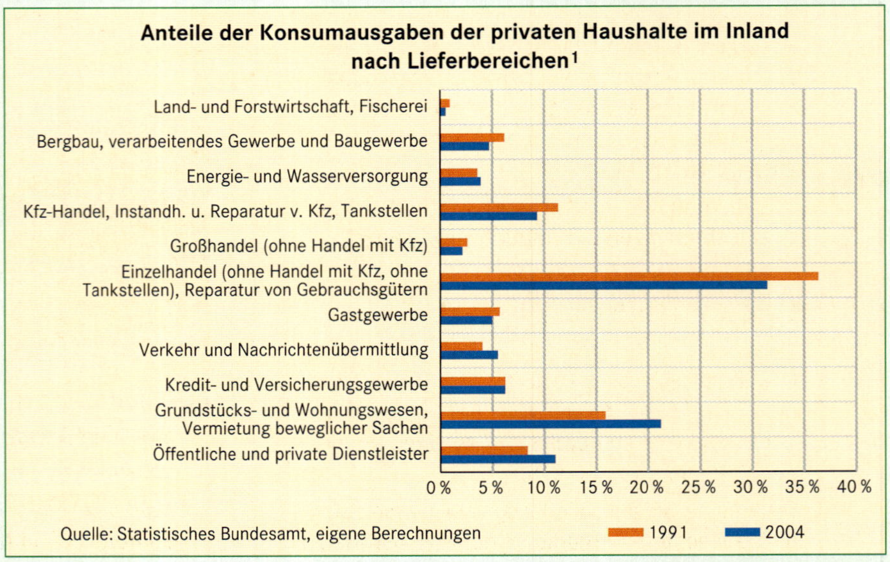

1 bvr Nr. 11/2005 vom 17. August 2005, Seite 5 f.

5567130

Im Vergleich zum Großhandel expandierte der **Dienstleistungssektor.** Öffentliche und private Dienstleister (Bereich Gesundheit und Soziales, Bildung, Kultur, Sport, Unterhaltung sowie Friseure und Kosmetiksalons) bauten ihren Anteil ständig weiter aus. Die Bereiche Kultur- und Freizeitdienstleistungen, wie Sport- und Freizeitveranstaltungen oder Hobbykurse, werden sich auch in der Zukunft weiter ausweiten, so die weit verbreitete Prognose.

Die zunehmende **Lust am Urlaub** ist der veränderten Konsumstruktur ebenfalls anzusehen. Im Inland erscheint sie zunächst nahezu unverändert. Für Auslandsurlaub wird hingegen mehr ausgegeben.

Die **Verschiebungen zulasten des Handels** werden sich fortsetzen. Die Beobachtungen zeigen, dass der Einzel- und Großhandel es schwer haben werden, gegen andere Konsumkomponenten zu konkurrieren. Auch in Zukunft werden einige Bereiche, so z. B. die Gesundheit, einen immer höheren Anteil an den gesamten Konsumausgaben erfordern.

Andere, wie Urlaub oder Telekommunikation, scheinen bei den Verbrauchern an Attraktivität zu gewinnen. Bedingt durch Präferenzänderungen und Marktsättigung wird ihr Ausgabenanteil zulasten der typischen Handelsgüter ausgebaut.

a) Bilden Sie in Ihrer Klasse fünf Gruppen und führen Sie eine Pro- und Kontra-Diskusssion als Rollenspiel durch.
   - Jeweils ein Mitglied von vier Gruppen wird die Rolle eines Vertreters eines Marktforschungsinstituts in der Abteilungsleiterkonferenz der ***Spindler KG*** übernehmen.
   - Ein Mitglied der fünften Gruppe wird die Rolle des Geschäftsführers Herrn Spindler (= Moderator) übernehmen.
   - Auf der Agenda der Konferenz steht nur ein Tagesordnungspunkt, der lautet: *„Soll die Textilgroßhandlung **Spindler KG** in die Tourismusbranche mit eigenen Reiseangeboten auf In- und Auslandsmärkten einsteigen?“*

b) Weisen Sie einzelnen Gruppenmitgliedern eine bestimmte Rolle in der Diskussion zu und bereiten Sie die entsprechenden Rollenkarten vor.

c) Besorgen Sie sich wichtige Sachinformationen, um die Rollenspieler mit den entsprechenden Pro- und Kontraargumenten – einschließlich der Auswertung der o. a. statistischen Daten – auszustatten.
   - Beachten Sie hierbei die „Methoden zur selbstständigen Informationsgewinnung“.
   - Denken Sie sich in Ihre Rolle ein.

d) Der Moderator führt in das Thema ein und steuert die Diskussion.

e) Die anderen Schüler verfolgen die Diskussion der Rollenspieler, bilden sich eine eigene Meinung und notieren Beobachtungen (ggf. auf einem Beobachtungsbogen).

f) Diskutieren Sie anschließend in der Klasse über die beobachteten Argumente der Rollenspieler.

g) Der Moderator fasst die Ergebnisse der Diskussion an der Tafel zusammen.

2 Aufgrund der Auswertung der Primär- und Sekundärforschungen (s. Kap. 9.2) und der Diskussionsergebnisse im Rahmen der Abteilungsleiterkonferenz wird von den Verantwortlichen der ***Spindler KG*** beschlossen, in den Markt für *in- und ausländische* **Reiseveranstaltungen** einzusteigen.

a) Unterbreiten Sie als ein von der Textilgroßhandlung ***Spindler KG*** beauftragtes Marketingunternehmen ein schlüssiges Marketingkonzept, *Ziel:* Der erfolgreiche Soforteintritt der ***Spindler KG*** in die Reisebranche und dessen Sicherung. Formulieren Sie hierzu das entsprechende Marketingziel.

b) Setzen Sie bei der Konzepterarbeitung *sämtliche absatzpolitischen Instrumente des Marketings* ein und stimmen Sie sie im Sinne eines **optimalen Marketingmix** aufeinander ab.

- Erarbeiten Sie die Konzeption in arbeitsteiligen Teams und unter Anwendung des Brainstormings.
- Vergessen Sie bei Ihren konzeptionellen Überlegungen nicht die zu berücksichtigende(n) Zielgruppe(n).

c) Stellen Sie Ihre Ergebnisse dem Plenum vor. Wählen Sie hierfür geeignete Medien (Pinnwand, Flipchart, Overheadprojektor, Computer, Tafel, Papier/Pappen/Karten).

Zusammenfassung

Marketing

= sämtliche Maßnahmen, die den Absatz fördern (der Markt steht im Mittelpunkt aller Überlegungen)

Festlegung der **Unternehmensziele**

Absatzmarktforschung in den Bereichen

Konkurrenz	Kunden	Image	Standort

Entwicklung einer **Marketingkonzeption** mit Festlegung der Marketingziele

wird umgesetzt

mithilfe von

Marketinginstrumenten

Produktpolitik	Kundendienstpolitik	Sortimentspolitik	Distributionspolitik	Kommunikationspolitik	Preis- und Konditionenpolitik

führt zur *Auswahl* entsprechender aufeinander abgestimmter **absatzpolitischer Maßnahmen** mit dem Ziel:

durch die Aufteilung des Marktes auf bestimmte **Zielgruppen**

Durchführung der Marketingkonzeption entsprechend den strategischen Zielen

Marketingmix

= optimale Kombination aller Marketinginstrumente

Marktsegmentierung

u. a.
- Eroberung neuer Märkte
- Halten der bisherigen Marktanteile
- Rückzug aus bestimmten Teilmärkten
- verstärktes Auftreten auf anderen Teilmärkten
- Prestigesteigerung
- Verbesserung der Kundenzufriedenheit

Kontrolle

9.13 Wir verwenden EDV-Programme zum Absatzcontrolling

Einstieg

In einer benachbarten Großhandlung für Elektronikartikel lässt sich Herr Vergin ein EDV-Programm zum Absatzcontrolling vorführen.

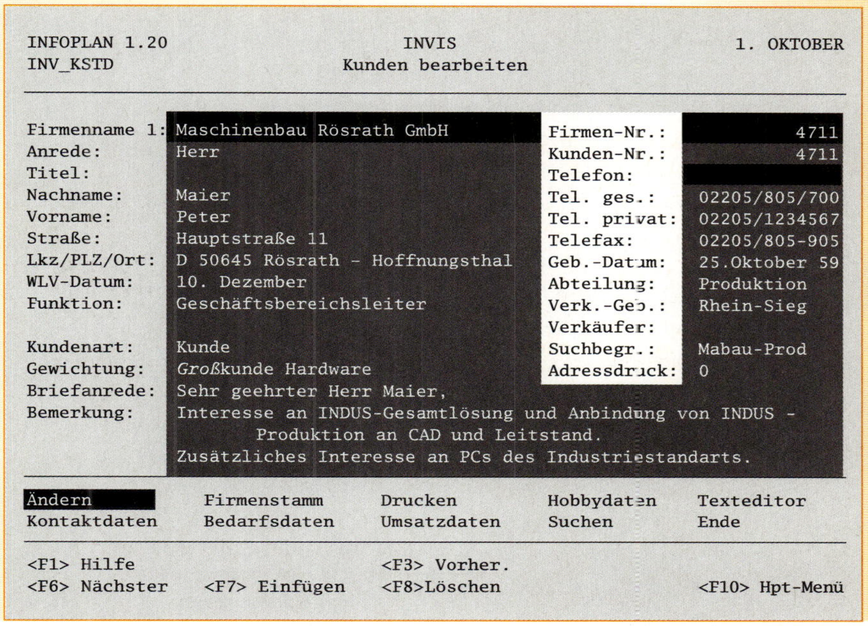

Führen Sie Vorteile auf, die der Einsatz der EDV bei der Kundenbetreuung hat.

Informationen

Der Absatzbereich ist einer der wichtigsten betriebswirtschaftlichen Bereiche in einem Großhandelsunternehmen. Hier ist ein Höchstmaß an Flexibilität gefordert, weil gerade der Verkaufsbereich einem stetigen Wandel unterzogen ist und die Anforderungen sich permanent ändern. Ein Marketing im Sinne absatzorientierten Verhaltens erfordert daher Kenntnisse über den Markt. Umfangreiche Daten wurden zwar auch schon ohne den Computereinsatz über Markt, Konkurrenten, Kunden, Umsatz und die eigenen Artikel gesammelt. Doch erst mit dem Einsatz der EDV können die Mitarbeiter im Verkauf ihre Aufgaben schneller, genauer und zuverlässiger als mit der herkömmlichen manuellen Information erledigen.

Programme für den Absatzbereich stellen ein zuverlässiges Fundament dar für ein fundiertes **Absatzcontrolling.** Solche Programme sorgen für:

- Steuerung aller Verkaufsaktivitäten
- Planung der Verkaufs- und Marketingaktivitäten
- Kontrolle der Verkaufs- und Marketingtätigkeiten
- Kundeninformationen

Definition **Absatzcontrolling[1] unterstützt das betriebsinterne Marketing-Management durch Koordination der absatzwirtschaftlichen Informationsversorgung, Planung und Kontrolle.**

Dabei gilt es, eine bessere Transparenz des Marktes herzustellen und das Risiko des Marketings zu minimieren, um so rasche und effiziente Anpassung an Marktveränderungen zu bewirken.

1 s. auch Kap. 9.10

Im Rahmen des Marketing-Controllings werden die folgenden *grundsätzlichen Funktionen* ausgeübt:

- Entwicklung von marketingspezifischen Systemen und Methoden zur Planung Überwachung, Steuerung und Information
- Koordination von Planungs- und strategischen Entscheidungsprozessen, Konsolidierung des Marketing-Budgets
- Analyse der Veränderungen zwischen Zielsetzungen der Planung gegenüber dem Ist-Zustand, Soll-Ist-Vergleiche mit Abweichungsanalysen und Kursempfehlungen an das Management
- Ausarbeitung von Alternativen zur Verbesserung der Situation des Marketings, damit auch der Situation des Unternehmens im Rahmen eines Marketing-Audits (s. Seite 137)

Zur *strategischen Unternehmensführung* trägt das Marketing-Controlling bei, indem es

- Informationen für die Früherkennung von Erfolgs- und Risikopotenzialen liefert,
- die Auswahl künftiger Zielmärkte und Sortimente durch Such- und Planungsmethoden unterstützt,
- die Kunden- und Konkurrenzorientierung durch geeignete Analyseverfahren fördert und
- Audits von Marketingstrategien durchführt.

Die Komplexität des Marketing-Controllings soll die folgende Übersicht veranschaulichen:

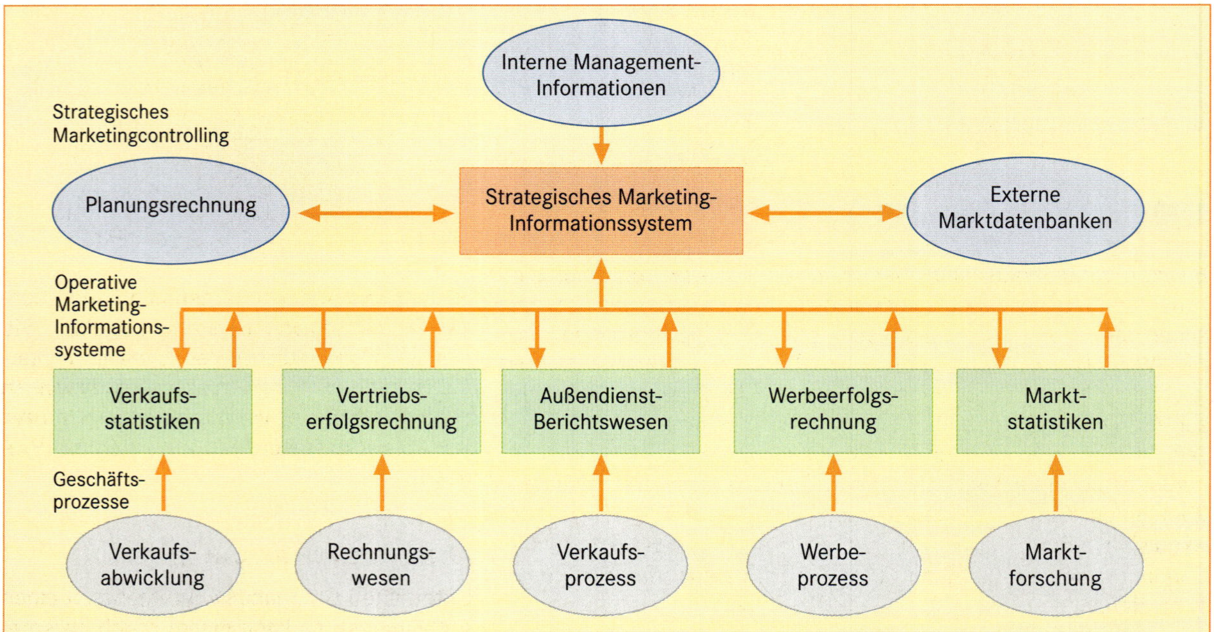

Quelle: Witt, „Controlling 1 – Ganzheitliches Controlling", München, 2. Aufl. 2000, Seite 166

Artikelgenaue Umsatzverfolgung

Grundlage der Computerunterstützung im Verkauf ist eine artikelgenaue Absatzzählung im Verkauf. Auswertungen, die auf der Zählung der Kundenverkäufe basieren, können von der EDV sehr kurzfristig zur Verfügung gestellt werden. Dabei kann in der Regel auch zwischen unterschiedlichen Farben bzw. Größen und Ausführungen der einzelnen Artikel unterschieden werden.

EDV-Systeme für den Absatzbereich ermöglichen es, in kürzester Zeit wichtige **Artikelinformationen** abzufragen. Dies können unterschiedliche Daten sein, z. B.:

- Artikelbestand: Überblick über die im Sortiment geführten Artikel
- Lagermenge: aktueller Lagerbestand des abgefragten Artikels
- Preis: aktueller Angebotspreis laut Preisliste. Je nach Ausstattung des Programms lässt sich ein kundenspezifischer Preis abzüglich aller Rabatte ersehen. Erfolgte die Preisbildung unabhängig von der gültigen Preisliste, so lässt sich dieser kalkulierte Preis abrufen.
- Substitutionsartikel: Ist ein von Kunden z. B. telefonisch nachgefragter Artikel nicht verfügbar, sehen einige Programme Vorschläge für Substitutionsartikel vor.

Kundeninformationssystem

Die Zeit, in der nur Kunden aktiv Kontakt zum Großhandelsunternehmen aufnahmen, ist für die Mehrzahl aller Branchen vorbei. Verkaufsprozesse werden heute sehr häufig durch aktive Anbahnung der Lieferanten eingeleitet.

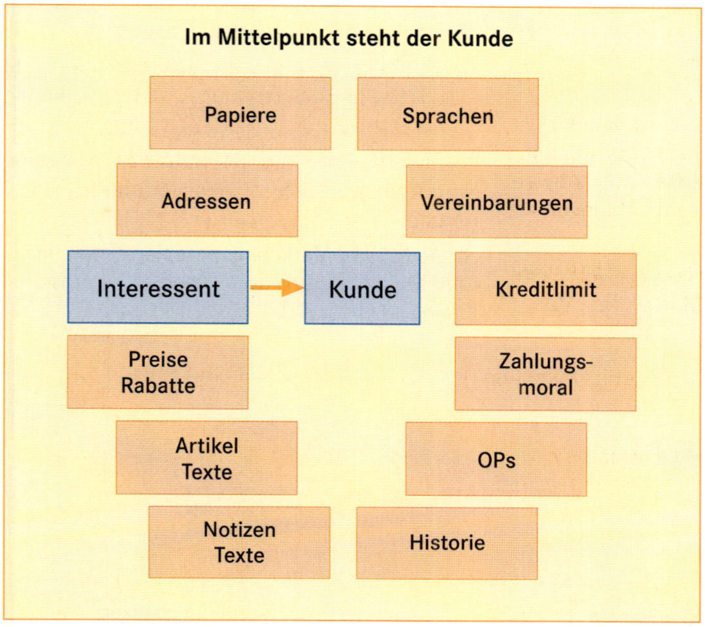

Bis zum Verkaufsabschluss bedarf es einer Vielzahl unterschiedlicher Kontakte per Telefon, per Korrespondenz, per Besuch. Da zwischen den einzelnen Kontakten auch größere Zeiträume liegen können (Wiederaufnahme nach „Schonzeit"), verlieren Mitarbeiter sehr leicht die Übersicht über den Stand der Anbahnungen. Will man das zur Verfügung stehende Marktpotenzial wirklich bis in die Tiefe nutzen, so muss jede einzelne Anbahnung genau verfolgt werden. Daher ist es besonders wichtig, zu jeder Zeit sämtliche Informationen über einen Kunden herauszufinden. Dies beginnt schon in der Akquisitionsphase. Bereits über Interessenten werden alle Informationen gesammelt, die dann für Marketingmaßnahmen zur Verfügung stehen.

Nachdem der Kunde gewonnen wurde, merken sich die EDV-Systeme alles, was diesen Kunden berührt. Eine Vielzahl von Vereinbarungen wird täglich zwischen einem Großhandelsbetrieb und seinen Kunden getroffen. Spezielle Zahlungs- und Lieferungskonditionen oder Vereinbarungen bezüglich der Rechnungsstellung werden von entsprechenden Programmen unterstützt. Informationen über Verbands- und Konzernzugehörigkeiten der Kunden inklusive der gegebenenfalls darüber bestehenden Sondervereinbarungen vermeiden peinliche Fehler in der Preispolitik.

Preis-/Rabattsysteme im Rahmen der Programmpakete erlauben jede beliebige Art der Preis- bzw. Rabattgestaltung.

Gegen den Komplettausfall von Forderungen stellen Programme für den Absatzbereich abgestufte *Warnsysteme* zur Verfügung. Der Sachbearbeiter kann jederzeit sehen, wie sich der Kreditrahmen eines Kunden gestaltet. Bei Erreichen des Kreditlimits erhält der Sachbearbeiter automatisch einen Hinweis und kann entsprechende Maßnahmen (bis hin zur Liefersperre) ergreifen.

Einige Großhandelsunternehmen haben Kundendienstinformationssysteme aufgebaut. Sie dienen im Wesentlichen der schnelleren Informationsübermittlung von aktuellen Hinweisen zur Instandsetzung von Produktmängeln bzw. zur Aufdeckung von neu auftretenden Produktfehlern.

Außendienststeuerung

Unterhalten Großhandelsunternehmen einen Außendienst, so kann dieser durch entsprechende Programme effektiv in Bezug auf Aktivitäten und Erfolge untersucht werden. Dies wird zunehmend wichtig, weil der Außendienst kostspielig ist und die Reisenden schwer zu kontrollieren sind.

Für jeden Außendienstmitarbeiter setzen die entsprechenden Programme die Anzahl der Kundenbesuche in Relation zum jeweilig realisierten Umsatz. Auch die per EDV schnell ermittelte Kenngröße „Besuchshäufigkeit pro Kunde" lässt Aussagen über den Aufwand, den einzelne Kunden erfordern, zu. Auf diese Weise können relativ schnell unrentable Abnehmer identifiziert werden.

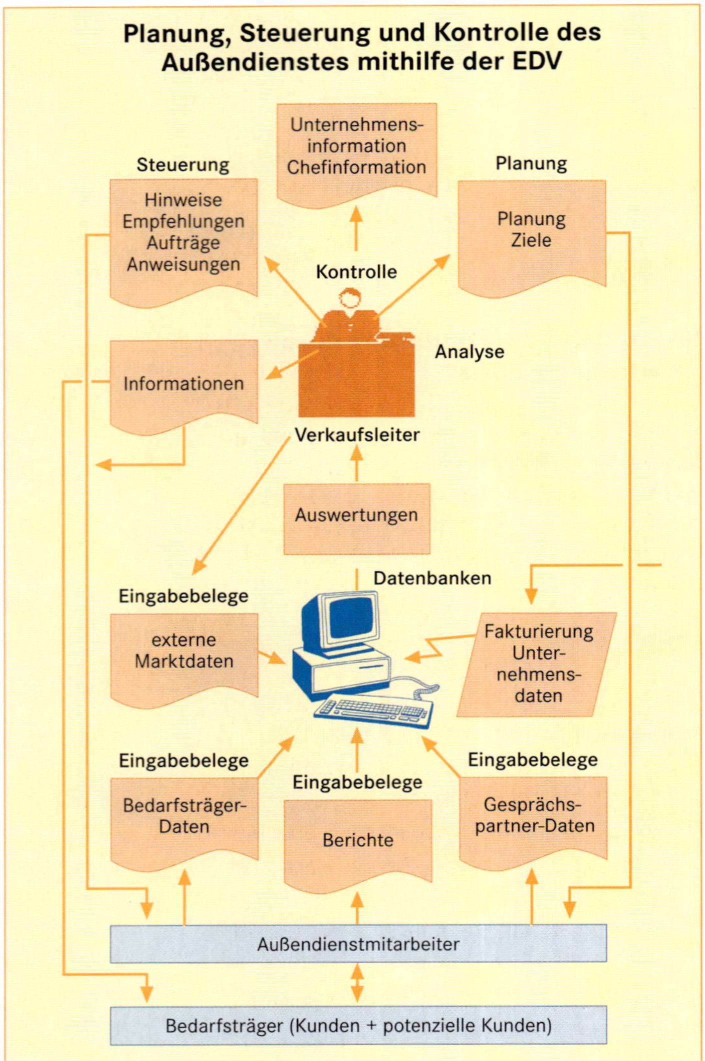

Planung, Steuerung und Kontrolle des Außendienstes mithilfe der EDV

Durch Rückgriff auf Informationen über Artikel und Kunden, die von der EDV nach unterschiedlichsten Gesichtspunkten aufbereitet zur Verfügung gestellt werden können, hat der Reisende gute Ausgangsdaten, um die Gesprächsführung zu steuern. Wird ein großer Teil der Auftragseingänge über den Außendienst abgewickelt, bietet die bessere Information für diese Mitarbeiter gute Voraussetzungen für Verhandlungen mit dem Ziel, die Verkaufserfolge zu intensivieren.

Häufig werden Touren- bzw. Anfahrpläne[1] erstellt, die möglichst viele Kundenkontakte bei gleichzeitiger Berücksichtigung von individuellen Besuchsterminwünschen der Kunden erlauben.

Ihre Bestellungen und andere Informationen geben die Außendienstmitarbeiter meist z. B. über Modems oder mobile Datenerfassungsgeräte an die Datenverarbeitung der Großhandlung weiter. Aktuelle Informationen rufen sie per PC über Internet ab.

Auftragsabwicklung

Die Auftragsabwicklung[2] ist ein weiterer wichtiger EDV-Bereich. Vor allem in der Auftragsannahme, die häufig den Anforderungen eines Telefonkaufs gerecht werden muss, werden dem Sachbearbeiter schnell und exakt Aussagen über Lieferfähigkeit und Preis zur Verfügung gestellt, damit er auf dieser Basis sofort und sachlich mit dem Kunden verhandeln kann.

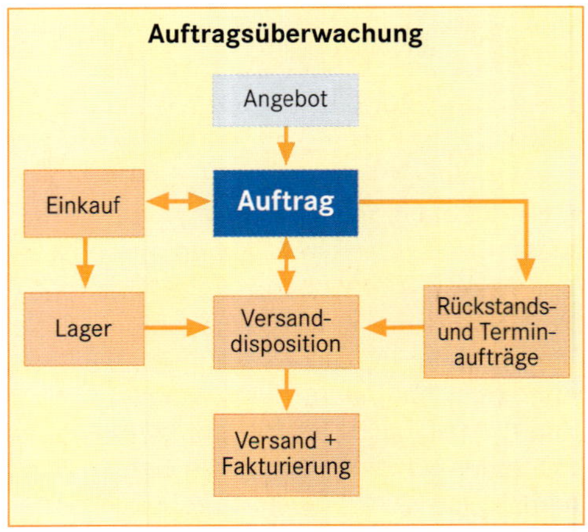

Auftragsüberwachung

Erfolgt vom Kunden eine Bestellung, kann sich der Sachbearbeiter jederzeit über den aktuellen Stand eines Auftrages informieren. Für jeden möglichen Geschäftsvorfall im Rahmen der Auftragsabwicklung können Belege automatisch erstellt werden, z. B.:

- Angebote
- Aufträge
- Auftragsbestätigungen
- Lieferscheine
- Rechnungen
- Gutschriften

Manche Programme stellen auch Funktionen zur Abwicklung spezieller Auftragsarten wie Barverkäufe, Abrufaufträge, Streckengeschäfte und Exportabwicklung zur Verfügung.

1 siehe *Groß im Handel - Fachstufe I,* Kap. 6.10
2 siehe *Groß im Handel - Grundstufe,* Kap. 2.2

5567136

Auswertungssysteme

Viele Programme für den Absatzbereich werten die Daten, die im Umsatzprozess anfallen, aus und stellen Informationen speziell für Marketing und Vertrieb bereit. Dazu gehören u. a. Informationssammlungen über:

- Werbeaktivitäten und Werbeerfolg
- Umsatzreaktionen und Sortimentsgestaltung
- Preis- bzw. Konditionenstruktur bzw. -entwicklung
- Marktanalysen und Prognosen
- Vertriebserfolg

Die EDV sorgt dafür, dass Geschäftsführung und Sachbearbeiter im Verkauf alle betriebsrelevanten Faktoren im Absatzbereich kontrollieren können. Anhand eines umfassenden Berichtswesens werden die in der Vertriebsabteilung Beschäftigten über wichtige Kennzahlen, wie z. B. Umsatz, Rohgewinn, Lagerumschlag, ins Bild gesetzt. Die Auswertungen können in Inhalt, Form und Reihenfolge von den Programmen nach vielfältigen Gesichtspunkten zusammengestellt werden. Sie können direkt am Bildschirm eingesehen und/oder als Listen ausgedruckt werden. Sehr häufig stehen in solchen Auswertungssystemen auch Daten zur Verfügung, die von Marktforschungsinstituten am Markt gesammelt oder durch Umfrage (Panel) erhoben worden sind. Diese Rohdaten werden auf Datenträgern oder per Datenfernübertragung geliefert. Anschließend werden sie nach den eigenen Informationsbedürfnissen ausgewertet. Solche Daten können zusammen mit den Kennziffern, die das hausinterne Warenwirtschaftssystem liefert, für Betriebsvergleiche genutzt werden.

Aufbauend auf dem Marketing-Controlling versucht man im **Marketing-Audit** ein **zukunftsorientiertes Controlling** des Marketings durchzuführen.

Kontrolle und Optimierung durch „Marketing-Audits“

Definition **Beim Marketing-Audit handelt es sich um eine zukunftsorientierte Überwachung, damit die marktbezogenen Strategien und Führungsmaßnahmen rechtzeitig und umfassend an die Marktveränderungen angepasst werden.**

Marketing-Controlling soll helfen, Fragen zu beantworten, wie:

- Sind wir so gut, wie wir sein könnten?
- Sind die gewählten Märkte unserem Unternehmensziel angemessen?
- Konzentrieren wir uns auf unsere Stärken?
- Haben wir die richtigen Strukturen in der Marketing-Organisation?
- Sind die Instrumente unseres Marketingmix aufeinander abgestimmt?

Daraus leiten sich die einzelnen Aufgaben eines Marketing-Audits ab.

Aufgaben

1. Nennen Sie die Grundlage, die für die EDV-Unterstützung im Verkaufsbereich erforderlich ist.
2. Welche Informationen über Kunden werden in Programmsystemen für den Absatzbereich gespeichert?
3. Warum sollte der Außendienst eines Großhandelsunternehmens durch die EDV kontrolliert werden?
4. Nennen Sie Beispiele für Auswertungen im Marketingbereich, die von der EDV zur Verfügung gestellt werden.
5. Welche Belege können im Rahmen der Auftragsabwicklung automatisch erstellt werden?
6. Was verstehen Sie unter Absatzcontrolling?
7. Unterscheiden Sie zwischen operativem und strategischem Controlling.

Aktionen

1. Stellen Sie fest, welche Funktionen der EDV im Absatzbereich
   a) das Programmsystem in Ihrer Ausbildungsfirma,
   b) das Warenwirtschaftssystem Ihrer Schule
   unterstützt.
2. Erkunden Sie, welche Kundendaten in Ihrem Großhandelsunternehmen erfasst sind.

Zusammenfassung

EDV im Bereich des Absatzcontrollings

erfüllt Aufgaben für

- **Artikelgenaue Umsatzverfolgung**
  = Absatzzählung
- **Kundeninformationssystem**
  = Sammlung von Daten über Interessenten und Käufer
- **Außendienststeuerung**
  = Planung und Kontrolle des Einsatzes von Reisenden
- **Auftragsabwicklung**
  = Unterstützung der Auftragsbearbeitung
- **Auswertungssystem**
  = Informationen für Marketing und Vertrieb

Marketing-Controlling

operative Aufgaben

- Marketing-Planung
- Marketing-Kontrolle (Soll-Ist-Vergleich)
- Verkaufswirksamkeit
- Kundenzufriedenheit
- Wirksamkeit von PR-Maßnahmen
- Effizienz der Distributionsorganisation
- Bindung von Kunden

Instrumente

- Deckungsbeitragsrechnung
- kurzfristige Budgetierung
- Daten aus Verkaufsberichten
- Daten aus der Marktforschung
- Daten aus dem Rechnungswesen

strategische Aufgaben

- Marketing-Planung
- Marketing-Kontrolle
- Marketing-Audit

Instrumente

- Portfolio-Analysen[1]
- Stärken-Schwächen-Analyse
- Wirtschaftlichkeitsrechnungen
- Benchmarking
- Marketing-Audits

1 Ausführungen s. Kap. 9.14

9.14 Wir setzen strategisches Marketing zur Zukunftssicherung unseres Unternehmens ein

Einstieg

Die Geschäftsleitung der ***Spindler KG*** ist schon seit geraumer Zeit mit den erzielten Betriebsergebnissen unzufrieden. Frau Strobel und Herr Spindler möchten daher neue Wege der Planung gehen. Mit dem frühzeitigeren Blick in die Zukunft will man sich den in immer kürzeren Abständen auftretenden Veränderungen schneller anpassen, um dadurch überlebensfähig zu bleiben.

„Zukunftssicherung – strategisches Management“ soll nach Aussage von Herrn Spindler stärker denn je in den Arbeitsmittelpunkt des Managements treten. Um die **Geschäfte der Zukunft absichern** zu können, müssen ausreichend Produkte bzw. Warengruppen so positioniert sein, dass sie einen **hohen Marktanteil** und **eine hohe Wachstumsrate** aufweisen. Die Produkte der Textilgroßhandlung ***Spindler KG*** sollen daher „optimal gemischt“ werden. Denn nur ein **ausgewogener Produktmix** ist Garant für den **langfristigen Erfolg** des Unternehmens.

Eine der neuen Aufgaben der Abteilungsleiter besteht zukünftig deshalb darin, zu entscheiden, wie die begrenzten betrieblichen Mittel den Warengruppen zugewiesen werden können, damit sich die Textilgroßhandlung **erfolgreich weiterentwickeln** kann.

Die Geschäftsführung benötigt Entscheidungshilfen dafür, welche Produktgruppe bzw. welche Produkte besonders zu fördern sind, welche aus dem Markt zu nehmen sind oder welche ohne besondere Förderung auskommen.

Ein erster Schritt in diese Richtung ist die möglichst genaue Beurteilung der einzelnen Warengruppen bezüglich ihrer gegenwärtigen Marktstellung (Istsituation) und ihrer Entwicklungsmöglichkeiten (Sollzustand).

Die Situation der zehn Warengruppen lässt sich nach umfangreichen Analysen wie folgt beschreiben:

◆ Schmuck ◆ Herrenwäsche ◆ Accessoires	Sie sind wenig Erfolg versprechend positioniert mit einem geringen relativen Marktanteil und einer niedrigen Wachstumsrate. Daher bringen sie weder Cashflow noch Deckungsbeiträge.
◆ Damenoberbekleidung ◆ Damenwäsche ◆ Haushaltswäsche	Die Wachstumsrate bei diesen Warengruppen hat sich verringert. Dennoch sind sie die tragenden Säulen der Textilgroßhandlung und haben einen hohen Marktanteil in stabilen oder zumindest nur noch gering wachsenden Märkten erreicht. Durch relativ geringe Kosten für Beschaffung und Werbung und stabilen Umsatz werfen sie hohe Einnahmen ab und können so dem Wachstum anderer Warengruppen dienen, wie z. B. Fashion sowie Sport- und Freizeitkleidung.
◆ Sport- und Freizeitkleidung ◆ Fashion	Bei diesen beiden Warengruppen mit (noch) geringem Marktanteil und hohem Finanzierungsbedarf (Cash-Verwendung) gibt es fast keine Deckungsbeiträge oder Gewinne. Ihr Erfolg, der noch nicht feststeht, kann nur durch den Einsatz finanzieller Mittel erreicht werden.
◆ Sportartikel ◆ Herrenbekleidung	Die Warengruppe der Sportartikel und Herrenbekleidung stellen den Wachstumsbereich der ***Spindler KG*** dar: relativ hoher Marktanteil und hohe Wachstumsraten. Sie erwirtschaften hohe Gewinne, die sie aber zur Erhaltung des Marktanteils in einem stark wachsenden Markt reinvestieren müssen.

1. **Untersuchen Sie mithilfe der Portfolio-Technik die Ausgewogenheit der Zusammensetzung der zehn Warengruppen. Stellen Sie Ihr Ergebnis in einer Vier-Felder-Matrix dar.**
2. **Machen Sie dem Management der *Spindler KG* Strategievorschläge, um das möglicherweise unausgeglichene Portfolio zukunftssicher zu gestalten.**

Informationen

In den bisherigen Ausführungen dieses Lernfeldes wurden die marketingpolitischen Instrumente eher isoliert betrachtet. Es ist jedoch für jedes Großhandelsunternehmen äußerst wichtig, schon heute darüber zu entscheiden, *was in der Zukunft geschehen soll, d. h. zu planen.*

Mit dem Siegeszug des Marketings als kundenorientierte Unternehmensführung hat sich das strategische Marketing zu einem Kernbereich der strategischen Unternehmensplanung entwickelt.

Strategische Planung

Die strategische Planung der Unternehmensentwicklung soll dazu beitragen, dass sich das Unternehmen den sich immer schneller wandelnden Markt- und Umweltveränderungen frühzeitig anpasst und dadurch überlebensfähig bleibt.

Strategische Planung konzentriert sich daher auf die Analyse der Erfolgsquellen und die Entwicklung langfristig angelegter Konzepte zur **Zukunftssicherung des Unternehmens.** Im Allgemeinen erstreckt sich ihr Planungshorizont auf fünf bis zehn Jahre.

Dabei ist es notwendig, die strategische Ausgangsposition zu analysieren, mögliche Entwicklungen abzuschätzen, Ziele zu formulieren und Strategien zur Zielerreichung zu formulieren, bevor irgendwelche Maßnahmen gestartet werden.

Insofern wird die strategische Planung heute auch als Teil des Marketings, nämlich als **strategisches Marketing** bezeichnet.

Definition **Strategisches Marketing ist die langfristige Planung der Marketingaktivitäten mit den Kernelementen Marktsegmentierung[1] *(segmentation)*, Auswahl eines Zielmarktes *(targeting)* und Positionierung *(positioning)* – STP – mit dem Ziel, die Bedürfnisse der Kunden im angestrebten Zielmarkt zu befriedigen.**

Das strategische Marketing zielt darauf ab, dauerhaft Wettbewerbsvorteile für das Großhandelsunternehmen sicherzustellen. Strategische Wettbewerbsvorteile liegen dann vor, wenn es einem Großhandelsunternehmen gelingt, seinen Kunden einen höheren Nutzen anzubieten, als dies die Konkurrenz kann.

Für die Formulierung einer umfassenden Wettbewerbsstrategie ist die exakte Kenntnis und strategische Deutung der folgenden drei Eckpunkte unverzichtbar:

- eigenes Unternehmen (Stärken und Schwächen)
- Kunden (Kundenprobleme; Bedarf und Nachfrage)
- Wettbewerber (Stärken und Schwächen)

Die *Formulierung* der Marketingstrategien ist Gegenstand des *strategischen Marketings,* die *Umsetzung* dieser Strategien gehört in den Bereich des *operativen Marketings.*

1 Ausführungen zur Marktsegmentierung sind nachzulesen im Kap. 9.1

Grundstruktur des strategischen Marketings[1]

Marktwahlstrategien:

Festlegung der Produkte (Sortiment), Dienstleistungen und Märkte bzw. Marktsegmente, auf denen das Unternehmen in Zukunft bzw. weiterhin tätig sein will

Grundlage ist die **strategische Situationsanalyse:**

- Umweltanalyse (gesamtwirtschaftliche und technologische Entwicklung; Absatzmärkte; Beschaffungsmärkte)
- Marktanalyse (Kunden, Lieferanten)

} Chancen-/Risikenanalyse

- Unternehmensanalyse (eigenes Unternehmen)
- Konkurrenzanalyse (Wettbewerb)

} Stärken-/Schwächenanalyse

↓

Bestimmung der zu verfolgenden qualitativen und quantitativen (strategischen) Marketingziele, wie:

- Gewinnspanne erhöhen
- Marketingkosten senken
- neue Märkte erschließen
- Marktanteil vergrößern
- Produktinnovationen
- Image verbessern usw.

↓

Marketingmix-Strategien:

Festlegung einer „Generallinie" für die Gestaltung des Marketingmix[2]:

- Produktpositionierung
- Preispositionierung und geplante Abfolge von Preisniveaus im Zeitablauf
- Kommunikationsgrundsätze
- Rahmengestaltung für die Distribution (Beschreibung der Absatzwege, der Außendienststruktur, des Logistiksystems)

Aus der strategischen Planung sollen Antworten auf die folgenden Fragen ersichtlich werden:

- Wofür stehen wir? Was ist unsere Aufgabe?
- Wer ist unser Zielkunde?
- Was ist für unsere Kunden von Wert?
- Woran glauben wir?
- Was wird künftig unser Geschäft sein?
- Was sollte unser Geschäft sein?
- Wo wollen wir in x Jahren stehen? (Ziele; differenziert nach Inhalt, Ausmaß, Zeitraum)
- Von welchen Randbedingungen müssen wir ausgehen? (Marktentwicklung, Konkurrenzverhalten usw.)
- Wie müssen wir uns weiterentwickeln?
- Wie können wir Existenz/Wachstum sichern?
- Mit welchen Maßnahmen wollen wir die angestrebten Ziele erreichen?
- Welche Prämissen bzw. Risiken sind in der Planung enthalten?
- Welche Ressourcen stehen zur Verfügung?

1 Der Prozess der strategischen Marketingplanung und -umsetzung schließt mit dem strategischen *Marketing-Controlling* ab (s. Kap. 9.13).
2 Die inhaltliche Umsetzung der gewählten Marketingstrategien in marktgerichtete Maßnahmen mithilfe des absatzpolitischen Instrumentariums ist Aufgabe des *operativen Marketings.*

Das Ziel ist es letztlich, dem Kunden ein im Vergleich zur Konkurrenz überlegenes Preis-Leistungs-Angebot anzubieten *(unique selling position).*

Marketingplanung ist gleichzeitig die Grundlage für die anderen betrieblichen Teilpläne, wie Beschaffungs- Sortiments- und Finanzplan.

Die Aufgabenstellungen der Marketingplanung sind z. T. außerordentlich komplex. Es wurden daher Instrumente und Entscheidungshilfen entwickelt, die zur Bewältigung der anstehenden Probleme beitragen sollen.

Strategische Geschäftseinheiten als Grundlage für das strategische Marketing

Dem Management von Mehrproduktunternehmen wie der Textilgroßhandlung ***Spindler KG*** stellt sich häufig das Problem, dass die einzelnen Produkte bzw. Produktgruppen unterschiedlich erfolgreich sind und differenzierte Strategien erfordern, um ihrer jeweiligen Marktposition gerecht zu werden.

Die einzelnen Geschäftsfelder der Großhandelsunternehmung bedingen daher im Allgemeinen auch unterschiedliche Anforderungen an deren finanzielle, materielle und personelle Ressourcen. Eine der wesentlichen Aufgaben des Managements besteht deshalb darin, zu entscheiden, wie die begrenzten Ressourcen den verschiedenen Geschäftsfeldern so zugewiesen werden können, dass sich das Unternehmen erfolgreich weiterentwickeln kann.

Eine klare Definition und Abgrenzung der Geschäftsfelder eines Großhandelsunternehmens ist eine wesentliche Grundvoraussetzung für die strategische Planung. Erfolgreiche Großhändler lösen diese Probleme, indem sie Unternehmen im Unternehmen, so genannte *strategische Geschäftseinheiten,* bilden.

Definition **Unter einer strategischen Geschäfteinheit (SGE)[1] wird die Zusammenfassung von markt- bzw. kundenbezogenen Tätigkeitsfeldern der Großhandelsunternehmung verstanden.**

Diese SGE zeichnen sich dadurch aus, dass sie

- voneinander weitgehend unabhängig sind,
- in der Regel in sich homogen, untereinander aber heterogen sind,
- eine eigenständige Marktaufgabe verfolgen,
- einen bestimmten Kreis von Konkurrenten haben,
- durch ein eigenes Management geleitet werden.

SGE kann sein:

- ein Großhandelsunternehmen
- eine Produktgruppe
- ein einzelnes Produkt

Die SGE haben eine zweifache Aufgabenstellung:

- Sie müssen ihre gegenwärtige Marktstellung und ihre zukünftige Entwicklungsmöglichkeiten analysieren.
- Sie müssen adäquate Marketingstrategien zur Erreichung des gesetzten Planungszieles entwickeln.

Um nun aber ein Gesamtbild der Wettbewerbssituation aller SGE einer Unternehmung zu einem bestimmten Zeitpunkt zu erhalten, hilft die Portfolio-Analyse weiter.

Portfolio-Analyse[2]

Im Rahmen der strategischen Marketing-Planung muss für jedes einzelne Geschäftsfeld die jeweilige Istsituation analysiert werden. Für diesen Zweck stehen verschiedene Instrumente zur Verfügung, wie u. a.

- Gap-Analyse
- Produktlebenszyklus-Analyse
- Stärken-/Schwächenanalyse
- Portfolio-Methode

Zweck der Portfolio-Analyse ist die möglichst präzise Beurteilung der SGE hinsichtlich ihrer **gegenwärtigen Marktstellung** und ihrer **Entwicklungsmöglichkeiten.** Auf dieser Grundlage kann das Management entscheiden, welche SGE ausgebaut, welche erhalten und welche abgebaut werden sollen. Dies wiederum beeinflusst das Ausmaß der Förderung, die den einzelnen SGE zuteil werden soll.

1 Man spricht auch von strategischen Geschäftsfeldern.

2 Ein Portfolio ist ursprünglich der Wertpapierbestand einer Person bzw. Unternehmung. Es sollte so zusammengesetzt sein, dass ein optimaler Gesamtertrag erzielt wird.

5567142

Portfolio-Management kennzeichnet demnach Methoden strategischer Unternehmensplanung mit dem Ziel, eine optimale Kombination alternativer strategischer Geschäftsfelder (= Produkt-Markt-Kombination) im Zeitablauf zu verwirklichen.

Im Rahmen dieses Kapitels soll auf die Marktanteils-Marktwachstums-Portfolio-Methode näher eingegangen werden.

Marktanteils-Marktwachstums-Portfolio[1]

Beim *Marktanteils-Marktwachstums-Portfolio* werden die SGE in eine **Vier-Felder-Matrix** eingeordnet und an Hand der Erfolgsfaktoren

- **Marktanteil** und
- **künftiges Marktwachstum**

beurteilt (siehe nebenstehende grafische Darstellung). Im Allgemeinen verwendet man dabei den Marktanteil nicht als absolute Größe, sondern bildet einen Quotienten aus dem Marktanteil des Unternehmens und jenem des stärksten Konkurrenten (= **relativer Marktanteil**):

$$\text{relativer Marktanteil} = \frac{\text{Marktanteil des Unternehmens}}{\text{Marktanteil des Marktführers}} \cdot 100$$

Je größer der relative Marktanteil ist, desto günstiger kann das Unternehmen seine Produkte anbieten, da mit steigendem Marktanteil die Stückkosten sinken. Ein hoher relativer Marktanteil ist ein Indiz für eine gute Wettbewerbsposition und steigende Ertragskraft. Ein Unternehmen, dass Marktanteile dazu gewinnt, erhöht dabei nicht nur seine Möglichkeiten zur Kostensenkung, sondern nimmt darüber hinaus seinen Mitanbietern Marktanteile, sodass sich deren Kosten- und Gewinnsituation verschlechtert.

Als Ergebnis erhält man eine Matrix, deren vier strategische Geschäftsfelder wie in der folgenden Abbildung bezeichnet werden:

- hohes Marktwachstum/niedriger Marktanteil (Nachwuchs; Question marks)
- hohes Marktwachstum/hoher Marktanteil (Sterne; Stars)
- niedriges Marktwachstum/hoher Marktanteil (Milchkühe ; Cash cows)
- niedriges Marktwachstum/niedriger Marktanteil (arme Hunde; Poor dogs)

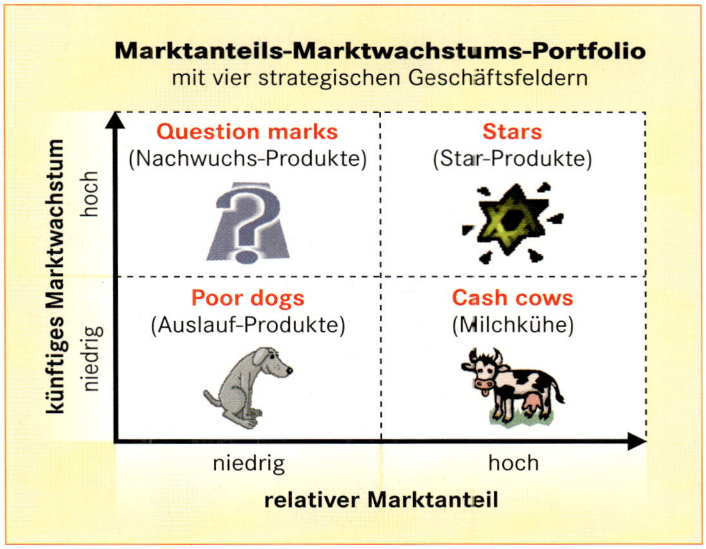

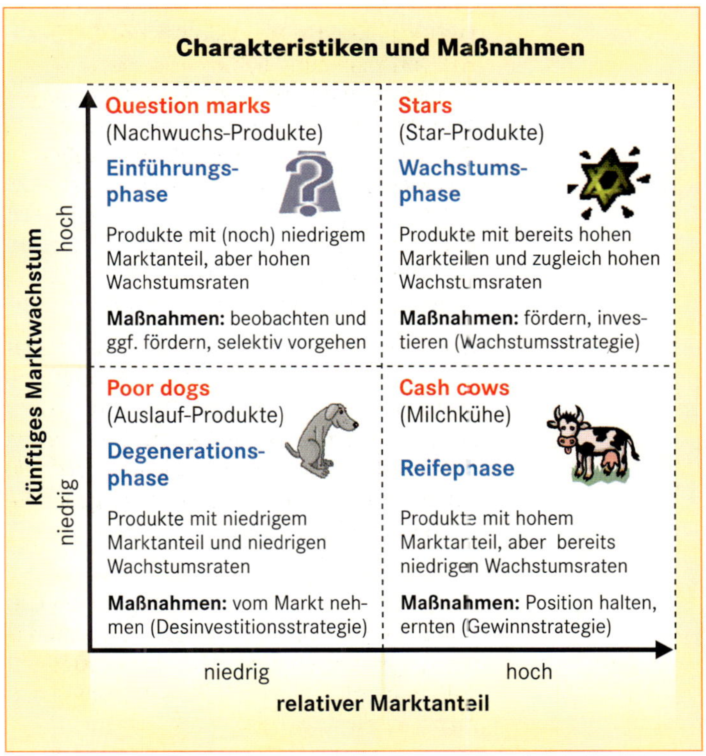

1 Das Marktanteils-Marktwachstums-Portfolio wurde von dem amerikanischen Beratungsunternehmen *Boston Consulting Group* entwickelt.

Aussagekraft der vier Felder

- **Question marks (Nachwuchs):** In dieser Kategorie sind Warengruppen (SGE) zu finden, die sich durch einen relativ niedrigen Marktanteil auszeichnen, aber hohe Wachstumsraten erzielen. Sie befinden sich in der **Einführungsphase** bzw. frühen Wachstumsphase des Marktlebenszyklus. Sie erfordern gegenwärtig hohe finanzielle Mittel, sodass der Cashflow[1] deutlich negativ ist *(„Problemkinder“)*.

  Maßnahmen[2]: Nachwuchsprodukte sollten genau analysiert werden: Entweder wird versucht, den Marktanteil deutlich zu steigern *(Offensivstrategie)* – falls dies gegenüber Konkurrenten aussichtsreich erscheint –, oder die Warengruppen (SGE) werden vom Markt genommen – falls die Gefahr besteht, dass sie vom Markt nicht akzeptiert werden. Diese Entscheidung ist im Einzelfall genau zu untersuchen.

- **Stars (Sterne):** Die Sterne haben einen relativ hohen Marktanteil und eine hohe Wachstumsrate. Diese Warengruppen (SGE) weisen ein überdurchschnittliches Wachstum auf, benötigen aber gegenwärtig hohe finanzielle Mittel, die sie allerdings selbst erwirtschaften. Der Cashflow ist daher meistens null *(Haupterfolgsträger)*. Bei den Stars sind SGE zu finden, die das Potenzial für eine dominierende Marktposition haben, bis sie in ihrem Lebenszyklus zur Marktreife kommen. Die Stars sind demnach die **wichtigsten Produkte im Hinblick auf die Zukunft.**

  Maßnahmen: Das Management sollte für diese Produktgruppen den Marktanteil leicht ausbauen bzw. halten (Wachstumsstrategie).

- **Cash cows (Milchkühe):** Die Cash-cows-Position zeigt Warengruppen, die einen relativ hohen Marktanteil errungen haben, aber nur noch eine niedrige Wachstumsrate aufweisen. Sie befinden sich im Übergang von der Wachstums- in die Reifephase mit starker Marktstellung. Produktgruppen der Cash cows befinden sich daher in kaum noch wachsenden, bereits stagnierenden oder schrumpfenden Märkten.

  Maßnahmen: Da die Cash cows aber gegenwärtig noch einen hohen Cashflow erwirtschaften, empfiehlt es sich, den Marktanteil zu halten bzw. leicht zu senken *(Gewinnstrategie)*. Mit den von ihnen erwirtschafteten Mittelüberschüssen kann das Wachstum anderer SGE finanziert werden.

- **Poor dogs (Arme Hunde):** Arme Hunde („Problemkinder“) sind Warengruppen (SGE), die nur einen niedrigen relativen Marktanteil erreicht haben und auch nur eine niedrige Wachstumsrate aufweisen. Sie sind schon länger auf dem Markt und befinden sich daher in der Rückgangs- und/oder Degenerationsphase. Für das Unternehmen sind sie weniger interessant, da sie kein großes Marktpotenzial mehr haben und auch keinen besonderen strategischen Wettbewerbsvorteil besitzen. Diese Produktgruppen haben eine nachrangige Position am Markt, der stagniert oder bereits schrumpft.

  Maßnahmen: Aufgrund der schlechten Zukunftsaussichten empfiehlt sich eine *Rückzugsstrategie* (Aufgabe).

Die Verteilung einzelner Geschäftseinheiten auf die vier strategischen Geschäftsfelder macht deutlich, ob das Sortiment des Großhandelsunternehmens ausgewogen ist oder nicht.

Zukunftsstrategie

Das Management muss dafür sorgen, dass laufend neue Produkte entwickelt werden, die als erfolgreicher Nachwuchs am Markt eingeführt werden können. Um das Zukunftsgeschäft abzusichern, müssen ausreichend Sterne am Markt positioniert werden. Auch sollten viele Cash cows am Markt vertreten sein, denn sie erwirtschaften den Cashflow, der für den Nachwuchs und die Sterne erforderlich ist. Die Produkte der Kategorie arme Hunde schließlich sind möglichst rasch vom Markt zu nehmen, denn sie belasten das Unternehmen nur und erbringen keinen positiven Cashflow mehr.

Wenn die strategischen Geschäftsfelder unausgewogen erscheinen, müssen besondere Anstrengungen unternommen werden, um wieder zu einem Gleichgewicht zu kommen. Dafür müssen neue Strategien entwickelt und durchgeführt werden.

Nach der Einführung eines neuen Produktes sollten alle strategischen Geschäftsfelder von diesem Produkt durchlaufen wer-

1 Nähere Erläuterungen zum Cashflow sind zu finden im Kap. 11.8.
2 werden in diesem Zusammenhang in der Fachliteratur als **Normstrategien** bezeichnet

den. Nach einem Start muss sich also das Nachwuchsprodukt zu einem Stern, dann zu einer Milchkuh entwickeln, bevor es schließlich als armer Hund aus dem Markt ausscheidet (die Größe der Kreisfläche entspricht dem *Umsatzbeitrag* der SGE).

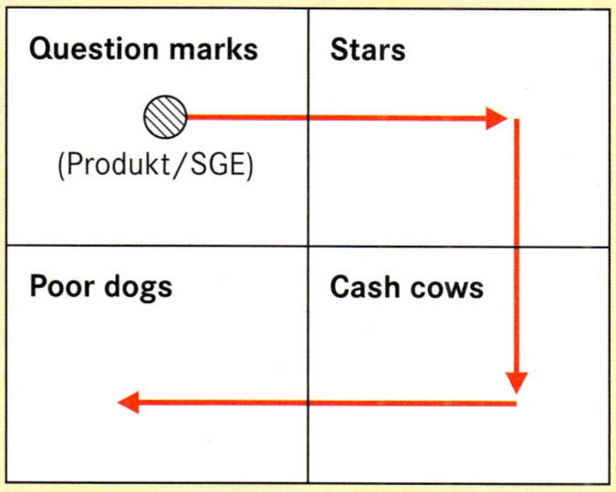

Es gibt auch Produkte, die nicht diesem idealen Weg folgen. Viele Flops erreichen erst gar nicht den *Star*-Bereich. Ein nachgeahmtes Produkt dagegen überspringt möglicherweise den Bereich der Question marks.

Darstellung der Planung in einem Portfolio

Wenn die Portfolio-Analyse durchgeführt wurde, sollten die Strategien für das weitere Vorgehen festgelegt werden.

Da grafische Darstellungen erfahrungsgemäß besser verstanden werden, ist es sinnvoll, neben dem *Ist-Portfolio* auch ein *Plan-Portfolio* zu erstellen.

Dabei kann sowohl der Ist- als auch der Sollzustand sichtbar gemacht werden. Es sollte insbesondere klar werden, welche Produktgruppen in Zukunft aus dem Programm genommen werden müssen und wie die strategische Stoßrichtung für alle anderen Produktgruppen auszusehen hat.

Wenn die Portfolio-Analyse in regelmäßigen Abständen durchgeführt wird, kann ermittelt werden, inwiefern sich positive oder negative Verschiebungen in den einzelnen Geschäftsfeldern ergeben. Zur Präsentation bietet sich dafür besonders die grafische Darstellung des Ist-Plan-Portfolios an. Dabei wird die unterschiedliche Bedeutung der SGE, gemessen beispielsweise am Umsatz, durch verschieden große Kreise symbolisiert. So wird die Zusammensetzung des Portfolios sichtbar, wodurch auftretende Unausgewogenheit sofort erkannt werden kann.

Aufgabe des strategischen Marketings ist es, ein ausgewogenes Portfolio zu gestalten, das sowohl in der Gegenwart als auch in der Zukunft eine optimale Unternehmensstruktur garantiert.

Das Gesamtunternehmen ist dann **ausgewogen,** wenn es in jedem Stadium SGE platziert hat. Vereinfacht dargestellt sollte ein Großhandelsunternehmen immer genügend „Stars" und „aussichtsreiche Fragezeichen" haben, die die „Milchkühe" von morgen darstellen. Ein Portfolio wäre dementsprechend **nicht ausgeglichen,** wenn in der Matrix zu viele „Poor dogs" oder „Question marks" bzw. zu wenig „Stars" und „Cash cows" vorhanden wären.

Die Produkte sollten in den einzelnen Bereichen also gleichmäßig vertreten sein. Ein Unternehmen ohne Nachwuchsprodukte hat sicher kaum Chancen auf dem zukünftigen Markt.

Das „4-Felder-Portfolio" kann natürlich auch auf Produkte bzw. Produktlinien angewandt werden.

*Das **Ist-Plan-Portfolio** veranschaulicht strategische Stoßrichtungen.*
(Die Durchmesser der jeweiligen Kreise spiegeln die Umsatzvolumen der Segmente zueinander wider.)

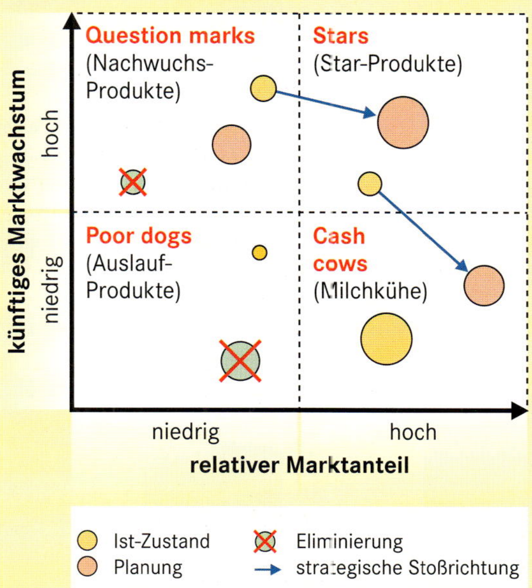

Die **Portfolio-Analyse** ist eine Methode, um insbesondere die **strategische Unternehmensplanung** zu verbessern, da diese Technik eine *Analyse des gesamten Unternehmens auf längere Sicht* erlaubt. Aufgrund der Ergebnisse der Portfoliotechnik können Unternehmensleitung und Führungskräfte präzisere Entscheidungen über die **zukünftigen Aktivitäten** des Unternehmens treffen.

Das Management eines Großhandelsunternehmens kann auf der Basis der 4-Felder-Matrix zu folgenden Erkenntnissen kommen:

- Es lässt sich die strategische Situation der Geschäftseinheiten erkennen und analysieren.
- Es können Schlussfolgerungen über den Finanzbedarf und Cashflow der SGE abgeleitet werden.
- Auf der Basis der Positionierung können Normstrategien für die Formulierung strategischer Maßnahmen herangezogen werden.

Auf der Grundlage dieser geschäftseinheitbezogenen Basisstrategien sind in einem nächsten Schritt die konkreten Marketingstrategien zur Sicherung, zum Ausbau oder zur Desinvestition in strategische Geschäftseinheiten zu entwickeln und umzusetzen.

Marketingstrategien dargestellt auf der Grundlage des Portfolio-Gedankens und erweitert um weitere absatzpolitische Instrumente

Strategieelemente	Portfolio-Kategorien			
	„Nachwuchs“	„Stars“	„Cash-Kühe“	„Probleme“
	relevante Marketingstrategien			
	Offensivstrategien	Investitionsstrategien	Abschöpfungsstrategien	Desinvestitionsstrategien
1. Programmpolitik	Produktspezialisierung	Sortiment ausbauen, diversifizieren	Imitation	Programmbegrenzung (keine neuen Produkte, aufgeben ganzer Linien)
2. Abnehmermärkte und Marktanteile	gezielt vergrößern	gewinnen, Basis verbreitern: ◆ neue Regionen ◆ neue Anwendungen	Position verteidigen, Konkurrenzabwehr	aufgeben zugunsten von Erträgen: ◆ Kundenselektion ◆ regionaler Rückzug
3. Preispolitik	tendenzielle Niedrigpreise	Anstreben von Preisführerschaft	Preisstabilisierung	tendenzielle Hochpreispolitik
4. Vertriebspolitik (Werbung und Absatzkanäle)	stark forcieren	aktiver Einsatz von: ◆ Werbemitteln ◆ Zweitmarken	gezielte Produktwerbung, Verbesserung des Kundendienstes	zurückgehender Einsatz des vertriebspolitischen Instrumentariums
5. Risiko	akzeptieren	akzeptieren	begrenzen	vermeiden
6. Investitionen	hoch, Erweiterungsinvestitionen	vertretbares Maximum, Reinvestitionen	beschränkte Ersatzinvestitionen	Minimum bzw. Stilllegen

Quelle: Weis: „Marketing“. Kiehl Verlag, Ludwigshafen (Rhein), 11. Aufl., 1999

Portfolio-Analyse

+

- anschauliche Darstellung
- gute Übersichtlichkeit
- einfach zu handhaben
- Verdichtung strategischer Daten
- lässt Chancen und Risiken offen erkennen
- verhilft der Unternehmensleitung, zukunfts- und strategieorientiert zu denken
- steigert die Planungsqualität
- verbessert die Kommunikation zwischen der Unternehmensleitung und den einzelnen strategischen Geschäftseinheiten (SGE)
- hilft, die schwachen SGE zu eliminieren und die vielversprechenden durch gezielte Investitionen zu fördern

–

- Erhebung der Daten teilweise aufwändig
- subjektiver Hintergrund der Bewertung wird verdeckt
- Es ist „nur" ein Hilfsmittel.
- Die Unternehmensleitung konzentriert sich zu stark auf die Wachstumsmärkte und vernachlässigt dabei andere Geschäftseinheiten.
- Die synergetischen[1] Verflechtungen zwischen den einzelnen SGE bleiben unberücksichtigt.

Aufgaben

1 Die Portfolio-Matrix unterscheidet z. B. bei den Produkten/Produktgruppen zwischen Fragezeichen, Sternen, Milchkühen und armen Hunden.

a) Begründen Sie, bei welchen dieser Produkte wahrscheinlich eine Notwendigkeit für Produktvariationen besteht.

b) In welchen Phasen des Produktlebenszyklusses befinden sich diese Produkte?

c) Geben Sie am Beispiel eines Pkw an, worin eine Produktvariation bestehen könnte.

2 Entscheiden Sie, welches der beiden abgebildeten Portfolios ein gutes bzw. welches ein schlechtes darstellt.

Portfolio 1

Marktwachstum

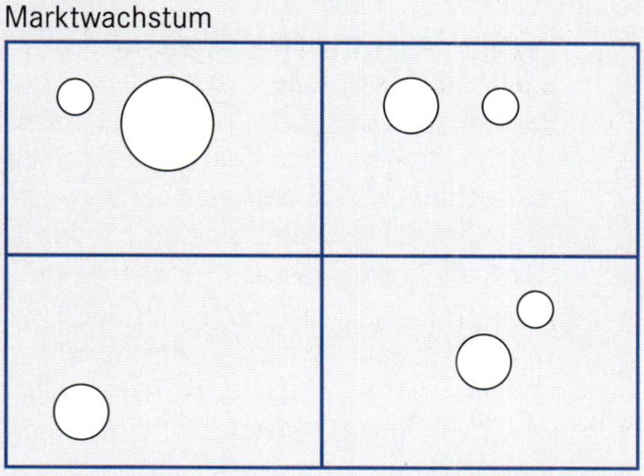

relativer Marktanteil

Portfolio 2

Marktwachstum

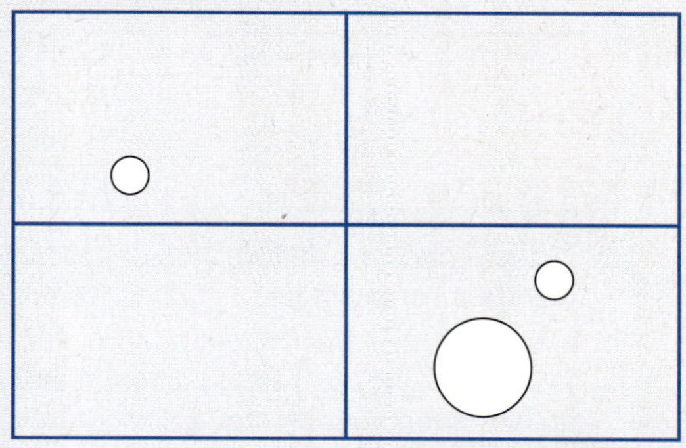

relativer Marktanteil

3 Was verstehen Sie unter Planung im Marketing?

4 Welcher Zusammenhang besteht zwischen Marketingzielen und Planung?

5 Was ist eine Situationsanalyse?

6 Erklären Sie den Grundgedanken der 4-Felder-Portfolio-Matrix.

7 Was verstehen Sie unter Sternen, Milchkühen, armen Hunden und Fragezeichen im Zusammenhang mit der Portfolio-Analyse?

8 Welche Normstrategien gelten für die einzelnen Quadranten?

9 Was enthält ein strategischer Marketingplan?

10 Wann ist ein Portfolio ausgeglichen?

11 Beschreiben Sie den idealtypischen Lebensweg in einer 4-Felder-Matrix.

1 Synergie: Effekt, der dadurch entsteht, dass Faktoren sich gegenseitig fördern.

Aktionen

1 Sie sollen ein zweiseitiges Referat über das Thema „Portfolio-Analyse" halten.

a) Zur Informationsbeschaffung nutzen Sie bitte das vorliegende Lehrbuch, das Internet sowie Ihre Schulbibliothek.

b) Erstellen Sie eine Gliederung und formulieren Sie das Referat.

c) Überlegen Sie sich, welche Möglichkeiten der Visualisierung Sie nutzen werden.

d) Seien Sie darauf vorbereitet, Ihr Referat vorzutragen.

2 Die Marktanalyse für die vier wichtigsten Produkte einer Großhandlung ergab folgende Daten (Angaben in Euro):

Produkte	Umsatz Jahr 1	Branchenumsatz Jahr 1
A	330.000,00	4.950.000,00
B	121.000,00	286.000,00
C	33.000,00	231.000,00
D	132.000,00	2.640.000,00

Produkte	Umsatz Jahr 2	Branchenumsatz Jahr 2
A	363.000,00	5.280.000,00
B	126.500,00	308.000,00
C	39.600,00	99.000,00
D	184.800,00	5.940.000,00

a) Wie hoch sind der relative Marktanteil und das Marktwachstum im Jahr 2 für alle Produkte?

b) Tragen Sie die berechneten Daten in eine Portfolio-Matrix ein. Benutzen Sie dafür das Tabellenkalkulationsprogramm Excel. Die Grenze zwischen Quadrant 1 *(Poor dogs)* und Quadrant 2 *(Cash cows)* auf der x-Achse liegt bei 20 %. Die Grenze zwischen Quadrant 1 *(Poor dogs)* und Quadrant 3 *(Question marks)* auf der y-Achse liegt bei 10 %.

c) Stellen Sie fest, ob sich das Portfolio der Großhandlung als optimal darstellt.

3 Produktlebenszyklus und Portfolio-Analyse sind Analyseinstrumente zur Einschätzung von Produkten. Bilden Sie zwei Arbeitsgruppen.

a) Die erste Gruppe erarbeitet Gemeinsamkeiten der Analyseinstrumente.

b) Die zweite Gruppe stellt die Unterschiede zwischen den Analyseinstrumenten heraus.

c) Der Gruppensprecher sollte abschließend das Ergebnis adäquat präsentieren.

4 Die wirtschaftliche Situation der Textilgroßhandlung ***Spindler KG*** ist seit einigen Monaten äußerst angespannt. Die Geschäftsführung vermutet, dass die Probleme vordergründig damit zu tun haben, dass der Umsatz in bestimmten Unternehmenssegmenten zurückgeht.
Daraufhin lässt Frau Strobel vom Rechnungswesen die wirtschaftliche Situation der vermuteten SGE
(3) Sport- und Freizeitbekleidung
(4) Damenoberbekleidung
(5) Herrenoberbekleidung
(2) Fashion und
(1) Accessoires
übersichtlich in einer Marktwachstum-Marktanteil-Portfoliomatrix darstellen.

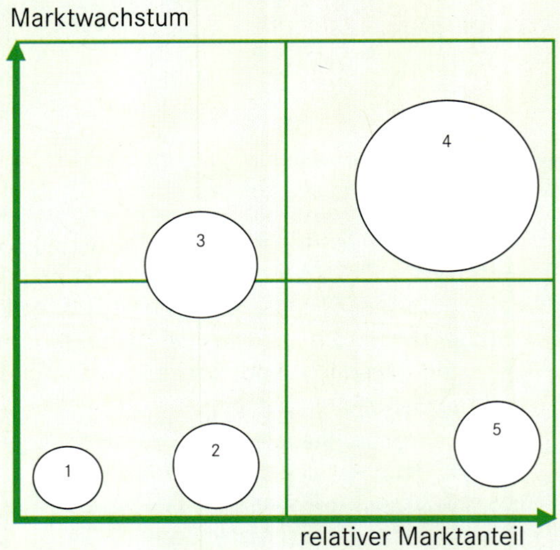

a) Beurteilen Sie die wirtschaftliche Situation hinsichtlich der einzelnen SGE bei der ***Spindler KG.***

b) Erarbeiten Sie mögliche Strategien, um die vorhandene wirtschaftliche Situation, die das Portfolio darstellt, zu verbessern.

c) Stellen Sie ein neues Portfolio als mögliches Zukunftsszenario dar. Das Portfolio sollte Ihre angestrebten Ziele bezüglich der Verbesserung der wirtschaftlichen Situation bei der ***Spindler KG*** widerspiegeln.

d) Benutzen Sie für die Erarbeitung und Ergebnissicherung entweder Excel oder Word.

e) Stellen Sie Ihr Ergebnis mithilfe einer Folie dem Plenum vor. Beachten Sie die Hinweise zur Gestaltung von Folien und zur Arbeit mit dem Overheadprojektor.

5567148

Zusammenfassung

Die Portfolio-Analyse

- ergänzt die Theorie der Lebenszyklen der Produkte;
- gibt der Unternehmensleitung Entscheidungshilfen dafür, welches Produkt bzw. welche Produkte
  - besonders zu fördern sind,
  - ohne besondere Förderung weiter „laufen“ sollen,
  - aus dem Markt zu nehmen sind;
- macht produktprogrammpolitische Maßnahmen langfristig planbar;
- strebt einen Ausgleich zwischen Investierung und Finanzierung an: Alte, etablierte SGE müssen die neuen finanzieren, bis diese kräftig genug sind.

Strategisches Marketing als Teil des Marketingmanagements:

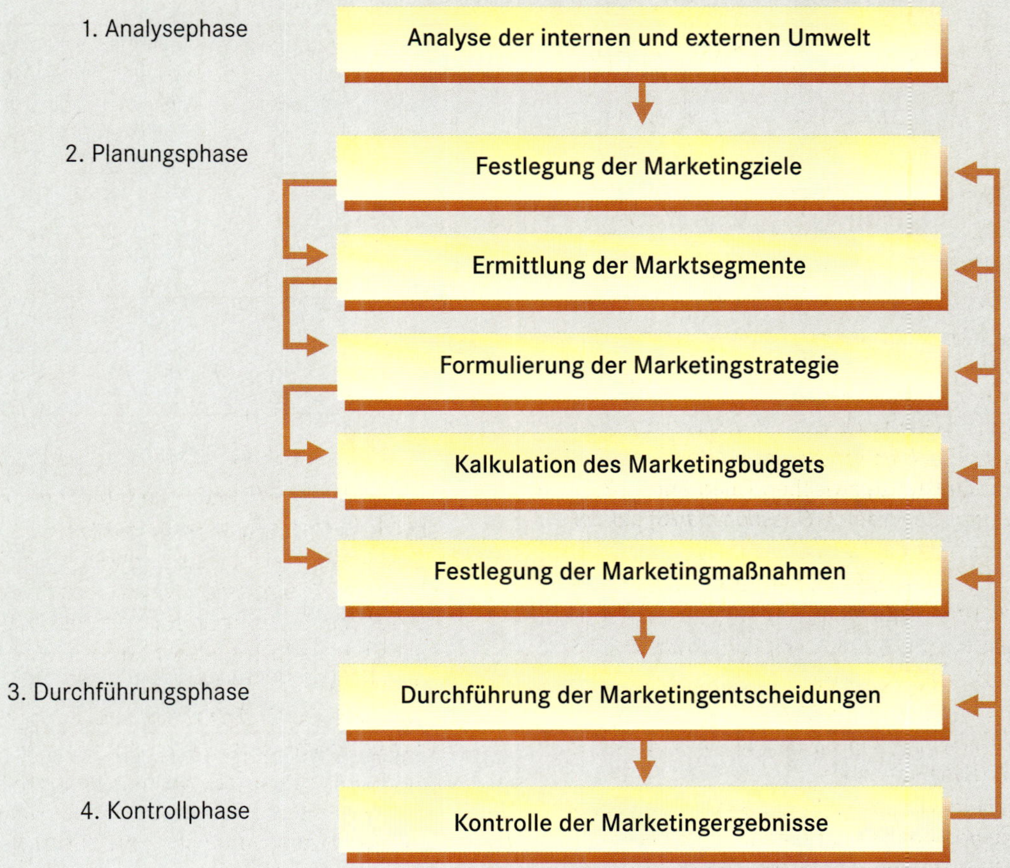

Strategien für Portfolio-Kategorien

neue Produkte *(Fragezeichen)* für den Nachwuchs entwickeln	für das Zukunftsgeschäft *Sterne* am Markt positionieren	*Milchkühe* sollten ausreichend vertreten sein, um den Cashflow zu sichern.	*Arme Hunde* rasch vom Markt nehmen

Portfolio-Kategorien und ihre strategischen Elemente

	Question marks	Stars	Cash cows	Poor dogs
Zielvorstellung (Normstrategie)	Marktanteil deutlich steigern (falls gegenüber Konkurrenten aussichtsreich) oder Marktanteil senken bzw. Verkauf, falls aussichtslose Marktsituation	halten bzw. leichter Ausbau des Marktanteils (Wachstumsstrategie)	halten bzw. leichter Abbau des Marktanteils (Gewinnstrategie)	Marktanteil stark senken bzw. Verkauf (Desinvestitionsstrategie)
Investitionsaufwand	Hoch: Erweiterungsinvestition oder Verkauf	Hoch: Reinvestition des Netto-Cashflows	Gering: ausschließlich Rationalisierungs- und Ersatzinvestitionen	Minimal: Verkauf von Anlagen bei Gelegenheit; möglicherweise Stilllegung
Verhalten gegenüber dem Risiko	Akzeptieren	Akzeptieren	Einschränken	stark reduzieren

Position	Einschätzung und Maßnahmen
Marktwachstum hoch/Marktanteil hoch	Markt der Zukunft; Position halten
Marktwachstum hoch/Marktanteil niedrig	Unsicherheitsmarkt; Position ausweiten
Marktwachstum niedrig/Marktanteil hoch	gegenwärtige hohe Bedeutung; für die Zukunft planen und u. a. neue Produkte entwickeln
Marktwachstum niedrig/Marktanteil niedrig	Markt mit geringer Bedeutung; Überlegung anstellen, ob dieser Markt überhaupt bearbeitet werden soll

5567150

Einstieg in das Lernfeld 10

Finanzierungsentscheidungen treffen

Lernsituation 1

Spindler KG - Neue Fantasie

Verglichen mit dem Tempo vor vier Jahren ist die ***Spindler KG*** noch weit von ihrer Bestform entfernt. Doch seit Ende letzten Jahres hat sich die Situation grundlegend geändert. Und die Zeichen stehen weiterhin auf Wachstum.

Um an den Erfolg des letzten Jahrzehnts anzuknüpfen, setzt die hannoversche Textilgroßhandlung auf verschiedene Maßnahmen. Die größte Neuerung: Ab dem nächsten Jahr will das Textilunternehmen mit einer *zweiten Filialkette* angreifen. Mit exklusiverer und damit teurerer Mode soll in Zukunft die gehobene Käuferschicht angesprochen werden.

Aber auch in den bisherigen ***Spindler*** Filialen sollen die Kunden nicht zu kurz kommen. Beflügelt von den Erfolgen mit den Kollektionen der Stardesigner Kirk Feldmann und Francoise Bertrand setzt das Management der ***Spindler KG*** erneut auf Prominenz. Ab November wird das Sortiment um die Kollektionen von Pink und dem belgischen Designerhaus Gerald & Ulf ergänzt werden.

Im letzten Quartal stieg der Umsatz des Unternehmens um 7 %, der Gewinn verbesserte sich um 19 % – Ergebnisse, die sich in der deutschen Textilgroßhandelsbranche mehr als sehen lassen können.

Das ist der ***Spindler KG*** aber noch nicht genug. In den nächsten fünf Jahren will die Geschäftsführung im Schnitt drei Filialen pro Jahr eröffnen und dabei verstärkt im Ausland expandieren. So ist für das laufende Jahr der *Markteintritt in Rumänien* anvisiert. Grundsätzlich soll die Expansion den Unternehmenserfolg sichern. Als Nächstes stehen dann Lettland, Tschechien und Polen an.

Das Führungsteam: Nur wenn auch die Finanzierung im Unternehmen stimmt, kann man im harten Wettbewerb ganz vorne mitfahren!

Natürlich achtet das Management auch streng auf die Kosten. Rund 65 % der Kleidung wird aus Asien bezogen. Die wegen der dort niedrigeren Produktionskosten günstigeren Einkaufspreise ermöglichen dem deutschen Großhändler hohe Gewinnspannen.

1. Stellen Sie fest,
   a) um welche Art von Investitionen es sich handelt, die die ***Spindler KG*** in den nächsten Jahren durchzuführen gedenkt, und welche volkswirtschaftliche Bedeutung sie haben;
   b) von welchen Einflussgrößen der Kapitalbedarf für den Ausbau der *neuen Filialkette* und für die *Expansionsschritte Richtung Auslandsmärkte* abhängig ist.

Ein wichtiger Aspekt besteht nun darin, diesen geschilderten Expansionsdrang auch mit einer *gesunden Finanzierung* zu begleiten, denn die geplanten Investitionen sind mit erheblichen finanziellen Aufwendungen verbunden. Sowohl für die Beschaffung des Anlage- als auch des Umlaufvermögens müssen die entsprechenden Geldmittel vorhanden sein.

Des Weiteren muss bei der Finanzplanung darauf geachtet werden, dass die **Liquidität**[1] **gesichert** ist und *gleichzeitig* die **Rentabilität** im Großhandelsunternehmen **gefördert** wird.

Speziell für das *Investitionsprojekt in Rumänien* stellt sich die Situation kurz vor seiner Fertigstellung wie folgt dar:

Es sind noch für den Verwaltungsbereich und das Lager High-Tech EDV-Systeme von 62.500,00 € (Anschaffungskosten) zu finan-

1 Die Liquidität ist gesichert, wenn sämtliche Verbindlichkeiten **jederzeit fristgerecht** beglichen werden können.

zieren. Aufgrund der insgesamt in diesem Jahr bereits erfolgten Investitionen besteht aber kaum noch Spielraum für die Aufnahme von Bankdarlehen.

Momentan stehen der ***Spindler KG*** eigene Geldmittel von 37.500,00 € zur Verfügung. Die Differenz von 25.000,00 € zwischen dem benötigten und dem vorhandenen Kapital kann in dieser finanziellen Engpasssituation nur über den Kontokorrentkredit finanziert werden. Dabei muss das Großhandelsunternehmen mit ca. 270,00 € Soll-Zinsen monatlich rechnen.

Andererseits hat Frau Jonas bei ihrer durchgeführten Investitionsrechnung ermittelt, dass die ***Spindler KG*** durch die geplante Investition in Rumänien einen monatlichen Ertrag von 2.270,00 € erwirtschaften wird.

2. a) Stellen Sie anhand der beschriebenen finanziellen Situation den *Zielkonflikt zwischen Liquidität und Rentabilität* dar durch eine aussagekräftige (zunächst allgemein gehaltene) Problembeschreibung.
   b) Belegen Sie anschließend Ihre Ausführungen mithilfe der Zahlen des vorliegenden Beispiels.
3. Beurteilen Sie die Art der Finanzierung der EDV-Systeme.
4. Nehmen Sie Stellung zur Kreditfähigkeit der ***Spindler KG.***

Lernsituation 2

Angenommen, der ***Spindler KG*** würden für die benötigten 25.000,00 € die folgenden Finanzierungsmöglichkeiten alternativ zur Verfügung stehen:

- Zahlungsbedingung des Lieferanten der High-Tech EDV-Systeme: Rechnungspreis 62.500,00 €, Anzahlung 37.500,00 €; bei Zahlung des vollen verbleibenden Kaufpreises innerhalb von 20 Tagen wird ein Abzug von 1,5 % Skonto gewährt, innerhalb von zwei Monaten netto Kasse.
- Zum Ausgleich der Rechnung ist die Überziehung des Kontokorrentkontos erforderlich.

  Kreditkosten des Kontokorrentkredits: Zinssatz 13 % p. a.; die Lindener Volksbank eG würde der ***Spindler KG*** eine Kreditlinie von 48.000,00 € einräumen.

  Als **Sicherheit** verlangt sie eine **Bürgschaft** von Herrn Spindlers vermögender Ehefrau mit einem Höchstbetrag von 65.000,00 €. Darüber hinaus müsste die ***Spindler KG*** bestimmte Forderungen aus Warenverkäufen in Form einer **stillen Zession** an die Lindener Volksbank eG abtreten.
- Alternativ zur Ausnutzung von Skonto steht die Aufnahme eines Bankdarlehens bei der Sparkasse Hannover zur Diskussion: Zinssatz 10,0 %; Bearbeitungsgebühren 1 %; das Darlehen müsste **dinglich gesichert** werden.

1. Stellen Sie fest, ob sich die Finanzierung für die ***Spindler KG***
   - über das Kontokorrentkonto oder eher
   - durch Darlehensaufnahme

   rechnen würde.
2. a) Erklären Sie die von den Banken geforderten Kreditsicherungen.
   b) Warum ist eine Hypothek für die Sicherung des Kontokorrentkredits nicht sinnvoll?
   c) Überprüfen Sie gleichzeitig, welche Informationsunterlagen die Sparkasse Hannover für die Überprüfung der *Kreditwürdigkeit* der ***Spindler KG*** verlangen wird.
3. Der ***Spindler KG*** liegt von einem anderen Kreditinstitut ein weiteres Darlehensangebot vor: Laufzeit 5 Jahre, Nominalzinssatz 10 %. Erstellen Sie den Tilgungsplan
   - für ein **Abzahlungsdarlehen** (Tilgungsvereinbarung: in gleichen jährlichen Raten),
   - für ein **Annuitätendarlehen** (Tilgung im ersten Jahr 20 %).

   Verwenden Sie für Ihre Lösungen das Tabellenkalkulationsprogramm Excel.
4. Beurteilen Sie die Auswirkungen der Gesamttilgung auf die Liquidität der Textilgroßhandlung ***Spindler KG.*** Überlegen Sie gleichzeitig, für welche Art von Investitionen ein Abzahlungsdarlehen (Ratentilgungsdarlehen) bzw. ein Annuitätendarlehen geeignet ist.
5. Erläutern Sie ausführlich, warum es möglicherweise sinnvoller wäre, das Investitionsvorhaben anstatt mit *fremdem Kapital* mit *eigenen Mitteln* zu finanzieren. Stellen Sie gleichzeitig mehrere Möglichkeiten der Eigenkapitalbeschaffung für die ***Spindler KG*** dar.
6. Die ***Spindler KG*** plant die weitere Ausdehnung ihrer geschäftlichen Aktivitäten Richtung Osten. Genauer gesagt: Man will in den nächsten Jahren auch auf dem russischen Markt aktiv werden.

5567152

Geben Sie an, mit welchen Risiken ein derartiges Engagement für die ***Spindler KG*** verbunden ist. Machen Sie gleichzeitig Vorschläge zur Minderung der von Ihnen festgestellten Risiken.

Lernsituation 3

Wenige Jahre später stellt sich die wirtschaftliche Situation der ***Spindler KG*** wie folgt dar (Auszug):

Gesamtkapital	2.500.000,00 €
Summe des Umlaufvermögens	1.450.000,00 €
Eigenkapitalquote	20 %
Erträge	2.125.000,00 € p. a.
Fremdkapitalzinsen	150.000,00 € p. a.
Abschreibungen	200.000,00 € p. a.
Sonstige Aufwendungen	1.600.000,00 € p. a.

1. Prüfen Sie die Unternehmenssituation unter Zugrundelegung der Finanzierungsregeln (Finanzierungsgrundsätze).
2. Nehmen Sie aufgrund des vorliegenden Zahlenmaterials eine erste (nicht unbedingt rechnerisch geprägte) Einschätzung der Anlagendeckung sowie des Kapital- und Vermögensaufbaus vor.
3. Die ***Spindler KG*** hat Grundeigentum im Wert von 470.000,00 €. Das Geschäftsgebäude wurde mit einem langfristigen Darlehen finanziert. Als Sicherheit für das Darlehen wurde das Gebäude mit einer Grundschuld von 300.000,00 € zugunsten der Hausbank belastet. Während das Darlehen mittlerweile getilgt ist, ist die Grundschuld im Grundbuch noch nicht gelöscht.

   Für ihre weiteren Expansionsschritte hat die ***Spindler KG*** noch folgenden Finanzierungsbedarf:

   - 210.000,00 € für die Finanzierung eines zentralen Auslieferungslagers
   - 125.000,00 € für die Anschaffung von zwei weiteren Auslieferungsfahrzeugen

   Die Lindener Volksbank eG gewährt nach positiver Kreditprüfung für das Lager ein Annuitätendarlehen von 210.000,00 € zu einem Nominalzins von 8 %, Laufzeit 6 Jahre, Auszahlung 100 %, Bearbeitungsgebühr 0,8 %.

   a) Ermitteln Sie die monatliche Annuität mithilfe des Annuitätenfaktors[1] sowie den Darlehensstand am Ende des dritten Jahres.

   b) Schlagen Sie eine angemessene Kreditsicherung für dieses Darlehen vor. Erläutern Sie Ihre Entscheidung.
4. Zur Finanzierung der beiden Transportfahrzeuge ergibt sich die folgende Situation:

   Bei Barzahlung gewährt der Händler der Fahrzeuge 5 % Skonto. Zur Finanzierung stehen 30.000,00 € eigene Mittel zur Verfügung. Der Differenzbetrag von 95.000,00 € könnte wie folgt finanziert werden:

   - Aufnahme eines *Fälligkeitsdarlehens* bei der Sparkasse Hannover, Laufzeit 5 Jahre, Zinssatz 10 %. Entsprechende Sicherheiten sind zu stellen.
   - *Leasing* unter den folgenden Bedingungen: einmalige Mietsonderzahlung von 20 % des Rechnungsbetrages; monatliche Leasingrate 2.000,00 €; Leasingdauer 5 Jahre; Leasingform: Finance-Leasing.

   a) Bestimmen Sie den Kreditbedarf der ***Spindler KG.***

   b) Ermitteln Sie die finanzielle Gesamtbelastung, die die ***Spindler KG*** zu tragen hat
   - bei Aufnahme des Fälligkeitsdarlehens,
   - beim Leasen der beiden Fahrzeuge.

   c) Neben dem rein kostenrechnerischen Vergleich müssen für eine definitive Finanzierungsentscheidung weitere Kriterien berücksichtigt werden. Überlegen Sie, welche das sein könnten und wie diese Ihr in Aufgabe 4 b) ermitteltes Ergebnis beeinträchtigen können.

   d) Empfehlen Sie eine realistische Kreditsicherung für das Fälligkeitsdarlehen zur Finanzierung der beiden Fahrzeuge. Die aktuellen Beleihungsgrenzen sind bei der Entscheidungsfindung zu berücksichtigen.

[1] Entsprechende mathematisch aufbereitete Tabellen sind im Internet zu finden.

10.1 Wir lernen die Zinsrechnung als erweiterte Prozentrechnung kennen

Einstieg

Die Textilgroßhandlung ***Spindler KG*** ist bei ihren Kunden nicht nur wegen ihres guten Preis-Leistungs-Verhältnisses bekannt. Sie wird von den Einzelhändlern insbesondere auch für ihren ausgezeichneten Kundenservice geschätzt und bei ihren Lieferanten wegen ihres stets pünktlichen Rechnungsausgleichs.

Doch trotz aller getroffenen organisatorischen Maßnahmen im Rechnungswesen kann es niemals ganz vermieden werden, dass – wenn auch höchst selten – das Zahlungsziel bei einer Eingangsrechnung überschritten wird, wie der (aus Sicht der ***Spindler KG*** unglückliche) Fall Bernhard Müller beweist:

Der Lieferant Bernhard Müller OHG aus Heidelberg, von dem die ***Spindler KG*** am 20. September Textilien im Wert von 3.730,00 € mit einem Zahlungsziel bis 20. Oktober erhalten hat, schickt der ***Spindler KG*** nach der zweiten Zahlungserinnerung eine Mahnung mit erneuter Rechnungsstellung. Diese Rechnung weist **Verzugszinsen** aus, die bis 5. Dezember mit einem Zinssatz von 9,95 % berechnet werden.[1]

1. Erläutern Sie, welcher Zusammenhang mit der Prozentrechnung besteht.
2. Legen Sie dar, warum für die Berechnung der Verzugszinsen die Prozentrechnung nicht ausreicht.
3. Berechnen Sie die von der ***Spindler KG*** zu zahlenden Zinsen, wenn die Zahlungsverspätung zu guter Letzt 45 Tage betragen hat.
4. Der Lieferant Bernhard Müller OHG hatte der ***Spindler KG*** für die Bezahlung des Rechnungsbetrags von 3.730,00 € die folgenden Zahlungsbedingungen angeboten: „Zahlungsziel 30 Tage, bei Zahlung innerhalb von 7 Tagen 2 % Skonto."

   Ermitteln Sie,

   a) wie viel Euro der Skontoabzug beträgt und

   b) wie hoch der Betrag ist, den die ***Spindler KG*** bei vorzeitiger Zahlung an die Bernhard Müller OHG überweist.
5. Berechnen Sie für den gewährten Skontoprozentsatz von 2 % den Jahresprozentsatz bezogen auf die kostenpflichtige Kreditzeit.
6. Um Skonto auszunutzen, müsste die ***Spindler KG*** einen Bankkredit über den Überweisungsbetrag aufnehmen, Kreditzinssatz 14 %.

   Wie viel Euro betragen die Kreditkosten und der Finanzierungserfolg?

Informationen

Zinsen stellen den Preis für die zeitweilige Überlassung von Kapital (Geld) dar. Sie fallen an bei Darlehen, Zielgeschäften, Überziehung von Zahlungszielen ... usw.

Zusätzlich zu den aus der Prozentrechnung bekannten Größen spielt in der Zinsrechnung die **Zeit** eine Rolle.

1 Die beiden Vertragspartner haben für den Eintritt des Zahlungsverzugs vereinbart, dass der Verzug nach Ablauf des 20. Oktober eintreten soll.

Beispiel

10 % Zinssatz p	von	2.000,00 € erbringen in Kapital k	180 Tagen Zeit t (Tage) m (Monate) j (Jahre)	100,00 € Zinsen z

Die Höhe der Zinsen hängt also ab
- vom Zinssatz,
- vom Kapital und
- von der Zeit.

Berechnung der Zinsen

Berechnung der Jahreszinsen

Beispiel

Die *Spindler KG* nimmt einen Kredit über 400.000,00 € auf. Zinssatz: 8 %, Laufzeit: 4 Jahre. Wie viel Zinsen sind zu zahlen?

Lösung

Das Kapital beträgt:	400.000
1 % von 400.000,00 € sind:	$\frac{400.000}{100}$
8 % Zinsen von 400.000,00 € sind: (= Zinsen pro Jahr)	$\frac{400.000 \cdot 8}{100}$
8 % Zinsen von 400.000,00 € für 4 Jahre sind:	$\frac{400.000 \cdot 8 \cdot 4}{100} = \underline{\underline{128.000,00\text{ €}}}$

Die *Spindler KG* hat 128.000,00 € an Zinsen zu zahlen.

Es ergibt sich die Jahreszinsformel:

$$\textbf{Jahreszinsen} = \frac{\text{Kapital} \cdot \text{Zinssatz} \cdot \text{Jahre}}{100} = \frac{k \cdot p \cdot j}{100}$$

Berechnung der Monatszinsen

Beispiel

Die *Spindler KG* nimmt bei ihrer Bank einen kurzfristigen Kredit über 80.000,00 € auf. Zinssatz: 8 %, Laufzeit: 9 Monate. Errechnen Sie die zu zahlenden Zinsen.

Lösung

Das Kapital beträgt:	80.000
1 % von 80.000,00 € sind:	$\frac{80.000}{100}$
8 % Zinsen von 80.000,00 € sind: (= Zinsen pro Jahr)	$\frac{80.000 \cdot 8}{100}$
8 % Zinsen von 80.000,00 € für 1 Monat sind:	$\frac{80.000 \cdot 8}{100 \cdot 12}$
8 % Zinsen von 80.000,00 € für 9 Monate sind:	$\frac{80.000 \cdot 8 \cdot 9}{100 \cdot 12} = \underline{\underline{4.800,00\text{ €}}}$

Die *Spindler KG* hat 4.800,00 € an Zinsen zu zahlen.

Es ergibt sich die Monatszinsformel:

$$\textbf{Monatszinsen} = \frac{\text{Kapital} \cdot \text{Zinssatz} \cdot \text{Monate}}{100 \cdot 12} = \frac{k \cdot p \cdot m}{100 \cdot 12}$$

Berechnung der Tageszinsen

Beispiel

Die Lindener Volksbank gewährt der ***Spindler KG*** einen Kredit über 40.000,00 € für 220 Tage. Zinssatz: 9 %. Errechnen Sie die Zinsen.

Lösung

Das Kapital beträgt:	40.000
1 % von 40.000,00 € sind:	$\frac{40.000}{100}$
9 % Zinsen von 40.000,00 € sind: (= Zinsen pro Jahr)	$\frac{40.000 \cdot 9}{100}$
9 % Zinsen von 40.000,00 € für 1 Tag sind:	$\frac{40.000 \cdot 9}{100 \cdot 360}$
9 % Zinsen von 40.000,00 € für 220 Tage sind:	$\frac{40.000 \cdot 9 \cdot 220}{100 \cdot 360} = \underline{\underline{2.200{,}00\ €}}$

Die ***Spindler KG*** hat 2.200,00 € an Zinsen zu zahlen.

Es ergibt sich die Tageszinsformel:

$$\textbf{Tageszinsen} = \frac{\text{Kapital} \cdot \text{Zinssatz} \cdot \text{Tage}}{100 \cdot 360} = \frac{k \cdot p \cdot t}{100 \cdot 360}$$

Für die Berechnung der Zinstage gilt in Deutschland (kaufmännische Zinsrechnung):

- 1 Jahr = 360 Tage
- 1 Monat = 30 Tage
- Monate mit 31 Tagen gelten als Monate mit 30 Tagen.
- Endet der Zinszeitraum „Ende Februar", so werden die Tage des Monats Februar genau berechnet, d. h., es werden 28 bzw. 29 Tage angesetzt.
- Bei der Berechnung der Zinstage wird der 1. Tag nicht mitgezählt. Der letzte Tag hingegen, der Rückzahlungszeitpunkt, zählt mit.

Beispiel **zur Errechnung der Zinstage**

Es sind die Zinstage vom 27. Mai bis 6. Okt. zu errechnen.

1. Lösungsmöglichkeit:

27. Mai	bis 30. Mai	→	3 Tage
30. Mai	bis 30. Sept.	→	120 Tage
30. Sept.	bis 6. Okt.	→	6 Tage
			129 Tage

2. Lösungsmöglichkeit:

27. Mai	bis 27. Sept.	→	120 Tage
27. Sept.	bis 30. Sept.	→	3 Tage
30. Sept.	bis 6. Okt.	→	6 Tage
			129 Tage

Es liegen 129 Zinstage zwischen dem 27. Mai und dem 6. Okt.

5567156

Exkurs

Die Berechnung der Zinstage erfolgt in einigen Ländern anders als in der Bundesrepublik Deutschland. Die folgende Tabelle gibt eine Übersicht.

	gilt für	Monatstage	Jahr	Formel
deutsche Berechnungsart	Bundesrepublik Deutschland (kaufmännische Zinsrechnung), Norwegen, Schweiz, Schweden, Dänemark, GUS	30 Tage	360 Tage	$z = \frac{k \cdot p \cdot t}{100 \cdot 360}$
französische Berechnungsart[1]	Frankreich, Belgien, Holland, Italien, Spanien, Österreich	genau	360 Tage	$z = \frac{k \cdot p \cdot t}{100 \cdot 360}$
englische Berechnungsart	Großbritannien, USA, Portugal, deutsche bürgerliche Zinsrechnung	genau	365 Tage	$z = \frac{k \cdot p \cdot t}{100 \cdot 365}$

Berechnung des Kapitals

Beispiel

Für ein Darlehen, das wir vom 1. April bis zum 1. Juli (= 90 Tage) aufgenommen haben, müssen wir bei einem Zinssatz von 9 % 1.620,00 € Zinsen zahlen. Wie hoch ist das Darlehen?

Wir wandeln die Zinsformel in eine Formel für das Kapital um:

$$z = \frac{k \cdot p \cdot t}{100 \cdot 360} \quad | \cdot 100 \cdot 360$$

$$z \cdot 100 \cdot 360 = k \cdot p \cdot t \quad | : p : t$$

$$\frac{z \cdot 100 \cdot 360}{p \cdot t} = k$$

$$\textbf{Kapital} = \frac{\text{Zinsen} \cdot 100 \cdot 360}{\text{Zinssatz} \cdot \text{Tage}} = \frac{z \cdot 100 \cdot 360}{p \cdot t}$$

In die Formel setzen wir entsprechend ein:

$$k = \frac{z \cdot 100 \cdot 360}{p \cdot t} = \frac{1.620 \cdot 100 \cdot 360}{9 \cdot 90}$$

$$= \underline{\underline{72.000{,}00\ €}}$$

Das Darlehen beträgt 72.000,00 €.

Berechnung des Zinssatzes

Beispiel

14.400,00 € erbrachten vom 2. April bis zum 8. Nov. einen Zinsertrag von 432,00 €. Errechnen Sie den Zinssatz.

Wir wandeln die Zinsformel in eine Formel für den Zinssatz um:

$$z = \frac{k \cdot p \cdot t}{100 \cdot 360} \quad | \cdot 100 \cdot 360$$

$$z \cdot 100 \cdot 360 = k \cdot p \cdot t \quad | : k : t$$

$$\frac{z \cdot 100 \cdot 360}{k \cdot t} = p$$

$$\textbf{Zinssatz} = \frac{\text{Zinsen} \cdot 100 \cdot 360}{\text{Kapital} \cdot \text{Tage}} = \frac{z \cdot 100 \cdot 360}{k \cdot t}$$

In die Formel setzen wir entsprechend ein:

$$p = \frac{z \cdot 100 \cdot 360}{k \cdot t} = \frac{432 \cdot 100 \cdot 360}{14.400 \cdot 216} = \underline{\underline{5\ \%}}$$

Der Zinssatz beträgt 5 %.

1 Die französische Berechnungsart wird auch als „Euro-Zinsmethode“ bezeichnet.

Berechnung der Zeit

Beispiel

Wir berechnen einem Kunden, an den wir eine Forderung von 12.000,00 € haben, 5 % Verzugszinsen. Dies macht 80,00 € aus. Um wie viel Tage hat der Kunde das Zahlungsziel überzogen?

Wir wandeln die Zinsformel in eine Formel für die Zeit um:

$$z = \frac{k \cdot p \cdot t}{100 \cdot 360} \quad \Big| \cdot 100 \cdot 360$$

$$z \cdot 100 \cdot 360 = k \cdot p \cdot t \quad | : k : p$$

$$\frac{z \cdot 100 \cdot 360}{k \cdot p} = t$$

$$\text{Tage} = \frac{\text{Zinsen} \cdot 100 \cdot 360}{\text{Kapital} \cdot \text{Zinssatz}} = \frac{z \cdot 100 \cdot 360}{k \cdot p}$$

In die Formel setzen wir entsprechend ein:

$$t = \frac{z \cdot 100 \cdot 360}{k \cdot p} = \frac{80 \cdot 100 \cdot 360}{12.000 \cdot 5} = \underline{\underline{48 \text{ Tage}}}$$

Der Kunde hat das Zahlungsziel um 48 Tage überzogen.

Summarische Zinsrechnung

Sollen mehrere Beträge bis zu einem Stichtag zum gleichen Zinssatz verzinst werden, so kann die Rechenarbeit durch die so genannte **„summarische Zinsrechnung“** vereinfacht werden.

Dazu wird zunächst die Zinsformel umgestellt:

$$z = \frac{k \cdot p \cdot t}{100 \cdot 360} = \frac{k \cdot t}{100} \cdot \frac{p}{360} = \frac{k \cdot t}{100} : \frac{360}{p}$$

$$z = \underbrace{\frac{k \cdot t}{100}} : \underbrace{\frac{360}{p}}$$

$$z = \underbrace{\text{Zinszahl}} : \underbrace{\text{Zinsteiler}}$$

$$z = \# : Zt$$

Beispiel

Bei der Lindener Volksbank zahlen wir folgende Beträge ein:

1. am 4. März 12.800,00 €
2. am 8. Juni 13.200,00 €
3. am 11. Aug. 10.500,00 €
4. am 20. Okt. 15.600,00 €

Wir erhalten 6 % Zinsen.
Wie hoch ist unser Guthaben am 31. Dez.?

Abrechnungstag: 31. Dez.

	Kapital	Wertstellung	Zinstage	#
❶ ❷	12.800,00 €	4. März	296	37 888
	13.200,00 €	8. Juni	202	26 664
	10.500,00 €	11. Aug.	139	14 595
	15.600,00 €	20. Okt.	70	10 920
❸	52.100,00 €			❹ 90 067
	+ 1.501,12 €	Zinsen		❺ 90 067 : 60 = 1.501,12 €
❻	53.601,12 €	Guthaben am 31. Dez.		

Das Guthaben beträgt am 31. Dez. 53.601,12 €.

Lösungsweg

❶ Aufstellung des Rechenschemas
❷ Eintragen der Beträge einschließlich der Zinstage und der errechneten Zinszahlen (#)
❸ Errechnung der Summe der Kapitalien
❹ Errechnung der Summe der Zinszahlen (#)
❺ Errechnung der Zinsen. Dazu wird die Summe der Zinszahlen (#) durch den Zinsteiler dividiert. (Im obigen Beispiel ergibt sich der Zinsteiler wie folgt: 360 : 6 = 60)
❻ Ermittlung des Guthabens

Beachten Sie: Zinszahlen haben keine Dezimalstellen. Es wird immer auf ganze Zahlen auf- oder abgerundet (kaufmännische Rundungsregel).

5567158

Bequeme Zinssätze

Zinssätze, die in 360 ohne Rest enthalten sind, bezeichnet man als **bequeme Zinssätze.** Sie führen zu ganzen Zinsteilern.

Die folgende Übersicht enthält die bequemen Zinssätze.

Zinssatz (p)	Zinsteiler $\left(\frac{360}{p}\right)$	Zinssatz (p)	Zinsteiler $\left(\frac{360}{p}\right)$
$\frac{3}{8}$	960	$4\frac{2}{7}$	84
$\frac{1}{2}$	720	$4\frac{1}{2}$	80
1	360	$4\frac{4}{5}$	75
$1\frac{1}{4}$	288	5	72
$1\frac{1}{3}$	270	6	60
$1\frac{1}{2}$	240	$6\frac{2}{3}$	54
2	180	$7\frac{1}{5}$	50
$2\frac{1}{4}$	160	$7\frac{1}{2}$	48
$2\frac{2}{5}$	150	8	45
$2\frac{1}{2}$	144	9	40
$2\frac{2}{3}$	135	10	36
3	120	12	30
$3\frac{1}{3}$	108	15	24
$3\frac{3}{5}$	100	18	20
$3\frac{3}{4}$	96	20	18
4	90	24	15

Unbequeme Zinssätze

Zinssätze, die in 360 nicht glatt enthalten sind, werden als **unbequeme Zinssätze** bezeichnet.

Beispiel

Aus der Zinszahl (#) 7 200 sollen Zinsen berechnet werden. Der Zinssatz beträgt 6,5 %. Es bietet sich in diesem Fall an, die Zinszahl mit dem Kehrwert des Zinsteilers zu multiplizieren.

$z = \# : \frac{360}{p}$ $\qquad z = \# \cdot \frac{p}{360}$

$z = 7\,200 \cdot \frac{6{,}5}{360} = \underline{\underline{130{,}00\ €}}$

Zinsrechnung vom vermehrten und verminderten Wert

Zinsrechnung vom vermehrten Wert

Beispiel

Für einen Kredit, den uns die Lindener Volksbank vom 1. März bis zum 1. Juli (= 120 Tage) zu einem Zinssatz von 6 % gewährt hat, zahlen wir einschließlich Zinsen 40.800,00 € zurück. Wie hoch ist der Kredit und wie viel Zinsen haben wir gezahlt?

Lösung

1. *Umrechnung des Jahreszinssatzes (Bezug: 360 Tage) auf einen Zinssatz, der sich auf den Kreditzeitraum (hier: 120 Tage) bezieht:*

   360 Tage ≙ 6 %
   120 Tage ≙ x %

   $x = \frac{6 \cdot 120}{360} = \underline{\underline{2\ \%}}$

Lösung

2. *Berechnung des Kapitals mit vermehrtem Grundwert:*

$$102\ \% \mathrel{\hat{=}} 40.800{,}00\ €$$
$$100\ \% \mathrel{\hat{=}} x\ €$$
$$x = \frac{40.800 \cdot 100}{102} = \underline{\underline{40.000{,}00\ €}}$$

Der Kredit beträgt 40.000,00 €.

3. *Berechnung der Zinsen:*

$$40.800{,}00\ € - 40.000{,}00\ € = \underline{\underline{800{,}00\ €}}$$

Wir haben 800,00 € Zinsen gezahlt.

Zinsrechnung vom verminderten Wert

Beispiel

Wir nehmen einen Kredit zu 6 % Zinsen vom 1. Febr. bis 1. Nov. (= 270 Tage) auf. Die Lindener Volksbank zahlt uns abzüglich Zinsen 23.875,00 € aus. Berechnen Sie die Höhe des Kredits und die Höhe der Zinsen.

Lösung

1. *Umrechnung des Jahreszinssatzes (Bezug: 360 Tage) auf einen Zinssatz, der sich auf den Kreditzeitraum (hier: 270 Tage) bezieht:*

$$360\ \text{Tage} \mathrel{\hat{=}} 6\ \%$$
$$270\ \text{Tage} \mathrel{\hat{=}} x\ \%$$
$$x = \frac{6 \cdot 270}{360} = \underline{\underline{4{,}5\ \%}}$$

2. *Berechnung des Kapitals mit vermindertem Grundwert:*

$$95{,}5\ \% \mathrel{\hat{=}} 23.875{,}00\ €$$
$$100\ \% \mathrel{\hat{=}} x\ €$$
$$x = \frac{23.875 \cdot 100}{95{,}5} = \underline{\underline{25.000{,}00\ €}}$$

Der Kredit beträgt 25.000,00 €.

3. *Berechnung der Zinsen:*

$$25.000{,}00\ € - 23.875{,}00\ € = \underline{\underline{1.125{,}00\ €}}$$

Die Zinsen betragen 1.125,00 €.

Umrechnung eines Skontoprozentsatzes auf einen Zinssatz

Beispiel

a) In einer Rechnung heißt es: „Zahlungsziel 30 Tage, bei Zahlung innerhalb von 10 Tagen 3 % Skonto." Welchem effektiven Zinssatz entsprechen die 3 % Skonto?

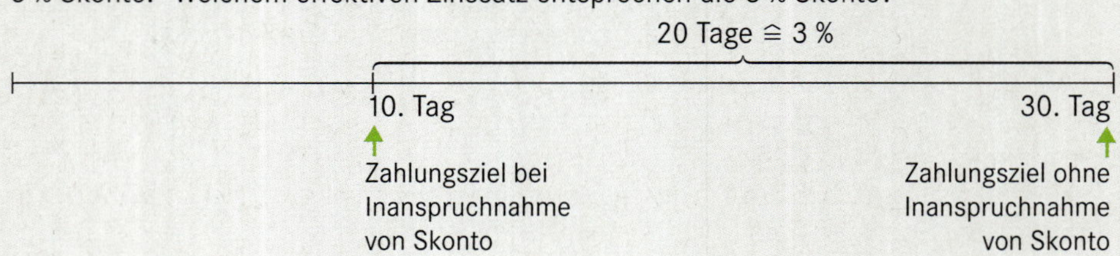

5567160

Für die **20-tägige** vorzeitige Zahlung werden **3 %** Skonto eingeräumt.
Damit besteht für den Skontoprozentsatz ein Zeitbezug (→ **20 Tage ≙ 3 %**).
Ein Zinssatz bezieht sich auf 360 Tage. Mit der Dreisatzrechnung erfolgt nun die Umrechnung des Skontoprozentsatzes auf einen Zinssatz:

20 Tage ≙ 3 %
360 Tage ≙ x %

$$x = \frac{3 \cdot 360}{20} = \underline{\underline{54\ \%}}$$

In unserem Beispiel entspricht der Skontoprozentsatz einem effektiven Zinssatz von 54 %.

b) Lohnt die Ausnutzung des Skontozahlungsziels, wenn für den Rechnungsausgleich ein Überziehungskredit zu 15 % Zinsen in Anspruch genommen werden müsste?

Zinsvorteil (54 %) > Zinsnachteil (15 %). Daraus folgt: Skontoinanspruchnahme lohnt.

Hinweis: Die obige Umrechnung eines Skontoprozentsatzes auf einen Zinssatz erfolgt mit einer **kaufmännischen Überschlagsrechnung**, die in der betrieblichen Praxis herangezogen wird und meistens ausreichend ist.

In den unten folgenden Ausführungen wird der Skontoprozentsatz **mathematisch korrekt** in einen effektiven Zinssatz (p_{eff}) umgerechnet.

Beispiel

Wir haben eine Rechnung über 13.000,00 € zu begleichen. Die Zahlungsbedingung lautet (wie oben): „Zahlungsziel 30 Tage, bei Zahlung innerhalb von 10 Tagen 3 % Skonto." Welchem effektiven Zinssatz (p_{eff}) entsprechen die 3 % Skonto?

Wenn Skonto ausgenutzt wird, sind **12.610,00** € (= **97** % von 13.000,00 €) zu zahlen. Wir ziehen **390,00** € Skonto (= **3** % von 13.000,00 €) vom Rechnungsbetrag ab.

Entsprechend setzen wir in die Formel für den Zinssatz (p) ein:

$$p_{eff} = \frac{z \cdot 100 \cdot 360}{k \cdot t} = \frac{390 \cdot 100 \cdot 360}{12.610 \cdot 20} = \underline{\underline{55{,}67\ \%}}$$

oder $\left(\text{da } \begin{array}{r} 390{,}00\ € \mathrel{\hat=} 3\ \% \\ 12.610{,}00\ € \mathrel{\hat=} 97\ \% \end{array}\right)$: $p_{eff} = \frac{3 \cdot 100 \cdot 360}{97 \cdot 20} = \underline{\underline{55{,}67\ \%}}$

Der Vergleich mit der kaufmännischen Überschlagsrechnung $\left(\frac{3 \cdot 360}{20} = 54\ \%\right)$ zeigt, dass die kaufmännische Überschlagsrechnung die lediglich **97 %ige** Überweisung vernachlässigt.

Effektivzinssatz bei Darlehen

Verschiedene Banken bieten bei der Darlehensgewährung in der Regel unterschiedliche Konditionen an. So können sich die Kreditbedingungen hinsichtlich der Zinsen, des Disagios (Abgeld), der Bearbeitungsgebühren und der Spesen unterscheiden. Um Darlehensangebote vergleichbar zu machen, wird der so genannte **Effektivzinssatz** herangezogen.

Beispiel

Die *Spindler KG* beabsichtigt ein Darlehen über 120.000,00 € aufzunehmen.
Die Lindener Volksbank macht folgendes Angebot: Zinssatz: 9 %, Disagio: 4 %, 1 % Bearbeitungsgebühren, 100,00 € Spesen, Laufzeit: 5 Jahre.
Um dieses Darlehensangebot mit anderen Darlehensangeboten zu vergleichen, gilt es, den Effektivzinssatz zu errechnen.

Lösung[1]

1. Ermittlung des Auszahlungsbetrages

	Darlehensbetrag	120.000,00 €
–	4 % Disagio	4.800,00 €
–	1 % Bearbeitungsgebühren	1.200,00 €
–	Spesen	100,00 €
	Auszahlungsbetrag	113.900,00 €

2. Ermittlung der effektiven Kreditkosten

	4 % Disagio	4.800,00 €
+	1 % Bearbeitungsgebühren	1.200,00 €
+	Spesen	100,00 €
+	Zinsen $= \frac{120.000 \cdot 9 \cdot 1\,800}{100 \cdot 360} =$	54.000,00 €
	effektive Kreditkosten	60.100,00 €

3. Ermittlung des Effektivzinssatzes

Zur Ermittlung des Effektivzinssatzes wird die Zinssatzformel herangezogen. Für das Kapital wird der Auszahlungsbetrag (113.900,00 €), für die Zinsen werden die effektiven Kreditkosten (60.100,00 €) eingesetzt.

$$p = \frac{z \cdot 100 \cdot 360}{k \cdot t} = \frac{60.100 \cdot 100 \cdot 360}{113.900 \cdot 1\,800} = \underline{\underline{10{,}55\,\%}}$$

(Im obigen Beispiel hätte man auch mit der Jahresformel rechnen können.)

Der Effektivzinssatz beträgt 10,55 %.

Aufgaben

Aufgaben 1 und 2: Berechnung der Jahreszinsen
Aufgaben 3 bis 5: Berechnung der Monatszinsen
Aufgaben 6 bis 12: Berechnung der Tageszinsen
Aufgaben 13 bis 17: Berechnung des Kapitals
Aufgaben 18 bis 22: Berechnung des Zinssatzes
Aufgaben 23 bis 29: Berechnung der Zeit
Aufgaben 30 bis 34: summarische Zinsrechnung
Aufgaben 35 bis 37: Zinsrechnung vom vermehrten Wert
Aufgaben 38 bis 40: Zinsrechnung vom verminderten Wert
Aufgaben 41 bis 43: Umrechnung eines Skontoprozentsatzes auf einen Zinssatz
Aufgaben 44 und 45: Effektivzinssatz bei Darlehen
Aufgaben 46 bis 66: vermischte Aufgaben zur Zinsrechnung

1 Errechnen Sie die Zinsen für ein Jahr.

Kapital	Zinssatz
a) 38.560,00 €	4 %
b) 25.490,00 €	5,5 %
c) 12.380,00 €	8,2 %
d) 54.930,00 €	9 1/11 %
e) 68.440,00 €	6 2/3 %
f) 4.280,00 €	8 3/7 %

2 Errechnen Sie die Zinsen.

Kapital	Zinssatz	Jahre
a) 12.430,00 €	6 %	3
b) 98.520,00 €	4,5 %	6
c) 22.810,00 €	3,8 %	5
d) 34.990,00 €	5,3 %	4,5
e) 47.590,00 €	4,6 %	3
f) 13.420,00 €	3 1/3 %	5,5
g) 28.490,00 €	9 1/11 %	4
h) 52.360,00 €	8 1/3 %	6
i) 33.320,00 €	4 1/16 %	7
j) 20.410,00 €	5 3/8 %	8

1 Die hier dargebotene Lösung beinhaltet eine kaufmännische Überschlagsrechnung.
Annahme: Das Darlehen wird am Ende seiner Laufzeit in einem Betrag zurückgezahlt (Fälligkeitsdarlehen).

3 Wie hoch sind die Zinsen?

	Kapital	Zinssatz	Monate
a)	13.580,00 €	6 %	8
b)	24.930,00 €	5 %	6
c)	80.240,00 €	7 %	9
d)	38.790,00 €	4,5 %	10
e)	12.990,00 €	6 ¾ %	4
f)	28.430,00 €	6 ⅔ %	11
g)	49.270,00 €	$9\frac{1}{11}$ %	9
h)	30.410,00 €	8 ⅓ %	8

4 Unser Kunde, die Gebert GmbH, ist in Zahlungsverzug geraten. Folgende Forderungen sind noch nicht ausgeglichen:

a) 25.482,00 €, fällig seit 4 Monaten
b) 38.543,00 €, fällig seit 6 Monaten
c) 40.138,00 €, fällig seit 5 Monaten

Im Kaufvertrag haben wir 8 % Verzugszinsen vereinbart.
Wie hoch sind unsere Forderungen einschließlich Verzugszinsen an die Gebert GmbH?

5 Wir haben einem Kunden für einen Forderungsbetrag von 80.500,00 € ein Zahlungsziel von fünf Monaten gewährt. Hierfür verlangen wir 8 % Zinsen. Kurz vor Ablauf des Zahlungsziels bittet uns unser Kunde um einen Zahlungsaufschub von weiteren drei Monaten. Er ist bereit, für diesen Zeitraum 12 % Zinsen zu zahlen. Da nur eine vorübergehende Liquiditätsschwäche unseres Kunden vorliegt, akzeptieren wir.
Wie viel Euro hat unser Kunde einschließlich Zinsen an uns zu zahlen?

6
a) 3. April – 12. Dez.
b) 27. März – 19. Sept.
c) 1. Febr. – 4. Juni
d) 13. April – 2. Juli
e) 2. Mai – 31. Juli
f) 6. Jan. – 2. Aug.

Errechnen Sie die Zinstage
I nach deutscher Art (kaufmännische Zinsrechnung),
II nach französischer Art (Exkurs),
III nach englischer Art (Exkurs).

7

	Kapital	Zinssatz	Zeitraum
a)	98.430,00 €	8 %	2. März – 19. Sept.
b)	14.390,00 €	9 %	24. April – 20. Okt.
c)	33.360,00 €	6 %	17. März – 1. Okt.

Berechnen Sie die Zinsen
I nach der deutschen kaufmännischen Zinsrechnung,
II nach der französischen Art,
III nach der englischen Art.

8 Die Kibat GmbH ist bei drei Lieferanten in Zahlungsverzug geraten.

Lieferanten	Fälligkeitsdatum	Rechnungsbeträge	Zinssatz
Thren KG	27. März	34.830,00 €	8 %
Muche GmbH	9. April	45.780,00 €	9 %
Bothe OHG	2. Mai	57.420,00 €	6 %

Am 8. Aug. ist die Kibat GmbH aufgrund eines Zahlungseinganges von 230.560,00 € in der Lage, ihre Lieferantenverbindlichkeiten zu begleichen.
a) Wie viel Euro sind an die drei Lieferanten jeweils zu zahlen?
b) Wie viel Euro verbleiben der Kibat GmbH an flüssigen Mitteln?

9 Errechnen Sie die Rückzahlungsbeträge einschließlich Zinsen.

	Darlehen	Zinssatz	Laufzeit
a)	4.560,00 €	8 %	1. Febr. – 29. Okt.
b)	6.790,00 €	9 %	3. März – 13. Dez.
c)	2.430,00 €	5 %	25. Jan. – 2. Dez.

10 Wir nehmen am 4. Jan. ein Darlehen mit einem variablen Zinssatz über 80.560,00 € auf. Der Zinssatz beträgt:

vom 4. Jan.	bis 8. März	6 %
vom 9. März	bis 12. Juni	7 ½ %
vom 13. Juni	bis 28. Aug.	8 %
vom 29. Aug.	bis 4. Nov.	8 ⅔ %
vom 5. Nov.	bis 13. Dez.	9 %

Wie hoch ist am 13. Dez. der Rückzahlungsbetrag einschließlich Zinsen?

11 Am 1. März nehmen wir eine Hypothek über 230.500,00 € auf. Wie viel Zinsen haben wir am 31. Dez. bei den folgenden Zinssätzen zu zahlen?
a) 6,5 % b) 8 % c) $9\frac{1}{11}$ % d) 7 ¾ %

12 Bei einem Warenhandelsgeschäft über 120.630,00 € wurde folgende Zahlungsbedingung vereinbart:
„Zahlungsziel 50 Tage, bei Zahlung innerhalb von 10 Tagen 1 % Skonto."
Bei Inanspruchnahme von Skonto müsste der Käufer sein Bankkonto um den Zahlungsbetrag überziehen.
Errechnen Sie, ob es bei den folgenden Überziehungszinssätzen vorteilhaft ist, Skonto auszunutzen.
a) 6 % b) 10 % c) 9 ¾ % d) 7 %

13 Errechnen Sie das Kapital.

	Zinsen	Zinssatz	Laufzeit
a)	120,00 €	8 %	1. März – 19. Dez.
b)	270,00 €	9 %	26. Febr. – 11. Okt.
c)	84,00 €	7 %	10. Jan. – 9. Aug.

14 Wir beabsichtigen, zur Kapitalanlage eine Eigentumswohnung zu kaufen. Eine infrage kommende Eigentumswohnung erbringt einen monatlichen Mietertrag von 720,00 €.
Wie viel darf diese Wohnung kosten, wenn wir eine Rendite von 6 % anstreben?

15 Ein Handwerksmeister gibt aus Altersgründen sein Gewerbe auf. Er möchte in Zukunft nur noch von Zinsen leben, wobei er an einen monatlichen Betrag von 2.500,00 € denkt.
Wie viel Euro müssen ihm aus der Veräußerung seiner Werkstatt verbleiben, damit er seinen Plan realisieren kann? Zinssatz: 8 %.

16 30.000,00 € werden vom 3. Febr. bis zum 19. Aug. zu einem Zinssatz von 6 % angelegt. Ein weiterer Geldbetrag soll vom 20. Juni bis zum 4. Dez. zu 8 % angelegt werden. Wie hoch muss dieser Betrag sein, damit er denselben Zinsertrag erbringt wie die erste Kapitalanlage?

17 Für die 8%ige Hypothek auf unser Grundstück zahlen wir vierteljährlich 3.200,00 € Hypothekenzinsen. Auf welchen Betrag beläuft sich die Hypothek?

18 Errechnen Sie den Zinssatz.

Kapital	Zinsen	Tage
a) 52.800,00 €	721,60 €	82
b) 36.400,00 €	379,17 €	75
c) 84.900,00 €	905,60 €	96

19 Am 27. März nehmen wir ein Darlehen auf. Einschließlich der Zinsen von 1.740,00 € zahlen wir am 18. Dez. 31.740,00 € zurück.
Zu welchem Zinssatz haben wir das Darlehen aufgenommen?

20 Ein Lieferant berechnet seinem Kunden für einen Rechnungsbetrag über 22.000,00 € 198,00 € Verzugszinsen. Der Kunde hat den Zahlungstermin um 36 Tage überschritten.
Welchen Verzugszinssatz verlangt der Lieferant?

21 Zu welchem Zinssatz muss ein Kapital angelegt werden, damit es sich in 15 Jahren verdoppelt?

22 40.000,00 € wachsen auf unserem Bankkonto vom 1. März bis zum 19. Dez. auf 41.920,00 € an. Ein weiterer Geldbetrag soll zum gleichen Zinssatz angelegt werden.
Wie hoch muss dieser Betrag sein, damit er in 216 Tagen 1.800,00 € Zinsen erbringt?

23 Errechnen Sie die Tage.

Kapital	Zinsen	Zinssatz
a) 32.600,00 €	391,20 €	8 %
b) 43.800,00 €	788,40 €	9 %
c) 54.200,00 €	745,25 €	5 %

24 Am 1. April nehmen wir einen Kredit über 45.000,00 € auf. Der Zinssatz beträgt 8 %. Es sind 960,00 € Zinsen zu zahlen.
Bis zu welchem Tag (Datum) läuft der Kredit?

25 Wir haben einem Kunden ein Darlehen über 8.500,00 € gewährt. Am 17. Dez. zahlt er uns einschließlich Zinsen (6 %) 8.806,00 € zurück.
An welchem Tag (Datum) haben wir dem Kunden den Kredit eingeräumt?

26 Ein kaufmännischer Angestellter legt am 1. Febr. 9.000,00 € bei seiner Bank zu 8 % an.
Wie lange muss er warten (Datum), bis sein Kapital auf 10.000,00 € angewachsen ist?

27 Am 18. Dez. zahlt ein Kunde an uns 14.105,00 € einschließlich 105,00 € Verzugszinsen (Zinssatz: 6 %). Wir hatten diesem Kunden ein Zahlungsziel von 30 Tagen eingeräumt. Ermitteln Sie das Ausstellungsdatum der Rechnung.

28 8.514,78 € sollen ab 2. März zu 8 % so lange angelegt werden, bis sie so viele Zinsen erbringen wie 9.600,00 €, die vom 5. Jan. bis zum 7. Okt. zu 6 % verzinst werden.
Bis zu welchem Tag (Datum) muss der Betrag von 8.514,78 € angelegt werden?

29 Wie lange muss ein Kapital zu 5 % Zinsen angelegt werden, damit es sich verdoppelt?

30 Errechnen Sie aus der Zinszahl (#) 9 000 die Zinsen bei folgenden Zinssätzen:

a) 3 ⅓ %	f) 7 ⅕ %	k) 4,97 %
b) 7 ½ %	g) 7 %	l) 9,32 %
c) 2 ⅔ %	h) 4,5 %	m) 7,71 %
d) 4 %	i) 8,3 %	n) 9,13 %
e) 3 ¾ %	j) 5,23 %	o) 3,42 %

31 Wir eröffnen bei unserer Hausbank ein neues Konto und zahlen die folgenden Beträge ein:

a) 8.960,00 € am 22. März
7.280,00 € am 8. April
5.430,00 € am 18. Sept.
9.870,00 € am 2. Nov.
} Zinssatz: 6 %

b) 1.280,00 € am 10. Febr.
2.730,00 € am 1. März
4.920,00 € am 12. Juni
9.310,00 € am 2. Nov.
} Zinssatz: 5 %

Wie hoch ist unser Bankguthaben am 31. Dez.?

32 Ein Kunde schuldet uns die folgenden Beträge:
4.921,00 €, fällig am 20. Jan.
5.622,00 €, fällig am 19. Febr.
6.431,00 €, fällig am 1. März
8.938,00 €, fällig am 5. April

5567164

Der Kunde möchte die offenen Rechnungen mit einer Gesamtzahlung am 30. Juni ausgleichen. Wie hoch ist unser Zahlungsanspruch am 30. Juni bei folgenden Verzugszinssätzen:

a) 9 %, b) $4\frac{4}{5}$ %, c) 6,57 %, d) $7\frac{4}{7}$ %?

33 An einen unserer Kunden, die Söffgen OHG, haben wir die folgenden Rechnungen geschickt:

AR 512 am 2. März über 4.983,00 €;
Zahlungsziel: 2 Monate

AR 783 am 8. April über 6.714,00 €;
zahlbar sofort

AR 851 am 7. Mai über 9.491,00 €;
Zahlungsziel: 70 Tage

AR 942 am 29. Juni über 7.320,00 €;
Zahlungsziel: 40 Tage

Welchen Betrag muss uns die Söffgen OHG am 30. Sept. insgesamt einschließlich Verzugszinsen zahlen, wenn wir folgende Verzugszinssätze berechnen:

a) 4 %, b) 6 %, c) $7\frac{1}{5}$ %, d) $8\frac{1}{7}$ %, e) 7,27 %?

34 Ein Sparer eröffnet ein Konto und nimmt während des Jahres folgende Einzahlungen vor:

am 23. Febr.	1.500,00 €
am 27. April	800,00 €
am 5. Aug.	1.200,00 €
am 10. Sept.	900,00 €
am 25. Nov.	2.000,00 €

Wie hoch ist sein Sparguthaben am 31. Dez., wenn die Bank ihm folgende Zinssätze gewährt:

a) $2\frac{1}{2}$ %, b) $3\frac{1}{3}$ %, c) $4\frac{2}{7}$ %, d) 5,41 %, e) $5\frac{1}{7}$ %?

35 Wie hoch ist der Kredit und wie viel Zinsen sind gezahlt worden?

Rückzahlung einschließlich Zinsen	Laufzeit	Zinssatz
a) 31.350,00 €	270 Tage	6 %
b) 37.152,00 €	288 Tage	4 %
c) 20.680,00 €	200 Tage	8 %
d) 25.185,60 €	240 Tage	9 %

36 In der Zeit vom 13. Febr. bis 18. Sept. wuchs ein Bankguthaben bei einem Zinssatz von $3\frac{3}{5}$ % auf 15.077,34 € an.
Errechnen Sie das Guthaben am 13. Febr. und die Zinsen.

37 Ein Kredit zu 8 % Zinsen wird vom 27. März bis zum 18. Sept. gewährt. Einschließlich Zinsen zahlt der Kreditnehmer 49.720,20 € zurück.
Errechnen Sie die Höhe des Kredits und die Höhe der Zinsen.

38 Errechnen Sie die Höhe des Kredits und die Höhe der Zinsen.

Auszahlung (= Kredit abzüglich Zinsen)	Laufzeit	Zinssatz
a) 29.992,50 €	195 Tage	6 %
b) 39.040,00 €	108 Tage	8 %
c) 27.020,00 €	315 Tage	4 %
d) 23.451,84 €	168 Tage	9 %

39 Wir nehmen bei unserer Bank vom 25. Febr. bis zum 25. Nov. einen Kredit auf. Der Zinssatz beträgt 8 %. Unsere Bank zahlt uns abzüglich Zinsen 6.392,00 € aus.
Auf wie viel Euro beläuft sich der Kredit? Wie viel Euro Zinsen haben wir zu zahlen?

40 Für eine Investition nimmt ein Großhandel für die Zeit vom 5. Febr. bis zum 13. Sept. einen Zwischenfinanzierungskredit auf. Abzüglich 9 % Zinsen zahlt die Bank 567.300,00 € aus.
Errechnen Sie die Höhe des Kredits und die Höhe der Zinsen.

41 Mit einem Lieferanten wird ein Zahlungsziel von 40 Tagen vereinbart. Bei Zahlung innerhalb von 10 Tagen gewährt uns unser Lieferant 2 % Skonto. Rechnungsbetrag: 15.000,00 €.
Welchem Zinssatz entspricht der Skontoprozentsatz (nach der Überschlagsrechnung und nach der mathematisch korrekten Rechnung)?

42 Rechnen Sie bei den folgenden Zahlungsbedingungen die Skontoprozentsätze in Zinssätze um (mit der Überschlagsrechnung und mit der mathematisch korrekten Rechnung).

Skontoprozentsatz	Zahlungsziel ohne Inanspruchnahme von Skonto	Zahlungsziel bei Inanspruchnahme von Skonto
a) 1 %	60 Tage	10 Tage
b) 3 %	30 Tage	5 Tage
c) 2,5 %	30 Tage	10 Tage
d) 1,5 %	40 Tage	10 Tage

43 Wird von einem Lieferanten die Möglichkeit der vorzeitigen Skontozahlung angeboten, so stellt sich häufig die Frage, ob zur Ausnutzung von Skonto ein Überziehungskredit in Anspruch genommen werden soll.

I Entscheiden Sie durch den Vergleich des umgerechneten Skontozinssatzes (nach der Überschlagsrechnung und nach der mathematisch korrekten Rechnung) mit dem Kreditzinssatz, ob es günstig ist, die vorzeitige Skontozahlung zu wählen.

II Errechnen Sie den Skontoabzug und den Zahlungsbetrag bei Skontoinanspruchnahme.

III Errechnen Sie den Finanzierungsgewinn bzw. -verlust bei Inanspruchnahme von Skonto.

	Rechnungsbetrag (€)	Skontoprozentsatz (%)	Zahlungsziel ohne Inanspruchnahme von Skonto (Tage)	Zahlungsziel bei Inanspruchnahme von Skonto (Tage)	Kreditzinssatz (%)
a)	120.000,00	3	60	20	8
b)	50.000,00	1	45	5	10
c)	60.000,00	2,5	50	20	6
d)	40.000,00	1,5	60	10	12
e)	80.000,00	3	40	5	9

44 Berechnen Sie den Effektivzinssatz.

	a)	b)	c)
Darlehen	90.000,00 €	70.000,00 €	120.000,00 €
Zinssatz	6,2 %	7,4 %	8,1 %
Disagio	2 %	4 %	5 %
Bearbeitungsgebühren	0,5 %	1 %	1,5 %
Spesen	50,00 €	100,00 €	–
Laufzeit	1. Febr.–30. Nov.	62 Monate	1 980 Tage

45 Zur Finanzierung eines vom Staat geförderten Investitionsvorhabens erhalten wir ein Darlehen über 200.000,00 € zu folgenden Konditionen: Laufzeit: 6 ½ Jahre; Zinssatz: 5 % (die ersten 1 000 Tage sind zinsfrei); Disagio: 2 %.
Errechnen Sie den Effektivzinssatz.

46 Wie viel Euro Zinsen erbringt ein Kapital von 8.600,00 €, wenn es vom 3. März bis zum 8. Dez. zu 6 % Zinsen angelegt ist?

47 Ein Kredit, der am 5. Febr. aufgenommen wurde, wird am 28. Aug. einschließlich Zinsen mit 9.029,76 € zurückgezahlt. Zinssatz: 8 %.

a) Auf wie viel Euro beläuft sich der Kredit?

b) Wie viel Euro betragen die Zinsen?

48 Welches Kapital erbringt bei einem Zinssatz von 5 % in 212 Tagen 402,80 € Zinsen?

49 Die folgenden Kapitalien werden bis zum 31. Dez. zu 7,5 % angelegt.

a) 9.600,00 € am 20. Febr.
b) 8.900,00 € am 3. März
c) 7.480,00 € am 21. April
d) 6.590,00 € am 12. Mai
e) 5.930,00 € am 8. Aug.

Wie hoch ist das Guthaben am 31. Dez.?

50 In einer Rechnung steht folgende Klausel: „Zahlungsziel 40 Tage, bei Zahlung innerhalb von 10 Tagen 3 % Skonto."
Welchem Zinssatz entsprechen die 3 % Skonto (nach der Überschlagsrechnung und nach der mathematisch korrekten Rechnung)?

51 Ein Darlehen über 7.920,00 € wird einschließlich Zinsen mit 8.085,00 € zurückgezahlt. Laufzeit: 125 Tage.
Wie hoch ist der Zinssatz?

52 Zur Finanzierung eines Investitionsvorhabens benötigen wir einen Bankkredit über 380.000,00 €. Von zwei Banken holen wir Angebote ein.

	Angebot Bank 1	Angebot Bank 2
Zinssatz	5,5 %	5,9 %
Disagio	6 %	4 %
Bearbeitungsgebühren	0,5 %	0,6 %
Spesen	100,00 €	150,00 €
Laufzeit	2 010 Tage	2 010 Tage

a) Errechnen Sie für beide Angebote den Effektivzinssatz.

b) Welches Angebot ist das günstigere?

53 An die Brandes GmbH haben wir eine Forderung über 24.840,00 €. Am 3. Sept. berechnen wir 828,00 € Verzugszinsen (vereinbarter Verzugszinssatz: 8 %).
Wann geriet die Brandes GmbH in Zahlungsverzug?

54 Unser Geschäftshaus ist mit folgenden Hypotheken belastet:

a) 120.000,00 € zu 4 ⅘ %
b) 100.000,00 € zu 5,1 %
c) 80.000,00 € zu 5,9 %
d) 50.000,00 € zu 6 ⅔ %

Wie viel Euro sind an Hypothekenzinsen vierteljährlich zu zahlen?

55 In welcher Zeit wächst eine Spareinlage von 10.000,00 € auf 10.500,00 € (Zinssatz: 6 %)?

56 Auf ein Sparkonto wurden im Laufe des Jahres insgesamt 48.600,00 € eingezahlt. Zur Berechnung der Zinsen bis zum 31. Dez. wird die summarische Zinsrechnung herangezogen. Es ergibt sich eine Summe der Zinszahlen von 87 480.
Errechnen Sie das Sparguthaben einschließlich Zinsen am 31. Dez. bei folgenden Zinssätzen:

a) 5 % b) 6 % c) 7,5 % d) 8 % e) 4,73 %

57 Die Breitfeld OHG nimmt einen Kredit über 150.000,00 € auf. Laufzeit: 15 Monate; Zinssatz:

7,5 %. Zusätzlich muss die Breitfeld OHG eine Kreditbereitstellungsprovision von 1.800,00 € bezahlen. Errechnen Sie den Effektivzinssatz.

58 Am 30. Juni schuldet die Kibat KG der Thren GmbH noch folgende Beträge:
4.380,00 €, fällig am 10. Jan.
5.920,00 €, fällig am 2. März
6.730,00 €, fällig am 12. April
8.960,00 €, fällig am 28. April

Es wurde ein Verzugszinssatz von 8 % vereinbart. Wie viel Euro Verzugszinsen hat die Kibat KG zu zahlen?

59 Ein Darlehen über 15.120,00 € wurde am 12. März aufgenommen. Am 6. Aug. wurde es einschließlich Zinsen mit 15.482,88 € zurückgezahlt.
Errechnen Sie den Zinssatz.

60 Die Berufsgenossenschaft zahlt an einen Rentner eine monatliche Unfallrente von 720,00 €. Der Rentner möchte denselben Ertrag durch eine Anlage in festverzinslichen Wertpapieren (Zinssatz: 8 %) erzielen.
Wie viel Kapital muss er anlegen?

61 Ein Kaufmann nimmt einen Kredit zu einem Zinssatz von 7,5 % vom 6. März bis zum 30. Juli auf. Seine Bank zahlt ihm abzüglich Zinsen 5.432,00 € aus.
Errechnen Sie die Höhe des Kredits und die Höhe der Zinsen.

62 Unsere Kundin, die Söffgen OHG, begleicht unsere Rechnung über 19.800,00 € erst 30 Tage nach dem vereinbarten Zahlungsziel. Die Söffgen OHG hat an uns 148,50 € Verzugszinsen und 11,50 € Mahngebühren zu zahlen.
Welchem Effektivzinssatz entspricht die Gesamtbelastung?

63 Am 22. Aug. wird ein Kredit zu 10 % aufgenommen. Am 7. Juli des nächsten Jahres wird der Kredit einschließlich Zinsen mit 24.468,75 € zurückgezahlt. Wie hoch war der Kredit?

64 Die Emut GmbH gewährt uns auf einen Rechnungsbetrag von 23.760,00 € ein Zahlungsziel von 50 Tagen. Bei Zahlung innerhalb von 10 Tagen erhalten wir 3 % Skonto. Um Skonto ausnutzen zu können, müssten wir einen Kontokorrentkredit (Zinssatz: 10 %) in Anspruch nehmen.

a) Rechnen Sie den Skontoprozentsatz auf einen Jahreszinssatz um (mit der Überschlagsrechnung und mit der mathematisch korrekten Rechnung). Entscheiden Sie, ob die vorzeitige Skontozahlung günstig ist.
b) Errechnen Sie die Zinsen, die für den Kontokorrentkredit zu zahlen sind.
c) Errechnen Sie den Finanzierungsgewinn bzw. -verlust bei Inanspruchnahme von Skonto.

65 Einem Unternehmen wurde für die Zeit vom 10. April bis 28. Okt. ein Überbrückungskredit zu 8 % gewährt. Abzüglich Zinsen wurden am 10. April 33.268,80 € ausgezahlt.
Errechnen Sie die Höhe des Überbrückungskredites und die Höhe der Zinsen.

66 Unserem Unternehmen wird ein 20-Familien-Haus zum Kauf angeboten. Der Kaufpreis beträgt 1,2 Mio. €. Die Finanzierung könnte über eine 1. Hypothek über 400.000,00 € zu 6 % und eine 2. Hypothek über 300.000,00 € zu 7 % erfolgen. Die geschätzten jährlichen Kosten (Reparaturkosten, Abschreibungen, Steuern, Abgaben) belaufen sich auf 44.000,00 €. Die monatlichen Mieteinnahmen betragen 9.500,00 €.
Errechnen Sie die Eigenkapitalverzinsung.

Aktionen

1 Wir haben ein Mietwohnhaus zu 900.000,00 € erworben. 40 % des Kaufpreises haben wir mit Eigenkapital finanziert, 60 % mit einer Hypothek. Die Hypothekenzinsen betragen 6 %. An Kosten fallen jährlich 15.000,00 € an.
Wie hoch müssen unsere monatlichen Mieteinnahmen sein, wenn wir eine 8%ige Verzinsung unseres Eigenkapitals anstreben?

2 Unserer Unternehmung wird ein Wohnhaus zum Kauf angeboten. Eine Hypothek über 600.000,00 € können wir günstig zu 5 % Zinsen übernehmen. Die monatlichen Mieteinnahmen belaufen sich auf 7.000,00 €. Die laufenden Kosten betragen jährlich 14.400,00 €.

a) Wie viel Eigenkapital können wir höchstens einsetzen, wenn wir eine Eigenkapitalverzinsung von 6 % anstreben?
b) Welchen Kaufpreis können wir höchstens akzeptieren?

3 Unsere Unternehmung beabsichtigt Kapital in Immobilien anzulegen. Von einem Makler erhalten wir ein Angebot über ein Mietwohnhaus. Der Kaufpreis soll 950.000,00 € betragen. Die monatlichen Mieteinnahmen belaufen sich auf 5.000,00 €. Unsere jährlichen Aufwendungen für Abgaben, Reparaturen und Verwaltungskosten betragen 12.000,00 €. Zur Finanzierung des Hauses müssten wir eine Hypothek über 500.000,00 € zu 6 % aufnehmen.

a) Mit wie viel Prozent würde sich das angelegte Eigenkapital verzinsen?

b) Mit wie viel Prozent würde sich das eingesetzte Gesamtkapital verzinsen?

4 Eine Autovertretung beabsichtigt, ihre Reparaturwerkstatt weiter auszubauen. Zur Finanzierung wird eine Hypothek über 200.000,00 € aufgenommen. Die Bank zahlt die Hypothek nach Baufortschritt in folgenden Teilbeträgen aus:

30.000,00 € am 8. Febr.
40.000,00 € am 22. März
20.000,00 € am 19. April
35.000,00 € am 2. Juni
50.000,00 € am 8. Sept.
Restbetrag am 10. Okt.

Errechnen Sie die bis zum 31. Dez. angefallenen Hypothekenzinsen bei folgenden Zinssätzen:

a) 5 % b) 6 % c) 6 ⅔ % d) 7,34 % e) 8 ⅓ %

5 Zur Restfinanzierung einer Erweiterungsinvestition beabsichtigen wir, ein Darlehen über 320.000,00 € aufzunehmen. Laufzeit: 6 Jahre. Drei Banken haben uns Darlehensangebote unterbreitet.

	Bank I	Bank II	Bank III
Zinssatz	6 %	6,5 %	5,5 %
Disagio	4 %	3 %	5 %
Bearbeitungsgebühren	1 %	0,5 %	1,5 %
Spesen	120,00 €	100,00 €	140,00 €

Entscheiden Sie auf der Grundlage des Effektivzinssatzes, welches Darlehensangebot das günstigste ist.

6 Wir sind Eigentümer einer vermieteten Lagerhalle im Wert von 900.000,00 €. Die Lagerhalle ist belastet mit einer 8%igen Hypothek über 500.000,00 €. Neben den Hypothekenzinsen fallen jährlich Aufwendungen von durchschnittlich 14.000,00 € an.

Wie hoch müssen die monatlichen Mieteinnahmen sein, wenn unser eingesetztes Eigenkapital eine Rendite von 6 % erbringen soll?

Zusammenfassung

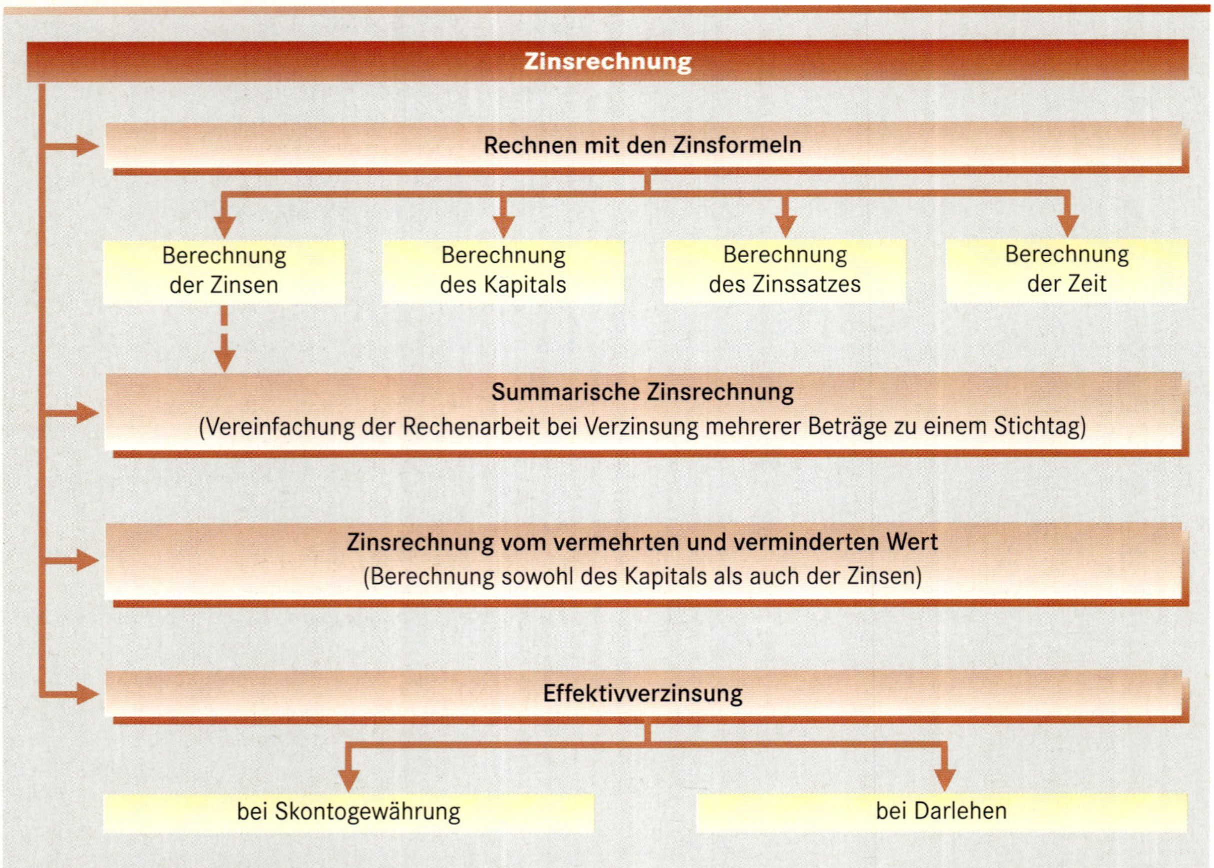

10.2 Wir informieren uns über Investitions- und Finanzierungsanlässe sowie über die Bedeutung von Finanzierungsgrundsätzen

Einstieg

In der Textilgroßhandlung ***Spindler KG*** will man bezüglich der Warengruppen „Sportartikel" sowie „Sport- und Freizeitbekleidung" unbedingt etwas tun, um den Verkaufszahlen wieder eine nachhaltige positive Richtung zu geben, denn gerade in jüngster Vergangenheit sah es mit dem Absatz im Sportbereich nicht so rosig aus.

In der letzten Konferenz, zu der die zuständigen Fachleute geladen wurden, weist Herr Trumpf, zuständig für die Abteilung Verkauf, im Gespräch über die zukünftigen Unternehmenspläne nochmals auf die geänderte Marktsituation und die verschlechterte Situation der ***Spindler KG*** in den Warengruppen „Sportartikel" sowie „Sport- und Freizeitbekleidung" hin.

Um die Konkurrenzfähigkeit zu verbessern, schlägt er vor, die Verkaufsbereitschaft und den Kundenservice des Unternehmens zu erhöhen. Insbesondere der Kundenservice scheint in der letzten Zeit für den Verkauf von Sportartikeln immer bedeutsamer geworden zu sein.

Dazu sind

- der Ausbau der Lagerkapazitäten in Neustrelitz[1] und
- – bezogen auf alle zehn Niederlassungen – die Anschaffung von sechs weiteren Lkws und sieben weiteren Pkws für den Auslieferungs- bzw. Kundendienst

notwendig.

Nach seinen und den Berechnungen von Frau Staudt, Sachbearbeiterin im Rechnungswesen, würden diese Investitionen 785.000,00 € kosten.

Herr Kalweit, zuständig für die Organisation und die EDV in der Textilgroßhandlung, gibt zu bedenken, dass die Eigenkapitaldecke des Unternehmens momentan sehr dünn ist.

Frau Jonas, Leiterin des Rechnungswesens in der ***Spindler KG,*** erwidert, dass

- ein Teil der benötigten Summe über die Aufnahme eines kurzfristigen Kredits bei der Hausbank bzw. durch Kontoüberziehung finanziert werden könne,
- die Lieferanten der Fahrzeuge um ein längeres Zahlungsziel gebeten werden können und darüber hinaus
- die Gespräche über den Eintritt von zwei weiteren Teilhaftern in die ***Spindler KG*** kurz vor dem erfolgreichen Abschluss stehen und dadurch noch erhebliche finanzielle Mittel – so die ersten noch unbestätigten Verlautbarungen – für die angesprochenen betrieblichen Maßnahmen zur Verfügung stehen würden.

In der Runde wird noch sehr lange über die beste Finanzierungsmöglichkeit der notwendigen Anschaffungen diskutiert.

1. Erläutern Sie die Chancen, die Sie der Textilgroßhandlung ***Spindler KG*** und deren Warengruppen „Sportartikel" sowie „Sport- und Freizeitbekleidung" geben würden, wenn die Maßnahmen nicht durchgeführt werden.
2. Überlegen und begründen Sie, welche Art der Kapitalbeschaffung für die ***Spindler KG*** sinnvoll bzw. weniger sinnvoll wäre.

---

1 s. *Groß im Handel – Grundstufe,* Einstieg Kap. 1.8

Informationen

Investition und Finanzierung

Ein Großhändler benötigt finanzielle Mittel, um sein Unternehmen und damit seine Leistungen

- zu erhalten,
- zu verbessern und/oder
- zu erweitern.

Diese **Verwendung finanzieller Mittel** nennt man **Investition.**

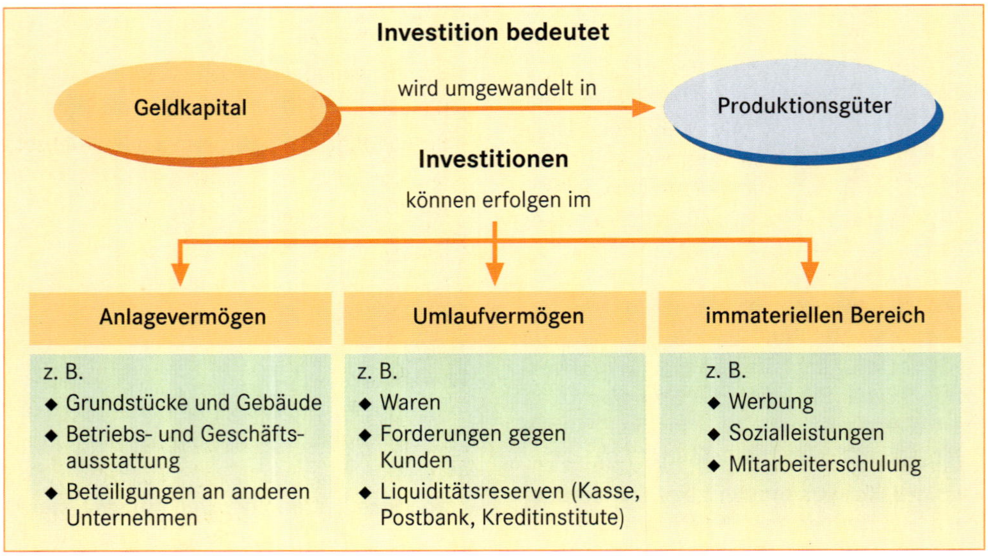

Definition **Investition = Verwendung von finanziellen Mitteln zur Beschaffung von Produktionsgütern, also**

- **Sachvermögen (Maschinen, Vorräte),**
- **immaterielles Vermögen (Patente, Lizenzen),**
- **Finanzvermögen (Wertpapiere, Beteiligungen).**

Einen Überblick, wie Kapital beschafft und verwendet wurde, gibt die Bilanz einer Großhandelsunternehmung.

Die beschafften Vermögenswerte, beispielsweise Gebäude, Maschinen, Rohstoffe, Gabelstapler, EDV-Anlage, werden auf der *Aktivseite der Bilanz* ausgewiesen (= **Mittelverwendung**). Auf der *Passivseite der Bilanz* ist abzulesen, **woher** das Unternehmen die finanziellen Mittel für die betrieblichen Investitionen bekommen hat (= **Mittelherkunft**).

Aktiva	Passiva
Mittelverwendung = Investition ←	Mittelherkunft = Finanzierung
VERMÖGEN	KAPITAL
Anlage**vermögen**	Eigen**kapital**
Umlauf**vermögen**	Fremd**kapital**

Die Bilanz zeigt folglich auf beiden Seiten dieselben Mittel, die lediglich unter den unterschiedlichen Betrachtungsweisen dargestellt werden.

- Mittel**verwendung** = investierte Mittel
- Mittel**herkunft** = finanzielle Mittel

Dabei setzt die Kapitalverwendung stets die Kapitalbeschaffung voraus.

Kapitalbeschaffung bedeutet Finanzierung. Der Gegenbegriff wäre der Kapitalabfluss (Entfinanzierung), z. B. Rückzahlung von Krediten, Privatentnahmen, Gewinnausschüttung.

Der Begriff Kapitalbeschaffung wird üblicherweise gleichgesetzt mit der Beschaffung von Geldmitteln. Meistens denkt man bei dem Begriff Kapitalbeschaffung an eine *Bilanzverlängerung.* Hier werden zusätzliche Geldmittel in der Weise beschafft, dass das Eigen- oder Fremdkapital der Unternehmung in entsprechender Weise erhöht wird. Wenn einer Unternehmung etwa auf dem Kreditwege zusätzliche Geldmittel zufließen, so erhöht sich die Bilanzsumme.

Es ist zu beachten, dass eine Beschaffung von Geldmitteln auch dann vorliegt, wenn ein *Aktivtausch* zu diesem Zweck vorgenommen wird, d. h. wenn beispielsweise Wertpapiere oder Grundstücke verkauft werden, um so (Vermögensumschichtung) den Kassenbestand zu erhöhen. Die Bilanzsumme bleibt bei einem Aktivtausch unverändert.

Auch ein *Passivtausch*, d. h. eine Kapitalumschichtung, kann zu Finanzierungszwecken vorgenommen werden, etwa mit dem Ziel, künftige Auszahlungen für das aufgenommene Fremdkapital zu vermeiden oder zu senken. Dieser Fall liegt dann vor, wenn Fremdkapital in eine Beteiligung, d. h. in Eigenkapital, umgewandelt wird oder wenn kurzfristige Verbindlichkeiten durch langfristige abgelöst werden. Die Bilanzsumme bleibt beim Passivtausch unberührt, die Kapitalbeschaffung (Finanzierung) hat keine Investition zur Folge.

Definition **Finanzierung = sämtliche Maßnahmen, die der lang-, mittel- und kurzfristigen Beschaffung von Kapital in allen Formen (Eigen- oder Fremdkapital) dienen.**

Neben den besonderen Finanzierungsanlässen (s. Investitionsarten) muss durch entsprechende Finanzierung stets auch der **laufende Betriebsprozess** sichergestellt sein (s. Liquiditätsgrundsätze und Finanzpläne). Regelmäßig zu finanzieren sind dabei z. B.:

- Löhne und Gehälter
- Sozialabgaben des Arbeitgebers
- Steuern
- Beschaffung von Roh-, Hilfs- und Betriebsstoffen
- Reparaturen
- Miet-, Strom- und Heizungskosten
- laufende Ersatzbeschaffungen

Kapitalbeschaffung = Finanzierung, um die betriebliche Leistungserstellung zu gewährleisten

Investitionsarten

Unternehmerische Investitionsentscheidungen haben verschiedene Motive.

Die wichtigsten Investitionsarten sind:

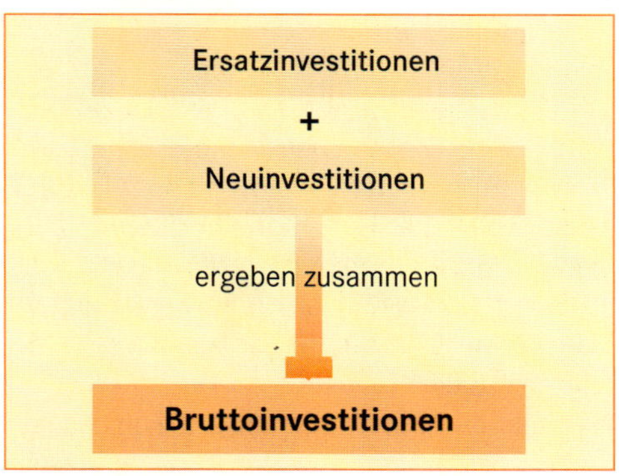

Bruttoinvestitionen sind die gesamten Investitionen in einer Volkswirtschaft.

Sie sagen aber nichts aus über das Wachstum der Wirtschaft, da in dieser Summe auch die Ersatzinvestitionen enthalten sind.

Ersatz-(Re-)Investitionen dienen dazu, veraltete oder verbrauchte Anlagen zu ersetzen.

Durch die Produktion nutzen sich beispielsweise die Maschinen ab. Ihre Lebensdauer ist zeitlich begrenzt. Die abgenutzten Anlagen müssen durch neue ersetzt werden. Zur Finanzierung der Ersatzinvestitionen werden so genannte Abschreibungen[1] gebildet. Sie werden ihrem Kostencharakter entsprechend in die Verkaufspreise einkalkuliert, kommen über die Erlöse in das Unternehmen zurück und können reinvestiert werden. Ersatzinvestitionen dienen also nicht

1 siehe auch Kap. 11.2

der Erweiterung, sondern in erster Linie dem Erhalt des Produktionsapparats.

Eine *Ersatzinvestition* kann aber gleichzeitig auch *Rationalisierungsinvestition* sein, wenn beispielsweise eine abgenutzte Maschine durch eine kostengünstiger produzierende ersetzt wird, ohne dass dabei die Kapazität verändert wird.

Ersatzinvestitionen zählen zu den Bruttoinvestitionen, die alle Investitionen umfassen, aber nicht zu den Neuinvestitionen, die mehr als den reinen Erhalt des Produktionsapparats bezwecken.

Neu-(Netto-)Investitionen sind die Differenz zwischen Bruttoinvestitionen und Ersatzinvestitionen (Abschreibungen).

Sind Neuinvestitionen vorhanden, so ist das gleichbedeutend mit einer Zunahme des gesamtwirtschaftlichen Güterangebots und einem Wachstum der Wirtschaft. Bei den Neuinvestitionen lassen sich **nach dem Zweck** der Investition unterscheiden:

- Rationalisierungsinvestitionen
- Erweiterungsinvestitionen
- Vorratsinvestitionen

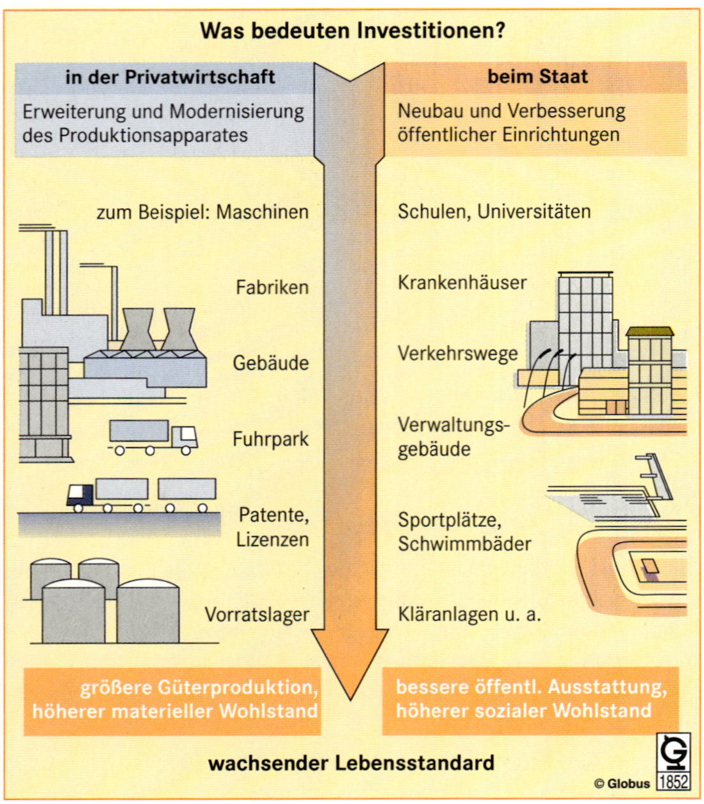

Mit **Rationalisierungsinvestitionen** bezweckt das Unternehmen, seine Kosten zu senken, ohne dabei aber seine Produktionsanlagen auszudehnen. Vielmehr wird in produktivere und kostengünstiger produzierende Betriebsmittel investiert. Rationalisierungsinvestitionen verbessern so zwar die Leistungsfähigkeit des Unternehmens, haben aber auch zur Folge, dass Arbeitsplätze verloren gehen. Arbeitskraft wird durch Kapital (= produzierte Produktionsmittel) ersetzt (substituiert).

Rationalisierungsinvestitionen werden immer dann vorgenommen, wenn die Arbeitskosten real stärker steigen als die Produktivität.

Rationalisierungsinvestitionen sind die Voraussetzung für das allgemeine Wachstum einer Volkswirtschaft.

Erweiterungsinvestitionen vergrößern den Produktionsmittelbestand eines Unternehmens (= Kapitalneubildung).

Beispiele

- Eröffnung einer Niederlassung
- Bau einer Lagerhalle
- Errichtung eines neuen Verwaltungsgebäudes
- Anschaffung eines Montageroboters mit erhöhter Kapazität
- Modernisierung der Betriebs- und Geschäftsausstattung

Zu den **Vorratsinvestitionen** zählen die *nicht dauerhaften Produktionsmittel,* wie z. B. die Lagerbestände der Roh-, Hilfs- und Betriebsstoffe und die Fertigprodukte. Sie stellen zusammen mit den Erweiterungs- und Rationalisierungsinvestitionen die Summe der Neuinvestitionen dar.
Eine weitere Gliederung der Investitionen ergibt sich aus der Betrachtung des **Investitionsanlasses:**

- **Sachinvestitionen,** z. B. Anlagevermögen wie Grundstücke, Maschinen und Fuhrpark; Handelswaren, Rohstoffe, Fertigerzeugnisse
- **Finanzinvestitionen,** z. B. Beteiligungen an anderen Unternehmen, Wertpapiere, Forderungen gegen Kunden
- **Immaterielle Investitionen,** z. B. Forschungs- und Entwicklungsarbeiten, Werbung, Ausbildung

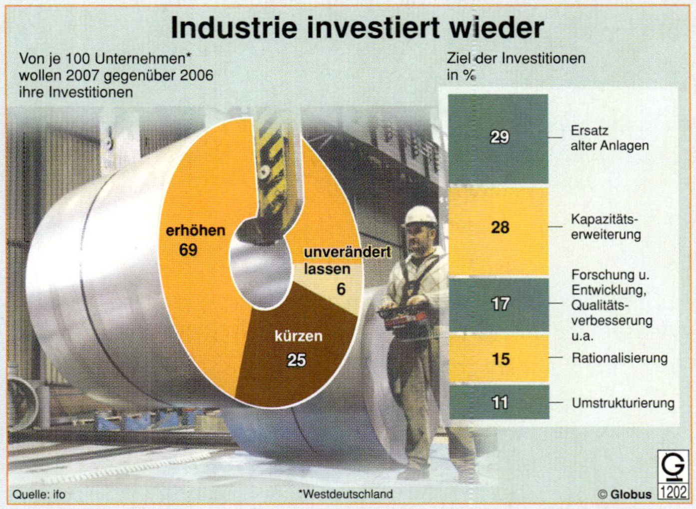

Die Unternehmen in Deutschland trauen sich angesichts der guten Wirtschaftslage im Jahr 2007 höhere Investitionen zu. Neben dem Wachstum des Außenhandels werden die inländischen Investitionen zunehmend zu einer Stütze der Konjunktur. 69 % der Industrieunternehmen in Westdeutschland wollen 2007 ihre Ausgaben für Maschinen, Bauten und sonstige Ausrüstungsgegenstände erhöhen. Dies gilt als Beleg für eine Fortsetzung des Wirtschaftswachstums, da die Nachfrage angeregt wird und zugleich durch den Ausbau der Kapazitäten neue Arbeitsplätze entstehen. Nach einer Umfrage des ifo Instituts unter knapp 1 700 Unternehmen sollen die Investitionen 2007 um rund neun Prozent zulegen (nach fast acht Prozent im Vorjahr). 29 % der beabsichtigten Investitionen werden für Ersatzanschaffungen aufgewendet. Erfreulich ist jedoch, dass 28 % der Investitionen in Kapazitätserweiterungen fließen und demgegenüber der Mitteleinsatz für Rationalisierungen (15 %) und Umstrukturierungen (11 %) an Bedeutung verliert.

Unternehmen investieren nicht, um Arbeitsplätze zu schaffen, Unternehmen investieren in der Hoffnung auf künftige Gewinne. Und doch ist der Zusammenhang zwischen der Investitionslust und der Schaffung neuer Arbeitsplätze eng.

Für die wirtschaftliche Entwicklung eines Landes sind Investitionen von entscheidender Bedeutung, denn sie schaffen die Grundlage für die Produktion von morgen und damit für ein größeres Güterangebot, für Arbeitsplätze und höhere Einkommen.

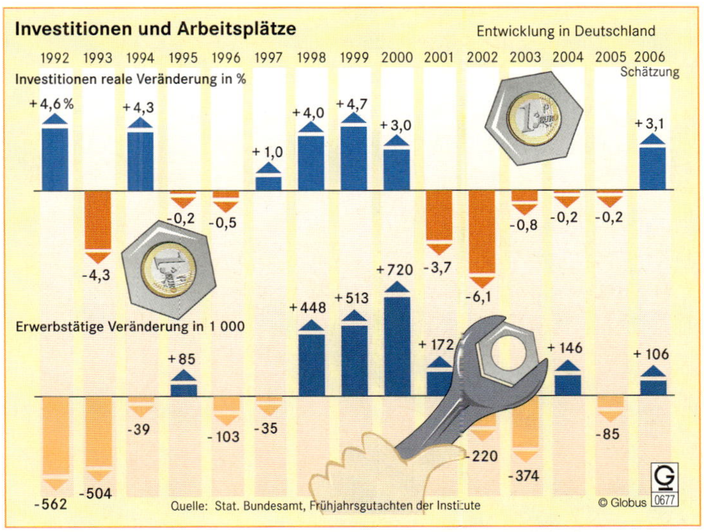

Kapitalbedarf und Kapitalbedarfsrechnung

Die Berechnung des Kapitalbedarfs erstreckt sich auf das ganze Unternehmen. Eine **Kapitalbedarfsrechnung** ist unumgänglich, wenn neue Ereignisse wie z. B.

- die Errichtung einer Filiale,
- betriebliche Erweiterungen oder Umstellungen (z. B. der Ausbau der Lagerkapazitäten),
- Rationalisierungsmaßnahmen oder
- Arbeitsplatzschutz- und Umweltschutzmaßnahmen

finanziell bewältigt werden müssen.

Kapitalbedarf entsteht letztlich immer, wenn die Kapitalbindung, beispielsweise durch den Kauf von Anlagegütern, und die Kapitalfreisetzung, resultierend aus den Umsatzerlösen, zeitlich auseinander fallen (s. Abb. 178).

Bedarf an zusätzlichen Geldmitteln besteht daher konkret, wenn innerhalb eines bestimmten Zeitraums die Auszahlungen größer sind als die Einzahlungen. Dieser Kapitalbedarf muss befriedigt werden durch die Zuführung von Finanzmitteln.

Kapitalbedarfsermittlung

Im Großhandel wird der weiterhin steigende Kapitalbedarf u. a. maßgeblich bestimmt durch:

- Sortimentserweiterungen
- Erhaltung der Wettbewerbsfähigkeit
- Umstellung auf modernere Verkaufssysteme

Die **Höhe des Kapitalbedarfs** hängt von verschiedenen Einflussgrößen ab, wie z. B.:

- **der Unternehmensgröße**

> **Beispiel „Expansion"**
>
> Wenn sich, wie bei der ***Spindler KG***, die Umsätze von Jahr zu Jahr erhöhen, müssen daraus finanzielle Konsequenzen gezogen werden. Für zusätzlich Beschäftigte, die Aufstockung der Lagerkapazität, den Kauf weiterer Lkws, die Finanzierung gestiegener Kundenkredite und die Einrichtung einer Filiale müssen neue Geldmittel aufgebracht werden.

- **der Betriebsform**[1]
- **der Branche**
- **dem Sortiment**

> **Beispiel**
>
> Die Sortimente, die ein Baustoff-Fachhändler führen muss, expandieren ständig. Früher waren es vor allem die Rohbaustoffe, die schwerpunktmäßig verkauft wurden, heute sind die Baustoffe für den Innenausbau, den Gartenbau, vielfach auch Sanitäreinrichtungen, Holz, Werkzeuge und vieles andere mehr hinzugekommen.
> Das bedeutet letztlich erhöhten Kapitalbedarf für das Sortiment, die aufgestockte Lagerkapazität und hoch qualifizierte Verkaufskräfte.
> Ähnliche Zusammenhänge ergeben sich bei der Spezialisierung. Das vorhandene Sortiment muss breiter und tiefer ausgebaut werden.

- **der Kapitalbindungsdauer**

  Gemeint ist hier der unterschiedlich lange Zeitraum von der Investition, z. B. Wareneinkauf oder Kauf einer neuen EDV-Anlage, bis zur Desinvestition durch die Verkaufserlöse. Mit zunehmender Kapitalbindungsdauer steigt der Kapitalbedarf eines Großhandelsbetriebs.

> **Beispiel**
>
> Die Gegenstände des Anlagevermögens, z. B. Grundstücke und Gebäude, haben eine wesentlich längere Kapitalbindungsdauer als beispielsweise die Handelswaren, die dem Umlaufvermögen zuzurechnen sind. Die Kapitalfreisetzung bei Positionen des Umlaufvermögens erfolgt wesentlich schneller.

- **der Rechtsform**

  Die Gründungskosten z. B. einer Aktiengesellschaft sind wesentlich höher als die einer Einzelunternehmung. Aktiengesellschaften haben zudem die Möglichkeit, sich notwendige finanzielle Mittel am Kapitalmarkt zu beschaffen, die den Personengesellschaften versagt bleibt.

- **der eigenen Kreditgewährung an Kunden**

  Je länger das den Kunden eingeräumte Zahlungsziel ist, desto größer ist der Kapitalbedarf. Längere Kreditfristen haben die gleiche Wirkung wie eine längere Lagerdauer.

- **den Liefererkrediten**

  Je länger das Zahlungsziel der Lieferer ist, desto geringer ist der eigene Kapitalbedarf.

- **Saisoneinflüssen**
- **den angebotenen Dienstleistungen**
- **der Eigenkapitalausstattung**
- **Steuerzahlungen** (z. B. Umsatzsteuer, Gewerbesteuer)
- **dem Standort**

Bei der Ermittlung des Kapitalbedarfs ist zu berücksichtigen der Bedarf für

- das Anlagevermögen und
- das Umlaufvermögen.

Beim **Anlagevermögen** sind für die Bedarfsrechnung die *Anschaffungskosten* zugrunde zu legen[2]:

Anschaffungspreis des zu beschaffenden Anlagegutes
– *Anschaffungspreisminderungen* (Rabatte, Skonti, Boni, Minderungen)
+ *Anschaffungsnebenkosten* (Transportkosten und -versicherung, Provisionen, Montagekosten usw.)
= *Anschaffungskosten*

Beim **Umlaufvermögen** hingegen ist die Berechnung nicht ganz so unproblematisch, da die Auszahlungen und Einzahlungen zu unterschiedlichen Zeitpunkten während der gesamten Leistungserstellung „Warenbeschaffung – Lager – Warenverkauf" anfallen (s. Abb. S. 171).

1 s. *Groß im Handel – Grundstufe*, Kap. 1.7
2 s. auch Kap. 11.3

Kapitalbedarfsrechnung der Textilgroßhandlung ***Spindler KG:***

Die Geschäftsführer der ***Spindler KG*** rechnen, nachdem die Gespräche mit dem Architekten und der Angebotsvergleich abgeschlossen sind, für ihre neuen Lagerräume in Neustrelitz mit folgenden Daten:

- neue Lagerräume .... 300.000,00 €
- modernste Lagertechnologie .... 400.000,00 €
- Grundstücksnebenkosten .... 25.500,00 €

Weiterhin sind für die Kapitalbedarfsrechnung zu berücksichtigen:

- eiserner Warenbestand .... 10.000,00 €
- Jahresumsatz .... 450.000,00 €
- ausgabewirksame Handlungskosten p. a. .... 90.000,00 €
- Handelspanne .... 45 %
- Die ***Spindler KG*** gewährt ihren Kunden Kredit vor allem in Form von längeren Zahlungszielen: 30 Tage netto oder 10 Tage mit 2 % Skonto (erst an zweiter Stelle, in etwa 20 % der Fälle, steht der Wechselkredit); etwa 60 % der Kunden zahlen mit Skonto und 40 % nutzen das Zahlungsziel von 30 Tagen aus.
- durchschnittliches Lieferziel ..... 15 Tage
- Umschlagshäufigkeit (U) .... 8 (branchenüblich 8,5)

Ermittlung des Kapitalbedarfs:

Die Kapitalbedarfsrechnung wird in drei Schritten durchgeführt:

1. Ermittlung des Anlagekapitalbedarfs
2. Ermittlung des Umlaufkapitalbedarfs
3. Feststellung des Gesamtkapitalbedarfs

1. Ermittlung des Anlagekapitalbedarfs

Der Anlagekapitalbedarf wird duch das Anlagevermögen des Unternehmens verursacht. Er dient zur Sicherstellung der Betriebsbereitschaft.

Im Beispiel der ***Spindler KG*** beträgt es 735.500,00 €.

2. Ermittlung des Umlaufkapitalbedarfs

Der Umlaufkapitalbedarf wird durch das Umlaufvermögen des Unternehmens verursacht. Er soll die Durchführung des Leistungsprozesses sicherstellen.

Der Umlaufkapitalbedarf wird in mehreren Schritten berechnet.

- Berechnung der durchschnittlichen Lagerdauer:

$$\frac{360}{U} = \frac{360}{8} = \underline{45 \text{ Tage}}$$

- durchschnittliches Kundenziel:

60 % der Kunden zahlen innerhalb von 10 Tagen: $60\,\% \cdot 10 = \frac{60}{100} \cdot 10 = \underline{\underline{6}}$

40 % der Kunden zahlen innerhalb von 30 Tagen: $40\,\% \cdot 30 = \frac{40}{100} \cdot 30 = \underline{\underline{12}}$

$6 + 12 = \underline{\underline{18}}$

Im Durchschnitt sind die ausstehenden Rechnungen nach 18 Tagen bezahlt.

- durchschnittliches Lieferziel: 15 Tage
- Wareneinsatz = Umsatz p. a. – Handelsspanne
  = 450.000 € – 202.500 € (45 %)
  = 247.500 €
- durchschnittlicher Wareneinsatz pro Tag:
  247.500 € : 360 = 687,50 €
- durchschnittliche Handlungskosten pro Tag:
  90.000 € : 360 = 250,00 €

3. Feststellung des Gesamtkapitalbedarfs

	Kapitalbedarf p. Tag €	Kapitalbindungsdauer Tage	Kapitalbedarf €
Anlagekapitalbedarf			
Lagerräume			300.000,00
Lagertechnologie			400.000,00
Nebenkosten[1]			25.500,00
eiserner Bestand[2]			10.000,00
Umlaufkapitalbedarf			
Wareneinsatz	687,50	48*	33.000,00
Handlungskosten	250,00	63**	15.750,00
Gesamter Kapitalbedarf			**784.250,00**

* Durchschnittliche Lagerdauer (45 Tage) plus (Kundenziel [18 Tage] minus Lieferziel [15 Tage]) = 48Tage. Die Lieferer der ***Spindler KG*** gewähren bei ihren Verkäufen ein Ziel von 15 Tagen. Es muss daher für die ersten 15 Tage kein Kapital bereitstehen, m. a. W., das in den Waren investierte Kapital ist 15 Tage weniger gebunden.

** Da die aussagewirksamen Handlungskosten von 250,00 € p. Tag anfallen, die Textilien der ***Spindler KG*** durchschnittlich 45 Tage lagern und die Kunden erst nach 18 Tagen ihre Rechnungen bezahlen, ist das Kapital 63 Tage gebunden. Es müssen demzufolge für die Handlungskosten 15.750,00 € (250,00 € · 63 Tage) zur Verfügung gestellt werden.

1 Gerichts- und Notariatsgebühren, Architektenhonorar, Beratungshonorar, evtl. Maklercourtage usw.
2 langfristig gebunden und daher Bestandteil der Grundfinanzierung

Kapitalbedarf für den Wareneinsatz =

Tagesbedarf · (Ø Lagerdauer + [Kundenziel - Lieferziel])

Kapitalbedarf für ausgabewirksame Handlungskosten =

Tagesbedarf · (Ø Lagerdauer + Kundenziel)

Es ist für das Großhandelsunternehmen aber nicht nur wichtig, zu wissen, wie hoch sein Kapitalbedarf ist. Das Management muss auch die *Investitionen und deren Finanzierung zeitlich aufeinander abstimmen.*

Zu diesem Zweck sind finanzwirtschaftliche Orientierungsregeln (= *Finanzierungsregeln*) entwickelt worden.

Finanzierungsregeln[1]

Das notwendige Kapital steht dem Unternehmer unterschiedlich lange Zeit zur Verfügung:

- kurzfristig } Fremdkapital
- langfristig } Fremdkapital
- unbefristet Eigenkapital

Ein Großhandelsunternehmen muss daher immer über flüssige Mittel verfügen, um Fremdkapital auch rechtzeitig zurückzahlen zu können. Eigenkapital hingegen kann unbedenklich langfristig investiert werden.

Ein **finanzielles Gleichgewicht** wird dann erreicht, wenn die *Verwirklichung eines optimalen Verschuldungsgrads* dazu beiträgt, dass die *Rentabilität* des Unternehmens *maximiert* werden kann. Dabei muss gleichzeitig und jederzeit die **betriebliche Zahlungsfähigkeit gesichert** sein.

So genannte **Finanzierungsregeln (Finanzierungsgrundsätze)** sollen sicherstellen, dass die Liquidität des Unternehmens stets aufrechterhalten bleibt. Es handelt sich dabei um Faustregeln, die auf ein bestimmtes Verhältnis von Eigen- und langfristigem Fremdkapital zum Anlagevermögen, auf den Vergleich von Anlage- und Umlaufvermögen bzw. Eigen- und Fremdkapital zielen.

Der Aussagewert der allgemeinen Regeln ist begrenzt, da sie firmenindividuelle Gegebenheiten nicht berücksichtigen. Trotzdem spielen sie, etwa bei der Beurteilung der Kreditwürdigkeit eines Unternehmens, eine wichtige Rolle.

Bei solide finanzierten Großhandelsunternehmen stimmen, wie noch darzustellen sein wird, die *Kapitalüberlassungsfristen* mit den *Kapitalbindungsfristen* überein.

Versucht man die Finanzierungsregeln zu systematisieren, so lassen sich zwei am Bilanzbild orientierte Gruppen unterscheiden:

- vertikale Regeln und
- horizontale Regeln.

Bilanz zum 31. Dezember
Textilgroßhandlung *Spindler KG*

Aktiva		Passiva	
A. Anlagevermögen		**A. Eigenkapital**	903.000,00
1. Grundstücke und Gebäude	580.000,00	**B. Verbindlichkeiten**[2]	
2. Fuhrpark	160.000,00	1. Hypotheken	425.000,00
3. Betriebs- u. Geschäftsausstattung	236.000,00	2. Verbindlichkeiten a.LL.	359.000,00
B. Umlaufvermögen			
1. Warenvorräte	491.000,00		
2. Forderungen a. LL.	86.300,00		
3. Kasse	13.700,00		
4. Postbank	24.000,00		
5. Kreditinstitute	96.000,00		
	1.687.000,00		1.687.000,00

Hannover, 4. Januar ..

1 Die Kennzahlen werden im Kap. 11.8 explizit behandelt.
2 Verbindlichkeiten = handelsrechtlicher Begriff; Fremdkapital = betriebswirtschaftlicher Begriff

Vertikale Regeln

Die *vertikalen Regeln* untersuchen das Verhältnis der Positionen auf der Aktiv- bzw. Passivseite der Bilanz.

Aktiva	Bilanz	Passiva
Anlagevermögen ↕		↕ Eigenkapital
Umlaufvermögen		Fremdkapital
z. B.: EK : FK wie 1 : 1	=	Kapitalstruktur
AV : UV wie 1 : 1	=	Vermögensstruktur

Regeln des Kapitalaufbaus

Bei der Beurteilung des Kapitalaufbaus eines Unternehmens wird untersucht, wie sich das Unternehmen finanziert hat: überwiegend mit *eigenen* oder *fremden* Mitteln (= **Kapitalstruktur; Finanzierung**). Dabei sollen bei günstiger Finanzierung Eigenkapital und Fremdkapital in einem angemessenen Verhältnis zueinander stehen, möglichst 1:1.

Dieser Grundsatz bringt zum Ausdruck, dass zusätzlich zum langfristig gebundenen Kapital eigene Mittel vorhanden sein müssen, damit unerwartete Risiken, wie etwa die Zahlungsunfähigkeit eines Kunden, abgefedert werden können.

Das Verhältnis zwischen Eigen- und Fremdkapital einer Textilgroßhandlung wie der ***Spindler KG*** kann allerdings nicht eindeutig definiert werden. Was angemessen, richtig oder zweckmäßig ist, hängt von der individuellen Struktur der einzelnen Unternehmung ab. Die Qualität der Debitoren (= Kunden), der Führungsstil, eine aussagefähige Kostenrechnung und zukunftsorientiertes Denken und Handeln gehören dazu.

Eine generelle Aussage ist jedoch sicherlich möglich. Fällt der Eigenkapitalanteil unter 20 % des Gesamtkapitals, besteht Gefahr für das Unternehmen.

Je größer das Eigenkapital ist, umso sicherer ist die Situation des Unternehmens:

- Ein **hoher Anteil** an eigenem Kapital erhöht das haftende Kapital und damit gleichzeitig die Kreditwürdigkeit im Geschäftsleben.
- Des Weiteren bestehen größere finanzielle Unabhängigkeit von Kreditgebern sowie niedrigere Belastungen mit Zins- und Tilgungszahlungen.

Umgekehrt wird mit abnehmendem Eigenkapitalanteil bzw. steigendem Fremdkapitalanteil die Zins- und Tilgungsbelastung des Großhändlers größer.

Kennzahlen des Kapitalaufbaus sind: Finanzierung, Eigenkapitalanteil (Eigenkapitalintensität), Verschuldungsgrad (= prozentualer Anteil des Fremdkapitals am Eigenkapital) sowie Fremdkapitalanteil (Fremdkapitalintensität).[1]

Regeln des Vermögensaufbaus

Bei der *Analyse der* **Vermögensstruktur** interessieren besonders die Art und die Zusammensetzung des Vermögens sowie der einzelnen Vermögensposten zueinander, insbesondere das *Verhältnis des Anlage- zum Umlaufvermögen* (= **Konstitution**):

Je geringer das Anlagevermögen im Verhältnis zum Umlaufvermögen ist, desto

- geringer ist für das Großhandelsunternehmen die Belastung mit fixen Kosten,
- flexibler kann es auf veränderte Marktsituationen reagieren (z. B. höhere Anpassungsfähigkeit in der Phase der Rezession),
- leichter und schneller kann die möglicherweise notwendige Freisetzung von Kapital erfolgen.

Da die Unternehmen aufgrund der Unterschiede zwischen den einzelnen Branchen die verschiedenartigste Struktur haben, lässt sich eine allgemein gültige Verhältniszahl für Anlage- und Umlaufvermögen nicht angeben.

Es kann jedoch überschlägig gesagt werden, dass in anlageintensiven Unternehmen (z. B. in der Schwerindustrie oder bei Lagerhausunternehmen) das Anlagevermögen das Umlaufvermögen im Allgemeinen erheblich übersteigt. Bei den meisten anderen Unternehmen, insbesondere bei Handelsbetrieben wie der ***Spindler KG***, überwiegt je nach der Art des einzelnen Unternehmens das Umlaufvermögen. Es bestehen aber nicht nur zwischen den einzelnen Wirtschaftszweigen, sondern auch zwischen den Unternehmen gleicher Branchen teilweise erhebliche Unterschiede im Verhältnis von Anlage- und Umlaufvermögen.

Weitere vertikale Bilanzkennzahlen sind die *Anlagenintensität* und die *Umlaufintensität.*[2]

Horizontale Regeln

Die horizontalen Regeln untersuchen die Relationen zwischen dem Vermögen und der Kapitalstruktur der Bilanz.

Aktiva	Bilanz	Passiva
Anlagevermögen	⟷	Eigenkapital langfr. Fremdkapital
Umlaufvermögen	⟷	kurzfr. Fremdkapital
z. B.: AV : EK wie 1 : 1	=	Anlagendeckung
UV : FK wie 1 : 1	=	Liquidität

Der bekannteste Finanzierungsgrundsatz ist in der **goldenen Finanzierungsregel** festgeschrieben.

1 Die rechnerische Anwendung dieser Kennzahlen ist im Kap. 11.8 zu finden.
2 Die Kennzahlen des Vermögensaufbaus werden detailliert im Kap. 11.8 behandelt.

Goldene Finanzierungsregel

Zur Sicherung der Zahlungsfähigkeit gilt es, die **„goldene Finanzierungsregel“ (auch goldene Bankregel) zu beachten.** Sie besagt:

Aufgenommenes Fremdkapital soll erst dann fällig sein, wenn die damit finanzierten Investitionen durch den Umsatzerlös wieder zu Geld geworden sind (= Desinvestition).

Das heißt:

- **Anlagevermögen** ist mit Eigenkapital bzw. in geringem Umfang mit langfristigem Fremdkapital zu finanzieren.
- **Umlaufvermögen** sollte mit mittel- und kurzfristigem Fremdkapital beschafft werden. Die Fristigkeiten (s. Abb.unten) sollten sich decken.

Die Beachtung dieser Grundsätze soll unter Berücksichtigung der Rückzahlungsverpflichtungen jederzeit **die Zahlungsbereitschaft** des Unternehmens **sicherstellen.**

Dieser Grundsatz sollte eingehalten werden, wenn das Anlagevermögen etwa 40 bis 60 % der Bilanzsumme ausmacht. Wenn das Anlagevermögen geringer ist, sollte das Eigenkapital auch Teile des Umlaufvermögens abdecken.

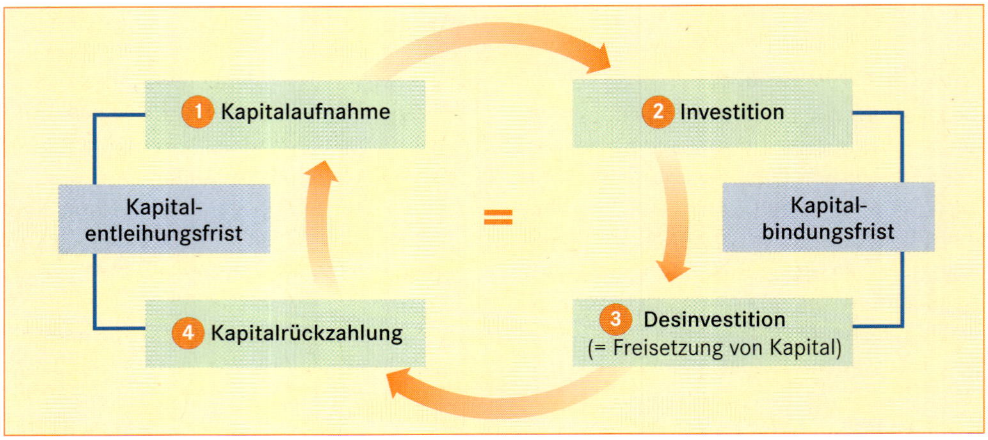

Erläuterung: Der Umschlag des Anlagevermögens erfolgt sehr langsam. Die Ausgaben für das Anlagevermögen gelangen über den Verkaufspreis nur allmählich in das Unternehmen zurück. Daher sollte das für das Anlagevermögen notwendige Kapital möglichst langfristig, am besten unbefristet, zur Verfügung stehen. Das Umlaufvermögen hingegen lässt sich eher mit fremden Mitteln, die in relativ kurzer Zeit zurückzuzahlen sind, finanzieren. Umlaufvermögen, wie z. B. die Waren, wird wesentlich schneller umgeschlagen, sodass auch die eingesetzten Fremdmittel sehr schnell zum Unternehmen zurückfließen.

Silberne Finanzierungsregel

Wegen des überwiegend sehr knappen Eigenkapitals im Handel ist dort die goldene Finanzierungsregel kaum anwendbar. Deshalb ist in der Praxis eher die so genannte „silberne Finanzierungsregel“ anzuwenden.

Sie besagt, dass bei ungenügendem Eigenkapital mindestens das Anlagevermögen und etwa 1/3 des Umlaufvermögens durch Eigenkapital und langfristiges Fremdkapital gedeckt sein sollen, während das restliche Umlaufvermögen mit kurzfristigem Fremdkapital finanziert werden kann. Außerdem sollten ein Teil der Kundenforderungen (ca. 1/3 bis 1/2) sowie eventuell eine Liquiditätsreserve (1/12 der jährlichen Kosten) langfristig finanziert sein.

5567178

Goldene Bilanzregel

Eine weitere horizontale Kapital-Vermögensstrukturregel ist die **„goldene Bilanzregel"**, die in ihrer *engsten* Fassung besagt, dass das Anlagevermögen mit Eigenkapital zu finanzieren sei (*Anlagendeckung 1*).[1]

In ihrer *weiten* Fassung fordert sie:

Anlagevermögen und ständig gebundenes Umlaufvermögen (= eiserner Bestand, der zur Aufrechterhaltung der Betriebsbereitschaft erforderlich ist; durchschnittliche Bestände an Vorräten; durchschnittlicher Forderungsbestand) sind langfristig gebundenes Vermögen. Es sollte deshalb durch langfristiges Kapital, also durch Eigenkapital und langfristiges Fremdkapital (mehr als 4 Jahre Laufzeit), gedeckt sein (*Anlagendeckung 2*)

Liquiditätsgrundsätze

Für jeden Großhändler ist es unerlässlich, ständig den Überblick über seine finanziellen Mittel zu haben. Planung und Sicherung der Liquidität muss oberstes Gebot sein. Das untaugliche Mittel des „Management by Kontoauszug" (Haben wir Geld, ist es gut, haben wir keines, müssen wir uns etwas überlegen.) ist der sichere Weg in die Unternehmenskrise.

Jedes Unternehmen hat *Verpflichtungen:* Monatlich sind Löhne und Gehälter zu zahlen, die Rechnungen der Lieferanten sind zu begleichen, Kosten der Verwaltung wie Bürobedarf, Porto und Telefon müssen bezahlt werden, Versicherungen, Mieten und vieles mehr werden fällig. Wird diesen Verpflichtungen fristgerecht nachgekommen, so bedeutet das **Auszahlungen**, die gleichzusetzen sind mit einem **Geldabfluss**.

Forderungen entstehen u. a. durch den Warenverkauf. Die daraus resultierenden **Einzahlungen** stellen einen **Zufluss an flüssigen Mitteln** (= Zahlungsmittel) dar, dessen Umfang man an der Summe der Finanzmittelbestände (Kasse, Bank, Postbank, diskontfähige Wechsel) ablesen kann.

Die Zahlungsfähigkeit eines Unternehmens ist gegeben, wenn sich Einzahlungen (= Geldzuflüsse) und Ausgaben (= Geldabflüsse) ausgleichen. Es liegt ein finanzielles Gleichgewicht vor = **optimale Liquidität.**

Liquiditätsbedingung:

Bestand an flüssigen Mitteln (Zahlungsmittel)

\+ Einzahlungen
\- Auszahlungen

≥ 0

Übersteigen die Zahlungsmittelbestände die betrieblichen Verpflichtungen bzw. die Geldeingänge aus den Forderungen die Zahlungsabflüsse aus den Verpflichtungen, entsteht ein Überschuss an Zahlungsmitteln; man spricht dann von **Überliquidität.**

Zwar kann das Unternehmen in dieser Situation seine Zahlungsverpflichtungen erfüllen; vorhandene überschüssige Zahlungsmittel bedeuten aber auch, dass das Kapital unwirtschaftlich genutzt wird und Zinsverluste hingenommen werden müssen. In diesem Fall sollten die überschüssigen Mittel Rendite bringend angelegt werden.

Beispiel **für Überliquidität**

Guthaben auf Kontokorrentkonten

Sind die Ausgaben höher als die Einnahmen, so liegt **Unterliquidität** vor. In dieser Situation decken die flüssigen Mittel nicht die fälligen kurzfristigen Verpflichtungen. Das Unternehmen ist nicht mehr jederzeit in der Lage, seine Zahlungsverpflichtungen zu erfüllen – es ist nur noch eingeschränkt zahlungsfähig.

Beispiel **für eingeschränkte Zahlungsfähigkeit**

Ein Großhändler ist aufgrund seiner Liquiditätssituation zu einem bestimmten Zeitpunkt nicht in der Lage, Lieferantenskonti zu nutzen.

Hält dieser Zustand über einen längeren Zeitraum an, kann es zur **Illiquidität** (= Zahlungsunfähigkeit) führen und letztlich zur Auflösung des Unternehmens.

Definition **Liquidität (Flüssigkeit) = die Fähigkeit eines Unternehmens, stets seine fälligen Zahlungsverpflichtungen fristgerecht erfüllen zu können.**

Ehe man sich versieht, ist es passiert: Die Zahlungsfähigkeit ist gefährdet!

1 Die Kennzahlen zur Anlagendeckung 1 und 2 werden ausführlich im Kap. 11.8 behandelt.

Nicht übersehen werden darf an dieser Stelle der grundsätzliche **Zielkonflikt** zwischen Rentabilitäts- und Liquiditätsziel:

- Der rentabilitätsorientierte Kapitaleinsatz erfordert den Einsatz von flüssigen Mitteln, um die notwendige Verzinsung des Eigen- und Fremdkapitals zu erreichen. Dadurch wird Liquidität gebunden und steht dem Unternehmen nicht mehr für seine laufenden Verpflichtungen zur Verfügung.
- Da eine optimale Liquidität in der Praxis sehr selten realisiert werden kann, bilden die Unternehmen aus Gründen der Sicherung ihrer Zahlungsfähigkeit finanzielle Reserven. Durch dieses unwirtschaftlich genutzte Kapital entsteht zwangsläufig ein Zinsverlust, der eine Verringerung des Gewinns zur Folge hat und letztlich die Rentabilität (= Verzinsung des in einem Unternehmen eingesetzten Kapitals) verschlechtert – denn je höher die Überliquidität ausfällt, desto geringer muss die Rentabilität sein.

Liquidität geht vor Rentabilität

In der Vergangenheit sind *Liquiditätskennzahlen*[1] entwickelt worden. Sie sollen Auskunft darüber geben, ob das Unternehmen über ausreichend flüssige Mittel zur Begleichung seiner Verpflichtungen verfügt.

Für weiter gehende Einsichten hilft die **Aufstellung eines Finanzplans** weiter.

Finanzplan

Definition **Der Finanzplan ist eine Kapitalbedarfsrechnung für die fortdauernde (zukunftsgerichtete) Planung, die alle ein- und ausgehenden Zahlungsströme eines Großhandelsunternehmens berechnet oder steuert.**

Phasen einer Finanzplanung

Eine Finanzplanung besteht aus 7 Phasen:

- **Informationssammlung:** aus dem Rechnungswesen sowie vor allem aus der Beschaffungs-, Absatz- und Investitionsplanung
- **Umwandlung dieser Informationen in Zahlungsströme**
- **Aufstellung des eigentlichen Finanzplans:** Prognose der zukünftigen Zahlungsströme bzw. des voraussichtlichen Zahlungsmitteldefizits oder -überschusses
- **Alternativenplanung:** Ermittlung und Analyse der alternativen Finanzierungs- und Anlagemöglichkeiten
- **Planfeststellung:** Entscheidung für die als optimal erachtete Alternative
- **Plankontrolle:** Ermittlung von Planabweichungen durch Soll-Ist-Vergleich sowie Analyse der Abweichungsursachen
- **Planrevision:** laufende Anpassung an realisierte Ist-Zustände

Aufstellen des Finanzplans

Finanzpläne sind weniger geeignet zur Ermittlung des Kapitalbedarfs bei Gründung oder Betriebserweiterungen, sondern dienen in erster Linie **der Erhaltung der Zahlungsbereitschaft (Liquidität).** Jedes Großhandelsunternehmen sollte insofern die zukünftig zu erwartenden Zahlungsströme – **geordnet nach deren Zahlungsterminen** – stets im Blick haben. Man spricht deshalb auch von **dynamischer Liquidität,** da eine **zeitraumbezogene Betrachtung** des Verhältnisses von verfügbaren Geldmitteln und fälligen Verbindlichkeiten vorgenommen wird.

Aus diesem Grunde wird im Finanzplan ausgewiesen, welche Finanzmittel zu welchen Terminen im Planungszeitraum benötigt werden und woher diese bezogen werden sollen.

Dabei werden die erwarteten (geschätzten) Einzahlungen (*Sollzahlen*), wie z. B. die Umsatzerlöse der nächsten Periode (Monat bzw. Quartal), den erwarteten Auszahlungen gegenübergestellt. Aus der Differenz der Einzahlungen und Auszahlungen ergibt sich der (monatliche) Saldo: die Liquidität.

Die so ermittelten *Planzahlen* werden darüber hinaus mit den *Istzahlen* verglichen. Die Abweichungen zwischen Planwerten und den tatsächlich erreichten Zahlen fließen in die Folgeplanungen ein.

Finanzpläne können für einen kürzeren (bis zu einem Jahr) oder längeren Zeitraum (bis zu fünf Jahren) erstellt werden. Am häufigsten anzutreffen sind mittelfristige Quartalsbetrachtungen (1 – 2 Jahre).

1 Liquiditätskennzahlen werden ausführlich im Kap. 11.8 behandelt. Gleichzeitig sind dort auch Ausführungen zur Rentabilität zu finden.

Aufbau eines Finanzplans							
Finanzplan: Textilgroßhandlung *Spindler KG* Planungszeitraum vom 1. Juli bis 30. September 20..							
Beträge in €	Juli			August			(...)
	Soll[1]	Ist[2]	Differenz	Soll	Ist	Differenz	
Anfangsbestand an Zahlungsmitteln (Kasse, Bank)							
Einzahlungen: ◆ Umsatzerlöse ◆ Forderungen ◆ Zinsen ◆ Verkauf von Maschinen ◆ Darlehensaufnahme (...)							
Summe der Einzahlungen							
Auszahlungen: ◆ Wareneinkäufe ◆ Provisionen ◆ Kauf von Grundstücken ◆ Steuern/Abgaben ◆ Löhne und Gehälter ◆ Darlehensrückzahlung ◆ Reparaturen ◆ Versicherungen (...)							
Summe der Auszahlungen							
Endbestand an Zahlungsmitteln (Überschuss/Defizit)							

Es ist insbesondere der **Faktor Zeit**, der bei der Finanzplanung eine herausragende Rolle spielt.

Beispiel

Die Großhändlerin Julia Franke rechnet in ca. vier Wochen mit dem Eingang von diversen Zahlungen. Sie kann aber momentan ihren aktuell fälligen Zahlungsverpflichtungen, wie z. B. der Zahlung der Gehälter und der Steuer, nicht nachkommen. Frau Franke ist daher von der Zahlungsunfähigkeit und damit vom Aus ernsthaft bedroht.

Einzahlungen und Auszahlungen verändern die Höhe von Kassenbestand und Bankguthaben täglich. Insofern ist es für den Großhändler wichtig, sich stets zu fragen:

- **bei den Auszahlungen:**
  - Wie viele Tage oder Wochen bleiben für den Ausgleich der noch zu bezahlenden Lieferantenrechnung und sonstigen Verbindlichkeiten?
  - Wie lange können die verfügbaren Zahlungsmittel anderweitig verwendet werden?
- **bei den Einzahlungen:**
  - Wann kann damit gerechnet werden, dass zusätzliche Zahlungsmittel eingehen?
  - Welches Zahlungsziel wurde den Kunden in speziellen Fällen eingeräumt?
  - Wann können den Kunden für Waren oder Leistungen Rechnungen ausgestellt werden?

1 In der *Soll-Spalte* befinden sich die geplanten Werte (Planzahlen).
2 In der *Ist-Spalte* werden die tatsächlich erreichten Beträge notiert.

Der Großhändler sollte also bei seiner Liquiditätsplanung u. a. die durchschnittliche Zahlungsfrist seiner eigenen Forderungen ermitteln und sie bei seiner Finanzplanung entsprechend berücksichtigen.

Zahlungsfristen von Kunden kleiner und mittlerer Unternehmen
in Prozent der Kunden in .. Tagen

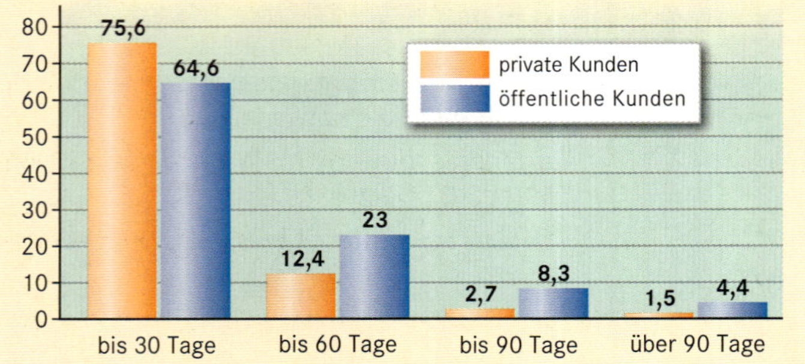

Quelle: GründerZeiten Nr. 18, S. 4 (Juni 2007), hrsg. vom Bundesministerium für Wirtschaft und Technologie

Planfeststellung

Da die Gegenüberstellung von Ein- und Auszahlungen im Finanzplan eine Über- oder Unterdeckung (Differenz) beim *Endbestand an Zahlungsmitteln* ergeben kann, ist das Großhandelsunternehmen zu entsprechenden Anpassungen gezwungen (= Cash-Management). Ziel ist dabei die jederzeitige Aufrechterhaltung der Liquidität bei gleichzeitiger ertragbringender Anlage freier Mittel zur Erhöhung der Rentabilität. Folgende Ausgleichsmaßnahmen sind denkbar:

Einnahmen > Ausgaben (= Überdeckung)

Die Situation einer *Überliquidität* sollte wie folgt genutzt werden:
- Tilgung von Krediten
- Anlage als Termingeld
- Kauf von Wertpapieren
- Verbesserung des Zahlungsziels für Kunden zur Steigerung des Umsatzes

Einnahmen < Ausgaben (= Unterdeckung)

Bei *Unterliquidität* wäre denkbar:
- Aufnahme neuer Kredite
- Leasing von Wirtschaftsgütern
- Verkauf von Kundenforderungen an eine Factoringgesellschaft[1]
- Verlängerung von Krediten

Plankontrolle

Letztlich müssen im Rahmen der *Kontrolle des Finanzplans* die Istzahlen mit den Sollzahlen (Plan) verglichen werden. Ursachen für Abweichungen von den Sollwerten können u. a. sein:
- veränderte Preise auf den Beschaffungs- und Absatzmärkten
- steigende Kosten, z. B. bei Löhnen und Gehältern; Erhöhung des eisernen Warenbestandes
- zeitliche Verschiebungen, z. B. niedrigere Lagerumschlagshäufigkeit, Verkürzung von Zahlungszielen beim Wareneinkauf; Verlängerung des eigenen Zahlungsziels aufgrund der Wettbewerbssituation

Mithilfe eines vorausschauenden Finanzplans

→ werden die Zahlungsvorgänge im Großhandelsunternehmen übersichtlich dargestellt.

→ soll die **Liquidität gesichert** werden.

Das heißt, es soll vermieden werden, dass im Planungszeitraum eine nachhaltige Unterdeckung entsteht. Insofern ist es wichtig, dass für sämtliche Ausgaben **termingerecht** die entsprechenden Geldmittel vorhanden sind, z. B. für die Gehälter und Löhne oder die Abführung der Umsatzsteuer an das Finanzamt.

→ können rechtzeitig finanzielle Engpässe erkannt und von der Geschäftsleitung geeignete Gegenmaßnahmen vorbereitet werden.

1 Leasing und Factoring werden im Kap. 10.5 ausführlich behandelt.

Aufgaben

1 Was versteht man unter den Begriffen „Finanzierung" und „Investition"?

2 Erklären Sie die goldene Finanzierungsregel.

3 Welche Probleme können sich ergeben, wenn das Eigenkapital im Verhältnis zum Fremdkapital zu niedrig ist?

4 Nennen Sie drei Investitionsgründe.

5 Erläuten Sie den Begriff „Desinvestition".

6 Welcher Zusammenhang besteht zwischen Finanzierung und Investition?

7 Ordnen Sie die folgenden Begriffe entweder der Aktiv- oder der Passivseite der Bilanz zu.

a) Vermögen
b) Finanzierung
c) Kapitalverwendung
d) Investition
e) Kapital
f) Kapitalherkunft

8 Welche Auswirkungen können

a) Erweiterungsinvestitionen,
b) Rationalisierungsinvestitionen

auf eine Volkswirtschaft haben?

9 Welcher Anlass kann eine Ersatzinvestition auslösen?

10 Was verstehen Sie unter Nettoinvestitionen?

11 Erklären Sie,

a) was Sie unter Liquidität verstehen,
b) warum ein Großhandelsunternehmen stets liquide sein sollte,
c) welche Gefahren bei Über-, Unter- und Illiquidität bestehen.

12 Warum stellt ein Großhandelsunternehmen stets einen Finanzplan auf?

13 Eine Großhandlung soll im Bereich Elektrotechnik gegründet werden. Bei der Planung der Ausgaben ist zu berücksichtigen, dass

- ein Verwaltungs- und Lagergebäude im Wert von 850.000,00 € errichtet wird,
- ein Fahrzeugpark im Wert von 150.000,00 € benötigt wird,
- Betriebs- und Geschäftsausstattung im Wert von 300.000,00 € notwendig ist,
- Ausgaben für den Wareneinsatz von 1.500,00 € täglich anfallen,
- Handlungskosten von täglich 900,00 € entstehen.

Die Elektroartikel lagern im Durchschnitt 24 Tage. Die Gründung und Ingangsetzung des Geschäftsbetriebs der Elektrotechnikgroßhandlung verursacht einmalige Ausgaben von 10.000,00 €.

a) Ermitteln Sie den Kapitalbedarf der Großhandlung, wenn beim Wareneinkauf von den Lieferanten ein Zahlungsziel von 20 Tagen eingeräumt wird und die Ausgangsrechnungen von den Kunden innerhalb von 5 Tagen bezahlt werden.
b) Wie verändert sich der Kapitalbedarf des Unternehmens, wenn die Eingangsrechnungen innerhalb von 10 Tagen zu bezahlen sind, den Kunden aber wegen der Konkurrenz ein Zahlungsziel von 30 Tagen gewährt werden muss?
c) Inwiefern verändert sich der Kapitalbedarf aus Situation b), wenn aufgrund betrieblicher Umstrukturierungen die Lagerdauer der Elektroartikel auf die Hälfte reduziert werden kann?

14 Für das Großhandelsunternehmen Wolff OHG, Berlin, ergibt sich die unten stehende Bilanz:

a) Welche Bedeutung hat der relativ hohe Eigenkapitalanteil für das Unternehmen?
b) Berechnen Sie das Verhältnis des Anlagevermögens zum Umlaufvermögen.

Bilanz der Wolff OHG

Aktiva		Passiva	
A. Anlagevermögen	450.000,00	A. Eigenkapital	1.350.000,00
B. Umlaufvermögen		B. Schulden	
1. Waren	810.000,00	1. langfristig	360.000,00
2. Forderungen a. Wl	630.000,00	2. kurzfristig	540.000,00
2. Kasse, 2. Bank, 2. Postbank	360.000,00		
	2.250.000,00		2.250.000,00

Aktionen

1 a) Suchen Sie mithilfe der Kopfstandmethode Fehler, die ein Großhändler bei der Ermittlung seines Kapitalbedarfs machen kann.

b) Formulieren Sie für jeden gefundenen Fehler einen Oberbegriff, der ein positives Vorgehen kennzeichnet.

c) Halten Sie das Gesamtergebnis für Ihre eigenen Unterlagen in einer Übersicht mithilfe des Computers fest.

2 Erkundigen Sie sich bei verschiedenen Institutionen über den Finanzierungsbedarf von Unternehmensgründern (hilfreich ist z. B. www.existenzgruender.de Menüpunkt „Gründung finanzieren"). Ergänzen Sie ggf. Ihre in Aktion 1 erstellte Übersicht.

3 a) Erkundigen Sie sich vor dem Hintergrund der Inhalte dieses Kapitels in Ihrem Ausbildungsunternehmen nach dessen konkreter Handhabung der Finanzierungsgrundsätze.

b) Stellen Sie Ihre Informationen anhand von einem oder zwei konkreten Fällen aus der betrieblichen Praxis in einem schriftlichen Referat vor.

c) Bereiten Sie sich darauf vor, dieses Referat Ihrer Klasse zu präsentieren.

Zusammenfassung

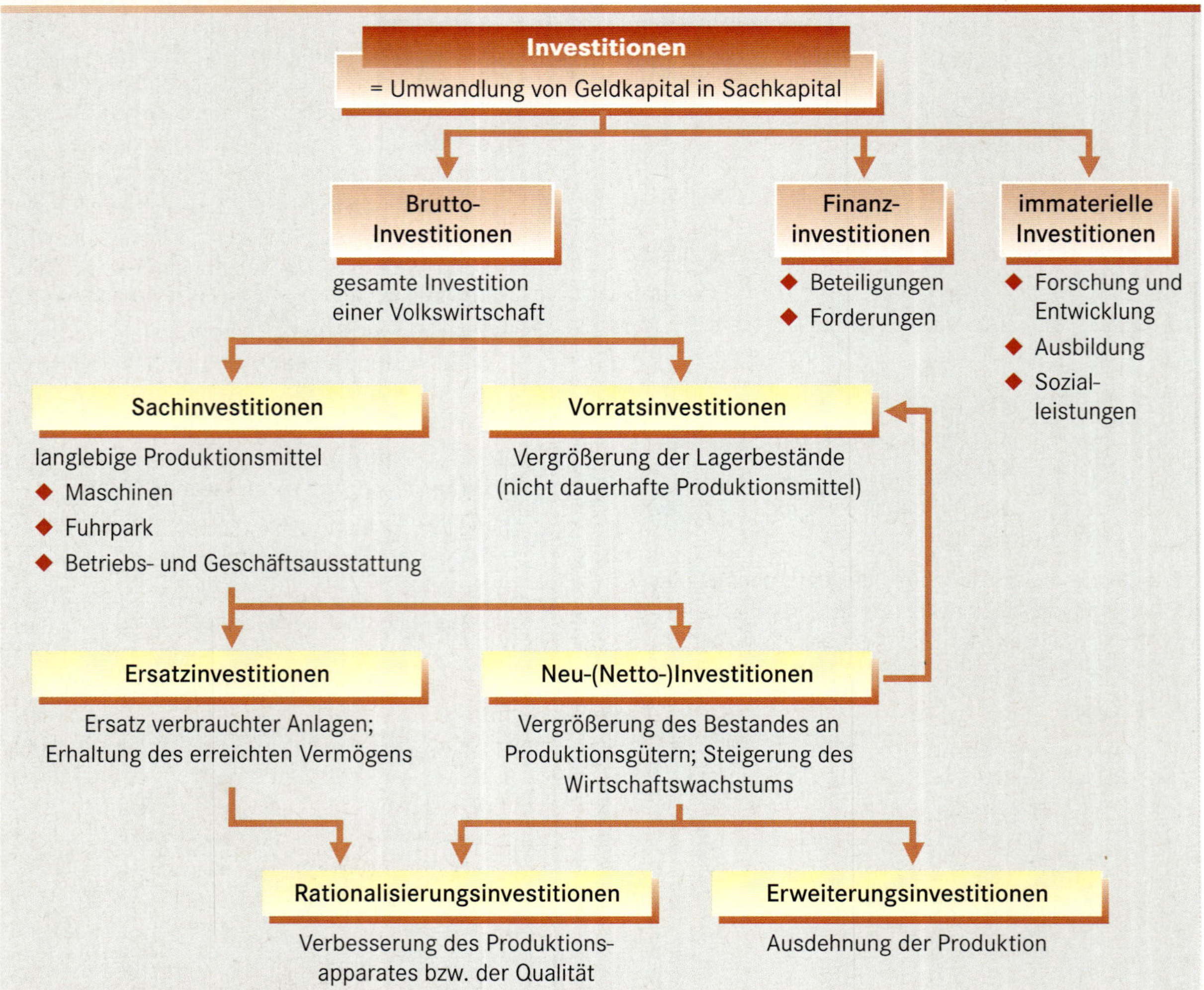

Finanzierungsgrundsätze und -kennzahlen

- werten die wirtschaftlichen Verhältnisse (Lage und Entwicklung) eines Unternehmens
- sollen die jederzeitige Zahlungsfähigkeit eines Unternehmens gewährleisten

Horizontale Regeln

- untersuchen die Relationen zwischen dem Vermögen und dem Kapitalaufbau der Bilanz
- betreffen die Kapitalbindungs- und Kapitalüberlassungsdauer

goldene Finanzierungsregel (auch goldene Bankregel)

Kapitalentleihungsfrist = Kapitalbindungsfrist

das heißt:

- Das Anlagevermögen sollte überwiegend durch Eigenkapital und eventuell zu einem geringen Teil mit Fremdkapital finanziert werden.
- Das Umlaufvermögen kann mit mittel- und kurzfristigem Fremdkapital finanziert werden.

goldene Bilanzregel

Anlagevermögen und die langfristig gebundenen Teile des Umlaufvermögens sollen durch Eigenkapital und langfristiges Fremdkapital gedeckt sein (weite Fassung)

silberne Finanzierungsregel

Anlagevermögen und 1/3 des Umlaufvermögens sollen durch Eigenkapital und langfristiges Fremdkapital gedeckt sein.

Vertikale Regeln

- untersuchen das Verhältnis der Positionen auf der Aktiv- bzw. Passivseite der Bilanz
- betreffen die Kapitalstruktur des Unternehmes (keine Berücksichtigung der Kapitalverwendung)
- geben Auskunft über

Kapitalaufbau

- gibt Auskunft auf die Frage, ob das Unternehmen überwiegend mit eigenem oder fremdem Kapital arbeitet
- macht Aussagen darüber, wie groß/gering die Dispositionsfreiheit der Unternehmensleitung ist bzw. die Abhängigkeit von Gläubigern

Vermögensaufbau

- zeigt das Verhältnis von Anlage- zu Umlaufvermögen an

Liquidität (= stete Zahlungsbereitschaft)

ist **optimal**, wenn **Geldzuflüsse = Geldabflüsse**

Über den Grad der Liquidität geben Liquiditätskennzahlen Auskunft.

Liquidität geht vor Rentabilität!

Finanzplan

- enthält die *zukünftig erwarteten* Ein- und Auszahlungen
- hat die Aufgabe, das finanzielle Gleichgewicht eines Unternehmens zu wahren, indem er finanzielle Engpässe rechtzeitig erkennt
- soll *zukünftige* Zahlungsströme nach den Kriterien von Liquidität und Rentabilität steuern
- kann hinsichtlich des Planungszeitraums unterschieden werden in
  - langfristige Pläne: bis zu 5 Jahren
  - mittelfristige Pläne: 1 – 2 Jahre
  - **kurzfristige Pläne:** bis zu einem Jahr oder kürzer
- ist wie folgt aufgebaut:
  - Zahlungsmittelanfangsbestand
  - Einzahlungen
  - Auszahlungen
  - Zahlungsmittelendbestand

10.3 Wir suchen für betriebliche Investitionen geeignete Möglichkeiten der Kapitalbeschaffung

Einstieg

Die Verantwortlichen der Textilgroßhandlung ***Spindler KG*** haben sich entschlossen, die Lagerkapazitäten in der von Herrn Treuend, Leiter der Abteilung Beschaffung, und Herrn Werner, Funktionsbereich Logistik, vorgeschlagenen Art und Größe unverzüglich auszubauen. Auch gegen die Anschaffung der neuen Fahrzeuge gab es letztlich keine wesentlichen Einwände (s. Einstieg Kap. 10.2).

Keinen Beschluss gab es aber hinsichtlich der **Kapitalbeschaffung** für die Gesamtinvestition von 785.000,00 €.

Zeigen Sie auf, welche Möglichkeiten die Textilgroßhandlung ***Spindler KG*** hat, sich das nötige Geld für die geplanten Investitionen zu beschaffen.

Wahl der Finanzierungsart

Je nachdem, ob die Deckung des ermittelten Kapitalbedarfs mit *Eigen- oder Fremdkapital* vorgenommen wird, unterscheidet man zwischen **Eigenfinanzierung** und **Fremdfinanzierung.**

Kriterien für die Beurteilung dieser einzelnen Finanzierungsalternativen sind die **Kosten,** die **Dauer der Kapitalüberlassung** sowie die **Einflussnahme der Kapitalgeber.**

Eigenfinanzierung

Die Eigenfinanzierung umfasst

- die **Einlagen- oder Beteiligungsfinanzierung** und
- die **Selbstfinanzierung.**

In beiden Fällen wird das Kapital selbst aufgebracht, das Unternehmen erhält *eigene Mittel*: **Eigenkapital.**

Einlagen- oder Beteiligungsfinanzierung

Tätige/r Teilhaber/in

gesucht für bestens eingeführtes Großhandelsunternehmen im Bereich Gartenmöbel und -zubehör (über 50 J. am Ort), konkurrenzlos im weiten Umkreis. la-Lage, im süddeutschen Raum (Nähe Bodensee), spätere Übernahme nicht ausgeschlossen.

Bestens in D. A. CH eingeführtes

TEXTIL-PRODUKTIONS- und IMPORT-HANDELS-UNTERNEHMEN

sucht INVESTOR (500.000 EUR)

Liquidität der wachsenden Auftragslagen passt, gute Rendite gewährleistet.

Definition Von **Einlagen-** oder **Beteiligungsfinanzierung spricht man, wenn**

- **der bisherige oder die bisherigen Gesellschafter eine zusätzliche Einlage leisten oder**
- **Kapitalgeber als neue Gesellschafter aufgenommen werden.**

Die Überlassung von Kapital ist in zwei Formen möglich:

- durch Einzahlung von Barmitteln und/oder
- durch Einbringung von Sachwerten, z. B. Grundstücke, Maschinen, Rechte.

Durch die Überlassung von Kapital erwerben die Kapitalgeber ein Eigentumsrecht am Unternehmen. Daneben sind die Kapitalgeber am Gewinn und am Liquiditätserlös beteiligt, tragen das Unternehmensrisiko zumindest in Höhe ihrer Einlage mit und erlangen Informations-, Mitsprache- und Mitentscheidungsrechte.

Einfluss der Rechtsform auf die Möglichkeiten der Eigenkapitalbeschaffung

Die Arten der Einlagen- oder Beteiligungsfinanzierung sind von der Rechtsform des Unternehmens abhängig. Den Unternehmen wird dabei aber stets Kapital (Geld, Sachleistungen oder Rechte) von **außen** (= **Außenfinanzierung**) zugeführt.

Unternehmensform[1]	Kapitalerhöhung
Einzelunternehmung	Eine Erhöhung des Eigenkapitals ist nur möglich durch: ◆ die Zuführung weiterer Teile des Privatvermögens ◆ die Nichtentnahme erzielter Gewinne (Selbstfinanzierung), wobei aus dem Gewinn die Aufwendungen der persönlichen Lebensführung gedeckt werden müssen ◆ außerordentliche Zuflüsse (Erbschaft) ◆ die Aufnahme eines stillen Gesellschafters **Bewertung:** Die Beteiligungsfinanzierung bei Einzelunternehmen ist stark eingeschränkt, da der Bereitstellung von Eigenkapital aus dem Privatbereich des Unternehmers Grenzen gesetzt sind.

[1] Ausführlich werden die Unternehmensformen in *Groß im Handel – Grundstufe,* Kap. 1.11 dargestellt.

Unternehmensform[1]		Kapitalerhöhung
offene Handelsgesellschaft	Personengesellschaften	Die Eigenkapital-Beschaffung erfolgt in erster Linie durch: ◆ die Erhöhung der Kapitaleinlagen der vorhandenen Gesellschafter ◆ die Aufnahme neuer Gesellschafter ◆ die Aufnahme stiller Gesellschafter Die eingezahlten Beträge werden gemeinschaftliches Vermögen der Gesellschafter (Gesellschaftsvermögen), das den Gesellschaftern zur gesamten Hand zusteht. Der einzelne Gesellschafter kann nicht mehr rechtswirksam über seinen Anteil verfügen. Für jeden Gesellschafter ist ein eigenes Kapitalkonto zu führen. **Bewertung:** Die Eigenkapitalbasis wird nicht durch das Privatvermögen der Gesellschafter begrenzt, weil weitere Gesellschafter aufgenommen werden können. Dennoch ist die Beteiligungsfinanzierung bei der OHG eingeschränkt, da die Aufnahme beliebig vieler Gesellschafter häufig schwer zu realisieren ist wegen der sehr personenbezogenen Situation der OHG.
Kommanditgesellschaft		Die Eigenkapitalbeschaffung erfolgt ähnlich wie bei der OHG in erster Linie durch Kapitaleinlagen (Geld- oder Sachkapital) der Gesellschafter: ◆ Erhöhung der Kapitaleinlage der bisherigen Gesellschafter oder ◆ Aufnahme weiterer Gesellschafter (Komplementäre/Kommanditisten), ◆ aber auch im Wege der stillen Gesellschaft. Die Eigenkapitalbasis wird grundsätzlich nicht durch Privatvermögen der Gesellschafter begrenzt, weil weitere Gesellschafter aufgenommen werden können. **Bewertung:** Für Kommanditisten gilt: Sie sind grundsätzlich von der Geschäftsführung ausgeschlossen. Daher können Kapitalgeber gefunden werden, die zur Mitarbeit im Unternehmen und zur Risikoübernahme in einer OHG nicht bereit sind → die Möglichkeiten zur Eigenfinanzierung in der KG sind größer als in der OHG.
stille Gesellschaft		Bei der stillen Gesellschaft beteiligt sich der stille Gesellschafter (Kapitalgeber) am Handelsgewerbe des tätigen Gesellschafters mit einer Vermögenseinlage. Die Einlage geht in das Vermögen des Geschäftsinhabers über und der stille Gesellschafter nimmt am Gewinn des Unternehmens teil. Das Gesellschaftsverhältnis ist aus der Firma nicht ersichtlich. **Bewertung:** ◆ gute Möglichkeit der Kapitalbeschaffung für Einzelunternehmer und Personengesellschaften (KG) ◆ Der Geschäftsinhaber bleibt „Herr im Haus", da der stille Gesellschafter keine Geschäftsführungsbefugnisse hat. ◆ bietet sich als Gesellschaftsform an, wenn ein Beteiligungsverhältnis angestrebt wird, das Dritten - außer dem Finanzamt - nicht bekannt und formlos abgewickelt werden soll
GmbH	Kapitalgesellschaften	Erhöhung des Stammkapitals entweder durch ◆ die Aufnahme weiterer Gesellschafter oder ◆ die Erhöhung der Stammeinlagen der bisherigen Gesellschafter. **Bewertung:** Kapitalerhöhung ist aufgrund gesetzlicher Vorschriften erschwert: notariell beurkundete Änderung des Gesellschaftsvertrages; Eintragung in das Handelsregister; Veröffentlichung
AG		Ordentliche Kapitalerhöhung: Erhöhung des gezeichneten Kapitals. Sie erfolgt durch die Ausgabe neuer Aktien. **Bewertung:** Aufgrund der Stückelung des Grundkapitals in Aktien kann sich die AG auf unkomplizierte Art und Weise Eigenkapital beschaffen.
Genossenschaft		Erhöhung der Geschäftsanteile der Genossen und Eintritt neuer Mitglieder

1 Ausführlich werden die Unternehmensformen in *Groß im Handel - Grundstufe,* Kap. 1.11 dargestellt.

Beurteilung

Einlagen- und Beteiligungsfinanzierung	
Vorteile	**Nachteile**
◆ Eigenkapital ist **langfristiges** Kapital, d. h., es steht dem Unternehmen **unbegrenzt lange** zur Verfügung und ist daher eine Garantie für finanzielle Unabhängigkeit. ◆ Da die Kapitalgeber keinen Anspruch auf eine feste Verzinsung ihres Kapitals haben und Tilgungsraten nicht anfallen, ▪ ist es in Krisensituationen vorteilhaft, wenn das Unternehmen zu einem großen Anteil mit Eigenkapital finanziert ist; ▪ hat dies positive Wirkung auf die Liquidität. ◆ Da Eigenkapital haftendes Kapital darstellt, wird ▪ die Kreditwürdigkeit des Unternehmens erhöht, ▪ die Beschaffung von Fremdkapital erleichtert. ◆ Durch die Erhöhung des Eigenkapitels des Unternehmens wird die Krisenfestigkeit des Unternehmens gesteigert. ◆ Das Eigenkapital stellt einen Schutz vor Überschuldung bei vorübergehenden Verlusten dar (Verlustpuffer).	◆ Bei Personengesellschaften hat die Aufnahme neuer voll haftender Gesellschafter eine Einschränkung in der Geschäftsführung und Vertretung zur Folge. ◆ Potenzielle Kapitalgeber (Teilhafter) sind nur dann zu finden, solange das betreffende Unternehmen Gewinne erwirtschaftet, die die Kapitalanlagen höher verzinsen, als es auf dem Kapitalmarkt der Fall wäre. ◆ Aufgrund der großen Anzahl von Rechtsvorschriften ist die Einlagen- und Beteiligungsfinanzierung komplizierter durchzuführen als die Fremdfinanzierung. ◆ Steuerliche Diskriminierung der Beteiligungsfinanzierung gegenüber der Fremdfinanzierung: ▪ Bei der Fremdfinanzierung sind die Fremdkapitalzinsen als Vergütung für die Kapitalüberlassung vom Gewinn als Betriebsausgaben abziehbar. ▪ Bei der Beteiligungsfinanzierung werden die Vergütungen an die Eigenkapitalgeber (z. B. die Dividenden) besteuert.

Selbstfinanzierung

Definition **Unter Selbstfinanzierung versteht man die Finanzierung des Unternehmens aus eigener Kraft, ohne Zuführung von Kapital von außen (= Innenfinanzierung).**

Selbstfinanzierung ist Finanzierung aus erwirtschafteten und einbehaltenen Gewinnen.

Nach der Art des Ausweises in der Bilanz kann man unterscheiden in:

- offene Selbstfinanzierung und
- stille oder verdeckte Selbstfinanzierung.

Offene Selbstfinanzierung

Die offene Selbstfinanzierung erfolgt aus dem in der Bilanz und Gewinn- und Verlustrechnung *ausgewiesenen* Gewinn bzw. Jahresüberschuss und wird aus versteuertem Gewinn durchgeführt.

- **Personengesellschaften und Einzelunternehmen**

  Nicht entnommene/ausgeschüttete Gewinne werden auf den Kapitalkonten der vollhaftenden Gesellschafter gutgeschrieben.

Abschluss im Berichtsjahr:

S GuV-Konto	H
Aufwand 1.080.000	Ertrag 1.200.000
Gewinn 120.000	

S Eigenkapital	H
SBK 1.023.000	EBK 903.000
	120.000

Eröffnung im darauf folgenden Jahr:

S Eigenkapital	H
	EBK 1.023.000

Selbstfinanzierung von 120.000 € bei nicht entnommenen Gewinnen

Der nicht entnommene Gewinn erhöht das Eigenkapital, das für Investitionen zur Verfügung steht. Eigenkapital macht im Vergleich zu Fremdkapital unabhängiger und krisenfester. Das Anlagevermögen sollte daher grundsätzlich mit Eigenkapital finanziert werden.

- **Kapitalgesellschaften und Genossenschaften**

  Die Gewinne fließen den **offenen Rücklagen** (Gewinnrücklagen) zu, ausgewiesen in der Bilanz. Speziell die Aktiengesellschaft ist gemäß Aktiengesetz verpflichtet den zwanzigsten Teil des Jahresüberschusses so lange den Rücklage[1] zuzuführen, bis sie den zehnten Teil (oder den in der Satzung bestimmten höheren Teil) des Grundkapitals betragen.

1 Gem. HGB setzen sich die offenen Rücklagen aus den Kapital- und den Gewinnrücklagen zusammen, wobei hier nur die **Gewinnrücklagen** für die offene Selbstfinanzierung von Bedeutung sind.

Neben den gesetzlichen können freie Rücklagen gebildet werden.

Stille oder verdeckte Selbstfinanzierung

Die stille Selbstfinanzierung entsteht dadurch, dass nicht ausgewiesene und somit unversteuerte Gewinne einbehalten werden. Der Gewinnausweis wird durch bewusste bilanzpolitische Maßnahmen verringert, wodurch **stille Reserven** gebildet werden.

Möglichkeiten zur Bildung stiller Reserven:

- Unterbewertung von Vermögensteilen (Aktiva)

  Die Unterbewertung der Aktivposten in der Bilanz kann beispielsweise erfolgen durch überhöhte direkte Abschreibungen oder zu niedrige Wertansätze des Umlaufvermögens.
- Überbewertung von Schulden (Passiva)

  Die Überbewertung der Passiva wäre möglich z. B. durch hohe Steuerrückstellungen oder zu hohen Rechnungsabgrenzungsposten.
- Nichtaktivierung von aktivierungsfähigen Vermögensgegenständen, z. B. bei geringwertigen Wirtschaftsgütern

Beurteilung

In allen Fällen **verdecken** die höher ausgewiesenen Aufwendungen den **tatsächlich erzielten Gewinn** teilweise oder ganz. Dies führt zu einer geringeren Steuerbelastung in der Abrechnungsperiode. Diese Form der Selbstfinanzierung wird „still" genannt, weil sie nicht aus der Bilanz ersichtlich ist. Zu einem späteren Zeitpunkt werden diese stillen Reserven aufgelöst, z. B. beim Verkauf der betreffenden Vermögensgegenstände. Doch bis zur Auflösung der stillen Reserven ergeben sich Liquiditäts- und Zinsvorteile, weil zinsloses Kapital im Unternehmen verbleibt. Dieses Kapital kann zur Finanzierung von Investitionsvorhaben verwendet werden.

Unternehmensfinanzierung: Eigenmittel bevorzugt

So viel Prozent der Unternehmen wollen ihre angestrebte Eigenkapitalerhöhung dadurch erreichen, dass sie ...

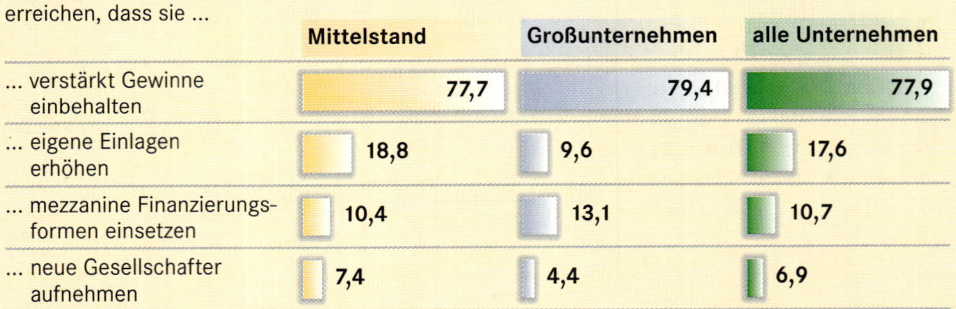

Mehrfachnennungen; Mittelstand: Jahresumsatz zwischen 1 und 50 Millionen Euro; Großunternehmen: Jahresumsatz über 50 Millionen Euro; mezzanine Finanzierungsformen: Mischform aus Eigen- und Fremdkapital, z. B. Genussscheine, Wandel- und Optionsanleihen; Ursprungsdaten: Befragung von 2 376 Unternehmen im Jahr 2005 durch die Kreditanstalt für Wiederaufbau (KfW); nach: iwd Nr. 6, 9. Febr. 2006, S. 2

Beurteilung

Selbstfinanzierung	
Vorteile	**Nachteile**
◆ keine zusätzlichen Kreditgeber oder Eigentümer, dadurch: ▪ keine Kosten für die Kapitalbeschaffung ▪ unabhängig von neuen Gesellschaftern und fremden Kapitalgebern ◆ keine Belastung durch Zins- und Tilgungsverpflichtungen ◆ keine Verschiebung von Herrschaftsverhältnissen ◆ Erhöhung der Kreditwürdigkeit durch größere Eigenkapitalbasis	◆ Zinsloses Eigenkapital kann zu riskanten Spekulationsgeschäften verleiten (Gefahr der Fehlinvestition). ◆ Verdeckte Selbstfinanzierung verschleiert die tatsächliche Rentabilität, weil den Berechnungen nicht das wirkliche Eigenkapital zugrunde liegt, sondern nur das ausgewiesene. ◆ Sofern die Bedingung des Verkäufermarktes gegeben ist und die Selbstfinanzierung über überhöhte Preise erfolgt, muss der Käufer die Kosten für die Bildung zusätzlichen Eigenkapitals tragen.

5567190

Vorteile	Nachteile
◆ Ansammlung von Eigenkapitalreserven und Erhöhung der Krisenfestigkeit ◆ keine Terminierung und Sicherheitsleistungen vorgegeben ◆ Steigerung der Investitionsbereitschaft (z. B. risikoreiche Investitionen) und Investitionstätigkeit ◆ Verringerung des Fremdkapitalanteils ◆ durch Eigenkapitalerhöhung zusätzliche Gewinnerzielung ◆ Förderung des Unternehmensimages durch kontinuierliche Gewinnausschüttung	◆ Bilanzverschleierung: geringe Aussagekraft der Bilanz für externe Adressaten ◆ Werden stille Reserven aufgelöst, wird u. U. trotz wirtschaftlichen Verlusts noch Gewinn ausgewiesen; Verschleierung von Managementfehlern.

Finanzierung durch Abschreibungen

Abschreibungen entstehen ursächlich u. a. durch technischen und natürlichen Verschleiß sowie aufgrund von Entwertungen durch technischen Fortschritt und Bedarfsverschiebungen (wirtschaftliche Überholung).

Diese Wertminderungen von Anlagegütern sind betriebsbedingter Aufwand, der durch Abschreibungen erfasst wird.[1]

Die Abschreibungen sind in die Verkaufspreise eingerechnet. Werden Waren verkauft, so fließen die Abschreibungsbeträge über die Verkaufspreise in das Unternehmen zurück. Dort werden sie aber zeitlich erst später benötigt, nämlich dann, wenn das Anlagegut abgeschrieben ist und durch ein neues ersetzt werden soll.

Die über die Umsatzerlöse in das Unternehmen zurückfließenden Abschreibungsgegenwerte werden sodann nicht über die gesamte Nutzungsdauer angesammelt, sondern zwischenzeitlich für neue Ersatz- oder Erweiterungsinvestitionen ausgegeben (Kapazitätserweiterungseffekt).

Damit dieser Prozess reibungslos funktioniert und bei einer fälligen Ersatzinvestition auch das benötigte Kapital vorhanden ist, muss vom Unternehmen ein genauer Abschreibungs- und Reinvestitionsplan aufgestellt werden.

Der **Kapazitätserweiterungseffekt** soll am Beispiel von Reinvestitionen in Anlagen gleicher Art dargestellt werden.

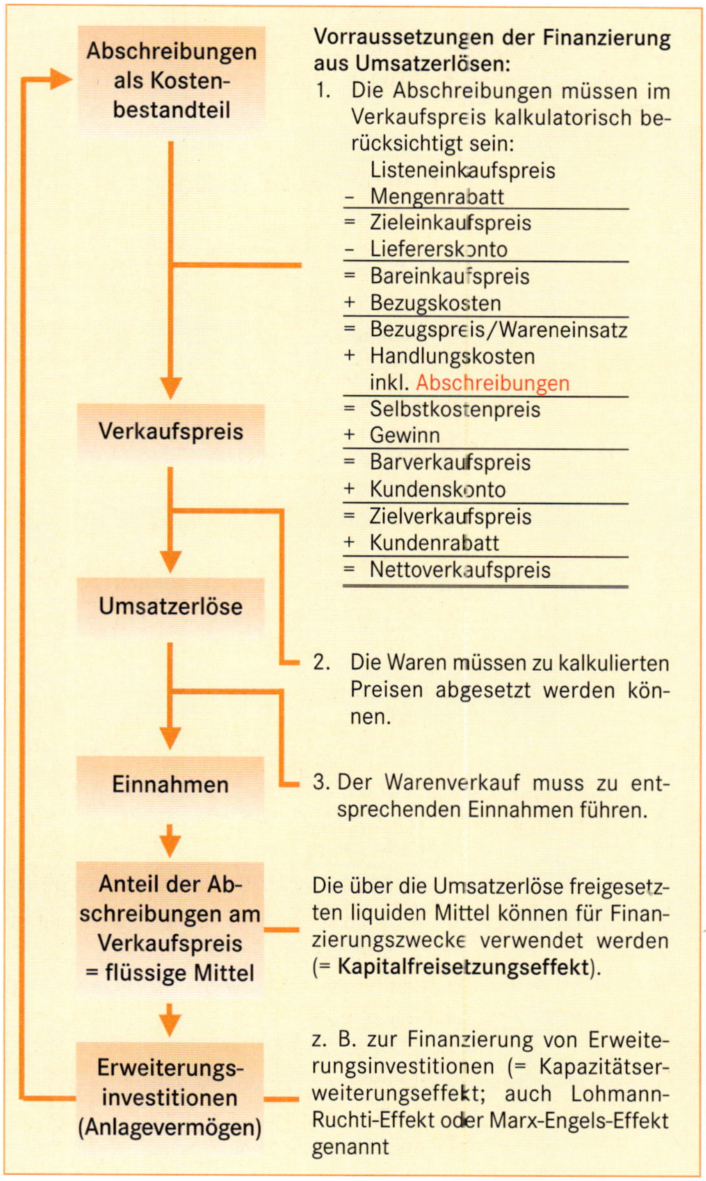

[1] Zum Thema „Abschreibungen" werden ausführliche Informationen im Kap. 11.2 gegeben.

Beispiel

Die *Spindler KG* begann ihren Geschäftsbetrieb in Hannover seinerzeit mit sechs gleichen hydraulischen Lagertransportmaschinen. Der Anschaffungswert pro Maschine betrug 15.000,00 €. Die Hydraulikmaschinen wurden bzw. werden über 5 Jahre mit jeweils 20 % pro Jahr linear[1] abgeschrieben. Die Waren sind zu kostendeckenden Preisen absetzbar.

Jahr	Bestand an Maschinen jeweils am Jahresanfang		Abschreibung	Maschinen		Restbetrag aus Abschreibungen
	Anzahl	Anschaffungswert		Neuzugang	Abgang	
1	6	90.000,00	18.000,00	+1		3.000,00
2	7	105.000,00	21.000,00	+1		9.000,00
3	8	120.000,00	24.000,00	+2		3.000,00
4	10	150.000,00	30.000,00	+2		3.000,00
5	12	180.000,00	36.000,00	+2	-6	9.000,00
6	8	120.000,00	24.000,00	+2	-1	3.000,00
7	9	135.000,00	27.000,00	+2	-1	-
8	10	150.000,00	30.000,00	+2	-2	-
9	10	150.000,00	30.000,00	+2	-2	-

Der Anfangsbestand von sechs hydraulischen Transportmaschinen führt im 1. Jahr zu einer Gesamtabschreibung von 18.000,00 € (= freigesetzter Abschreibungswert). Davon werden 15.000,00 € unverzüglich wieder in eine neue, siebte Maschine gleicher Technik investiert; 3.000,00 € bleiben als Restbetrag übrig.

Im 2. Jahr beträgt der Abschreibungswert insgesamt 21.000,00 €. Von dieser Summe wird eine achte Maschine angeschafft, die restlichen 6.000,00 € werden als Restbetrag ausgewiesen (3.000,00 € + 6.000,00 € = 9.000,00 €).

Am Ende des 5. Jahres scheiden die im 1. Jahr angeschafften sechs Maschinen aus, während aufgrund der freigesetzten Abschreibungen in diesem Jahr zu Beginn des 6. Jahres zwei neue Maschinen gekauft werden; neuer Maschinenbestand zu Beginn des 6. Jahres: acht. Am Ende des 6. Jahres muss die siebte Maschine (Anschaffung im 2. Jahr) ersetzt werden, am Ende des 7. Jahres die achte (Anschaffung im 3. Jahr) usw.

Vom Ende des 8. Jahres an entspricht die Abschreibungssumme jedes Jahres genau dem Reinvestitionsbetrag von 30.000,00 €; Maschinenneuzugänge und -abgänge (+2/-2) gleichen sich aus. Dieser Gleichgewichtszustand stellt das Ende des Kapazitätserweiterungsprozesses dar. Ohne dass Finanzmittel von der ***Spindler KG*** aufgenommen wurden, konnte die Anzahl der Lagertransportmaschinen von sechs auf zehn Maschinen erhöht werden; dies entspricht einer Kapazitätserweiterung von 66,67 %.

Die Funktionsweise des Kapazitätserweiterungseffektes ist an mehrere Voraussetzungen geknüpft:

- lineare Abschreibung der Anlagen und kontinuierliche Investition der Abschreibungsgegenwerte in neue, gleichwertige Anlagen
- konstante Wiederbeschaffungspreise der Anlagen
- kein technischer Fortschritt
- konstante Leistungsfähigkeit der Anlagen während der gesamten Nutzungsdauer
- Finanzierung der Erstanschaffung der Anlagen mit Eigenkapital – bei Fremdfinanzierung müssten die freigesetzten Mittel in das Anlagevermögen investiert werden, anstatt damit die teuren Kredite abzulösen.

1 Bei der linearen Abschreibungsmethode wird mit gleichen Beträgen von den Anschaffungs- oder Herstellungskosten abgeschrieben.

Der Kapazitätserweiterungseffekt wird eingeschränkt, weil

- die oben genannten Voraussetzungen realitätsfern sind, wie z. B. die konstanten Wiederbeschaffungspreise oder die Reinvestition in gleichartige Maschinen;
- eine Ausweitung des Anlagevermögens zu Folgekosten führt (Ausweitung des Umlaufvermögens, höhere Lagerkapazitäten, Personal), die ebenfalls finanziert werden müssen;
- eine Kapazitätsausweitung nur sinnvoll ist, wenn die zusätzlichen Produkte auch am Markt absetzbar sind.

Fremdfinanzierung

Definition **Bei der Fremdfinanzierung erhält das Unternehmen Kapital in Form von Geld- oder Sachkrediten. Dabei sind die Kreditgeber unternehmensfremde Gläubiger. Die Überlassung der Mittel ist befristet.**

Bevor ein Großhändler einen Kredit aufnimmt, müssen von ihm die folgenden Punkte geklärt werden:

- Verwendungszweck des Kredits, z. B. für Anlage- oder Umlaufvermögen
- Höhe des Kredits
- Laufzeit des Kredits
- Kreditart, z. B. Bank- oder Lieferantenkredit
- Sicherheiten

Kreditfinanzierung

Definition **Bei der Kreditfinanzierung wird dem Unternehmen (von außen) durch unternehmensfremde Kapitalgeber (Gläubiger) Fremdkapital auf begrenzte Zeit zur Verfügung gestellt (Außenfinanzierung).**

Da die Kapitalgeber Gläubiger des Unternehmens sind (es entsteht keine Beteiligung des Kreditgebers am Unternehmen des Schuldners), haben sie Anspruch auf

- Verzinsung und
- pünktliche Rückzahlung ihres Kapitals.

Am Verlust nehmen sie nicht teil.

Insofern stellen die Zins- und Tilgungszahlungen für Kredite eine feste Liquiditätsbelastung dar, die bei starken Umsatzrückgängen zu Liquiditätsschwierigkeiten oder doch zumindest zu einer Einengung der Dispositionsfreiheit bezüglich der Preisuntergrenze führen kann.

Darüber hinaus ist zu bedenken, dass die Gläubiger zwar kein Mitspracherecht im Unternehmen haben, dennoch aber die Gefahr erhöhter Abhängigkeit besteht, sollte sich das Unternehmen bei einem Großkreditgeber hoch verschuldet haben.

Das für die Fremdfinanzierung erforderliche Fremdkapital kann u. a. über die Kreditmärkte beschafft werden.

NEUHEIT

im Auftrag ausländischer Geldgeber Ideal-Spezial-Kredit ohne Bankauskunft

Kredite von 2.000,00 bis 7.800,00 € für jeden Verwendungszweck, für Selbstständige, Rentner, Arbeitnehmer, ohne Sicherheiten, auch bei Mahnbescheid usw. Zinsen 5 % p. a., effektiver Jahreszins: 9,714 % freibleibend.

Auszahlung: 100 % ohne Abzug

Normalerweise ist es aber bei den Kreditinstituten nicht üblich, Kredite ohne Sicherheiten zu gewähren.

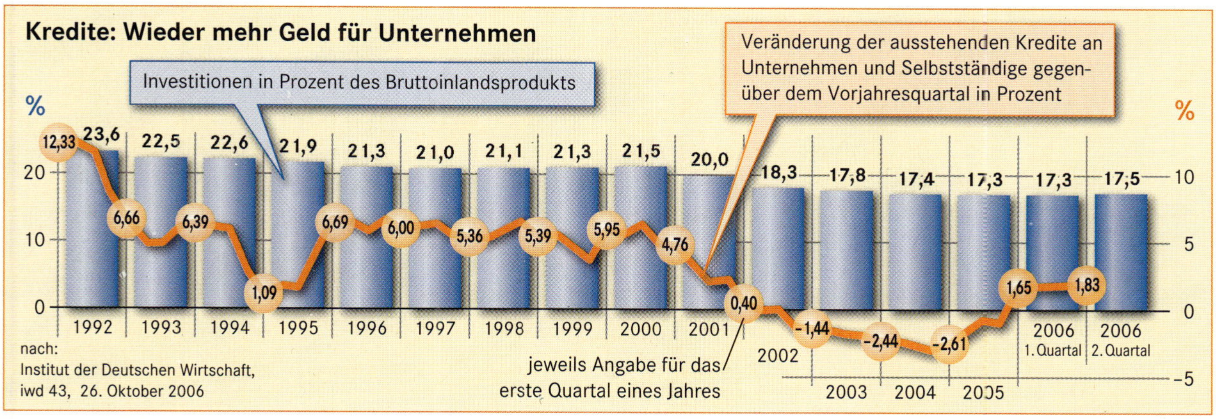

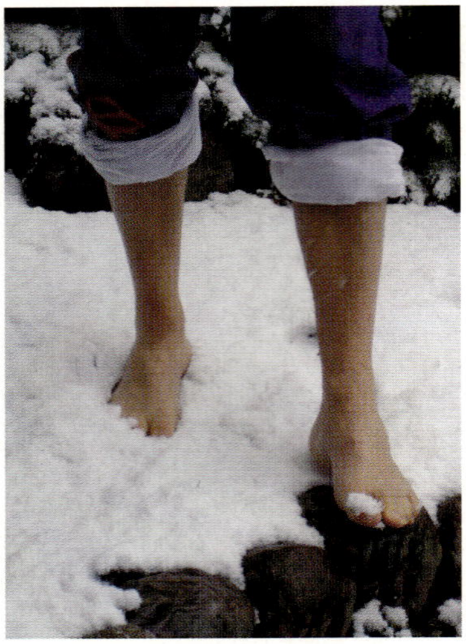

Unternehmen finanzieren unterschiedlich. So wie das Schuhwerk den Witterungsverhältnissen sollte die Finanzierung den Investitionszielen angepasst werden. Nicht umgekehrt.

Kreditarten nach der Fristigkeit des Kredits

Die Kreditarten werden nach der **Laufzeit** unterschieden in:

- langfristige Kredite
- mittelfristige Kredite
- kurzfristige Kredite

Mittel- und kurzfristige Fremdfinanzierung

Mit **mittelfristigen Krediten** (von einem bis zu fünf Jahren Laufzeit) werden **kurzlebige Güter des Anlagevermögens** finanziert, wie z. B. Teile der Betriebs- und Geschäftsausstattung.

Kurzfristige Kredite (bis zu einem Jahr Laufzeit) sind vornehmlich bei der Finanzierung des **Umlaufvermögens** (Waren und Forderungen) angebracht.

Bedeutsam bei der Beschaffung von kurzfristigen Mitteln sind:

- der Lieferantenkredit } Handelskredite
- der Kundenkredit } Handelskredite
- der Kontokorrentkredit } Bankkredite als Geldkredite
- der Wechseldiskontkredit } Bankkredite als Geldkredite
- der Bankkredit als Kreditleihe

Lieferantenkredit

Der Lieferantenkredit entsteht dadurch, dass der Lieferer (z. B. Hersteller) dem Großhändler ein Zahlungsziel einräumt (Kauf von Waren auf Ziel). Der Großhändler muss den Rechnungsbetrag erst nach einer bestimmten Frist begleichen.

Beispiel

Zahlung innerhalb von 60 Tagen netto Kasse

Der Lieferantenkredit

- dient der Überbrückung der Zeitspanne zwischen Warenbeschaffung und Warenabsatz: Dem Großhändler wird durch den Zahlungsaufschub ermöglicht, seine Schulden aus den Umsatzerlösen der verkauften Waren zu bezahlen, sodass sein sonstiger Kapitalbedarf durch diese Art der Kreditgewährung wesentlich geringer ist.
- entlastet insofern die Kreditlinie bei der Bank.
- ist die besonders bequeme Form der kurzfristigen Fremdfinanzierung, da
  - er ohne besondere Formalitäten bei Abschluss des Kaufvertrages abgeschlossen wird,
  - eine systematische Kreditprüfung fehlt,
  - die Kreditsicherung durch Eigentumsvorbehalt möglich ist.
- birgt für den Kreditnehmer die Gefahr der Abhängigkeit zum Lieferanten.
- verlangt einen „Preis" für die Inanspruchnahme: Der Lieferer gewährt den Kredit nicht kostenlos. Er kalkuliert den Zins für die Gewährung des Lieferantenkredits zuvor in seinen Verkaufspreis ein, denn üblicherweise kann bei Barzahlung vom Rechnungspreis Skonto abgezogen werden.

Beispiel

Zahlbar in 30 Tagen ohne Abzug oder innerhalb von 14 Tagen mit 1 % Skonto

Das folgende Beispiel zeigt, dass es aber für den Käufer günstiger ist, den vom Lieferanten gewährten Skonto in Anspruch zu nehmen, als den Lieferantenkredit zu nutzen.

5567194

Beispiel

Die *Spindler KG* erhält die Rechnung ihres Lieferanten Wolter KG aus Darmstadt vom 6. August .. über 6.000,00 €. Sie enthält die Zahlungsbedingung „Zahlbar innerhalb von 10 Tagen mit 2 % Skonto oder 30 Tage netto".

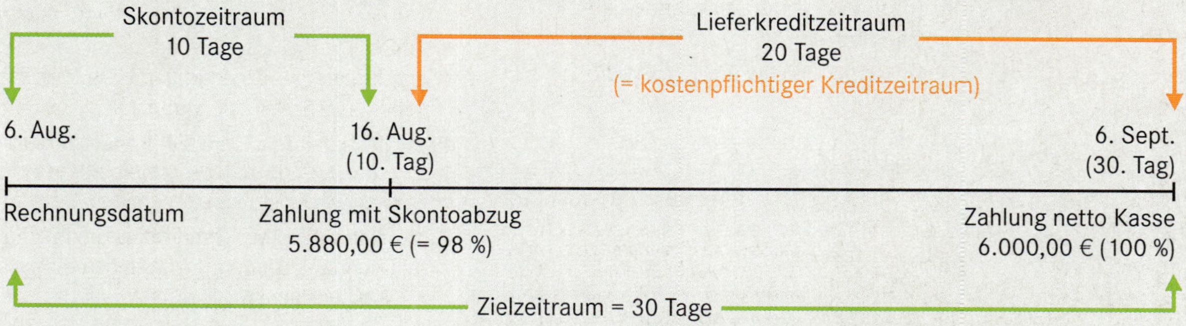

Zahlt die *Spindler KG* spätestens am 10. Tag, so erhält sie dafür, dass sie 20 Tage vor dem Zahlungsziel zahlt, 2 % = 120,00 € Skonto.

Die ersten 10 Tage des Ziels, während der ein Skontoabzug möglich ist, verursachen noch keine Kreditkosten. Kreditkosten von 2 %, die im Verkaufspreis einkalkuliert sind, entstehen ab dem 11. bis zum 30. Tag. Der kostenpflichtige Kreditzeitraum umfasst 20 Tage (Zielzeitraum - Skontozeitraum).

20 Tage Kredit kosten demnach 120,00 €.

Da sich 2 % Skonto auf den kostenpflichtigen Kreditzeitraum von 20 Tagen beziehen, ergibt dies, bezogen auf ein Jahr, einen Jahreszinssatz von

$$\left.\begin{array}{l}20 \text{ Tage} \mathrel{\widehat{=}} 2\,\% \\ 360 \text{ Tage} \mathrel{\widehat{=}} x\,\%\end{array}\right\} x = \frac{360 \cdot 2\,\%}{20} = \underline{\underline{36\,\%}}$$

Die genaue Lösung:

$$p = \frac{Z \cdot 360 \cdot 100}{K \cdot t} = \frac{120 \cdot 360 \cdot 100}{5.880 \cdot 20} = \underline{\underline{36{,}73\,\%}}$$

$$\text{bzw.} \quad p = \frac{2\,\% \cdot 360 \cdot 100}{98\,\% \cdot 20} = \underline{\underline{36{,}73\,\%}}$$

Übersteigt der Skontoertrag (hier 120,00 €) die Kosten für einen Bankkredit, ist es für den Käufer wirtschaftlicher, einen kurzfristigen Bankkredit aufzunehmen, um den Skontoabzug ausnutzen zu können.

Die Finanzierung durch Lieferantenkredit kann für ein Unternehmen aber dennoch von besonderer Bedeutung sein, wenn sein Eigenkapital und seine Liquidität gering sind und wenn es nicht über genügend Sicherheiten verfügt, um Bankkredite in Anspruch nehmen zu können. Mithilfe des Lieferantenkredits kann es zumindest teilweise seine Lagerbestände finanzieren.

Der Lieferant hingegen verfolgt mit dem Verkauf seiner Waren auf Ziel (= Stundung des Kaufpreises) in erster Linie absatzpolitische Ziele.

Die dargelegten finanzwirtschaftlichen Überlegungen spielen für ihn trotz der hohen Effektivverzinsung aus diesem (Lieferanten-) Kredit keine vordergründige Rolle.

Sahnehäubchen obendrauf: Skontoertrag als attraktiver Zusatzertrag für vorzeitige Zahlung

Kundenkredit

Im Gegensatz zum Lieferantenkredit tritt bei **Anzahlungen** der Kunde eines Großhandelsunternehmens als Kreditgeber auf. Der Kunde zahlt bereits vor Lieferung teilweise oder vollständig, d. h. noch bevor der Großhändler seine Leistung erbracht hat.

Besondere Bedeutung hat diese kurzfristige Fremdfinanzierung im Großanlagen- und Wohnungsbau, im Großmaschinen- und Schiffsbau.

Vorteile für den Lieferanten:

- eigene Liquidität wird positiv beeinflusst
- Sicherheit, dass der Kunde zahlungsfähig ist
- Sicherheit, dass der Kunde weiterhin an der Leistung interessiert ist

Das Risiko für den Auftraggeber besteht darin, dass der Lieferant trotz Anzahlung seiner Verpflichtungen nicht nachkommt. Daher wird der Auftraggeber in der Regel einen *Bankaval* (s. folgende Ausführung) als Sicherheit verlangen.

Kontokorrentkredit

(Kredit in laufender Rechnung)

Begriff und Aufgaben

Der Kontokorrentkredit ist der wichtigste und am häufigsten vorkommende kurzfristige Bankkredit im Handel. Er entsteht bei der **Abwicklung** des Zahlungsverkehrs **über das laufende Konto.**

Zur Einräumung eines Kredits auf dem Kontokorrentkonto sind ein Kreditantrag und eine Kreditwürdigkeitsprüfung durch die Bank erforderlich. Die Kreditzusage erfolgt durch Einräumung einer **Kreditlinie.** Diese Kreditlinie stellt den Maximalbetrag dar, bis zu dem das Girokonto überzogen werden darf.

Durch ständige Ein- und Auszahlungen entsteht eine laufende Rechnung, deren Saldo entweder ein Guthaben oder eine Kreditinanspruchnahme aufweist.

Der Kontokorrentkredit ist ein *kurzfristiger Kredit*. Vereinbarungen zwischen Kreditnehmer und Kreditgeber von bis zu einem Jahr sind der Regelfall. Normalerweise wird der Kontokorrentkredit aber verlängert, sodass er dem Kreditnehmer tatsächlich langfristig zur Verfügung steht.

Kapitalkosten

- **Sollzinsen:** Berechnung für den tatsächlich beanspruchten Kreditbetrag (Der Sollzinssatz für den Kreditsaldo ist relativ hoch, die Habenzinsen für den Guthabensaldo dagegen verhältnismäßig niedrig.)
- **Überziehungsprovision** bei Überschreitung der Kreditlinie (Kreditlimit): Sie wird zusätzlich zu den Sollzinsen berechnet.
- **Kreditprovision** für die Bereitstellung des Kredits (Entgelt für die Möglichkeit der jederzeitigen Kreditinanspruchnahme)
- **Umsatzprovision:** Entgelt für die Führung des Kontokorrentkontos sowie für die Bereitstellung der banktechnischen Einrichtungen
- **Auslagen** für z. B. Spesen und Porto

Bedeutung

Dem Kreditnehmer dient der Kontokorrentkredit zur Sicherung seiner Zahlungsbereitschaft. Er ist besonders bedeutsam für die Ausnutzung von Skonto. Der Kontokorrentkredit ist nicht zweckgebunden, sodass der Kreditnehmer selbst entscheiden kann, wofür und in welcher Höhe er ihn einsetzt (= optimale Dispositionsfreiheit).

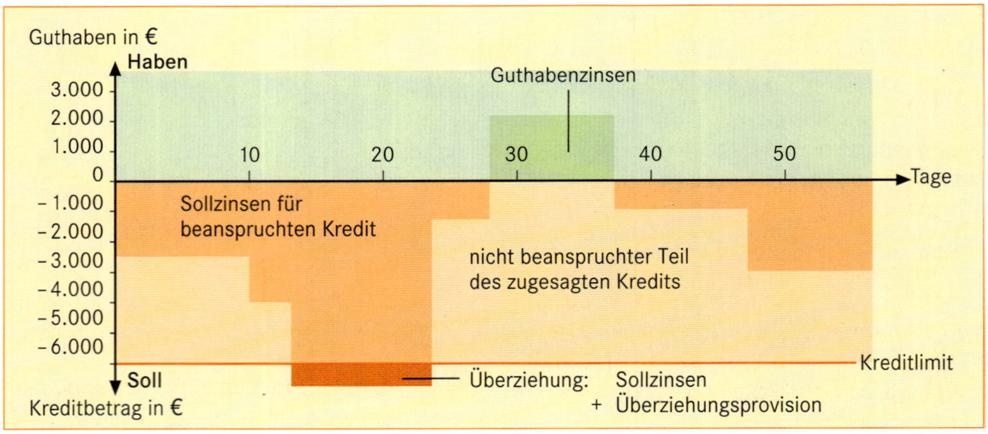

Wechseldiskontkredit

Der Wechseldiskontkredit ist ein kurzfristiger Kredit mit einer Laufzeit von in der Regel maximal drei Monaten. Reicht ein Kreditnehmer einen Wechsel vor dessen Fälligkeit seiner Bank ein, so stellt sie ihm den Gegenwert unter Abzug von Diskontzinsen für die Restlaufzeit, Spesen und Provisionen zur Verfügung[1]. Durch den Diskontkredit erhält der Wechseleinreicher Geldmittel, obwohl er seinem Kunden ein längeres Zahlungsziel einräumt.

Sehr häufig vereinbaren die Banken mit ihrem Kunden einen Höchstbetrag, bis zu dem Diskontkredit gewährt wird (= Diskontkontingent oder Diskontlinie). Die Höhe des Kontingents hängt u. a. von der Kreditwürdigkeit des Bankkunden ab.

1 ausführlich s. Kap. 10.4

Kreditleihen

Bei Kreditleihen stellt das Kreditinstitut **keine Geldmittel zur Verfügung**, sondern lediglich seine **Kreditwürdigkeit**. Näher betrachtet werden sollen in diesem Zusammenhang

- der Akzeptkredit und
- der Avalkredit.

Beim **Akzeptkredit** erklärt sich z. B. die Lindener Volksbank in Hannover durch Unterschrift auf dem Wechsel, den z. B. die ***Textilgroßhandlung Spindler KG*** auf sie gezogen hat, als Wechselschuldner.

Die Großhandlung kann nun den Wechsel zum Diskont z. B. bei der bezogenen Bank einreichen oder als Zahlungsmittel an einen Lieferer weitergeben. Sicherheiten muss sie nicht stellen.

Die Abwicklung dieses Kreditgeschäfts erfolgt in der Regel über das Kontokorrentkonto. Als Kosten fallen Bearbeitungsgebühren und eine Akzeptprovision zwischen 1,5 % - 2,5 % p. a. an.

Besondere Bedeutung hat der Akzeptkredit im Außenhandel.

Der **Avalkredit** stellt eine **Bürgschaft** oder **Garantie** des Kreditinstituts gegenüber einem Dritten dar, allerdings nur zugunsten von kreditwürdigen Kunden (Bürgschaftskredit). Die Bürgschaftserklärung kann selbstschuldnerisch oder als Wechselbürgschaft abgegeben werden.

Avalkredite sind häufig anzutreffen bei Importen, bei denen hohe Zölle fällig sind. In diesem Fall garantiert die Bank für die Zahlung des Zolls zu einem späteren Zeitpunkt. Avalkredite können darüber hinaus zur Sicherung größerer Lieferantenkredite dienen oder bei der Vergabe von größeren Aufträgen die Voraussetzung dafür sein, dass der Auftrag überhaupt erteilt wird. Kapitalkosten fallen in Form der Avalprovision an.

Bedeutung: Mithilfe des Avalkredits kann eine Sicherheit für einen Dritten gestellt werden, ohne dass dieser selber eine Kreditwürdigkeitsprüfung durchführen muss.

Langfristige Kredite

Die langfristige Fremdfinanzierung ist eine Finanzierung durch **Darlehen**[1] (§§ 607-610 BGB).

Das Darlehen ist Fremdkapital mit einer **Laufzeit von mehr als fünf Jahren**.

Darlehen werden insofern überwiegend zur Finanzierung des Anlagevermögens aufgenommen[2].

Merkmale des Darlehens sind:

- feste Laufzeit: Darlehen sind Kredite, die an bestimmten, vertraglich vereinbarten Terminen auszuzahlen und zurückzuzahlen sind.
- Zinszahlungen
- Tilgungszahlungen: Die Rückzahlung am Fälligkeitstag kann in einer Summe oder während einer festgelegten Laufzeit in Raten getilgt werden.

Tilgungsformen langfristiger Darlehen

Es lassen sich entsprechend der möglichen Tilgungsvereinbarungen folgende Darlehensarten unterscheiden:

- Fest- oder Fälligkeitsdarlehen (Kündigungsdarlehen)
- Abzahlungsdarlehen
- Annuitätendarlehen

Fest- oder Fälligkeitsdarlehen

Beim **Fälligkeits-(Fest-)Darlehen** wird am Ende der vereinbarten Laufzeit die gesamte Darlehenssumme zurückgezahlt.

Lediglich die Zinsen werden in vertraglich vereinbarten Zeitabständen gezahlt, z. B. jährlich oder vierteljährlich.

Häufig werden Darlehen z. B. von Kreditinstituten nicht zum vollen Betrag, d. h. zu 100 %, ausgezahlt, sondern mit einem Abschlag (**Disagio**). Darüber hinaus können in Rechnung gestellte Spesen und Provisionen die auszuzahlende Darlehenssumme weiter reduzieren. Die Folge: Die tatsächlichen (effektiven) Kreditkosten können wesentlich höher sein als der ausgewiesene Nominalzins.

1 Auf weitere Formen der langfristigen Fremdfinanzierung wie Anleihen und Schuldscheindarlehen soll im Rahmen dieser Ausführungen nicht eingegangen werden.
2 Siehe Kap. 10.2 Abschnitt „Finanzierungsgrundsätze“

Beispiel

Die Lindener Volksbank Hannover bietet der ***Spindler KG*** ein Darlehen über 100.000,00 € an, Zinssatz 8 %. Das Darlehen ist nach fünf Jahren in einer Summe zu tilgen.

Tilgungsplan				
Jahr	Restschuld zu Jahresbeginn €	Zinsen €	Tilgung €	Zinsen und Tilgung €
1	100.000,00	8.000,00	-	8.000,00
2	100.000,00	8.000,00	-	8.000,00
3	100.000,00	8.000,00	-	8.000,00
4	100.000,00	8.000,00	-	8.000,00
5	100.000,00	8.000,00	100.000,00	108.000,00
Summe		40.000,00	100.000,00	140.000,00

Effektivverzinsung
Angenommen für das Darlehen sollen die weiteren Bedingungen gelten: Auszahlung zu 96 %[1] – Bearbeitungsgebühr 1,5 % – 25,00 € Spesen.

Die Abteilungsleiterin des Rechnungswesens, Frau Jonas, erstellt daraufhin die folgende Rechnung:

◆ Darlehensbetrag	100.000,00 €
– 4 % Disagio	4.000,00 €
– 1,5 % Gebühren	1.500,00 €
– Spesen	25,00 €
= Auszahlungsbetrag	94.475,00 €

◆ Zinsen (5 Jahre zu 8 % auf 100.000,00 €)	40.000,00 €
+ Disagio	4.000,00 €
+ Gebühren	1.500,00 €
+ Spesen	25,00 €
= tatsächliche (effektive) Kreditkosten	45.525,00 €

Damit Frau Jonas den **effektiven Zinssatz** berechnen kann, muss sie die ermittelten Kreditkosten von 45.525,00 € auf ein Jahr und zum gesamten Auszahlungsbetrag (94.475,00 €) ins Verhältnis setzen.

$$p = \frac{\text{Z (effektive Kreditkosten)} \cdot 100 \cdot 1}{\text{K (Auszahlungsbetrag)} \cdot \text{Jahre}} = \frac{45.525 \cdot 100}{94.475 \cdot 5} = \underline{\underline{9{,}6\ \%}}$$

Der effektive Zinssatz von 9,6 % liegt deutlich über dem nominalen Zinssatz von 8 %. Eine unternehmerische Entscheidung muss u. a. vor dem Hintergrund dieser Rechnung getroffen werden.

Fälligkeitsdarlehen sind gekennzeichnet durch:
- die **gleich bleibende Aufwandsbelastung** aufgrund konstanter Zinsen
- die während der Laufzeit relativ **geringe Liquiditätsbelastung** (nur jährliche Zinszahlungen)
- die **hohe Liquiditätsbelastung** im letzten Tilgungsjahr (Darlehenssumme + Jahreszinsen)

1 Das **Disagio (Damnum) verringert den Auszahlungsbetrag** und führt daher zu einem Liquiditätsverlust. Um den benötigten Kreditbetrag nach Abzug des Disagios dennoch zur Verfügung zu haben (hier: 100.000,00 €), gibt es die sog. *Tilgungsstreckungsdarlehen,* bei denen das Disagio als zusätzliches Darlehen gewährt wird. Der Darlehensbetrag müsste sich im vorliegenden Beispiel (siehe Tilgungsplan) auf 104.000,00 € erhöhen. Bei einer Tilgungsstreckung von z. B. einem Jahr setzt die Tilgung des Hauptkredits (100.000,00 €) dann nach Ablauf dieses Jahres ein, nachdem das Disagio von 4.000,00 € getilgt wurde.

Abzahlungsdarlehen

Erfolgt die Tilgung
- zu festgelegter Terminen
- in stets gleich bleibenden Raten,

so spricht man von einem **Abzahlungsdarlehen (Ratendarlehen).**

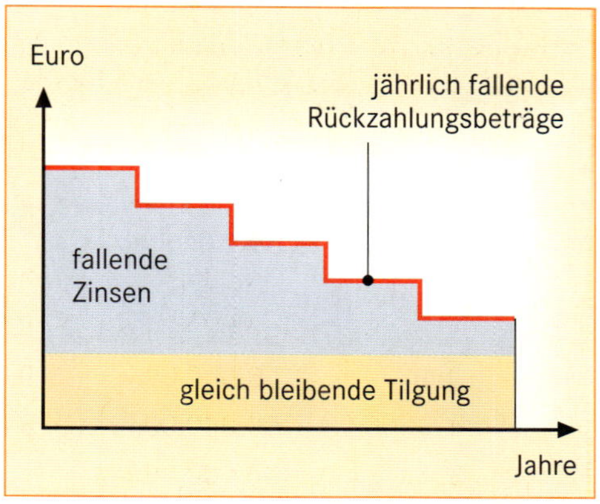

Die **Rückzahlungsbeträge** werden im Zeitablauf **geringer**, da
- die regelmäßig gezahlten **Tilgungsbeträge konstant** bleiben,
- der jährliche Rückzahlungsbetrag sinkt, weil die **Zinsanteile sinken** (sie werden von der jeweiligen Restschuld berechnet).

Beispiel

Tilgungsplan

Die ***Spindler KG*** vereinbart mit der Hausbank, der Kreissparkasse Hannover, ein Abzahlungsdarlehen von 50.000,00 €, Laufzeit 5 Jahre; Zinssatz 10 %.

→ Tilgungsbetrag: $\frac{50.000,00}{5} = \underline{\underline{10.000,00\ €}}$

Jahr	Darlehen: Restschuld € (Jahresanfang)	Zinsen €	Tilgung €	jährlicher Rückzahlungsbetrag €	Restschuld € (Jahresende)
1	50.000,00	5.000,00	10.000,00	15.000,00	40.000,00
2	40.000,00	4.000,00	10.000,00	14.000,00	30.000,00
3	30.000,00	3.000,00	10.000,00	13.000,00	20.000,00
4	20.000,00	2.000,00	10.000,00	12.000,00	10.000,00
5	10.000,00	1.000,00	10.000,00	11.000,00	–
Summe		15.000,00	50.000,00	65.000,00	

Beim Abzahlungsdarlehen
- **sinkt die Aufwands- und Liquiditätsbelastung** jährlich.
- ist zu Beginn der Laufzeit die Liquiditätsbelastung relativ hoch.

Effektivverzinsung bei einem Disagio (d) von z. B. 4 %:

Da die gesamten 50.000,00 € nicht über die gesamte Laufzeit zur Verfügung stehen, muss zunächst die *mittlere Laufzeit* t_m berechnet werden:

$t_m = \frac{t+1}{2} \rightarrow \frac{5+1}{2} = \underline{\underline{3}}$, d. h. der Darlehensbetrag von 50.000,00 € hat eine mittlere Laufzeit von 3 Jahren.

$$p_{eff} = \frac{p + \frac{d}{t_m}}{\text{Auszahlung (in \%)}} \cdot 100 \rightarrow \frac{10 + \frac{4}{3}}{96} \cdot 100 = \underline{\underline{11{,}8\ \%}}$$

Annuitätendarlehen

Beim **Annuitätendarlehen (Amortisationsdarlehen)** wird zwischen Darlehensgeber und Darlehensnehmer die Höhe der Tilgung und der Zinszahlung so berechnet, dass sich über die gesamte Laufzeit ein gleich bleibender Zahlungsbetrag für Tilgung und Zinsen (= Annuität[1]) ergibt. Da sich die Annuität während der Laufzeit nicht verändert, wird die Liquidität in jedem Jahr der Kreditlaufzeit gleich belastet.

Konstante Annuität bedeutet:

- steigende Tilgungsanteile und
- sinkende Zinsanteile

im Zeitablauf.

Beispiel

Tilgungsplan

Darlehen: 50.000 €; Laufzeit: 5 Jahre; Zinssatz: 10 %

Jahr	Restschuld € (Jahresanfang)	Zinsen €	Tilgung €	Annuität[2] €	Restschuld € (Jahresende)
1	50.000,00	5.000,00	8.189,85	13.189,85	41.810,15
2	41.810,15	4.181,01	9.008,84	13.189,85	32.801,31
3	32.801,31	3.280,13	9.909,72	13.189,85	22.891,59
4	22.891,59	2.289,16	10.900,69	13.189,85	11.990,90
5	11.990,90	1.199,09	11.990,76	13.189,85	11.110,14
Summe		15.949,39	49.999,86	65.949,25	

Für das Annuitätendarlehen ist die **gleichmäßige Liquiditätsbelastung** während der Laufzeit charakteristisch.

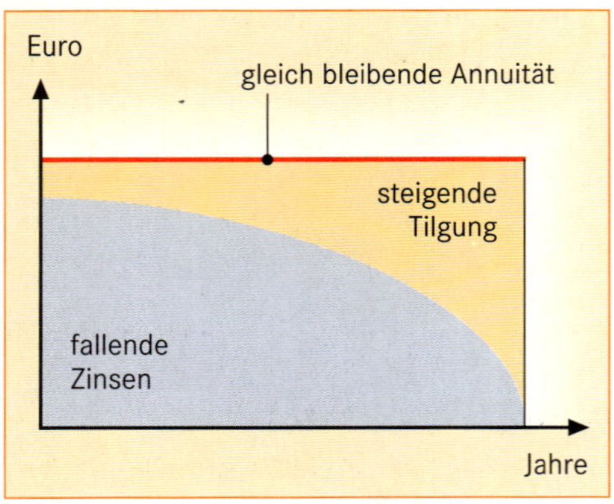

Insgesamt erhöht sich beim Annuitätendarlehen im Vergleich zum Abzahlungsdarlehen die Gesamtbelastung für den Darlehensnehmer. Andererseits ist die gleich bleibende monatliche Belastung (unveränderte Annuität) für das Großhandelsunternehmen am besten kalkulierbar und es muss kein Geld für die spätere Gesamttilgung wie beim Festdarlehen angespart werden. Unterstellt man gleich hohe jährliche Nominalzinssätze und Anfangstilgungssätze, so ist das Annuitätendarlehen darüber hinaus schneller getilgt als das Abzahlungsdarlehen.

Finanzierung aus Pensionsrückstellungen

Pensionsrückstellungen sind **langfristige** Rückstellungen. Sie stellen **Fremdkapital** dar, da das Unternehmen sich gegenüber seinen Betriebsangehörigen verpflichtet, ihnen später ein Ruhegehalt zu zahlen (= **Fremdfinanzierung**).

Pensionsrückstellungen werden aus Gewinnanteilen gebildet (also vom Unternehmen selbst erwirtschaftet) und auf der Passivseite der Bilanz ausgewiesen. Da zwischen Pensionsversprechen und Beginn der Pensionszahlung in der Regel viele Jahre liegen, steht dem Unternehmen das Geld solange zur Verfügung (= **Innenfinanzierung**).

Finanzierungseffekt

Der Finanzierungseffekt besteht darin, dass Lohn- und Gehaltsaufwendungen heute als Aufwand verrechnet werden, aber die Auszahlungen (Renten) erst in späteren Perioden – nach dem Ausscheiden des Arbeitnehmers aus dem Unternehmen – anfallen. Zwischen der Bildung und der Auszahlung verbleiben die Rückstellungen als liquide Mittel im Unternehmen:

1 Annuität (von lat. annus = Jahr): bei der Tilgung einer Kapitalschuld die regelmäßige Jahreszahlung, die die Zinsquote und Tilgungsquote umfasst

2 Annuität = Barwert · Kapitalwiedergewinnungsfaktor (50.000 · 0,263797)
Kapitalwiedergewinnungsfaktoren (Annuitätenfaktoren) sind aus finanzmathematischen Tabellen abzulesen; u. a. zu finden im Internet (zum Vergleich s. Aufg. 16, S. 202).

5567202

- Werden Pensionszusagen neu eingeführt, so ist der Finanzierungseffekt hoch, da zunächst nur Rückstellungen gebildet werden und noch keine Pensionen zu zahlen sind.
- Halten sich später die Zuführungen und die Abgänge aus den Rückstellungen die Waage, so tritt kein zusätzlicher Finanzierungseffekt mehr auf, aber der „Bodensatz" des Pensionsfonds steht der Unternehmung als dauerhaftes Kapitel zur Verfügung.
- Übersteigen dagegen die jährlichen Pensionszahlungen die Zuführungen, so kommt es für die Unternehmung zu einem Entzug finanzieller Mittel.

Der Finanzierungseffekt ist umso größer, je länger der Zeitraum zwischen Aufwandsverrechnung und Auszahlungszeitpunkt ist. Demnach ist der Finanzierungsvorteil durch die Bildung von Pensionsrückstellungen umso größer, je länger der zeitliche Abstand zwischen ihrer Bildung und den Pensionszahlungen ist.[1]

Beurteilung

Fremdfinanzierung	
Vorteile	**Nachteile**
◆ Kapitelgeber haben keinen direkten Einfluss auf die Geschäftsführung. ◆ Fremdkapitalgeber sind nicht am Gewinn beteiligt. ◆ Fremdkapital kann kostengünstiger sein als Eigenkapital. ◆ Die Kosten der Fremdkapitalbeschaffung mindern den steuerlichen Gewinn (Einkommen- bzw. Körperschaftsteuer; Gewerbesteuer). ◆ Bei festen niedrigen Zinsen und steigendem allgemeinen Zinsniveau wird der Kredit kostengünstiger. ◆ Die Finanzierung von Betriebserweiterungen ist auch dann möglich, wenn die Finanzkraft des Unternehmens erschöpft ist. ◆ Risikoreiche Investitionen werden vermieden, weil die Zins- und Liquiditätsbelastung des Fremdkapitals zu sorgfältiger Kalkulation zwingt.	◆ Fremdkapital ▪ steht zeitlich nicht unbegrenzt zur Verfügung, ▪ ist daher zeitlich nur beschränkt verwendbar, ▪ verursacht Zinsen und Tilgungsbeträge, die auch in wirtschaftlich schlechten Geschäftsjahren zu zahlen sind. ◆ Fremdkapitalzinsen erhöhen die fixen Kosten. Damit werden Kalkulation und Liquidität belastet. Bei schlechter Konjunktur können somit die Verkaufspreise steigen. ◆ Bei festen Zinssätzen und fallendem Zinsniveau wird der Kredit teurer. ◆ Bei Zahlungsschwierigkeiten können die Gläubiger (Kapitalgeber) den Bestand des Unternehmens gefährden (Gefahr der Liquidation bzw. der Insolvenz). ◆ Mit zunehmender Fremdfinanzierung sinkt die Kreditwürdigkeit. ◆ Ein hoher Fremdkapitalanteil am Gesamtkapital verschlechtert den guten Ruf (good will) des Großhändlers.

Aufgaben

1 Der Großhändler Fritz Schwerdtfeger, Asternweg 15, 31141 Hildesheim, will aufgrund der positiven Gewinnsituation sein Unternehmen durch die Errichtung einer Filiale in Marienhagen erweitern. Dazu benötigt er umfangreiche Geldbeträge.

Welche Möglichkeiten der Innen- und der Außenfinanzierung bieten sich Herrn Schwerdtfeger?

2 Welche Finanzierungsart (Einlagenfinanzierung, Selbstfinanzierung, Fremdfinanzierung) wird in den folgenden Beispielen angesprochen?

a) Kapitaleinlage eines Kommanditisten
b) Überziehung des Kontokorrentkontos
c) Ausgabe neuer Aktien
d) Erhöhung des Eigenkapitals durch Einlagen

3 Entscheiden Sie in den folgenden Fällen, ob

(1) Innen- oder Außenfinanzierung,
(2) Selbstfinanzierung, Beteiligungs- oder Fremdfinanzierung vorliegt.

a) Der Unternehmer Karl-Otto Bodenstein stockt sein Warenlager durch Zieleinkäufe auf.
b) Die Gesellschafter einer OHG beschließen, ihre Gewinnanteile von je 50.000,00 € nicht zu entnehmen, sondern für Investitionszwecke in ihrem Unternehmen zu belassen.
c) Der Unternehmer Wilfried Bachstein nimmt bei der Sparda-Bank Hannover e. G. einen Kontokorrentkredit von 65.000,00 € auf.

1 Auf die buchungstechnische Behandlung von Rückstellungen wird in Kap. 11.1 näher eingegangen.

4 Welche Vorteile hat es für den Großhändler, wenn er sein Unternehmen vornehmlich mit Eigenkapital finanziert?

5 Nennen Sie die Grenzen der Eigenfinanzierung.

6 Worin besteht der Unterschied zwischen Beteiligungsfinanzierung und Selbstfinanzierung?

7 Zur Finanzierung einer besonders günstigen Warenlieferung benötigt ein Teppichgroßhändler 150.000,00 € für etwa fünf Monate. Eigenkapital steht nicht ausreichend zur Verfügung.
Welche Kreditform würden Sie empfehlen?

8
a) Erklären Sie den Lieferantenkredit und den Kontokorrentkredit.
b) Warum wird der Lieferantenkredit relativ häufig in Anspruch genommen, obwohl er sehr teuer ist?
c) Worin besteht der Unterschied zwischen einem Kontokorrentkredit und einem Darlehen?

9 Jannik Krämer und Gertrud Seeler sind Gesellschafter der Krämer & Seeler OHG. Beide beschließen, dringend notwendige Investitionen vorzunehmen. Herr Krämer setzt sich dafür ein, das notwendige Kapital von 120.000,00 € durch Bankkredite zu beschaffen. Frau Seeler hingegen vertritt die Auffassung, neue Gesellschafter in die OHG aufzunehmen. Wozu würden Sie Herrn Krämer und Frau Seeler raten?

10 Welche Folgen ergeben sich aus der Tatsache, dass Fremdkapital stets befristet ist?

11 Welche Arten von Fremdfinanzierung gibt es?

12 Die Mohnhoff GmbH kauft sieben vollautomatische und baugleiche Webstühle zur Herstellung von textilen Flächengebilden. Pro Maschine muss das Unternehmen 40.000,00 € bezahlen. Die Anlagen werden mit 20 % linear abgeschrieben. Die Abschreibungsbeträge werden zur Anschaffung neuer, gleichartiger Maschinen verwendet. Stellen Sie in einer tabellarischen Übersicht den Kapazitätserweiterungsprozess bis zu seinem Ende (= Gleichgewichtszustand) dar.

13 Was verstehen Sie unter Kreditleihe?

14 Eine Holzgroßhandlung benötigt zur Restfinanzierung einer Kesseldruckimprägnierungsanlage ein langfristiges Darlehen über 180.000,00 €, das am Ende der Laufzeit in einer Summe zurückgezahlt werden soll. Folgende Kreditangebote von Banken liegen vor:

Handelsbank: Laufzeit 10 Jahre; Zinssatz 8,5 %; Auszahlung 97 %; Provision 1 % von der Darlehenssumme; Bearbeitungsgebühr 25,00 €

Industriebank: Laufzeit 12 Jahre; Zinssatz 8 %; Disagio 2,5 %; einmalige Bearbeitungsgebühr 2 % von der Darlehenssumme; Spesen 40,00 €

Genossenschaftsbank: Laufzeit 11 Jahre; Zinssatz 8 ¼ %; Auszahlung 98 %; Provision 2,5 % von der Darlehenssumme; Nebenkosten 50,00 €

Für welches Angebot entscheidet sich die Holzgroßhandlung?

15 Erklären Sie den Unterschied zwischen Wechseldiskont-, Akzept- und Avalkredit.

16 Die Volksbank Hannover ist bereit, der ***Spindler KG*** ein Darlehen zu gewähren:

Darlehensbetrag: 120.000,00 €; Laufzeit: 6 Jahre; Zinssatz: 10 %

Erstellen Sie als Mitarbeiter im Rechnungswesen jeweils einen Tilgungsplan über die gesamte Laufzeit, wenn folgende Bedingungen gelten:
a) Das Darlehen wird in gleichen Raten getilgt.
b) Das Darlehen wird ebenfalls in gleichen Raten getilgt, ist aber die ersten beiden Jahren tilgungsfrei.
c) Das Darlehen wird in gleichen Annuitäten getilgt. Die Annuität ist mithilfe der Tabelle zu bestimmen.
d) Das Darlehen wird am Ende des 6. Jahres getilgt.

Wiedergewinnungsfaktor (Annuitätenfaktor) bei n Jahren Laufzeit und einem Zinssatz von p %

Jahre n	Zinssatz 1 %	2 %	3 %	4 %	5 %	6 %	7 %	8 %	9 %	10 %	n
1	1,010000	1,020000	1,030000	1,040000	1,050000	1,060000	1,070000	1,080000	1,090000	1,100000	1
2	0,507512	0,515050	0,522611	0,530196	0,537805	0,545437	0,553092	0,560769	0,568469	0,576190	2
3	0,340022	0,346755	0,353530	0,360349	0,367209	0,374110	0,381052	0,388034	0,395055	0,402115	3
4	0,256281	0,262624	0,269027	0,275490	0,282012	0,288591	0,295228	0,301921	0,308669	0,315471	4
5	0,206040	0,212158	0,218355	0,224627	0,230975	0,237396	0,243891	0,250456	0,257092	0,263797	5
6	0,172548	0,178526	0,184598	0,190762	0,197017	0,203363	0,209796	0,216315	0,222920	0,229607	6
7	0,148628	0,154512	0,160506	0,166610	0,172820	0,179135	0,185553	0,192072	0,198691	0,205405	7
8	0,130690	0,136510	0,142456	0,148528	0,154722	0,161036	0,167468	0,174015	0,180674	0,187444	8

Aktionen

1 Nadine Schrader, Ausbildungsleiterin in der ***Spindler KG,*** möchte ihren Auszubildenden die verschiedenen Arten der Finanzierungsmöglichkeiten in der ***Spindler KG*** erklären. Helfen Sie Frau Schrader und erstellen Sie hierzu eine anschauliche Mindmap.

2 a) Bilden Sie in Ihrer Klasse fünf Gruppen und führen Sie eine Pro- und Kontra-Diskussion als Rollenspiel durch.

- Ort des Geschehens: ein Hearing, zu dem die Geschäftsführung der ***Spindler KG*** eingeladen hat
- Jeweils ein Mitglied von vier Gruppen wird die Rolle eines Vertreters der Kommanditisten, ein anderes Mitglied einen Repräsentanten des Verbands öffentlicher Banken übernehmen. Anwesend sind zudem der Finanzexperte des Großhandelsverbands Region Hannover sowie Frau Strobel als Geschäftsführerin der ***Spindler KG*** und Frau Bering, Leiterin der Verwaltungsabteilung in der Textilgroßhandlung und damit auch zuständig für Personalfragen.
- Ein Mitglied der fünften Gruppe wird die Rolle des/der Diskussionsleiters/-leiterin übernehmen.
- Das Thema, zu dem die Verantwortlichen der ***Spindler KG*** eingeladen haben, lautet: „Finanzierungsalternativen im Großhandel - ihre Chancen und Risiken!"

b) Weisen Sie einzelnen Gruppenmitgliedern eine bestimmte Rolle in der Diskussion zu und bereiten Sie für die Rollenspieler die Rollenkarten vor.

c) Besorgen Sie sich wichtige Sachinformationen, um die Rollenspieler mit den entsprechenden Pro- und Kontra-Argumenten auszustatten.

- Beachten Sie bei dieser Arbeit die „Methoden zur selbstständigen Informationsgewinnung".
- Denken Sie sich in Ihre Rolle ein.

d) Der Moderator führt in das Thema ein und steuert die Diskussion.

e) Die anderen Schüler verfolgen die Diskussion der Rollenspieler, bilden sich eine eigene Meinung und notieren Beobachtungen (ggf. auf einem Beobachtungsbogen).

f) Diskutieren Sie anschließend in der Klasse über die beobachteten Argumente der Rollenspieler. Mögliche zu diskutierende Fragestellungen:

- Inwieweit war das Rollenspiel wirklichkeitsnah?
- Haben die einzelnen Spieler ihre Rollenerwartungen eingehalten?
- Wie wurden die einzelnen Argumente begründet; wurden sie mit Beispielen untermauert?
- Konnten Argumente von der Gegenseite widerlegt werden?
- Wurde eher gefühlsmäßig oder mehr sachlich argumentiert?
- Welche Beziehungen bestanden zwischen den Spielern?
- Gab es ein bestimmtes persönliches Verhalten oder ein Argument, das der Lösung des Konflikts diente bzw. zur Eskalation beitrug?

g) Der Moderator fasst die Ergebnisse der Diskussion an der Tafel zusammen.

Zusammenfassung

Finanzierung

= sämtlicher Maßnahmen der Kapitalbeschaffung (Geld oder Sachgüter)

Finanzierungsarten nach der **Rechtstellung** der Kapitalgeber

Eigenfinanzierung

= befristete Überlassung von Mitteln durch den bzw. die **Eigentümer**

Fremdfinanzierung

= befristete Überlassung von Mitteln durch **Gläubiger** mit Rückzahlungsverpflichtung

Finanzierungsarten nach der **Finanzierungsform**

Einlagen- oder Beteiligungsfinanzierung durch Geld oder Sachgüter

Erhöhung des Eigenkapitals von außen

Selbstfinanzierung (Überschussfinanzierung)

- **offene**
  - Erhöhung des Eigenkapitals durch nicht entnommene Gewinne (Kapitalbeträge kommen aus dem Unternehmen selbst); Finanzierung über den Preis
- **stille (verdeckte)**
  - Unterbewertung von Aktiva
  - Überbewertung von Passiva

Finanzierung durch Abschreibungen

- Finanzierung über Umsatzerlöse
- Aktivtausch durch Vermögensumschichtung

Finanzierung aus Rückstellungen

- Finanzierung über Umsatzerlöse
- Zwischen Bildung und Fälligkeit verbleiben Rückstellungen als liquide Mittel im Unternehmen

Kreditfinanzierung

- Aufnahme von Fremdkapital für eine begrenzte Zeit

Leasing[1]

- Erwerb von Nutzungsrechten

Finanzierungsarten nach der **Herkunft** des Kapitals

Innenfinanzierung (Selbstfinanzierung, Finanzierung durch Abschreibungen, Finanzierung aus Rückstellungen)

Außenfinanzierung (Einlagen- oder Beteiligungsfinanzierung, Kreditfinanzierung, Leasing)

1 siehe Kap. 10.5

Kreditarten

(Unterscheidung nach der Fristigkeit)

langfristige Kredite

(über vier Jahre Laufzeit)

Darlehen

- Auszahlung des gesamten Kreditbetrages in einer Summe
- Rückzahlung in einer Summe oder nach Tilgungsplan

Fälligkeitsdarlehen

Gesamte Darlehenssumme wird am Ende der vereinbarten Laufzeit zurückgezahlt.

- geringe Liquiditätsbelastung während der Laufzeit
- hohe Liquiditätsbelastung am Ende der Laufzeit

Annuitätendarlehen

Vereinbarung einer regelmäßigen Annuität in gleicher Höhe.

- relativ niedrige Tilgungsraten zu Beginn der Laufzeit
- höhere Zinsen als beim Abzahlungsdarlehen

Abzahlungsdarlehen

Tilgung erfolgt zu festgelegten Terminen in stets gleich bleibenden Raten.

- relativ niedrige Rückzahlungsbeträge am Ende der Laufzeit
- niedrigere Zinsen als beim Annuitätendarlehen
- relativ hohe jährliche Rückzahlungsbeträge zu Beginn der Laufzeit

mittelfristige Kredite

(von sechs Monaten bis vier Jahre Laufzeit)

kurzfristige Kredite

(bis sechs Monate Laufzeit)

- **Lieferantenkredit**
  Gewährung eines Zahlungszieles durch den Lieferer
- **Kontokorrentkredit**
  Überziehung des laufenden Kontos
- **Wechseldiskontkredit**[1]
  Verkauf von Wechseln an eine Bank
- **Kredit von Kunden**
- **Kreditleihen**
  Kreditinstitut stellt seine Kreditwürdigkeit zur Verfügung.

Akzeptkredit

(Wechselkredit) Bank akzeptiert anstelle des Kunden einen Wechsel.

Avalkredit[2]

Bank übernimmt die Haftung für die Verbindlichkeiten eines Kunden gegenüber Dritten (meist durch Avalakzepte).

1 siehe Kap. 10.4

2 In einigen Fällen können Avalkredite auch langfristig sein, z. B. zur Sicherstellung der Renaturierung von Kiesgruben oder Steinbrüchen nach deren Ausbeutung.

10.4 Wir lernen den Wechsel in seiner Funktion als Kreditmittel kennen

Einstieg

Das in der Goebenstraße 30 in 30163 Hannover ansässige Modefachgeschäft für Damengarderobe Helen Villanueva, e. Kffr., erhält am 15. Juni von der ***Spindler KG,*** Hannover, ein besonders günstiges Angebot über Pullover mit Druckmotiv und Spitzenblusen mit Satintop zum Gesamtpreis von 15.000,00 €. Die Ware müsste bar bezahlt werden.

Frau Villanueva ist an dem Angebot der ***Spindler KG*** sehr interessiert. Leider verfügt sie momentan weder über die entsprechenden finanziellen Mittel noch über einen entsprechenden Kreditspielraum bei ihrer Bank.

Frau Villanueva rechnet sich allerdings aus, dass sie die ihrer Meinung nach qualitativ guten und recht preisgünstigen Textilien spätestens in drei Monaten verkauft haben wird. Mit den dann eingenommenen Beträgen könnte sie ohne Probleme die Rechnung der ***Spindler KG*** begleichen.

Die Einzelhändlerin muss daher ein Zahlungsmittel wählen, das für sie praktisch einen Kredit darstellt und gleichzeitig dem Großhändler zur Sicherung der Forderung dient. In einem Telefongespräch vereinbart sie mit Herrn Trumpf, dem Verkaufsleiter der ***Spindler KG,*** dass die Lieferung mit einem Wechsel, der in drei Monaten fällig sein soll, bezahlt wird.

Erläutern Sie, welche Bedeutung die Zahlung mit Wechsel hat für
a) die ***Spindler KG***,
b) die Einzelhändlerin Villanueva.

Informationen

Das Wesen des Wechsels

Definition **Unter einem Wechsel versteht man eine Urkunde, durch die der Wechselaussteller (Zahlungsempfänger) den Wechselbezogenen (Zahlungspflichtigen) auffordert, zu einem festgesetzten Zeitpunkt eine bestimmte Geldsumme an den Wechselnehmer (= Wechselaussteller) oder jemand anderes zu zahlen.**

Ein Händler kann u. a. mithilfe des Wechselkredits den Kauf seiner Waren finanzieren. Die Zahlung mit einem Wechsel macht es möglich, dem Lieferer die Waren erst dann zu bezahlen, nachdem sie wieder verkauft worden sind. Der Lieferer hingegen kann durch Verwendung des Wechsels sofort über Geld verfügen, um ebenfalls Warenlieferungen, Löhne, Verwaltungskosten usw. bezahlen zu können.

Die Finanzierung durch Wechselkredit entspricht infolgedessen dem Verlangen des Käufers nach einem Zahlungsziel wie auch dem Verlangen des Lieferers nach sofortiger Bezahlung.

Fortführung der Eingangssituation:

Die *Spindler KG* hat selbst Verbindlichkeiten und will den Wechsel zum teilweisen Ausgleich dieser Schuld an ihren Lieferer, die Gebr. Kracht OHG, Kleiner Schratweg 10 in 51000 Leverkusen, weitergeben.

Nach dem Wechselrecht heißt der Schuldner „Bezogener" **(Trassat)**, der Gläubiger „Aussteller" **(Trassant)**.

Die *Spindler KG* ist Aussteller. Sie stellt auf das Modefachgeschäft Helen Villanueva e. Kffr. einen Wechsel aus (zieht = trassiert einen Wechsel), fällig in 3 Monaten.

Den „gezogenen" Wechsel nennt man **Tratte**.

5567206

Die Bezogene, Helen Villanueva, nimmt den Wechsel an, indem sie den gezogenen Wechsel auf der linken Seite des Wechselformulars quer unterschreibt. Damit verpflichtet sie sich, den Wechsel am Fälligkeitstag einzulösen.

Der akzeptierte Wechsel wird **Akzept** genannt.

Die ***Spindler KG*** gibt den Wechsel, nachdem sie ihn von Frau Villanueva zurückerhalten hat, zum Ausgleich eigener Schulden an die Gebr. Kracht OHG weiter.

Die Gebr. Kracht OHG legt als Wechselnehmer dem Bezogenen, Unternehmerin H. Villanueva, den Wechsel am Fälligkeitstag vor.

Der Wechselnehmer wird ***Remittent*** genannt.

Die Bezogene, Helen Villanueva, bezahlt dann die Wechselschuld an die Gebr. Kracht OHG.

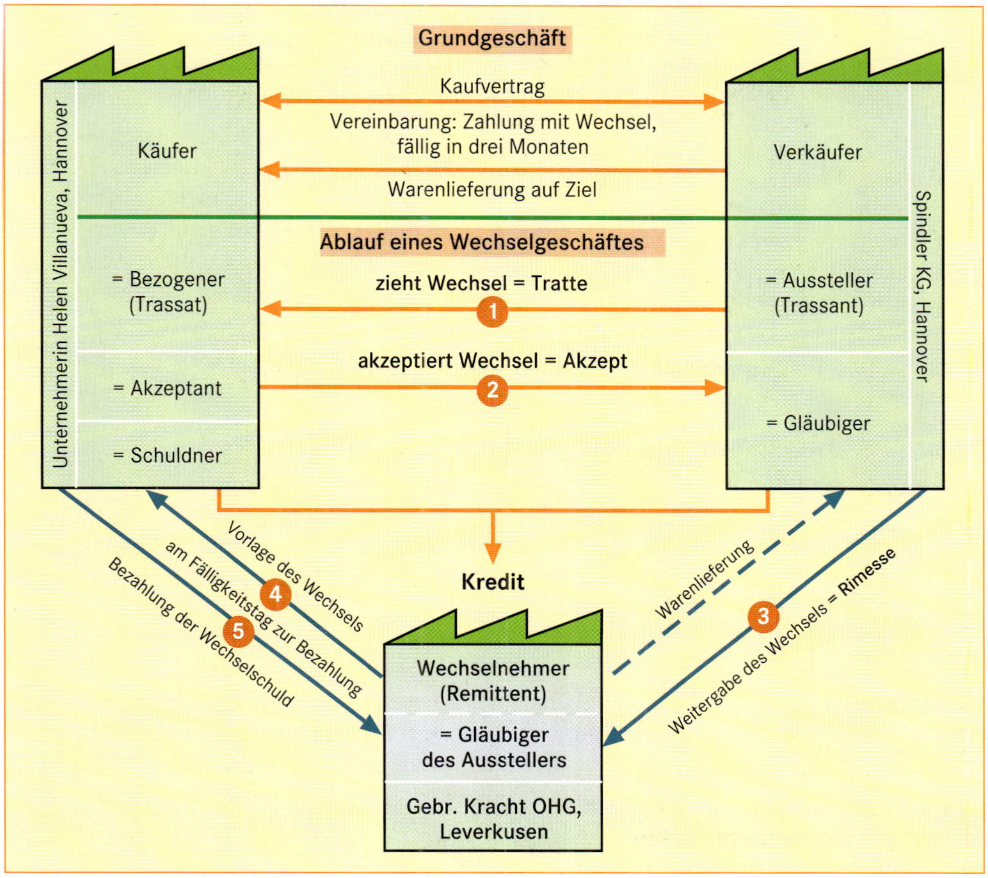

Verwendungsmöglichkeiten

Der Aussteller hat verschiedene Möglichkeiten, den (Besitz-)Wechsel zu verwenden.

Er kann ihn

- **bis zum Verfalltag aufbewahren** und den Betrag dann selbst oder durch ein Kredit- oder Inkassoinstitut einziehen.
- **vor dem Fälligkeitstag** an ein Kreditinstitut verkaufen (diskontieren). Damit erhält er vorzeitig flüssige Mittel. Das Kreditinstitut, das selbst den Wechselbetrag erst später, am Verfalltag, einziehen kann, gewährt dem Aussteller somit einen kurzfristigen Kredit (Wechseldiskontkredit). Für diesen Kredit berechnet es Zinsen (Diskont für vorzeitige Zahlung), die es von der Wechselsumme abrechnet (Wechselsumme minus Diskont = Barwert). Der Diskont wird dann meist dem Bezogenen in Rechnung gestellt. Er ist es ja schließlich, der den Wechsel als Kreditmittel nutzt, und Kredit kostet bekanntermaßen Zinsen. Dem zum Diskont eingereichten Wechsel soll ein Waren- oder Dienstleistungsgeschäft zugrunde liegen – damit werden sie zu guten **Handelswechseln**.
- als Zahlungsmittel an einen seiner Gläubiger (Lieferer) **weitergeben** (s. Eingangsbeispiel) zum Ausgleich seiner Verbindlichkeiten. In diesem Fall muss allerdings der Gläubiger sein Einverständnis gegeben haben.

Bei der Weitergabe des Wechsels durch den Aussteller oder jeden anderen Wechselnehmer muss der Wechsel mit einem **schriftlichen Übertragungsvermerk** auf der Rückseite versehen werden. Den Übertragungsvermerk bezeichnet man als **Indossament** („in dosso" = auf dem Rücken). Das Weitergeben wird indossieren oder girieren, der Weitergebende **Indossant** und der Empfänger **Indossat oder Indossatar** genannt.

Aussteller und Wechselnehmer haben beide eine Wechselforderung an den Bezogenen. Da sie den Wechsel „in Besitz" nehmen, ist der Wechsel für sie ein **Besitzwechsel**.

Für den Bezogenen entsteht eine Wechselverbindlichkeit, sodass für ihn der Wechsel ein **Schuldwechsel** ist.

Aufgaben des Wechsels

Der Wechsel erfüllt wichtige Aufgaben. Für den Kaufmann ist er in erster Linie

- **Kreditmittel**, da er (der Bezogene) erst zu einem späteren Zeitpunkt - erheblich nach der Warenlieferung - zahlen muss (= Liefererkredit in Wechselform). In der Zwischenzeit hat er die Möglichkeit, die erhaltene Ware „zu Geld zu machen" und aus dem Verkaufserlös den Wechsel einzulösen.

Für den Lieferer hat der Wechsel ebenfalls die Funktion eines Kreditmittels, da er beim Verkauf an ein Kreditinstitut einen kurzfristigen Kredit eingeräumt bekommt.

In zweiter Linie ist er

- **Zahlungsmittel**, da mit der Übergabe des Wechsels Verbindlichkeiten beim Lieferer beglichen werden können, und
- **Sicherungsmittel**, da aufgrund der strengen Vorschriften des Wechselgesetzes Wechselforderungen sicherer sind als gewöhnliche Forderungen.

Annahme (Akzept) des Wechsels

Die Bezogene (hier Helen Villanueva) verpflichtet sich mit ihrer Unterschrift quer auf der linken Seite des Wechsels, ihn am Verfalltag einzulösen.

Definition **Sowohl der angenommene Wechsel selbst als auch die schriftliche Annahmeerklärung werden Akzept genannt.**

Da das Akzept kein gesetzlicher Bestandteil ist, ist der Wechsel auch ohne Annahmeerklärung gültig. Solange der Bezogene nicht akzeptiert hat, haftet der Aussteller für die Annahme und Zahlung des Wechsels.

Einlösung des Wechsels

Wechselschulden sind Holschulden, weil der Bezogene im Allgemeinen nicht weiß, an wen er zu zahlen hat. Der Wechsel ist daher beim Bezogenen (in dessen Geschäft oder in seiner Wohnung) oder der Zahlstelle (bei Wechseln mit Zahlstellenvermerk) einzuziehen.

Dies kann geschehen durch:

- den Wechselberechtigten selbst
- einen Boten, Geschäftsfreund oder Angestellten
- ein Kredit- oder Inkassoinstitut

Zur Einlösung muss der Wechsel am Verfalltag oder an einem der beiden darauf folgenden Werktage, spätestens bis 18:00 Uhr vorgelegt werden. Grundsätzlich ist der Zahlungstag der Verfalltag. Fällt der Verfalltag auf einen Samstag, Sonn- oder gesetzlichen Feiertag, so gilt der nächste Werktag als Zahlungstag.

Störungen des Wechselumlaufs („Not leidender Wechsel")

Ein Not leidender Wechsel liegt vor, wenn der Bezogene den Wechsel

- nicht akzeptiert oder
- nicht oder nur teilweise einlöst.

Kann der Bezogene den Wechsel nicht einlösen, sind zwei Möglichkeiten denkbar:

a) Die Laufzeit des Wechsels wird verlängert (prolongiert) oder

b) der Wechsel geht zu Protest.

Prolongation

Der Aussteller stellt auf rechtzeitiges Bitten des Bezogenen einen neuen Wechsel mit einem späteren Verfalltag aus. Er stellt dem Bezogenen gleichzeitig die zur Einlösung des alten Wechsels erforderliche Summe zur Verfügung. Die Kosten der Wechselprolongation trägt der Bezogene.

Wechselprotest

Der letzte Wechselinhaber muss spätestens am zweiten Werktag nach dem Zahlungstag Protest erheben (Protest mangels Zahlung). Versäumt er diese Frist, verliert er sein Rückgriffsrecht auf alle Vorpersonen, die ihre Unterschrift auf den Wechsel gesetzt haben: **Ohne Protest kein Rückgriff.**

Der Protest, der vom Gerichtsvollzieher oder einem Notar vorgenommen wird, ist eine Beweisurkunde, aus der hervorgeht, dass der Bezogene den ordnungsgemäß vorgelegten Wechsel nicht eingelöst hat.

Rückgriff (Regress)

Sämtliche Vorpersonen des letzten Wechselinhabers sind regresspflichtig. Daher kann sich bei rechtzeitiger Protesterhebung der letzte Wechselinhaber an eine beliebige Vorperson oder an den Aussteller wenden.

Wird dabei der Reihe nach eine Vorperson nach der anderen in Anspruch genommen, so liegt ein **Reihenrückgriff** vor.

5567208

Von **Sprungrückgriff** spricht man, wenn andere Vorpersonen übersprungen und eine beliebige, zahlungskräftige Vorperson in Anspruch genommen wird.

Wechselmahnbescheid und Wechselklage

Jeder Gläubiger, der einen protestierten Wechsel besitzt, kann beim zuständigen Amtsgericht den Erlass eines Wechselmahnbescheides gegen den Bezogenen (Schuldner) beantragen. Formular und Ablauf sind identisch mit dem gerichtlichen Mahnverfahren[1].

Eine andere Möglichkeit, gegen den Bezogenen vorzugehen, besteht darin, **Wechselklage** zu erheben. Mit der Wechselklage wird der Wechselprozess eingeleitet.

Der Wechselprozess ist ein Urkundenprozess, der den Kläger relativ schnell zu seinem Recht kommen lässt. Gegenüber einem normalen Zivilprozessverfahren hat er folgende Besonderheiten **(= Wechselstrenge):**

- Kurze Ladungsfrist (Einlassungsfrist). Der Zeitraum zwischen Zustellung der Klageschrift und dem Verhandlungstermin beträgt 24 Stunden bis höchstens eine Woche.
- Die Beweismittel sind beschränkt. Zugelassen sind lediglich der Wechsel, die Protesturkunde sowie Kläger und Beklagter.
- Einwendungen des Beklagten gegen die Klage sind beschränkt.
- Das Urteil ist sofort vollstreckbar.

Einem Unternehmer, der einen Wechsel zu Protest gehen lässt, können nachhaltige wirtschaftliche Folgen entstehen. Neben den Vertrauensverlust tritt der Verlust seiner Kreditwürdigkeit. Kreditinstitute und Auskunfteien führen zentral eine sog. „schwarze Liste", in die er eingetragen wird. Das bedeutet, dass er kaum noch Wechselverbindlichkeiten eingehen kann und kaum noch Kredite erhalten wird.

Bedeutung

Die Bedeutung des Wechsels im täglichen Geschäft schwindet im Binnenhandel seit Jahren, auch im Außenhandel ist der Wechsel den *Bank-to-Bank-Transaktionen* deutlich unterlegen. Der Grund für den Bedeutungsverlust des Wechsels als ehemals zentralem Element der Mittelstandsfinanzierung ist darin zu sehen, dass es den beteiligten Verkehrskreisen im Zusammenwirken mit dem Gesetzgeber nicht gelungen ist, das Instrument des Wechsels *maschinenfähig* zu machen.

Aufgrund seiner Urkundenstruktur lässt sich der Wechsel nur durch hohen Personaleinsatz und -aufwand abwickeln. Daher ist das Wechselgeschäft aufgrund der Rationalisierung der Bankenwelt ein Auslaufmodell.

Aufgaben

1 Worin besteht der Unterschied zwischen einer Tratte und einem Akzept?

2 Ein Wechsel ist am Freitag fällig. Wann muss er spätestens dem Bezogenen vorgelegt werden?

3 Wer ist berechtigt, den Wechsel dem Bezogenen zur Einlösung vorzulegen?

4 Wie kann ein Besitzwechsel verwendet werden?

5 Was verstehen Sie unter Wechselprolongation?

6 Begründen Sie, warum der Wechsel für den Käufer ein Kreditmittel ist.

7 In welchem Fall ist der Verfalltag mit dem Zahlungstag nicht identisch?

8 Was verstehen Sie unter Wechselstrenge?

9 Durch wen kann Protesterhebung erfolgen?

10 Was bedeutet Sprung- und Reihenrückgriff?

11 Warum ist der Sprungrückgriff vorteilhaft?

Aktionen

1 Die Hemdenfabrik Gloth AG liefert am 2. Jan. 20.. Textilien im Wert von 6.800,00 € an die Textilgroßhandlung ***Spindler KG***. Zahlungsbedingung: Bei Zahlung innerhalb von 10 Tagen 2,5 %, innerhalb von 30 Tagen 1 % oder gegen Dreimonatsakzept.

Zwei Tage später verkauft die ***Spindler KG*** einen Teil der Hemden im Wert von 1.430,00 € an ihren Kunden, die Adam GmbH in Wien, weiter.

Aufgrund des immer härter werdenden Wettbewerbs muss die ***Spindler KG*** der Adam GmbH ein Zahlungsziel von drei Monaten gewähren.

Entscheiden Sie, wie die Textilgroßhandlung ***Spindler KG*** dieses Geschäft finanzieren kann, wenn die folgenden zwei Möglichkeiten bestehen:

a) Die ***Spindler KG*** möchte den von der Hemdenfabrik Gloth AG eingeräumten Skontoabzug

1 siehe *Groß im Handel – Grundstufe*, Kap. 2.20

nutzen. Leider verfügt man in der Textilgroßhandlung aufgrund erst kürzlich durchgeführter Erweiterungsinvestitionen nicht über die flüssigen Mittel. Aus dem gleichen Grund scheidet die Aufnahme eines kurzfristigen Bankkredits aus.

b) Die ***Spindler KG*** möchte das ihr eingeräumte Zahlungsziel in Anspruch nehmen. Gleichzeitig will man in der Textilgroßhandlung aber verhindern, dass durch verspätet eingehende Außenstände (z. B. Forderungen gegenüber der Adam GmbH) Zahlungsschwierigkeiten entstehen.

2 Stellen Sie Ihre Lösung zur Alternative b) mithilfe des PC dar. Die Beziehungen der Beteiligten untereinander sind entsprechend zu kennzeichnen.

3 Präsentieren Sie Ihr Arbeitsergebnis in geeigneter Form.

Zusammenfassung

Wechsel

= Urkunde zur Zahlungsaufforderung

Bedeutung

- **Kreditmittel**
- **Zahlungsmittel**
- **Sicherungsmittel**

◆ Der Wechsel ist ein Orderpapier.
Seine Weitergabe geschieht durch einen Übertragungsvermerk (Indossament).
◆ Wechselschulden sind Holschulden.
◆ Wechselprotest ist eine Beweisurkunde, dass der Bezogene den Wechsel nicht eingelöst hat.

Wechselarten

hinsichtlich der

Art des verbrieften Rechts
◆ Tratte
= gezogener Wechsel
◆ Akzept
= vom Bezogenen angenommener Wechsel

Forderung oder Verbindlichkeit
◆ Besitzwechsel
◆ Schuldwechsel

Wechselverwendung

- Verkauf an ein Kreditinstitut (= Diskontierung)
- Weitergabe als Zahlungsmittel an einen Gläubiger
- Aufbewahrung und Einzug am Verfalltag

Not leidender Wechsel

- Protest mangels Zahlung (Ohne Protest kein Regress!)
  - Benachrichtigung
  - Reihenrückgriff
  - Sprungrückgriff
- Anwendung des Protestes durch Prolongation

Aussteller	Bezogener	Wechselnehmer	Weitergebender	Wechselempfänger
Trassant	**Trassat**	**Remittent**	**Indossant**	**Indossatar**

5567210

10.5 Wir prüfen besondere Finanzierungsformen (Finanzierungshilfen)

Einstieg

Die Textilgroßhandlung ***Spindler KG*** hat inzwischen sowohl die Lagerräume als auch die nötigen zusätzlichen Fahrzeuge für den Kundendienst angeschafft – Gesamtkosten 785.000,00 €.

Die Geschäfte laufen durch diese Investitionen noch besser – so gut, dass unbedingt drei weitere Außendienstfahrzeuge für den Lieferungs- bzw. Aufstellservice insbesondere für die Sportgeräte benötigt werden. Darüber hinaus soll gleichzeitig die EDV-Anlage auf den allerneuesten Stand der Technik gebracht werden.

Da die Eigenkapitaldecke in den letzten Monaten aber noch geringer geworden ist, der ***Spindler KG*** leider jetzt auch noch die banküblichen Sicherheiten fehlen und die nur noch geringen unternehmensbezogenen Kreditmöglichkeiten geschont werden sollen, stehen die Verantwortlichen vor einem richtig großen Finanzierungsproblem.

Sie möchten auf jeden Fall nach wie vor die Kommanditgesellschaft in der jetzigen Form, d. h. ohne ein Mitspracherecht von weiteren Kapitalgebern weiterführen. Die Aufnahme neuer Gesellschafter zur Finanzierung wird daher definitiv ausgeschlossen.

*Diskussion in der **Spindler KG** – Woher die notwendigen finanziellen Mittel nehmen?*

Unterbreiten Sie Vorschläge, wie die Textilgroßhandlung ***Spindler KG*** die Anschaffung der drei Fahrzeuge und die Erneuerung der EDV-Anlage im Gesamtwert von 309.000,00 € finanzieren kann.

Informationen

Grundsätze des Leasings

Als eine weitere Möglichkeit zur mittel- und langfristigen *Fremdfinanzierung von Anlagevermögen* kann das **Leasing** gesehen werden.

Definition **Leasing[1] = mittel- und langfristige Vermietung oder Verpachtung von beweglichen oder unbeweglichen Investitions- sowie langlebigen Konsumgütern durch die Hersteller dieser Güter oder durch besondere Leasinggesellschaften an einen Leasingnehmer.**

Der Leasingvertrag kann als eine besondere Art des Miet- wie auch des Pachtvertrags betrachtet werden, bei dem das Anlagegut während der gesamten Zeit **im Eigentum des Leasinggebers**, der das Leasingobjekt vermietet, bleibt (§ 535 ff. BGB und § 581 ff. BGB).

Einer der Unterschiede zwischen traditioneller Miete und Leasing besteht darin, dass der Leasingnehmer (= Mieter oder Nutzer des Leasingobjekts) beim Leasing Rechte, Risiken und Pflichten übernimmt, die bei der „normalen" Miete in der Regel der Vermieter trägt. So haftet der Leasingnehmer für Beschädigungen und ggf. für den Ausfall des Produkts. Er muss Reparaturen ausführen und das Objekt instand halten.

Inhalte des Leasingvertrags sind: Mietdauer, Höhe der Mietrate, Leasingobjekt, Versicherungen und Kündigungsfrist.

Beim Leasing tritt an die Stelle der einmaligen Zahlung des Kaufpreises eine laufende, regelmäßig zu entrichtende Mietzahlung, in die der Leasinggeber einkalkuliert:

1 to lease (engl.) = mieten

- den Abschreibungsbetrag für die Wertminderung des Leasingobjekts
- die Verzinsung des von ihm investierten Kapitals
- einen Risikozuschlag, z. B. für schnelles Veralten
- Wartungs- und Reparaturkosten, soweit von ihm übernommen
- sonstige Verwaltungs- und Vertriebskosten
- den Gewinnzuschlag

Die Höhe der Leasingraten richtet sich nach der Laufzeit des Vertrags sowie nach den vom Leasinggeber zu erbringenden Serviceleistungen.

Der Leasingvertrag wird erst wirksam, wenn der Leasingnehmer seine Bestellung nicht binnen zwei Wochen widerruft. Während der Widerrufsfrist ist der Vertrag schwebend unwirksam.

Beurteilung

Die Kosten beim Leasing sind in der Regel höher als beim Kauf. Leasing bietet aber als langfristige Fremdfinanzierung ergänzend zu den bekannten Finanzierungsarten für den Unternehmer die Möglichkeit, die eigenen Mittel zu schonen und sie für eine andere Verwendung freizustellen, ohne dabei auf die notwendige Investition verzichten zu müssen. Seine Anwendung hängt letztlich von der jeweiligen betriebswirtschaftlichen Situation ab.

Leasing ist jedoch auf keinen Fall Rettungsanker für Unternehmen, die eine verfehlte Unternehmenspolitik betrieben haben. Voraussetzung für das Leasing ist eine ausreichende Bonität.

L E A S I N G

- modern investieren
- Liquidität erhalten
- Steuern sparen

Leasingraten sind als Betriebsausgaben sofort steuerabzugsfähig

L E A S I N G R A T E

inkl. Elektronikversicherung

39,77 *zuzügl. 19 % MWST*

Leasingrate pro Monat bei quartalsweisem Einzug. Keine Anzahlung, Kündbarer Vertrag, kalk. Laufzeit 36 Monate, bei Kündigung zum 30. Monat mit Abschlusszahlung

Angebot für ein elektronisches Lagergerät

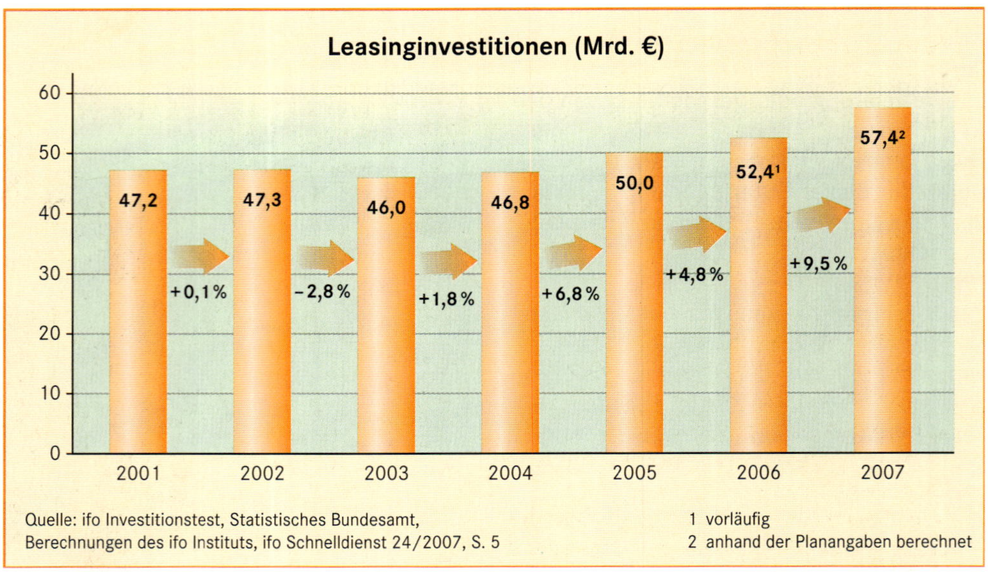

Die Leasingbranche wächst. In 2006 überschritt das Neugeschäft erstmals die Rekordmarke von 50 Millionen Euro.

Leasingformen

Betrachtet man die **Formen des Leasings,** so sind folgende Unterscheidungen gebräuchlich:

- nach der wirtschaftlichen Stellung des Leasinggebers
- nach der Art der Leasingobjekte
- nach der Anzahl der Leasingobjekte
- nach dem Verpflichtungscharakter des Leasingvertrags

Unterscheidung nach der wirtschaftlichen Stellung des Leasinggebers

- **direktes Leasing** (Herstellerleasing):

Leasinggeber ist der Hersteller selbst oder eine speziell dafür eingerichtete Tochtergesellschaft.

- **indirektes Leasing:**

Zwischen dem Hersteller und dem Leasingnehmer steht eine **herstellerunabhängige Leasinggesellschaft** als Leasinggeber.

Unterscheidung nach der Art der Leasingobjekte

- **Investitionsgüter-Leasing** in Form des
  - **Mobilien-Leasing**
    Vermietung von Ladeneinrichtungen, Telefonanlagen, Computern, EDV-Anlagen, Schreibmaschinen, Auszeichnungsgeräten, Kassensystemen, Regalanlagen, Nutzfahrzeugen u. a.
  - **Immobilien-Leasing**
    Vermietung von Verwaltungsgebäuden, Lagerhallen u. a.
- **Konsumgüter-Leasing**
  Vermietung von Konsumgütern mit relativ langer Lebensdauer
  Nach Beendigung der Vertragszeit muss der Leasingnehmer den gemieteten Gegenstand zurückgeben. Vertragsverlängerung oder Kauf ist möglich.

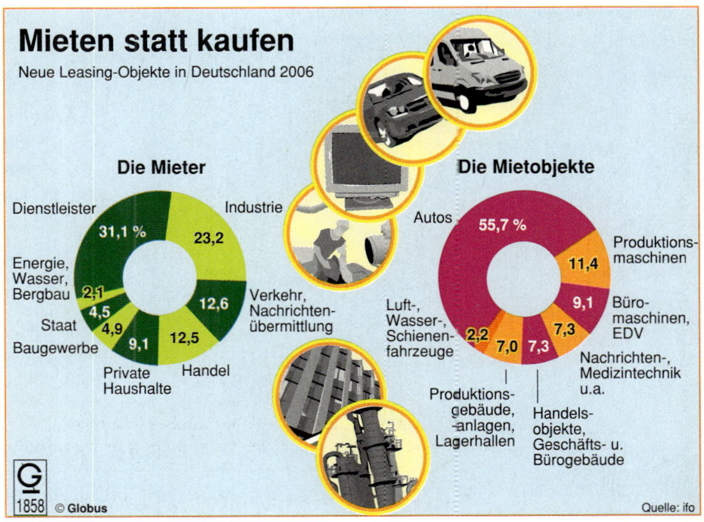

Unterscheidung nach der Anzahl der Leasingobjekte

- **Equipment-Leasing**

Geleast wird ein einzelnes bewegliches Wirtschaftsgut.

- **Plant-Leasing**

Geleast wird eine ganze Betriebsanlage, die aus beweglichen und unbeweglichen Wirtschaftsgütern bestehen kann.

Unterscheidung nach dem Verpflichtungscharakter des Leasingvertrags

Finance-Leasing

Merkmale des Finance-Leasings:

- Verträge mit einer **festen Grundmietzeit** (Langfristcharakter)
- Der Vertrag kann während der Grundmietzeit von beiden Seiten **nicht gekündigt** werden.
- Die Grundmietzeit ist kürzer als die betriebsgewöhnliche Nutzungsdauer.
- Das **Investitionsrisiko** (Risiko des zufälligen Untergangs, der wirtschaftlichen Entwertung durch technischen Fortschritt während der Grundmietzeit) liegt beim **Leasingnehmer.**
- Der Leasinggeber stellt das Kapital zur Verfügung und trägt das Kreditrisiko.

Es gibt im Finance-Leasing unterschiedliche Vertragsmodelle. Eine wichtige Grundeinteilung ist die in *Vollamortisations- und Teilamortisationsverträge.*

Vollamortisationsvertrag[1]
(→ Finanzierungsleasing)

Er umfasst Verträge, bei denen

- die Grundmietzeit in der Regel 40 % bis 90 % der betriebsgewöhnlichen Nutzungsdauer des Leasinggegenstands beträgt. Sie lässt sich nach den amtlichen AfA-Tabellen[2] ermitteln.

Beispiel

EDV-Anlage:

- 5 Jahre (= 60 Monate) Abschreibungszeit
- **40 % mindestens** = 24 Monate
- **90 % höchstens** = 54 Monate

} Laufzeit des Vertrags

- die gesamten Leasingzahlungen, die der Leasingnehmer während der unkündbaren Grundmietzeit zu entrichten hat, mindestens die Anschaffungs- oder Herstellungskosten für das Leasinggut sowie alle sonstigen Nebenkosten einschließlich der Finanzierungskosten des Leasinggebers und dessen Gewinnspanne beinhalten.
- der Leasinggeber das Kapital beschafft und das Kreditrisiko trägt.

Der Vollamortisierungsvertrag wird vor allem dann angeboten, wenn der Leasingnehmer nach Ablauf der Grundmietzeit entscheiden möchte, ob er das Leasingobjekt weiter mieten, es kaufen oder es einfach zurückgeben und ein neues mieten möchte.

Vollamortisierungsverträge sind die Regel bei Leasingverträgen über Maschinen und maschinelle Anlagen sowie ganze Betriebs- und Geschäftsausstattungen.

Teilamortisationsvertrag
(→ Non-full-pay-out-Vertrag)

- Die **feste Laufzeit** liegt wie beim Vollamortisationsvertrag zwischen 40 % und 90 % der betriebsgewöhnlichen Nutzungsdauer laut amtlicher AfA-Tabelle.
- Die monatliche Leasingrate ist so bemessen, dass der zum Vertragsende vorhandene Verkehrswert durch die gezahlten **Leasingraten nicht ganz** gedeckt wird. Die monatlichen Leasingraten sind daher wesentlich niedriger als beim Vollamortisationsvertrag.

Den noch nicht amortisierten Teil der Kosten kann sich der Leasinggeber durch unterschiedliche Vertragsgestaltungen absichern lassen. Damit wird dann ebenfalls die volle Amortisation erreicht.

- Auf den nicht getilgten Rest kommt bei Vertragsende zunächst der Veräußerungserlös aus der Verwertung des Investitionsgegenstandes zur Anrechnung:
  - Wird ein höherer Erlös erzielt, so gewähren die meisten Leasinggesellschaften dem Leasingnehmer eine Gutschrift bis zu 75 % des Mehrerlöses (Teilamortisationsvertrag mit Mehrerlösbeteiligung).
  - Wäre der Erlös aus dem Verkauf niedriger als der geschätzte Restwert, so werden die Leasinggesellschaften von dem vertraglich vereinbarten **Andienungsrecht** Gebrauch machen, wonach der Leasingnehmer verpflichtet ist, das Investitionsgut zum vertraglich vereinbarten Restwert zu kaufen. Jedoch hat der Leasingnehmer kein Recht, den Leasinggegenstand erwerben zu dürfen (Teilamortisationsvertrag mit Andienungsrecht).

Hieraus ergibt sich, dass das Risiko der Wertminderung ausschließlich der Leasingnehmer trägt.

1 Amortisation = a) allgemein Tilgung einer Schuld b) Finanzwirtschaft: Deckung der für ein Investitionsgut aufgewendeten Anschaffungskosten aus dem mit diesem Gut erzielten Ertrag

2 AfA = Kurzform für Absetzung für Abnutzung; ein Begriff aus dem Steuerrecht, der gleichzusetzen ist mit *Abschreibungen,* die die Wertminderungen der Anlagegüter erfassen (Konto „Abschreibungen auf Sachanlagen" (SA). Abschreibungen mindern als Aufwand den Gewinn und somit auch die gewinnabhängigen Steuern.

5567214

Leasingvertrag Nr. 1000 **Teilamortisation** **– Mobile Investitionsgüter –**

Leasinggeber: Maschinen- und Apparate-Vermietung GmbH & Kommanditgesellschaft, Postfach 12 34, 40595 Düsseldorf, Adam-Stegerwald-Str. 15

Leasingnehmer: Textilgroßhandlung Spindler KG — Handelsregister: Han. A Nr.: 6224

Goseriede 41, 30159 Hannover — Gründung: 1972 ☎ 0511 4155-0

Straße und Nr. PLZ Ort

Objektwert: = (Kaufpreis ohne Mehrwertsteuer) € 60.000,00 — **Vertragsdauer:** 36 **Monate** — **Vertragsbeginn:** Okt. ..

Leasingrate: 1. Monat bis 3. Monat (in % ______) € 1.680,00 zzgl. MWSt — 4. Monat bis 36. Monat (in % ______) € 1 680,00 zzgl. MWSt

Die Vertragspartner sind sich einig, dass die vom Leasingnehmer in der Vertragszeit zu entrichtenden Leasingraten die Gesamtkosten des Leasinggebers nicht decken. Es verbleibt nach Ablauf der unkündbaren Vertragsdauer ein Restwert von 25 % vom Objektwert = € 15.000,00 zzgl. MWSt

Zahlungsweise: monatlich zum x/15.

Der Leasingnehmer ermächtigt hiermit den Leasinggeber, die fällig werdenden Leasingraten vom Bankkonto des Leasingnehmers bei der

Bank/Sparkasse Kreissparkasse Hannover

Konto-Nr.: 88 230 BLZ (Bankleitzahl) 250 502 99 durch Lastschrift einzuziehen.

Standort des Leasingobjektes: Hannover

Nutzungsdauer: ____ Jahre, weil ____ Schichtbetrieb.

Leasingobjekt – fabrikneu –:

1 DB-PKW, Typ E 280, Farbe: schwarz
Fahrgestell-Nr. 7634, amtl. Kennzeichen: H-D 475
gem. Rechnung Nr. 100 des Autohauses Schulz & Co. vom 2. Oktober ..

Lieferant: Schulz & Co. GmbH — **Lieferzeit:** erfolgt

Der Leasingnehmer beauftragt die Leasinggesellschaft – im Folgenden Leasinggeber genannt –, das Leasingobjekt vom Lieferanten zu dessen Lieferbedingungen zu kaufen und bietet dem Leasinggeber den Abschluss eines Leasingvertrages zu den oben und auf den folgenden Seiten aufgeführten Vertragsbedingungen an. Der Leasingnehmer hält sich an diesen Antrag für einen Monat nach Eingang beim Leasinggeber gebunden.

3. Oktober .. — Düsseldorf/Hannover — 3. Oktober ..

Maschinen- und Apparate-Vermietung GmbH & Kommanditgesellschaft Müller — **Spindler KG Goseriede 41 30159 Hannover** Gerd Spindler

Operating-Leasing

Operating-Leasing lässt sich beschreiben als die Vermietung von Objekten, die einem raschen technischen Fortschritt unterliegen, wie z. B. Fotokopiergeräte, EDV-Anlagen und andere nicht speziell auf das Unternehmen des Leasingnehmers abgestellte Güter. Die Objekte können bei technischen Neuerungen sofort gegen das aktuellste ausgetauscht werden.

Kennzeichnend für das Operating-Leasing ist ebenfalls, dass der Leasingnehmer meist nicht weiß, wie lange er die Sache braucht oder ob er sie anschließend erwerben will.

Operating-Leasing kommt folglich auch dann zur Anwendung, wenn das Großhandelsunternehmen seine Kapazität wirtschaftlichen Schwankungen anpassen möchte, ohne dabei das Risiko einer Fehlinvestition eingehen zu wollen.

Beispiele

- Vergrößerung des Fuhrparks
- Ausbau einer Stabstelle u. a. mit diverser Hightech Bürotechnologie für eine gewisse Zeit

Merkmale des Operating-Leasings:

- Vertrag **ohne feste Grundmietzeit**
- Vertrag kann vom Leasingnehmer **jederzeit gekündigt** werden.
- Ziel dieses Vertrags ist nicht die „Finanzierung" des Objekts, sondern allein die Gebrauchsüberlassung gegen ein Entgelt.
- Der Leasinggeber verpflichtet sich, das Objekt zu überwachen, instand zu halten (Übernahme von Reparatur- und Wartungskosten) und bei Bedarf auszutauschen.
- Das Vermarktungsrisiko am Ende der Leasing-Laufzeit trägt alleine der Leasinggeber.

Besonderheit dieser Vertragsgestaltung ist weiterhin, dass der Leasinggeber keine Abschlusszahlung erhält. Er trägt selbst das **Investitionsrisiko** und die Kosten, wenn der Leasingvertrag beendet wird, bevor die Ausgaben durch die Leasingraten wieder eingenommen wurden.

Die *universellen Güter* des Operating-Leasings rentieren sich meist erst durch eine **mehrmalige „Vermietung"** an verschiedene Leasingnehmer, die diese hintereinander nutzen.

Da hier die Sache nur gegen Bezahlung zum Gebrauch überlassen wird und nicht zugleich eine Finanzierung gewollt ist, überwiegt der **mietrechtliche Charakter**. Das Operating-Leasing wird deshalb überwiegend nach Mietrecht beurteilt.

Für den Fall der Kündigung werden Abschlusszahlungen des Leasingnehmers fällig, die bereits bei Vertragsbeginn im Leasingvertrag, gestaffelt nach Kündigungsterminen, festgelegt sind. Da der Vertrag jederzeit verlassen werden kann, ist mit hohen Leasingraten bzw. einer hohen Abschlusszahlung zu rechnen.

Beurteilung

Leasing	
Vorteile	**Nachteile**
◆ keine Bindung des Eigenkapitals, da eine 100%ige Fremdfinanzierung möglich ist ◆ Eigenkapital kann rentabler eingesetzt werden ▪ im ertragsstarken Umlaufvermögen und ▪ durch Einräumung von Rabatt oder Sonderangeboten. ◆ Die Liquidität wird geschont bzw. erhöht, da weder eigene noch fremde Mittel benötigt werden. Die Mieten werden aus dem laufenden wirtschaftlichen Ertrag des Mietobjekts bezahlt. ◆ Leasingraten sind Fremdkapitalkosten, die steuerlich Betriebsausgaben darstellen und daher die Steuerbelastung mindern (wenn wirtschaftlich die Objekte nicht dem Leasingnehmer zugerechnet werden). ◆ Durch schnelle Anpassung an den technischen Fortschritt schützt Leasing vor Überalterung der Anlagen. ◆ Leasing bietet einen Servicevorteil durch Beratung, Wartung und Reparatur des Leasingobjekts durch den Leasinggeber. ◆ Der Finanzierungsspielraum und die Kreditlinien bleiben für den kurz- und mittelfristigen Finanzbedarf erhalten. ◆ Das Verhältnis zwischen Eigen- und Fremdkapital ändert sich nicht (gleich bleibende Bilanzrelationen). ◆ Der Leasingnehmer hat feste monatliche Raten, die eine genaue Kalkulation ermöglichen. ◆ Für die Dauer des Leasingvertrags liegen die monatlichen Leasingraten fest. Sie sind von Preisveränderungen unberührt. Das Risiko trägt der Leasinggeber. ◆ Leasing erleichtert den Kosten-Nutzen-Vergleich einer Investition, da die anfallenden Kosten genau fixiert sind. Investitionsentscheidungen können so leichter abgeklopft werden, ob sie vorteilhaft sind.	◆ hohe finanzielle Belastung mit fixen Kosten ◆ Das Leasing ist teurer als der Kreditkauf. ◆ Die Leasingobjekte müssen ihre Miete erst verdienen, was besonders in Krisenzeiten nicht immer möglich ist. ◆ Der Leasingnehmer ist während der Grundmietzeit (beim Finance-Leasing) vertraglich fest gebunden. ◆ Investitionsobjekte sind nicht im Eigentum des Nutzers. ◆ Sie können deshalb auch nicht – quasi kostenlos – nach der Abschreibungszeit weiterarbeiten. ◆ Die eventuell Gewinn bringende Verwertung des Investitionsobjekts nach Ende der betrieblichen Nutzung liegt beim Leasinggeber.

5567216

Ihr zuverlässiger Finanzierungspartner

Sehr verehrte Damen!

Sehr geehrte Herren!

Unser **Leasingsystem** hat Ihre Aufmerksamkeit gefunden und wir freuen uns über Ihr Interesse an dieser bewährten Finanzierungsart, die wir bereits seit fast 20 Jahren in der Bundesrepublik Deutschland mit großem Erfolg anbieten.

Daher möchten wir Ihnen die Vorzüge einer **Leasingfinanzierung** darlegen:

- **Sie selbst bestimmen**
  das gewünschte Leasingobjekt (Kraftfahrzeug/Maschine), das Ihren Vorstellungen entspricht, und legen den genauen Lieferungsumfang bei Ihrem Lieferanten fest. Ihre alten Geschäftsverbindungen bleiben somit bestehen.
- **Sie behalten**
  die Garantieansprüche gegenüber den Herstellern/Lieferanten, sodass der enge technische Kontakt bestehen bleibt.
- **Sie schließen**
  mit unserer Gesellschaft einen Teilamortisations-Leasingvertrag über eine angemessene Laufzeit ab.
  Die Gesellschaft tritt nach Abschluss des Leasingvertrages gegenüber dem Lieferanten in Ihre Bestellung ein und kauft das Leasinggut zu den festgelegten Bedingungen. Die Lieferantenrechnung wird auf unsere Gesellschaft ausgestellt und von uns sofort nach Erhalt in voller Höhe (einschl. Mehrwertsteuer) beglichen.
- **Keine Kilometerbegrenzung beim Fahrzeugleasing**
  Bei unserem System unterliegen Sie keinen Kilometebegrenzungen. Sie setzen das Fahrzeug nach Ihren Erfordernissen ein.
- **Keine Anzahlung**
  Wir finanzieren den Leasinggegenstand zu 100 %, d. h. den reinen Anschaffungswert; Reparaturen, Versicherungen, Steuern gehen wie bisher zu Ihren Lasten. Die Kfz-Kosten für Zulassung und Überführung trägt der Leasingnehmer.
- **Schonung des Eigenkapitals – verbesserte Liquidität**
  Ihr Eigenkapital wird durch die neue Investition nicht belastet. Ihre liquiden Mittel bleiben für andere wichtige betriebliche Aufgaben frei.
  Ihre Kreditlinien bei Ihren Hausbanken stehen Ihnen für weitere geschäftliche Dispositionen zur Verfügung.
  Diese Gelder können Sie vorteilhafter für Lieferantenskonti und Nachlässe beim Wareneinkauf, die Entwicklung neuer Produkte, Werbung, Altersversorgung, Kapitalanlage usw. verwenden.
  Sie schaffen sich die Möglichkeit zur Rationalisierung und die Voraussetzung für höhere Umsätze, kürzere Lieferzeiten, schnelleren Produktionsausstoß.
  Sie sind immer auf dem neuesten Stand der Technik durch den Einsatz modernster Maschinen, Ausrüstungen, Kraftfahrzeuge usw.
  Sie können umgehend auf Konjunktur- und Marktveränderungen reagieren.
- **Steuerersparnis**
  Die monatlichen Leasingzahlungen stellen für Sie Betriebsaufwendungen dar und sind steuerlich absetzbar. Hinzu kommen positive Auswirkungen auf Gewerbesteuer, Vermögensteuer u. a.
  Die Laufzeit der Verträge ist kürzer als die betriebsgewöhnliche Nutzungsdauer.
- **Gleich bleibende Leasingbeträge**
  Die einmal vereinbarten Netto-Leasingraten können während der gesamten vereinbarten Vertragszeit nicht verändert werden, sodass Sie einen festen Kostenfaktor vorliegen haben. Die gesetzliche Mehrwertsteuer wird von uns gesondert ausgewiesen und berechnet. Sie ist in der Regel als Vorsteuer absetzbar.
- **Einfache Zahlungsweise**
  Wir buchen die monatlichen Leasingbeträge am 1. oder 15. eines Monats durch Lastschriftverfahren von Ihrem Bankkonto ab, um Ihnen und uns die Abwicklung zu erleichtern.
- **Kraftfahrzeugbrief und Versicherung**
  Das Kraftfahrzeug wird auf Ihren Namen zugelassen, den Kfz-Brief erhalten wir für unsere Akten. Gleichzeitig fordern wir bei Ihrer Versicherungsgesellschaft einen Kfz-Sicherungsschein als Nachweis für eine bestehende Vollkaskoversicherung mit 325,00 € Selbstbeteiligung je Schadensfall zugunsten unserer Gesellschaft an.
- **Maschinenversicherung**
  Bei Maschinen und Einrichtungen benötigen wir ebenfalls den Nachweis einer entsprechenden Versicherung.

Als eingeführte, mittelständische Leasinggesellschaft stehen wir seit fast 20 Jahren besonders der Industrie, dem Handel, dem Handwerk und den freien Berufen nahe.

Aufgrund unserer langjährigen Erfahrung und großen Beweglichkeit sind wir jederzeit in der Lage, uns individuell auf die Wünsche unserer Kunden einzustellen.

Wir finanzieren Mobilien aller Art und in jeder Größenordnung über unsere Leasingverträge,

z. B. Kraftfahrzeuge – Gabelstapler – Maschinen und Apparate – med. Einrichtungen und Geräte für Ärzte und Laborgemeinschaften.

Zur ausführlichen Beratung stehen Ihnen unsere Leasingfachleute gern zur Verfügung.

Ihre Leasinggesellschaft

Factoring

Das Factoring als besondere Form der **kurzfristigen Fremdfinanzierung insbesondere des Umlaufvermögens** (= Absatzfinanzierung) hat in Deutschland und in den meisten Industrieländern einen festen Platz im Verbund der Finanzierungsgeschäfte gefunden.

Factoringvertrag und -abwicklung

Grundlage des Factoringgeschäfts ist der **Factoringvertrag**, der zwischen Lieferant und dem Finanzierungsinstitut, dem Factor, geschlossen wird.

Der Factoringvertrag weist folgende Merkmale auf:

- Verkauf oder Abtretung (Zession) aller Kundenforderungen (Buch- und Wechselforderungen) an den Factor, der auch die Debitorenkonten führt
- Bevorschussung der abgetretenen (zedierten) Forderungen **vor** deren **Fälligkeit** zu einem hohen Prozentsatz, meist 80 % bis 95 % des geforderten Betrags
- Einbehaltung der restlichen 5 % bis 20 % als Sicherheit für eventuelle Regressansprüche gegen den Lieferanten (z. B. wegen mangelhafter Lieferung oder nicht übertragbarer Forderungen)
- Überweisung des nicht bevorschussten Teils der abgetretenen Forderungen bei Fälligkeit oder zu anderen vertraglich vereinbarten Terminen
- Übernahme des Delkredere, also des Risikos eines Forderungsausfalls

Die Forderungen werden nicht einzeln, sondern **bündelweise** verkauft.

Definition **Factoring** = **Bevorschussung von kurzfristigen Forderungen aus Warenlieferungen und Dienstleistungen durch den Factor (= Finanzierungsinstitut). Der Factor übernimmt dabei den Ankauf, den Forderungsausfall sowie die Verwaltung dieser Forderungen.**

Unmittelbar nach Abschluss des Factoringvertrags informiert der Lieferer/Großhändler seinen Kunden darüber, dass die Zahlungen künftig an seinen Factor zu leisten sind, und gibt direkt nach Rechnungsstellung jeweils eine Rechnungskopie an den Factor weiter.

Abwicklung einer Factoringfinanzierung

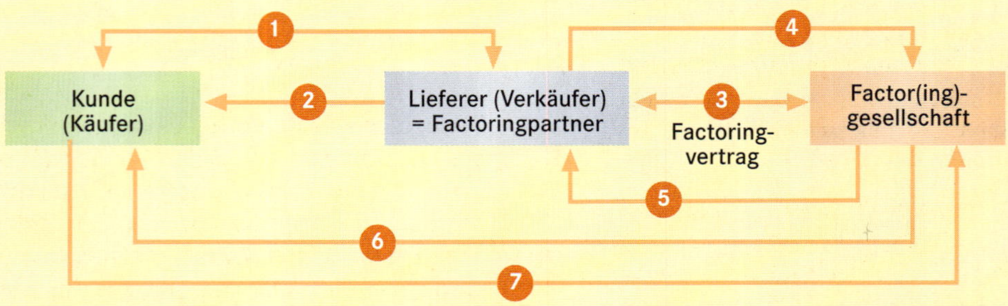

1. Kaufvertrag
2. Warenlieferung auf Ziel mit Abtretungserklärung
3. Factoringvertrag
4. Forderungsabtrennung (Der Factor erhält die Rechnungskopie.)
5. Vorschuss auf die Forderung und Gutschrift abzüglich Factoringgebühr
6. Zahlungsanspruch (Der Kunde [Käufer] wird zum Kreditnehmer des Factors.)
7. Der Kunde zahlt bei Fälligkeit an den Factor.

Funktionen und Kosten des Factorings

Das *echte* Factoring erfüllt drei Funktionen:

Finanzierungsfunktion

Absatzfinanzierung durch Vorschusszahlungen:

- Bevorschussung der Buch- oder Wechselforderung zu einem hohen Prozentsatz
- Überweisung der nicht bevorschussten Beträge bei Fälligkeit oder bei Eingang

Dienstleistungsfunktion

Übernahme sämtlicher Verwaltungsaufgaben des Inkassogeschäftes:

- Kundenbuchhaltung
- Teminüberwachung
- Mahnwesen
- Forderungseinzug (Inkasso)
- Bonitätsprüfung
- Überweisung der eingezogenen Forderungen an den Anschlusskunden

Delkrederefunktion

Übernahme des vollen Kreditrisikos. Das heißt, der Factor übernimmt das Risiko des Zahlungsverzugs bzw. des Forderungsausfalls.

Die **Kosten,** die dem Lieferanten aus dem Factoringvertrag entstehen, richten sich nach dem in Anspruch genommenen Leistungsumfang. Sie können sich wie folgt zusammensetzen:

Bankübliche Zinsen für die Bevorschussung der Forderungen (ungefähr gleiche Höhe wie die Zinsen für einen Kontokorrentkredit)

Dienstleistungsgebühr: (Factoringgebühr) für Kontenführung, Mahnwesen und Forderungseinzug: 0,4 % bis 3 % des Forderungsumsatzes

Delkrederegebühr: je nach Risiko zwischen 0,2 % und 1,5 % vom Umsatz

Beispiel

Die Niederlassung der ***Spindler KG*** in Neustrelitz hat einen neuen Kunden in Russland gewinnen können. Ein Handelsgeschäft im Auftragsvolumen von 70.000,00 € steht kurz vor dem Abschluss. Da die Angestellten der ***Spindler KG*** ihren russischen Partner noch nicht gut genug kennen, treten sie die aus diesem Geschäft entstehenden Forderungen ab: Sie verkaufen die Forderungen a. LL. an eine in Neustrelitz ansässige Factoringgesellschaft.

Im Vordergrund steht für die ***Spindler KG*** die 100%ige Absicherung gegen Forderungsausfälle und u. U. die Entlastung vom grenzüberschreitenden Debitorenmanagement, denn ohne kompetente Hilfe stellen Sprachbarrieren sowie vor allem nationale Unterschiede in den rechtlichen Rahmenbedingungen und Zahlungsgewohnheiten den Mittelstand bei Auslandsgeschäften oft vor große Probleme.

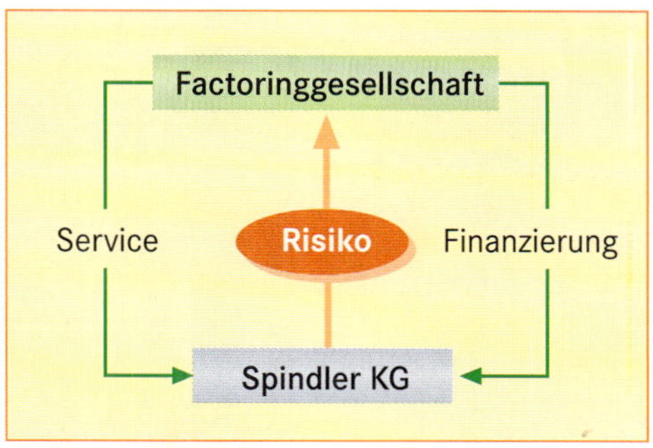

Der entscheidende **Vorteil** beim Factoring für den Lieferanten, wie z. B die ***Spindler KG***, besteht aber in der **Erhöhung seiner Liquidität** durch den sofortigen Zufluss von Geldern, die ohne Factoring erst später eingehen würden, sowie in der Absicherung gegen Verluste aus uneinbringlichen Forderungen.

Neben diesen Vorteilen des Factorings sind auch die ersparten Verwaltungsgebühren zu nennen. Um die tatsächlichen Factorkosten ermitteln zu können, müssen sie von den vom Factor berechneten Factorkosten abgezogen werden.

Dafür sind andererseits aber auf der Einkaufsseite Einsparungen möglich, wenn beispielsweise bei der Bezahlung der eigenen Lieferantenrechnungen die Vorteile beim Skontoabzug genutzt werden.

Nach dem erfolgten Kauf können die Forderungen nicht mehr auf den ursprünglichen Eigentümer (den Factoringpartner) zurückübertragen werden.

Musterrechnung Factoring:

Die ***Spindler KG*** in Hannover hat ein hannoversches Factoringinstitut mit dem Komplettinkasso ihrer Kundenrechnungen beauftragt. Wie sie davon profitiert, beweist folgende Rechnung: (Angaben in €)

Das kostet der Factoringservice:

- 0,9 % Factoringgebühr auf den Jahresumsatz von 10 Millionen € .... 90.000,00 €
- 10,75 % Sollzinsen auf jahresdurchschnittliche Finanzierungen von 500.000,00 € .... 53.750,00 €
- Gebühren für die Limitanfrage je Kunde .... 2.500,00 €
- Gesamtkosten .... **146.250,00 €**

Das bringt der Factoringservice

- 2 % Skonto beim Wareneinkauf von jährlich 7 Millionen € .... 140.000,00 €
- vermiedene Zahlungsausfälle (gerundet) .... 25.000,00 €
- Einkaufsvorteile durch Mengenrabatte .... 5.000,00 €
- Ersparte Gebühren für Kreditwürdigkeitsprüfungen neuer Kunden .... 3.000,00 €
- Gesamterträge .... **173.000,00 €**

Gewinn durch Factoring .... **26.750,00 €**

Darüber hinaus sind weitere Vorteile, aber auch Nachteile für den Verkäufer der Forderung zu nennen:

Factoring	
Vorteile	**Nachteile**
◆ Sicherung eines mittelfristigen Finanzierungsvolumens ◆ Kosteneinsparung für das Debitorenmanagement ◆ Debitorenrisiko entfällt ◆ genaue Planung des Forderungsrückflusses ◆ Verbesserung der Bilanzstruktur	◆ verhältnismäßig hohe Kosten des Factors ◆ Der unmittelbare Kontakt zwischen Lieferer und seinen Kunden geht verloren. ◆ Kunden könnten die Abtretung an den Factor als Zeichen wirtschaftlicher Schwäche deuten. ◆ Anpassungsprobleme, wenn der Verkäufer nach einigen Jahren die Dienstleistungsfunktion wieder selbst übernehmen will

Vertragsarten

Factoring nach dem Leistungsumfang

- **Echtes Factoring (old-line-factoring)**
  Beim **echten Factoring** weist der Factoringvertrag alle oben aufgeführten Merkmale auf.
- **Unechtes Factoring**
  Beim **unechten Factoring** bleibt die Haftung des Anschlusskunden bestehen. Wurde also vom Factor eine uneinbringliche Forderung bevorschusst, kann er auf den Anschlusskunden zurückgreifen. Für den Anschlusskunden kann das unechte Factoring dann von Vorteil sein, wenn er einen zahlungskräftigen und zahlungswilligen Kundenstamm besitzt (Ersparnis der Delkrederegebühr).

Factoring nach der Erkennbarkeit

- **Offenes Factoring**
  Beim **offenen Factoring** erhalten die Kunden eine Mitteilung über die bestehende Forderungsabtretung und zahlen unmittelbar an den Factor.
- **Stilles Factoring**
  Beim **stillen Factoring** nimmt der Lieferer weiterhin die Zahlungen seiner Kunden entgegen und leitet sie an den Factor weiter.

Bedeutung

Die Kunden der Factoringinstitute kommen aus unterschiedlichsten Wirtschaftszweigen, z. B. aus der Textil- und Bekleidungsbranche ***(Spindler KG)***, der Zellstoff- und Papierbranche, dem Fahrzeug- und Maschinenbau, der Möbel-, der Kunststoff- und der Nahrungsmittelbranche.

Interessant ist Factoring insbesondere für mittelständische Unternehmen mit gewerblichen Kunden und einem Jahresumsatz von mindestens 1 bis 1,5 Mio. Euro, unabhängig davon, ob es sich um Hersteller, Großhändler oder Dienstleister handelt.

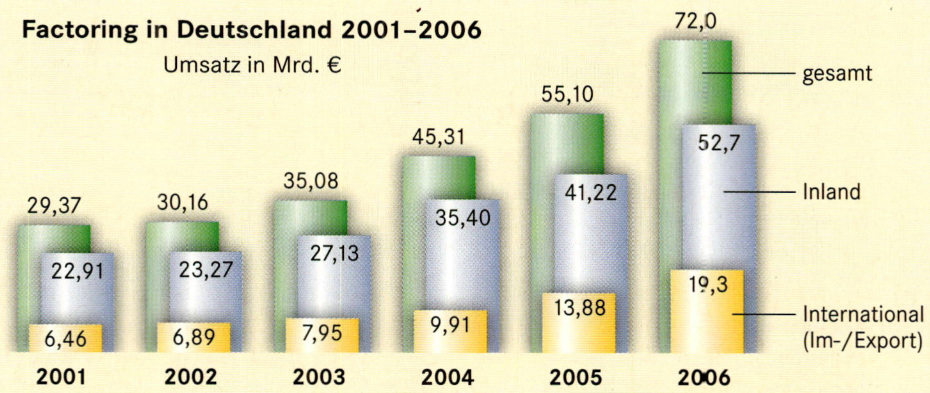

Quelle: Deutscher Factoring-Verband e.V., Pressemitteilung vom 21. März 2006, ergänzt durch Jahresbericht 2006

Gründe für den Factoringboom

- Folge der **zurückhaltenden Kreditvergabe** vieler Banken im Firmenkundengeschäft
- Das Bewusstsein für **Outsourcing** steigt. Viele Factoring-Kunden, die früher nur ihrer Hausbank verbunden waren, fahren inzwischen lieber zweigleisig.
- Verkäufer können ihren eigenen Kunden Zahlungsziele gewähren, ohne die eigene Liquidität stärker zu belasten.
- Steigende **Unternehmensinsolvenzen** führten zu einem Anstieg der Forderungsausfälle.
- Verkäufer sind in der Lage, mit den durch den Forderungsverkauf gewonnenen liquiden Mitteln eigene Lieferanten-Verbindlichkeiten unter Ausnutzung der Skontofrist zu begleichen.
- Aufgrund der beglichenen Verbindlichkeiten aus Warenlieferungen verbessern sich die Bilanzrelationen[1]; die Eigenkapitalquote steigt.

Aufgaben

1 Was verstehen Sie unter „Leasing"?

2 Aus welchen Rechengrößen setzt sich die Leasingrate zusammen?

3 Nennen Sie die Vorteile des Leasingverfahrens für den Leasingnehmer.

4 Welche Nachteile ergeben sich aus dem Leasingverfahren?

5 Beschreiben Sie die Abwicklung eines indirekten Leasinggeschäfts.

6 Worin unterscheidet sich das Finance-Leasing vom Operate-Leasing?

7 Über welche Güter werden in den beiden Vertragstypen der Aufgabe 6 Verträge geschlossen?

8 Worin besteht der Unterschied zwischen echtem und unechtem Factoring?

9 Welche Vorteile hat ein Lieferer durch die Abtretung seiner Forderungen an einen Factor?

10 Wofür berechnet der Factor eine Delkrederegebühr?

11 Die *Spindler KG* beabsichtigt, einen Kleintransporter im Wert von 45.000,00 € zu leasen.

a) Beschreiben Sie die Abwicklung dieses Leasings in Form eines Ablaufschemas.

b) Stellen Sie die wesentlichen Argumente, die für und gegen Leasing sprechen, aus der Sicht der *Spindler KG* einander gegenüber.

12 Die Textilgroßhandlung *Spindler KG* benötigt zweimal pro Jahr kurzfristig größere Finanzmittel zur Bezahlung der saisonbedingt einzukaufenden Modetextilien. Welche der folgenden Finanzierungsalternativen würden Sie dem Unternehmen empfehlen:

a) Einsatz eigener Mittel

b) Aufnahme eines Darlehens

c) Beantragung eines Kontokorrentkredits

d) Factoring

Begründen Sie die Berücksichtigung/Nichtberücksichtigung Ihrer Alternativen.

1 siehe Kap. 10.2

Aufgaben

13 Die ***Spindler KG*** beabsichtigt, den Fuhrpark für ihre Außendienstmitarbeiter um eine Limousine zu erweitern: Anschaffungskosten 30.000,00 €. Betriebsgewöhnliche Nutzungsdauer sechs Jahre; der Wertverlust pro Jahr von 5.000,00 € ist als zusätzliche finanzielle Belastung zu sehen. Der Textilgroßhandlung stehen momentan zwei Alternativen für die Finanzierung zur Verfügung:

(1) Kreditangebot der Sparkasse Hannover:

Darlehen mit jährlicher Ratentilgung – Laufzeit 5 Jahre – Nominalzinssatz 8,5 % – Disagio 3 %[1].

(2) Leasingangebot des Leasinggebers:

Vertragszeit: Grundmietzeit vier Jahre

Jährliche Leasingrate:

- während der Grundmietzeit: 8.437,50 €
- mögliches Anschlussleasing mit einer jährlichen Leasingrate von je 3.750,00 €

a) Zu welcher Finanzierungsart würden Sie der ***Spindler KG*** raten? Begründen Sie Ihre Antwort.

b) Die ***Spindler KG*** entschließt sich für die kostenintensivere Finanzierung des Fahrzeugs. Welche Gründe könnten hierfür ausschlaggebend gewesen sein?

14 Die Wiking GmbH hat im letzten Jahr einen Umsatz von 1.250.000,00 € erzielt. Sie räumt ihren Kunden ein Zahlungsziel von 30 Tagen ein.

Ein Factoring-Institut unterbreitet der Wiking GmbH das folgende Angebot:

- Dienstleistungsgebühr: 1,5 % des Forderungsumsatzes
- Delkrederegebühr: 0,8 % des Forderungsumsatzes
- Zinsen: 7,5 % p. a.

Als Sicherheit (Sperrbetrag) behält der Factor 10 % des Umsatzes.

a) Wie hoch sind die Factoring-Kosten für die Wiking GmbH?

b) Aufgrund der Übernahme der Kundenbuchhaltung, der Terminüberwachung, des Mahnwesens und des Inkassos kann die Wiking GmbH eine Halbtagskraft einsparen, sodass die Personalkosten um 18.000,00 € reduziert werden können. Die sonstigen Kosteneinsparungen betragen 10.000,00 € pro Jahr.

Was bedeutet das für die Wiking GmbH?

Aktionen

1 Die im Einstiegsfall zum Kapitel 10.2 geplanten Investitionen von 785.000,00 € könnten auch geleast werden. Stellen Sie in Form einer Skizze den Ablauf dieses Leasinggeschäfts in seinen sechs Phasen dar.

2 Erstellen Sie eine kleine PowerPoint-Präsentation, die informiert über

a) den Unterschied zwischen Finanzierungs-Leasing und Operating-Leasing,

b) die unterschiedlichen Vertragsmodelle des Finance-Leasings.

3 Führen Sie eine Pro- und Kontra-Diskussion zum Thema „Leasing: Eine alternative Finanzierungsform im Großhandel“ durch. Bereiten Sie für die Rollenspieler die Rollenkarten vor:

- Marc Kreibohm, Geschäftsführer einer Leasinggesellschaft: Pro
- Jonny Mehrmann, Mitarbeiter der ***Spindler KG:*** Kontra
- Janina Roth, Vertreterin eines Bankhauses: Kontra

Formulieren Sie für die Rollenspieler die entsprechenden Pro- und Kontra-Argumente.

1 Das Disagnio ist auf die gesamte Laufzeit der Darlehensschuld zu verteilen.

Zusammenfassung

Leasing

= langfristige Finanzierung von Anlagevermögen

bedeutet, dass
- vom Leasingnehmer Investitionsgüter gemietet werden;
- der Leasingnehmer eine monatliche Leasingrate zu zahlen hat;
- der Leasinggeber Eigentümer des Leasingobjekts bleibt;
- der Leasinggeber eine Finanzierungsgesellschaft oder der Hersteller ist;
- nach Ablauf der Vertragszeit der gemietete Gegenstand weitergemietet, gekauft oder zurückgegeben werden kann.

Einteilungskriterien	Leasingarten
nach der wirtschaftlichen Stellung	◆ direktes Leasing ◆ indirektes Leasing
nach den Leasingobjekten	◆ Investitionsgüter-Leasing ▪ Mobilien-Leasing ▪ Immobilien-Leasing ◆ Konsumgüter-Leasing
nach der Anzahl der Objekte	◆ Equipment-Leasing ◆ Plant-Leasing
nach dem Verpflichtungscharakter des Leasingvertrags	◆ Finance-Leasing ◆ Operating-Leasing

Factoring

= kurzfristige (Fremd-)Finanzierung des Umlaufvermögens (→ Absatzfinanzierung)

- bedeutet, dass Forderungen aus Warenlieferungen und Dienstleistungen durch den Factor (= Finanzierungsinstitut) angekauft werden
- Umfang der Finanzierung: bis zu 90 % der Forderungen
- Dauer des Vertragsverhältnisses: langfristig
- Leistungen des Factors:

Finanzierungsfunktion	Dienstleistungsfunktion	Delkrederefunktion
Kreditgewährung (sofortige Bereitstellung von Liquidität, sodass u. a. die Nutzung von Skonti möglich ist)	Übernahme der Debitorenbuchhaltung, des Forderungsinkassos und des Mahnwesens	Sicherung vor Verlusten aus Insolvenzen, Auswahl und Überwachung der Debitoren (Kreditsicherung)

echtes Factoring: Finanzierungsfunktion, Dienstleistungsfunktion, Delkrederefunktion

unechtes Factoring: Finanzierungsfunktion, Dienstleistungsfunktion

10.6 Wir informieren uns über die Sicherung von Bankkrediten

Einstieg

Matthias Liebknecht, Inhaber einer gut gehenden Spezialgroßhandlung in Hannover[1], möchte gern auf ein Angebot der Textilgroßhandlung ***Spindler KG*** eingehen und zwei weitere Geschäfte auf der Grundlage des Shop-in-the-Shop-Konzepts unter dem Dach von ***Spindler*** in Hamburg und Rostock eröffnen.

Die dazu benötigten finanziellen Mittel von 120.000,00 € will er über die Aufnahme eines langfristigen Kredits bei seiner Hausbank besorgen.

Schnell wird man sich in den Geschäftsräumen der Bank über die Kreditkonditionen einig. Allerdings ist der Bankenvertreter, Herr Brendel, nur bereit, die Kreditsumme gegen entsprechende von Herrn Liebknecht einzubringende Sicherheiten zu gewähren.

1. Warum ist es normalerweise bei den Banken nicht üblich, Kredite ohne Sicherheiten zu gewähren?
2. Machen Sie Vorschläge, welche Sicherheiten Matthias Liebknecht der Bank für seinen Kredit zur Verfügung stellen könnte.

Informationen

Kreditprüfung und Kreditvertrag

Kredit bedeutet, dass Geld durch den Kreditgeber an den Kreditnehmer (= Schuldner) gegeben wird. Der Kreditnehmer gibt dabei seine Zusage, das Geld zu einem vereinbarten späteren Zeitpunkt zurückzuzahlen.

Bevor allerdings der Kreditvertrag abgeschlossen wird, findet eine **Kreditprüfung** statt. Sie umfasst u. a. die Prüfung der *Kreditfähigkeit* und der *Kreditwürdigkeit (Bonität)*.

Kreditfähigkeit

Kreditfähig ist, wer rechtswirksam Kreditgeschäfte abschließen kann.

Das sind

- natürliche Personen, die voll geschäftsfähig sind,
- handelsrechtliche Personenvereinigungen (OHG/KG) und
- juristische Personen des privaten und öffentlichen Rechts, wenn sie rechtsfähig sind, d. h. wenn sie im Handelsregister eingetragen sind.

Kreditwürdigkeit

Neben der Kreditfähigkeit hat die **Kreditwürdigkeit** besondere Bedeutung. Sie ist abhängig von *persönlichen* und *materiellen* Faktoren.

Persönliche Faktoren

Zur **persönlichen Kreditwürdigkeitsprüfung** zählen bei natürlichen Personen:

- charakterliche Eigenschaften, wie z. B. Fleiß, Tüchtigkeit, Zuverlässigkeit
- fachliche und kaufmännische Qualifikationen, z. B. Berufserfahrung, Studienabschlüsse, Auslandsaufenthalte
- „geordnete" finanzielle Verhältnisse (keine nennenswerten Schulden und keine größeren ungewöhnlichen finanziellen Belastungen)
- persönliche Haftungsverhältnisse, z. B. Vollhafter in einer OHG oder „nur" Teilhafter in einer KG
- unternehmerische Fähigkeiten

1 siehe auch *Groß im Handel – Grundstufe*, Kap. 4.2

Dazu kommt der „gute" Eindruck, den ein Kreditnehmer hinterlassen sollte: entschlossen, tatkräftig, überzeugt von sich selbst und seinem Vorhaben sowie – vor allem auch – gut vorbereitet für das Kreditgespräch.

Bedeutsam sind auch:

- die familiären Verhältnisse
- das Image des Unternehmens
- die Antworten auf die Fragen, ob der Kreditsuchende seriös und gewissenhaft ist und ob er pünktlich zahlt

Da Gewissenhaftigkeit und pünktliche Zahlweise aber nicht vom Gesicht abzulesen sind, bedienen sich Banken bestimmter Grundlagen, um die wirtschaftlichen Verhältnisse des Kreditnehmers zu prüfen.

Materielle Faktoren

Die materielle Kreditwürdigkeit bezieht sich auf die wirtschaftliche Lage des Kreditnehmers; bei Unternehmen ist es in erster Linie die Liquiditäts- und Ertragslage.

Im Einzelnen können zur Beurteilung der Kreditwürdigkeit die folgenden Unterlagen/Hilfsmittel herangezogen werden:

- Handelsregister- und Grundbuchauszüge
- Investitionspläne
- Steuerunterlagen
- Bilanz
- GuV-Rechnung
- Finanzplan, der über die betriebliche Liquidität – sprich Zahlungsfähigkeit – informiert
- Geschäftsbücher, z. B. Kreditoren- und Debitorenziel, Lagerdauer, Auftragsbestand
- Gesellschaftsvertrag
- Betriebsbesichtigung (Zustand der Geschäftseinrichtung, Organisation)
- Auskünfte von z. B. Auskunfteien, anderen Banken, Kammern, Verbänden

Heutzutage umfasst die Kreditwürdigkeitsprüfung drei Bestandteile:

- die *vergangenheitsbezogene* Auswertung der Jahresabschlüsse
- die Beurteilung der *gegenwärtigen* Situation auf der Grundlage von betriebswirtschaftlichen Auswertungen
- die *zukunftsbezogene* Darstellung der wirtschaftlichen Verhältnisse. In diesem Zusammenhang ist von besonderer Bedeutung die so genannte „Kapitaldienstfähigkeit" des Großhändlers. Hiermit ist eine ausreichend hohe zu erwartende Rentabilität gemeint.

Und letztlich: Je mehr Eigenkapital der Kreditnehmer einsetzen kann, desto besser sind die Erfolgsaussichten, die gewünschte Kreditsumme auch zu erhalten.

Sehr häufig spielt bei der Kreditvergabe auch der **Goodwill (Geschäfts- oder Firmenwert)** des Großhandelsunternehmens eine maßgebliche Rolle.

Der Geschäfts- oder Firmenwert ist der Teil des Unternehmenswertes, der über den Buchwert hinausgeht. Der Goodwill setzt sich aus Werten zusammen, die nicht in der Bilanz erscheinen, aber maßgeblich am Unternehmenserfolg beteiligt sein können.

Er ist umso höher, je positiver die folgenden *firmenwertbildenden Faktoren* bewertet werden:

- Standort (verkehrsgünstige Lage)
- Zukunftsaussichten des Unternehmens
- bekannter Markenname
- gesicherter Kundenstamm
- treue Stammkundschaft
- Zahlungsverhalten des Großhändlers
- vorhandene Patente und Lizenzrechte
- gut qualifiziertes Personal
- gutes Management
- rationelle betriebliche Organisation

Bei allen diesen Faktoren ist es jedoch schwierig, eine Bewertung vorzunehmen.

Eigenkapitalrichtlinien für Banken (Basel II)[1]

Zukünftig werden Kreditinstitute die **Bonität**[2] ihrer Kunden und die Verwertbarkeit der Sicherheiten – und damit das Ausfallrisiko eines Kredits – stärker berücksichtigen. Wie viel **Eigenkapital** in Zukunft **zur Absicherung von Krediten** eingesetzt werden muss, soll ebenfalls von der Bonität des Kreditnehmers abhängen:

- Je geringer die Bonität des Kreditnehmers ist, desto mehr Eigenkapital muss das Kreditinstitut hinterlegen und umgekehrt.
- Je mehr Eigenkapital ein Kreditinstitut hinterlegen muss, desto höher wird der Zinssatz für ein gewährtes Darlehen sein und umgekehrt.

Damit sind die Kosten bzw. Zinsen für einen Kredit je nach Risiko eines Zahlungsausfalls unterschiedlich hoch.

Die einfache Formel lautet:

- gute Bonität = geringes Risiko = niedrige Kreditzinsen
- schlechte Bonität = hohes Risiko = hoher Zinssatz bei Kreditvergabe oder gar kein Kredit

Die Finanzkraft eines Kreditnehmers (Bonität) soll mithilfe eines **Ratings** festgestellt werden.

Rating

Definition Als **Rating** bezeichnet man **eine Aussage über die zukünftige Fähigkeit eines Unternehmens zur vollständigen und termingerechten Tilgung und Verzinsung seiner Schulden.**

Die Einstufung der Bonität in eine Rangliste ist daher eine Art Schulnote. Das Spektrum reicht von AAA = sehr gute Bonität über BBB = gut bis zu C = schlechte Bonität (Vorsicht: Insolvenzgefahr) bzw. D = bereits eingetretene Zahlungsstörung.

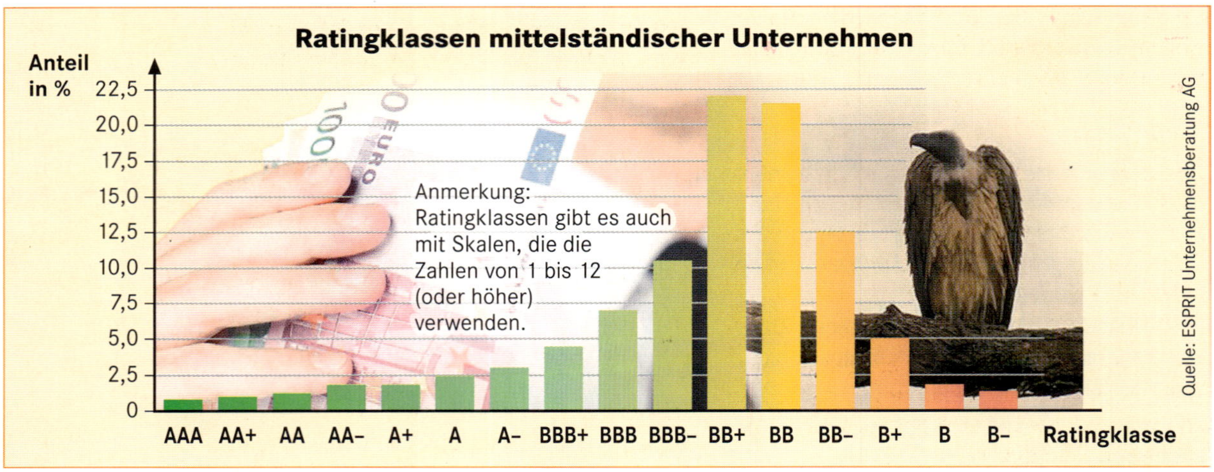

Beurteilungsmerkmale

Es fließen sowohl quantitative als auch qualitative Faktoren in die Beurteilung ein. Im Unterschied zur herkömmlichen Kreditwürdigkeitsprüfung beinhaltet die Bewertung beim Rating einen *stärkeren Zukunftsbezug;* darüber hinaus werden die *qualitativen Faktoren stärker gewichtet.*

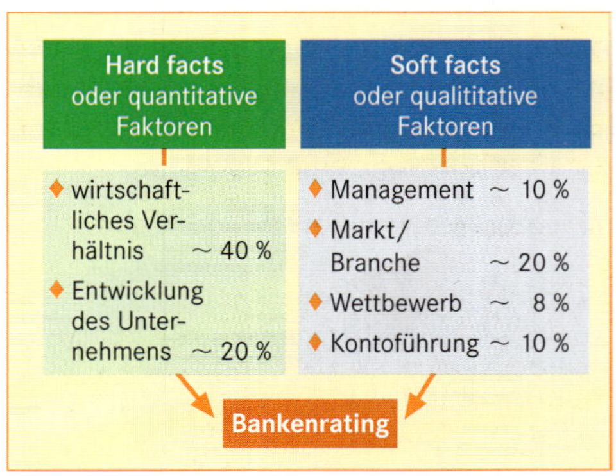

---

1 Basel II = Gesamtheit aller EK-Vorschriften, die vom Baseler Ausschuss für Bankenaufsicht in den letzten Jahren vorgeschlagen wurden.
2 Einwandfreier Ruf einer Person oder Unternehmung im Hinblick auf ihre Zahlungsfähigkeit und -willigkeit

Neben den klassischen Kennziffern der Bilanzanalyse, wie zum Beispiel

- Eigenkapitalquote,
- Liquidität,
- Verschuldungsgrad,
- Umsatz- und Eigenkapital-Rentabilität usw.,

sind folgende Merkmale (beispielhaft) von Bedeutung:

- Rechtsform des Unternehmens
- Eigentumsverhältnisse
- Branchenumfeld
- Konjunkturabhängigkeit
- Qualität des Managements
- Investitionstätigkeit
- Konkurrenzsituation
- Qualität des Rechnungswesens/Reportings
- Entwicklung des Cashflows
- Existenz und Qualität eines internen Kontrollsystems
- Kontoführung des Unternehmens

Aus der Bewertung dieser Merkmale erhält die Bank zusätzliche Informationen über das Unternehmen. Deshalb müssen Unternehmer sich im Vorfeld bereits über ihre „Rating-Strategien" im Klaren sein.

Kreditkosten

Das Ergebnis des Ratings eines Unternehmens fließt in die Margengestaltung der Banken für die Kredite ein, die sie gewähren. Dabei gilt: Je schlechter das Rating ist, desto höher sind die in die Kreditzinsen eingerechneten Risikokosten.

Bei einem schlechten Rating steigen die Aufwendungen für die Bedienung der Kredite überproportional und es droht sogar die Streichung von Kreditlinien.

Hat der Kreditsuchende die Kreditprüfung, zu der auch die Prüfung der angebotenen Sicherheiten gehört, bestanden, wird zwischen der Bank als Kreditgeber und dem Kreditnehmer ein **Kreditvertrag** geschlossen.

Kreditsicherungen (Kreditarten)

„Ein Kredit", spottete einst der britische Aristokrat Lord Chesterfield, „ist ein Regenschirm, den man bei Sonnenschein leicht bekommt, aber beim ersten Regentropfen zurückgeben muss."

Ein Aphorismus[1], den mancher deutsche Großhändler bestätigen wird: Wer **keine Sicherheiten** zu bieten hat, hat bei Kreditverhandlungen mit der Hausbank einen schweren Stand.

Schließlich kann kein Kreditgeber sicher sein, dass der Kreditnehmer den Kredit zum vereinbarten Termin zurückzahlen und die Zinsen für den gewährten Kredit aufbringen kann.

Daher müssen sich Kreditinstitute durch eine **Kreditsicherung** bei Zahlungsunfähigkeit des Schuldners vor Verlusten schützen.

Sicherheit: vorrangig bei der Kreditvergabe

Sicherheiten müssen das Risiko eines Kreditausfalls abdecken. Für die Bank ist es ideal, wenn der Wert der Sicherheit über der Darlehenssumme liegt.

Beispiel

Ein Warenlager, in dem sich seit mehreren Jahren unverkäufliche Ware stapelt, ist als Sicherheit nicht geeignet. Dagegen kann der Wert eines gepflegten Garagenwagens höher als der entsprechende Listenpreis sein.

Bei der Wahl der Kreditsicherung ist die *Verwendung des Kredits* entscheidend. Es gibt Kreditsicherungen, die für jede Kreditart verwendet werden können, andere dagegen sind nur bei bestimmten Verwendungsmöglichkeiten einsetzbar.

Letztlich wird aber kein Kreditinstitut einem kreditsuchenden Großhändler allein wegen seiner nachgewiesenen Sicherheiten einen Kredit gewähren. Sicherheiten werden immer nur ein *zusätzliches Argument* sein für eine Kreditvergabe. Im Mittelpunkt bleiben das **Konzept und die Erfolgswahrscheinlichkeit** des Vorhabens, für das der Großhändler Geld beantragt.

1 (gr.-lat.) prägnant-geistreich formulierter Gedanke, der eine Erfahrung oder Lebensweisheit vermittelt

Einfache Personalkredite (Blankokredite)

Einfache Personalkredite werden ausschließlich aufgrund der Kreditwürdigkeit des Kreditnehmers gewährt und sind fast immer kurzfristig. Zu ihnen zählen der Kontokorrentkredit, der Lieferantenkredit und Kundenanzahlungen[1].

Für die Gewährung des Personalkredits ist ausschließlich die Kreditwürdigkeit des Schuldners ausschlaggebend. Sie wird in erster Linie nach seiner persönlichen Zuverlässigkeit, seinem guten Ruf und dem Vertrauen in seine wirtschaftliche Leistungsfähigkeit beurteilt. Da besondere *Sicherheiten nicht verlangt* werden (sie werden daher auch als Blankokredite bezeichnet), ist die Kreditwürdigkeit sehr sorgfältig zu prüfen.

Verstärkte (erweiterte) Personalkredite

Ist beim Kreditnehmer keine ausreichende Gewähr für die termingerechte Rückzahlung und Verzinsung des Kredits gegeben, müssen außer dem Schuldner noch *weitere Personen* haften (= *verstärkte* Personalkredite).

Verstärkte Personalkredite können in Form des

- Bürgschaftskredits,
- Zessionskredits und des
- Wechseldiskontkredits

gewährt werden.

Steiniger Weg zum Bankkredit

Für so viel Prozent der befragten Unternehmen ist die Kreditaufnahme

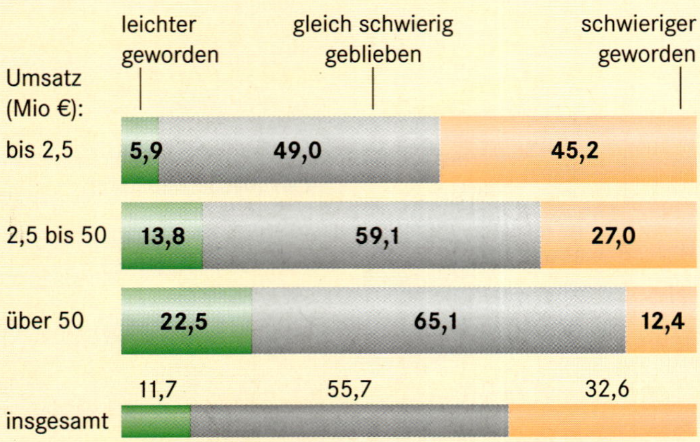

schwieriger geworden: mehr Sicherheiten, Offenlegung von Betriebsdaten, Dokumentationspflichten, höhere Zinsen, längere Bearbeitungsdauer, gar keinen Kredit erhalten; Befragung von 5 509 Unternehmen im Frühjahr 2006; Ursprungsdaten: KfW Bankengruppe

nach: Institut der Deutschen Wirtschaft, iwd 44, 2. November 2006, S. 4

Bürgschaftskredit

Dem **Bürgschaftskredit** liegen zwei Rechtsgeschäfte zugrunde:

- der **Kreditvertrag** zwischen Kreditnehmer (= Hauptschuldner) und Bank (= Gläubiger) und
- der **Bürgschaftsvertrag** zwischen Bank und Bürge (= Nebenschuldner).

Der Bürgschaftsvertrag ist ein einseitig verpflichtender Vertrag. Darin verpflichtet sich der Bürge, für die Erfüllung der Verbindlichkeit des Hauptschuldners einzustehen (§ 765 BGB).

Kommt der Kreditnehmer seiner Zahlungsverpflichtung nicht rechtzeitig nach, so kann sich der Kreditgeber (Gläubiger) an den Bürgen wenden. Die Bürgschaft erlischt, wenn der Kreditnehmer (Schuldner) den Kredit getilgt hat.

Normalerweise ist beim Bürgschaftsvertrag die Schriftform erforderlich (§§ 766, 126 BGB); unter Kaufleuten ist die mündliche und elektronische Form möglich (§ 350 HGB), soweit sie aufseiten des Bürgen ein Handelsgeschäft ist.

Sittenwidrig sind die Verträge allerdings, wenn Bürgen – vor allem junge Erwachsene – beim Scheitern der Kreditrückzahlung die Schulden ein Leben lang nicht abtragen können und die Bank dabei geschäftliche Unerfahrenheit ausnutzt (§ 138 BGB).

Beispiele

- Eine 21-jährige Arbeitslose bürgt für die Ausweitung der Geschäftskredite ihres Vaters.
- Ein 23-jähriger Zeitsoldat haftet für den Baukredit des Vaters von 1,2 Mio. Euro. Hier muss ein Gericht allerdings noch prüfen, ob der Sohn als Mitunternehmer einsteigen sollte. Bei großem Eigeninteresse müsste der Bürge den Vertrag dann erfüllen.

Die Bürgschaft eignet sich wegen der fehlenden dauerhaften Wertgarantie nicht zur Sicherung von langfristigen Krediten.

1 Ausführlich behandelt im Kap. 10.2

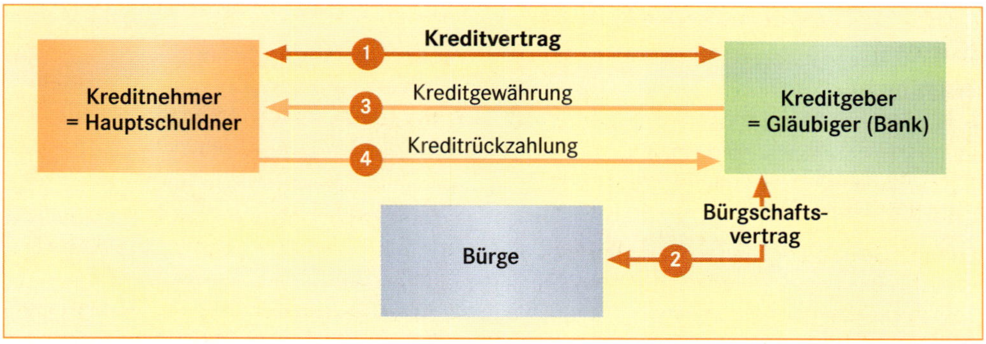

Es sind **zwei Arten der Bürgschaft** zu unterscheiden:

- die Ausfallbürgschaft und
- die selbstschuldnerische Bürgschaft.

Ausfallbürgschaft

Bei der **Ausfallbürgschaft** muss der Bürge erst zahlen, wenn gegen den Hauptschuldner *erfolglos die Zwangsvollstreckung* betrieben wurde.

Der Bürge hat nämlich in diesem Fall die **Einrede der Vorausklage** (§ 771 BGB), die ihm das Recht gibt, die Zahlung zu verweigern, solange der Gläubiger nicht erfolglos eine Zwangsvollstreckung in das Vermögen des Hauptschuldners (z. B. durch Pfändung) versucht hat.

Der Bürge haftet nur für den **Ausfall**. Zahlt demnach der Schuldner lediglich einen Teil seiner Schuld, muss der Bürge in Höhe des noch bestehenden Ausfalls haften. Der Gläubiger muss die Höhe des Ausfalls nachweisen.

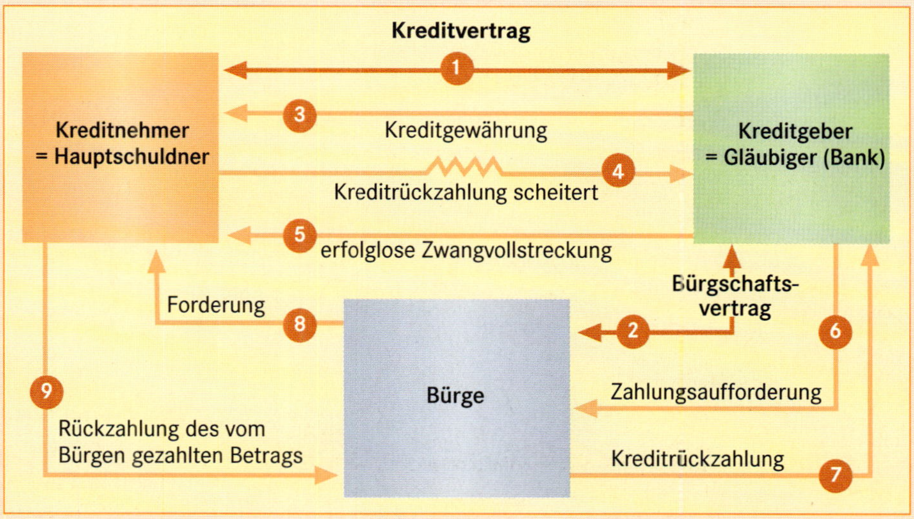

Selbstschuldnerische Bürgschaft

Die Einrede der Vorausklage ist ausgeschlossen, wenn der Bürge im Bürgschaftsvertrag ausdrücklich auf sie verzichtet hat. Man spricht dann von einer **selbstschuldnerischen Bürgschaft.**

In diesem Fall kann der Bürge ohne vorherige Zwangsvollstreckung zur Zahlung verpflichtet werden, wenn der Hauptschuldner am Fälligkeitstag nicht zahlt. Er haftet genauso wie der Hauptschuldner.

Die Bürgschaft von Kaufleuten *bei einem Handelsgeschäft* ist immer selbstschuldnerisch (§ 349 HGB).

Zessionskredit

Beim **Zessionskredit** wird die Bank (= neuer Gläubiger; Zessionar) durch die **Abtretung von Forderungen** Eigentümerin der Forderung. Mit dem Abtretungsvertrag tritt die Bank an die Stelle des alten Gläubigers (Zedent), der damit seine rechtliche Stellung als Gläubiger vollständig aufgibt. Diesen Vorgang nennt man „Zession[1]" (§ 398 BGB). Der Zessionsvertrag ist formfrei. Aus Beweisgründen wird er jedoch überwiegend schriftlich fixiert.

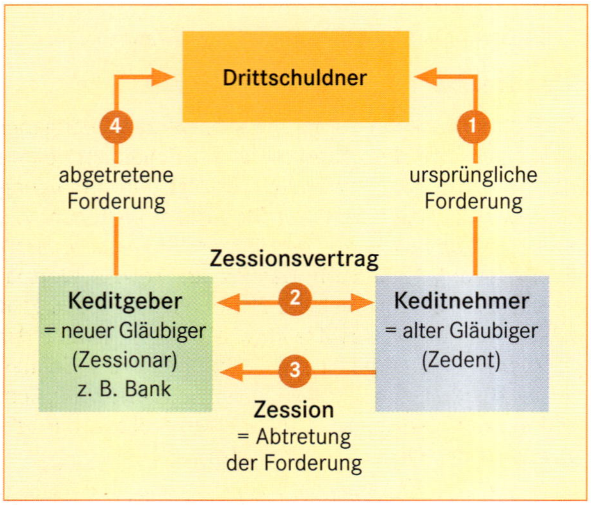

Arten der Zession

Von **stiller Zession** ist immer dann die Rede, wenn der Drittschuldner von der Forderungsabtretung nichts erfährt. Er zahlt nach wie vor an seinen Gläubiger, der das Geld anschließend an die Bank (neuer Gläubiger) weiterleitet.

Wird er allerdings von der Abtretung der Forderung benachrichtigt, so liegt eine **offene Zession** vor. Hierbei muss der Drittschuldner an die Bank mit befreiender Wirkung direkt zahlen. Um sicherzugehen, dass der Drittschuldner von der Zession erfährt, senden Kreditinstitute eine Abtretungsanzeige an den Drittschuldner und lassen sich den Empfang schriftlich bestätigen.

Die stille Zession hat in der Praxis die größere Bedeutung.

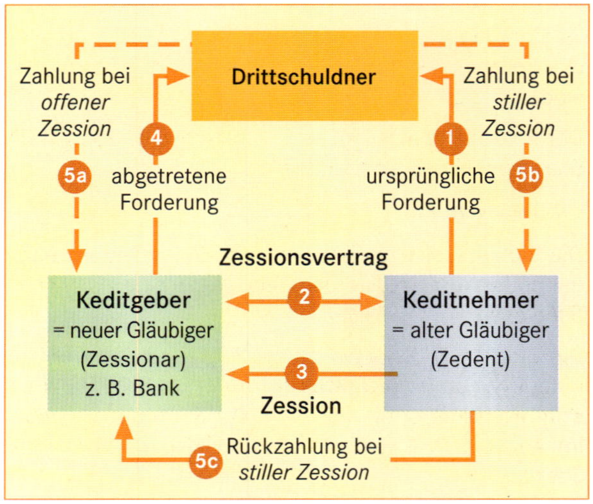

	stille Zession	offene Zession
Chancen	Für den Kreditnehmer (Zedenten): ◆ Der Drittschuldner (Kunde) erfährt nichts von der Abtretung. ◆ Das Ansehen bleibt erhalten.	Für den Kreditgeber (Zessionar), z. B. Bank: ◆ größere Sicherheit, da der Drittschuldner nur an den Kreditgeber (Bank) zahlen kann ◆ keine Mehrfachabtretungen möglich
Risiken	Für den Kreditgeber, z. B. Bank: ◆ Die abgetretene Forderung existiert nicht oder nicht mehr. ◆ Gefahr der Mehrfachabtretung (Die Forderung wurde bereits an einen weiteren Zessionar abgetreten.) ◆ Drittschuldner zahlt an Kreditnehmer, der die Zahlung nicht an den Kreditgeber (Zessionar) abführt, sondern sie anderweitig verwendet. ◆ Drittschuldner hat die Abtretung vertraglich ausgeschlossen. ◆ Forderungen können zweifelhaft oder uneinbringlich werden. → Kreditinstitute bevorzugen daher die offene Zession.	Für den Kreditnehmer (Zedent): ◆ Der Drittschuldner (Kunde) erfährt durch die Benachrichtigung von der Kreditaufnahme/den Zahlungsschwierigkeiten des Kreditnehmers. ◆ Rufschädigung (Imageverlust) und Minderung der Kreditfähigkeit

1 (lat.) cedere = abtreten, zurücktreten

5567230

Um zu vermeiden, dass immer wieder einzelne Forderungen abgetreten werden müssen (= **Einzelzession**), kann man Rahmenverträge abschließen in Form der *Mantel- oder Globalzession.*

Mantelzession

Bei einer Mantelzession tritt der Kreditnehmer (Zedent) bestehende Forderungen **gegen mehrere Drittschuldner in einem bestimmten Gesamtbetrag** an den Kreditgeber (Zessionar) ab. Viele Einzelforderungen werden auf Schuldnerlisten zusammengefasst und der Bank in vereinbarten Zeitabständen eingereicht. Die eigentliche Abtretung der einzelnen Forderung vollzieht sich erst, wenn die Rechnungskopien oder Debitorenlisten eingereicht sind.

Um die vereinbarte Deckungshöhe zu halten, müssen *bezahlte Forderungen laufend durch neu entstandene ersetzt* werden. Aus den Unterlagen muss ersichtlich sein, welche Forderungen beglichen und welche neu entstanden sind.

Der Forderungsbestand liegt normalerweise 25 bis 30 % über dem jeweiligen Kreditbetrag.

Globalzession

Die Globalzession ist die Abtretung sämtlicher bestehender und **zukünftiger** Forderungen gegen eine *Vielzahl von Schuldnern*.

Die Globalzession kann sich auf Forderungen gegenüber einem **genau bestimmten Kundenkreis** oder **aus bestimmten Regionen** beziehen. Die Forderungen gehen im Augenblick ihrer **Entstehung** auf den Kreditgeber über.

Beispiele

Abgetreten werden Forderungen
- aller inländischen Kunden mit den Anfangsbuchstaben K bis P oder
- aller Kunden aus Bayern und Baden-Württemberg.

Die Zession bietet keine vollständige Sicherheit für den Kreditgeber, da sie nur so gut ist wie die Forderung selbst. Entscheidend ist daher die Bonität des Drittschuldners. Die Zession eignet sich in erster Linie zur Sicherung von kurz- und mittelfristigen Krediten.

Wechseldiskontkredit

Aufgrund der Wechselstrenge bei Nichteinhaltung einer Wechselverbindlichkeit gibt der Wechsel dem Kreditgeber eine Sicherheit. Diese Sicherheit ist Wesensmerkmal des Diskontkredits[1].

Realsicherheiten

Realsicherheiten bzw. Realkredite sind Kredite, bei denen die Forderung des Kreditgebers durch **bewegliche und unbewegliche Sachen** (Dinge) abgesichert wird. Daher spricht man auch von **dinglicher Sicherung**.

Zu unterscheiden sind
- das Pfandrecht,
- die Sicherungsübereignung,
- der Eigentumsvorbehalt und
- die Grundpfandrechte Hypothek und Grundschuld.

Pfandrecht

Zur Sicherung seiner Forderung schließt der Kreditgeber (Gläubiger) mit dem Kreditnehmer (Schuldner) einen Pfandvertrag. Die Verpfändung erfolgt durch Einigung der beiden Parteien, dass ein Pfandrecht bestehen soll, und Übergabe des zu verpfändenden Gegenstands (Faustpfand; § 1205 BGB). **Das Pfand**, wie z. B. Wertpapiere, Schmuck, Edelmetalle, Waren oder Wechsel, geht dabei in den **Besitz des Kreditgebers** über, während der **Schuldner Eigentümer** bleibt. Damit ist für den Schuldner die weitere Nutzung der Sache nicht mehr möglich. Andererseits ist der Kreditgeber verpflichtet, die verpfändeten Sachen sicher aufzubewahren.

Der Kreditnehmer erhält als Kredit aber nicht den vollen Wert seines Pfandes, sondern nur einen bestimmten Prozentsatz davon (Beleihungswert). Damit wollen sich die Banken vor dem Risiko des Wertverlusts schützen. (Beispiele für Beleihungsgrenzen s. S. 235).

Der Pfandvertrag ist an keine Form gebunden. Aus Beweisgründen werden in der Praxis Pfandverträge aber ausschließlich *schriftlich* geschlossen.

Der durch *Faustpfand* gesicherte Kredit wird **Lombardkredit** genannt. Die häufigste Form des Lombardkredits, der *Effektenlombardkredit,* wird von Bankkunden aufgenommen, die in ihrem Besitz befindliche Wertpapiere nicht verkaufen wollen. Sie stellen diese stattdessen als Sicherheiten zur Verfügung.

Das Pfandrecht erlischt dann, wenn der Schuldner seine Schulden bezahlt hat.

Bedeutung

Der Lombardkredit wird im Gegensatz zum Kontokorrentkredit in voller Höhe zu einem genau bestimmten Termin zur Verfügung gestellt und zurückgezahlt. Er wird häufig aufgenommen, wenn beispielsweise das Kreditlimit beim Kontokorrentkredit erreicht ist. Dadurch ist es möglich, finanzielle Mittel zur Überbrückung von vor-

1 ausführlich s. Kap. 10.4

übergehenden Liquiditätsschwierigkeiten *kurzfristig* zu beschaffen, ohne aber die beweglichen Sachen selbst verkaufen zu müssen. Die Kreditdauer lässt sich dabei den jeweiligen betrieblichen Erfordernissen anpassen. Andererseits sind die Kreditkosten relativ hoch.

Sollte der Schuldner seinen Verpflichtungen aus dem Kreditvertrag nicht nachkommen, gibt dies dem Kreditgeber das Recht, die verpfändeten Sachen versteigern zu lassen und seine Forderung aus dem Erlös zu befriedigen.

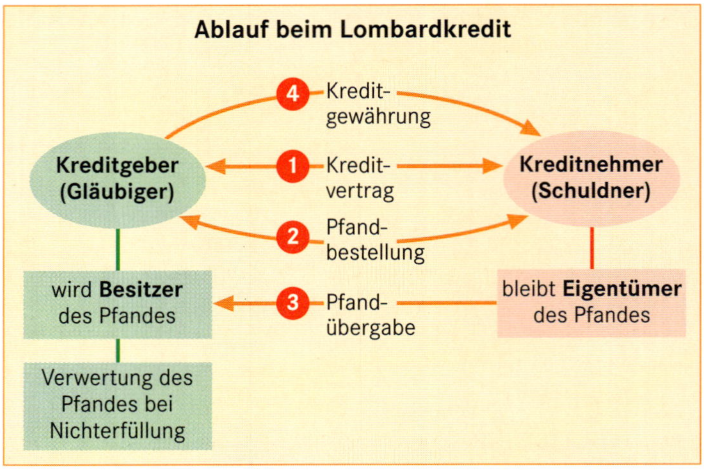

Sicherungsübereignung

Besitzt der Unternehmer zur Sicherung eines Kredits keine Gegenstände, die er verpfänden könnte, so besteht die Möglichkeit, dass er der Bank Vermögensgegenstände als Sicherheit anbietet (= dingliche Sicherung), z. B. Lieferwagen, Geschäftseinrichtung, Transporteinrichtung, seltener Warenvorräte.

Neben dem Kreditvertrag wird zwischen der Bank (Kreditgeber) und dem Schuldner (Kreditnehmer) ein Sicherungsübereignungsvertrag geschlossen, wodurch **die Bank Eigentümerin** der übereigneten Sache **wird** und der **Schuldner unmittelbarer Besitzer bleibt** (Besitzkonstitut gem. § 930 BGB). Der Sicherungsübereignungsvertrag ist an keine Form gebunden; in der Praxis werden aber ausschließlich *schriftliche* Verträge verwendet.

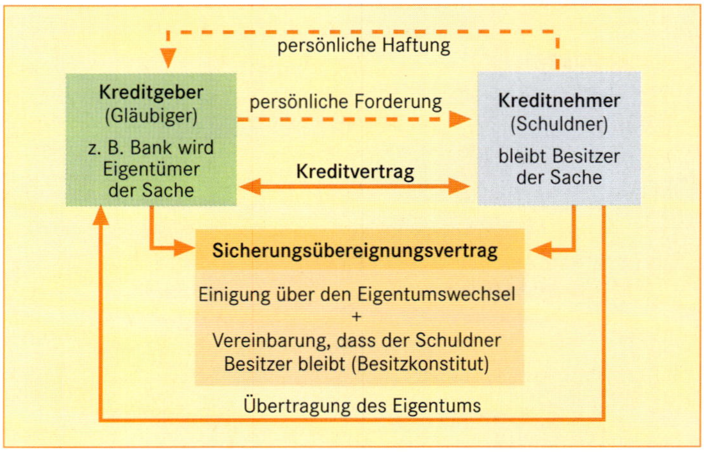

Bedeutung

Für den Kreditnehmer: Die Sicherungsübereignung ist nach außen von Dritten nicht zu erkennen und schädigt insofern auch nicht die Kreditwürdigkeit. Sie hat ferner für den Schuldner den Vorteil, dass er mit den übereigneten Sachen weiterarbeiten kann. Dies ist auch der Grund dafür, dass die Sicherungsübereignung in der Praxis häufig vorzufinden ist.

Für den Kreditgeber: Der Kreditgeber wiederum muss als Eigentümer die übereignete Sache nicht wie ein Pfand aufbewahren. Darüber hinaus ist die schnelle Verwertung (ohne vollstreckbaren Titel) des Sicherungsgegenstandes möglich. Andererseits besteht für ihn aber das **Risiko**, dass die übereignete Sache

- bereits einem anderen Gläubiger übereignet wurde (Gefahr der mehrmaligen Übertragung),
- unter Eigentumsvorbehalt steht,
- der Wertminderung (Preisverfall) ausgesetzt ist,
- so speziell ist, dass sie nicht verwertet werden kann.

5567232

Eigentumsvorbehalt

Der Eigentumsvorbehalt dient der Sicherung von Lieferantenkrediten. Er soll den Anspruch des Verkäufers auf ordnungsgemäße Zahlung der von ihm gelieferten Waren sichern[1].

Grundpfandrechte

Die Absicherung von *langfristigen Krediten* (Darlehen) erfolgt bei Banken im Allgemeinen durch ein Pfandrecht an einem Grundstück oder Gebäude (Verpfändung von Immobilien) in Form

- der **Hypothek** oder
- der **Grundschuld.**

Kreditinstitute bevorzugen eine solche Kreditsicherung, da Grundstücke wertbeständig sind und meist einen dauernden Ertrag versprechen. Eingetragen werden die Grundpfandrechte im Grundbuch, einem Verzeichnis (staatlichem Register) aller Grundstücke in einem Amtsgerichtsbezirk. Es gibt Auskunft, wer Eigentümer eines Grundstücks ist und welche Lasten und Beschränkungen auf Grundstücken ruhen. Das Grundbuch, das überwiegend nur noch elektronisch geführt wird, genießt öffentlichen Glauben, sodass sich jeder auf die Richtigkeit der Eintragungen verlassen kann. Einsicht nehmen kann jeder, der ein berechtigtes Interesse nachweist.

Sollte der Kreditnehmer seinen Verpflichtungen aus dem Kreditvertrag nicht nachkommen, kann das Kreditinstitut seine Forderungen befriedigen, indem es das Grundstück zwangsversteigern lässt.

Hypothek

Die Hypothek entsteht durch

- **Einigung** zwischen dem Kreditgeber und dem Grundstückeigentümer

  und

- **Eintragung** der Hypothek in das Grundbuch als **Buchhypothek.**

Wird zusätzlich vom Grundbuchamt ein *Hypothekenbrief* (= öffentliche Urkunde] ausgestellt, so spricht man von einer **Briefhypothek.**

Die Hypothek setzt immer das Bestehen einer Forderung voraus. Daher erwirbt z. B. eine Bank als Gläubiger die Hypothek erst, wenn die Forderung tatsächlich entsteht, also bei Auszahlung des Darlehens. Bei einer Briefhypothek ist zudem die Übergabe des Briefs notwendig. Es wird immer nur **eine bestimmte Forderung** in der ursprünglichen Höhe abzüglich der darauf geleisteten Tilgungen gesichert (strenge Akzessorietät gem. § 1113 BGB).

Das hat zur Folge:

- Das Kreditinstitut, zu dessen Gunsten eine Hypothek in das Grundbuch eingetragen wurde, erwirbt, nachdem das Darlehen an den Kreditnehmer ausgezahlt wurde, die Rechte an dem Grundstück.
- Das Kreditinstitut verliert mit jeder Tilgungsrate durch den Kreditnehmer genau in dieser Höhe einen Anteil am Grundstück.
- Nach Rückzahlung des Gesamtbetrags des Darlehens muss die Hypothek aus dem Grundbuch gelöscht werden, da das Kreditinstitut keine Forderung gegenüber dem einstigen Kreditnehmer mehr hat.

Bei der Bestellung der Hypothek verlangen die Banken grundsätzlich vom Kreditnehmer, dass er die persönliche Haftung übernimmt und sich der sofortigen Zwangsvollstreckung unterwirft. Kommt er dann mit seinen Leistungen in Verzug, so kann nach Kündigung des Kredits die Zwangsvollstreckung sowohl in das Grundvermögen (= **dingliche Haftung**) als auch in das sonstige Vermögen (= **persönliche Haftung**) des Schuldners betrieben werden.

Ein Großhändler nimmt für sein Geschäftshaus bei seiner Bank ein Darlehen von 100.000,00 € auf (= tatsächliche Forderung der Bank). Als Sicherheit für den langfristigen Kredit belastet er das Haus mit einer Hypothek von 100.000,00 €. Der Großhändler (= Hypothekenschuldner) haftet nun mit seinem Haus (= **dingliche Haftung**) sowie mit seinem privaten Vermögen (= **persönliche Haftung**).

Sollte eine mögliche Zwangsversteigerung einen Betrag von 90.000,00 € erbringen, so müsste der Schuldner die restlichen 10.000,00 € aus seinem sonstigen Vermögen zur Begleichung der Schuld aufbringen.

Kann der Schuldner beweisen, dass sämtliche Forderungen erloschen sind, kann der Gläubiger keine Rechte aus der mit der Forderung verbundenen Hypothek geltend machen. Dies ist auch dann nicht möglich, wenn die Hypothek noch im Grundbuch eingetragen sein sollte.

Grundschuld

Die Grundschuld entsteht wie die Hypothek durch

- **Einigung** der Beteiligten über die Belastung des Grundeigentums

  und

- **Eintragung** der Grundschuld in das Grundbuch.

Der Schuldgrund, nämlich die Kreditaufnahme, wird nicht in das Grundbuch eingetragen. Auch hier gibt es die Form der Buch- und Briefgrundschuld.

1 ausführlich s. *Groß im Handel – Grundstufe,* Kap. 2.11

Die Grundschuld bringt dem Kreditgeber allerdings **nur eine dingliche Haftung**.

Sie ist ein Pfandrecht an einem Grundstück, bei dem **nur das Grundstück** haftet, nicht aber der Schuldner persönlich wie bei der Hypothek.

Der Kreditgeber hat demnach keinen persönlichen Anspruch gegen den Grundstückseigentümer. Es besteht keine **persönliche Schuld**, insofern auch keine persönliche Forderung. Aus diesem Grund braucht im Falle der Zwangsvollstreckung eine Forderung auch nicht nachgewiesen werden.

Durch die Grundschuld können somit gegenwärtige und zukünftige Forderungen abgesichert werden. Insbesondere Kredite mit wechselnder Inanspruchnahme wie Kontokorrentkredite sind durch ein Grundpfandrecht abzusichern.

Auch bei zeitweiser Rückzahlung aller Verbindlichkeiten durch den Schuldner erlischt die Grundschuld nicht (**Grundschuld ohne Schuldgrund**). Sie bleibt in voller Höhe bestehen, auch wenn die persönliche Forderung aus dem Kreditgeschäft erloschen ist.

Die Grundschuld erlischt erst, wenn sie im Grundbuch gelöscht wird. Zur Löschung muss der Gläubiger eine Löschungsbewilligung ausfertigen.

Beispiel

Die Deutsche Bank AG gewährt dem Großhändler Neubarth einen Kontokorrentkredit über 20.000,00 €. Zur Sicherung bestellt Herr Neubarth eine Grundschuld von 30.000,00 €. Die Grundschuld bleibt nun in unveränderter Höhe bestehen, egal ob auf dem Konto des Großhändlers ein Soll-Saldo von 10.000,00 €, 18.000,00 € oder gar ein Guthaben von 5.000,00 € ausgewiesen wird. *Die Grundschuld ist unabhängig von einer persönlichen Forderung.*

Die Grundschuld ist wesentlich flexibler als die Hypothek. Daher wird die Hypothek von den Banken kaum noch praktiziert.

Beispiel

Die Verantwortlichen der ***Spindler KG*** wollen das Obergeschoss ihres Geschäftsgebäudes ausbauen, um zukünftig mehr Bürofläche nutzen zu können. Für die Ausbauarbeiten rechnet man, verteilt auf die nächsten zwei Jahre, mit Kosten von ca. 130.000,00 €. Über diesen Betrag lässt die Textilgroßhandlung eine Grundschuld zugunsten ihrer Hausbank in das Grundbuch eintragen.

Je nachdem, wie viel Geld das Unternehmen dann jeweils im Laufe der nächsten zwei Jahre benötigt, kann es zu gegebener Zeit verschieden hohe Darlehen bei der Bank aufnehmen. Die Grundschuld dient für diese Darlehen – und bei Bedarf auch für künftige Kredite – als Sicherheit. *Sie bleibt bestehen, auch wenn keine Schuld mehr vorliegt.*

Bei einem Hypothekarkredit müsste der Textilgroßhändler bei jedem Kredit eine Hypothek in das Grundbuch eintragen lassen. Das würde nicht nur mehr Zeit kosten, sondern auch zu steigenden Notariats- und Grundbuchkosten führen.

Grundpfandrechte sind insbesondere wegen ihrer nachhaltigen Sicherung für langfristige Kredite gut geeignet, was ihren Einsatz auch für kurz- und mittelfristige Kredite nicht ausschließt.

Grundschuld

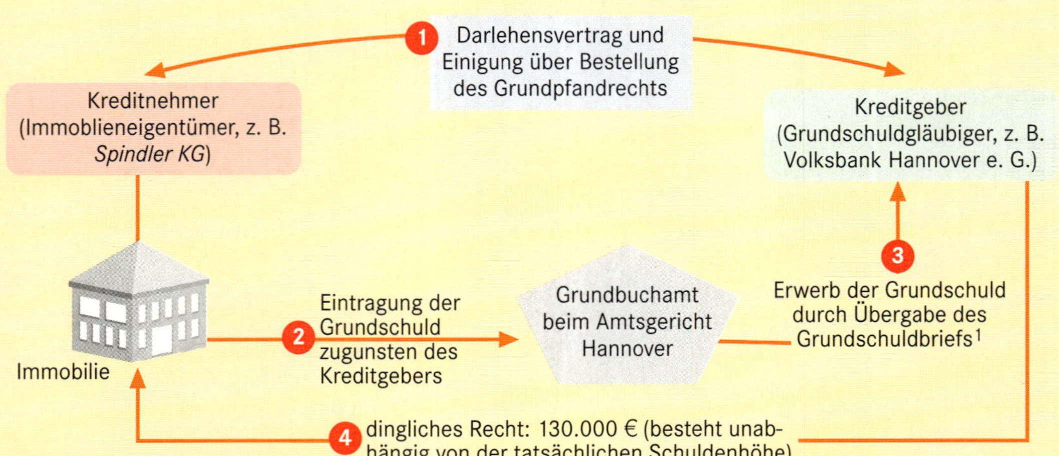

1 bei Vorliegen einer Briefgrundschuld

	Haftung	Beziehung zur Forderung
Grundschuld	Nur das belastete Grundstück haftet für die Grundschuld (dingliche Haftung).	◆ Das Bestehen einer Forderung wird nicht vorausgesetzt (abstraktes Recht). ◆ Die Grundschuld erlischt nicht mit der Rückzahlung des Kredits, sodass weitere Kredite gesichert werden können.
Hypothek	◆ persönliche Haftung des Schuldners (Hauptrecht) **und** ◆ dingliche Haftung mit dem Grundstück (Nebenrecht)	◆ kann nur in Verbindung mit einer Forderung bestehen (Akzessorietät) ◆ passt sich der Forderung an unc erlischt mit ihr, z. B. bei Rückzahlung

Kreditversicherung

Über diese Kreditsicherungsmöglichkeiten hinaus ist eine Kreditsicherung durch den **Abschluss einer Kreditversicherung** möglich, indem der Kreditnehmer seine Ansprüche gegen die Versicherungsgesellschaft, mit der er den Kreditversicherungsvertrag abgeschlossen hat, an die Kredit gewährende Bank abtritt.

Wie Banken Sicherheiten bewerten

Die nachfolgenden Beleihungsgrenzen sind Orientierungswerte und verhandelbar, da es weder gesetzliche Vorschriften noch einheitliche Richtlinien für die Bewertung von Kreditsicherheiten gibt – außer bei Hypothekenbanken und Versicherungen.

Grundstücke:	60 bis 80 % des Verkehrswertes
Bankguthaben:	100 % des Nennwertes
Lebensversicherungen:	100 % des Rückkaufwertes
Kundenforderungen	
gegen die öffentliche Hand:	90 % des Forderungsbetrages
gegen sonstige Kunden:	20 bis 80 % des Forderungsbetrages
Steuererstattungsansprüche:	100 % des Erstattungsanspruches
Wertpapiere	
Bundesschatzbriefe:	80 % des Nennwertes
Schuldverschreibungen öffentl. Stellen:	80 % des Kurswertes
sonstige Schuldverschreibungen:	60 bis 80 % des Kurswertes
Aktien:	50 bis 60 % des Kurswertes
Aktienfonds:	60 % des Kurswertes
Rentenfonds:	70 % des Rücknahmepreises
Zertifikate offener Immobilienfonds:	80 % des Kurswertes
Bürgschaften	
einer Bürgschaftsbank:	100 % des Bürgschaftsbetrages
von fremden Dritten:	je nach Bonität
von Ehepartnern:	ohne Bewertung
Sonstiges	
Warenlager:	10 bis 50 % der Einstandspreise
Ladeneinrichtung:	10 bis 40 % des Zeitwertes
Maschinen und Geschäftsaustattung:	30 bis 50 % des Zeitwertes
Autos:	60 % des Zeitwertes
Edelmetalle:	70 % des Metallwertes

Quelle: IHK Hannover/Verband der Bürgschaftsbanken, 2006

aus: GründerZeiten Nr. 27, S. 2 (aktualisierte Ausgabe März 2006); hrsg. vom Bundesministerium für Wirtschaft und Technologie

Aufgaben

1 Warum ist es für eine Bank notwendig, die Bonität eines Kreditnehmers zu prüfen?

2 Welche Informationsquellen kann der Kreditgeber bei der Kreditprüfung benutzen?

3 Worin besteht die Kreditsicherung bei einem
- Personalkredit,
- verstärkten Personalkredit,
- Realkredit?

4 Wie kommt eine Bürgschaft zustande?

5 Erklären Sie die „Einrede der Vorausklage".

6 Unterscheiden Sie zwischen selbstschuldnerischer Bürgschaft und Ausfallbürgschaft.

7 Welche Bürgschaftsart kann ein Unternehmer übernehmen, wenn er
a) für eine Verbindlichkeit der Heiko Binnewies KG bürgen will,
b) für seine Tochter die Bürgschaft für die Bezahlung eines neuen Sportwagens übernehmen möchte?

8 Nennen Sie die Merkmale eines Lombardkredits.

9 Beschreiben Sie das Wesen einer Zession.

10 Der Großhändler Arnold tritt an die Sparda-Bank Hannover e. G. zur Sicherung eines Kontokorrentkredits Forderungen gegen seine Kunden über 30.000,00 € ab.
a) Wer ist Zessionar, Zedent und Drittschuldner?
b) Wer erhält - bei Begleichung der Schulden durch die Kunden - das Geld bei
   - stiller Zession,
   - offener Zession?

11 Welche Vorteile bietet
a) die offene Zession der Bank,
b) die stille Zession dem Kreditnehmer?

12 Wie ist der Vorgang der Sicherungsübereignung und was bewirkt sie?

13 Was verstehen Sie unter dinglicher Sicherung?

14 Bestimmen Sie, bei welchen der folgenden Beispiele es sich um eine dingliche Sicherung handelt:
a) Übernahme einer selbstschuldnerischen Bürgschaft
b) Sicherung eines Kredits durch Übergabe eines Pfands
c) Sicherung eines Darlehens durch Sicherungsübereignung eines Gabelstaplers
d) Kreditsicherung durch Forderungsabtretung
e) Sicherung eines langfristigen Kredits durch eine Grundschuld
f) Kreditsicherung durch einen Wechsel

15 Nennen Sie die entsprechende Kreditart für folgende Kreditsicherungsmittel:
a) Forderungen aus Warenlieferungen und Leistungen
b) Kraftfahrzeuge
c) Grundstücke

16 Welche Vorteile hat die Sicherungsübereignung für den Kreditnehmer?

17 Wer ist beim Faustpfandrecht Eigentümer und wer Besitzer der verpfändeten Sache?

18 Erklären Sie die Bedeutung des Besitzkonstituts im Zusammenhang mit der Sicherungsübereignung.

19 Worin besteht der grundlegende Unterschied zwischen Hypothek und Grundschuld?

20 Wie entsteht eine Hypothek?

21 Welche der folgenden Aussagen ist falsch?
a) Ein verstärkter Personalkredit liegt vor, wenn neben dem Kreditnehmer noch weitere Personen haften.
b) Sicherheiten müssen gestellt werden, wenn die finanziellen Verhältnisse des Kreditnehmers keine sicheren Rückschlüsse auf die fristgerechte Zahlung der vereinbarten Zins- und Tilgungsbeträge zulassen.
c) Eine stille Zession liegt vor, wenn der Drittschuldner Kenntnis von der Forderungsabtretung hat.
d) Realkredite sind Kredite, die insbesondere durch Edelmetalle gesichert sind.
e) Beim Lombardkredit verpfändet der Kreditgeber an einen Kreditnehmer bewegliche Sachen oder Wertpapiere zur Deckung eines kurzfristigen Kredits.
f) Banken beleihen Pfandgegenstände nur zum vollen Wert.
g) Der Vorteil des Sicherungsübereignungskredits für den Schuldner besteht darin, dass er die Sache weiterhin nutzen kann.
h) Hypothek und Grundschuld sind Pfandrechte an Grundstücken.
i) Für die Hypothekenschuld haftet nur das Grundstück (dingliche Haftung), nicht aber der Schuldner selbst mit seinem Vermögen.

5567236

Aktionen

1 Stellen Sie in arbeitsteiliger Gruppenarbeit die verschiedenen *Möglichkeiten der Kreditsicherung* dar.

a) Recherchieren Sie hierzu mithilfe des **Internets**. Da es nicht die „beste" Suchmaschine gibt, sollten Sie bei Ihrer Informationssuche verschiedene Suchmaschinen verwenden (z. B. fireball, google, altavista, yahoo, lycos und metacrawler).
- Suchen Sie entsprechende Texte und Berichte, Statistiken, Daten usw. (Anm.: Die Suche wird erfolgreicher, je spezieller die Suchabfrage ist.)
- Sortieren Sie nicht verwertbare Informationen aus.
- Bewerten Sie kritisch, was für das vorgegebene Thema von Bedeutung ist.

b) Nutzen Sie weitere gezielte Kontaktmöglichkeiten zur Ergänzung Ihrer Informationen, wie beispielsweise den Verband der Bürgschaftsbanken (www.vdb-info.de), KfW (www.kfw-mittelstandsbank.de) oder das Institut der deutschen Wirtschaft (www.iwkoeln.de), das Handelsblatt (www.handelsblatt.com) und die FAZ (www.faz.de) u. a. m.

c) Erstellen Sie eine Präsentation mit *PowerPoint:* Führen Sie dabei Diagramme, grafische Elemente, Texte, Tabellen und ggf. Klangelemente zusammen.

d) Stellen Sie Ihr Arbeitsergebnis Ihren Klassenkameraden vor.

2 Die Textilgroßhandlung ***Spindler KG*** will aufgrund wieder gut gehender Geschäfte ihre Lager- und Fuhrparkkapazitäten erweitern. Es sollen nach dem Willen der Geschäftsführung moderne Anlagen und Fahrzeuge im Wert von 350.000,00 € angeschafft werden.

Die für das letzte Geschäftsjahr veröffentlichte Jahresbilanz weist folgende Positionen und Werte aus (Kurzübersicht):

Aktiva — Bilanz der ***Spindler KG*** zum 31.12.20.. (in T€) — Passiva

Aktiva		Passiva	
I. Anlagevermögen		**I. Eigenkapital**	**54.432,00**
1. Gebäude	88.000,00		
2. Fuhrpark	7.681,00	**II. Fremdkapital**	
3. Betriebs- und Geschäftsausstattung	15.363,00	1. Hypothekenschulden	155.040,00
		2. Darlehensschulden	6.578,00
		3. Verbindlichkeiten a. LL	1.683,00
II. Umlaufvermögen			
1. Waren	44.200,00		
2. Forderungen a. LL	189,00		
3. Kasse	1.020,00		
4. Kreditinstitute	51.280,00		
5. Postbank	10.000,00		
	217.733,00		217.733,00

Hannover, den 05. Januar 20..

Gerd Spindler
Susanne Strobel

Weitere Informationen:
- Die Investitionen sollen zum Teil durch einen Bankkredit über 190.000,00 € mit einer Laufzeit von 4,5 Jahren finanziert werden.
- Beleihungssätze der Volksbank Hannover (Hausbank der ***Spindler KG***): Gebäude 65 %; Fuhrpark 45 %; BGA 50 %; Forderungen 35 %.

a) Die Volksbank Hannover ist aufgrund der guten langjährigen Zusammenarbeit mit der Textilgroßhandlung bereit, die erforderlichen Finanzmittel zur Verfügung zu stellen. Voraussetzung für die Kreditgewährung sind allerdings von der ***Spindler KG*** bereitzustellende **Sicherheiten.**

Im Rahmen der Kreditprüfung muss der Bankenvertreter, Herr Franke, die von der ***Spindler KG*** eingereichte Bilanz analysieren. Übernehmen Sie diese Aufgabe und geben Sie an, welche Bilanzpositionen sich für welche Kredite eignen.

Erstellen Sie hierfür eine Tabelle nach folgendem Aussehen:

Kreditsicherungsmöglichkeiten (Bilanzposition)	mögliche Kreditart
(1) Gebäude	....

b) Stellen Sie fest, welche Bilanzpositionen zur Sicherung des benötigten Kredits nicht bzw. nur bedingt geeignet sind. Begründen Sie Ihre Feststellungen.

c) Welche Sicherheiten wird Herr Franke von der Volksbank Hannover höchstwahrscheinlich für das von der ***Spindler KG*** beantragte langfristige Darlehen bevorzugen?

d) Finden Sie Kreditsicherungsmöglichkeiten, die für die ***Spindler KG*** für die Kreditgewährung stets von großer Bedeutung waren und weiterhin sind, die aber in den ausgewiesenen Werten in der Bilanz nicht unmittelbar abzulesen sind.

e) Überlegen Sie, welche Kreditsicherungsmöglichkeiten nicht in der Bilanz erscheinen, aber im Falle einer Personengesellschaft zusätzlich infrage kämen.

f) Begründen Sie, ob die vorhandenen Aktiva für die Kreditsicherung ausreichen würden.

g) Nehmen Sie im Zusammenhang mit dem beabsichtigten Investitionsvorhaben Stellung zur Laufzeit des Kredits.

Zusammenfassung

Die Kreditprüfung

umfasst die Prüfung der

Kreditfähigkeit

= Fähigkeit rechtsgültige Kreditgeschäfte abzuschließen

Kreditfähig sind:
- natürliche Personen: Feststellung der Geschäftsfähigkeit
- OHG/KG
- juristische Personen

} Festellung der Rechtsfähigkeit mittels Handelsregister

Kreditwürdigkeit (Bonität)

- sachliche
- persönliche

Nach zusätzlicher Prüfung der Sicherheiten schließen

Kreditgeber + **Kreditnehmer**

einen Kreditvertrag

Kreditsicherungen

(Unterscheidung nach Sicherheiten)

Sicherung durch Personen

einfacher Personalkredit (Blankokredit)

Gewährung ist abhängig von der Kreditwürdigkeit des Schuldners
- kurzfristiger Kredit
- Kredit ohne Sicherheit

verstärkte (erweiterte) Personalkredite

= neben dem Kreditnehmer (Schuldner) haften weitere Personen
- **Bürgschaftskredit**
  - Ausfallbürgschaft
  - selbstschuldnerische Bürgschaft
- **Zessionskredit**
  Abtretung von Forderungen an eine Bank, die Eigentümerin wird
  - stille Zession
  - offene Zession
  - Mantelzession
  - Globalzession
- **Wechseldiskontkredit**

Sicherung durch Sachen

Realsicherheiten

= bewegliche und unbewegliche Sachen haften für eine Forderung
- **Pfandrecht** (Lombardkredit)
- **Sicherungsübereignung**
- **Eigentumsvorbehalt**
- **Grundpfandrechte**
  - **Hypothek**
    - Eigentümer und Grundstück haften
    - ohne Forderung keine Hypothek
  - **Grundschuld**
    - nur das Grundstück haftet
    - Grundschuld setzt keine Forderung voraus
    - **Grundschuld ohne Schuldgrund**

5567238

10.7 Wir beurteilen typische Risiken im Außenhandelsgeschäft

Einstieg

Die ***Spindler KG*** erhält am 19. März eine Anfrage der Impex, Basel.

IMPEX – BASEL

Impex, Rheinufer 12, 4004 Basel

Textilgroßhandlung
Spindler KG
Goseriede 41
D 30159 Hannover

Basel
17. März ..

Anfrage

Sehr geehrte Damen und Herren,

wir benötigen dringend Herrenfreizeithemden aus 100 % Baumwolle, blau gestreift, in den Größen 39 bis 43.

Bitte senden Sie uns deshalb ein ausführliches Angebot über 200 Herrenfreizeithemden bis zum 31. März ..

Mit freundlichen Grüßen

Impex - Basel

Der Leiter der Verkaufsabteilung, Herr Trumpf, beauftragt die Auszubildenden Nina Kröger und Martin Solms, festzustellen,

- welche besonderen Risiken die Ausfuhr nach Basel birgt,
- welche Angebotsinhalte das Kreditrisiko für die ***Spindler KG*** begrenzen können.

Versetzen Sie sich in die Rolle von Nina Kröger und Martin Solms und erfüllen Sie den von Herrn Trumpf gestellten Auftrag.

Informationen

Typische Risiken im Außenhandelsgeschäft

Im Außenhandelsgeschäft gibt es besondere Risiken, die im Binnenhandelsgeschäft nicht oder nicht in diesem Umfang auftreten.

Sie lassen sich in ökonomische und politische Risiken unterscheiden.

Ökonomische Risiken, wie z. B.:

- Marktrisiko
- Annahmerisiko
- Kreditrisiko
- Transportrisiko
- Wechselkursrisiko (Währungsrisiko)

Politische Risiken, wie z. B.:

- Transfer- und Konvertierungsrisiko
- Zahlungsverbots- und Moratoriumsrisiko
- politisches Risiko im engeren Sinne

Marktrisiken sind z. B. die Gefahren, dass das exportierende Unternehmen den günstigsten Exportmarkt oder die günstigsten Angebotszeitpunkte verfehlt.

Das **Annahmerisiko** beinhaltet die Gefahr, dass der Auslandskunde

- die fristgerechte Annahme der Ware verweigert und/oder
- durch nicht berechtigte und schwer nachprüfbare Mängelrügen versucht, einen Preisnachlass durchzusetzen.

Unter **Kreditrisiko** ist zu verstehen, dass der Käufer seinen Zahlungsverpflichtungen nicht nachkommen will (Zahlungsunwilligkeit) oder nicht nachkommen kann (Zahlungsunfähigkeit). Gegen dieses Risiko kann sich der Exporteur z. B. durch die Vereinbarung geeigneter Zahlungsbedingungen oder den Abschluss einer Ausfuhrkreditversicherung absichern. Die Ausfuhrkreditversicherung ersetzt den Forderungsausfall, wenn der ausländische Kunde nicht zahlt.

Das gegenüber dem Binnenhandel größere **Transportrisiko** ergibt sich aus den größeren räumlichen und zeitlichen Entfernungen, die zu überbrücken sind. Dagegen kann sich der Exporteur durch den Abschluss einer Transportversicherung oder die Vereinbarung geeigneter Lieferungsbedingungen schützen.

Ein **Wechselkursrisiko** (Währungsrisiko) besteht für den Exporteur, wenn er einen Vertrag in ausländischer Währung abgeschlossen hat. Ändert sich der Wechselkurs zwischen der inländischen Währung und der im Kaufvertrag vereinbarten Währung im Zeitraum zwischen Vertragsabschluss und Zahlungseingang, kann dies für den Exporteur zu Verlusten oder zu Kursgewinnen führen.

Beispiel

Der Exporteur hat seinen Verkaufspreis von 5.000,00 sfr auf der Grundlage eines Kurses von 1,00 € = 1,5262 sfr kalkuliert. Bei diesem Wechselkurs erhält er für 5.000,00 sfr 3.276,11 €. Zum Zeitpunkt der Zahlung beträgt der sfr-Kurs 1,00 € = 1,5432 sfr. Der Exporteur erhält nur noch 3.240,02 € für 5.000,00 sfr. Ihm entsteht ein Verlust von 36,09 €.

Gegen Kursverluste kann sich der Exporteur u. a. durch die Vereinbarung besonderer Zahlungsbedingungen oder den Abschluss von Devisentermingeschäften absichern.

Ein **Konvertierungsrisiko** und ein **Transferrisiko** ergeben sich aus der Möglichkeit, dass in dem Einfuhrland durch staatliche Verfügung ein Konvertierungsverbot oder ein Transferverbot ausgesprochen wird:

- Ein Konvertierungsverbot liegt vor, wenn der ausländische Staat den Umtausch seiner Währung in eine andere verbietet.
- Von einem Transferverbot spricht man, wenn die Überweisung des ausländischen Käufers an den Exporteur hinausgezögert oder für eine bestimmte Zeit nicht genehmigt wird.

Das **Zahlungsverbotsrisiko** besteht in der Möglichkeit, dass dem Importeur durch staatliche Maßnahmen untersagt wird, Zahlungen gegenüber bestimmten Ländern vorzunehmen.

Das **Moratoriumsrisiko** besteht immer dann, wenn Zahlungen an die Exportländer zeitlich gestreckt werden, weil dem Einfuhrland (Schuldnerland) ein Zahlungsaufschub gewährt wird. Dieser staatlich veranlasste Zahlungsaufschub wird oft so durchgeführt, dass Zahlungen an das Exportland nur in der gleichen Höhe wie Zahlungen aus diesem Land an das Einfuhrland geleistet werden.

Das **politische Risiko im engeren Sinne** umfasst die Gefahr von Verlusten durch Streiks, politische Unruhen, Boykottmaßnahmen und Kriege.

Politische Risiken werden von der staatlichen Ausfuhrkreditversicherung (Hermes Kreditversicherungs AG in Zusammenarbeit mit der Treuhand AG) gedeckt.

Risikominderung durch Vereinbarung geeigneter Zahlungsbedingungen

Die im Außenhandel üblichen Zahlungsbedingungen sind:

- Vorauszahlung/Anzahlung
- Zahlung aus einem Dokumentenakkreditiv
- Dokumente gegen Kasse (D/P = documents against payment)
- Dokumente gegen Akzept (D/A = documents against acceptance)
- Zahlung nach Ablauf eines offenen Zahlungsziels

Bei der Zahlungsbedingung **„Dokumente gegen Kasse“** werden die Dokumente, mit denen über die Ware verfügt werden kann (Konnossement, Frachtbriefdoppel, Spediteurversanddokumente), dem Käufer nur gegen sofortige Zahlung ausgehändigt.

Bei Vereinbarung der Zahlungsbedingung **„Dokumente gegen Akzept“** werden die Dokumente dem Käufer nur ausgehändigt, nachdem er einen Wechsel akzeptiert hat.

5567240

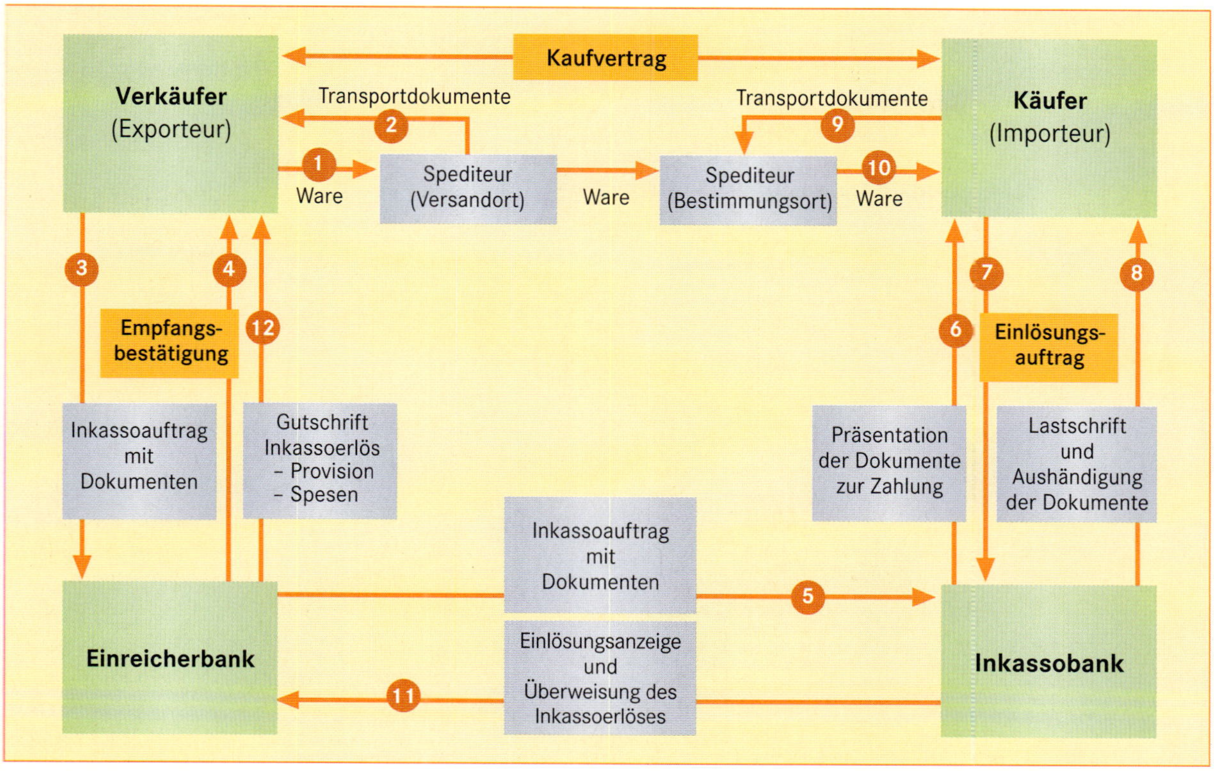

Die Abwicklung des Dokumenten-Inkassos bei den Zahlungsbedingungen „Dokumente gegen Kasse“ (d/p = documents against payment).

Nach der Übergabe der zu liefernden Ware an einen Frachtführer oder Spediteur, 1 und 2, übergibt der Verkäufer die mit dem Käufer vereinbarten Dokumente seiner Bank (= Einreicherbank) mit einem Inkassoauftrag, 3 und 4. Der Inkassoauftrag muss Weisungen enthalten, unter welchen Bedingungen die Dokumente dem Käufer ausgehändigt werden dürfen.

Die Einreicherbank leitet die Dokumente an eine Korrespondenzbank (= Inkassobank) im Lande und, wenn möglich, am Ort des Käufers weiter 5.

Gestützt auf den erhaltenen Inkassoauftrag benachrichtigt nun die Inkassobank den Käufer, dass Dokumente vorliegen. Sie teilt ihm mit, unter welchen Bedingungen er darüber verfügen kann 6.

Sind die Dokumente an den Käufer gegen Zahlung ausgehändigt worden („Dokumente gegen Kasse“), 7 und 8, so vergütet die Inkassobank den Betrag an die Einreicherbank 11, die ihrerseits die Summe ihrem Kunden (= Verkäufer) gutschreibt 12.

Waren die Dokumente gegen Akzept auszuhändigen, so wird die Inkassobank je nach der erhaltenen Weisung entweder das Akzept an die Einreicherbank zur Weiterleitung an den Verkäufer zurücksenden oder den Wechsel bis zum Fälligkeitstag treuhänderisch verwalten und die Wechselforderung nach Einzug an die Einreicherbank vergüten. Diese wird dann ihrerseits den Betrag dem Verkäufer gutschreiben.

Beim **Dokumenten-Akkreditiv** (L/C = Letter of Credit) handelt es sich um eine **Zusage eines Bankinstituts** (Akkreditivbank; Bank des Importeurs), **dem Verkäufer** an Käufers statt im Rahmen genau umschriebener Bedingungen **eine vereinbarte Summe zu zahlen**, sofern er die Bedingungen des Akkreditivs erfüllt.

Akkreditivversprechen sind **abstrakt**, d. h. losgelöst von den ihnen zugrunde liegenden Kauf- und sonstigen Verträgen; die Banken haben mit diesen Verträgen nichts zu tun, sind durch sie nicht gebunden.

Die Bank zahlt aber nur, wenn der Exporteur (Verkäufer) ihr die im Akkreditiv genannten Dokumente fristgerecht übergibt.

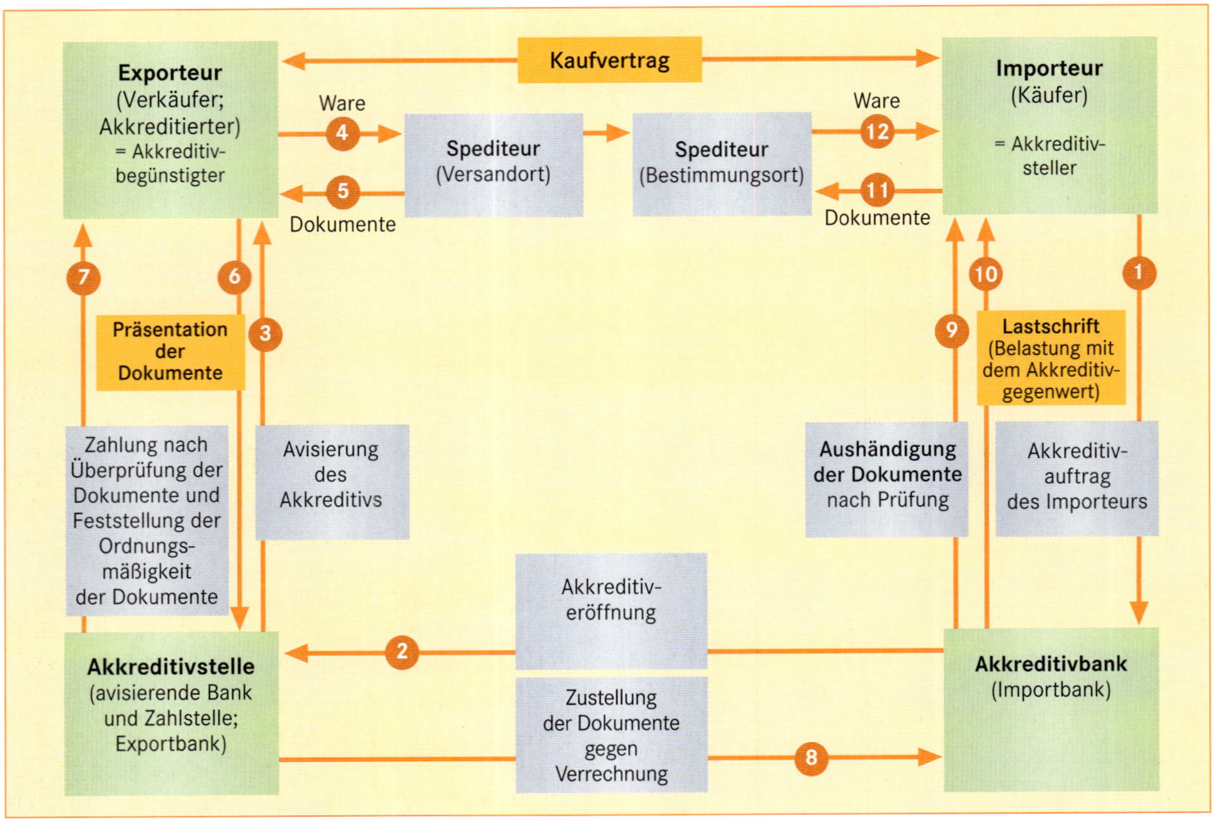

Abwicklung des Dokumenten-Akkreditivs

Gestützt auf die Bestimmungen des mit dem Verkäufer abgeschlossenen Vertrags gibt der Importeur (Käufer) seiner Bank die Weisung, ein entsprechendes Akkreditiv zu eröffnen (1).

Aufträge zur Eröffnung von Dokumenten-Akkreditiven müssen vollständig und genau sein. Unter anderem können vom Auftraggeber folgende Angaben verlangt werden:

- Art des Akkreditivs (unwiderruflich oder widerruflich, nicht übertragbar oder übertragbar, unbestätigt oder bestätigt)
- Übermittlung des Akkreditivs (brieflich, Telekommunikation)
- Verfall des Akkreditivs (Datum, Ort)
- Begünstigter (Name, Bankverbindung)
- Akkreditivbetrag (Betrag, Zirkabetrag, Währung)
- Benutzbarkeit (Zahlstelle, Art der Akkreditivleistung)
- Verladung (Verladungsort, Bestimmungsort, Angaben über Teilverladungen und Umladungen)
- Dokumente (Bezeichnung erforderlich, jeweilige Anzahl, Zusätze und Vermerke auf den Dokumenten)
- Ware (Warenart, Menge, Preise)
- Lieferungsbedingungen
- Vorlage der Dokumente (Frist ab Ausstellung des Transportdokuments)
- Avisierung des Akkreditivs (brieflich, Telekommunikation)

Welche Angaben in dem Auftrag zur Akkreditiveröffnung gemacht werden müssen, ist entscheidend abhängig von den Vertragsbedingungen des Kaufvertrags zwischen Exporteur und Importeur, die die Eröffnung eines Akkreditivs vorsehen. Durch ausdrückliche Bezugnahme in grundsätzlich jedem Akkreditiv-Eröffnungsschreiben werden außerdem die „Einheitlichen Richtlinien und Gebräuche für Dokumenten-Akkreditive" (ERA) zum Bestandteil des jeweiligen Akkreditivs gemacht und damit von den Beteiligten als verbindlich anerkannt.

Bevor die Bank im Auftrag eines Kunden ein Akkreditiv eröffnet, prüft sie, ob die Guthaben des Kunden oder anderweitig getroffene Vereinbarungen (z. B. Kreditzusagen) die versprochene Auszahlung bei der Beanspruchung des Akkreditivs zulassen werden.

Wenn die Bank ein Akkreditiv zugunsten eines ausländischen Verkäufers zu eröffnen hat, so wendet sie sich in der Regel nicht direkt an den Begünstigten (= Verkäufer).

Vielmehr wird sie eine Korrespondenzbank im Lande und, wenn möglich, am Ort des Verkäufers einschalten (= avisierende Bank) (2). Diese Bank wird die Mitteilung der eröffnenden Bank an den Verkäufer weiterleiten (3).

Der Verkäufer weiß nun, dass die Zahlung durch die Bank sichergestellt ist, sofern er die Akkreditivbedingungen genau einhält.

Nachdem der Verkäufer die zu liefernde Ware an einen Spediteur oder Frachtführer übergeben hat, ④ und ⑤, wird er die im Akkreditiv verlangten Dokumente zusammenstellen, sie der avisierenden Bank übergeben und im Gegenzug Zahlung verlangen ⑥.

Die Akkreditivstelle (avisierende Bank) unterzieht die Dokumente einer genauen Prüfung. Geprüft wird anhand der Weisungen des Importeurs sowie anhand der ERA.

Besonders wichtige Punkte der Prüfung sind:

- rechtzeitige Einreichung der Dokumente
- Konnossemente müssen „clean" und vollständig eingereicht werden.
- Übereinstimmung der Warenangaben laut Akkreditiv mit den Dokumenten
- Einreichung der erforderlichen Dokumentenzahl

Dann wird die Akkreditivstelle in der im Akkreditiv vorgeschriebenen Weise zahlen ⑦. Sie sendet die Dokumente an die Akkreditivbank (eröffnende Bank; Importbank) und erhält dafür den Gegenwert der Zahlung vergütet ⑧.

Im Interesse des Käufers prüft die eröffnende Bank ihrerseits noch einmal, ob die Akkreditivbedingungen tatsächlich erfüllt sind. Sie händigt dann dem Käufer die Dokumente aus ⑨ und belastet ihn für die erfolgte Zahlung ⑩.

Akkreditiv-Formen

Nach den „Einheitlichen Richtlinien und Gebräuchen für Dokumenten-Akkreditive" (ERA) gibt es verschiedene Akkreditiv-Formen:

- **Das widerrufliche Akkreditiv** bietet dem Exporteur nicht immer ausreichende Sicherheit, weil es jederzeit vom Auftraggeber oder dessen Bank widerrufen (annulliert) oder geändert werden kann.
- **Das unwiderrufliche Akkreditiv** hingegen kann nicht widerrufen werden. Der Exporteur geht kein Risiko ein.
- **Das befristete Akkreditiv** hat nur bis zu einem bestimmten Termin Gültigkeit, d. h., nach Ablauf des genannten Termins kann das Akkreditiv widerrufen werden. Das befristete Akkreditiv hat den Zweck, den Lieferer (Exporteur) zur Einhaltung der vereinbarten Lieferfrist zu bewegen.
- **Das unbefristete Akkreditiv** kann ohne ***Einwilligung*** des Akkreditierten *nicht* widerrufen werden, wird jedoch nach sechs Monaten ungültig.
- **Das bestätigte Akkreditiv** beinhaltet die Zahlungsverpflichtung der Akkreditivbank. Die bestätigende Bank verbindet mit ihrem Bestätigungsvermerk ein abstraktes, d. h. vom Geschäft losgelöstes Schuldversprechen gegenüber dem Begünstigten. Daraus folgt, dass das bestätigte Akkreditiv immer *unwiderruflich* sein muss. Darüber hinaus ist es in der Praxis immer *befristet*. Es ist die am häufigsten vorkommende Form des Akkreditivs.
- **Beim unbestätigten Akkreditiv** fehlt der Bestätigungsvermerk. Der Begünstigte wird lediglich durch Einschaltung einer anderen Bank vom Akkreditiv in Kenntnis gesetzt, d. h. *avisiert*.

Bedeutung des Dokumenten-Akkreditivs

- Das Akkreditiv ermöglicht ein Zug-um-Zug-Geschäft. Die Dokumente, die die Ware repräsentieren und zum Teil verkörpern (als Traditionspapiere), ermöglichen praktisch ein Geschäft „Ware gegen Geld".
- Der Exporteur ist durch das abstrakte Schuldversprechen einer oder zweier Banken (durch Bestätigung) gesichert.
- Der Importeur kann durch genaue Bestimmung von Art und Inhalt der Dokumente weit gehend sicherstellen, dass geliefert wird und dass die Lieferung mangelfrei erfolgt.
- Das Dokumenten-Akkreditiv ermöglicht bei gleicher Sicherheit kurz- und langfristige Finanzierungen.

Aufgaben

1 Unterscheiden Sie ökonomische und politische Risiken im Außenhandelsgeschäft.

2 Nennen Sie Maßnahmen, durch die ein Exporteur

a) das Kreditrisiko,
b) das Währungsrisiko,
c) das Annahmerisiko,
d) das Transportrisiko

verringern kann.

3 Beurteilen Sie die Zahlungsbedingungen

- Vorauszahlung,
- Dokumenten-Akkreditiv,
- Dokumente gegen Kasse,
- Dokumente gegen Akzept und
- offenes Zahlungsziel

hinsichtlich

a) der Risiken, die Importeur und Exporteur jeweils tragen müssen,
b) der Finanzierungslast, die Importeur und Exporteur jeweils tragen müssen.

4 Schreiben Sie einen Angebotsbrief an die Impex, Basel.

Aktionen

Die *Spindler KG* erhält von der Impex – Basel die nebenstehende Bestellung:

1 Stellen Sie die Abwicklung des in der Bestellung genannten Dokumenten-Akkreditivs auf einem Poster grafisch dar.

2 Erläutern Sie die Abwicklung des Dokumenten-Akkreditivs in Ihrer Klasse mithilfe des erstellten Posters.

IMPEX – BASEL

Impex, Rheinufer 12, 4004 Basel

Textilgroßhandlung
Spindler KG
Goseriede 41
D 30159 Hannover

Bestellung

Sehr geehrte Damen und Herren,

wir danken Ihnen für Ihr Angebot. Wir bestellen Herrenfreizeithemden Bestell-Nr. 4833

50 Stück, Größe 39
50 Stück, Größe 40
50 Stück, Größe 41
30 Stück, Größe 42
20 Stück, Größe 43

zum Stückpreis von 24,00 € FCA Hannover, einschließlich Verpackung.

Lieferzeit: 14 Tage nach Auftragseingang

Zahlung: Eröffnung eines unwiderruflichen Dokumenten-Akkreditivs zu Ihren Gunsten bei der Internationalen Handels- und Kreditbank, 30175 Hannover

Mit freundlichen Grüßen

Impex – Basel

Zusammenfassung

Risiken im Ausfuhrgeschäft

ökonomische Risiken
- Marktrisiko
- Annahmerisiko
- Kreditrisiko
- Transportrisiko
- Kursrisiko (Währungsrisiko)

politische Risiken
- Transferrisiko
- Konvertierungsrisiko
- Zahlungsverbotsrisiko
- Moratoriumsrisiko
- politische Risiken im engeren Sinne

Risikominderung
durch

Vereinbarung geeigneter Zahlungsbedingungen
- Vorauszahlung
- Zahlung aus einem Dokumentenakkreditiv
- Dokumente gegen Kasse (D/P)
- Dokumente gegen Akzept (D/A)
- offenes Zahlungsziel

10.8 Wir informieren uns über Gründe und Ablauf eines Insolvenzverfahrens

Einstieg

Herr ***Spindler*** ist alarmiert. Am frühen Nachmittag meldet ihm die Rechnungswesenabteilung, dass zwei Kunden, denen gegenüber Forderungen von 37.000,00 € bestehen, einen Insolvenzantrag bei Gericht gestellt haben. Gerade heute Morgen noch hat er einen Zeitungsartikel über Unternehmensinsolvenzen gelesen.

Unternehmensinsolvenzen leicht rückläufig – weiter deutliche Steigerungen bei Privatinsolvenzen

Neuss, 29. November 2005 – 37 900 Unternehmen mussten im Jahr 2005 einen Insolvenzantrag bei Gericht stellen – das sind 1 370 oder 3,5 Prozent weniger als 2004. Insgesamt steigen die Insolvenzen jedoch auf einen neuen Höchststand an: 136 300 Fälle sind im Gesamtjahr zu beklagen – 15,3 Prozent mehr als im vergangenen Jahr. Verursacht wird die Steigung von den Privatpersoneninsolvenzen: 66 400 Verbraucher (plus 35,2 Prozent) und 32 000 sonstige Insolvenzen sind zu zählen. Zu den sonstigen Insolvenzen zählen überschuldete Nachlässe, Stiftungen und Vereine sowie die Insolvenzen von ehemals selbstständigen Personen. (...)

Den größten Anteil am Insolvenzaufkommen haben Betriebe mit einem jährlichen Umsatzvolumen zwischen 500.000 und 5,0 Millionen Euro. 2005 meldeten 12 740 Unternehmen dieser Umsatzgrößenklasse Insolvenz an, das sind 33,6 Prozent des gesamten Insolvenzaufkommens (Vorjahr: 34,7 Prozent). Zugenommen hat der Anteil an Mikrobetrieben mit weniger als 100.000 Euro Umsatz pro Jahr, und zwar von 18,4 Prozent im Jahr 2004 auf aktuell 20,3 Prozent. Insolvenzgefährdet sind Betriebe insbesondere die ersten sechs Jahre nach ihrer Gründung. 45,5 Prozent der Unternehmensinsolvenzen werden von Unternehmen beantragt, die jünger als sechs Jahre sind. Im letzten Jahr waren es 1,3 Prozentpunkte mehr. Parallel zur Insolvenzentwicklung in den Umsatzgrößenklassen verläuft auch die Entwicklung in den Beschäftigtengrößenklassen. Der Insolvenzanteil der Unternehmen mit bis zu fünf Beschäftigten stieg im Jahresverlauf um 1,6 Prozentpunkte auf 75,2 Prozent. Abgenommen hat hingegen der Anteil der Beschäftigtengrößenklasse von über 100 Personen, und zwar um 0,2 Prozentpunkte auf 0,7 Prozent.

Quelle: Verband der Vereine Creditreform e. V., Neuss

1. Stellen Sie fest, welche Gründe zur Insolvenz eines Unternehmens führen können.
2. Erläutern Sie, welche wirtschaftlichen Folgewirkungen die Insolvenz der beiden Kunden für die Textilgroßhandlung ***Spindler KG*** haben kann.

Informationen

Gründe für Unternehmenskrisen

Anzeichen für Unternehmenskrisen sind

- Umsatzrückgang,
- immer geringer werdende Gewinne,
- Verluste und Schrumpfen des Eigenkapitals,
- eine zunehmende Verschuldung und als Folge
- Zahlungsschwierigkeiten und schließlich
- Zahlungsunfähigkeit.

Für eine solche Entwicklung können personelle, sachliche, organisatorische und finanzielle Gründe verantwortlich sein.

Personelle Gründe sind z. B.:

- Entscheidungsfehler der Geschäftsleitung bei der Sortimentsgestaltung und Umsatzplanung
- Verluste durch Fehlplanungen beim Einkauf
- Streitigkeiten unter den Gesellschaftern eines Unternehmens
- Ausscheiden eines Gesellschafters aus dem Unternehmen
- Nachlässigkeit des Verkaufspersonals im Umgang mit den Kunden

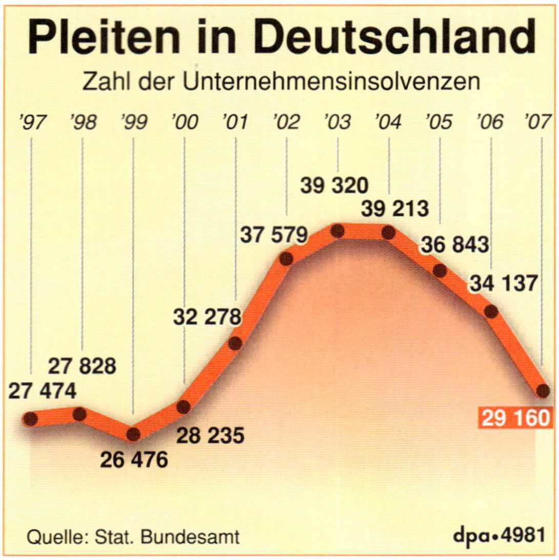

Sachliche Gründe sind z. B.:

- Nachfragerückgang durch
  - eine allgemeine Verschlechterung der Wirtschaftslage (Konjunktur),
  - Rückgang der Kaufkraft infolge steigender Arbeitslosigkeit,
  - Änderungen der Verbrauchergewohnheiten
- Verschärfung des Wettbewerbs
- Verschlechterung der Standortbedingungen, z. B. durch Straßenbauarbeiten vor dem Geschäftshaus oder Änderung der Verkehrsführung

Organisatorische Gründe sind z. B.:

- veraltete Betriebsorganisation
- zu hohe Lagerbestände, hoher Schwund und Verderb infolge einer mangelhaften Organisation der Warenwirtschaft (Beschaffung, Lagerung und Verkauf)
- versäumte Rationalisierung durch Verzicht auf den Einsatz von EDV-gestützten Warenwirtschaftssystemen
- zu viel Personal durch mangelhafte Personaleinsatzplanung

Finanzielle Gründe sind u. a.:

- zu geringes Eigenkapital
- falsche Kapitalverwendung, z. B. Verwendung kurzfristiger Kredite zur Beschaffung von Anlagevermögen (Geschäftsausstattung, Geschäftsfahrzeuge usw.)
- zu großzügige Kreditvergabe an Kunden
- hohe Forderungsausfälle
- zu hohe Privatentnahmen

Maßnahmen zur Lösung der Unternehmenskrise

Eine Unternehmenskrise kann

- durch die Auflösung des Unternehmens oder
- durch Sanierung des Unternehmens

gelöst werden.

Definition **Die Auflösung eines Unternehmens wird als Liquidation bezeichnet.**

Definition **Unter Sanierung versteht man die Gesamtheit aller Maßnahmen, die der Wiederherstellung der Leistungsfähigkeit eines in Zahlungsschwierigkeiten geratenen Unternehmens dienen. Sie erfolgt auf Kosten der Eigentümer des Unternehmens.**

Insolvenzverfahren

Die **Insolvenz** eines Schuldners liegt vor, wenn sein Vermögen nicht mehr ausreicht, um alle seine Gläubiger zu befriedigen, oder er überschuldet ist.

Definition Das **Insolvenzverfahren** ist ein Verfahren, bei dem

- das Vermögen eines Schuldners verwertet wird (z. B. Verkauf von Gebäude, Geschäftsausstattung, Waren des Unternehmens) und der Erlös nach den Vorschriften der Insolvenzordnung an die Gläubiger verteilt wird (Regelverfahren) oder
- in einem Insolvenzplan eine abweichende Regelung insbesondere zum Erhalt des Unternehmens getroffen wird.

Um ein Insolvenzverfahren eröffnen zu können, muss ein Insolvenzgrund vorliegen. **Insolvenzgründe** sind:

- **Zahlungsunfähigkeit** (§ 17 Abs. 2 InsO): Der Schuldner ist zahlungsunfähig, wenn er nicht in der Lage ist die fälligen Zahlungsverpflichtungen zu erfüllen.

5567246

- **Überschuldung** (§ 19 Abs. 2 InsO): Bei einer juristischen Person (z. B. AG, GmbH) ist auch die Überschuldung ein Insolvenzgrund. Sie liegt vor, wenn das Vermögen des Schuldners die bestehenden Verbindlichkeiten nicht mehr deckt.
- **Drohende Zahlungsunfähigkeit** (§ 18 InsO): Die drohende Zahlungsunfähigkeit liegt vor, wenn der Schuldner voraussichtlich nicht in der Lage sein wird, die bestehenden Zahlungsverpflichtungen zum Zeitpunkt der Fälligkeit zu erfüllen. Dieser Insolvenzgrund ist allerdings nur bei einem Eigenantrag des Schuldners und nicht bei einem Gläubigerantrag anzuwenden.

Ablauf des Regelverfahrens

Antrag	◆ bei Zahlungsunfähigkeit oder Überschuldung durch Gläubiger oder Schuldner ◆ bei drohender Zahlungsunfähigkeit nur durch Schuldner ◆ Die Verfahrenskosten müssen gedeckt sein.
Durchführung	◆ Eröffnungsverfahren durch das Insolvenzgericht (Das Gericht prüft u. a., ob ein Eröffnungsgrund vorliegt und ob genügend Masse zur Verfahrensdurchführung vorhanden ist.) ◆ Eröffnungsbeschluss des Insolvenzgerichts mit Ernennung des Insolvenzverwalters und Bestimmung eines Berichts- und Prüfungstermins ◆ Anmeldung der Forderungen durch die Insolvenzgläubiger ◆ Berichtstermin: In dieser 1. Gläubigerversammlung bestimmen die Gläubiger den Verfahrensweg (Regelverfahren oder nicht, Fortführung des Unternehmens oder nicht). Die Gläubigerversammlung kann den Insolvenzverwalter beauftragen, einen Insolvenzplan auszuarbeiten. ◆ Prüfungstermin: Forderungen werden geprüft; Berichts- und Prüfungstermin können verbunden werden. ◆ Verwertung (es sei denn, das Unternehmen wird noch fortgeführt) und Verteilung der Insolvenzmasse durch den Insolvenzverwalter ◆ Schlusstermin ◆ Aufhebung des Insolvenzverfahrens durch das Insolvenzgericht, Eintragung ins Handelsregister und Veröffentlichung

Feststellen der Insolvenzmasse

Die Insolvenzmasse ist das gesamte Vermögen, das dem Schuldner zum Zeitpunkt der Eröffnung des Verfahrens gehört und das er während des Verfahrens erwirbt.

Nicht zur Insolvenzmasse gehören:

- unpfändbare Gegenstände, die dem persönlichen Gebrauch und der Berufsausübung dienen, z. B. notwendiger Hausrat, Bekleidungsstücke, PC
- Gegenstände, die sich bei der Eröffnung des Insolvenzverfahrens im Besitz des Schuldners befinden, ihm aber nicht gehören, z. B. unter Eigentumsvorbehalt gelieferte Waren, geliehene oder gemietete Gegenstände. Sie werden den Eigentümern zurückgegeben (= **Aussonderung**; § 47 InsO).

Verteilung der Insolvenzmasse

Die Insolvenzmasse muss im Regelverfahren nach einer genau vorgeschriebenen Reihenfolge verteilt werden:

I. Absonderung	Gläubigerforderungen, die durch ein Pfandrecht, eine Sicherungsübereignung oder eine Hypothek besonders gesichert sind, werden bevorzugt befriedigt.
II. Aufrechnung	Wenn ein Gläubiger nicht nur Forderungen, sondern auch Schulden gegenüber dem Gemeinschuldner hat, kann er sie gegeneinander aufrechnen.
III. Kosten des Insolvenzverfahrens und sonstige Masseverbindlichkeiten	Kosten des Insolvenzverfahrens sind: ◆ die Gerichtskosten für das Insolvenzverfahren ◆ Ausgaben für die Verwaltung, Verwertung und Verteilung der Insolvenzmasse (z. B. Ausgaben für den Gläubigerausschuss, Vergütung des Insolvenzverwalters) Sonstige Masseverbindlichkeiten sind Schulden, die erst nach der Insolvenzeröffnung entstanden sind, z. B. Käufe, Miete, Löhne und Gehälter.
IV. Forderungen der (nicht nachrangigen) Insolvenzgläubiger	Insolvenzgläubiger sind die Gläubiger, die bei der Eröffnung des Insolvenzverfahrens eine Forderung gegen den Schuldner haben.
V. Forderungen nachrangiger Insolvenzgläubiger	1. die seit der Eröffnung des Insolvenzverfahrens laufenden Zinsen der Forderungen der Insolvenzgläubiger 2. die Kosten, die den einzelnen Insolvenzgläubigern durch die Teilnahme am Verfahren entstehen 3. Geldstrafen, Geldbußen, Ordnungsgelder und Zwangsgelder sowie solche Nebenfolgen einer Straftat oder Ordnungswidrigkeit, die zu einer Geldzahlung verpflichten 4. Forderungen auf eine unentgeltliche Leistung des Schuldners 5. Forderungen auf Rückgewähr des kapitalersetzenden Darlehens eines Gesellschafters oder gleich stehende Forderungen

Nachdem die bevorrechtigten Ansprüche (I bis III) aus der Insolvenzmasse voll befriedigt worden sind, werden die Forderungen der (nicht nachrangigen) Gläubiger aus der Restmasse beglichen. Die Insolvenzgläubiger werden dabei insgesamt gleich behandelt. Bei nicht ausreichender Masse werden sie also anteilig befriedigt.

Beispiel

Forderungen der (nicht nachrangigen) Insolvenzgläubiger	50.000,00 € ≙	100 %
Restmasse	5.000,00 € ≙	x %

$$x = \frac{100\,\% \cdot 5.000,00\,€}{50.000,00\,€} = 10\,\%$$

Da die Restmasse nur 10 % der Forderungen ausmacht, erhält jeder (nicht nachrangige) Insolvenzgläubiger nur 10 % seiner Forderungen beglichen.

Die Ansprüche der nachrangigen Insolvenzgläubiger werden erst nach den Ansprüchen der (nicht nachrangigen) Insolvenzgläubiger befriedigt. Das heißt, die Forderungen der nachrangigen Insolvenzgläubiger werden nur dann ganz oder teilweise beglichen, wenn noch eine Restvermögensmasse übrig bleibt, nachdem die Forderungen aller (nicht nachrangigen) Gläubiger zu 100 % befriedigt sind.

Insolvenzplanverfahren

In einem **Insolvenzplan** können abweichend von den gesetzlichen Vorschriften der Insolvenzordnung (Regelverfahren) geregelt werden:

- die Befriedigung der absonderungsberechtigten Gläubiger und der Insolvenzgläubiger
- die Verwertung der Insolvenzmasse und die Verteilung an die Beteiligten
- die Haftung des Schuldners nach Beendigung des Insolvenzverfahrens

Die inhaltliche Gestaltung des Insolvenzplans kann von den Gläubigern selbstständig vorgenommen werden.

Die Insolvenzordnung enthält daher nur grobe Vorgaben zur Gestaltung des Insolvenzplans.

Arten des Insolvenzplans

Es gibt drei Grundtypen des Insolvenzplans:

- **Liquidationsplan:**
  Die Vermögensgegenstände werden abweichend vom Gesetz veräußert.
- **Übertragungsplan:**
  Das Unternehmen geht auf einen anderen Rechtsträger über.
- **Sanierungsplan:**
  Das Unternehmen wird saniert und bleibt erhalten.

Diese Grundtypen können auch als Mischform auftreten, z. B. Liquidation eines Betriebsteils, Übertragung eines zweiten und Sanierung eines dritten Betriebsteils.

Verwertung gemäß Insolvenzplan (§ 1 InsO; § 217 ff. InsO)

Liquidationsplan	Übertragungsplan	Sanierungsplan	Mischpläne
z. B. längerer Verwertungszeitraum als gesetzlich vorgesehen	Übertragung des Vermögens auf Auffanggesellschaft oder Dritte	Gläubiger bleiben Finanziers. Ansprüche werden aus künftigen Überschüssen bedient.	Mischformen aus Liquidations-, Übertragungs- und Sanierungsplänen

Ablauf des Insolvenzplanverfahrens

Vorlage des Insolvenzplans

Zur Vorlage eines Insolvenzplans sind nur der Schuldner und der Insolvenzverwalter berechtigt.

Der Schuldner kann den Insolvenzplan bereits mit der Antragstellung auf Insolvenzeröffnung vorlegen.

Der Insolvenzverwalter muss einen Insolvenzplan ausarbeiten und vorlegen, wenn dies die Gläubigerversammlung so beschließt.

Gliederung des Insolvenzplans

Der Insolvenzplan besteht aus dem darstellenden Teil und dem gestaltenden Teil.

Im **darstellenden Teil** des Insolvenzplans wird beschrieben, welche Maßnahmen nach der Eröffnung des Insolvenzverfahrens getroffen sind oder noch getroffen werden sollen, um die Grundlagen für die geplante Gestaltung der Rechte der Beteiligten zu schaffen (§ 220 Abs. 1 InsO). Er hat die Grundlagen und die Auswirkungen des Plans so zu beschreiben und darzustellen, dass sich der Gläubiger sowohl ein Urteil über die Lage des Unternehmens als auch über den Sinn der im gestaltenden Teil für ihn getroffenen Regelungen bilden kann.

Im **gestaltenden Teil** des Insolvenzplans wird festgelegt, wie die Rechtsstellung der Beteiligten durch den Plan, z. B. die Regelungen über die Verteilung der Insolvenzmasse, geändert werden soll (§ 221 InsO).

Vorprüfung des Insolvenzplans durch das Insolvenzgericht

Das Insolvenzgericht muss den Insolvenzplan im Rahmen einer Vorprüfung prüfen. Es weist den Plan gegebenenfalls wegen Mängeln zurück, wenn z. B.

- der vom Schuldner oder Insolvenzverwalter eingereichte Plan formal und inhaltlich nicht dem Gesetz entspricht,
- der vom Schuldner eingereichte Plan offensichtlich keine Aussicht auf Annahme durch die Gläubiger oder auf Bestätigung durch das Gericht hat,
- der vom Schuldner eingereichte Plan Ansprüche enthält, die den Beteiligten nach dem gestaltenden Teil des Plans zustehen, die aber offensichtlich nicht erfüllt werden können.

Wird der Insolvenzplan zugelassen, leitet ihn das Insolvenzgericht dem Gläubigerausschuss, dem Betriebsrat, dem Sprecherausschuss der leitenden Angestellten sowie dem Schuldner (wenn der Insolvenzverwalter den Plan vorgelegt hat) bzw. dem Insolvenzverwalter (wenn der Schuldner den Plan vorgelegt hat) zur Stellungnahme zu.

Erörterungs- und Abstimmungstermin

Das Insolvenzgericht bestimmt einen Erörterungs- und Abstimmungstermin, zu dem die Insolvenzgläubiger, die absonderungsberechtigten Gläubiger, der Insolvenzverwalter, der Schuldner, der Betriebsrat und der Sprecherausschuss der leitenden Angestellten eingeladen werden.

Im Erörterungs- und Abstimmungstermin wird

- der Insolvenzplan mit den Beteiligten erörtert,
- das Stimmrecht der Insolvenzgläubiger und Absonderungsberechtigten festgestellt und anschließend
- über den Plan abgestimmt.

Die Abstimmung über den Plan wird in Gruppen durchgeführt. Jede Gruppe und jede Untergruppe der stimmberechtigten Gläubiger stimmt gesondert über den Insolvenzplan ab.

Welche Gruppen und Untergruppen abstimmen, hängt davon ab, welche Gruppen im vorgelegten Insolvenzplan gebildet wurden. Wurde die Gruppenbildung entsprechend den beispielhaft erwähnten Gläubigergruppen des § 222 InsO vorgenommen, so erfolgt die Abstimmung in den folgenden Gruppen:

- **absonderungsberechtigte** Gläubiger, wenn durch den Plan in deren Rechte eingegriffen wird
- **nicht nachrangige Insolvenzgläubiger**
- einzelne **Rangklassen der nachrangigen Insolvenzgläubiger**, soweit deren Forderungen nicht nach § 225 InsO als erlassen gelten sollen (hier ist für jede Rangklasse eine eigene Gruppe zu bilden)
- **Arbeitnehmergruppe**
- **Kleingläubigergruppe**

Der **Insolvenzplan ist angenommen**, wenn in jeder Gruppe eine Mehrheit der abstimmenden Gläubiger (**Kopfmehrheit**) zustimmt und eine Mehrheit der Ansprüche (Forderungen) der abstimmenden Gläubiger (**Summenmehrheit**) besteht.

Die Erzielung einer Mehrheit wird durch das **Obstruktionsverbot** des § 245 InsO erleichtert. Danach gilt die Zustimmung einer Abstimmungsgruppe auch dann als erteilt, wenn die erforderlichen Mehrheiten nicht erreicht worden sind, sofern

- die Gläubiger dieser Gruppe durch den Plan nicht schlechter gestellt werden, als sie ohne Plan (also nach dem Regelverfahren) stünden,
- die Gläubiger dieser Gruppe angemessen an dem wirtschaftlichen Wert beteiligt werden, d. h., dass sie gegenüber den anderen Gruppen nicht benachteiligt sind, und
- die Mehrheit der abstimmenden Gruppen dem Plan mit den erforderlichen Mehrheiten zugestimmt hat.

Gerichtliche Bestätigung

Nach der Annahme des Insolvenzplans durch die Gläubiger und der Zustimmung des Schuldners muss der Plan durch das Insolvenzgericht bestätigt werden. Der Beschluss, durch den der Insolvenzplan bestätigt oder abgelehnt wird, muss am Abstimmungstermin oder an einem als bald zu bestimmenden besonderen Termin bekannt gegeben werden.

Auf Antrag eines Gläubigers ist die Bestätigung des Insolvenzplans zu verweigern, wenn der Gläubiger nachweist, dass er durch den Plan schlechter als ohne Insolvenzplan gestellt ist **(Minderheitenschutz)**.

Aufhebung des Insolvenzverfahrens

Sobald die Bestätigung des Insolvenzplans rechtskräftig ist, beschließt das Insolvenzgericht die Aufhebung des Insolvenzverfahrens.

Damit erlöschen die Ämter des Insolvenzverwalters und des Gläubigerausschusses. Mit der Aufhebung des Insolvenzverfahrens erhält der Schuldner das Recht zurück, über die Insolvenzmasse frei zu verfügen.

Ist die **Überwachung** der Planerfüllung im Insolvenzplan vorgesehen, besteht jedoch zu diesem Zweck das Amt des Insolvenzverwalters, des Gläubigerausschusses und des Insolvenzgerichts fort.

Aufgaben

1 Welche personellen, sachlichen, organisatorischen und finanziellen Gründe können zu einer Unternehmenskrise führen?

2 Wodurch unterscheiden sich Liquidation und Sanierung?

3 Wer kann einen Antrag auf Eröffnung eines Insolvenzverfahrens stellen?

4 Warum wird der Eröffnungsbeschluss über ein Insolvenzverfahren veröffentlicht?

5 Welche Gegenstände gehören nicht zur Insolvenzmasse?

6 In welcher Reihenfolge müssen folgende Forderungen in einem Insolvenzverfahren befriedigt werden?

a) Gerichtskosten für das Insolvenzverfahren

b) unter Eigentumsvorbehalt gelieferte Ware

c) ungesicherte Forderungen eines Lieferers

d) rückständige Gewerbesteuerzahlung

e) eine durch Sicherungsübereignung gesicherte Forderung

f) die Forderung eines Arztes gegenüber dem Schuldner

7 Welche Vorteile bietet das Insolvenzplanverfahren gegenüber dem Regelverfahren

a) dem Schuldner?

b) den Gläubigern?

Aktion

Die ***Spindler KG*** ist nicht mehr in der Lage, ihre Zahlungsverpflichtungen zu erfüllen. Welche Maßnahmen können die Geschäftsführer Strobel und Spindler ergreifen, um das Textilunternehmen vor der Auflösung zu bewahren? Stellen Sie die notwendigen Schritte auf einem Plakat dar.

Zusammenfassung

Gründe für eine Unternehmenskrise

- personelle Gründe
- sachliche Gründe
- organisatorische Gründe
- finanzielle Gründe

Insolvenzverfahren

Regelabwicklung

Antrag durch Gläubiger oder Schuldner
↓
Insolvenzgericht
entscheidet
- ↓ Eröffnungsbeschluss
- ↓ Abweisung bei fehlender Deckung der Verfahrenskosten

Eröffnungsbeschluss
↓
Anmeldung der Forderungen durch die Insolvenzgläubiger
↓
Gläubigerversammlungen
- Berichtstermin
- Prüfungstermin

↓
Verwertung und Verteilung der Insolvenzmasse
↓
Schlusstermin
↓
Aufhebung des Insolvenzverfahrens

Insolvenzplanverfahren

Vorlage durch Schuldner oder Insolvenzverwalter
↓
Vorprüfung durch das Insolvenzgericht
- ↓ Zulassung
- ↓ Zurückweisung

Zulassung
↓
Stellungnahme
↓
Erörterungs- und Abstimmungstermin
↓
Abstimmung nach Gruppen
- ↓ Annahme
- ↓ Ablehnung

Annahme
↓
gerichtliche Bestätigung
↓
Aufhebung des Insolvenzverfahrens

ggf. Überwachung

5567252

Einstieg in das Lernfeld 11

Unternehmensergebnisse aufbereiten, bewerten und nutzen

Lernsituation 1

Die *Spindler KG* muss als Personengesellschaft nach den handelsrechtlichen Vorschriften für den Schluss des Geschäftsjahres einen **Jahresabschluss (Bilanz und Gewinn- und Verlustrechnung)** aufstellen

- zum Zwecke der Rechenschaftslegung und Information,
- als Grundlage der Gewinnermittlung und der
- Ermittlung der Steuer.

§

§ 242 HGB
Pflicht zur Aufstellung

(1) Der Kaufmann hat zu Beginn seines Handelsgewerbes und für den Schluss eines jeden Geschäftsjahres einen das Verhältnis seines Vermögens und seiner Schulden darstellenden Abschluss (Eröffnungsbilanz, Bilanz) aufzustellen. (...)

(2) Er hat für den Schluss eines jeden Geschäftsjahres eine Gegenüberstellung der Aufwendungen und Erträge des Geschäftsjahres (Gewinn- und Verlustrechnung) aufzustellen.

(3) Die Bilanz und die Gewinn- und Verlustrechnung bilden den Jahresabschluss.

Zur *Vorbereitung* müssen u. a. die folgenden **Abschlussarbeiten** durchgeführt werden:

- zeitraumrichtige Erfassung und Abgrenzung der Aufwendungen und Erträge
- Inventur der Vermögensteile und Schulden vor Abschluss der Konten
  In diesem Zusammenhang sind z. B. Inventurdifferenzen zu erfassen, Abschreibungen vorzunehmen und Bestandsveränderungen zu buchen.
- Abschluss der Unterkonten
- Ordnungsmäßige Gliederung der Bilanz und Gewinn- und Verlustrechnung

In der Abteilung Rechnungswesen beschäftigen sich zu diesem Zeitpunkt die Mitarbeiter einschließlich Anja Kruse mit folgenden noch zu erfassenden Geschäftsfällen (Auszug):

1. Die Lagermiete für Dezember über 1.800,00 € wird von uns vereinbarungsgemäß erst im Januar nächsten Jahres überwiesen.
2. Die Zinsgutschrift der Lindener Volksbank Hannover eG über 495,00 € für die Zeit vom 1. Oktober bis 31. Dezember steht noch aus und wird erst im Januar eingehen.
3. Die Prämie über 420,00 € für die Feuerversicherung des Verwaltungsgebäudes wird am 1. Oktober für ein Jahr im Voraus durch Banküberweisung beglichen.
4. Am 1. Dezember geht auf dem Bankkonto der *Spindler KG* eine Gutschrift über 2.100,00 € für vermietete Geschäftsräume ein. Die Vierteljahresmiete wurde vom Mieter im Voraus gezahlt.
5. Zum Bilanzstichtag erwarten die beiden Geschäftsführer der *Spindler KG* für das ablaufende Geschäftsjahr eine Gewerbesteuernachzahlung von 3.600,00 €.

Darüber hinaus gibt es Fragen zu klären, die mit der **Bewertung der Vermögensteile und Schulden** zusammenhängen. Da unrichtige Bewertungen der einzelnen Vermögens- und Schuldenposten zu einer falschen Darstellung des wirtschaftlichen Gesamtbilds eines Großhandelsunternehmens führen, hat der Gesetzgeber hierzu Bewertungsvorschriften erlassen.

Vor diesem Hintergrund müssen im Rechnungswesen der *Spindler KG am Bilanzstichtag* noch folgende Fälle abgeschlossen (bewertet) werden:

1. Aufgrund allgemein angestiegener Immobilienpreise ist ein für 220.000,00 € erworbenes Grundstück mittlerweile auf einen Wert von 245.000,00 € angestiegen.
2. Die *Spindler KG* hatte Mitte Dezember Textilien aus Taiwan importiert. Vereinbart war ein Zahlungsziel von sechs Wochen, der Rechnungsbetrag betrug 8.500,00 US-$ (Kurs am 18. Dezember: 1,00 € = 1,2864 US-$). Am Bilanzstichtag (31. Dezember)

wird ein amtlicher Kurs von 1,00 € = 1,2537 US-$ notiert.

3. Eine im Januar angeschaffte Transporteinrichtung für das Lager mit einem Anschaffungswert von 88.000,00 € und einer betrieblichen Nutzungsdauer von 10 Jahren soll abgeschrieben werden mit dem für die ***Spindler KG*** steuerlich höchstmöglichen Abschreibungsbetrag.
4. Die ***Spindler KG*** hat am Abschluss-Stichtag noch 14 Heimtrainer auf Lager; Anschaffungskosten pro Gerät 470,00 €. Zum Bilanzstichtag beträgt der Tageswert 420,00 € je Stück.
5. Das Rechnungswesen erhält die Nachricht, dass eine im vorigen Jahr als uneinbringlich abgeschriebene Forderung des Kunden Alberti KG nun doch noch teilweise beglichen wurde. Gutgeschrieben wurde auf dem Konto der Lindener Volksbank Hannover ein Betrag von 511,70 € (einschl. 19 % USt).

Sie sollen bei der Erstellung des Jahresabschlusses mitwirken. Stellen Sie daher fest, wie die unterschiedlichen Situationen zu handhaben sind. Formulieren Sie anschließend Ihre Ergebnisse unter Bezugnahme auf die jeweils gesetzliche Regelung.

Lernsituation 2

Nach der ordnungsmäßigen Aufstellung des Jahresabschlusses liegt Ihnen die folgende aufbereitete (vereinfachte) Bilanz der ***Spindler KG*** gemäß § 242 f. HGB vor:[1]

Bilanz zum 31. Dezember ..
Textilgroßhandlung *Spindler KG*

Aktiva		Passiva	
A. Anlagevermögen		**A. Eigenkapital**	903.000,00
1. Grundstücke u. Gebäude	580.000,00		
2. Fuhrpark	160.000,00	**B. Verbindlichkeiten**	
3. Betriebs- und Geschäftsausstattung	236.000,00	1. Hypothekenschulden	425.000,00
		2. Verbindlichkeiten a. LL	359.000,00
B. Umlaufvermögen			
1. Warenvorräte	491.000,00		
2. Forderungen a. LL	86.300,00		
3. Kasse	13.700,00		
4. Postbank	24.000,00		
5. Kreditinstitute	96.000,00		
	1.687.000,00		1.687.000,00

Hannover, 4. Januar ..

Gerd Spindler

Die Abteilung Rechnungswesen erhält nun von der Geschäftsleitung den Auftrag, **betriebliche Kennzahlen** bereitzustellen. Man erwartet sich von ihnen Hilfestellung, um

- die wirtschaftliche Lage der Textilgroßhandlung zum jetzigen Zeitpunkt noch besser beurteilen zu können,
- die Schwächen und die Stärken im eigenen Unternehmen klar erkennen zu können,
- die weitere Entwicklung des Unternehmens besser beobachten zu können,
- zukünftig rechtzeitig Signale für Fehlentwicklungen zu erhalten,
- das eigene Unternehmen mit anderen vergleichbaren Unternehmen der Textilbranche vergleichen zu können,
- Maßstäbe (Planzahlen) für die Zukunft festlegen zu können.

Sie werden nun in die Rolle eines Sachbearbeiters im Rechnungswesen versetzt. Ermittelt werden sollen die folgenden von der Geschäftsleitung erwarteten Ergebnisse über:

- die Anlagendeckung 1
- die Anlagendeckung 2
- die Finanzierung
- die Eigenkapitalintensität (Eigenkapitalanteil)

1 s. auch Kap. 10.2

- den Verschuldungsgrad
- die Fremdkapitalintensität (Fremdkapitalanteil)
- die Konstitution
- die Anlagen- und Umlaufintensität
- die Liquidität 1. bis 3. Grades

Darüber hinaus sollen Sie berechnen und auswerten:

- die Rentabilität des Eigen- und Gesamtkapitals (Vorjahr: 7,3 % bzw. 6,3 %)
- die Cashflow-Umsatzrate (Vorjahr 5,3 %)
- die Umsatzrentabilität (Umsatzgewinnrate)

Hierzu liegen Ihnen aus der Buchhaltung (GuV-Rechnung) u. a. die folgenden Zahlen für das Berichtsjahr vor:

Reingewinn	87.591,00 €[1]
Zinsaufwendungen	26.000,00 €
Abschreibungen	56.000,00 €
Umsatzerlöse	2.209.092,00 €

Nehmen Sie zu allen Ihren Ergebnissen eine erste wirtschaftliche Einschätzung vor.

11.1 Wir nehmen die zeitliche Erfolgsabgrenzung für den Jahresabschluss vor

Einstieg

Frau Jonas konfrontiert Anja Kruse zum Jahresende mit den folgenden Geschäftsfällen:

- Die halbjährlich fälligen Darlehenszinsen vom 1. September bis zum 28. Februar von 1.200,00 € werden von einem Darlehensschuldner am 28. Februar an die ***Spindler KG*** überwiesen.
- Die Lagerhallenmiete für Dezember von 3.000,00 € zahlt die ***Spindler KG*** erst im Januar per Banküberweisung.
- Die ***Spindler KG*** bezahlt die Feuerversicherungsprämie von 1.800,00 € für Betriebsgebäude und Lagerhallen am 1. Oktober per Banküberweisung für ein Jahr im Voraus.
- Für eine vermietete Lagerhalle erhält die ***Spindler KG*** die Miete von 3.000,00 € vierteljährlich im Voraus am 1. Dezember auf ihr Bankkonto überwiesen.

1. Warum können diese vier Geschäftsfälle von Anja Kruse nicht mehr wie bisher gebucht werden?
2. Finden Sie Gründe dafür, dass die vorliegenden Geschäftsfälle zeitraumrichtig erfasst werden müssen.
3. Versetzen Sie sich in die Rolle von Anja Kruse und nehmen Sie für die Geschäftsfälle die am Ende des Geschäftsjahres (31. Dezember) erforderlichen Buchungen vor.

1 nach Abzug des Unternehmerlohnes

Informationen

In der kaufmännischen Praxis kommt es häufig vor, dass der Zahlungsvorgang, also die Geldeinnahme bzw. Geldausgabe, in einer anderen Rechnungsperiode liegt als der dazugehörende Erfolgsvorgang, also der Ertrag bzw. Aufwand.

Der Gesetzgeber[1] fordert im Rahmen der Buchführungs- und Bilanzierungspflicht, dass alle Aufwendungen und Erträge – unabhängig vom Zeitpunkt der Geldausgabe bzw. Geldeinnahme – in dem Geschäftsjahr zu erfassen sind, dem sie verursachungsgemäß zuzurechnen sind.

Mit der zeitlichen Abgrenzung werden Erfolgsvorgänge periodengerecht erfasst.

Zum Geschäftsjahresabschluss können sich folgende korrekturbedürftige Fälle ergeben:

1. a) Die Ausgabe für einen Aufwand, der verursachungsgerecht ins **alte** Geschäftsjahr gehört, erfolgt erst im **neuen** Geschäftsjahr.
   b) Die Einnahme für einen Ertrag, der verursachungsgerecht ins **alte** Geschäftsjahr gehört, erfolgt erst im **neuen** Geschäftsjahr.
2. a) Die Ausgabe für einen Aufwand, der verursachungsgerecht ins **neue** Geschäftsjahr gehört, erfolgt bereits im **alten** Geschäftsjahr.
   b) Die Einnahme für einen Ertrag, der verursachungsgerecht ins **neue** Geschäftsjahr gehört, erfolgt bereits im **alten** Geschäftsjahr.

Im Fall 1. a) und 1. b) ist im alten Geschäftsjahr ein Aufwand bzw. Ertrag noch nicht buchungsmäßig erfasst, weil er noch nicht zu einer Ausgabe bzw. Einnahme geführt hat. Entsprechend ist hier der Aufwand bzw. der Ertrag noch in die Erfolgsrechnung des alten Jahres einzubringen. Man spricht hier von einer **antizipativen Jahresabgrenzung** (antizipieren = vorwegnehmen).

Im Fall 2. a) und 2. b) muss ein bereits buchungsmäßig erfasster Aufwand bzw. Ertrag aus der Erfolgsrechnung des alten Jahres in die Erfolgsrechnung des neuen Jahres gebracht werden. Man spricht hier von einer **transitorischen Jahresabgrenzung** (transire = hinüberführen).

Die periodengerechte Erfassung aller Aufwendungen und Erträge durch die zeitliche Abgrenzung

- ist nötig, um den tatsächlichen Periodenerfolg zu ermitteln,
- dient der genauen Erfassung der Kalkulationsgrundlagen und
- ermöglicht innerbetriebliche und zwischenbetriebliche Vergleiche.

Antizipative Rechnungsabgrenzung – „Sonstige Forderungen“ und „Sonstige Verbindlichkeiten“

Ein Aufwand bzw. Ertrag,

- der durch das laufende Geschäftsjahr wirtschaftlich begründet ist,
- dessen Zahlungsvorgang jedoch erst im neuen Geschäftsjahr erfolgt,

wird am Bilanzstichtag als **„Sonstige Verbindlichkeit“ (Konto 1940)** bzw. **„Sonstige Forderung“ (Konto 1130)** buchungsmäßig erfasst. Dadurch wird er im alten Geschäftsjahr erfolgswirksam. Hierunter fallen u. a. am Bilanzstichtag

- noch zu zahlende bzw. zu erhaltende Zinsen,
- noch zu zahlende bzw. zu erhaltende Mieten,
- noch zu zahlende bzw. zu erhaltende Provisionen,
- noch zu zahlende bzw. zu erhaltende Boni,
- noch zu zahlende Löhne und Gehälter und
- noch zu zahlende Steuern, Gebühren und Beiträge.

1 Rechtsgrundlage: § 252 Abs. 1 Ziff. 5 HGB, § 250 HGB.

Beispiel

für eine vollständige zeitliche Rechnungsabgrenzung über das Konto „Sonstige Forderungen“

Unsere Mieter überweisen die Miete von 5.000,00 € für Dezember des alten Geschäftsjahres erst im Januar des neuen Geschäftsjahres.

Buchung am Bilanzstichtag des Abschlussjahres

	Soll	Haben
1130 Sonstige Forderungen	5.000,00	
an 2420 Betriebsfremde Erträge		5.000,00

Diese Buchung bewirkt eine Ergebnisverbesserung im Abschlussjahr.

Buchung beim Zahlungseingang im Januar des neuen Geschäftsjahres

	Soll	Haben
1310 Kreditinstitute	5.000,00	
an 1130 Sonstige Forderungen		5.000,00

Bei Zahlungseingang im Januar des neuen Jahres wird die „Sonstige Forderung“ ausgeglichen.

Eine zeitliche Abgrenzung mit dem Konto „1130 Sonstige Forderungen“ erhöht die Erträge im Abschlussjahr (Ergebnisverbesserung im Abschlussjahr) und verringert die Erträge im Folgejahr (Ergebnisverschlechterung im Folgejahr).

Beispiel

für eine anteilige zeitliche Rechnungsabgrenzung über das Konto „Sonstige Forderungen“

Die halbjährlich fälligen Darlehenszinsen vom 1. September bis zum 28. Februar von 1.200,00 € werden von unserem Darlehensschuldner am 28. Februar an uns überwiesen (monatlich 200,00 € Zinsen).

Buchung am Bilanzstichtag des Abschlussjahres

	Soll	Haben
1130 Sonstige Forderungen	800,00	
an 2620 Zinserträge aus langfristigen Forderungen		800,00

In diesem Fall dürfen nur die Darlehenszinsen für die vier Monate September, Oktober, November und Dezember im alten Geschäftsjahr erfolgswirksam werden.

Buchung beim Zahlungseingang am 28. Februar des neuen Geschäftsjahres

	Soll	Haben
1310 Kreditinstitute	1.200,00	
an 1130 Sonstige Forderungen		800,00
an 2620 Zinserträge aus langfristigen Forderungen		400,00

Bei Zahlungseingang im neuen Geschäftsjahr werden die „Sonstigen Forderungen“ aufgelöst. Der anteilige Zinsertrag für die Monate Januar und Februar des neuen Geschäftsjahres wird erfolgswirksam gebucht.

Beispiel

für eine vollständige zeitliche Rechnungsabgrenzung über das Konto „Sonstige Verbindlichkeiten"

Die Lagerhallenmiete für Dezember von 3.000,00 € zahlen wir erst im Januar per Banküberweisung.

Buchung am Bilanzstichtag des Abschlussjahres

	Soll	Haben
4100 Mieten, Pachten, Leasing	3.000,00	
an 1940 Sonstige Verbindlichkeiten		3.000,00

Durch diese Buchung wird die Lagerhallenmiete im alten Geschäftsjahr aufwandswirksam.

Buchung bei Zahlung im Januar des neuen Geschäftsjahres

	Soll	Haben
1940 Sonstige Verbindlichkeiten	3.000,00	
an 1310 Kreditinstitute		3.000,00

Die „Sonstige Verbindlichkeit" wird bei Zahlung im Januar des neuen Jahres aufgelöst.

Eine zeitliche Abgrenzung mit dem Konto „1940 Sonstige Verbindlichkeiten" erhöht die Aufwendungen im Abschlussjahr (Ergebnisverschlechterung im Abschlussjahr) und verringert die Aufwendungen im Folgejahr (Ergebnisverbesserung im Folgejahr).

Beispiel

für eine anteilige zeitliche Rechnungsabgrenzung über das Konto „Sonstige Verbindlichkeiten"

Die Grundsteuer von 600,00 € halbjährlich auf unser Betriebsgebäude wird am 1. April für das vergangene Halbjahr per Banküberweisung gezahlt (vierteljährlich 300,00 €).

Buchung am Bilanzstichtag des Abschlussjahres

	Soll	Haben
4230 Grundsteuer	300,00	
an 1940 Sonstige Verbindlichkeiten		300,00

Nur die anteilige Grundsteuer, die auf die drei Monate des alten Geschäftsjahres entfällt, wird aufwandswirksam gebucht.

Buchung bei Zahlung am 1. April des neuen Geschäftsjahres

	Soll	Haben
1940 Sonstige Verbindlichkeiten	300,00	
4230 Grundsteuer	300,00	
an 1310 Kreditinstitute		600,00

Mit dieser Buchung wird die „Sonstige Verbindlichkeit" aufgelöst. Die Grundsteuer für die Monate Januar, Februar und März wird erst im neuen Jahr aufwandswirksam.

5567258

Umsatzsteuerbehandlung bei „Sonstigen Forderungen“ (Exkurs)

Die Umsatzsteuerschuld für Leistungen, die im Abschlussjahr ausgeführt worden sind, deren Rechnungsstellung und Zahlung aber erst im Folgejahr erfolgen, entsteht bereits im Abschlussjahr.

Beispiel

Für vermietete Fotokopiergeräte wird die Dezembermiete von 1.785,00 € (1.500,00 € + 285,00 € Umsatzsteuer) erst im Januar des Folgejahres von unserem Kunden per Banküberweisung beglichen.

Buchung am Bilanzstichtag des Abschlussjahres	Soll	Haben
1130 Sonstige Forderungen	1.785,00	
an 2420 Betriebsfremde Erträge		1.500,00
an 1810 Umsatzsteuer		285,00

Buchung beim Zahlungseingang im Januar des Folgejahres	Soll	Haben
1310 Kreditinstitute	1.785,00	
an 1130 Sonstige Forderungen		1.785,00

Vorsteuerbehandlung bei „Sonstigen Verbindlichkeiten“ (Exkurs)

Der zum Vorsteuerabzug berechtigte Unternehmer kann nach § 15 Abs. 1 Ziff. 1 Satz 1 UStG die Vorsteuer erst dann verrechnen, wenn u. a.

- die Rechnung vorliegt **und**
- die Lieferung oder sonstige Leistung ausgeführt ist.

Beispiel

Im Dezember kauft die ***Spindler KG*** Büromaterial zu einem Preis von 714,00 € (600,00 € + 114,00 € Umsatzsteuer). Die Rechnung geht erst im Januar des neuen Geschäftsjahres ein und wird sofort per Verrechnungsscheck beglichen.

Buchung am Bilanzstichtag des Abschlussjahres	Soll	Haben
4810 Bürobedarf	600,00	
an 1940 Sonstige Verbindlichkeiten		600,00

Buchung bei Zahlung im Januar des Folgejahres	Soll	Haben
1940 Sonstige Verbindlichkeiten	600,00	
1410 Vorsteuer	114,00	
an 1310 Kreditinstitute		714,00

Da am Bilanzstichtag des Abschlussjahres eine Voraussetzung (Vorliegen der Rechnung) für den Vorsteuerabzug nicht erfüllt ist, wird zu diesem Zeitpunkt die Vorsteuer noch nicht berücksichtigt.

Transitorische Rechnungsabgrenzung – „Aktive Rechnungsabgrenzung“ und „Passive Rechnungsabgrenzung“

Ein Aufwand bzw. Ertrag,

- dessen Zahlungsvorgang im alten Geschäftsjahr erfolgt,
- der jedoch erst durch das neue Geschäftsjahr wirtschaftlich begründet ist,

muss noch im Abschlussjahr **zeitlich aktiv** bzw. **zeitlich passiv abgegrenzt** werden. Dadurch wird die Erfolgswirksamkeit in das Folgejahr übertragen.

Hierunter fallen u. a. für das Folgejahr
- im Voraus gezahlte bzw. erhaltene Zinsen,
- im Voraus gezahlte bzw. erhaltene Mieten,
- im Voraus gezahlte bzw. erhaltene Provisionen und
- im Voraus gezahlte Steuern, Gebühren und Beiträge.

Beispiel

für eine anteilige aktive Rechnungsabgrenzung

Die Feuerversicherungsprämie von 1.800,00 € für das Betriebsgebäude und die Lagerhallen wird am 1. Oktober per Banküberweisung für ein Jahr im Voraus bezahlt.

1. Methode

Buchung der Ausgabe am 1. Oktober des Abschlussjahres

	Soll	Haben
4260 Versicherungen	1.800,00	
an 1310 Kreditinstitute		1.800,00

Mit dieser Buchung wird die Ausgabe im Abschlussjahr in ihrer vollen Höhe als Aufwand erfasst.

Buchung am Bilanzstichtag des Abschlussjahres

	Soll	Haben
0910 Aktive Rechnungsabgrenzung	1.350,00	
an 4260 Versicherungen		1.350,00

Von den 1.800,00 € Feuerversicherungsprämie entfallen

450,00 € $\left(= \frac{1.800 \cdot 3}{12} \right)$ auf die 3 Monate des Abschlussjahres.

1.350,00 € $\left(= \frac{1.800 \cdot 9}{12} \right)$ entfallen auf die 9 Monate des Folgejahres.

Der Anteil der Feuerversicherungsprämie, der das neue Geschäftsjahr betrifft, darf im alten Geschäftsjahr nicht aufwandswirksam werden und wird zeitlich abgegrenzt.

Mit der obigen Buchung am Bilanzstichtag wird das Aufwandskonto „4260 Versicherungen" um die auf das neue Geschäftsjahr entfallende Feuerversicherungsprämie korrigiert. Hierzu dient das **aktive Bestandskonto „0910 Aktive Rechnungsabgrenzung"**.

Dieses Konto gleicht auf der Aktivseite der Bilanz die für das Abschlussjahr zu hohe Minderung des Bankguthabens aus.

2. Methode

Die aktive Rechnungsabgrenzung kann auch bereits mit der Buchung der Ausgabe vorgenommen werden.

Buchung am 1. Oktober des Abschlussjahres

	Soll	Haben
4260 Versicherungen	450,00	
0910 Aktive Rechnungsabgrenzung	1.350,00	
an 1310 Kreditinstitute		1.800,00

5567260

Hier sind die beiden Buchungen der ersten Methode zu einer Buchung zusammengefasst. Der Anteil des Aufwandes, der wirtschaftlich ins Folgejahr gehört, wird sofort auf dem Konto „0910 Aktive Rechnungsabgrenzung" gebucht.

Buchung nach der Konteneröffnung im Folgejahr[1]

	Soll	Haben
4260 Versicherungen	1.350,00	
an 0910 Aktive Rechnungsabgrenzung		1.350,00

Mit der vorstehenden Buchung wird das Konto „0910 Aktive Rechnungsabgrenzung" aufgelöst. Zugleich wird der das neue Geschäftsjahr betreffende Anteil der Feuerversicherungsprämie in der neuen Rechnungsperiode aufwandswirksam.

Aktive Rechnungsabgrenzungen verringern die Aufwendungen im Abschlussjahr (Ergebnisverbesserung im Abschlussjahr) und erhöhen die Aufwendungen im Folgejahr (Ergebnisverschlechterung im Folgejahr).

Beispiel

für eine anteilige passive Rechnungsabgrenzung

Für die vermietete Lagerhalle erhalten wir die Miete von 3.000,00 € vierteljährlich im Voraus am 1. Dezember auf unser Bankkonto überwiesen.

1. Methode

Buchung der Einnahme am 1. Dezember des Abschlussjahres

	Soll	Haben
1310 Kreditinstitute	3.000,00	
an 2420 Betriebsfremde Erträge		3.000,00

Mit dieser Buchung wird die Einnahme im Abschlussjahr in ihrer vollen Höhe als Ertrag erfasst.

Buchung am Bilanzstichtag des Abschlussjahres

	Soll	Haben
2420 Betriebsfremde Erträge	2.000,00	
an 0930 Passive Rechnungsabgrenzung		2.000,00

1.000,00 € des Mietertrages entfallen auf den Monat Dezember, also auf das alte Geschäftsjahr; 2.000,00 € entfallen auf die Monate Januar und Februar, also auf die neue Rechnungsperiode.

Die 2.000,00 €, die das Folgejahr betreffen, dürfen im Abschlussjahr nicht ertragswirksam werden. Sie werden zeitlich abgegrenzt.

Mit der obigen Buchung am Bilanzstichtag wird das Ertragskonto „2420 Betriebsfremde Erträge" um den auf das neue Geschäftsjahr entfallenden Mietertrag korrigiert. Hierzu dient das **passive Bestandskonto „0930 Passive Rechnungsabgrenzung"**.

Dieses Konto gleicht auf der Passivseite der Bilanz den für das Abschlussjahr zu hohen Zahlungseingang auf dem Bankkonto aus.

1 für 1. und 2. Methode

2. Methode

Die passive Rechnungsabgrenzung kann auch bereits mit der Buchung der Einnahme vorgenommen werden.

Buchung am 1. Dezember des Abschlussjahres

	Soll	Haben
1310 Kreditinstitute	3.000,00	
an 2420 Betriebsfremde Erträge		1.000,00
an 0930 Passive Rechnungsabgrenzung		2.000,00

Auf dem Konto „0930 Passive Rechnungsabgrenzung" wird der Ertrag, der dem Folgejahr wirtschaftlich zuzuordnen ist, bei Zahlungseingang sofort gebucht.

Buchung nach der Konteneröffnung im Folgejahr[1]

	Soll	Haben
0930 Passive Rechnungsabgrenzung	2.000,00	
an 2420 Betriebsfremde Erträge		2.000,00

Das Konto „0930 Passive Rechnungsabgrenzung" wird mit dieser Buchung aufgelöst. Der die neue Rechnungsperiode betreffende Mietertrag wird ertragswirksam.

Passive Rechnungsabgrenzungen verringern die Erträge im Abschlussjahr (Ergebnisverschlechterung im Abschlussjahr) und erhöhen die Erträge im Folgejahr (Ergebnisverbesserung im Folgejahr).

Rückstellungen

Rückstellungen dienen der **periodengerechten Erfolgsermittlung.** Sie sind verwandt mit den „Sonstigen Verbindlichkeiten" der antizipativen Rechnungsabgrenzung. Der Unterschied besteht darin, dass Rückstellungen am Bilanzstichtag für noch ausstehende Ausgaben gebildet werden, deren Höhe und/oder Fälligkeitstermin ungewiss sind.

Rückstellungen werden am Bilanzstichtag für Schulden gebildet, die dem Grunde nach feststehen, nicht aber der Höhe und/oder der Fälligkeit nach.

Da die Höhe der Rückstellung nicht feststeht, muss sie geschätzt werden. Die Schätzung muss einer vernünftigen kaufmännischen Beurteilung entsprechen.

Nach § 249 Abs. 1 HGB **sind** Rückstellungen **zu bilden** für **(Passivierungspflicht):**

- ungewisse Verbindlichkeiten (z. B. Gewerbesteuernachzahlungen[2], Pensionsverpflichtungen, Prozesskosten)
- drohende Verluste aus schwebenden Geschäften[3]
- im Geschäftsjahr unterlassene Instandhaltungsaufwendungen, die innerhalb von drei Monaten nach dem Bilanzstichtag nachgeholt werden
- Gewährleistungen, die ohne rechtliche Verpflichtung erbracht werden (z. B. Kulanzleistungen)

1 für 1. und 2. Methode
2 Seit 2008 darf die Gewerbesteuer in der **Steuerbilanz** nicht mehr als Betriebsausgabe abgesetzt werden. In der **Handelsbilanz** sind nach wie vor Rückstellungen für Gewerbesteuernachzahlungen zu bilden.
3 s. Exkurs (Hinweis: Rückstellungen für drohende Verluste aus schwebenden Geschäften sind in der **Steuerbilanz** [§ 5 Abs. 4a EStG] nicht zulässig. In der **Handelsbilanz** sind Rückstellungen für drohende Verluste aus schwebenden Geschäften zu bilden.)

Exkurs Ein **schwebendes Geschäft** besteht vom Zeitpunkt des Vertragsabschlusses (= Verpflichtungsgeschäft) bis zur Erfüllung des Vertrages (= Erfüllungsgeschäft). Buchhalterisch wird ein schwebendes Geschäft nicht erfasst. Wenn aber am Bilanzstichtag feststeht, dass aus einem schwebenden Geschäft ein Verlust droht, so ist aus **Gründen der kaufmännischen Vorsicht** eine entsprechende Rückstellung zu bilden.
Auf der **Beschaffungsseite** ergeben sich drohende Verluste aus schwebenden Geschäften, wenn der vertraglich vereinbarte Einkaufspreis am Bilanzstichtag über den Wiederbeschaffungskosten der bestellten Waren liegt.
Auf der **Absatzseite** ergeben sich drohende Verluste aus schwebenden Geschäften, wenn der vertraglich vereinbarte Verkaufspreis am Bilanzstichtag unter den zu erwartenden Selbstkosten liegt.

Rückstellungen **dürfen gebildet** werden für (**Passivierungswahlrecht**):

- unterlassene Instandhaltungsaufwendungen, die im neuen Geschäftsjahr nach Ablauf der Dreimonatsfrist nachgeholt werden (§ 249 Abs. 1 Satz 3 HGB)
- genau umschriebene, dem Geschäftsjahr oder einem früheren Geschäftsjahr zuzuordnende Aufwendungen, die am Abschluss-Stichtag wahrscheinlich oder sicher, aber hinsichtlich ihrer Höhe oder des Zeitpunktes ihres Eintritts unbestimmt sind (§ 249 Abs. 2 HGB), z. B. Großreparaturen

Bildung von Rückstellungen

Beispiel

Im Dezember konnte eine defekte Maschine nicht mehr repariert werden. Es liegt ein unverbindlicher Kostenvoranschlag über 9.000,00 € netto vor. Die Reparatur soll im Februar nachgeholt werden.

Buchung am Bilanzstichtag

	Soll	Haben
4700 Betriebskosten, Instandhaltung	9.000,00	
an 0720 Rückstellungen		9.000,00

Aufgrund dieser Buchung geht der zurückzustellende Betrag in die Erfolgsrechnung des Abschlussjahres ein, obwohl noch keine Ausgabe erfolgte.

Auflösung von Rückstellungen

Wenn die zu erwartende Verpflichtung feststeht, wird die Rückstellung aufgelöst. Dabei sind drei Fälle zu unterscheiden:

Fall 1: Die geschätzte Höhe der Rückstellung entspricht der tatsächl. Zahlungsverpflichtung.

Fall 2: Die geschätzte Höhe der Rückstellung ist größer als die tatsächl. Zahlungsverpflichtung.

Fall 3: Die geschätzte Höhe der Rückstellung ist kleiner als die tatsächl. Zahlungsverpflichtung.

Beispiele

Zu Fall 1:

Wir begleichen im nächsten Jahr nach Durchführung der Reparatur die Rechnung über 10.710,00 € (9.000,00 € netto + 1.710,00 € USt) mit Bankscheck.

Buchungssatz

	Soll	Haben
0720 Rückstellungen	9.000,00	
1410 Vorsteuer[1]	1.710,00	
an 1310 Kreditinstitute		10.710,00

Der entsprechende Betrag wird vom Bankkonto abgebucht und die Rückstellung wird aufgelöst.

1 s. Seite 259

Zu Fall 2:

Wir begleichen im nächsten Jahr nach Durchführung der Reparatur die Rechnung über 8.330,00 € (7.000,00 € netto + 1.330,00 € USt) mit Bankscheck.

Buchungssatz

	Soll	Haben
0720 Rückstellungen	9.000,00	
1410 Vorsteuer	1.330,00	
an 1310 Kreditinstitute		8.330,00
an 2760 Erträge aus der Auflösung von Rückstellungen		2.000,00

In diesem Fall entsteht im Folgejahr ein Ertrag, der dem **Konto „2760 Erträge aus der Auflösung von Rückstellungen“** zugewiesen wird.

Zu Fall 3:

Wir begleichen im nächsten Jahr nach Durchführung der Reparatur die Rechnung über 14.280,00 € (12.000,00 € netto + 2.280,00 € USt) mit Bankscheck.

Buchungssatz

	Soll	Haben
0720 Rückstellungen	9.000,00	
2030 Periodenfremde Aufwendungen für frühere Jahre	3.000,00	
1410 Vorsteuer	2.280,00	
an 1310 Kreditinstitute		14.280,00

Im Folgejahr entsteht nun ein Aufwand, der auf dem **Konto „2030 Periodenfremde Aufwendungen für frühere Jahre“** erfasst wird.

Aufgaben

Aufgabe 1:	Einführung in die Thematik
Aufgaben 2 bis 5:	antizipative Rechnungsabgrenzung
Aufgaben 6 und 7:	antizipative Rechnungsabgrenzung mit Umsatzsteuer
Aufgaben 8 bis 12:	transitorische Rechnungsabgrenzung
Aufgaben 13 bis 17:	gemischte Aufgaben zur antizipativen und transitorischen Rechnungsabgrenzung
Aufgabe 18:	Gegenüberstellung von „Rückstellungen“ und „Sonstigen Verbindlichkeiten“
Aufgaben 19 bis 25:	Bildung und Auflösung von Rückstellungen
Aufgabe 26:	Verständnisaufgabe (Rückstellungen)
Aufgabe 27:	Zuordnungsaufgabe zum Thema „zeitliche Abgrenzungen“

1 Erklären Sie den Unterschied zwischen Einnahmen und Erträgen bzw. zwischen Ausgaben und Aufwendungen.

2 a) Formulieren Sie einen allgemein gültigen Buchungssatz zur Bildung einer antizipativen Rechnungsabgrenzung (Aufwand und Ertrag).

b) Formulieren Sie einen allgemein gültigen Buchungssatz, der im Folgejahr den unter a) gebildeten antizipativen Posten der Jahresabgrenzung auflöst.

3 Wie lauten die Buchungssätze für die folgenden Geschäftsfälle

a) am Bilanzstichtag, b) beim Zahlungsvorgang im Folgejahr?

(Alle Zahlungsvorgänge sind über das Konto „1310 Kreditinstitute“ zu buchen.)

1. Die Pachtzahlung für unser Betriebsgelände für das abgelaufene Geschäftsjahr von 5.000,00 € wird erst im Januar des Folgejahres von uns entrichtet.
2. Gemäß Mietvertrag zahlt unser Mieter die Garagenmiete für Oktober, November und Dezember von insgesamt 450,00 € im Januar.
3. Ende Februar begleicht unser Darlehensschuldner (langfristige Forderung) die vierteljährlichen Darlehenszinsen (Dezember bis Februar) von 900,00 €.
4. Der Handelskammerbeitrag von 600,00 € für die Monate November, Dezember und Januar wird erst im Januar gezahlt.
5. Am 1. März des Folgejahres wird eine Pachtzahlung unseres Pächters von 6.000,00 € für das zurückliegende Jahr (März bis Februar) eingehen.
6. Die Stadtkasse gewährt uns einen Zahlungsaufschub für eine am 15. Dezember fällige Gewerbeertragsteuerzahlung von 1.300,00 € bis zum 10. Januar des Folgejahres.
7. Die Grundsteuer von 840,00 € auf das Betriebsgebäude ist am 1. März für das vorangegangene Halbjahr (September bis Februar) fällig.
8. Einem Kunden haben wir ein Darlehen (langfristige Forderung) von 15.000,00 € mit einer Verzinsung von 6 % gewährt. Gemäß Darlehensvertrag hat er die Zinsen halbjährlich nachträglich am 31. Januar und am 31. Juli zu zahlen.
9. Für eine Hypothekenschuld von 120.000,00 € haben wir die Zinszahlung vierteljährlich nachträglich zu den Terminen 28. Februar, 31. Mai, 31. August und 30. November zu entrichten. Zinssatz: 8 %.
10. Unser Lieferant, die Emut GmbH, überweist uns den Bonus auf eingekaufte Waren für das abgelaufene Geschäftsjahr in Höhe von 11.900,00 € (einschl. 19 % USt) vereinbarungsgemäß erst am 15. Januar des Folgejahres.[1]
11. Für das abgelaufene Geschäftsjahr überweisen wir vereinbarungsgemäß am 20. Januar des Folgejahres einen Bonus in Höhe von 9.520,00 € (einschl. 19 % USt) an unsere Kundin, die Söffgen OHG.[1]

4
A

Konten:
1130 Sonstige Forderungen; 1940 Sonstige Verbindlichkeiten; 2120 Zinsaufwendungen für langfristige Verbindlichkeiten; 2420 Betriebsfremde Erträge; 2610 Zinserträge aus kurzfristigen Forderungen; 4100 Mieten, Pachten, Leasing.

Die Konten 2120, 2420, 2610, 4100 weisen am Bilanzstichtag folgende Kontenstände auf:

2120: 3.000,00 € im Soll	2420: 8.000,00 € im Haben
4100: 3.500,00 € im Soll	2610: 5.600,00 € im Haben

Zum Bilanzstichtag ist noch zu berücksichtigen:

	€
1. Unser Mieter hat die Lagerhallenmiete von .... für Dezember noch nicht überwiesen.	4.500,00
2. Die Zinsgutschrift für unser Bankguthaben steht noch aus	2.500,00
3. Die Miete für unser Vertriebsbüro von .... müssen wir für Dezember noch bezahlen.	1.200,00
4. Die Pachtzahlung für unser Grundstück von .... für das zurückliegende Jahr wird erst am 1. Februar eingehen.	3.000,00
5. Die Hypothekenzinsen zahlen wir vierteljährlich (1. November bis 31. Januar) nachträglich am 31. Januar	1.500,00

Nehmen Sie die entsprechenden Buchungen auf Konten vor.

1 Buchungen mit hohem Schwierigkeitsgrad

5 Sie sind Angestellte(r) der Textilgroßhandlung ***Spindler KG***, Goseriede 41, 30159 Hannover. Die unten stehenden Belege liegen Ihnen zur Buchung vor.

a) Welche Geschäftsfälle liegen den Belegen zugrunde?

b) Wie lauten die Buchungssätze?

Beleg 1

Spindler KG	Buchungsanweisung Buchungsdatum: ..-12-30	Beleg-Nr.: 8 912

für: Bildung einer zeitlichen Abgrenzung.
Die Zinsen für unser Darlehen 60 251 für den Monat Dezember
werden von der Lindener Volksbank im Januar des neuen Jahres
eingezogen . . . . 387,35 €.

Beleg 2

Konto-Nummer: **12 345** BLZ **251 901 01** **Lindener Volksbank eG**

Beleg	Buch.-Datum	Text	Wert	Betrag
97 363	..-01-02	DARLEHEN 60 251 TILGUNG 112,65 EUR ZINSEN 387,35 EUR FÜR DEZEMBER	..-01-02	500,00 –

EUR 80.000,00 +	Alter Kontostand
EUR 79.500,00 +	Neuer Kontostand

TEXTILGROSSHANDLUNG
SPINDLER KG
GOSERIEDE 41
30159 HANNOVER

Konto-Auszug		
..-01-02	1	1
Datum	Nummer	Blatt

Beleg 3

Spindler KG	Buchungsanweisung Buchungsdatum: ..-12-30	Beleg-Nr.: 8 913

für: Bildung einer zeitlichen Abgrenzung.
Unser Mieter Dieter Bremer zahlt die Garagenmiete für die
Monate November, Dezember und Januar nachträglich Anfang
Februar des neuen Jahres. Monatsmiete . . . . 75,00 €.
Zeitliche Abgrenzung . . . . 150,00 €.

Beleg 4

Konto-Nummer: **12 345** BLZ **251 901 01** **Lindener Volksbank eG**

Beleg	Buch.-Datum	Text	Wert	Betrag
98 694	..-02-03	DIETER BREMER GARAGENMIETE FÜR NOVEMBER, DEZEMBER, JANUAR	..-02-02	225,00 +

EUR 90.000,00 +	Alter Kontostand
EUR 90.225,00 +	Neuer Kontostand

TEXTILGROSSHANDLUNG
SPINDLER KG
GOSERIEDE 41
30159 HANNOVER

Konto-Auszug		
..-02-04	13	1
Datum	Nummer	Blatt

6 Welche Aussagen sind richtig?

a) Die Umsatzsteuerschuld für Leistungen, die im Abschlussjahr ausgeführt worden sind, entsteht mit der Rechnungserteilung im Folgejahr.

b) Die Umsatzsteuerschuld für Leistungen, die im Abschlussjahr ausgeführt worden sind, entsteht mit dem Zahlungseingang im Folgejahr.

5567266

c) Die Umsatzsteuerschuld entsteht in dem Umsatzsteuervoranmeldezeitraum, in dem die Leistungen ausgeführt worden sind.

d) Die Vorsteuer für erbrachte Leistungen ist in dem Umsatzsteuervoranmeldezeitraum verrechenbar, in dem die Leistung ausgeführt worden ist. Die Rechnung braucht noch nicht vorzuliegen.

e) Die Vorsteuer für bereits erbrachte Leistungen ist verrechenbar, wenn die Rechnung vorliegt.

7 Wie lauten die Buchungssätze für die folgenden Geschäftsfälle

a) am Bilanzstichtag, b) beim Zahlungsvorgang im Folgejahr?

(Alle Zahlungsvorgänge sind über das Konto „1310 Kreditinstitute" zu buchen.)

	€
1. Am Bilanzstichtag ist eine Rechnung für eingekauftes Büromaterial über	500,00
+ 19 % Umsatzsteuer	95,00
noch nicht eingegangen.	595,00
Die Zahlung erfolgt erst im Januar bei Rechnungseingang.	
2. Unserem Handelsvertreter wird die Dezemberprovision von	3.500,00
+ 19 % Umsatzsteuer	665,00
erst im Januar überwiesen.	4.165,00
Die Provisionsabrechnung liegt vor.	
3. Für ein im Dezember vermitteltes Geschäft stehen uns	1.200,00
+ 19 % Umsatzsteuer	228,00
Provision zu.	1.428,00
Erst im Januar geht die Zahlung bei uns ein.	
4. Die Rechnung für im Dezember vermietete Vervielfältigungsgeräte wird erst im Januar erstellt. Es stehen am Bilanzstichtag Forderungen in Höhe von	6.000,00
+ 19 % Umsatzsteuer	1.140,00
aus.	7.140,00
5. Für das vierte Quartal des Abschlussjahres liegt am Bilanzstichtag die Stromabrechnung der Stadtwerke noch nicht vor. Anhand des Zählerstandes ermitteln wir einen Rechnungsbetrag von	15.500,00
+ 19 % Umsatzsteuer	2.945,00
den wir im Januar bei Rechnungseingang begleichen.	18.445,00
6. Für eine vermietete Maschine (Konto 2420) erhalten wir die Dezembermiete von	2.000,00
+ 19 % Umsatzsteuer	380,00
erst im Januar.	2.380,00
7. Eine Reparatur an der Stromleitung in unserem Geschäftsgebäude wurde im Dezember durchgeführt. Die Rechnung über einen Betrag von	700,00
+ 19 % Umsatzsteuer	133,00
liegt am Bilanzstichtag vor.	833,00
Im Januar wird der Rechnungsbetrag überwiesen.	
8. Die Rechnung für die Gebäudereinigung (Konto 4700) des vierten Quartals über	800,00
+ 19 % Umsatzsteuer	152,00
steht am Bilanzstichtag noch aus.	952,00
Die Zahlung erfolgt im Januar bei Rechnungseingang.	

9. Die Stromkosten sind halbjährlich nachträglich fällig.
Abrechnungszeiträume: 1. April bis 30. September und 1. Oktober bis 31. März.
Am Bilanzstichtag ermitteln wir aufgrund der Zählerstände einen

Zahlungsbetrag von	14.500,00
+ 19 % Umsatzsteuer	2.755,00
	17.255,00

für die Monate Oktober, November und Dezember.

Im April wird die Rechnung für das vergangene Halbjahr über	30.000,00
+ 19 % Umsatzsteuer	5.700,00
beglichen.	35.700,00

8 a) Formulieren Sie einen allgemein gültigen Buchungssatz zur Bildung einer aktiven Rechnungsabgrenzung (passiven Rechnungsabgrenzung).

b) Formulieren Sie einen allgemein gültigen Buchungssatz zur Auflösung der unter a) gebildeten aktiven Rechnungsabgrenzung (passiven Rechnungsabgrenzung).

9 Wie lauten die Buchungssätze für die folgenden Geschäftsfälle

a) zum Zeitpunkt des Zahlungsvorganges,[1]

b) am Bilanzstichtag,

c) bei Auflösung der transitorischen Rechnungsabgrenzung?

(Alle Zahlungsvorgänge sind über das Konto „1310 Kreditinstitute“ zu buchen.)

1. Gemäß Mietvertrag zahlen unsere Mieter die Garagenmiete für Januar, Februar und März von 900,00 € vierteljährlich im Voraus am 15. Dezember.
2. Die Pachtzahlung für das folgende Geschäftsjahr (Januar bis Dezember) für das Betriebsgrundstück über 8.000,00 € begleichen wir gemäß Pachtvertrag jährlich im Voraus am 1. Dezember.
3. Gemäß Darlehensvertrag (langfristige Forderung) begleicht unser Darlehensschuldner die halbjährlichen Darlehenszinsen von 2.000,00 € für das erste Halbjahr des Folgejahres (Januar bis Juni) im Voraus am 1. Dezember.
4. Die Kfz-Steuer für Betriebsfahrzeuge von 2.400,00 € wird am 1. November jährlich (1. November bis 31. Oktober) im Voraus überwiesen.
5. Am 1. März zahlen wir die ADAC-Beiträge (Konto 4280) von 360,00 € für Betriebsfahrzeuge für ein Jahr (März bis Februar) im Voraus.
6. Die Halbjahresmiete (September bis Februar) für vermietete Geschäftsräume von 9.000,00 € erhalten wir am 1. September im Voraus.
7. Die Feuerversicherungsprämie für das Geschäftsgebäude von 980,00 € wird von uns am 1. Juli für ein Jahr (Juli bis Juni) im Voraus bezahlt.
8. Am 1. November gehen Darlehenszinsen (langfristige Forderung) von 360,00 € für ein Vierteljahr (1. November bis 31. Januar) im Voraus auf dem Bankkonto ein.
9. Am 1. November zahlen wir die Miete für ein Lagergebäude von 18.000,00 € jährlich für ein Jahr (1. November bis 31. Oktober) im Voraus.
10. Am 1. Dezember zahlen wir die Zinsen von 1.200,00 € für einen Bankkredit (langfristige Verbindlichkeit) vierteljährlich (1. Dezember bis 28. Februar) im Voraus.

10 Fassen Sie die Buchungen der Aufgaben 9a) und 9b) für die Geschäftsfälle 1. bis 10. zu jeweils einem Buchungssatz zusammen.

Formulieren Sie also die Buchungssätze, die sich bei Aufgabe 9 ergeben, wenn zum Zeitpunkt der Zahlung bereits zeitlich abgegrenzt wird (nach der auf den Seiten 260 und 262 beschriebenen 2. Methode).

1 nach der auf den Seiten 260 und 261 beschriebenen 1. Methode

11 Sie sind Angestellte(r) der Textilgroßhandlung *Spindler KG,* Goseriede 41, 30159 Hannover. Die unten stehenden Belege liegen Ihnen zur Buchung vor.

a) Welche Geschäftsfälle liegen den Belegen zugrunde?

b) Wie lauten die Buchungssätze?

Beleg 1

Durchschrift für Kontoinhaber 250 100 30

Postbank Hannover

Begünstigter: Finanzkasse, Finanzamt Hannover-Süd

Konto-Nr. des Begünstigten: 444 444 444 — Bankleitzahl: 250 100 30

Kreditinstitut des Begünstigten: Postbank Hannover

EUR — Betrag: Euro, Cent: 960,00--------------

Kunden-Referenznummer: Kfz-Steuer, Lkw H-PM 902
1. Sept. .. bis 31. Aug. ..

Kontoinhaber: Spindler KG, 30159 Hannover

Konto-Nr. des Kontoinhabers: 15 82-300

..-09-01 Gerd Spindler
Datum, Unterschrift

Beleg 2

Spindler KG — **Buchungsanweisung** — Buchungsdatum: ..-12-30 — **Beleg-Nr.:** 8 934

für: Bildung einer zeitlichen Abgrenzung.
Kfz-Steuer für den Lkw H-PM 902 in Höhe von 960,00 €
für den Zeitraum 1. September .. bis 31. August ..
wurde am 1. September .. überwiesen und gebucht.
Zeitliche Abgrenzung: . . . . 640,00 €

Beleg 3

Spindler KG — **Buchungsanweisung** — Buchungsdatum: ..-01-02 — **Beleg-Nr.:** 1

für: Auflösung einer zeitlichen Abgrenzung.
Die Kfz-Steuer des Lkw H-PM 902 wurde am 30. Dezember ..
zeitlich abgegrenzt.
Auflösung der gebildeten zeitlichen Abgrenzung . . . 640,00 €.

Beleg 4

Konto-Nummer: 12 345 BLZ 251901 01 — **Lindener Volksbank eG**

Beleg	Buch.-Datum	Text	Wert	Betrag
99 001	..-10-01	SCHRAMM KG LAGERHALLENMIETE FÜR OKT. BIS FEBR.	..-10-01	8.000,00 +

EUR 60.000,00 + Alter Kontostand
EUR 68.000,00 + Neuer Kontostand

TEXTILGROSSHANDLUNG
SPINDLER KG
GOSERIEDE 41
30159 HANNOVER

Konto-Auszug		
..-10-02	246	1
Datum	Nummer	Blatt

Beleg 5

Spindler KG	**Buchungsanweisung** Buchungsdatum: ..-12-30	**Beleg-Nr.:** 8 944

für: Bildung einer zeitlichen Abgrenzung.
Lagerhallenmiete (Schramm KG) für den Zeitraum 1. Okt. bis
28. Febr. wurde am 1. Okt. unserem Bankkonto gutgeschrieben.
Zeitliche Abgrenzung: . . . . 3.200,00 €.

Beleg 6

Spindler KG	**Buchungsanweisung** Buchungsdatum: ..-01-02	**Beleg-Nr.:** 2

für: Auflösung einer zeitlichen Abgrenzung.
Die Lagerhallenmiete (Schramm KG) wurde am 30. Dezember ..
zeitlich abgegrenzt.
Auflösung der gebildeten zeitlichen Abgrenzung . . 3.200,00 €.

12
A

Konten:
0910 Aktive Rechnungsabgrenzungsposten; 0930 Passive Rechnungsabgrenzungsposten; 2420 Betriebsfremde Erträge; 2620 Zinserträge aus langfristigen Forderungen; 4100 Mieten, Pachten, Leasing; 4260 Versicherungen.

Die Konten 2420, 2620, 4100, 4260 weisen am Bilanzstichtag folgende Kontenstände auf:

4100: 25.300,00 € im Soll
4260: 33.800,00 € im Soll
2420: 20.100,00 € im Haben
2620: 3.500,00 € im Haben

Zum Bilanzstichtag ist noch zu berücksichtigen: €

1. Am 1. November wurde die Kfz-Versicherung für betriebliche Pkws halbjährlich (November bis April) im Voraus bezahlt 2.400,00
2. Die Miete für unsere Büroräume von . . . . 1.400,00 für Januar haben wir bereits am 27. Dezember überwiesen.
3. Ein Darlehensnehmer (langfristige Forderung) hat am 1. November die Zinsen für ein Vierteljahr (November bis Januar) im Voraus an uns überwiesen . . 600,00
4. Die Halbjahresmiete (Oktober bis März) für vermietete Geschäftsräume erhielten wir im Voraus 12.000,00

Nehmen Sie die entsprechenden Buchungen auf Konten vor.

13 Worin unterscheiden sich antizipative und transitorische Rechnungsabgrenzung?

14 Nehmen Sie die begrifflichen Zuordnungen vor.

A Korrekturposten der Jahreserfolgsrechnung

1. Sonstige Forderungen
2. Sonstige Verbindlichkeiten
3. Aktive Rechnungsabgrenzung
4. Passive Rechnungsabgrenzung

B Erfolgsvorgang

1. Aufwand im Abschlussjahr
2. Ertrag im Abschlussjahr
3. Ertrag im Folgejahr
4. Aufwand im Folgejahr

C Zahlungsvorgang

1. Einnahme im Abschlussjahr
2. Ausgabe im Abschlussjahr
3. Einnahme im Folgejahr
4. Ausgabe im Folgejahr

1. Sonst. Forderungen - Ertrag im Abschl.jahr - Einnahme Folgejahr
2. Sonst. Vblk. - Aufwand Abschl.j. - Ausgabe Folgejahr
3. ARA - Aufw. Folgejahr - Ausg. Abschlussjahr
4. PRA - Ertr. Folgejahr - Einn. Abschlussjahr

5567270

15 Geben Sie an, mit welchen Korrekturposten in den folgenden Fällen zeitlich abzugrenzen ist.

a) Der Halbjahresbezugspreis (August bis Januar) für eine Fachzeitschrift wurde im August im Voraus bezahlt.

b) Die Garagenmiete für November und Dezember wird von uns erst im neuen Jahr überwiesen.

c) Im Dezember erhielten wir die Lagerraummiete für Dezember bis Februar im Voraus.

d) Die Feuerversicherungsprämie für das Geschäftsgebäude für November, Dezember und Januar wurde am 31. Okt. bezahlt.

e) Die Bankzinsen für das Abschlussjahr sind unserem Konto noch nicht gutgeschrieben.

f) Unser Darlehensnehmer hat die Darlehenszinsen für das erste Quartal des neuen Jahres bereits im Dezember überwiesen.

g) Für das vierte Quartal des Abschlussjahres wird der Handelskammerbeitrag erst im Folgejahr überwiesen.

16 Welche Beträge sind in den folgenden Fällen zeitlich abzugrenzen?

a) Wir haben am 1. Dezember für Dezember, Januar und Februar eine Mietvorauszahlung von 2.400,00 € erhalten.

b) Am 31. Januar erwarten wir von unserem Darlehensnehmer die nachträgliche Zinszahlung von 3.000,00 € für die Monate August bis Januar.

c) Die Kfz-Steuer für den betrieblichen Fuhrpark von 1.800,00 € wurde von uns am 1. Dezember halbjährlich (Dezember bis Mai) im Voraus bezahlt.

d) Für den Zeitraum November bis April überweisen wir die Hypothekenzinsen von 4.200,00 € erst am 30. April.

17 Wie lauten die Buchungssätze zur zeitlichen Abgrenzung **am Bilanzstichtag?** €

1. Die Feuerversicherungsprämie für das Lager für den Zeitraum Dezember bis Februar wurde am 30. November bezahlt 450,00
2. Gemäß Mietvertrag zahlt unser Mieter die Garagenmiete für den Zeitraum Oktober bis März nachträglich am 31. März 900,00
3. Die Grundsteuer von . . . . 660,00 auf das Betriebsgebäude für den Zeitraum Oktober bis März ist halbjährlich nachträglich am 31. März fällig.
4. Am 1. Dezember wurde von uns die Miete für das Lagergebäude vierteljährlich (Dezember bis Februar) im Voraus bezahlt 3.000,00
5. Der Handelskammerbeitrag für den Zeitraum November bis Januar wird erst am 31. Januar von uns an die IHK überwiesen 420,00
6. Die Vierteljahresmiete für vermietete Wohnungen erhalten wir für die Monate Dezember, Januar und Februar am 1. Dezember im Voraus 4.500,00
7. Unser Darlehensnehmer überweist am 5. April Zinsen (langfristige Forderung) für das vergangene Halbjahr (1. Oktober bis 31. März) auf unser Postbankkonto 1.200,00
8. Für ein Darlehen über 100.000,00 € müssen wir die Zinsen (langfristige Verbindlichkeit) vierteljährlich nachträglich bezahlen. Unsere Hausbank belastet unser Konto am 31. Januar mit den Vierteljahreszinsen (Zinssatz: 9 %) für den Zeitraum vom 1. November bis 31. Januar . . . . ?
9. Wir bezahlen per Banküberweisung am 28. Oktober Kfz-Versicherungsprämien (betrieblicher Fuhrpark) für den Versicherungszeitraum vom 1. November bis 30. April 4.800,00

10. Unsere Darlehensnehmerin Anke Mattke überweist die Darlehenszinsen (langfristige Forderung) für das 1. Quartal des neuen Jahres (1. Jan. bis 31. März) bereits am 20. Dez. auf unser Bankkonto 180,00
11. Die Dezembermiete für eine Doppelgarage zahlt Klaus Breitfeld am 5. Jan. an uns bar 80,00
12. Gemäß Mietvertrag zahlen unsere Mieter die Wohnungsmiete vierteljährlich im Voraus. Am 30. Okt. überweisen sie die Miete für Nov., Dez., Jan. ... 3.600,00

18 A Füllen Sie die Tabelle in Ihrem Arbeitsheft aus.

	Sonst. Verbindlichk.	Rückstellungen
Höhe des Betrages ist bekannt/unbekannt	bekannt ?	unbekannt ?
Fälligkeitstermin ist bekannt/unbekannt	bekannt ?	unbekannt ?
Kontenart	Passiv ? Verbindlk.	Passiv ? Verbindlk.
Kontennummer	1940 ?	~~2760~~ ? 0720

19 Sie sind Angestellte(r) der Textilgroßhandlung *Spindler KG*, Goseriede 41, 30159 Hannover. Die folgenden Belege liegen Ihnen zur Buchung vor.

a) Welche Geschäftsfälle liegen den Belegen zugrunde?
b) Wie lauten die Buchungssätze?

Dagmar Oldenburg
Steuerberaterin

30173 Hannover
Mendelssohnstr. 17
Tel.: 0511 8001
Fax: 0511 8002
E-Mail: service@oldenburg-wvd.de
St.-Nr. 83 432 78235

Textilgroßhandlung
Spindler KG
Goseriede 41
30159 Hannover

EINGEGANGEN
22. Dez. ..
Erl. ....

Datum
..-12-21

Schätzung der Gewerbeertragsteuernachzahlung

Sehr geehrte Frau Strobel,
sehr geehrter Herr Spindler,

für Ihren Jahresabschluss haben Sie von mir eine Schätzung Ihrer Gewerbeertragsteuernachzahlung für das laufende Jahr angefordert.

Nach meiner Berechnung (siehe Anlage) müssen Sie für das laufende Jahr etwa 4.000,00 € nachzahlen.

Mit freundlichem Gruß

Oldenburg

Beleg 1

Hinweis: Da die Zahlung sofort bei Eingang des Steuerbescheides erfolgt, wird nur der Zahlungsvorgang gebucht.

Durchschrift für Kontoinhaber 251 901 01
Lindener Volksbank eG
30449 Hannover

Begünstigter: Stadtkasse Hannover
Konto-Nr. des Begünstigten: 88 888 888
Bankleitzahl: 250 000 00
Kreditinstitut des Begünstigten: Landeszentralbank Hannover
EUR
Betrag: Euro, Cent: 4.500,00-----------
Kunden-Referenznummer: Gewerbeertragsteuernachzahlung .. gemäß Bescheid, Steuer-Nr. 14 306 71722
Kontoinhaber: Spindler KG, 30159 Hannover
Konto-Nr. des Kontoinhabers: 12 345

..-02-20 Gerd Spindler
Datum, Unterschrift

Beleg 2

Alles aus einer Hand

Planung und Ausführung aller Maurer-, Putz-, Rigips-, Fliesen-, Maler- und Umbauarbeiten

Rank Bauausführungen GmbH

Rank Bauausführungen GmbH
Berliner Allee 48 · 30161 Hannover

Telefon: 0511 336390-0
Telefax: 0511 336390-55

E-Mail: info@rank-bau-wvb.de
Internet: www.rank-bau-wvb.de

Bankverbindungen:
Hannoversche Volksbank
Konto 569 888 022 · BLZ 251 900 01

Sparkasse Hannover
Konto 900 235 220 · BLZ 250 501 80

Amtsgericht Hannover HRB 115
Steuer-Nr.: 11 200 51555

Rank GmbH – Berliner Allee 48 – 30161 Hannover

Textilgroßhandlung
Spindler KG
Goseriede 41
30159 Hannover

Datum: ..-12-19

Angebot-Nr.: 302

Kunden-Nr.: 24 005

Unverbindlicher Kostenvoranschlag
Bauvorhaben: Goseriede 41, 30159 Hannover

Sehr geehrter Herr Spindler,

wir bedanken uns für Ihre Anfrage und den gemeinsamen Besichtigungstermin mit unserer Frau Schendel.

Ihr Betriebsgebäude ist durch Hochwasser erheblich beschädigt worden. Jahreszeitlich bedingt lässt sich die Reparatur voraussichtlich erst im März kommenden Jahres durchführen.

Wir schätzen die erforderlichen Reparaturkosten (siehe beigefügte detaillierte Auflistung) auf etwa 10.000,00 € (ohne Umsatzsteuer).

Mit freundlichem Gruß

Rank Bauausführungen GmbH

H. Rank
Helmut Rank

Beleg 3

Hinweis: Der Gebäudeschaden ist nicht versichert.

Beleg 4

251 901 01

ONLINE-ÜBERWEISUNG — **Lindener Volksbank eG** 30449 Hannover

Konto-Nr.: 12 345 Kontoinhaber: Spindler KG

Empfänger: Rank Bauausführungen GmbH
Konto-Nr.: 900 235 220 Bankleitzahl: 250 501 80
Kreditinstitut: Sparkasse Hannover
Betrag: 13.090,00 EUR
Verwendungszweck: R.-Nr.: B 47, Kd.-Nr.: 24 005, R.-Datum: ..-03-27, Betrag einschl. 19 % USt

Die von Ihnen eingegebene Überweisung wurde am 28. März .. um 14:38 Uhr in Auftrag gegeben.

Beleg 5

Dr. D. Kuhlmann
RECHTSANWALT · NOTAR

30161 Hannover
Bödeckerstraße 28
Tel.: 0511 2234
Fax 0511 2233
E-Mail: detlef@kuhlmann-wvd.de

Textilgroßhandlung
Spindler KG
Goseriede 41
30159 Hannover

EINGEGANGEN
23. Dez. ..
Erl. ....

bitte stets angeben
792/99K 03/POs
Weide/Spindler

Datum
..-12-22

Kostenvoranschlag für Anwaltskosten
Weide KG ·/· Spindler KG

Sehr geehrte Frau Strobel,
sehr geehrter Herr Spindler,

für Ihren Jahresabschluss haben Sie von mir eine Schätzung der Anwaltskosten für die voraussichtlich im März nächsten Jahres abgeschlossene gerichtliche Auseinandersetzung mit der Weide KG angefordert.

Meiner Einschätzung nach werden die von Ihnen zu tragenden Anwaltskosten etwa 7.400,00 € (ohne Umsatzsteuer) betragen.

Mit freundlichem Gruß

Kuhlmann

Bankverbindung:
Stadtsparkasse Hannover
Kto.-Nr.: 123 765, BLZ 250 501 80
St.-Nr. 29 447 25368

Hinweis: Da die Zahlung sofort bei Rechnungseingang erfolgt, wird nur der Zahlungsvorgang gebucht.

Beleg 6

Durchschrift für Kontoinhaber 251 901 01

Lindener Volksbank eG 30449 Hannover

Begünstigter: RA Dr. D. Kuhlmann, Bödeckerstr. 28, 30161 Hannover
Konto-Nr. des Begünstigten: 123 765 Bankleitzahl: 250 501 80
Kreditinstitut des Begünstigten: Stadtsparkasse Hannover
EUR Betrag: Euro, Cent: 8.330,00------------
Kunden-Referenznummer: 792/99K 03/POs Weide/Spindler gemäß Rechnung, Betrag einschl. 19 % USt
Kontoinhaber: Spindler KG, 30159 Hannover
Konto-Nr. des Kontoinhabers: 12 345

..-05-22 Gerd Spindler
Datum, Unterschrift

20 1. Buchen Sie die Bildung der Rückstellung am Bilanzstichtag.

2. Buchen Sie die Auflösung der Rückstellung für die Fälle a) (1. bis 3.) und b).

Am Bilanzstichtag wird für die zu erwartende Gewerbesteuerabschlusszahlung (Gewerbeertragsteuer) eine Rückstellung von 10.000,00 € gebildet.

a) Aufgrund des Steuerbescheides zahlen wir am 1. März durch Postbanküberweisung
   1. 14.000,00 €,
   2. 8.000,00 €,
   3. 10.000,00 €.

b) Statt einer zu leistenden Abschlusszahlung erhalten wir für zu hohe Gewerbesteuervorauszahlungen 3.000,00 € auf unser Postbankkonto erstattet.

21 Wir schätzen am Bilanzstichtag die Beitragsnachzahlung für die Unfallversicherung[1] unserer Arbeitnehmer auf 9.000,00 €.

1. Buchen Sie die Bildung der Rückstellung.

Am 16. Mai des neuen Jahres überweisen wir (Banküberweisung) aufgrund des Beitragsbescheides an die Textil-Berufsgenossenschaft

a) 9.000,00 €,
b) 9.500,00 €,
c) 8.400,00 €.

2. Buchen Sie die Auflösung der Rückstellung für die Fälle a) bis c).

22 Am 10. Dezember ist an unserer Verpackungsmaschine ULK 578 ein erheblicher Defekt aufgetreten. Terminlich lässt sich die Reparatur erst im Februar durchführen. Es liegt ein unverbindlicher Kostenvoranschlag über 8.000,00 € (netto)[2] vor. Im Februar des neuen Geschäftsjahres wird die Reparatur ausgeführt. Bei Rechnungseingang am 27. Februar wird der Rechnungsbetrag per Banküberweisung beglichen:

		€
a)	netto	8.000,00
	+ 19 % Umsatzsteuer	1.520,00
	brutto	9.520,00
b)	netto	10.000,00
	+ 19 % Umsatzsteuer	1.900,00
	brutto	11.900,00
c)	netto	7.000,00
	+ 19 % Umsatzsteuer	1.330,00
	brutto	8.330,00

Nehmen Sie die Buchungen am Bilanzstichtag und am 27. Februar für die Fälle a) – c) vor.

23 Die Honorarzahlung an einen Steuerberater steht am Bilanzstichtag noch aus. Wir rechnen mit etwa 7.000,00 € (netto)[2]. Bei Rechnungseingang am 20. Januar wird die Rechnung per Postbanküberweisung beglichen:

		€
a)	netto	5.000,00
	+ 19 % Umsatzsteuer	950,00
	brutto	5.950,00
b)	netto	7.000,00
	+ 19 % Umsatzsteuer	1.330,00
	brutto	8.330,00
c)	netto	8.000,00
	+ 19 % Umsatzsteuer	1.520,00
	brutto	9.520,00

Nehmen Sie die Buchung am Bilanzstichtag und am 20. Januar für die Fälle a) – c) vor.

24 Im alten Geschäftsjahr haben wir für unsere Kundin, die Söffgen OHG, einen größeren Auftrag ausgeführt. Am Bilanzstichtag rechnen wir aufgrund einer Reklamation der Söffgen OHG mit einer Gewährleistungsverpflichtung, der wir im neuen Geschäftsjahr nachkommen müssen. Wir schätzen unsere Gewährleistungsverpflichtung auf ca. 8.000,00 € (netto).

1. Nennen Sie den Buchungssatz für die Bildung der Gewährleistungsrückstellung.

1 *Zur Information:* Die Beiträge zur Unfallversicherung sind nach Gefahrenklassen gestaffelt und betragen etwa 0,7 % bis 4,5 % der Bruttolohnsumme des Betriebes. Der Arbeitgeber hat für das laufende Jahr **Vorauszahlungen** an die Berufsgenossenschaft zu leisten. Aufgrund der bis Mitte Februar des Folgejahres von den Arbeitgebern einzureichenden Feststellungsbogen ermittelt die Berufsgenossenschaft den endgültig zu zahlenden Betrag. Geht der Arbeitgeber davon aus, dass für das Abschlussjahr zu geringe Vorauszahlungen an die Berufsgenossenschaft geleistet wurden, so hat er am Geschäftsjahresende **Rückstellungen für ungewisse Verbindlichkeiten** zu bilden.

2 Die Vorsteuer kann noch nicht verrechnet werden (s. Seite 259).

Im Februar des neuen Geschäftsjahres lassen wir entsprechende Nachbesserungsarbeiten bei einer Schneiderei außer Haus durchführen. Die Rechnung der Schneiderei über

a) 9.520,00 €,

b) 8.806,00 €,

c) 10.472,00 €

(jeweils brutto, einschl. 19 % Umsatzsteuer) begleichen wir mit der ec-Karte unserer Bank.

2. Nennen Sie jeweils den Buchungssatz für die Auflösung der Gewährleistungsrückstellung für a), b) und c).

25 Wir machen unseren beiden Abteilungsleitern eine Pensionszusage von jeweils monatlich 2.500,00 €. Die Pensionszahlung wird beginnen, wenn die Abteilungsleiter ihr 65. Lebensjahr vollendet haben. Eine Pensionsrückstellung wurde bisher nicht gebildet. Bei jedem Abschluss wird auf versicherungsmathematischem Weg der Gegenwartswert der Verpflichtung ermittelt und die Pensionsrückstellung entsprechend aufgestockt oder ermäßigt.

a) Der versicherungsmathematische Gegenwartswert der Pensionsrückstellung beträgt im ersten Jahr 50.000,00 €. Buchen Sie die Bildung der Pensionsrückstellung (Konto 4060).

b) Beim Abschluss des zweiten Jahres wird ein versicherungsmathematischer Gegenwartswert von 55.000,00 € ermittelt. Buchen Sie die Aufstockung der Pensionsrückstellung.

c) Im dritten Jahr erlischt der Pensionsanspruch eines der beiden Abteilungsleiter durch Tod bei einem Verkehrsunfall. Der versicherungsmathematische Gegenwartswert der Pensionsrückstellung ermäßigt sich dadurch auf 30.000,00 €. Buchen Sie die Herabsetzung der Pensionsrückstellung.

26 Sind die folgenden Aussagen richtig? Begründen Sie Ihre Meinung.

a) Rückstellungskonten sind Aufwandskonten.

b) Für einen Betriebsausflug im Sommer des Folgejahres ist eine Rückstellung zu bilden.

c) Für die in ihrer Höhe und Fälligkeit noch nicht feststehende Gewerbesteuerabschlusszahlung ist eine Rückstellung zu bilden.

d) Mit dem Buchungssatz „4210 Gewerbeertragsteuer an 0722 Steuerrückstellungen“ wird eine Steuerrückstellung aufgelöst.

e) Die transitorische und antizipative Rechnungsabgrenzung und die Bildung von Rückstellungen dienen der periodengerechten Erfolgsermittlung.

f) Die von uns für das 4. Quartal noch zu zahlende Lagerraummiete wird als Rückstellung passiviert.

g) Wenn die geschätzte Höhe einer Steuerrückstellung kleiner ist als die tatsächliche Zahlungsverpflichtung, so wird bei Auflösung der Rückstellung gebucht:

„0720 Rückstellungen

an 1310 Kreditinstitute

an 2760 Erträge aus der Auflösung von Rückstellungen“

h) Rückstellungen und sonstige Verbindlichkeiten unterscheiden sich darin, dass bei Rückstellungen die Höhe und/oder der Fälligkeitstermin der zu passivierenden Schulden ungewiss sind.

i) Es wird für das Folgejahr mit einer Rezession (wirtschaftliches Tief) gerechnet. Für das dadurch bedingte erhöhte unternehmerische Risiko wird eine Rückstellung gebildet.

j) Für zu erwartende Forderungsausfälle ist am Bilanzstichtag eine Rückstellung zu bilden.

k) Eine Rückstellung erhöht die für das Abschlussjahr zu zahlende Ertragsteuer.

l) Die Bildung einer Rückstellung verändert nicht die Bilanzsumme.

m) Rückstellungen werden gebildet für wirtschaftlich bereits verursachte zukünftige Ausgaben, deren Höhe und/oder Fälligkeitstermin ungewiss sind.

27 Ordnen Sie zu.

A Abschlussangaben am 31. Dezember

1. Die Kfz-Steuer wurde am 1. November für ein Jahr im Voraus bezahlt.
2. Unverbindlicher Kostenvoranschlag für Reparatur am Betriebsgebäude
3. Die Zinsgutschrift unserer Bank steht noch aus.
4. Wir zahlen die Dezembermiete erst im Januar.
5. Unser Mieter hat die Garagenmiete für Januar bereits am 15. Dezember überwiesen.

B Konten der zeitlichen Abgrenzung

1. Sonstige Forderungen
2. Sonstige Verbindlichkeiten
3. Aktive Rechnungsabgrenzung
4. Passive Rechnungsabgrenzung
5. Rückstellungen

Aktionen

1

Bilanz der *Spindler KG* zum 31. Dezember ..

Aktiva		Passiva	
A. Anlagevermögen		**A. Eigenkapital**	884.300,00
1. Gebäude	650.000,00	**B. Schulden**	
2. Fuhrpark	180.000,00	1. Verbindlichkeiten gegenüber Kreditinstituten	770.000,00
3. Geschäftsausstattung	124.000,00	2. Verbindlichkeiten a. LL	169.300,00
B. Umlaufvermögen		3. Sonstige Verbindlichkeiten	12.000,00
1. Waren	636.000,00	**C. Rechnungsabgrenzungsposten**	6.000,00
2. Forderungen a. LL	79.800,00		
3. Sonstige Forderungen	8.000,00		
4. Kasse	5.900,00		
5. Kreditinstitute	142.900,00		
C. Rechnungsabgrenzungsposten	15.000,00		
	1.841.600,00		1.841.600,00

Hannover, 5. Januar .. *Gerd Spindler*

a) Wie viel Euro an Aufwendungen werden durch die zeitliche Abgrenzung vom alten Geschäftsjahr in das neue Geschäftsjahr übertragen?

b) Wie viel Euro an Erträgen werden durch die zeitliche Abgrenzung vom neuen Geschäftsjahr in das alte Geschäftsjahr übertragen?

c) Wie viel Euro an Erträgen werden durch die zeitliche Abgrenzung vom alten Geschäftsjahr in das neue Geschäftsjahr übertragen?

d) Wie viel Euro an Aufwendungen werden durch die zeitliche Abgrenzung vom neuen Geschäftsjahr in das alte Geschäftsjahr übertragen?

e) Welche Ergebnisverbesserung/-verschlechterung des alten Geschäftsjahrs folgt insgesamt aus der zeitlichen Abgrenzung?

f) Welche Auswirkung hat die „Ergebnisverschiebung", die aus der zeitlichen Abgrenzung insgesamt resultiert, im alten Geschäftsjahr?

2 A Setzen Sie in Ihrem Arbeitsheft Kontenbezeichnungen, Buchungssätze und Ergebnisbegriffe auf die mit einem Fragezeichen versehenen Linien der folgenden Darstellung sinngemäß ein. Sie können dabei die in den Klammern vorgegebenen Abkürzungen benutzen. (Die Abgrenzungsbeträge sind zur Vereinfachung nicht zu splitten.)

Konten: Sonstige Forderungen (S. F.), Sonstige Verbindlichkeiten (S. V.), Aktive Rechnungsabgrenzung (ARA), Passive Rechnungsabgrenzung (PRA), Ertragskonto (E'kto.), Aufwandskonto (A'kto.), Zahlungsmittelkonto (Z'kto.).

Ergebnisbegriffe: Ergebnisverbesserung (E+), Ergebnisverschlechterung (E–).

Aufwand ist dem alten Geschäftsjahr zuzuordnen, Zahlungsausgang liegt im neuen Geschäftsjahr.	**Ertrag ist dem alten Geschäftsjahr zuzuordnen, Zahlungseingang liegt im neuen Geschäftsjahr.**	**Zahlungsausgang liegt im alten Geschäftsjahr, Aufwand ist dem neuen Geschäftsjahr zuzuordnen.**	**Zahlungseingang liegt im alten Geschäftsjahr, Ertrag ist dem neuen Geschäftsjahr zuzuordnen.**
Abgrenzungskonto: ....?..........	Abgrenzungskonto: ....?..........	Abgrenzungskonto: ....?..........	Abgrenzungskonto: ....?.........
		Buchungssatz für den Zahlungsausgang im alten Geschäftsjahr (für Aufwand des neuen Geschäftsjahres): ....?.......... ....?..........	Buchungssatz für den Zahlungseingang im alten Geschäftsjahr (für Ertrag des neuen Geschäftsjahres): ....?......... ....?.........
Buchungssatz zur Bildung der zeitlichen Abgrenzung im alten Geschäftsjahr: ....?.......... ....?..........	Buchungssatz zur Bildung der zeitlichen Abgrenzung im alten Geschäftsjahr: ....?.......... ....?..........	Buchungssatz zur Bildung der zeitlichen Abgrenzung im alten Geschäftsjahr: ....?.......... ....?..........	Buchungssatz zur Bildung der zeitlichen Abgrenzung im alten Geschäftsjahr: ....?......... ....?.........
Erfolgsverlagerung bewirkt im alten Geschäftsjahr: ....?..........	Erfolgsverlagerung bewirkt im alten Geschäftsjahr: ....?..........	Erfolgsverlagerung bewirkt im alten Geschäftsjahr: ....?..........	Erfolgsverlagerung bewirkt im alten Geschäftsjahr: ....?.........
Buchungssatz für den Zahlungsausgang im neuen Geschäftsjahr: ....?.......... ....?..........	Buchungssatz für den Zahlungseingang im neuen Geschäftsjahr: ....?.......... ....?..........	Buchungssatz zur Auflösung der zeitlichen Abgrenzung im neuen Geschäftsjahr: ....?.......... ....?..........	Buchungssatz zur Auflösung der zeitlichen Abgrenzung im neuen Geschäftsjahres: ....?......... ....?.........
Erfolgsverlagerung bewirkt im neuen Geschäftsjahr: ....?..........	Erfolgsverlagerung bewirkt im neuen Geschäftsjahr: ....?..........	Erfolgsverlagerung bewirkt im neuen Geschäftsjahr: ....?..........	Erfolgsverlagerung bewirkt im neuen Geschäftsjahr: ....?.........

Zusammenfassung

Zeitliche Erfolgsabgrenzung	Antizipative Rechnungsabgrenzung		Transitorische Rechnungsabgrenzung	
altes Jahr			**Ausgabe für neues Jahr** Aufwandskonto an Zahlungsmittelkonto[1]	**Einnahme für neues Jahr** Zahlungsmittelkonto[1] an Ertragskonto
Bilanzstichtag	Aufwandskonto an Sonst. Verb.	Sonst. Ford. an Ertragskonto	ARA an Aufwandskonto	Ertragskonto an PRA
Konteneröffnung			Aufwandskonto an ARA	PRA an Ertragskonto
neues Jahr	**Ausgabe für altes Jahr** Sonst. Verb. (Aufwandskonto) an Zahlungsmittelkonto[1]	**Einnahme für altes Jahr** Zahlungsmittelkonto[1] an Sonst. Ford. (an Ertragskonto)		

- **Aufwendungen,**
  - **die wirtschaftlich dem Abschlussjahr zuzurechnen sind,**
  - **für die aber erst im Folgejahr die Ausgabe erfolgt,**

  werden am Bilanzstichtag über das Konto „1940 Sonstige Verbindlichkeiten“ in das alte Geschäftsjahr verlagert.
- **Eine zeitliche Abgrenzung mit dem Konto „1940 Sonstige Verbindlichkeiten“ erhöht die Aufwendungen im Abschlussjahr (Ergebnisverschlechterung im Abschlussjahr) und verringert die Aufwendungen im Folgejahr (Ergebnisverbesserung im Folgejahr).**
- **Erträge,**
  - **die wirtschaftlich dem Abschlussjahr zuzurechnen sind,**
  - **für die aber erst im Folgejahr die Einnahme erfolgt,**

  werden am Bilanzstichtag über das Konto „1130 Sonstige Forderungen“ in das alte Geschäftsjahr verlagert.
- **Eine zeitliche Abgrenzung mit dem Konto „1130 Sonstige Forderungen“ erhöht die Erträge im Abschlussjahr (Ergebnisverbesserung im Abschlussjahr) und verringert die Erträge im Folgejahr (Ergebnisverschlechterung im Folgejahr).**
- **Aufwendungen,**
  - **die dem Folgejahr zuzurechnen sind,**
  - **für die aber bereits im Abschlussjahr die Ausgabe erfolgt,**

  werden am Bilanzstichtag über das Konto „0910 Aktive Rechnungsabgrenzung“ ins Folgejahr übertragen.
- **Aktive Rechnungsabgrenzungen verringern die Aufwendungen im Abschlussjahr (Ergebnisverbesserung im Abschlussjahr) und erhöhen die Aufwendungen im Folgejahr (Ergebnisverschlechterung im Folgejahr).**
- **Erträge,**
  - **die dem Folgejahr zuzurechnen sind,**
  - **für die aber bereits im Abschlussjahr die Einnahme erfolgt,**

  werden über das Konto „0930 Passive Rechnungsabgrenzung“ ins Folgejahr übertragen.
- **Passive Rechnungsabgrenzungen verringern die Erträge im Abschlussjahr (Ergebnisverschlechterung im Abschlussjahr) und erhöhen die Erträge im Folgejahr (Ergebnisverbesserung im Folgejahr).**

1 z. B. „Kreditinstitute“

5567278

Rückstellungen

Am Bilanzstichtag besteht eine das Abschlussjahr betreffende aufwandswirksame Zahlungsverpflichtung, deren Höhe und/oder Fälligkeitstermin ungewiss sind.

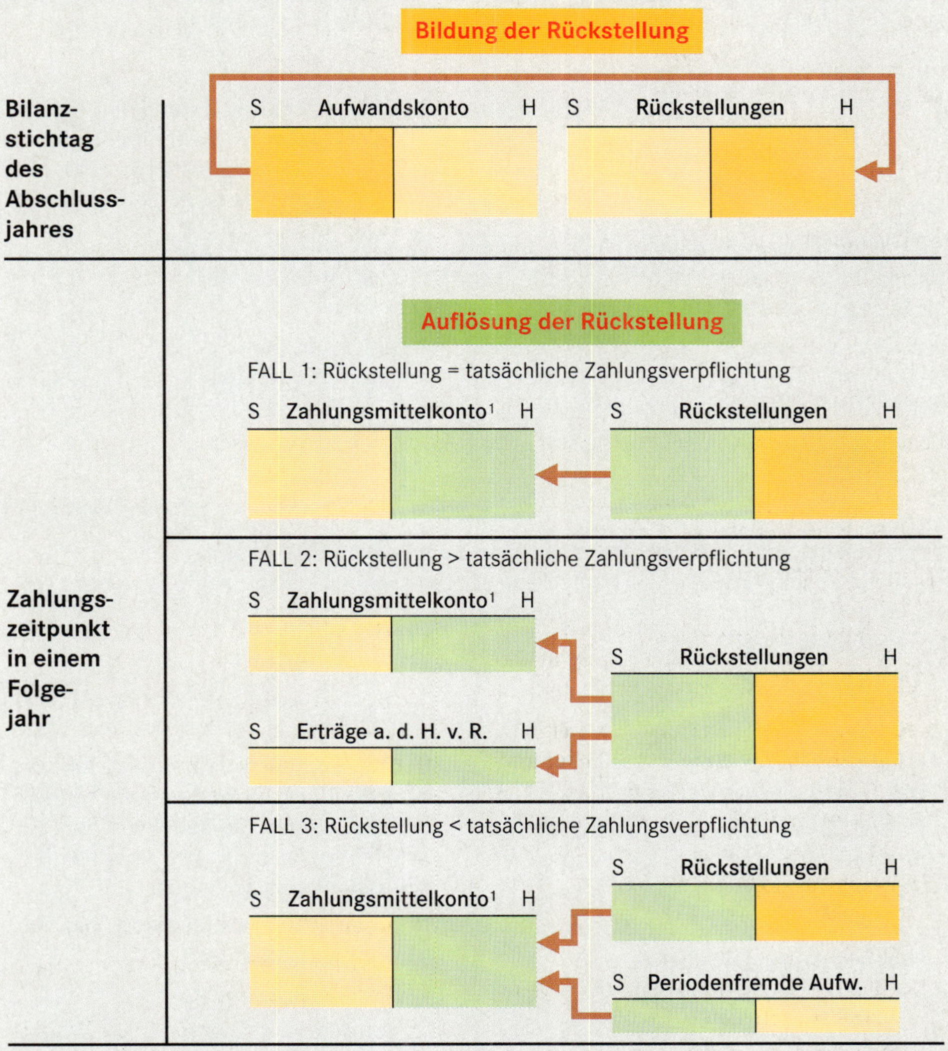

- **Rückstellungen werden gebildet für wirtschaftlich bereits verursachte zukünftige Ausgaben, deren Höhe und/oder Fälligkeitstermin ungewiss sind.**
- **Rückstellungen sind Passivposten in der Bilanz.**
- **Die Höhe der Rückstellung wird – entsprechend einer vernünftigen kaufmännischen Beurteilung – geschätzt.**
- **Die Rückstellung wird aufgelöst, wenn die zu erwartende Zahlungsverpflichtung feststeht. Dabei führt eine zu hohe Schätzung im neuen Geschäftsjahr zu einem „Ertrag aus der Auflösung von Rückstellungen", eine zu niedrige Schätzung führt zu einem „periodenfremden Aufwand".**

1 z. B. „Kreditinstitute"

11.2 Wir erfassen Wertminderungen des Anlagevermögens als Abschreibungen

Einstieg

Die Auszubildende Nina Kröger ist momentan in der Rechnungswesenabteilung eingesetzt. Sie hat sich gerade das Konto Fuhrpark angeschaut und spricht mit Herrn Schwarz darüber.

Nina Kröger:
„Unsere zwei Firmen-Lkws haben ja nur einen Wert von 10.000,00 €. Ich weiß von meinem Freund – der ist Automobilkaufmann –, dass ein einzelner Lkw schon allein 50.000,00 € kostet. Was ist denn da passiert?"

Herr Schwarz:
„Wir haben da etwas gemacht, was Sie" – Herr Schwarz lacht – „in der Schule nicht machen dürfen – nämlich abschreiben ...

Ich erkläre es einmal: Ich habe gerade von Frau Jonas gehört, dass wir aufgrund unseres stark gestiegenen Umsatzes einen weiteren Lkw zur Auslieferung für unseren Fuhrpark benötigen.

Gehen wir einmal davon aus, der kostet ... wie viel sagten Sie noch einmal?"

„Etwa 50.000,00 €!"

„Wir hoffen, dass die voraussichtliche Nutzungsdauer 9 Jahre beträgt bzw. dass er mindestens 600 000 km läuft. Wenn wir den Lkw nun gekauft haben, können wir nicht mehr davon ausgehen, dass er nach einem Jahr noch so viel Wert hat!"

„Warum?"

...

1. Erläutern Sie den Begriff Abschreibungen.
2. Stellen Sie dar, warum Abschreibungen in einem Unternehmen vorgenommen werden müssen.
3. Führen Sie Ursachen der Wertminderung von Anlagegütern auf.
4. Buchen Sie nach dem ersten Jahr die Abschreibung für den neu angeschafften Lkw. Gehen Sie dabei von dem Abschreibungsbetrag der linearen Abschreibungsmethode aus.
5. Nehmen Sie anschließend die Abschlussbuchungen vor.

Informationen

Ursachen der Wertminderung des Anlagevermögens

Anlagegüter (z. B. Gebäude, Maschinen, Kraftfahrzeuge, Betriebs- und Geschäftsausstattung) stehen den Unternehmen längerfristig zur Verfügung. Ihre Nutzungsdauer ist jedoch zeitlich begrenzt. Der Wert der Anlagegüter[1] nimmt im Zeitablauf ab. Dies ist bei der Bilanzierung zu berücksichtigen.

Die **Ursachen der Wertminderung** der Anlagegüter liegen hauptsächlich begründet

- im **technischen Verschleiß** (verursacht durch Gebrauch, Abgabe von Nutzungen),
- im **natürlichen Verschleiß** (z. B. Verrosten, Verwitterung) und
- im **technischen Fortschritt** (ein neues – technisch verbessertes – Produkt kommt auf den Markt).

1 *Ausnahme:* Grund und Boden

5567280

Buchhalterische Behandlung der Wertminderung des Anlagevermögens

Definition **Der buchhalterische Vorgang, Wertminderungen der Anlagegüter zu erfassen, wird Abschreibung genannt.**

Im Einkommensteuergesetz spricht man von „Absetzung für Abnutzung" (= AfA).

Buchmäßig werden die Wertminderungen des Anlagevermögens auf dem **Aufwandskonto „4910 Abschreibungen auf Sachanlagen"** erfasst.

Beispiel

Ein Lkw, der mit 100.000,00 € auf dem Konto Fuhrpark geführt wird, hat im Betrachtungsjahr 20.000,00 € an Wert verloren. Er ist entsprechend abzuschreiben.

Buchungssatz

	Soll	Haben
4910 Abschreibungen auf SA	20.000,00	
an 0340 Fuhrpark		20.000,00

Buchung

S	4910 Abschreibungen auf SA		H
0340	20.000,00		

S	0340 Fuhrpark		H
AB	100.000,00	4910	20.000,00

Abschlussbuchungssatz des Abschreibungskontos

	Soll	Haben
9300 Gewinn- und Verlustkonto	20.000,00	
an 4910 Abschreibungen auf SA		20.000,00

Abschlussbuchungssatz des Fuhrparkkontos

	Soll	Haben
9400 Schlussbilanzkonto	80.000,00	
an 0340 Fuhrpark		80.000,00

Buchungen

S	4910 Abschreibungen auf SA		H
0340	20.000,00	GuV	20.000,00

S	0340 Fuhrpark		H
AB	100.000,00	4910	20.000,00
		SB	80.000,00
	100.000,00		100.000,00

S	9300 Gewinn- und Verlustkonto		H
.	.		
Abschr.	20.000,00		
.	.		

S	9400 Schlussbilanzkonto		H
.	.	.	.
Fuhrpark	80.000,00	.	.
.	.	.	.

Abschreibungsmethoden

Es gibt verschiedene Abschreibungsmethoden:

Lineare Abschreibungsmethode

Bei der linearen Abschreibungsmethode wird mit gleich bleibenden Beträgen von den Anschaffungs- oder Herstellungskosten abgeschrieben.

Abschreibungsprozentsatz und Abschreibungsbetrag werden nach folgenden Formeln ermittelt:

$$\text{Abschreibungsprozentsatz} = \frac{100\,\%}{\text{Nutzungsdauer}}$$

$$\text{Abschreibungsbetrag} = \frac{\text{Anschaffungswert}}{\text{Nutzungsdauer}}$$

Beispiel

Ein Pkw mit einem Anschaffungswert von 60.000,00 € soll abgeschrieben werden. Die voraussichtliche Nutzungsdauer beträgt sechs Jahre.

Abschreibungsprozentsatz $= \frac{100\,\%}{6} = 16\tfrac{2}{3}\,\%$

Abschreibungsbetrag $= \frac{60.000{,}00\,€}{6} = 10.000{,}00\,€$

Die folgende Tabelle zeigt den linearen Abschreibungsplan vom 1. bis zum 6. Nutzungsjahr.

	lineare Abschreibung (16 ⅔ %)	
Anschaffungswert – Abschreibung 1. Jahr	60.000,00 € 10.000,00 €	
Buchwert am Anfang des 2. Jahres – Abschreibung 2. Jahr	50.000,00 € 10.000,00 €	
Buchwert am Anfang des 3. Jahres – Abschreibung 3. Jahr	40.000,00 € 10.000,00 €	
Buchwert am Anfang des 4. Jahres – Abschreibung 4. Jahr	30.000,00 € 10.000,00 €	
Buchwert am Anfang des 5. Jahres – Abschreibung 5. Jahr	20.000,00 € 10.000,00 €	
Buchwert am Anfang des 6. Jahres – Abschreibung 6. Jahr	10.000,00 € 10.000,00 €	 (9.999,00 €)
Buchwert am Ende des 6. Jahres	0,00 €	(1,00 €)

Nach sechs Jahren erreicht die lineare Abschreibung den Nullwert. Falls der Pkw weiterhin betrieblich genutzt wird, so wird er mit **1,00 € Erinnerungswert** in den Büchern weitergeführt. Der Abschreibungsbetrag beträgt dann im letzten Jahr **9.999,00 €**.

Betriebswirtschaftlich empfehlenswert ist die lineare Abschreibungsmethode bei gleichmäßiger Wertminderung des Anlagegutes während der einzelnen Nutzungsjahre.

Nutzungszeit von abnutzbaren Anlagegütern

Abschreibungen stellen einen betrieblichen Aufwand dar und schmälern den steuerpflichtigen Gewinn. Die Höhe der Abschreibungen muss daher in einem von der Finanzverwaltung anerkannten Rahmen liegen.

Das Bundesministerium der Finanzen hat AfA-Tabellen herausgegeben. In diesen Tabellen sind für die Nutzungsdauer einzelner Wirtschaftsgüter Erfahrungswerte angegeben, die Richtgrößen darstellen. In begründeten Fällen kann hiervon abgewichen werden.

Beispiele

Anlagegut	Nutzungsdauer in Jahren	linearer AfA-Satz
Lagereinrichtungen	14	7 1/7 %
Großrechner	7	14 2/7 %
Kraftwagen – Lastwagen	9	11 1/9 %
– Personenwagen	6	16 2/3 %
Fotokopiergeräte	7	14 2/7 %

5567232

Degressive Abschreibungsmethode[1]

Die degressive Abschreibungsmethode (vgl. § 7 Abs. 2 EStG) schreibt mit fallenden Beträgen vom Buch- oder Restwert ab. Der Abschreibungsbetrag wird mithilfe eines gleich bleibenden Prozentsatzes vom Buch- oder Restwert errechnet.

$$\textbf{Abschreibungsbetrag} = \frac{\text{Buchwert} \cdot \text{Abschreibungssatz}}{100}$$

Beispiel

Ein Pkw (Anschaffung am 10. Januar 2007) mit einem Anschaffungswert von 60.000,00 € ist mit 30 % degressiv abzuschreiben.
Die folgende Tabelle zeigt einen degressiven Abschreibungsplan für sechs Jahre.

	degressive Abschreibung (30 %)
Anschaffungswert - Abschreibung 1. Jahr	60.000,00 € 18.000,00 €
Buchwert am Anfang des 2. Jahres - Abschreibung 2. Jahr	42.000,00 € 12.600,00 €
Buchwert am Anfang des 3. Jahres - Abschreibung 3. Jahr	29.400,00 € 8.820,00 €
Buchwert am Anfang des 4. Jahres - Abschreibung 4. Jahr	20.580,00 € 6.174,00 €
Buchwert am Anfang des 5. Jahres - Abschreibung 5. Jahr	14.406,00 € 4.321,80 €
Buchwert am Anfang des 6. Jahres - Abschreibung 6. Jahr	10.084,20 € 3.025,26 €
Buchwert am Ende des 6. Jahres	7.058,94 €

Der Nullwert wird bei der degressiven Abschreibungsmethode nach sechs Nutzungsjahren nicht erreicht. Um in der Nutzungszeit zum Nullwert zu gelangen, wird in der Regel von der degressiven zur linearen Abschreibungsmethode übergegangen. Wird nicht zur linearen Abschreibungsmethode gewechselt, so wird im letzten Nutzungsjahr auf 0,00 € bzw. 1,00 € Erinnerungswert abgeschrieben.

Der degressive Abschreibungsprozentsatz für bewegliche Anlagegüter, die zwischen dem 1. Januar 2006 und dem 31. Dezember 2007 angeschafft oder hergestellt wurden,

- darf nicht größer sein als der dreifache lineare Satz und
- 30 % nicht überschreiten.

Ein Übergang von der degressiven Abschreibungsmethode zur linearen Abschreibungsmethode ist möglich. Umgekehrt ist es nicht zulässig, von der linearen Abschreibungsmethode auf die degressive Abschreibungsmethode überzugehen.

1 Die Unternehmenssteuerreform sieht vor, dass Wirtschaftsgüter, die ab dem 1. Januar 2008 angeschafft oder hergestellt wurden, nicht mehr degressiv abgeschrieben werden dürfen. Wirtschaftsgüter, die vor dem 1. Januar 2008 angeschafft bzw. hergestellt wurden, dürfen weiterhin degressiv abgeschrieben werden. Aus diesem Grund verbleibt die degressive Abschreibungsmethode zunächst im Lehrbuch.

Leistungsabschreibung

Bei der Leistungsabschreibung wird die Nutzungsdauer des abzuschreibenden Anlagegutes nicht in Jahren ausgedrückt, sondern in Leistungseinheiten (Stückzahl, Maschinenstunden, Kilometer usw.), die das Anlagegut in seiner Nutzungszeit erbringt. Der Abschreibungsbetrag ergibt sich aus der jährlichen Leistung gemessen an der voraussichtlichen Gesamtleistung.

$$\textbf{Abschreibungsbetrag} = \frac{\text{Anschaffungskosten} \cdot \text{Istleistung pro Jahr}}{\text{Sollgesamtleistung}^{1}}$$

Beispiel

Ein Lkw mit einem Anschaffungswert von 100.000,00 € soll nach Leistungseinheiten abgeschrieben werden. Der Lkw ist insgesamt 250 000 km einsetzbar. Laut Fahrtenbuch ergeben sich folgende jährliche Fahrleistungen:

1. Jahr: 70 000 km
2. Jahr: 45 000 km
3. Jahr: 42 000 km
4. Jahr: 55 000 km
5. Jahr: 38 000 km

Die folgende Tabelle zeigt die Errechnung der jährlichen Abschreibungsbeträge:

Abschreibungsjahr	$\frac{\text{Anschaffungskosten} \cdot \text{Istleistung pro Jahr}}{\text{Sollgesamtleistung}}$	= Abschreibungsbetrag
1.	$\frac{100.000 \cdot 70\,000}{250\,000}$	= 28.000,00 €
2.	$\frac{100.000 \cdot 45\,000}{250\,000}$	= 18.000,00 €
3.	$\frac{100.000 \cdot 42\,000}{250\,000}$	= 16.800,00 €
4.	$\frac{100.000 \cdot 55\,000}{250\,000}$	= 22.000,00 €
5.	$\frac{100.000 \cdot 38\,000}{250\,000}$	= 15.200,00 €
	Summe der Abschreibungsbeträge:	= 100.000,00 €

Die Leistungsabschreibung berücksichtigt die technische Abnutzung von allen Abschreibungsmethoden am stärksten.

Steuerlich ist die Leistungsabschreibung zulässig, wenn die folgenden zwei Bedingungen erfüllt sind:

- Die Leistungsabschreibung muss **wirtschaftlich begründet** sein. Dies ist gegeben, wenn die jährlichen Leistungsabgaben **erheblich schwanken.**
- Die auf das einzelne Jahr entfallende Leistungsabgabe muss **nachweisbar** sein (z. B. durch km-Zähler eines Kraftfahrzeuges, Zählwerk einer Maschine).

1 voraussichtliche Gesamtleistung

Zeitanteilige Abschreibungen

Anlagegüter, die während des Wirtschaftsjahres

- **angeschafft** bzw. **hergestellt** (= **Zugang**) oder
- **veräußert** bzw. **entnommen** (= **Abgang**)

werden, sind grundsätzlich **zeitanteilig** abzuschreiben.

In der Praxis wird dabei nach **Nutzungsmonaten** abgeschrieben.

1. Zugang von Anlagegütern (zeitanteilige Abschreibungen im Zugangsjahr)

Im Zugangsjahr wird die zeitanteilige Abschreibung so gehandhabt, dass das angeschaffte bzw. hergestellte Anlagegut **ab dem Monat des Zugangs** abgeschrieben wird.

Beispiel

Bei Anschaffung eines Betriebsgebäudes am 27. März (Betriebszugehörigkeit im Zugangsjahr: 27. März bis 31. Dez.) werden 10/12 der Jahresabschreibung angesetzt (Annahme: Wirtschaftsjahr entspricht Kalenderjahr).

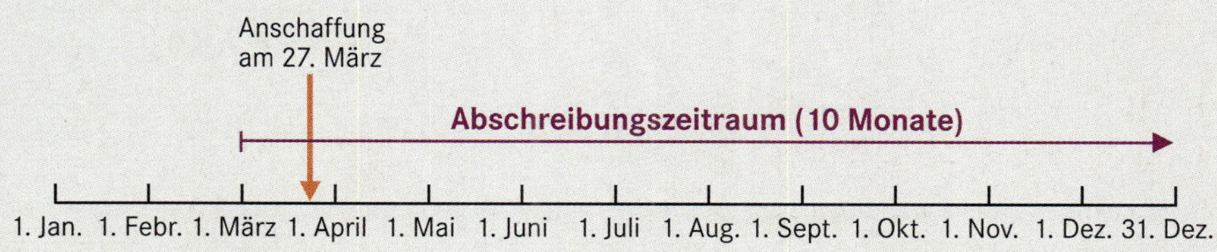

2. Abgang von Anlagegütern (zeitanteilige Abschreibungen im Abgangsjahr)

In der Praxis wird die zeitanteilige Abschreibung veräußerter oder entnommener Anlagegüter im Abgangsjahr so gehandhabt, dass auf volle Monate abgeschrieben wird. Endet die Nutzung eines Anlagegutes im Laufe eines Monats, so ist es nach herrschender Rechtsauffassung zulässig, **wahlweise auf volle Monate auf- oder abzurunden.**[1]

Beispiel

Eine Maschine wird am 3. Aug. veräußert (Betriebszugehörigkeit im Abgangsjahr: 1. Jan. bis 3. Aug.). Der Abschreibungsbetrag beträgt nun im Jahr des Ausscheidens 7/12 oder 8/12 der Jahresabschreibung (Annahme: Wirtschaftsjahr entspricht Kalenderjahr).

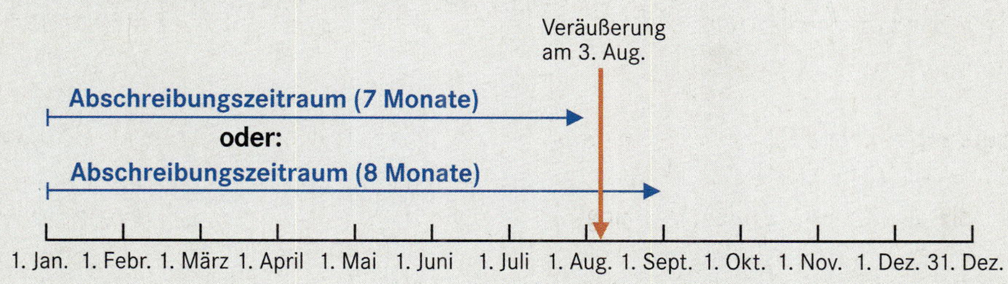

1 Da bei Ausscheiden eines Anlagegutes sein Wert ohnehin auf null gebracht wird, hat die Höhe der Abschreibung im Abgangsjahr keinen Einfluss auf den zu versteuernden Gewinn (siehe → Hermsen, Jürgen: Rechnungswesen der Industrie - IKR. 9. Auflage, Winklers Darmstadt 2008, Kapitel 3.4.12).

Buchhalterische Erfassung der Wertminderung bei Wirtschaftsgütern mit Anschaffungs- bzw. Herstellungskosten bis 1.000,00 €

Anschaffungs- bzw. Herstellungskosten bis 150,00 €

Die Anschaffungs- bzw. Herstellungskosten von Wirtschaftsgütern, die selbstständig nutzbar sind und deren Wert **150,00 €** netto (ohne Umsatzsteuer) **nicht übersteigt**, sind im Anschaffungs- bzw. Herstellungsjahr in voller Höhe als Betriebsausgabe (Sofortaufwand) zu erfassen (§ 6, Absatz 2, Satz 1 EStG). Dabei wird entsprechend der **sachlichen Herkunft** gebucht, z. B. auf den Konten „4810 Bürobedarf“ oder „4822 Telefonkosten“.

Beispiel

	Barkauf einer Büroschreibtischlampe	50,00 €
+	19 % Umsatzsteuer	9,50 €
=	Bruttorechnungsbetrag	59,50 €

Buchungssätze

		Soll	Haben
4810	Büromaterial	50,00	
1410	Vorsteuer	9,50	
an	1510 Kasse		59,50

Anschaffungs- bzw. Herstellungskosten ab 150,00 € bis 1.000,00 €

Selbstständig nutzbare Wirtschaftsgüter, die ohne Umsatzsteuer mehr als **150,00 €**, aber **höchstens 1.000,00 €** kosten, werden in einem Jahressammelposten (Pool) zusammengefasst und gemeinsam über fünf Jahre linear, also mit 20 % pro Jahr, abgeschrieben[1] (§ 6, Absatz 2a EStG).

Dabei ist unerheblich

- zu welchem Zeitpunkt die Wirtschaftsgüter im Anschaffungsjahr erworben werden (keine zeitanteilige Abschreibung im Anschaffungsjahr),
- wann die Wirtschaftsgüter aus dem Betriebsvermögen ausscheiden (konstante Abschreibungen auf den Jahressammelposten im Fünf-Jahreszeitraum auch bei vorzeitigem oder nachträglichem Ausscheiden der Wirtschaftsgüter).

Beispiel

	Kauf eines Notebooks mit ec-Karte unserer Bank, netto	700,00 €
+	19 % Umsatzsteuer	133,00 €
=	Bruttorechnungsbetrag	833,00 €

Buchungssatz für die Anschaffung des Notebooks

		Soll	Haben
0381	Sammelposten BGA 20.. (Wirtschaftsgüter ab 150 € bis 1.000 €)	700,00	
1410	Vorsteuer	133,00	
an	1310 Kreditinstitute (Bank)		833,00

Buchungssatz für die Abschreibung des Notebooks

		Soll	Haben
4911	Abschr. auf Sammelposten (WG ab 150 € bis 1.000 €)	140,00[2]	
an	0381 Sammelposten BGA 20.. (WG ab 150 € bis 1.000 €)		140,00[2]

1 Nicht selbstständig nutzbare Wirtschaftsgüter dieser Kategorie (z. B. Drucker, Monitore) werden nicht in diesem Jahressammelposten erfasst, sondern isoliert gemäß AfA-Tabelle abgeschrieben (z. B. Drucker → 3 Jahre, Monitore → 7 Jahre). (BFH, Urteil vom 19.02.2004)

2 Der Abschreibungsbetrag erhöht sich entsprechend für weitere im Betrachtungsjahr angeschaffte Wirtschaftsgüter mit Anschaffungskosten ab 150,00 € bis 1.000,00 € (20 % Abschreibungen von der Summe der Anschaffungskosten).

Aufgaben

Aufgabe 1:	Einführung ins Thema	*Aufgabe 8:*	Leistungsabschreibung
Aufgabe 2:	steuerliche Auswirkungen der Abschreibungen	*Aufgaben 9 bis 12:*	Anschaffung und Abschreibungen bei Wirtschaftsgütern mit Anschaffungs- bzw. Herstellungskosten bis 1.000,00 €
Aufgaben 3 bis 5:	lineare AfA	*Aufgaben 13 bis 15:*	zeitanteilige Abschreibungen (mit Belegbuchungen)
Aufgabe 6:	Abschreibungen im Zeitablauf		
Aufgabe 7:	degressive AfA		

1 a) Warum wird der Kauf eines Anlagegutes nicht als Aufwand gebucht?
b) Welche Bilanzveränderung liegt z. B. beim Barkauf eines Autos vor?
c) Nennen Sie die Ursachen für die Wertminderungen von Anlagegütern.
d) Wie werden die Wertminderungen des Anlagevermögens buchhalterisch erfasst?
e) Was für ein Konto ist das Abschreibungskonto?
f) Welchen Vorteil bringen hohe Abschreibungen?
g) Wie wird ein Anlagegut buchhalterisch erfasst, das über seine Nutzungsdauer hinaus benutzt wird?

2 Abschreibungen mindern den steuerpflichtigen Gewinn.
Errechnen Sie für die Fälle a) bis e) die durch die linearen Abschreibungen erzielte Steuerersparnis jeweils im Anschaffungsjahr (volle Jahresabschreibung) und jeweils für die gesamte Nutzungsdauer.

Anschaffungskosten	betriebsgewöhnliche Nutzungsdauer	Steuersatz	Steuerersparnis im Anschaffungsjahr	Steuerersparnis im gesamten Abschreibungszeitraum
a) 100.000,00 €	5 Jahre	50 %	?	?
b) 60.000,00 €	6 Jahre	40 %	?	?
c) 320.000,00 €	8 Jahre	25 %	?	?
d) 200.000,00 €	4 Jahre	32 %	?	?
e) 210.000,00 €	7 Jahre	30 %	?	?

3 Errechnen Sie für die unten stehenden Anlagegüter
a) den linearen Abschreibungsbetrag, b) den linearen Abschreibungsprozentsatz.

	betriebsgewöhnliche Nutzungsdauer	Anschaffungswert
Klimageräte	11 Jahre	77.000,00 €
Drucker	6 Jahre	1.500,00 €
Lastkraftwagen	9 Jahre	90.000,00 €

4 A **Anfangsbestände**

0230	Bauten auf eigenen Grundstücken	470.000,00 €
0310	Techn. Anlagen und Maschinen	180.000,00 €
0330	Betriebs- und Geschäftsausstattung	85.000,00 €
0340	Fuhrpark	120.000,00 €

Die **Anschaffungskosten** betrugen:

0230	Bauten auf eigenen Grundstücken	500.000,00 €
0310	Techn. Anlagen und Maschinen	250.000,00 €
0330	Betriebs- und Geschäftsausstattung	150.000,00 €
0340	Fuhrpark	240.000,00 €

a) Buchen Sie die Abschreibungen nach der linearen Methode bei folgenden vom Finanzamt anerkannten betriebsgewöhnlichen Nutzungsdauern:

0230	Bauten auf eigenen Grundstücken	50 Jahre
0310	Techn. Anlagen und Maschinen	10 Jahre
0330	Betriebs- und Geschäftsausstattung	5 Jahre
0340	Fuhrpark	6 Jahre

b) Schließen Sie die Konten ab.

5 Der Anfangsbestand auf dem Konto „0330 Betriebs- und Geschäftsausstattung“ beträgt 40.000,00 € (48.000,00 €). Der Anschaffungswert, der bereits zwei Jahre linear abgeschrieben wurde, betrug 80.000,00 € (72.000,00 €).

Der Kauf von 12 PCs bewirkt eine Bestandsmehrung auf dem Konto „0330“ von insgesamt 20.000,00 € (18.000,00 €). Für die PCs gilt eine betriebsgewöhnliche Nutzungsdauer von drei Jahren (vier Jahren).

a) Wie hoch sind der Abschreibungsprozentsatz und der jährliche Abschreibungsbetrag für den bereits zwei Jahre abgeschriebenen Anfangsbestand des Kontos „0330“ bei linearer Abschreibung?
b) Wie hoch sind der Abschreibungsprozentsatz und der jährliche Abschreibungsbetrag für die 12 neu angeschafften PCs bei linearer Abschreibung?
c) Wie hoch ist der Abschreibungsbetrag des Kontos „0330“ insgesamt nach der Neuanschaffung der 12 PCs?

6[1] **A** Die Anschaffungskosten eines Pkw betragen 36.000,00 €.
Betriebsgewöhnliche Nutzungsdauer: sechs Jahre.

a) Errechnen Sie den linearen Abschreibungsprozentsatz (und den maximal möglichen degressiven Abschreibungsprozentsatz bei Anschaffung zwischen dem 1. Januar 2006 und dem 31. Dezember 2007).
b) Stellen Sie in einer Abschreibungstabelle die lineare (und die degressive) Abschreibungsmethode bis zum Ende des 6. Jahres dar.
c) Erstellen Sie das Fuhrparkkonto mit Anfangsbestand, Abschreibungsbetrag und Schlussbestand am Ende des 3. Nutzungsjahres bei linearer Abschreibung.
(d) Erstellen Sie das Fuhrparkkonto mit Anfangsbestand, Abschreibungsbetrag und Schlussbestand am Ende des 3. Nutzungsjahres bei degressiver Abschreibung.)
e) Wie lautet der Abschreibungsbuchungssatz am Ende des 3. Nutzungsjahres bei linearer (und bei degressiver) Abschreibung?
f) Wie lautet der Abschlussbuchungssatz des Kontos Fuhrpark am Ende des 3. Nutzungsjahres bei linearer (und bei degressiver) Abschreibung?
g) Wie lautet der Abschreibungsbuchungssatz am Ende des 6. Jahres bei linearer Abschreibung, wenn der Pkw weiterhin genutzt wird?

7[2] Wie hoch sind bei Anschaffung der Anlagegüter zwischen dem 1. Januar 2006 und dem 31. Dezember 2007 die degressiven Abschreibungssätze höchstens

a) bei folgenden linearen Abschreibungssätzen:
5 %, 10 %, 20 %, 12 %, 8 %, 15 %, 6 %, 2 %, 18 %,
b) bei folgenden betriebsgewöhnlichen Nutzungsdauern:
50 Jahre, 5 Jahre, 25 Jahre, 4 Jahre, 10 Jahre, 8 Jahre, 20 Jahre?

8 **A** Eine Maschine mit einem Anschaffungswert von 90.000,00 € (110.000,00 €) soll nach Leistungseinheiten abgeschrieben werden. Die Maschine kann insgesamt 20 000 Stück (25 000 Stück) produzieren. Die jährlichen Leistungen betragen:

1. Jahr:	6 000 Stück	(7 000 Stück)
2. Jahr:	4 000 Stück	(3 000 Stück)
3. Jahr:	7 000 Stück	(11 000 Stück)
4. Jahr:	3 000 Stück	(4 000 Stück)

Erstellen Sie eine Abschreibungstabelle für die vier Nutzungsjahre.

9 Wie werden selbstständig nutzbare Wirtschaftsgüter mit Anschaffungs- bzw. Herstellungskosten

a) bis 150,00 € netto,
b) von mehr als 150,00 € netto und höchstens 1.000,00 € netto

buchhalterisch behandelt?

10 Es gibt drei Abschreibungskategorien für selbstständig nutzbare Wirtschaftsgüter, die ab dem 01.01.2008 angeschafft bzw. selbst hergestellt wurden.
Ordnen Sie den unter A stehenden Anschaffungs- bzw. Herstellungskosten der Wirtschaftsgüter die unter B stehende (zwingend) vorgeschriebene steuerliche Behandlung zu.

A Anschaffungs- bzw. Herstellungskosten

1. bis 150,00 € (netto)
2. über 150,00 € (netto) bis 1.000,00 € (netto)
3. über 1.000,00 € (netto)

B Steuerliche Behandlung

1. Jahressammelposten (Pool), gemeinsame Abschreibung über 5 Jahre (20 % linear)
2. Lineare Abschreibung gemäß Abschreibungstabellen bzw. Leistungsabschreibung
3. Betriebsausgabe (Sofortaufwand)

1 *Hinweis für die Lehrerin/den Lehrer:* Soll die degressive Abschreibungsmethode im Unterricht nicht mehr besprochen werden, so verzichten Sie bitte auf die Lösung der eingeklammerten Aufgaben/Teilaufgaben.

2 Die Unternehmenssteuerreform sieht vor, dass Wirtschaftsgüter, die ab dem 1. Januar 2008 angeschafft oder hergestellt wurden, nicht mehr degressiv abgeschrieben werden dürfen. Wirtschaftsgüter, die vor dem 1. Januar 2008 angeschafft bzw. hergestellt wurden, dürfen weiterhin degressiv abgeschrieben werden. Aus diesem Grund verbleibt diese Aufgabe zunächst im Lehrbuch.

11 Die Summe der Anschaffungskosten der selbstständig nutzbaren Wirtschaftsgüter im Wert ab 150,00 € bis 1.000,00 € beträgt:

Jahr 1: 3.000,00 €

Jahr 2: 4.500,00 €

Jahr 3: 5.200,00 €

Nennen Sie die Abschreibungsbuchungssätze für die Jahressammelposten der Jahre 1, 2 und 3.

Konten: 0381 Sammelposten BGA Jahr 1 (WG ab 150,00 € bis 1.000,00 €), 0382 Sammelposten BGA Jahr 2 (WG ab 150,00 € bis 1.000,00 €), 0383 Sammelposten BGA Jahr 3 (WG ab 150,00 € bis 1.000,00 €), 4911 Abschreibungen auf Sammelposten (WG ab 150,00 € bis 1.000,00 €).

12 Sie sind Angestellte(r) der Textilgroßhandlung ***Spindler KG***, Goseriede 41, 30159 Hannover. Die folgenden Belege liegen Ihnen zur Buchung vor.

a) Welche Geschäftsfälle liegen den Belegen zugrunde?

b) Wie lauten die Buchungssätze?

Beleg 1

Möbel Huss

Telefon 0511 2797811
Telefax 0511 2797822

Versand/Disposition Telefon: 0511 2797833
Kundendienst Telefon: 0511 2797844, 0511 2797855
Internet: www.moebel-huss-wvd.de
E-Mail: info@moebel-huss-wvd.de
St.-Nr. 14 852 43917

Möbel Huss • 30827 Garbsen-Berenbostel an der B 6

Textilgroßhandlung
Spindler KG
Goseriede 41
30159 Hannover

Lieferanschrift
Herrn/Frau/Firma: Spindler KG | Vorname:
Straße: Goseriede 41 | Etage: 01
PLZ: 30159 | Ort: Hannover
Telefon: 0511 4155-0 | Telefon (Firma): | Tour: 010 | Fah.: | Fah.:
KV-Datum: ..-05-10 | Bemerkung: 330 KOM
Liefertermin: ..-05-29 | Auftragsnummer: I07824

Achtung: Bei Zahlung immer Auftragsnummer angeben!

Lieferschein und Rechnung

Pos.	Anz.	Bezeichnung, Art, Modell, Ausführung, Größe	EZ-Preis, €	Gesamtpreis, €
		Es bediente Sie FRAU LUKOW, ANDREA		
1	3	09440059 WH:L/00/C201256(1) AKTENSCHRANK 3598 KIEFER MASSIV NATUR LACKIERT CA 150 X 195 X 31 CM	400,00	1.200,00
		USt-Betrag 19,00 %		228,00
			Rechnungsbetrag, €	1.428,00

Unser Fahrpersonal ist verpflichtet bei Lieferung fällige Beträge zu kassieren.
Unsere Preise sind Netto-Preise, verstehen sich also ohne jeden Abzug. Skonti und Rabatte sind durch reelle Preisgestaltung in unserem Netto-Preis-System bereits in Abzug gebracht. Verspätete Zahlung bedingt Skonti- und Zinsbelastung.

Bankverbindung:
Kreissparkasse Hannover, Konto-Nr. 2 008 845, BLZ 250 502 99

Quittung

KV-Summe 1.428,00 €
Auftragsnummer: I07824 | Rechnungsnummer: | Liefertermin: ..-05-29
Betrag (€): 1.428,00 | Betrag in Worten: tausend EINS | hundert VIER | zehn ZWEI | eins ACHT
Herrn/Frau/Firma: Spindler KG | Straße: Goseriede 41 | PLZ: 30159 | Ort: Hannover

Betrag dankend erhalten – Nur gültig mit Unterschrift
☒ Bankscheck
☐ Postbankscheck
☐ Bar

Brückner
Unterschrift des Inkassoberechtigten

Möbel Huss GmbH, Amtsgericht Neustadt HRB 421, Geschäftsführer: Detlef Deising

Beleg 2

Ernst Brink KG
Georgstr. 18 · 30159 HANNOVER
Tel.: 0511 3020 · Fax: 0511 3022
St.-Nr. 21 914 54620

1909 BAR-1 2875 0015 095

432 Schreibtischlampe VK 1A 45,00
SUMME EUR 45,00

19 % USt 7,18

BARGELD 100,00
RÜCKGELD 55,00
VIELEN DANK FÜR IHREN EINKAUF

KENNEN SIE SCHON UNSERE BRINK-CARD?
..-11-01 14:13

Beleg 3

Brink

... wenns um Ihr Geld geht.

Hamburg · Hannover · Bremen · Dortmund · Osnabrück · Kiel · Neumünster · Flensburg
Kassel · Wismar · Stralsund · Oldenburg · Magdeburg · Greifswald · Rostock · Plauen · Erfurt

Ernst Brink KG · Georgstraße 18 · 30159 Hannover

Textilgroßhandlung
Spindler KG
Goseriede 41
30159 Hannover

xxxxxxxxxxxxxxxxxxxxxxxx
19 % USt 74,10
xxxxxxxxxxxxxxxxxxxxxxxx
Barzahlung 464,10

Rechnung Datum ..-11-01 **B 600509**

Menge	Artikel	Einzelpreis €	Gesamtpreis €
1	Xanon FG 230		390,00
	Fotokopiergerät		
	+ 19 % USt		74,10
			464,10
570			

Brink
1. Nov. ..
WARENAUSGABE
Bürotechnikabteilung

Verkäufer	Montage geg. Berechn.	Stückzahl der Sendung	Abruf zum	Abholung am	Anlieferung am
Vihelf				sofort	

Zahlbar sofort ohne Abzug – spätestens jedoch bei Empfang der Ware an den Lieferer. Quittung erfolgt beim Kauf durch Kassendruck, bei Anlieferung durch Unterschrift des Inkassobevollmächtigten auf der Originalrechnung. Die Bestellung vorstehend aufgeführter Gegenstände erfolgt zu den umseitig aufgeführten Bedingungen.

Besteller	Ware erhalten	Betrag dankend erhalten
	Trenend	Schramm

ERNST BRINK KG · GEORGSTRASSE 18 · 30159 HANNOVER
Telefon 0511 3020 · Telefax 0511 3022 · E-Mail: service@brinkkg-wvd.de
USt-IdNr. DE 843 324 638 · St.-Nr. 21 914 54620
Dresdner Bank Hannover · Konto 4384719, BLZ 250 800 20 · Postbank Hannover · Konto 622 26-308, BLZ 250 100 30

Beleg 4

TELE-POINT

Tele-Point Vertriebsgesellschaft mbH
Angerburger Str. 248 • 30451 Hannover

Steuernummer: 205/1111/2222

Art/EAN 41223698
Telefon Merkur 120 Double EUR **69,99**
Verkäufer: 002

SUMME EUR **69,99**

EC-Cash EUR 69,99
- Kundenbeleg -

- Kundenbeleg -

Tele-Point Vertriebsgesellschaft mbH
Angerburger Str. 248 • 30451 Hannover

Terminal-ID: 69885485
ec-Nr 001532 BNr 0854
------ Kartenzahlung ------
electronic cash
Chip Offline
EUR 69,99

Datum: ..-10-11 10:24 Uhr
Nr. 6856658854125978236
Karte 2 gültig bis XX/12
AICPara
03 08 9D 0D 060814 0275
455553 02 4F 0001 0027
AID 2A8A53A753FB4D80
*** Zahlung erfolgt ***

NETTOBETRAG EUR 58,82
1 = Umsatzsteuer 19 % = 11,17

Es bediente Sie: Kassierer: 003

Datum	Zeit	Filiale	Pos	Bed	Transakt
..-10-11	10:24	096659	001	003	C000080

Beleg 5

Brink

... wenns um Ihr Geld geht.

Hamburg · Hannover · Bremen · Dortmund · Osnabrück · Kiel · Neumünster · Flensburg
Kassel · Wismar · Stralsund · Oldenburg · Magdeburg · Greifswald · Rostock · Plauen · Erfurt

Ernst Brink KG · Georgstraße 18 · 30159 Hannover

Textilgroßhandlung
Spindler KG
Goseriede 41
30159 Hannover

xxxxxxxxxxxxxxxxxxxxxxxx
19 % USt 75,05
xxxxxxxxxxxxxxxxxxxxxxxx
Barzahlung 470,05

Rechnung Datum ..-11-01 **B 600510**

Menge	Artikel	Einzelpreis €	Gesamtpreis €
1	Samuno XL 530		395,00
	PC-Bildschirm		
	+ 19 % USt		75,05
			470,05
570			

Brink
1. Nov. ..
WARENAUSGABE
Bürotechnikabteilung

Verkäufer	Montage geg. Berechn.	Stückzahl der Sendung	Abruf zum	Abholung am	Anlieferung am
Vihelf				sofort	

Zahlbar sofort ohne Abzug – spätestens jedoch bei Empfang der Ware an den Lieferer. Quittung erfolgt beim Kauf durch Kassendruck, bei Anlieferung durch Unterschrift des Inkassobevollmächtigten auf der Originalrechnung. Die Bestellung vorstehend aufgeführter Gegenstände erfolgt zu den umseitig aufgeführten Bedingungen.

Besteller	Ware erhalten	Betrag dankend erhalten
	Trenend	Schramm

ERNST BRINK KG · GEORGSTRASSE 18 · 30159 HANNOVER
Telefon 0511 3020 · Telefax 0511 3022 · E-Mail: service@brinkkg-wvd.de
USt-IdNr. DE 843 324 638 · St.-Nr. 21 914 54620
Dresdner Bank Hannover · Konto 4384719, BLZ 250 800 20 · Postbank Hannover · Konto 622 26-308, BLZ 250 100 30

5567290

13 Sie sind Angestellte(r) der Textilgroßhandlung *Spindler KG*, Goseriede 41, 30159 Hannover. Die folgenden Belege liegen Ihnen zur Buchung vor.

a) Welche Geschäftsfälle liegen den Belegen zugrunde?

b) Wie lauten die Buchungssätze?

Beleg 2

Spindler KG

Buchungsanweisung
Buchungsdatum: ..-12-30

Beleg-Nr.: 4 298

für: anteilige Jahresabschreibung Pkw, Kombi 20 GS (506 748).
Abschreibung für 6 Monate
6/12 von 16 2/3 % aus 24.000,00 € .... 2.000,00 €

Autohaus
Sauer KG
Rehbergstraße 24
30173 Hannover

Autohaus Sauer KG · Rehbergstraße 24 · 30173 Hannover

Textilgroßhandlung
Spindler KG
Goseriede 41
30159 Hannover

Bitte bei Zahlung angeben:
Rechnungsnummer: 4 153
Rechnungsdatum: ..-07-22
Ihre Bestellung vom: ..-06-20
Unsere Lieferung vom: ..-07-21
Telefax 0511 3213-33
E-Mail walter@sauer-wvd.de
Telefon 0511 3213-29

Rechnung

Wir danken für Ihren Auftrag und berechnen Ihnen wie folgt:

	Leistungsbezeichnung/Warenbezeichnung	Preise in €
1	Pkw, Kombi 20 GS fabrikneu Fahrgestell-Nr. 506 748	
	zum Preis von	24.000,00
	+ 19 % USt	4.560,00
		28.560,00

EINGEGANGEN
23. Juli ..
Erl. ....

Zahlungsbedingungen: 4 Wochen nach Erhalt der Rechnung

Beleg 1

14 Berechnen Sie die linearen Abschreibungsbeträge für das Anschaffungsjahr.[1]

Anlagegut	Anschaffungsdatum	Anschaffungskosten	Nutzungsdauer
Pkw	27. Juni	48.000,00 €	6 Jahre
Fernsprechanlagen	9. Dez.	8.000,00 €	8 Jahre

15 Berechnen Sie die linearen Abschreibungsbeträge für das Veräußerungsjahr.[1]

Anlagegut	Anschaffungsdatum	Anschaffungskosten	Nutzungsdauer
Pkw	11. Juli	48.000,00 €	6 Jahre
Maschine	2. März	100.000,00 €	10 Jahre
Schreibtisch	21. Sept.	1.500,00 €	8 Jahre

Aktion[2]

FIBU möglich

Anfangsbestände

I. Anfangsbestände der Sachkonten

0330 Betriebs- und Geschäftsausstattung: 1.150.000,00 €; 0340 Fuhrpark: 300.000,00 €; 1010 Forderungen a. LL: 121.120,00 €; 1160 SV-Beitragsvorauszahlung: 120,00 € (Anfangsbestand im Haben); 1310 Kreditinstitute: 180.000,00 €; 1510 Kasse: 20.000,00 €; 3900 Warenbestände: 410.000,00 € (davon 3910 Warengruppe I: 180.000,00 €, 3920 Warengruppe II: 230.000,00 €); 0610 Eigenkapital: 944.400,00 €; 0820 Verbindlichkeiten gegenüber Kreditinstituten: 985.000,00 €; 1710 Verbindlichkeiten a. LL: 251.600,00 €.

II. Anfangsbestände der Kundenkonten (Offene-Posten-Liste der Debitoren)

Kd.-Nr.	Debitoren	Beleg-Nr.	Betrag (€)
10 101	Söffgen OHG	1	33.320,00
10 102	G. Schön e. Kffr.	2	87.800,00
			121.120,00

III. Anfangsbestände der Liefererkonten (Offene-Posten-Liste der Kreditoren)

L.-Nr.	Kreditoren	Beleg-Nr.	Betrag (€)
17 101	B. Müller OHG	3	47.600,00
17 102	Emut GmbH	4	204.000,00
			121.120,00

1 *Annahme:* Wirtschaftsjahr entspricht dem Kalenderjahr.
2 Der Geschäftsgang kann differenziert über Kundenkonten, Liefererkonten und Warengruppenkonten oder vereinfacht über die Sammelkonten „1010", „1710", „3010", „3020", „3080", „3900", „8010" und „8080" gebucht werden.

Kontenplan

Kontenklasse 0 (Anlage- und Kapitalkonten):

0330 Betriebs- und Geschäftsausstattung, 0340 Fuhrpark, 0610 Eigenkapital, 0820 Verbindlichkeiten gegenüber Kreditinstituten.

Kontenklasse 1 (Finanzkonten):

1010 Forderungen a. LL (10 101 Forderungen an die Söffgen OHG, 10 102 Forderungen an G. Schön e. Kffr.), 1160 SV-Beitragsvorauszahlung, 1310 Kreditinstitute, 1410 Vorsteuer, 1510 Kasse, 1710 Verbindlichkeiten a. LL (17 101 Verb. ggü. der B. Müller OHG, 17 102 Verb. ggü. der Emut GmbH, 17 104 Verb. ggü. K.-H. More e. Kfm., 17 107 Verb. ggü. der Sauer KG, 17 110 Verb. ggü. F.-W. Heine e. K., 17 112 Verb. ggü. Marketing Hannover 96 GmbH), 1810 Umsatzsteuer, 1910 Verbindlichkeiten aus Steuern.

Kontenklasse 2 (Abgrenzungskonten):

2460 Sonstige Erträge, 2610 Zinserträge aus kurzfristigen Forderungen.

Kontenklasse 3 (Wareneinkaufskonten/Warenbestandskonten):

3010 Wareneingang (3110 Wareneingang Warengruppe I, 3210 Wareneingang Warengruppe II), 3020 Warenbezugskosten (3220 Warenbezugskosten für Warengruppe II), 3080 Lieferantenskonti (3180 Lieferantenskonti bei Warengruppe I), 3900 Warenbestände (3910 Warenbestände Warengruppe I, 3920 Warenbestände Warengruppe II).

Kontenklasse 4 (Konten der Kostenarten):

4010 Löhne, 4040 Gesetzliche soziale Aufwendungen, 4080 Übrige sonstige Personalaufwendungen, 4400 Werbekosten, 4630 Gewährleistungen, 4910 Abschreibungen auf Sachanlagen.

Kontenklasse 8 (Warenverkaufskonten [Umsatzerlöse]):

8010 Warenverkauf (8110 Warenverkauf Warengruppe I, 8210 Warenverkauf Warengruppe II), 8080 Kundenskonti (8280 Kundenskonti bei Warengruppe II).

Kontenklasse 9 (Abschlusskonten):

9100 Eröffnungsbilanzkonto, 9300 Gewinn- und Verlustkonto, 9400 Schlussbilanzkonto.

Beleg-Nr.		€
	1. Kasseneingänge für	
11	1. 280 verkaufte Einheiten aus dem Getränkeautomaten in der Kantine, netto	280,00
	+ 19 % Umsatzsteuer	53,20
		333,20
12	2. Barverkäufe der Verkaufsfiliale	
	– Warengruppe I (8.000,00 + 1.520,00 [= 19 % USt])	9.520,00
	– Warengruppe II (9.000,00 + 1.710,00 [= 19 % USt])	10.710,00
	2. Ausgangsrechnung an	
21	1. G. Schön e. Kffr. (Kd.-Nr. 10 102), Nettopreis (Warengruppe I)	200.000,00
	+ Fracht	1.000,00
	+ 19 % Umsatzsteuer	38.190,00
	Rechnungsbetrag	239.190,00
22	2. Söffgen OHG (Kd.-Nr. 10 101), Nettopreis (Warengruppe II)	300.000,00
	– 10 % Rabatt	30.000,00
	+ Verpackung	1.000,00
	+ Rollgeld	800,00
	+ 19 % Umsatzsteuer	51.642,00
	Rechnungsbetrag	323.442,00

5567292

Beleg-Nr.		€
	3. Gutschrift der Bank für	
31	1. Kundenzahlung (Söffgen OHG, Kd.-Nr. 10 101, betrifft: Beleg 1)[1], Bruttorechnungsbetrag (Warengruppe II)	33.320,00
	– 3 % Nettoskontonachlass	840,00
	– 19 % Umsatzsteuer (auf Nettoskontonachlass)	159,60
	Gutschrift	32.320,40
32	2. Zinsen aus kurzfristigen Forderungen	200,00
	4. Eingangsrechnung der	
41	1. Emut GmbH (L.-Nr. 17 102), Nettopreis (Warengruppe II)	60.000,00
	– 20 % Rabatt	12.000,00
	+ Rollgeld	800,00
	+ 19 % Umsatzsteuer	9.272,00
	Rechnungsbetrag[2]	58.072,00
42	2. Sauer KG (L.-Nr. 17 107) für gekauften Pkw, Nettopreis	30.000,00
	+ 19 % Umsatzsteuer	5.700,00
	Rechnungsbetrag	35.700,00
43	3. B. Müller OHG (L.-Nr. 17 101), Nettopreis (Warengruppe I)	150.000,00
	+ 19 % Umsatzsteuer	28.500,00
	Rechnungsbetrag	178.500,00
44	4. Handelsvertretung F.-W. Heine e. K. (L.-Nr. 17 110) über Provision für eingekaufte Waren (Warengruppe II)	1.000,00
	+ 19 % Umsatzsteuer	190,00
	Rechnungsbetrag	1.190,00
45	5. Marketing Hannover 96 GmbH (L.-Nr. 17 112) für Bandenwerbung in der AWD-Arena, netto	20.000,00
	+ 19 % Umsatzsteuer	3.800,00
	Rechnungsbetrag	23.800,00
46	6. Krey & Rubin Personalleasing GmbH (L.-Nr. 17 113) für Leiharbeiter, Leasinggebühr, netto	1.800,00
	+ 19 % Umsatzsteuer	342,00
	Rechnungsbetrag	2.142,00
	5. Lastschrift der Bank für	
51	1. Überweisung an Lieferanten (Bernhard Müller OHG, L.-Nr. 17 101, betrifft: Beleg 3)[3], Bruttorechnungsbetrag (Warengruppe I)	47.600,00
	– 3 % Nettoskontonachlass	1.200,00
	– 19 % Umsatzsteuer (auf Nettoskontonachlass)	228,00
	Lastschrift	46.172,00
52	2. Überweisung an die Krankenkasse: prognostizierte SV-Vorausleistung des laufenden Monats	18.180,00
	+ SV-Schuldvortrag aus dem Vormonat	120,00
	Sozialversicherungsbeitragssoll	18.300,00
53	3. Bruttolöhne	47.000,00
	Steuern	7.960,00
	Arbeitnehmeranteil zur Sozialversicherung	9.500,00
	Auszahlung (Banküberweisung)	29.540,00
	Arbeitgeberanteil zur Sozialversicherung	8.900,00

1 Zahlungseingang innerhalb des Skontozahlungsziels

2 Für Bruttosteuerschlüssel (EDV-Buchführung): Bruttowert der Waren .... 57.120,00 €
Bruttowert der Bezugskosten ...... 952,00 €

3 Zahlungsausgang innerhalb des Skontozahlungsziels

Beleg-Nr.		€
54	4. einbehaltene Steuern	7.960,00
60	**6.** Aufgrund des Garantieanspruchs unserer Kundin Gertrud Schön e. Kffr. bezahlen wir Ausbesserungsarbeiten an einem verkauften Modellkleid bei einer Schneiderei über	300,00
	+ 19 % Umsatzsteuer	57,00
	bar.	
	Abschlussangaben	
70	**7.** Abschreibungen auf 1. 0330 Betriebs- und Geschäftsausstattung	100.000,00
	2. 0340 Fuhrpark	60.000,00
80	**8.** Ermittlung und Passivierung der Zahllast	?
90	**9.** Warenschlussbestand lt. Inventur	400.000,00
	davon Warengruppe I	240.000,00
	Warengruppe II	160.000,00
100	**10.** Die Schlussbestände der anderen Bestandskonten entsprechen den Inventurbeständen.	

Zusammenfassung

Abschreibungen

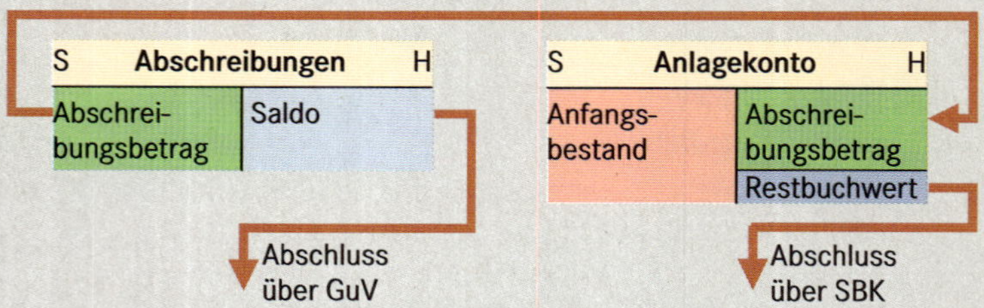

- Wertminderungen der Anlagegüter werden durch Abschreibungen buchhalterisch erfasst.
- Abschreibungen werden als Aufwendungen im Soll des Aufwandskontos „Abschreibungen“ und als Bestandsminderungen im Haben der Anlagekonten gebucht.
- Bei der linearen Abschreibungsmethode wird mit gleich bleibenden Beträgen vom Anschaffungs- oder Herstellungswert abgeschrieben.
- Bei der degressiven Abschreibungsmethode[1] wird mit fallenden Beträgen vom Buchwert abgeschrieben.

1 Die Unternehmenssteuerreform sieht vor, dass Wirtschaftsgüter, die ab dem 1. Januar 2008 angeschafft oder hergestellt wurden, nicht mehr degressiv abgeschrieben werden dürfen. Wirtschaftsgüter, die vor dem 1. Januar 2008 angeschafft bzw. hergestellt wurden, dürfen weiterhin degressiv abgeschrieben werden. Aus diesem Grund verbleibt die degressive Abschreibungsmethode zunächst im Lehrbuch.

5567294

- Bei der Leistungsabschreibung ergibt sich der Abschreibungsbetrag aus der jährlichen Leistung gemessen an der voraussichtlichen Gesamtleistung.
- Bleibt ein Anlagegut nach seiner vollständigen buchmäßigen Abschreibung weiterhin Bestandteil des Betriebsvermögens, so muss es mit 1,00 € Erinnerungswert auf dem jeweiligen Anlagekonto weitergeführt werden.
- Anlagegüter, deren Zugang oder Abgang während des Wirtschaftsjahres erfolgt, sind zeitanteilig abzuschreiben.
- Jedes Anlagegut wird einzeln in einer Anlagekartei/Anlagedatei geführt (und abgeschrieben). Die Anlagekonten des Hauptbuches ergeben sich aus diesen Anlagekarteien/Anlagedateien.
- Selbstständig nutzbare Wirtschaftsgüter, deren Anschaffungs- bzw. Herstellungskosten 150,00 € (netto) nicht übersteigen, werden im Anschaffungs- bzw. Herstellungsjahr sofort als Betriebsausgaben (Sofortaufwand) erfasst.
- Selbstständig nutzbare Wirtschaftsgüter, deren Anschaffungs- bzw. Herstellungskosten mehr als 150,00 € höchstens aber 1.000,00 € (jeweils netto) betragen, werden in einem Jahressammelpool zusammengefasst und gemeinsam über fünf Jahre mit 20 % linear abgeschrieben.

11.3 Wir bewerten das Anlagevermögen

Einstieg

Die ***Spindler KG*** hat vor fünf Jahren zwei Grundstücke erworben.
Die Anschaffungskosten betrugen für

- Grundstück I 500.000,00 €,
- Grundstück II 400.000,00 €.

Zum Bilanzstichtag 31. Dezember .. ist

- der Verkehrswert für das Grundstück I auf 450.000,00 € gesunken und
- der Verkehrswert für das Grundstück II auf 420.000,00 € gestiegen.

Stellen Sie fest, mit welchem Wert die beiden Grundstücke jeweils am Bilanzstichtag zu bilanzieren sind.

Informationen

Zweck der Bewertung

Definition **Die Quantifizierung eines Vermögens- oder Schuldpostens der Bilanz in Geldeinheiten wird als Bewertung bezeichnet.**

Bewertungsprobleme ergeben sich bei Bilanzposten, die **Bewertungsspielräume** aufweisen:

- **Abnutzbare Anlagegüter**
  Hier wird die Bewertung durch planmäßige und außerplanmäßige Abschreibungen (z. B. wegen Brand, Unwetter, Explosion, technischem Fortschritt) bestimmt.
- **Nicht abnutzbare Anlagegüter**
  Hier können ebenfalls außerplanmäßige Wertminderungen eintreten.
- **Forderungen**
  Der Forderungsbestand muss hinsichtlich seiner Einbringlichkeit bewertet werden.
- **Vorräte**
  Sie unterliegen Preisschwankungen.
- **Verbindlichkeiten**
  Verbindlichkeiten gegenüber Auslandsgläubigern (Währungsverbindlichkeiten) unterliegen beispielsweise Kursschwankungen.

Die Bewertung der einzelnen Vermögens- und Schuldposten der Bilanz wirkt sich unmittelbar auf den **Jahreserfolg** aus.

Eine **zu hohe Bewertung der Vermögensposten** oder eine **zu niedrige Bewertung der Schuldposten** führt zu einem **zu hohen Ausweis des Eigenkapitals** (nicht realisierter Gewinn = Scheingewinn).

Umgekehrt führt eine **zu niedrige Bewertung der Vermögensposten** oder eine **zu hohe Bewertung der Schuldposten** zu einem **zu niedrigen Ausweis des Eigenkapitals** (nicht realisierter Verlust = Scheinverlust).

Ein Unternehmen hat unterschiedliche Interessen hinsichtlich der Darstellung seiner Erfolgs- und Vermögenslage in der Bilanz:

- Um **weniger Steuern** zahlen zu müssen, besteht ein Interesse an einer möglichst **ungünstigen Darstellung** der Erfolgs- und Vermögenslage (in der **Steuerbilanz**).
- Um gegenüber Gläubigern **kreditwürdig** zu erscheinen, besteht ein Interesse an einer möglichst **günstigen Darstellung** der Erfolgs- und Vermögenslage (in der **Handelsbilanz**).

Im Interesse des Steueraufkommens und zum Schutz der Gläubiger hat der Gesetzgeber steuerrechtliche und handelsrechtliche Bewertungsvorschriften erlassen, die Über- und Unterbewertungen nicht erlauben.

Steuerrechtliche Bewertungsvorschriften sollen zur Sicherung des Steueraufkommens verhindern, dass Steuerpflichtige das Vermögen unterbewerten und die Schulden überbewerten, um so den steuerlichen Gewinn und das steuerliche Betriebsvermögen zu niedrig auszuweisen.

Handelsrechtliche Bewertungsvorschriften sollen zum Schutz der Gläubiger verhindern, dass das Vermögen überbewertet und die Schulden unterbewertet werden.

5567296

Bewertung von Anlagegütern bei ihrer Beschaffung

Fremdbezogene Anlagegüter sind bei ihrer Anschaffung grundsätzlich zu Anschaffungskosten zu aktivieren.

Den Begriff **„Anschaffungskosten“** gibt es sowohl im Steuerrecht als auch im Handelsrecht.

Zu den Anschaffungskosten gehören auch die **Anschaffungsnebenkosten. Anschaffungspreisminderungen** sind abzusetzen. (§ 255 Abs. 1 HGB)

Anschaffungskosten	=	Anschaffungspreis	–	Anschaffungspreisminderungen	+	Anschaffungsnebenkosten
		Kaufpreis gemäß Rechnung (ohne Umsatzsteuer)		Rabatte Skonti Boni Minderungen		Transportkosten, Transportversicherung, Einfuhrzölle, Provisionen, Fundamentierungs- und Montagekosten, Zulassungskosten, Kosten für Kfz-Kennzeichen usw. (Bei Grundstückskäufen: Notariatskosten, Maklercourtage, Grundbuchgebühren und Grunderwerbsteuer) **Nicht** zu den Anschaffungsnebenkosten gehören: Geldbeschaffungskosten (Zinsen, Disagio), Lagerkosten.

Beispiel

Wir kaufen eine Verpackungsmaschine. Der Listenpreis beträgt 50.000,00 € (ohne Umsatzsteuer). Der Lieferer gewährt uns auf den Listenpreis 10 % Rabatt. Er stellt uns ferner die Transportkosten von 1.900,00 € (ohne Umsatzsteuer) und die Montagekosten von 2.000,00 € (ohne Umsatzsteuer) in Rechnung.

Listenpreis	50.000,00 €
– Rabatt (10 %)	5.000,00 €
Zieleinkaufspreis	45.000,00 €
+ Transportkosten	1.900,00 €
+ Montagekosten	2.000,00 €
Anschaffungskosten	**48.900,00 €**
+ 19 % Umsatzsteuer	9.291,00 €
	58.191,00 €

Buchungssatz (für Eingangsrechnung)

	Soll	Haben
0310 TA und Maschinen	48.900,00	
1410 Vorsteuer	9.291,00	
an 1710 Verbindlichkeiten a. LL		58.191,00

Die Liefererrechnung wird unter Abzug von 2 % Skonto (2 % von 58.191,00 € → 1.163,82 € → **978,00 € Nettoskontonachlass** + 185,82 € USt) per Banküberweisung bezahlt.

Der Nettoskontonachlass mindert die Anschaffungskosten:

48.900,00 €	(ursprüngliche Anschaffungskosten)
– 978,00 €	(2 % Nettoskontonachlass)
47.922,00 €	(korrigierte Anschaffungskosten)

Buchungssatz		Soll	Haben
	1710 Verbindlichkeiten a. LL	58.191,00	
	an 1310 Kreditinstitute		57.027,18
	an 0310 TA und Maschinen		978,00
	an 1410 Vorsteuer		185,82

Für selbst erstellte eigengenutzte Sachanlagegüter werden zur Bewertung die **Herstellungskosten** herangezogen.

§ „Herstellungskosten sind die Aufwendungen, die durch den Verbrauch von Gütern und die Inanspruchnahme von Diensten für die Herstellung eines Vermögensgegenstandes ... entstehen." (§ 255 Abs. 2 Satz 1 HGB)

Bewertung des nicht abnutzbaren Anlagevermögens

Beteiligungen, Wertpapiere, die langfristig angelegt sind, und Grund und Boden gehören zum **nicht abnutzbaren Anlagevermögen.**

Grundsätzlich ist das nicht abnutzbare Anlagevermögen mit den **Anschaffungskosten** zu bewerten, die zugleich die **Wertobergrenze** bilden (Anschaffungskostenprinzip, § 253 Abs. 1 Satz 1 HGB).

Liegt bei Positionen des nicht abnutzbaren Anlagevermögens eine **dauernde Wertminderung**[2] vor, so **müssen handelsrechtlich (Handelsbilanz) außerplanmäßige Abschreibungen** (§ 253 Abs. 2 Satz 3 HGB) vorgenommen werden **(strenges Niederstwertprinzip).**

Liegt nur eine **vorübergehende Wertminderung**[1] vor, so **können handelsrechtlich** (Bewertungswahlrecht) **außerplanmäßige Abschreibungen** vorgenommen werden **(gemildertes Niederstwertprinzip,** § 253 Abs. 2 Satz 3 HGB).

Bei **Kapitalgesellschaften** (AG, KGaA, GmbH) gilt bei **vorübergehenden Wertminderungen** das **Bewertungswahlrecht** nur für **Finanzanlagen.** Für andere Wirtschaftsgüter des nicht abnutzbaren Anlagevermögens dürfen Kapitalgesellschaften bei **vorübergehenden Wertminderungen keine** außerplanmäßigen Abschreibungen vornehmen (§ 279 Abs. 1 Satz 2 HGB).

Beispiel

Ein Grundstück wurde bisher zu seinen Anschaffungskosten von 200.000,00 € aktiviert. Aufgrund der Stilllegung der Straße, die am Grundstück vorbeiführt, sinkt der Wert des Grundstückes auf 150.000,00 €.

Da eine (voraussichtlich) dauernde Wertminderung des Grundstückes vorliegt, wird das Grundstück auf 150.000,00 € abgeschrieben.

Buchungssatz		Soll	Haben
	4912 Außerplanmäßige Abschreibungen auf Sachanlagen	50.000,00	
	an 0210 Grundstücke		50.000,00

1 aufgrund einer **außergewöhnlichen technischen Abnutzung** (z. B. verursacht durch Explosion, Brand, Unfall) oder aufgrund einer **außergewöhnlichen wirtschaftlichen Entwertung** (z. B. Preisverfall infolge veränderter Marktbedingungen)

Steuerrechtlich (Steuerbilanz) können (Wahlrecht) außerplanmäßige Abschreibungen nur vorgenommen werden, wenn sie durch eine **voraussichtlich dauernde Wertminderung** veranlasst werden. Bei einer **vorübergehenden Wertminderung** besteht **steuerrechtlich** ein **Abschreibungsverbot.**

Sind außerplanmäßige Abschreibungen vorgenommen worden und **steigt** nun der Wert der entsprechenden nicht abnutzbaren Anlagegüter, so **darf handelsrechtlich (Handelsbilanz)** bei **Einzelunternehmen** und bei **Personengesellschaften** der niedrige Wertansatz beibehalten werden (§ 253 Abs. 5 HGB, **Zuschreibungswahlrecht).**

Es **kann handelsrechtlich (Handelsbilanz)** bei **Einzelunternehmen** und **Personengesellschaften** auch eine Zuschreibung[1] auf den höheren Wert erfolgen. Die Wertobergrenze stellen die Anschaffungskosten dar (§ 253 Abs. 1 Satz 1 HGB, **Anschaffungskostenprinzip).**

Für **Kapitalgesellschaften** gilt **handelsrechtlich (Handelsbilanz)** ein **Wertaufholungsgebot.** Hier muss eine Zuschreibung erfolgen.

Das **Wertaufholungsgebot** gilt **steuerrechtlich (Steuerbilanz)** grundsätzlich bei **allen Unternehmensformen.**

Beispiel

Das Grundstück des obigen Beispiels wurde jahrelang nach der vorgenommenen außerplanmäßigen Abschreibung mit 150.000,00 € bilanziert.

Die im obigen Beispiel stillgelegte Straße wird wider Erwarten neu ausgebaut und dabei verbessert und verbreitert. Dadurch steigt der Wert des Grundstückes auf 240.000,00 €.

Es wird eine Wertzuschreibung **bis zu den Anschaffungskosten** (200.000,00 €) vorgenommen:

		Soll	Haben
Buchungssatz	0210 Grundstücke	50.000,00	
	an 2730 Erträge aus Zuschreibungen		50.000,00

Auf diese Weise wird die außerplanmäßige Abschreibung **rückgängig** gemacht. Dadurch **verbessert** sich einerseits die in der Bilanz ausgewiesene **Vermögensstruktur** des Unternehmens, andererseits **erhöht** sich der **steuerpflichtige** Gewinn.

Bewertung des abnutzbaren Anlagevermögens

Gebäude, Maschinen, Fuhrpark sowie Betriebs- und Geschäftsausstattung gehören zum **abnutzbaren Anlagevermögen.**

Grundsätzlich ist das abnutzbare Anlagevermögen sowohl steuer- als auch handelsrechtlich mit den **fortgeführten Anschaffungskosten (Herstellungskosten)** zu bewerten. Die fortgeführten Anschaffungskosten (Herstellungskosten) stellen zugleich die **Wertobergrenze** dar. Sie ergeben sich wie folgt:

	Steuerrecht
	Anschaffungskosten (Herstellungskosten)
–	Absetzung für Abnutzung (AfA) (§ 6 Abs. 1 Nr. 1 Satz 1 und § 7 EStG)
=	Fortgeführte Anschaffungskosten (Fortgeführte Herstellungskosten)

	Handelsrecht
	Anschaffungskosten (Herstellungskosten)
–	planmäßige Abschreibung (§ 253 Abs. 2 Satz 1 HGB)
=	Fortgeführte Anschaffungskosten (Fortgeführte Herstellungskosten)

1 *Anmerkung:* In der **Handelsbilanz** wird in der Regel die Vermögenslage möglichst gut dargestellt (siehe Seite 296). Aus diesem Grund wird hier meistens eine Zuschreibung vorgenommen.

Dauernde Wertminderungen des abnutzbaren Anlagevermögens, die über die planmäßigen Abschreibungen (AfA) hinausgehen (z. B. verursacht durch Explosion, Unwetter, technischen Fortschritt), **müssen handelsrechtlich (Handelsbilanz) zusätzlich** durch **außerplanmäßige Abschreibungen** berücksichtigt werden **(strenges Niederstwertprinzip,** § 253 Abs. 2 Satz 3 HGB).

Liegt nur eine **vorübergehende Wertminderung** vor, so **können handelsrechtlich Einzelunternehmungen** (e. K.) und **Personengesellschaften** (OHG, KG) **außerplanmäßige Abschreibungen** vornehmen **(gemildertes Niederstwertprinzip,** § 253 Abs. 2 Satz 3 HGB).

Kapitalgesellschaften (AG, KGaA, GmbH) dürfen **handelsrechtlich (Handelsbilanz)** eine **vorübergehende Wertminderung** des **abnutzbaren Anlagevermögens nicht** außerplanmäßig abschreiben (Verbot der außerplanmäßigen Abschreibung, § 279 Abs. 1 Satz 2 HGB).

Beispiel

In der ***Spindler KG*** beläuft sich der Buchwert einer Maschine auf 80.000,00 €.

Die planmäßige Abschreibung beträgt 20.000,00 €.

Bedingt durch den technischen Fortschritt verliert die Maschine zusätzlich 30.000,00 € an Wert.

	alter Buchwert	80.000,00 €
–	planmäßige Abschreibung	20.000,00 €
=	fortgeführte Anschaffungskosten	60.000,00 €
–	außerplanmäßige Abschreibung	30.000,00 €
=	neuer Buchwert	30.000,00 €

Buchungssatz

			Soll	Haben
	4910	Abschreibungen auf Sachanlagen	20.000,00	
	4912	Außerplanmäßige Abschreibungen auf Sachanlagen	30.000,00	
an	0310	TA und Maschinen		50.000,00

Steuerrechtlich (Steuerbilanz) können (Wahlrecht) außerplanmäßige Abschreibungen nur vorgenommen werden, wenn sie durch eine **voraussichtlich dauernde Wertminderung** veranlasst werden. Bei einer **vorübergehenden Wertminderung** besteht **steuerrechtlich** ein **Abschreibungsverbot.**

Sind außerplanmäßige Abschreibungen vorgenommen worden und **steigt** nun der Wert der entsprechenden abnutzbaren Anlagegüter, so **darf handelsrechtlich** bei **Einzelunternehmen** und bei **Personengesellschaften** der niedrigere Wert beibehalten werden (§ 253 Abs. 5 HGB, **Zuschreibungswahlrecht**[1]). Die Wertobergrenze für eine eventuelle Zuschreibung stellen die fortgeführten Anschaffungs- bzw. Herstellungskosten dar (§ 253 Abs. 1 Satz 1 HGB, **Anschaffungskostenprinzip).**

Für **Kapitalgesellschaften** gilt **handelsrechtlich** ein **Wertaufholungsgebot.** Hier muss eine Zuschreibung erfolgen.

Das **Wertaufholungsgebot** gilt **steuerrechtlich (Steuerbilanz)** grundsätzlich bei **allen Unternehmensformen.**

Werden bewegliche abnutzbare Anlagen degressiv abgeschrieben, sind Absetzungen für außergewöhnliche technische oder wirtschaftliche Abnutzungen nicht zulässig (§ 7 Abs. 2 Satz 4 EStG). Sind die Voraussetzungen für derartige Absetzungen gegeben, so ist dann zunächst zur linearen Abschreibung überzugehen, bevor wegen außergewöhnlicher technischer oder wirtschaftlicher Abnutzung abgeschrieben werden kann.

1 *Anmerkung:* In der **Handelsbilanz** wird in der Regel die Vermögenslage möglichst gut dargestellt (siehe Seite 296). Aus diesem Grund wird hier meistens eine Zuschreibung vorgenommen.

Aufgaben

Aufgaben 1 bis 7: Bewertung von Anlagegütern bei ihrer Beschaffung
Aufgaben 8 und 9: Bewertung des nicht abnutzbaren Anlagevermögens bei der Bilanzierung
Aufgaben 10 und 11: Bewertung des abnutzbaren Anlagevermögens bei der Bilanzierung

1 Die Textilgroßhandlung ***Spindler KG*** kauft eine Lagerhalle einschließlich Grundstück für 250.000,00 €.

Die Grunderwerbsteuer beträgt 3,5 % vom Kaufpreis.

Der Notar stellt 1.666,00 € (einschließlich 19 % Umsatzsteuer) in Rechnung.

An Grundbuchgebühren fallen 280,00 € an.

Außerdem sind noch 11.900,00 € (einschließlich 19 % Umsatzsteuer) an Maklergebühren zu zahlen.

Im Anschaffungsjahr fallen 14.000,00 € an Hypothekenzinsen an. 200.000,00 € der Anschaffungskosten werden mit einer Hypothek (100 % Auszahlung) finanziert.

a) Ermitteln Sie die Anschaffungskosten.

b) Nennen Sie den Buchungssatz
- für die Zahlung der Anschaffungskosten (Sammelbuchung. Der Zahlungsausgleich erfolgt durch die Aufnahme der Hypothek und über das Bankkonto.) und
- für die Zahlung der Hypothekenzinsen.

c) Abweichend vom obigen Geschäftsfall b) wird die Notarrechnung isoliert als Eingangsrechnung auf Ziel (Einzelbuchung) gebucht. Nennen Sie für diesen Fall den Buchungssatz für die Notarrechnung.

2 Wir kaufen ein Grundstück für 180.000,00 €.

An Maklercourtage fallen 4 % vom Kaufpreis (+ 19 % Umsatzsteuer) an.

Die Grunderwerbsteuer beträgt 3,5 % des Kaufpreises.

An den Notar entrichten wir 1.523,20 € (einschließlich 19 % Umsatzsteuer).

Die Grundbuchkosten belaufen sich auf 250,00 €.

150.000,00 € der Anschaffungskosten finanzieren wir mit einer Hypothek (100 % Auszahlung). 6.000,00 € sind im Anschaffungsjahr an Hypothekenzinsen zu zahlen.

a) Ermitteln Sie die Anschaffungskosten.

b) Nennen Sie den Buchungssatz
- für die Zahlung der Anschaffungskosten (Sammelbuchung. Der Zahlungsausgleich erfolgt durch die Aufnahme der Hypothek und über das Bankkonto.) und
- für die Zahlung der Hypothekenzinsen.

c) Abweichend vom obigen Geschäftsfall b) wird die Maklerrechnung isoliert als Eingangsrechnung auf Ziel (Einzelbuchung) gebucht. Nennen Sie für diesen Fall den Buchungssatz für die Maklerrechnung.

3 Sie sind Angestellte(r) der Textilgroßhandlung ***Spindler KG***, Goseriede 41, 30159 Hannover. Die folgenden Belege liegen Ihnen zur Buchung vor.

a) Welche Geschäftsfälle liegen den Belegen zugrunde?

b) Wie lauten die Buchungssätze?

Dr. D. Kuhlmann
RECHTSANWALT • NOTAR

30161 Hannover
Bödeckerstraße 28
Tel.: 0511 2234
Fax: 0511 2233
E-Mail: detlef@kuhlmann-wvd.de

Textilgroßhandlung
Spindler KG
Goseriede 41
30159 Hannover

Datum
..-03-08

Kostenrechnung Urkundenrolle 172/..

Ankauf unbebautes Grundstück, Flurstück 725/635 der Flur 26 der Gemarkung Hannover-Tiefenriede

1.	Gebühren für die Ausfertigung des Kaufvertrages (Wert: 180.000,00 €)	600,00 €
2.	Schreibgebühren	49,00 €
3.	Sonstiges	8,00 €
		657,00 €
	19 % Umsatzsteuer	124,83 €
		781,83 €

EINGEGANGEN
9. März ..
Erl. ....

Bankverbindung:
Stadtsparkasse Hannover
Kto.-Nr.: 123 765, BLZ 250 501 80
St.-Nr 29 447 25368

Beleg 1

Beleg 2

Hansen
Immobiliengesellschaft – Hannover

Hansen Immobiliengesellschaft · Podbielskistraße 50 · 30177 Hannover

Textilgroßhandlung
Spindler KG
Goseriede 41
30159 Hannover

EINGEGANGEN
7. März ..
Erl. ....

Datum
..-03-06

Rechnung

GEGENSTAND:	Unbebautes Grundstück, Flurstück 725/635 der Flur 26 der Gemarkung Hannover-Tiefenriede
VERKÄUFERIN:	Frau Erika Grimm, Darmstadt
KAUFPREIS:	180.000,00 €
PROVISION:	4,76 % inkl. USt
GRUNDLAGEN:	Angebot vom 18. Dez. .., Vertragsverhandlung, Kaufvertrag vom 20. Febr. .., Notar Dr. D. Kuhlmann, Hannover, UR 172/..

BERECHNUNG:	4 % von 180.000,00 €	7.200,00 €
	19 % USt	1.368,00 €
		8.568,00 €

Wir bitten um Überweisung auf unser u. g. Konto bei der Deutschen Bank AG Hannover.

Hansen Immobilien GmbH
Geschäftsführerin: Tina Hansen
HRB 123 Amtsgericht H
St.-Nr. 06 374 98312

Bankverbindung:
Deutsche Bank Hannover

Podbielskistraße 50
30177 Hannover

Beleg 3

Spedition Küchler

Küchler Speditionsgesellschaft mbH
Export – Import – Spedition
Nussriede 4
30627 Hannover

Küchler Speditionsgesellschaft mbH, Postfach 11 15 52, 30627 Hannover

Textilgroßhandlung
Spindler KG
Goseriede 41
30159 Hannover

Kunden-Nr.	Rechnungs-Nr.
10 109	6 291
Bitte stets angeben!	

Telefax 0511 2641-329 · E-Mail werner@kuechler-wvd.de

Ihr Zeichen, Ihre Nachricht vom	Unser Zeichen	Telefon, Name 0511 2641-	Datum
jo ..-05-13	we	321 Herr Werner	..-06-16

Rechnung

Für die Anlieferung Ihrer neuen Transportanlage PD 3 von der Maschinenfabrik Schramm GmbH in 01307 Dresden, Gutenbergstraße 18, in Ihr Lager in 30159 Hannover, Goseriede 41, berechnen wir Ihnen

Transportkosten, netto	1.500,00 €
19 % Umsatzsteuer	285,00 €
	1.785,00 €

EINGEGANGEN
18. Juni ..
Erl. ....

Zahlbar binnen 14 Tagen ohne Abzug.

5567302

Beleg 4

Neumann & Wontke KG

- Maßarbeit mit schwerster Last
- Maschinenmontagen und -demontagen
- Auf- und Umstellungen von Produktionsanlagen

Neumann & Wontke KG • Falkenstr. 2 • 30449 Hannover

Textilgroßhandlung
Spindler KG
Goseriede 41
30159 Hannover

Bitte stets angeben!

Kundennummer: 10 108
Rechnungsnummer: 385

Telefax 0511 458-2
E-Mail neumann@neuwo-wvd.de

Ihr Zeichen, Ihre Bestellung vom	Unser Zeichen	Telefon, Name 0511 458-	Datum
jo ..-05-20		432 Frau Neumann	..-06-18

EINGEGANGEN 21. Juni .. Erl. ....

Rechnung

Gegenstand	Betrag/€
Für die Montage Ihrer neuen Transportanlage PD 3 in Ihrem Lager in 30159 Hannover, Goseriede 41, berechnen wir Ihnen (siehe beigefügte detaillierte Auflistung):	
Montagekosten	3.400,00
19 % Umsatzsteuer	646,00
	4.046,00

Zahlungsziel: 30 Tage.
Bei Zahlung innerhalb von 10 Tagen 2 % Skonto.

Falkenstraße 2, 30449 Hannover
Hannover HRA 246, Geschäftsführerin: Karin Neumann
Bankverbindung: Kreissparkasse Hannover, Konto-Nr.: 864 579, BLZ 250 502 99
USt-IdNr. DE 352 221 747

Beleg 5

Durchschrift für Kontoinhaber 251 901 01

Lindener Volksbank eG
30449 Hannover

Begünstigter: Neumann & Wontke, Hannover
Konto-Nr. des Begünstigten: 864 579
Bankleitzahl: 250 502 99
Kreditinstitut des Begünstigten: Kreissparkasse Hannover
EUR Betrag: Euro, Cent: 3.965,08-----------
Kunden-Referenznummer: Kundennr. 10 108, Rechn.-Nr. 385
4.046,00 EUR - 2 % Skonto 80,92 EUR
Kontoinhaber: Spindler KG, 30159 Hannover
Konto-Nr. des Kontoinhabers: 12 345

..-06-27 Susanne Strobel
Datum, Unterschrift

HANN GmbH & Co. KG
Autonummernschilder
Am Schützenplatz • 30169 Hannover • Telefon 0511 13192
St.-Nr. 12 872 62813

Datum: ..-08-04

SPINDLER KG

Menge	Schilder/Stempel	EUR	ct
2	H-KF 123	27,	00
	Verstärker/Schrauben/Plakettenhalter		
1	Montage	7,	00
Endbetrag enthält die USt mit: 19 % =		34,	00

Erfüllungsort und Gerichtsstand Hannover 1799-25 Meißner

Beleg 6

Hinweis: Barzahlung

Beleg 7

```
LANDESHAUPTSTADT HANNOVER DER OBERBÜRGERMEISTER
- ORDNUNGSAMT OE 32.33 - AM SCHÜTZENPLATZ 1
30169 HANNOVER


..-08-04 / 12 44 08  H-KF 123

                              BERICHT.ERFASSUNGSUNTERL.ZFR       3,00
                              KFZ-NEUZULASSUNG                  20,00
                              ABSTEMPELN VON KENNZEICHEN         3,00
                              HU- UND AU-PLAKETTE U.PRÜFM.       1,00
                              HU- UND AU-PLAKETTE U.PRÜFM.       1,00
                              PLAKETTE MIT LANDESWAPPEN          1,00
                              PLAKETTE MIT LANDESWAPPEN          1,00
                              ZUTEILUNG WUNSCHKENNZEICHEN       10,00
                              ZWISCHENSUMME               EUR   40,00

                                          SUMME           EUR   40,00

                                          B A R           EUR   40,00
                                          ZURÜCK          EUR    0,00
```

Beleg 8

KARL-HEINZ MORE e. Kfm.

Großküchen- und Kantineneinrichtungen, Krankenhausapparate, Milchküchen, Geschirrspülmaschinen,
Kaffeemaschinen, Kartoffelschälmaschinen

Karl-Heinz More e. Kfm. • Postfach 4 06 • 30175 Hannover

VERKAUFSBÜRO
PLANUNG
KUNDENDIENST

Textilgroßhandlung
Spindler KG
Goseriede 41
30159 Hannover

Telefax
0511 4066-
18

E-Mail
service@more-wvd.de

Ihre Bestellung vom, Ihre Bestell-Nr.	Unser Zeichen	Telefon, Name 0511 4066-	Datum
jo ..-11-10	wo-ge	531 Wohmann	..-11-20

EINGEGANGEN
21. Nov. . .
Erl. ....

Gutschrift wegen Mängelrüge
Rechnung Nr. 4 231 vom ..-11-02

Sehr geehrte Damen und Herren,

wir beziehen uns auf das mit Ihrer Frau Jonas am 10. November .. geführte Gespräch und bestätigen, dass wir Ihnen für die beschädigte Gleiki-Kartoffelschälmaschine einen Preisnachlass gewähren.

Gutschrift	300,00 €
+ 19 % USt	57,00 €
	357,00 €

Bitte buchen Sie entsprechend.

Mit freundlichem Gruß

Karl-Heinz More e. Kfm.

i. V. Wohmann

5567304

4 Die Textilgroßhandlung ***Spindler KG*** kauft eine innerbetriebliche Transportanlage zum Listenpreis von 180.000,00 € (netto). Der Lieferer gewährt einen Rabatt von 10 %.

An die mit dem Transport beauftragte Spedition werden 3.570,00 € (einschließlich 19 % Umsatzsteuer) gezahlt.

Mit dem Einbau der Transportanlage wird eine Montagefirma beauftragt, die für ihre Arbeitsleistung 2.380,00 € (einschließlich 19 % Umsatzsteuer) erhält.

a) Ermitteln Sie die Anschaffungskosten der Transportanlage.

b) Buchen Sie jeweils die Eingangsrechnungen (Zahlungsausgleich ist noch nicht erfolgt.) der Lieferfirma, der Spedition und der Montagefirma (drei Einzelbuchungen).

5 Die Textilgroßhandlung ***Spindler KG*** (Fortsetzung der Aufgabe 4) nimmt zur Finanzierung der innerbetrieblichen Transportanlage ein Darlehen über 120.000,00 € auf (100 % Auszahlung).

Nach der Darlehensaufnahme wird die Rechnung an die Lieferfirma (unter Abzug von 2 % Skonto), die Rechnung an die Spedition (ohne Abzug) und die Rechnung an die Montagefirma (unter Abzug von 3 % Skonto) beglichen.

a) Ermitteln Sie die Anschaffungskosten der Transportanlage, die sich nun ergeben.

b) Buchen Sie
- die Aufnahme des Darlehens,
- das Begleichen der Rechnung der Lieferfirma,
- das Begleichen der Rechnung der Spedition und
- das Begleichen der Rechnung der Montagefirma.

(Alle Zahlungen werden über das Bankkonto abgewickelt.)

6 Wir kaufen einen Lkw mit Anhänger zu einem Listenpreis von 150.000,00 € (netto).

Das Autohaus berechnet uns 1.547,00 € (einschließlich 19 % Umsatzsteuer) für die Überführung des Lkw.

Auf den Listenpreis werden uns 5 % Rabatt gewährt.

Bei der Zulassungsstelle zahlen wir für den Lkw 75,00 €.

Im Anschaffungsjahr betragen Kfz-Versicherung 1.600,00 € und Kfz-Steuer 1.400,00 €.

a) Ermitteln Sie die Anschaffungskosten.

b) Nennen Sie die Buchungssätze
- für die Rechnung des Autohauses (Zahlungsausgleich ist noch nicht erfolgt),
- für die Barzahlung der Zulassungskosten und
- für die Zahlung der Kfz-Versicherung und der Kfz-Steuer (Banküberweisung).

7 Wir begleichen die Rechnung des Autohauses (Fortsetzung der Aufgabe 6) unter Abzug von 2 % Skonto per Banküberweisung.

a) Ermitteln Sie die Anschaffungskosten des Lkw.

b) Nennen Sie den Buchungssatz für das Begleichen der Rechnung.

8 Die Textilgroßhandlung ***Spindler KG*** hat vor 10 Jahren Wertpapiere (Konto „0450 Wertpapiere des Anlagevermögens“) zu Anschaffungskosten von 150.000,00 € erworben. Der Wert dieser Wertpapiere ist aufgrund der derzeitigen Konjunkturlage vorübergehend auf 100.000,00 € gesunken.

a) Muss (Abschreibungsgebot) oder kann (Abschreibungswahlrecht) eine außerplanmäßige Abschreibung vorgenommen werden?

b) Wo liegt die Wertuntergrenze für die Bilanzierung der Wertpapiere?

c) Die außerplanmäßige Abschreibung wird bis zur Wertuntergrenze der Wertpapiere vorgenommen. Nennen Sie den entsprechenden Buchungssatz.

d) Der Wert der Wertpapiere steigt auf 180.000,00 €. Muss (Zuschreibungsgebot) oder kann (Zuschreibungswahlrecht) handelsrechtlich eine Wertzuschreibung erfolgen?

e) Auf welchen Wert kann höchstens eine Wertzuschreibung erfolgen (Wertobergrenze)?

f) Die Wertzuschreibung bis zur Wertobergrenze der Wertpapiere wird vorgenommen. Nennen Sie den entsprechenden Buchungssatz.

9 Wir haben bisher zwei vor drei Jahren angeschaffte, unbebaute Grundstücke zu ihren Anschaffungskosten bilanziert (Grundstück I: 60.000,00 €; Grundstück II: 70.000,00 €). Zum Abschluss-Stichtag ist der Verkehrswert des Grundstückes I auf 90.000,00 € gestiegen. Aufgrund einer Straßenverlegung verliert hingegen Grundstück II 20.000,00 € an Wert.

a) Mit welchem Wert sind die beiden Grundstücke zu bilanzieren? Begründen Sie Ihre Meinung.

b) Nennen Sie den/die entsprechenden Buchungssatz/Buchungssätze.

c) Fünf Jahre später wird die für das Grundstück II nachteilige Straßenverlegung rückgängig gemacht. Die stillgelegte Straße wird wider Erwarten neu ausgebaut und dabei verbessert und verbreitert. Dadurch steigt gemäß Sachverständigengutachten der Wert von Grundstück II auf 100.000,00 €.
Muss (Zuschreibungsgebot) oder kann (Zuschreibungswahlrecht) handelsrechtlich eine Wertzuschreibung erfolgen?

d) Auf welchen Wert kann höchstens eine Wertzuschreibung erfolgen (Wertobergrenze)?

e) Es wird eine Wertzuschreibung von 15.000,00 € vorgenommen. Nennen Sie den entsprechenden Buchungssatz.

10 Die Textilgroßhandlung ***Spindler KG*** hat im Jahr 1 eine Verpackungsmaschine für 150.000,00 € Anschaffungskosten erworben.

Die Verpackungsmaschine wird linear mit 20 % abgeschrieben. Im Jahr 2 verliert die Verpackungsmaschine bedingt durch technischen Fortschritt zusätzlich 40.000,00 € an Wert.

a) Nennen Sie den Abschreibungsbuchungssatz im Jahr 1.

b) Nennen Sie den Abschreibungsbuchungssatz im Jahr 2.

11 Für einen Pkw gelten folgende Daten: Anschaffungskosten: 42.000,00 €; Abschreibung: 16 2/3 %, linear; Buchwert: 21.000,00 €.

Bei einem Unwetter ist der Pkw erheblich beschädigt worden. Anhand eines Gutachtens wird nachgewiesen, dass die Wertminderung 7.000,00 € beträgt.

Nennen Sie den Buchungssatz für die planmäßige und für die außerplanmäßige Abschreibung.

Aktionen

1 a) Verschaffen Sie sich eine Übersicht zum Thema „Bewertung des Anlagevermögens“.
- Lesen Sie die Informationen dieses Kapitels mithilfe der Methode des aktiven Lesens.
- Suchen Sie darüber hinaus im Internet nach Ausführungen zu den Bewertungsvorschriften.
- Nutzen Sie für die weitere Informationsbeschaffung Nachschlagewerke, Auskünfte Ihres Ausbildungsunternehmens, Bibliotheken usw.

b) Fassen Sie die Informationen dieses Teilkapitels und Ihrer Recherchen in einer Mindmap zusammen. Falls möglich, verwenden Sie das Programm Mindmanager.

2 a) Erkundigen Sie sich vor dem Hintergrund der Inhalte dieses Kapitels in Ihrem Ausbildungsunternehmen nach dessen konkreter Umsetzung hinsichtlich der Bewertung des Anlagevermögens.

b) Stellen Sie Ihre Informationen anhand von einem oder zwei konkreten Fällen aus der betrieblichen Buchführungspraxis in einem schriftlichen Referat vor.

c) Bereiten Sie sich darauf vor, dieses Referat Ihrer Klasse zu präsentieren.

Zusammenfassung

Bewertung des Anlagevermögens

	nicht abnutzbares Anlagevermögen		abnutzbares Anlagevermögen	
	Einzelkaufleute und Personengesellschaften	**Kapitalgesellschaften**	**Einzelkaufleute und Personengesellschaften**	**Kapitalgesellschaften**
1. Grundlage der Bewertung	Anschaffungs- oder Herstellungskosten = Obergrenze der Bewertung		Anschaffungs- oder Herstellungskosten abzüglich planmäßige Abschreibungen (= fortgeführte Anschaffungs- bzw. Herstellungskosten) = Obergrenze der Bewertung	
2. voraussichtlich dauernde Wertminderung	handelsrechtliche Pflicht zur außerplanmäßigen Abschreibung (Abschreibungsgebot) ➜ strenges Niederstwertprinzip, steuerrechtliches Abschreibungswahlrecht			
3. vorübergehende Wertminderung	handelsrechtliche Möglichkeit der außerplanmäßigen Abschreibung ➜ gemildertes Niederstwertprinzip	handelsrechtliche Möglichkeit der außerplanmäßigen Abschreibung nur bei Finanzanlagen, sonst handelsrechtliches Verbot der außerplanmäßigen Abschreibung	handelsrechtliche Möglichkeit der außerplanmäßigen Abschreibung ➜ gemildertes Niederstwertprinzip	handelsrechtliches Verbot der außerplanmäßigen Abschreibung
	steuerrechtliches Abschreibungsverbot			
4. Grund für die außerplanmäßige Abschreibung entfällt	handelsrechtliches Zuschreibungswahlrecht[1]	handelsrechtliches Wertaufholungsgebot	handelsrechtliches Zuschreibungswahlrecht[1]	handelsrechtliches Wertaufholungsgebot
	steuerrechtliches Wertaufholungsgebot			

1 *Anmerkung:* In der **Handelsbilanz** wird in der Regel die Vermögenslage möglichst gut dargestellt (siehe Seite 296). Aus diesem Grund wird hier meistens eine Zuschreibung vorgenommen.

11.4 Wir bewerten die Vorräte

Einstieg

In der ***Spindler KG*** sind im Rahmen von Inventurarbeiten zum Bilanzstichtag (31. Dez.) die folgenden Seidenblusen erfasst und bewertet worden:

- 100 Seidenblusen „Elegance" zum Einkaufspreis von 45,00 € + 19 % USt und zum Verkaufspreis von 80,00 € + 19 % USt
- 200 Seidenblusen „Nouvelle" zum Einkaufspreis von 50,00 € + 19 % USt und zum Verkaufspreis von 87,50 € + 19 % USt

Der Wiederbeschaffungswert für die Textilien beträgt nach den Unterlagen von Anja Kruse am Bilanzstichtag:

- 50,00 € für die Seidenbluse „Elegance"
- 48,00 € für die Seidenbluse „Nouvelle"

1. Stellen Sie fest, mit welchem Wert die Blusen jeweils zu bilanzieren sind. Begründen Sie Ihre Bewertungsentscheidung.
2. Erklären Sie die Auswirkung auf den Erfolg.

Informationen

Zu den Vorräten zählen im Handelsbetrieb hauptsächlich die Waren.

Grundsätzlich sind die Vorräte sowohl steuer- als auch handelsrechtlich mit den Anschaffungskosten (Herstellungskosten) zu bewerten, die zugleich die Wertobergrenze darstellen.

Ein niedrigerer Wert als die Anschaffungs- bzw. Herstellungskosten **muss (Niederstwertprinzip)** in den folgenden Fällen, die § 253 Abs. 3 HGB unterscheidet, bei der Bilanzierung **(Handelsbilanz)** angesetzt werden:

Anschaffungs- bzw. Herstellungskosten sind höher als	
◆ Börsen- oder Marktpreis	◆ beizulegender Wert[1] (Börsen- oder Marktpreis ist nicht feststellbar.)
Abschreibungsgebot, § 253 Abs. 3 Satz 1 HGB	Abschreibungsgebot, § 253 Abs. 3 Satz 2 HGB

Niederstwertprinzip

Das Niederstwertprinzip ist ebenso wie das Höchstwertprinzip[2] eine Ausprägung des **Grundsatzes der Vorsicht.**

Für das **Umlaufvermögen** gilt **handelsrechtlich (Handelsbilanz)** das **Niederstwertprinzip (Abschreibungsgebot)** sowohl für eine **dauernde** als auch für eine **vorübergehende Wertminderung.**

1 Lässt sich ein Börsen- oder Marktpreis am Bilanzstichtag nicht feststellen, so wird an seiner Stelle ein „beizulegender Wert" herangezogen.
2 Das Höchstwertprinzip gilt für die Bewertung der Schulden (s. Kapitel 11.6).

Steuerrechtlich (Steuerbilanz) ist der bilanzielle Ansatz eines Wertes unter den Anschaffungs- bzw. Herstellungskosten nur möglich **(Abschreibungswahlrecht)**, wenn eine **voraussichtlich dauernde Wertminderung** vorliegt.

Entfällt der Grund für die Abwertung des Umlaufvermögens, so **darf handelsrechtlich (Handelsbilanz)** bei **Einzelunternehmen** und bei **Personengesellschaften** der niedrigere Wert beibehalten werden **(Zuschreibungswahlrecht)**.

Für **Kapitalgesellschaften** gilt **handelsrechtlich (Handelsbilanz)** in diesem Fall ein **Wertaufholungsgebot.** Hier **muss** eine Zuschreibung erfolgen.

Das **Wertaufholungsgebot** gilt **steuerrechtlich (Steuerbilanz)** grundsätzlich bei allen **Unternehmensformen.**

Vereinfachungsverfahren für die Bewertung der Vorräte

Zur Bewertung der **Vorräte** gibt es besondere Verfahren. Grundsätzlich gilt das **Einzelbewertungsprinzip** (§ 252 Abs. 1 Nr. 3 HGB). Nach dem **Einzelbewertungsprinzip** sind alle Vermögensgegenstände und Schulden **einzeln** zu bewerten.

Da nun aber Vorräte zu **unterschiedlichen Zeitpunkten** zu **verschiedenen Preisen** angeschafft und mit bereits eingelagerten Vorräten **vermischt** werden, lassen sich am Abschluss-Stichtag die **Anschaffungskosten einzelner Vorratslieferungen** nicht mehr feststellen.

Eine Einzelbewertung würde zu einem Arbeitsaufwand führen, der die Bewertungsexaktheit nicht rechtfertigt. Aus diesem Grund sind als Bewertungsvereinfachungsverfahren gemäß § 240 Abs. 3 und Abs. 4 HGB **Festbewertungen** und **Sammelbewertungen** (auch: **Gruppenbewertungen**) erlaubt. Diese zum Inventar ergangenen Vorschriften gelten nach § 256 Satz 2 HGB auch für die Bilanz.

Als Verfahren der Sammelbewertung erlaubt das Gesetz die **Durchschnittsbewertung** (§ 240 Abs. 4 HGB) und die **Verbrauchsfolgebewertung** (§ 256 HGB).

Festbewertung

Nach § 240 Abs. 3 HGB können Vorräte (und auch Vermögensgegenstände des Sachanlagevermögens)

- mit gleich bleibender Menge und
- mit gleich bleibendem Wert

angesetzt werden **(Festbewertung).**

Dies ist möglich, wenn der Bestand nur geringen wert-, mengen- und zusammensetzungsmäßigen Änderungen unterliegt. Weitere Bedingung ist, dass der Gesamtwert des entsprechenden Vorrates für die Unternehmung von nachrangiger Bedeutung ist.

„Jedoch ist in der Regel alle drei Jahre eine körperliche Bestandsaufnahme durchzuführen." (§ 240 Abs. 3 Satz 2 HGB)

Durchschnittsbewertung

Eine Durchschnittsbewertung kann in zwei Formen

- als **jährliche Durchschnittswertermittlung**[1] oder
- als **laufende Durchschnittswertermittlung**[2]

durchgeführt werden.

Bei der jährlichen Durchschnittswertermittlung wird der Schlussbestand mit durchschnittlichen Anschaffungsstückkosten bewertet.

$$\textbf{Ø Anschaffungsstückkosten} = \frac{\text{AB (in Geldeinheiten) + Zugänge (in Geldeinheiten)}}{\text{AB (in Mengeneinheiten) + Zugänge (in Mengeneinheiten)}}$$

$$\textbf{SB (in Geldeinheiten)} = \text{Ø Anschaffungsstückkosten} \cdot \text{SB (in Mengeneinheiten)}$$

1 auch bezeichnet als „Bewertungsverfahren mit gewogenem Durchschnitt"
2 auch bezeichnet als „Bewertungsverfahren mit gleitendem Durchschnitt"

Beispiel

		Stück	Anschaffungsstückkosten	Anschaffungskosten
AB	1. Jan.	1 500	10,00 €	15.000,00 €
Zugang	15. März	800	8,00 €	6.400,00 €
Zugang	8. Aug.	700	9,00 €	6.300,00 €
Zugang	12. Okt.	1 000	11,00 €	11.000,00 €
Zugang	20. Dez.	500	7,00 €	3.500,00 €
Summe		4 500		42.200,00 €

$$\text{Ø Anschaffungsstückkosten} = \frac{42.200}{4\,500} = 9{,}38\ €$$

Bei einem Schlussbestand von 1 200 Stück ergeben sich durchschnittliche Anschaffungskosten von 11.256,00 € (1 200 · 9,38 €).

Liegt der Börsen- oder Marktpreis (bzw. beizulegender Wert) am Abschluss-Stichtag bei beispielsweise 9,00 € pro Stück, so sind gemäß **Niederstwertprinzip** allerdings 10.800,00 € (1 200 · 9,00 €) als Schlussbestand zu bilanzieren.

Die **laufende Durchschnittswertermittlung** ist aufwändiger, aber exakter. Dieses Verfahren wird insbesondere bei einer **EDV-mäßigen Bestandsfortschreibung** angewandt.

Bei der laufenden Durchschnittswertermittlung wird nach jeder Bestandsveränderung ein aktueller Durchschnittswert ermittelt. Jeder Abgang wird mit dem letzten (aktuellen) Durchschnittswert bewertet.

Beispiel

wie oben, aber unter Einbeziehung der Abgänge (mit Rundungen)

		Stück	Anschaffungsstückkosten (Bestände und Abgänge zu Ø Anschaffungsstückkosten)	Anschaffungskosten (Bestände und Abgänge zu Ø Anschaffungskosten)
AB	1. Jan.	1 500	10,00 €	15.000,00 €
+ Zugang	15. März	800	8,00 €	6.400,00 €
= Bestand	15. März	2 300	9,30 €	21.400,00 €
– Abgang	2. Juli	900	9,30 €	8.370,00 €
= Bestand	2. Juli	1 400	9,31 €	13.030,00 €
+ Zugang	8. Aug.	700	9,00 €	6.300,00 €
= Bestand	8. Aug.	2 100	9,20 €	19.330,00 €
– Abgang	1. Okt.	800	9,20 €	7.360,00 €
= Bestand	1. Okt.	1 300	9,21 €	11.970,00 €
+ Zugang	12. Okt.	1 000	11,00 €	11.000,00 €
= Bestand	12. Okt.	2 300	9,99 €	22.970,00 €
– Abgang	11. Nov.	1 600	9,99 €	15.984,00 €
= Bestand	11. Nov.	700	9,98 €	6.986,00 €
+ Zugang	20. Dez.	500	7,00 €	3.500,00 €
= SB		1 200	8,74 €	10.486,00 €

Liegt der Börsen- oder Marktpreis (bzw. beizulegender Wert) am Abschluss-Stichtag wiederum bei beispielsweise 9,00 € pro Stück, so sind bei diesem Bewertungsverfahren gemäß **Niederstwertprinzip** die oben ermittelten 10.486,00 € zu bilanzieren.

Verbrauchsfolgebewertung

Grundlage der **Verbrauchsfolgebewertung** (§ 256 HGB) ist die Bewertung der **Abgänge.**

Das **Fifo-Verfahren**[1] (first in – first out) unterstellt, dass die zuerst angeschafften Vorräte auch zuerst veräußert oder verbraucht werden. Der Schlussbestand ist daher auf der Wertbasis der zuletzt eingekauften Vorräte zu bewerten.

Im Gegensatz dazu geht das **Lifo-Verfahren**[1] (last in – first out) davon aus, dass die zuletzt angeschafften Vorräte zuerst veräußert oder verbraucht werden. Der Schlussbestand wird bei diesem Verfahren auf der Wertbasis der zuerst eingekauften Vorräte bewertet.

Beispiel

		Stück	Anschaffungsstückkosten	Anschaffungskosten
AB	1. Jan.	1 500	10,00 €	15.000,00 €
Zugang	15. März	800	8,00 €	6.400,00 €
Zugang	8. Aug.	700	9,00 €	6.300,00 €
Zugang	12. Okt.	1 000	11,00 €	11.000,00 €
Zugang	20. Dez.	500	7,00 €	3.500,00 €

Schlussbestand (31. Dez.): 1 200 Stück

Markt- oder Börsenpreis (bzw. beizulegender Wert): 9,50 €

Bewertung des Schlussbestandes nach **Fifo-Verfahren:**

500 Stück zu	7,00 € =	3.500,00 €
700 Stück zu	11,00 € =	7.700,00 €
1 200 Stück		11.200,00 €

Ø Stückpreis: 9,33 € (= 11.200,00 € : 1 200)

Wertansatz nach **Niederstwertprinzip:** 11.200,00 €

Bewertung des Schlussbestandes nach **Lifo-Verfahren:**

1 200 Stück zu 10,00 € = 12.000,00 €

Wertansatz nach **Niederstwertprinzip:** 11.400,00 € (= 1 200 · 9,50 €)

Handelsrechtlich dürfen Fifo-Verfahren und Lifo-Verfahren angewandt werden.

Steuerrechtlich ist nur das Lifo-Verfahren zulässig. Bei in Behältern gelagerten Vorräten (Kohle, Sand, Kies) ist das **Lifo-Verfahren** plausibel.

1 siehe auch *Groß im Handel – Fachstufe I,* Kap. 6.2

Aufgaben

Aufgabe 1: Niederstwertprinzip
Aufgabe 2: Verständnisaufgabe zu den Bewertungsvereinfachungsverfahren
Aufgabe 3: Bewertung mithilfe der jährlichen Durchschnittswertermittlung
Aufgabe 4: Fifo- und Lifo-Verfahren

1 Am Bilanzstichtag wird eine Einzelbewertung zweier Waren vorgenommen. Die Waren wurden zu folgenden Bedingungen angeschafft (Skonto wurde in Anspruch genommen):

	Ware I	Ware II
Listeneinkaufspreis (netto)	100.000,00 €	50.000,00 €
Liefererrabatt	20 %	10 %
Liefererskonto	2 %	3 %
Rollgeld (netto)	800,00 €	250,00 €

Zum Bilanzstichtag beträgt der Marktpreis von Ware I 82.000,00 € und von Ware I 40.000,00 €.

Mit welchem Wert sind Ware I und Ware II zu aktivieren?

2 Welche der folgenden Aussagen sind richtig? Begründen Sie Ihre Meinung.

a) Die Bewertung von Vorräten erfolgt grundsätzlich in Form einer Gruppenbewertung.

b) Eine Bewertung von Vorräten zum Festwert (gleich bleibender Wert, gleich bleibende Menge) darf vorgenommen werden, wenn der entsprechende Vorrätebestand keinen Änderungen unterliegt und wenn der entsprechende Vorrätewert von nachrangiger Bedeutung ist.

c) Durchschnittsbewertung und Verbrauchsfolgebewertung sind Verfahren der Festbewertung.

d) Bei der jährlichen Durchschnittswertermittlung wird nach jeder Bestandsveränderung ein aktueller Durchschnittswert ermittelt. Abgänge werden mit dem letzten (aktuellen) Durchschnittswert bewertet.

e) Beim Lifo-Verfahren wird unterstellt, dass die zuerst verkauften (verbrauchten) Vorräte zuletzt angeschafft wurden.

f) Beim Fifo-Verfahren wird unterstellt, dass die zuerst angeschafften Vorräte zuerst verkauft (verbraucht) werden.

g) Die jährliche Durchschnittswertermittlung ist aufwändiger, aber exakter als die laufende Durchschnittswertermittlung.

h) Das Lifo-Verfahren ist steuerlich zugelassen.

3
A Bewerten Sie für die Bilanzierung den Schlussbestand der Ware A mithilfe der „jährlichen Durchschnittswertermittlung".

Ware A		Menge	Anschaffungsstückkosten (€)
AB	1. Jan.	2 000 (1 500)	8,00 (9,00)
Zugang	27. März	700 (800)	10,00 (11,00)
Zugang	11. Mai	500 (400)	6,00 (8,00)
Zugang	19. Sept.	800 (700)	9,00 (7,00)
Zugang	12. Dez.	1 000 (900)	7,00 (10,00)

Schlussbestand: 2 500 Mengeneinheiten (1 300 Mengeneinheiten).

Börsenpreis am Bilanzstichtag:

a) 8,50 € (8,70 €),

b) 7,50 € (9,40 €).

4 Bewerten Sie den Schlussbestand von 1000 Mengeneinheiten (800 Mengeneinheiten) für die Bilanzierung

1. nach dem Fifo-Verfahren und 2. nach dem Lifo-Verfahren.

		Menge	Anschaffungsstückkosten (€)
AB	1. Jan.	800 (600)	25,00 (28,00)
Zugang	1. März	900 (800)	22,00 (24,00)
Zugang	13. Juni	500 (600)	17,00 (27,00)
Zugang	18. Aug.	600 (400)	21,00 (26,00)
Zugang	15. Dez.	200 (300)	19,00 (23,00)

Marktpreis am Bilanzstichtag:

a) 25,00 € (28,00 €), b) 18,00 € (23,00 €).

Aktionen

1 Sie sollen ein Kurzreferat über das Thema *„Die Bewertung von Vorräten"* halten.

a) Zur Information nutzen Sie bitte das vorliegende Kapitel.

b) Erstellen Sie eine Gliederung und formulieren Sie das Referat. Beachten Sie dabei die Grundregeln zur Referaterstellung und zur Präsentation.

c) Nutzen Sie die Möglichkeit der Visualisierung. Wenn möglich, benutzen Sie hierfür das Programm Mindmanager.

d) Seien Sie darauf vorbereitet, Ihr Referat vorzutragen.

2[1] A Bewerten Sie für die Bilanzierung den Schlussbestand der Ware B mithilfe der „laufenden Durchschnittswertermittlung".

Ware B		Menge	Anschaffungsstückkosten (€)
AB	1. Jan.	200 (180)	40,00 (30,00)
Zugang	11. März	50 (60)	38,00 (32,00)
Abgang	15. Juni	60 (40)	
Zugang	17. Aug.	40 (70)	41,00 (34,00)
Abgang	2. Okt.	30 (50)	
Abgang	8. Nov.	60 (40)	
Zugang	1. Dez.	70 (60)	42,00 (28,00)
Abgang	20. Dez.	80 (70)	

Marktpreis (für Wiederbeschaffung) am Bilanzstichtag:

a) 43,00 € (33,00 €), b) 38,00 € (28,00 €).

1 Es wird empfohlen, diese Aufgabe zunächst manuell im Arbeitsheft und erst danach am PC auf dem EXCEL-Arbeitsblatt zu lösen.

Zusammenfassung

Bewertung der Vorräte

	Handelsbilanz	Steuerbilanz
◆ Bewertungsgrundsatz	Anschaffungskosten (AK) oder Herstellungskosten (HK) (= Wertobergrenze)	Anschaffungskosten (AK) oder Herstellungskosten (HK) (= Wertobergrenze)
◆ Börsen- oder Marktpreis < AK/HK	Abschreibungsgebot (= Niederstwertprinzip)	Ein bilanzieller Ansatz eines Wertes unter den AK/HK ist nur möglich (Abschreibungswahlrecht), wenn eine voraussichtlich dauernde Wertminderung vorliegt.
◆ Beizulegender Wert < AK/HK	Abschreibungsgebot (= Niederstwertprinzip)	
◆ Die Gründe für eine Abschreibung auf den niedrigeren Wert entfallen.	Zuschreibungswahlrecht bei Einzelunternehmungen und Personengesellschaften bis maximal zu den AK/HK. Wertaufholungsgebot bei Kapitalgesellschaften bis maximal zu den AK/HK.	Wertaufholungsgebot bei allen Unternehmensformen bis maximal zu den AK/HK.

Bewertungsvereinfachungsverfahren

Bewertungsvereinfachungsverfahren erlaubt bei gleichartigen Wirtschaftsgütern (Vorräten)
(Grundsatz: Einzelbewertungsprinzip)

Festbewertung

Bewertung zum Festwert, wenn
- Bestand nur geringen mengen- und wertmäßigen Änderungen unterliegt,
- Gesamtwert von nachrangiger Bedeutung ist.

Sammelbewertung (Gruppenbewertung)

Durchschnittsbewertung
(steuerlich uneingeschränkt zugelassen)

Jährliche Durchschnittswertermittlung

$$\varnothing AK = \frac{AB\ (GE)^{1} + Zugänge\ (GE)^{1}}{AB\ (ME)^{2} + Zugänge\ (ME)^{2}}$$

$$SB\ (GE)^{1} = \varnothing AK \cdot SB\ (ME)^{2}$$

Laufende Durchschnittswertermittlung

Nach jeder Bestandsveränderung wird ein aktueller Durchschnittswert ermittelt.
Abgänge werden mit dem letzten (aktuellen) Durchschnittswert bewertet.

Verbrauchsfolgebewertung
(Lifo-Verfahren ist steuerlich zugelassen)

Fifo-Verfahren

Unterstellung: zuerst angeschafft – zuerst verkauft
↓
SB wird auf der Wertbasis der zuletzt eingekauften Vorräte bewertet.

Lifo-Verfahren

Unterstellung: zuletzt angeschafft – zuerst verkauft
↓
SB wird auf der Wertbasis der zuerst eingekauften Vorräte bewertet.

1 GE = Geldeinheiten
2 ME = Mengeneinheiten

5567314

11.5 Wir bewerten die Forderungen

Einstieg

Die Leiterin der Rechnungswesenabteilung der ***Spindler KG***, Frau Jonas, erfährt am 28. März .., dass ein Insolvenzverfahren gegen die Hampe KG, einer langjährigen Kundin der ***Spindler KG***, eröffnet worden ist.

Das Insolvenzverfahren gegen die Hampe KG endet mit einer Erstattungsquote für die Forderungen der nicht nachrangigen Insolvenzgläubiger von 10 %.

Frau Jonas bittet die Auszubildende Anja Kruse, die erforderlichen Buchungen vorzunehmen.

1. Stellen Sie fest, welche Folgen sich aus der Eröffnung des Insolvenzverfahrens und der Feststellung der Erstattungsquote von 10 % für die ***Spindler KG*** ergeben.
2. Versetzen Sie sich in die Rolle von Anja Kruse und nehmen Sie die erforderlichen Buchungen vor.

Informationen

Nach dem Grad ihrer Güte (Bonität) werden die Forderungen[1] in drei Gruppen unterteilt:

- **Einwandfreie Forderungen.** Der Zahlungseingang von einwandfreien Forderungen scheint festzustehen.
- **Zweifelhafte (= dubiose) Forderungen.** Aufgrund vorliegender Informationen nimmt der Gläubiger an, dass eine zweifelhafte Forderung ganz oder teilweise ausfällt.
- **Uneinbringliche Forderungen** sind nicht einzutreiben.

Zweifelhafte Forderungen

Eine Forderung wird zweifelhaft,

- wenn ein Kunde seine Zahlungen einstellt oder
- wenn ein Insolvenzverfahren anhängig ist.

Eine zweifelhafte Forderung sollte von den einwandfreien Forderungen **abgegrenzt** und **gesondert ausgewiesen** werden.

Beispiel

Über das Vermögen eines Kunden wird das Insolvenzverfahren eröffnet. Unsere Forderungen an den Kunden betragen 5.950,00 €.

		Soll	Haben
Buchungssatz	1020 Zweifelhafte Forderungen	5.950,00	
	an 1010 Forderungen a. LL		5.950,00

Mit der obigen Buchung wird die zweifelhafte Forderung von den übrigen einwandfreien Forderungen getrennt.

1 Zur Vertiefung dieses Themas wird empfohlen: Hermsen, Jürgen: Rechnungswesen der Industrie – IKR. 8. Auflage, Winklers, Darmstadt 2006, Kapitel 4.4.7.

Uneinbringliche Forderungen

In folgenden Fällen sind Forderungen uneinbringlich:

- Abschluss eines Insolvenzverfahrens mit zwangsweiser Auflösung der Unternehmung
- Forderungsverzicht (Restschuldbefreiung) im Rahmen eines Insolvenzverfahrens
- Zwangsvollstreckung über das Vermögen eines Kunden ist fruchtlos verlaufen
- Verjährung der Forderung

Uneinbringliche Forderungen werden **direkt abgeschrieben.**

Beispiel

Das Insolvenzverfahren gegen unseren Kunden (siehe Ausgangsbeispiel) wird mangels Masse eingestellt. Die Forderung an unseren Kunden in Höhe von 5.950,00 € (5.000,00 € + 950,00 € Umsatzsteuer) wird damit uneinbringlich.

		Soll	Haben
Buchungssatz	2310 Übliche Abschreibungen auf Forderungen	5.000,00	
	1810 Umsatzsteuer	950,00	
	an 1020 Zweifelhafte Forderungen		5.950,00

(Erfolgte keine Umbuchung auf „1020 Zweifelhafte Forderungen“, ist „an 1010 Forderungen a. LL“ zu buchen.)

Neben der Nettoforderung erhält der Gläubiger von seinem Kunden auch nicht die in Rechnung gestellte Umsatzsteuerschuld erstattet. Er kann daher seine Umsatzsteuerschuld gegenüber dem Finanzamt entsprechend korrigieren.

Es kann sich auch der Fall ergeben, dass ein Teil einer ausstehenden Forderung uneinbringlich und der andere Teil erstattet wird.

Beispiel

Das Insolvenzverfahren gegen unseren Kunden (siehe Ausgangsbeispiel) endet mit einer Erstattungsquote von 5 %. 95 % unserer Forderungen, d. h. 5.652,50 € (4.750,00 € + 902,50 € Umsatzsteuer) sind damit uneinbringlich geworden. Wir erhalten per Banküberweisung 297,50 € (250,00 € + 47,50 € Umsatzsteuer).

1. Buchung des Zahlungseingangs	Soll	Haben
1310 Kreditinstitute	297,50	
an 1020 Zweifelhafte Forderungen		297,50

2. Buchung des uneinbringlichen Forderungsanteils	Soll	Haben
2310 Übliche Abschreibungen auf Forderungen	4.750,00	
1810 Umsatzsteuer	902,50	
an 1020 Zweifelhafte Forderungen		5.652,50

5567316

In seltenen Fällen kommt es vor, dass ein Kunde nachträglich und unerwartet eine bereits als uneinbringlich abgeschriebene Forderung erstattet.

Beispiel

Auf eine im vorigen Jahr als uneinbringlich abgeschriebene Forderung erhalten wir 595,00 € (500,00 € + 95,00 € Umsatzsteuer) erstattet.

			Soll	Haben
Buchungssatz		1310 Kreditinstitute	595,00	
	an	2740 Erträge aus abgeschriebenen Forderungen		500,00
	an	1810 Umsatzsteuer		95,00

In diesem Fall lebt die Umsatzsteuerschuld wieder auf.

Datensicherung

Früher oder später kann jedes Unternehmen die Erfahrung eines Datenverlustes machen. Dies kann passieren durch:

- Hardwarefehler
- einen Fehler des Betriebssystems
- logische Fehler innerhalb der Daten
- Feuer
- Wasserschäden
- Diebstahl
- versehentliches, manchmal auch vorsätzliches Löschen

Ein Datenverlust kann für ein Unternehmen einen immensen Schaden verursachen.

Beispiel

Ein wirtschaftlich gesundes Großhandelsunternehmen gerät an den Rand der Insolvenz, weil durch einen Brand auch die Festplatte des Servers mit dem gesamten Forderungsbestand vernichtet wurde. Das Unternehmen hatte keine Vorsorge für Sicherungsmaßnahmen getroffen. Der Forderungsbestand konnte nur unzureichend rekonstruiert werden.

Vor diesem Hintergrund ist eine regelmäßige Datensicherung eine sehr wichtige Tätigkeit in einem Großhandelsunternehmen. Unter der **Datensicherung** versteht man

- sowohl den Vorgang des Kopierens der in einem Computersystem vorhandenen Daten auf ein Speichermedium (das im Allgemeinen transportabel ist)
- als auch das Ergebnis – die auf dem Speichermedium gesicherten Daten.

Es geht also bei der Datensicherung überwiegend um eine *kurz- bis mittelfristige zusätzliche Speicherung* von zu sichernden Daten, um bei Bedarf verloren gegangene Daten wiederherstellen zu können.[1]

Durch die kurzfristige Aufbewahrung (in der Regel drei bis sechs Monate) unterscheidet sich die Datensicherung von der längerfristigen Datenarchivierung, die anderen Gesetzmäßigkeiten unterliegt.

Eine Datensicherung ist in der Regel die einzige Möglichkeit, bei Datenverlust einen Großteil der Daten wiederherstellen zu können. Auch wenn eine regelmäßige Datensicherung einigen Arbeitsaufwand bedeutet, steht diese Mühe meist in keinem Verhältnis zu einer manuellen Rekonstruktion der Daten. In Netzen, bei denen mehrere Benutzer mit einem Datenbestand arbeiten, ist wenigstens eine wöchentliche, besser eine tägliche Datensicherung erforderlich.

Das entscheidende Kriterium für die Beurteilung einer Datensicherung ist der Nachweis, dass die gesicherten Daten auch vollständig und innerhalb eines angemessenen Zeitraums wiederhergestellt werden können.

1 Über weitere Verfahren der Datensicherung, um Anwendern Datenverlust zu ersparen, informiert das Kapitel 5.10, *Groß im Handel – Fachstufe I.*

Es gibt zwei verschiedene Arten der Datensicherung:

◆ **Vollständige Datensicherung**
Sämtliche zu sichernden Dateien werden zu einem bestimmten Zeitpunkt auf einen zusätzlichen Datenträger gespeichert. Dies hat den Vorteil, dass alle Daten komplett vorliegen. Es muss bei der Wiederherstellung der Dateien nicht lange gesucht werden. Die Volldatensicherung kann jedoch sehr zeitaufwändig sein und viel Platz auf dem Speichermedium verbrauchen.

◆ **Inkrementelle Datensicherung**
Werden bei der letzten Sicherung nur die veränderten Daten gespeichert, nennt man diesen Vorgang inkrementelle Datensicherung: Dazu muss einmal eine Volldatensicherung durchgeführt werden. Anschließend werden nur noch die Dateien gesichert, die sich seit der letzten *inkrementellen* Datensicherung verändert haben. Dadurch wird Speicherplatz gespart und weniger Zeit für die eigentliche Datensicherung benötigt. Die Wiederherstellung der Daten erfordert jedoch einen erheblich größeren Zeitaufwand als bei der Volldatensicherung.

Aufgaben

1 Welche drei Gruppen von Forderungen unterscheidet man nach dem Grad ihrer Güte (Bonität)?

2 Entscheiden Sie, ob in den unten aufgeführten Fällen zweifelhafte oder uneinbringliche Forderungen vorliegen.

a) Das Insolvenzverfahren über das Vermögen eines Kunden ist abgeschlossen.
b) Das Insolvenzverfahren über das Vermögen eines Kunden wird eröffnet.
c) Die Zwangsvollstreckung über das Vermögen eines Kunden ist fruchtlos verlaufen.
d) Eine Forderung ist verjährt.
e) Ein Kunde stellt seine Zahlungen ein.
f) Forderungsverzicht (Restschuldbefreiung) im Rahmen eines Insolvenzverfahrens.

3 Sie sind Angestellte(r) der Textilgroßhandlung ***Spindler KG***, Goseriede 41, 30159 Hannover. Die folgenden Belege liegen Ihnen zur Buchung vor.

a) Welche Geschäftsfälle liegen den Belegen zugrunde?
b) Wie lauten die Buchungssätze?

Martina Kohlenberg & Patrick Czerny
RECHTSANWÄLTE • NOTARE • INSOLVENZVERWALTER • VEREIDIGTE BUCHPRÜFER

Textilgroßhandlung
Spindler KG
Goseriede 41
30159 Hannover

Mitgliedschaften:
- Arbeitskreis der Insolvenzverwalter e. V.
- Arbeitskreis für Insolvenzrecht und Sanierung im DAV
- Institut für Insolvenzrecht
- Insol Europe – Europäische Insolvenzverwaltervereinigung

bitte stets angeben: 603/18IN 03/POs — Datum: ..-08-05

Rundschreiben an die Insolvenzgläubiger

(IN) Insolvenzverfahren über das Vermögen des Insolvenzschuldners:
Hüttner KG, Fössestraße 3, 30449 Hannover
Amtsgericht Hannover -910IN/882-3-
Zeichen: 29640517

Sehr geehrte Damen und Herren,

über das Vermögen des oben genannten Schuldners wurde durch das Amtsgericht Hannover – Insolvenzgericht – am ..-08-01 das (IN) Insolvenzverfahren eröffnet und der Unterzeichner zum Treuhänder bestellt.

In der Anlage füge ich eine Kopie des Eröffnungsbeschlusses sowie ein Merkblatt nebst Vordrucken zur Forderungsanmeldung bei und bitte Sie, die darin genannten Termine zu beachten (Fristablauf: ..-09-27).

Hinweis: Die Zustellung gilt mit der am ..-08-06 erfolgten Aufgabe zur Post als bewirkt.

Mit freundlichem Gruß
Czerny

Anlagen erwähnt

EINGEGANGEN 7. Aug. .. Erl. ....

Buchungsvermerk:
Unsere Forderung an den Insolvenzschuldner, die Hüttner KG, beträgt 8.925,00 EUR (einschl. 19 % USt). Siehe beigefügte Ausgangsrechnungen AR 408 und AR 597.

30449 Hannover, Rosebeckstraße 12 — Tel.: 0511 21527, Fax: 0511 21528, E-Mail: kohlenberg@czerny-wvd.de — Bankverbindung: Stadtsparkasse Hannover, Kto.-Nr.: 975 313, BLZ 250 501 80, St.-Nr. 17 127 38567

Beleg 1

Beleg 2

Konto-Nummer: **12 345** BLZ **251 901 01** **Lindener Volksbank eG**

Beleg	Buch.-Datum	Text	Wert	Betrag
99 623	..-12-27	RAE KOHLENBERG & CZERNY, INSOLVENZVERFAHREN HÜTTNER KG, -910 IN/882-3-, ZEICHEN 29640517, INSOLVENZQUOTE 8 %	..-12-23	714,00 +

EUR 90.000,00 +	Alter Kontostand
EUR 90.714,00 +	Neuer Kontostand

TEXTILGROSSHANDLUNG
SPINDLER KG
GOSERIEDE 41
30159 HANNOVER

Konto-Auszug		
..-12-29	257	1
Datum	Nummer	Blatt

4 Wie lauten die Buchungssätze?

1. Unsere Kundin, die Sonnenberg KG, beantragt beim zuständigen Amtsgericht am 1. März .. die Eröffnung des Insolvenzverfahrens. Wir haben an die Sonnenberg KG eine Forderung von 3.570,00 € (3.000,00 € + 570,00 € Umsatzsteuer).
2. Am 2. Juni .. wird das Insolvenzverfahren gegen die Sonnenberg KG mangels Masse eingestellt.

5 Wie lauten die Buchungssätze?

1. Am 5. Aug. .. beantragt unser Kunde Max Berg e. K. die Eröffnung des gerichtlichen Insolvenzverfahrens. Unsere Forderung an Max Berg beträgt einschließlich 19 % Umsatzsteuer 4.760,00 €.
2. Die Gläubiger stimmen am 7. Okt. .. einer Restschuldbefreiung von 45 % zu. Max Berg erstattet uns 55 % unserer Forderungen per Banküberweisung.

6 Am 7. Aug. .. erfahren wir, dass unsere Kundin Annemarie Rupe e. Kffr. ihr Geschäft und ihre Wohnung unerwartet und kurzfristig aufgegeben hat und mit unbekanntem Ziel ins Ausland verzogen ist. Es besteht keine Hoffnung, unsere Forderung von 2.380,00 € (einschließlich 19 % Umsatzsteuer) einzutreiben.

7 Am 5. Sept. .. erhalten wir unerwartet eine Postbanküberweisung über 2.975,00 € (2.500,00 € + 475,00 € Umsatzsteuer) von unserer Kundin, der Killinger OHG. Wir hatten unsere Forderung an die Killinger OHG bereits im vergangenen Jahr als uneinbringlich abgeschrieben.

Aktion

FIBU möglich

Anfangsbestände[1]

I. Anfangsbestände der Sachkonten

0330 Betriebs- und Geschäftsausstattung: 950.000,00 €; 0340 Fuhrpark: 200.000,00 €; 1010 Forderungen a. LL: 126.200,00 €; 1160 SV-Beitragsvorauszahlung: 80,00 € (Anfangsbestand im Soll); 1310 Kreditinstitute: 190.000,00 €; 1510 Kasse: 10.000,00 €; 3900 Warenbestände: 380.000,00 € (davon 3910 Warengruppe I: 180.000,00 €, 3920 Warengruppe II: 200.000,00 €); 0610 Eigenkapital: 903.920,00 €; 0820 Verbindlichkeiten gegenüber Kreditinstituten: 782.360,00 €; 1710 Verbindlichkeiten a. LL: 170.000,00 €.

1 Der Geschäftsgang kann differenziert über Kundenkonten, Liefererkonten und Warengruppenkonten oder vereinfacht über die Sammelkonten „1010", „1020",„ 1710", „3010", „3020", „3080", „3900" und „8010" gebucht werden.

II. Anfangsbestände der Kundenkonten (Offene-Posten-Liste der Debitoren)

Kd.-Nr.	Debitoren	Beleg-Nr.	Betrag (€)
10 101	Söffgen OHG	1	80.000,00
10 102	G. Schön e. Kffr.	2	20.210,00
10 103	Hampe KG	3	11.900,00
10 104	Gebert GmbH	4	4.760,00
10 105	Brandes OHG	5	8.330,00
			126.200,00

III. Anfangsbestände der Liefererkonten (Offene-Posten-Liste der Kreditoren)

L.-Nr.	Kreditoren	Beleg-Nr.	Betrag (€)
17 101	B. Müller OHG	6	51.000,00
17 102	Emut GmbH	7	119.000,00
			170.000,00

Kontenplan

Kontenklasse 0 (Anlage- und Kapitalkonten): 0330 Betriebs- und Geschäftsausstattung, 0340 Fuhrpark, 0610 Eigenkapital, 0820 Verbindlichkeiten gegenüber Kreditinstituten.

Kontenklasse 1 (Finanzkonten): 1010 Forderungen a. LL (10 101 Forderungen an die Söffgen OHG, 10 102 Forderungen an G. Schön e. Kffr., 10 103 Forderungen an die Hampe KG, 10 104 Forderungen an die Gebert GmbH, 10 105 Forderungen an die Brandes OHG), 1020 Zweifelhafte Forderungen (10 204 Zweifelhafte Forderungen an die Gebert GmbH, 10 205 Zweifelhafte Forderungen an die Brandes OHG)[1], 1160 SV-Beitragsvorauszahlung, 1310 Kreditinstitute, 1410 Vorsteuer, 1510 Kasse, 1710 Verbindlichkeiten a. LL (17 101 Verbindlichkeiten gegenüber der B. Müller OHG, 17 102 Verbindlichkeiten gegenüber der Emut GmbH, 17 107 Verbindlichkeiten gegenüber der Sauer KG, 17 108 Verbindlichkeiten gegenüber Anke Mattke e. Kffr.), 1810 Umsatzsteuer, 1910 Verbindlichkeiten aus Steuern.

Kontenklasse 2 (Abgrenzungskonten): 2310 Übliche Abschreibungen auf Forderungen, 2420 Betriebsfremde Erträge, 2740 Erträge aus abgeschriebenen Forderungen.

Kontenklasse 3 (Wareneinkaufskonten/Warenbestandskonten): 3010 Wareneingang (3110 Wareneingang Warengruppe I, 3210 Wareneingang Warengruppe II), 3020 Warenbezugskosten (3220 Warenbezugskosten für Warengruppe II), 3080 Lieferantenskonti (3280 Lieferantenskonti bei Warengruppe II), 3900 Warenbestände (3910 Warenbestände Warengruppe I, 3920 Warenbestände Warengruppe II).

Kontenklasse 4 (Konten der Kostenarten): 4010 Löhne, 4040 Gesetzliche soziale Aufwendungen, 4500 Provisionen, 4630 Gewährleistungen, 4710 Instandhaltung, 4730 Sonstige Betriebskosten, 4810 Bürobedarf, 4822 Telefonkosten, 4830 Kosten der Datenverarbeitung, 4910 Abschreibungen auf Sachanlagen.

Kontenklasse 8 (Warenverkaufskonten [Umsatzerlöse]): 8010 Warenverkauf (8110 Warenverkauf Warengruppe I, 8210 Warenverkauf Warengruppe II).

Kontenklasse 9 (Abschlusskonten): 9100 Eröffnungsbilanzkonto, 9300 Gewinn- und Verlustkonto, 9400 Schlussbilanzkonto.

Geschäftsfälle

Beleg-Nr.		€
	1. Eingangsrechnung der	
11	1. Emut GmbH (L.-Nr. 17 102),	
	Nettopreis (Warengruppe II)	60.000,00
	– 10 % Rabatt	6.000,00
	+ Fracht	500,00
	+ 19 % Umsatzsteuer	10.355,00
	Rechnungsbetrag[2]	64.855,00

1 Um die zweifelhaften Forderungen einzeln nach Kunden auszuweisen, werden korrespondierend zu den Debitorenkonten „Zweifelhafte Debitorenkonten" eingerichtet.
2 Für Bruttosteuerschlüssel (EDV-Buchführung):
Bruttowert der Waren .... 64.260,00 €; Bruttowert der Bezugskosten .... 595,00 €

12	2. Bernhard Müller OHG (L.-Nr. 17 101),	
	Nettopreis (Warengruppe I)	90.000,00
	+ 19 % Umsatzsteuer	17.100,00
	Rechnungsbetrag	107.100,00
13	3. Sauer KG (L.-Nr. 17 107),	
	Nettopreis (Kfz-Reparatur)	2.000,00
	+ 19 % Umsatzsteuer	380,00
	Rechnungsbetrag	2.380,00
14	4. Handelsvertreterin Anke Mattke e. Kffr. (L.-Nr. 17 108) für den Verkauf von Waren (Verkaufsprovision),	
	Nettopreis	10.000,00
	+ 19 % Umsatzsteuer	1.900,00
	Rechnungsbetrag	11.900,00
	2. Ausgangsrechnung an	
21	1. Söffgen OHG (Kd.-Nr. 10 101),	
	Nettopreis (Warengruppe II)	250.000,00
	– 20 % Rabatt	50.000,00
	+ Verpackung	800,00
	+ Rollgeld	1.000,00
	+ 19 % Umsatzsteuer	38.342,00
	Rechnungsbetrag	240.142,00
22	2. Gertrud Schön e. Kffr. (Kd.-Nr. 10 102),	
	Nettopreis (Warengruppe I)	150.000,00
	+ 19 % Umsatzsteuer	28.500,00
	Rechnungsbetrag	178.500,00
30	**3.** Unsere Kundin, die Hampe KG (Kd.-Nr. 10 103), hat ganz unerwartet ihr Geschäft aufgegeben. Die Gesellschafter sind mit unbekanntem Ziel ins Ausland verzogen. Es besteht keine Hoffnung, unsere Forderung von netto	10.000,00
	+ 19 % Umsatzsteuer	1.900,00
	einzutreiben (betrifft: Beleg-Nr. 3).	
40	**4.** Über das Vermögen unserer Kundin, der Gebert GmbH (Kd.-Nr. 10 104), wird das Insolvenzverfahren eröffnet. Unsere Forderung (betrifft: Beleg-Nr. 4) beträgt	4.760,00
50	**5.** Das Insolvenzverfahren gegen unsere Kundin, die Gebert GmbH (betrifft: Beleg-Nr. 40), wird mangels Masse eingestellt. Unsere Forderung beträgt (einschl. 19 % Umsatzsteuer)	4.760,00
	6. Banklastschrift für	
61	1. Überweisung an die Reinigungsfirma Sauberfrau GmbH (Dauerauftrag), brutto (einschl. 19 % Umsatzsteuer) (Konto 4730)	3.570,00
62	2. die monatliche Wartungspauschale für die Datenverarbeitungsanlage (Einzugsermächtigung), brutto (einschl. 19 % Umsatzsteuer)	714,00

63	3. Überweisung an die Emut GmbH (L.-Nr. 17 102), betrifft: Beleg-Nr. 7)[1],	
	Bruttorechnungsbetrag (Warengruppe II)	119.000,00
	– 3 % Nettoskontonachlass	3.000,00
	– 19 % Umsatzsteuer (auf Nettoskontonachlass)	570,00
	Lastschrift	115.430,00
64	4. Überweisung an die Krankenkasse: prognostizierte SV-Vorausleistung des laufenden Monats	18.950,00
	– SV-Forderungsvortrag aus dem Vormonat	80,00
	Sozialversicherungsbeitragssoll	18.870,00
65	5. Bruttolöhne	45.400,00
	Steuern	10.880,00
	Arbeitnehmeranteil zur Sozialversicherung	9.715,00
	Werkswohnungen (Miete wird mit Lohn verrechnet)	1.500,00
	Auszahlung (Banküberweisung)	23.305,00
	Arbeitgeberanteil zur Sozialversicherung	9.307,00
70	**7.** Über das Vermögen unserer Kundin, der Brandes OHG (Kd.-Nr. 10 105, betrifft: Beleg-Nr. 5), wird das Insolvenzverfahren eröffnet. Unsere Forderung beträgt	8.330,00
	8. Kassenausgänge für	
81	1. Barkauf eines Telefaxgerätes, Nettopreis	100,00
	+ 19 % Umsatzsteuer	19,00
	Bruttopreis	119,00
82	2. Barkauf eines Füllfederhalters, Nettopreis	40,00
	+ 19 % Umsatzsteuer	7,60
	Bruttopreis	47,60
83	3. Ausbesserungsarbeiten an einem verkauften Modellkleid bei einer Schneiderei. (Aufgrund des Garantieanspruchs unserer Kundin Gertrud Schön e. Kffr. haben wir die Kosten zu übernehmen.) Netto	200,00
	+ 19 % Umsatzsteuer	38,00
90	**9.** Auf eine im vergangenen Jahr als uneinbringlich abgeschriebene Forderung erhalten wir unerwartet durch Banküberweisung (einschl. 19 % Umsatzsteuer)	3.570,00
	Abschlussangaben	
	10. Abschreibungen auf	
101	1. 0330 Betriebs- und Geschäftsausstattung	90.000,00
102	2. 0340 Fuhrpark	20.000,00
110	**11.** Ermittlung und Passivierung der Zahllast	?
120	**12.** Warenschlussbestand lt. Inventur	385.000,00
	davon Warengruppe I	205.000,00
	Warengruppe II	180.000,00
130	**13.** Die Schlussbestände der anderen Bestandskonten entsprechen den Inventurbeständen.	

1 Zahlungsausgang innerhalb des Skontozahlungsziels.

Zusammenfassung

altes Geschäftsjahr	**Zahlungseingang ist nicht gesichert.** 1020 Zweifelhafte Forderungen an 1010 Forderungen a. LL ↓ **Forderungsausfall steht im alten Jahr fest.** 1310 Kreditinstitute[1] 2310 Übliche Abschreibungen auf Forderungen 1810 Umsatzsteuer an 1020 Zweifelhafte Forderungen
neues Geschäftsjahr	**Auf die als uneinbringlich abgeschriebene Forderung wird ein Betrag erstattet.** 1310 Kreditinstitute an 2740 Erträge aus abgeschriebenen Forderungen an 1810 Umsatzsteuer

- **Wird die Einbringlichkeit einer Einzelforderung zweifelhaft, so ist sie auf das Konto „1020 Zweifelhafte Forderungen" umzubuchen.**
- **Wird eine Einzelforderung uneinbringlich oder teileinbringlich, so ist sie ganz bzw. teilweise abzuschreiben. Die Umsatzsteuer ist anteilig zu korrigieren.**
- **Geht in einem der Folgejahre auf eine als uneinbringlich abgeschriebene Forderung eine Zahlung ein, so ist der Zahlungseingang als „Ertrag aus abgeschriebenen Forderungen" zu buchen. Die Umsatzsteuerschuld lebt in einem solchen Fall wieder auf.**

11.6 Wir bewerten die Verbindlichkeiten

Einstieg

Die ***Spindler KG*** kaufte am 30. November .. in Hongkong (China) Herrenhemden im Wert von 70.000,00 HKD zum Kurs von 6,9510 auf Ziel.

Stellen Sie fest, mit welchem Wert die Verbindlichkeit in der Bilanz anzugeben ist, wenn der Kurs zum 31. Dezember .. 6,8420 beträgt.

1 Falls die Forderung in ihrer vollen Höhe uneinbringlich wird, so entfällt die Sollbuchung auf dem Konto „1310 Kreditinstitute".

Informationen

Für die Verbindlichkeiten gilt das **Höchstwertprinzip.**

Das **Höchstwertprinzip** ist ebenso wie das Niederstwertprinzip eine Ausprägung des **Grundsatzes der Vorsicht.**

Nach dem *Höchstwertprinzip* sind *Schulden* – im Gegensatz zu den Vermögenswerten – mit ihrem *Höchstwert* anzusetzen.

Unterschiedliche Verbindlichkeitenwerte können sich insbesondere bei zu bilanzierenden **Darlehens-** bzw. **Hypothekenschulden** und **Währungsschulden** ergeben.

Bei **Darlehens-** bzw. **Hypothekenschulden** ist der Auszahlungsbetrag in der Regel um das **Disagio** kleiner als der Rückzahlungsbetrag (= Kreditbetrag).

Auszahlungsbetrag = Rückzahlungsbetrag (= Kreditbetrag) – Disagio

Nach dem Höchstwertprinzip sind Darlehens- und Hypothekenschulden mit dem **höheren Rückzahlungsbetrag (= Kreditbetrag)** zu passivieren.

Das Disagio wird als **aktive Rechnungsabgrenzung** bilanziert. Durch **planmäßige jährliche Abschreibung** ist das Disagio zu tilgen und damit auf die gesamte Laufzeit der Darlehens- bzw. Hypothekenschuld zu verteilen.

Beispiel (Kreditaufnahme)

Kreditbetrag: 100.000,00 €; Auszahlung: 94 %; Zinssatz: 5 %; Laufzeit: 10 Jahre

Buchungssatz bei Aufnahme des Darlehens

	Soll	Haben
1310 Kreditinstitute	94.000,00	
0920 Disagio	6.000,00	
an 0820 Verbindlichk. gg. Kreditinstituten		100.000,00

Buchungssatz zur Tilgung des Disagios, jeweils am Bilanzstichtag
(6.000,00 € : 10 = 600,00 €)

	Soll	Haben
2120 Zinsaufwendungen für langfristige Verbindlichkeiten	600,00	
an 0920 Disagio		600,00

Ist bei **Währungsschulden** bedingt durch eine Wechselkursschwankung der Zahlungsbetrag größer als die gebuchte Verbindlichkeit, so ist gemäß Höchstwertprinzip der **höhere Zahlungsbetrag** zu passivieren.

1. Beispiel (Bewertung von Währungsschulden)

Vor dem Bilanzstichtag wurden Waren aus den USA bezogen. Aufgrund des niedrigen Dollarkurses betrugen die Verbindlichkeiten zum Zeitpunkt des Einkaufs nur 50.000,00 €. Zum Bilanzstichtag ist der Dollarkurs erheblich gestiegen, sodass die Verbindlichkeiten sich nunmehr auf 60.000,00 € belaufen.

Die Verbindlichkeiten sind mit 60.000,00 € zu bewerten.

		Soll	Haben
Buchungssatz	2150 Aufwendungen aus Kursdifferenzen	10.000,00	
	an 1710 Verbindlichkeiten a. LL		10.000,00

5567324

2. Beispiel (Bewertung von Währungsschulden)

Wie 1. Beispiel. Nur: Zum Bilanzstichtag ist der Dollarkurs erheblich gesunken, sodass die Verbindlichkeit nunmehr nur noch 42.000,00 € beträgt.

Die Verbindlichkeiten sind in diesem Fall mit 50.000,00 € zu bewerten.

Im 1. Beispiel muss ein **nicht realisierter Verlust** von 10.000,00 € ausgewiesen werden. Im 2. Beispiel darf ein **nicht realisierter Gewinn** von 8.000,00 € nicht ausgewiesen werden.

Aufgaben

Aufgaben 1 und 2: Bewertung von Krediten
Aufgaben 3 und 4: Bewertung von Währungsschulden

1 Zur Finanzierung einer maschinellen Anlage nehmen wir ein Darlehen über 200.000,00 € auf. Das Disagio beträgt 8 %. Die Laufzeit des Darlehens ist auf 10 Jahre befristet.

Das Disagio wird aktiviert und jährlich durch eine lineare Abschreibung buchhalterisch getilgt.

a) Nennen Sie den Buchungssatz bei Aufnahme des Darlehens (Bankgutschrift).

b) Nennen Sie den Buchungssatz für die jährliche lineare Abschreibung des Disagios.

2 Höhe des Bankkredits: 150.000,00 €; Auszahlung: 93,5 %; Laufzeit: 8 Jahre.

a) Wie lautet der Buchungssatz für die Kreditauszahlung (Bankgutschrift) bei Aktivierung des Disagios?

b) Wie lautet der Buchungssatz für die jährliche lineare Abschreibung des Disagios?

3 Nennen Sie die Buchungssätze.

a) 30. Nov.: Wareneinkauf auf Ziel bei unserem Lieferanten in den USA.

Warenwert: 40.000,00 €

b) 31. Dez. (Bilanzstichtag): Der Dollarkurs hat sich geändert. Die Verbindlichkeiten gegenüber unserem amerikanischen Lieferanten belaufen sich auf

1. 47.000,00 €,
2. 35.000,00 €.

4 Das Kreditorenkonto unseres Lieferanten in den USA weist am Bilanzstichtag einen Bestand von 180.000,00 € auf.

Bei Bewertung der Verbindlichkeit zum aktuellen Dollarkurs ergibt sich eine Lieferantenschuld von

1. 190.000,00 €,
2. 160.000,00 €.

Wie wird gebucht?

Zusammenfassung

Bewertung der Verbindlichkeiten

Bewertungsgrundsatz →	**Höchstwertprinzip**
bei Darlehens- und Hypothekenschulden: Rückzahlungsbetrag > Auszahlungsbetrag →	Passivierung mit dem höheren Rückzahlungsbetrag
bei Währungsschulden: am Bilanzstichtag bewertete Verbindlichkeit > gebuchte Verbindlichkeit →	Passivierung mit dem höheren am Bilanzstichtag ermittelten Verbindlichkeitenbetrag

11.7 Wir lernen den Jahresabschluss bei offenlegungspflichtigen Unternehmen kennen

Einstieg

In der Abteilung Rechnungswesen der Textilgroßhandlung ***Spindler KG*** herrscht – wie stets zum Jahresende – reges Treiben. Dies nicht ohne Grund, denn erneut soll der Abschluss des Geschäftsjahres in der Rechnungslegung (= **Jahresabschluss**) vorbereitet und durchgeführt werden.

Anja Kruse macht dies zum ersten Mal mit. Einerseits ist die Arbeit sehr anstrengend, andererseits aber auch sehr aufregend. Anja ist in die Vorbereitungen eingebunden und bekommt so aus erster Hand die laufenden Arbeiten mit, die hier nur exemplarisch aufgelistet werden sollen:

- Alle Bestands-, Erfolgs- und gegebenenfalls Privatkonten müssen abgeschlossen werden.
- Von den Geschäftsbanken der ***Spindler KG*** sind zur unmittelbaren Vorbereitung des Jahresabschlusses Bestätigungen u. a. über folgende Angaben einzuholen:
  - Kontenstand zum 31. Dezember des Jahres für alle unterhaltenen Konten
  - Wertangaben über deponierte Wertpapiere inkl. möglicher Verfügungsbeschränkungen (Art, Höhe und Laufzeit der eingeräumten Kreditlinien; Angaben über Konten, die in der Zeit vom 1. Januar bis 31. Dezember gelöscht wurden; Stand von zum Inkasso eingereichten Schecks und Wechseln, die noch nicht gutgeschrieben sind usw.)
- Zur unmittelbaren Vorbereitung des Jahresabschlusses werden von den wichtigsten Gläubigern/Schuldnern Saldenbestätigungen angefordert.
- Außerdem werden vom Rechtsvertreter der Textilgroßhandlung Beurteilungen über besondere Sachverhalte eingeholt wie über:
  - bestehende oder schwebende Rechtsstreitigkeiten, in denen das Unternehmen Beklagter ist oder sein kann
  - bestehende oder schwebende Rechtsstreitigkeiten, in denen das Unternehmen Kläger ist oder sein kann (Angabe des entstandenen Schadens bzw. Streitwerts)
- Vom Steuerberater bzw. der Steuerberatungsgesellschaft erhält man u. a. folgende Angaben bzw. Bestätigungen:
  - die zum Jahresende zu bilanzierenden Steuerschulden bzw. Steuererstattungsansprüche (aufgegliedert nach Steuerart und Veranlagungszeitraum)
  - eine Erklärung, ob gegen einzelne Steuerbescheide Rechtsbehelfe eingelegt wurden (Kurzbeschreibung des Rechtsbehelfsverfahrens einschließlich einer Einschätzung in Bezug auf den zu erwartenden Ausgang)
  - Angaben zu möglichen steuerlichen Risiken u. v. m.

Anja Kruse kann sich so recht nichts unter einem Jahresabschluss vorstellen. Hinzu kommt, dass ihre Klassenkameradin, die in einer Aktiengesellschaft ihre Ausbildung zur Kauffrau im Groß- und Außenhandel macht, von wesentlich umfangreicheren Arbeiten und Aufstellungen im Zusammenhang mit dem Jahresabschluss berichtete.

Anja möchte daher Aufklärung. Bitte helfen Sie ihr bei der Beantwortung der folgenden Fragen:

1. Was versteht man unter einem Jahresabschluss? Woraus besteht er?
2. Wie lauten die genauen Anforderungen an den Jahresabschluss?
3. Wer muss einen Jahresabschluss durchführen?
4. Wer ist für die Aufstellung eines Jahresabschlusses verantwortlich?
5. Welche rechtlichen Vorschriften sind bei der Aufstellung eines Jahresabschlusses zu beachten?
6. Worin besteht bei der Aufstellung eines Jahresabschlusses der Unterschied zwischen den Anforderungen, die an eine Kommanditgesellschaft wie die ***Spindler KG*** gestellt werden, und jenen, die ein Kunde der ***Spindler KG***, die Ambiente Warenhaus AG, zu beachten hat?

Im Gegensatz zu der Einzelunternehmung und zu den Personengesellschaften mit mindestens einer natürlichen Person[1] als Vollhafter schreibt der Gesetzgeber den Kapitalgesellschaften (GmbH, KGaA, AG) die Gliederung der Bilanz (§ 266 HGB) und die Gliederung der Gewinn- und Verlustrechnung (§ 275 HGB) vor. Im Gesetz wird aber hinsichtlich der Offenlegungspflicht und des verbindlich vorgeschriebenen Ausweises aller Einzelpositionen differenziert nach großen, mittelgroßen und kleinen Kapitalgesellschaften.

Gemäß § 264 Abs. 1 HGB haben Kapitalgesellschaften den **Jahresabschluss (Bilanz, Gewinn- und Verlustrechnung)** um einen **Anhang** zu erweitern. Außerdem muss ein **Lagebericht** erstellt werden.

Im **Anhang** (§§ 284–288 HGB) muss der Jahresabschluss erläutert werden (z. B. Angabe der Bilanzierungs- und Bewertungsmethoden; Angabe der Verbindlichkeiten mit einer Restlaufzeit von mehr als fünf Jahren; Aufgliederung der Verkaufserlöse nach Tätigkeitsbereichen sowie nach geografisch bestimmten Märkten; durchschnittliche Zahl der während des Geschäftsjahres beschäftigten Arbeitnehmer getrennt nach Gruppen ... usw.). Kleine und mittelgroße Kapitalgesellschaften erfahren auch hier wiederum Erleichterungen (§ 288 HGB).

Im **Lagebericht** (§ 289 HGB) sind der Geschäftsverlauf und die Lage der Kapitalgesellschaft darzustellen. Insbesondere ist einzugehen auf Vorgänge von besonderer Bedeutung, auf die voraussichtliche Entwicklung und auf den Bereich Forschung und Entwicklung.

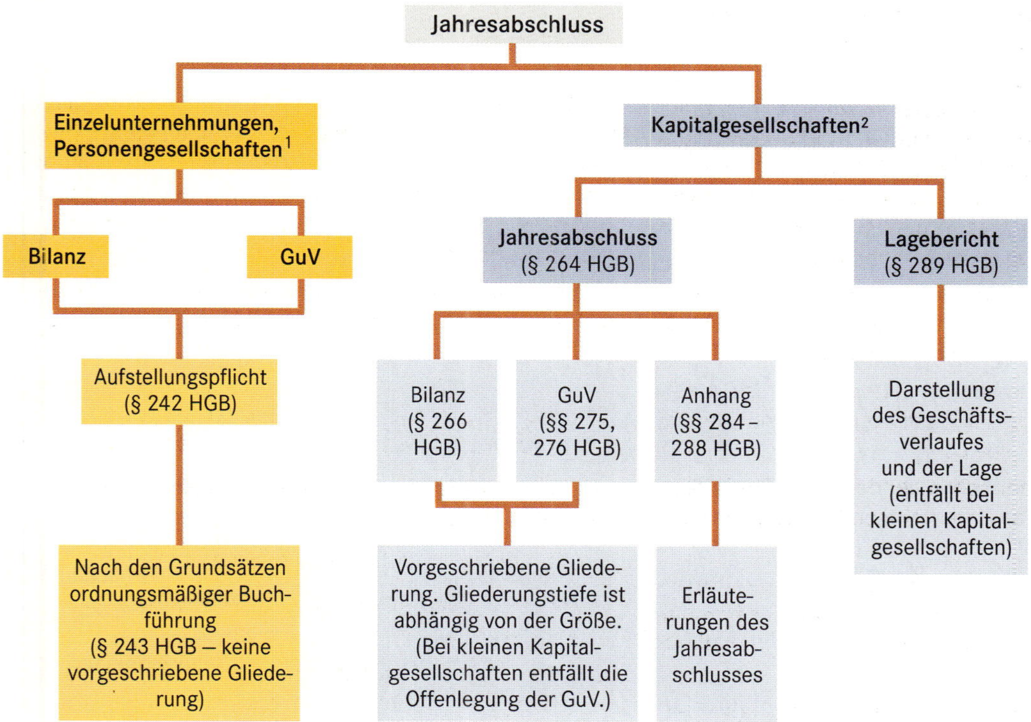

1 Gibt es bei Personengesellschaften keine natürliche Person als Vollhafter (z. B. GmbH & Co. KG), so gelten die Vorschriften der Kapitalgesellschaften. (Außerdem sind nach §§ 1 und 9 PublG Unternehmen offenlegungspflichtig, die in drei aufeinander folgenden Geschäftsjahren zwei der drei nachfolgenden Merkmale erfüllen: Bilanzsumme über 65 Millionen €, Umsatzerlöse über 130 Millionen €, durchschnittlich über 5 000 Mitarbeiter.)

2 Zur Vereinfachung wird hier auf den **Bericht des Aufsichtsrates**, auf den **Vorschlag für die Verwendung des Ergebnisses** bzw. auf den **Beschluss über die Ergebnisverwendung**, auf den **Bestätigungsvermerk des Abschlussprüfers** oder dessen **Versagung** und auf die **Entsprechenserklärung nach § 161 AktG** nicht eingegangen.

Offenlegung des Jahresabschlusses

Die gesetzlichen Vertreter von Kapitalgesellschaften haben den handelsrechtlichen Jahresabschluss und die übrigen im Gesetz aufgeführten Unterlagen (§ 325 Abs. 1 Satz 1 HGB) offenzulegen. Mit **Offenlegung** ist die Bekanntmachung des Jahresabschlusses und der weiteren Unterlagen im elektronischen Bundesanzeiger gemeint. Dazu sind dem Betreiber des elektronischen Bundesanzeigers die entsprechenden Unterlagen auf elektronischem Weg zu übermitteln.

Nach Art und Umfang ist die Offenlegungspflicht unterschiedlich ausgestaltet. Sie hängt von der Größe der jeweiligen Gesellschaft ab. § 267 HGB unterscheidet drei Größenklassen von Gesellschaften:

- kleine Gesellschaften
- mittelgroße Gesellschaften
- große Gesellschaften[1]

In der unten stehenden Darstellung sind die Größenklassen gemäß § 267 HGB abgegrenzt. Zwei der drei aufgeführten Merkmale müssen für die Zuordnung an zwei aufeinander folgenden Bilanzstichtagen erfüllt sein.

	Bilanzsumme	Umsatzerlöse	Anzahl der Arbeitnehmer
kleine Gesellschaft	bis 4.015.000,00 €	bis 8.030.000,00 €	bis durchschnittl. 50
mittelgroße Gesellschaft	bis 16.060.000,00 €	bis 32.120.000,00 €	bis durchschnittl. 250
große Gesellschaft	über 16.060.000,00 €	über 32.120.000,00 €	über durchschnittl. 250

In der folgenden Tabelle sind die wichtigsten **Pflichten** hinsichtlich der **Offenlegung** zusammengefasst.

	Gesellschaften		
	große	**mittelgroße**	**kleine**
Bilanz	ungekürzt gemäß § 266 Abs. 2 u. 3 HGB	mit Erleichterungen gemäß § 327 HGB	verkürzt gemäß § 266 Abs. 1 Satz 3 HGB
GuV	ungekürzt gemäß § 275 HGB	verkürzt gemäß § 276 HGB	entfällt
Anhang	ungekürzt gemäß §§ 284 u. 285 HGB	verkürzt gemäß § 288 Satz 2 HGB und § 327 Abs. 2 HGB	verkürzt gemäß § 288 Satz 1 HGB
Lagebericht	gemäß § 289 HGB	gemäß § 289 HGB	entfällt

Bilanz gemäß HGB

Bilanzgliederung gemäß HGB

§ 266 HGB schreibt für Kapitalgesellschaften ein ausführliches Bilanzgliederungsschema vor, das weitgehend Einsicht in die Finanz- und Vermögenslage der jeweiligen Unternehmung gibt.

Um Vergleiche zum Vorjahr zu ermöglichen, ist zu jedem Bilanzposten der Vorjahresbetrag anzugeben.

Die volle Anwendung des Bilanzgliederungsschemas gemäß § 266 Abs. 2 und 3 HGB ist jedoch abhängig von der Größenklasse.

1 Eine Kapitalgesellschaft gilt stets als große Gesellschaft, wenn Aktien an einer Börse der EU zugelassen sind (§ 267 Abs. 3 Satz 2 HGB).

Große Kapitalgesellschaften haben die Bilanz streng nach § 266 Abs. 2 und 3 HGB aufzustellen und offenzulegen.

Bei **mittelgroßen Kapitalgesellschaften** kann die Offenlegung der Bilanz gemäß § 327 HGB in der für kleine Kapitalgesellschaften vorgeschriebenen Form (siehe unten) erfolgen. Bestimmte Posten des ausführlichen Bilanzgliederungsschemas, wie z. B. Gebäude, technische Anlagen und Maschinen, Beteiligungen und Verbindlichkeiten gegenüber Kreditinstituten, sind jedoch zusätzlich in der Bilanz oder im Anhang gesondert anzugeben.

Kleine Kapitalgesellschaften brauchen nur eine verkürzte Bilanz aufzustellen, in die nur die mit Buchstaben und römischen Zahlen bezeichneten Posten des vollständigen Bilanzgliederungsschemas aufgenommen werden (§ 266 Abs. 1 Satz 3 HGB).

Für kleine Kapitalgesellschaften gilt das folgende Bilanzgliederungsschema (Grobgliederung):

Verkürzte Bilanz für kleine Kapitalgesellschaften gemäß § 266 Abs. 1 Satz 3 HGB

Aktiva	Passiva
A. Anlagevermögen	**A. Eigenkapital**
I. Immaterielle Vermögensgegenstände	I. Gezeichnetes Kapital
II. Sachanlagen	II. Kapitalrücklagen
III. Finanzanlagen	III. Gewinnrücklagen
B. Umlaufvermögen	IV. Gewinnvortrag/Verlustvortrag
I. Vorräte	V. Jahresüberschuss/Jahresfehlbetrag
II. Forderungen und sonstige Vermögensgegenstände	**B. Rückstellungen**
III. Wertpapiere	**C. Verbindlichkeiten**
IV. Schecks, Kassenbestand, Bundesbank- und Postbankguthaben, Guthaben bei Kreditinstituten	**D. Rechnungsabgrenzungsposten**
C. Rechnungsabgrenzungsposten	

Besonderheiten einzelner Bilanzposten

Ausweis des Anlagevermögens

Gemäß § 268 Abs. 2 HGB müssen Kapitalgesellschaften die Entwicklung der einzelnen Posten des Anlagevermögens in der Bilanz oder im Anhang darstellen.

Ausweis der Forderungen

Um einen Einblick in die Liquidität eines Unternehmens zu gewähren, ist der Betrag der Forderungen zu vermerken, die eine Restlaufzeit von mehr als einem Jahr haben (§ 268 Abs. 4 HGB).

Ausweis der Verbindlichkeiten

Um die Liquidität des Unternehmens sichtbar zu machen, ist der Betrag von Verbindlichkeiten mit einer Restlaufzeit bis zu einem Jahr zu vermerken (§ 268 Abs. 5 HGB).

Zu den in der Bilanz ausgewiesenen Verbindlichkeiten ist im Anhang ferner anzugeben

§

a) der Gesamtbetrag der Verbindlichkeiten mit einer Restlaufzeit von mehr als fünf Jahren,

b) der Gesamtbetrag der Verbindlichkeiten, die durch Pfandrechte oder ähnliche Rechte gesichert sind, unter Angabe von Art und Form der Sicherheiten.
(§ 285 Nr. 1 a) b) HGB)

Die Anforderungen des HGB an den Ausweis der Verbindlichkeiten können in einem Verbindlichkeitenspiegel übersichtlich dargestellt werden.

Beispiel

		Restlaufzeit			gesicherte Verbindlichkeiten	
Verbindlichkeitenart	**Gesamtbetrag**	**bis 1 Jahr**	**1 Jahr bis 5 Jahre**	**mehr als 5 Jahre**	**Betrag**	**Art der Sicherheit**
⋮	⋮	⋮	⋮	⋮	⋮	⋮
Verbindlichkeiten gegenüber Kreditinstituten	980.000,00	340.000,00			150.000,00 100.000,00	Bürgschaft Sicherungsübereignung
			280.000,00		140.000,00 60.000,00	Bürgschaft Grundpfandrecht
				360.000,00	300.000,00 60.000,00	Grundpfandrecht Sicherungsübereignung
⋮	⋮	⋮	⋮	⋮	⋮	⋮

Nach der Fristigkeit/Fälligkeit werden die Verbindlichkeiten folgendermaßen eingeteilt:

Restlaufzeit	
bis 1 Jahr	kurzfristige Verbindlichkeiten
1 Jahr bis 5 Jahre	mittelfristige Verbindlichkeiten
über 5 Jahre	langfristige Verbindlichkeiten

Ausweis des Eigenkapitals

Von besonderer Bedeutung ist bei der Bilanzierung die Darstellung des **Eigenkapitals.**

§ 266 Abs. 3 HGB sieht für **Kapitalgesellschaften** die folgende Unterteilung des Eigenkapitals in der Bilanz vor:

A. Eigenkapital
- I. Gezeichnetes Kapital
- II. Kapitalrücklage
- III. Gewinnrücklagen
  1. gesetzliche Rücklage
  2. Rücklage für eigene Anteile
  3. satzungsmäßige Rücklagen
  4. andere Gewinnrücklagen
- IV. Gewinnvortrag/Verlustvortrag
- V. Jahresüberschuss/Jahresfehlbetrag

Zu I.:

Das **gezeichnete Kapital** ist das im Handelsregister zu seinem **Nennwert eingetragene Haftungskapital** (§ 272 Abs. 1 Satz 1 HGB). Noch nicht eingezahlte Einlagen werden dem gezeichneten Kapital auf der Aktivseite der Bilanz als aktive Wertberichtigung gegenübergestellt (§ 272 Abs. 1 Satz 2 HGB).

Zu II.:

Bei Ausgabe von Anteilen über dem Nennwert entsteht ein **Agio (Aufgeld).** Dieses wird der **Kapitalrücklage** zugewiesen. „Zuzahlungen, die Gesellschafter gegen Gewährung eines Vorzuges für ihre Anteile leisten", werden ebenfalls als Kapitalrücklage ausgewiesen (§ 272 Abs. 2 Nr. 3 HGB).

5567330

Beispiel

Ausgabe junger Aktien: Nennwert: 1.000.000,00 €, Kurswert: 1.200.000,00 €.

			Soll	Haben
Buchungssatz	1310	Kreditinstitute	1.200.000,00	
	an	0610 Gezeichnetes Kapital		1.000.000,00
	an	0620 Kapitalrücklage		200.000,00

Zu III.:

Gewinnrücklagen werden aus dem versteuerten Gewinn gebildet. Hierzu zählen:

1. **Gesetzliche Rücklagen**
   Für die AG gilt: 5 % des um den Verlustvortrag geminderten Jahresüberschusses sind der gesetzlichen Rücklage zuzuweisen, bis diese mit der Kapitalrücklage zusammen 10 % des Grundkapitals ausmacht (§ 150 Abs. 2 AktG).
2. **Rücklagen für eigene Anteile**
   Damit die Aktivierung eigener Anteile nicht zulasten des Eigenkapitals geht (Sicherung des Eigenkapitals, Gläubigerschutz), wird eine entsprechende Korrektur auf der Passivseite der Bilanz vorgenommen (§ 272 Abs. 4 Satz 1 HGB).
3. **Satzungsmäßige Rücklagen**
   Es handelt sich hierbei um im Gesellschaftsvertrag bzw. in der Satzung festgelegte Rücklagen (§ 272 Abs. 3 Satz 2 HGB).
4. **Andere Gewinnrücklagen**
   Sie werden nach freiem Ermessen gebildet.

Zu IV.:

Der **Gewinnvortrag/Verlustvortrag** ist der Gewinnrest bzw. Verlustrest, der sich aufgrund des Ergebnisverwendungsbeschlusses des vergangenen Jahres ergeben hat.

Zu V.:

Der **Jahresüberschuss/Jahresfehlbetrag** ist der Gewinn bzw. Verlust des laufenden Geschäftsjahres. Seine Verwendung wird erst im Folgejahr gebucht.

Gewinn- und Verlustrechnung gemäß HGB

§ 275 HGB schreibt großen und mittelgroßen Kapitalgesellschaften den Aufbau der zu veröffentlichenden Gewinn- und Verlustrechnung vor.

Die Gewinn- und Verlustrechnung ist in Staffelform zu erstellen. Um Vergleiche zum Vorjahr zu ermöglichen, ist – wie bei der Bilanz – zu jedem Posten der Vorjahresbetrag anzugeben.

Die Gewinn- und Verlustrechnung kann wahlweise nach dem **Gesamtkostenverfahren** (§ 275 Abs. 2 HGB) oder nach dem **Umsatzkostenverfahren** (§ 275 Abs. 3 HGB) aufgestellt werden.

Beim Umsatzkostenverfahren finden – im Gegensatz zum Gesamtkostenverfahren – die **Bestandsveränderungen** an fertigen und unfertigen Erzeugnissen im Ergebnis **keine** Berücksichtigung.

Die beiden Kostenverfahren unterscheiden sich zudem darin, dass die betrieblichen Aufwendungen

- beim **Gesamtkostenverfahren** in „Materialaufwand", „Personalaufwand", „Abschreibungen" und „sonstige betriebliche Aufwendungen" gegliedert sind,
- beim **Umsatzkostenverfahren** hingegen in „Herstellungskosten", „Vertriebskosten", „allgemeine Verwaltungskosten" und „sonstige betriebliche Aufwendungen".

Die Erfolgsrechnung nach dem Umsatzkostenverfahren setzt folglich eine **Kostenstellenrechnung** voraus. Unterschiedliche Gemeinkostenschlüsselungen erschweren hier Betriebsvergleiche.

Das Umsatzkostenverfahren ist besonders in angelsächsischen Ländern verbreitet. In der Bundesrepublik Deutschland ist das Gesamtkostenverfahren vorherrschend.

Bei Anwendung des Gesamtkostenverfahrens sind in der Gewinn- und Verlustrechnung auszuweisen:[1]

betriebliche Erträge	1. Umsatzerlöse 2. Erhöhung oder Verminderung des Bestands an fertigen und unfertigen Erzeugnissen[2] 3. andere aktivierte Eigenleistungen 4. sonstige betriebliche Erträge
– Materialaufwand	5. Materialaufwand: a) Aufwendungen für Roh-, Hilfs- und Betriebsstoffe und für bezogene Waren b) Aufwendungen für bezogene Leistungen
= Rohergebnis[3]	
– betriebliche Aufwendungen	6. Personalaufwand: a) Löhne und Gehälter b) soziale Abgaben und Aufwendungen für Altersversorgung und für Unterstützung, davon für Altersversorgung 7. Abschreibungen: a) auf immaterielle Vermögensgegenstände des Anlagevermögens und Sachanlagen sowie auf aktivierte Aufwendungen für die Ingangsetzung und Erweiterung des Geschäftsbetriebes b) auf Vermögensgegenstände des Umlaufvermögens, soweit diese die in der Kapitalgesellschaft üblichen Abschreibungen überschreiten 8. sonstige betriebliche Aufwendungen
= Betriebsergebnis (auch: operatives Ergebnis)[3]	
+/– Finanzergebnis[3]	9. Erträge aus Beteiligungen, davon aus verbundenen Unternehmen 10. Erträge aus anderen Wertpapieren und Ausleihungen des Finanzanlagevermögens, davon aus verbundenen Unternehmen 11. sonstige Zinsen und ähnliche Erträge, davon aus verbundenen Unternehmen 12. Abschreibungen auf Finanzanlagen und auf Wertpapiere des Umlaufvermögens 13. Zinsen und ähnliche Aufwendungen, davon an verbundene Unternehmen
= Ergebnis der gewöhnlichen Geschäftstätigkeit	14. Ergebnis der gewöhnlichen Geschäftstätigkeit[4]
+/– außerordentliches Ergebnis	15. außerordentliche Erträge 16. außerordentliche Aufwendungen 17. außerordentliches Ergebnis[4]
– Steuern	18. Steuern vom Einkommen und vom Ertrag 19. sonstige Steuern
= Jahresüberschuss/-Jahresfehlbetrag	20. Jahresüberschuss/Jahresfehlbetrag

Erklärungen zur Gewinn- und Verlustrechnung nach § 275 Abs. 2 HGB:

1 Für große Kapitalgesellschaften gilt das vollständige GuV-Gliederungsschema. Kleine und mittelgroße Kapitalgesellschaften dürfen die Posten Nr. 1 bis 5 zu einem Posten unter der Bezeichnung „Rohergebnis" zusammenfassen (§ 276 HGB). Bei kleinen Kapitalgesellschaften entfällt zudem die Offenlegung (s. Seite 328).

2 In Handelsbetrieben werden die Bestandsveränderungen nicht gesondert ausgewiesen. Sie sind in der Position 5 (Materialaufwand = Wareneinsatz) enthalten.

3 Diese Zwischenergebnisse werden im GuV-Gliederungsschema nicht explizit ausgewiesen.

4 Es werden ein **„Ergebnis der gewöhnlichen Geschäftstätigkeit"** (Position 14) und ein **„außerordentliches Ergebnis"** (Position 17) festgestellt. Diese Ergebnisbegriffe des § 275 HGB sind inhaltlich **nicht** identisch mit den Ergebnisbegriffen der Kosten- und Leistungsrechnung (Ergebnistabelle).

Aufgaben

Aufgabe 1: Einführung in die Thematik
Aufgabe 2: Verbindlichkeitenspiegel
Aufgabe 3: Darstellung des Eigenkapitals in der offenlegungspflichtigen Bilanz

1 Welche Aussagen sind richtig? Begründen Sie Ihre Meinung.

a) Eine OHG hat ihre Bilanz gemäß § 266 HGB offenzulegen.

b) Der Lagebericht ist Bestandteil des Jahresabschlusses.

c) Im Lagebericht sind u. a. der Geschäftsverlauf und die Lage der Kapitalgesellschaft darzustellen.

d) Im Anhang ist der Jahresabschluss zu erläutern.

e) Das HGB unterscheidet zwei Größenklassen von Kapitalgesellschaften: kleine und große Kapitalgesellschaften.

f) Mit Offenlegung ist die Bekanntmachung des Jahresabschlusses und der weiteren Unterlagen im elektronischen Bundesanzeiger gemeint.

g) Nur große Kapitalgesellschaften haben den Jahresabschluss (Bilanz, GuV, Anhang) ungekürzt offenzulegen.

h) In der Bilanz ist zu jedem Posten nur der Jahresbetrag anzugeben.

i) Die Gewinn- und Verlustrechnung ist gemäß § 275 HGB in Kontenform zu erstellen.

j) Eine kleine Einzelunternehmung hat eine Gewinn- und Verlustrechnung gemäß § 275 HGB zu erstellen.

k) Kleine und mittelgroße Kapitalgesellschaften dürfen in der Gewinn- und Verlustrechnung die Posten Nr. 1 bis 5 des § 275 Abs. 2 HGB zu einem Posten unter der Bezeichnung „Rohergebnis" zusammenfassen. Bei kleinen Kapitalgesellschaften entfällt zudem die Offenlegung der Gewinn- und Verlustrechnung.

2
A Erstellen Sie für die Bilanzposition „Verbindlichkeiten gegenüber Kreditinstituten" einen Verbindlichkeitenspiegel nach dem Muster auf Seite 330.

Betrag	Restlaufzeit	Sicherung
520.000,00 €	20 Jahre	Grundpfandrecht
90.000,00 €	12 Jahre	Grundpfandrecht
160.000,00 €	9 Jahre	Sicherungsübereignung
80.000,00 €	7 Jahre	Bürgschaft
100.000,00 €	5 Jahre	Grundpfandrecht
50.000,00 €	4 Jahre	–
120.000,00 €	2 Jahre	Sicherungsübereignung
140.000,00 €	10 Monate	Bürgschaft
5.000,00 €	8 Monate	Grundpfandrecht
300.000,00 €	6 Monate	–
60.000,00 €	4 Monate	Bürgschaft
200.000,00 €	1 Monat	–
1.825.000,00 €		

3 Jeder der auf der folgenden Seite unter A stehenden Begriffe passt inhaltlich zu einer der unter B stehenden Angaben. Nehmen Sie die jeweiligen Zuordnungen vor.

A

1. Eigenkapital
2. Gewinnvortrag/Verlustvortrag
3. Gewinnrücklagen
4. Kapitalrücklagen
5. Satzungsmäßige Rücklagen
6. Jahresüberschuss/Jahresfehlbetrag
7. Gesetzliche Rücklagen

B

1. Sie gehören zu den Gewinnrücklagen. Bei der AG sind ihnen 5 % des um den Verlustvortrag geminderten Jahresüberschusses so lange zuzuweisen, bis sie mit der Kapitalrücklage zusammmen 10 % des Grundkapitals ausmachen.
2. Sie sind im Gesellschaftsvertrag bzw. in der Satzung festgelegt.
3. Es handelt sich um den Gewinn bzw. Verlust des laufenden Geschäftsjahres.
4. Es besteht aus dem gezeichneten Kapital, der Kapitalrücklage, den Gewinnrücklagen, dem Gewinnvortrag/Verlustvortrag und dem Jahresüberschuss/Jahresfehlbetrag. Es handelt sich also um einen Oberbegriff.
5. Sie werden aus dem versteuerten Gewinn gebildet.
6. Es handelt sich um den Gewinnrest bzw. Verlustrest, der sich aufgrund des Ergebnisverwendungsbeschlusses des vergangenen Jahres ergeben hat.
7. Hier werden Aufgelder (Agio) und Zuzahlungen von Gesellschaftern gegen Gewährung von Vorzügen ausgewiesen.

Aktionen

1 A Erstellen Sie aus dem unten stehenden Schlussbilanzkonto eine Bilanz für eine Kapitalgesellschaft[1]

- mit einer Bilanzsumme von ca. 2,1 Mio. €,
- mit Umsatzerlösen von ca. 5,5 Mio. € und
- mit durchschnittlich 48 Arbeitnehmern.

Die Zahlen gelten für die letzten beiden Geschäftsjahre.

Schlussbilanzkonto

Soll	Berichtsjahr	Vorjahr	Haben	Berichtsjahr	Vorjahr
0100	56.000,00	50.000,00	0610	1.038.500,00	1.000.000,00
0230	750.000,00	725.000,00	0620	50.000,00	45.000,00
0310	400.000,00	380.000,00	0630	40.000,00	50.000,00
0330	160.000,00	175.000,00	0640	15.000,00	30.000,00
0430	75.000,00	60.000,00	0650	40.000,00	50.000,00
0450	45.000,00	40.000,00	0721	50.000,00	45.000,00
1010	144.000,00	135.000,00	0722	15.000,00	20.000,00
1130	2.500,00	3.000,00	0820	700.000,00	650.000,00
1200	20.000,00	22.500,00	0930	5.000,00	4.000,00
1310	75.000,00	60.000,00	1710	130.500,00	96.000,00
1510	5.000,00	4.000,00	1810	6.000,00	7.000,00
0910	5.000,00	4.000,00	1910	15.000,00	14.000,00
3900	395.000,00	375.000,00	1920	12.500,00	10.000,00
			1940	15.000,00	12.500,00
	2.132.500,00	2.033.500,00		2.132.500,00	2.033.500,00

1 Die Erstellung der Bilanz gemäß HGB erfolgt über die Kontenzuordnung des Groß- und Außenhandelskontenrahmens (siehe Rückseite des Kontenrahmens).

5567334

2 A Erstellen Sie die Bilanz einer kleinen Kapitalgesellschaft[1].

	Berichtsjahr		Vorjahr	
Konten	Soll	Haben	Soll	Haben
0100	80.000,00	–	80.000,00	–
0230	600.000,00	–	640.000,00	–
0310	200.000,00	–	180.000,00	–
0330	500.000,00	–	440.000,00	–
0340	180.000,00	–	160.000,00	–
0450	70.000,00	–	60.000,00	–
0610	–	1.041.000,00	–	878.000,00
0620	–	90.000,00	–	80.000,00
0630	–	50.000,00	–	70.000,00
0640	–	30.000,00	–	40.000,00
0650	–	100.000,00	–	120.000,00
0721	–	30.000,00	–	40.000,00
0820	–	900.000,00	–	950.000,00
0910	8.000,00	–	6.000,00	–
0930	–	9.000,00	–	8.000,00
1010	220.000,00	–	268.000,00	–
1130	8.000,00	–	7.000,00	–
1200	30.000,00	–	40.000,00	–
1310	150.000,00	–	120.000,00	–
1510	9.000,00	–	10.000,00	–
1710	–	320.000,00	–	290.000,00
1810	–	15.000,00	–	10.000,00
1910	–	25.000,00	–	20.000,00
1920	–	20.000,00	–	15.000,00
3900	575.000,00	–	510.000,00	–
	2.630.000,00	2.630.000,00	2.521.000,00	2.521.000,00

3 A

a) Erstellen Sie aus den unten stehenden Angaben die ungekürzte Gewinn- und Verlustrechnung einer **großen Kapitalgesellschaft** gemäß § 275 Abs. 2 HGB[2].

b) Gehen Sie davon aus, dass es sich um eine **mittelgroße Kapitalgesellschaft** handelt, und fassen Sie die Positionen 1 bis 5 (des GuV-Gliederungsschemas) zu einem Posten unter der Bezeichnung „Rohergebnis" zusammen.

c) Ermitteln Sie neben dem Ergebnis der gewöhnlichen Geschäftstätigkeit (Position 14) und dem Jahresüberschuss/Jahresfehlbetrag (Position 20) auch das Betriebsergebnis und das Finanzergebnis aus der offenzulegenden Gewinn- und Verlustrechnung.

	Berichtsjahr		Vorjahr	
Konten	Soll	Haben	Soll	Haben
2010	70.000,00	–	130.000,00	–
2030	100.000,00	–	30.000,00	–
2040[3]	50.000,00	–	60.000,00	–
2110	30.000,00	–	50.000,00	–
2210	130.000,00	–	100.000,00	–
2310	20.000,00	–	30.000,00	–
2410	–	90.000,00	–	100.000,00
2430	–	50.000,00	–	60.000,00
2620	–	12.000,00	–	20.000,00
2710[4]	–	60.000,00	–	80.000,00

1 Die Erstellung der Bilanz gemäß HGB erfolgt über die Kontenzuordnung des Groß- und Außenhandelskontenrahmens (siehe Rückseite des Kontenrahmens).
2 Die Erstellung der Gewinn- und Verlustrechnung gemäß HGB erfolgt über die Kontenzuordnung des Groß- und Außenhandelskontenrahmens (siehe Rückseite des Kontenrahmens).
3 Vermögensgegenstände wurden unter Buchwert verkauft.
4 Vermögensgegenstände wurden über Buchwert verkauft.

	Berichtsjahr		Vorjahr	
Konten	Soll	Haben	Soll	Haben
3010	23.070.000,00	–	23.347.000,00	–
4020	3.900.000,00	–	3.800.000,00	–
4040	790.000,00	–	740.000,00	–
4110	210.000,00	–	180.000,00	–
4210	40.000,00	–	30.000,00	–
4260	80.000,00	–	70.000,00	–
4810	190.000,00	–	210.000,00	–
4910	4.100.000,00	–	3.900.000,00	–
8010	–	33.100.000,00	–	32.900.000,00

4
A

a) – c) Aufgabenstellung wie 3 a) – c)

	Berichtsjahr		Vorjahr	
Konten	Soll	Haben	Soll	Haben
2010	50.000,00	–	90.000,00	–
2030	90.000,00	–	100.000,00	–
2120	60.000,00	–	70.000,00	–
2210	150.000,00	–	140.000,00	–
2310	50.000,00	–	40.000,00	–
2410	–	80.000,00	–	50.000,00
2430	–	70.000,00	–	90.000,00
2610	–	30.000,00	–	20.000,00
3010	21.830.000,00	–	22.100.000,00	–
3020	100.000,00	–	80.000,00	–
3050	–	150.000,00	–	120.000,00
3080	–	200.000,00	–	170.000,00
4010	1.200.000,00	–	1.000.000,00	–
4020	3.500.000,00	–	3.200.000,00	–
4040	1.050.000,00	–	910.000,00	–
4120	230.000,00	–	280.000,00	–
4210	70.000,00	–	60.000,00	–
4400	100.000,00	–	90.000,00	–
4810	200.000,00	–	220.000,00	–
4910	3.700.000,00	–	3.900.000,00	–
8010	–	32.500.000,00	–	32.300.000,00
8080	200.000,00	–	150.000,00	–

Zusammenfassung

	Abschluss			
Kapitalgesellschaften	**Bilanz (§ 266 HGB)**	**GuV (§ 275 HGB)**	**Anhang (§§ 284, 285 HGB)**	**Lagebericht (§ 289 HGB)**
große	ungekürzt	ungekürzt	ungekürzt	ja
mittelgroße	mit Erleichterungen (§ 327 HGB)	verkürzt (§ 276 HGB)	verkürzt (§ 288 Satz 2, § 327 Abs. 2 HGB)	ja
kleine	verkürzt (§ 266 Abs. 1 Satz 3 HGB)	verkürzt (§ 276 HGB) keine Offenlegung	verkürzt (§ 288 Satz 1 HGB)	nein

- Kapitalgesellschaften haben den handelsrechtlichen Jahresabschluss (Bilanz, GuV, Anhang) und einen Lagebericht offenzulegen.
- Mit Offenlegung ist die Bekanntmachung des Jahresabschlusses und der weiteren Unterlagen nach § 325 Abs. 1 Satz 1 HGB im elektronischen Bundesanzeiger gemeint.
- Nach Art und Umfang ist die Offenlegungspflicht unterschiedlich ausgestaltet. Sie hängt von der Größe der jeweiligen Kapitalgesellschaft ab. Man unterscheidet hier kleine, mittelgroße und große Kapitalgesellschaften.
- § 266 HGB schreibt für Kapitalgesellschaften ein ausführliches Bilanzgliederungsschema vor, das weitgehend Einsicht in die Finanz- und Vermögenslage der jeweiligen Unternehmung gibt. Die volle Anwendung des Bilanzgliederungsschemas ist jedoch abhängig von der Größenklasse.
- § 275 HGB schreibt Kapitalgesellschaften den Aufbau der Gewinn- und Verlustrechnung (in Staffelform) vor. Die volle Anwendung des Gliederungsschemas für die Gewinn- und Verlustrechnung ist abhängig von der Größenklasse. Kleine Kapitalgesellschaften brauchen die Gewinn- und Verlustrechnung nicht offenzulegen.

11.8 Wir werten den Jahresabschluss aus

Einstieg

Frau Jonas, Leiterin des Rechnungswesens der ***Spindler KG***, lässt Anfang Januar auf Wunsch der Geschäftsführung für das gerade abgelaufene Geschäftsjahr die folgenden Zahlen für die Filiale in Hannover ausdrucken:

Umsatzerlöse	33.450.400,00 €
Wareneinsatz	22.245.700,00 €
Übrige Aufwendungen Darin enthalten: *- Zinsaufwendungen* *- Abschreibungen*	3.685.250,00 € *1.250.425,00 €* *894.235,00 €*
Fremdkapital	14.546.200,00 €
Eigenkapital	5.453.600,00 €
Anzahl der Mitarbeiter	30

Die Geschäftsführung der ***Spindler KG*** bittet Frau Jonas, für dieses Jahr die folgenden **Kennzahlen** ermitteln zu lassen:

- Rentabilität des Eigenkapitals
- Rentabilität des Gesamtkapitals
- Umsatzrentabilität
- Cashflow
- Intensität des Wareneinsatzes

1. Ermitteln Sie die von der Geschäftsführung der ***Spindler KG*** angeforderten Kennzahlen.
2. Erläutern Sie, welche Bedeutung hinsichtlich der Verbesserung des Unternehmenserfolges diese von Ihnen ermittelten Kennzahlen für die Geschäftsführung der ***Spindler KG*** haben.

Informationen

Bei der Auswertung des Jahresabschlusses werden durch Inbeziehungsetzung der Zahlen der Bilanz und der Gewinn- und Verlustrechnung die betriebswirtschaftlichen Zusammenhänge einer Unternehmung ergründet und sichtbar gemacht.

Die Ergebnisse der Auswertung des Jahresabschlusses zeigen

- durch **Zeitvergleiche (Periodenvergleiche)** die Betriebsentwicklung und
- durch **zwischenbetriebliche Vergleiche** die Stellung der Unternehmung innerhalb des Wirtschaftszweiges auf.

Aufschlussreich sind die Jahresabschlussauswertungen einerseits für den Unternehmer selbst zur Kontrolle und Planung, andererseits aber auch für Kreditgeber und Kapitalanleger.

Auswertung der Bilanz

Aufbereitung der Bilanz

Zeit- und Branchenvergleiche ergeben nur sinnvolle Aussagen, wenn die zu vergleichenden Informationen den gleichen Inhalt haben. Es ist daher erforderlich, das Zahlenmaterial der Bilanz zunächst formal aufzubereiten. Dabei werden Bilanzpositionen in übersichtliche, eindeutig definierte Hauptgruppen zusammengefasst.

Bei der Aufbereitung wird das folgende Bilanzgliederungsschema zugrunde gelegt:

Aktiva	**aufbereitete Bilanz** Passiva
A. Anlagevermögen	A. Eigenkapital
B. Umlaufvermögen	B. Fremdkapital
Vorräte	langfristiges Fremdkapital
Forderungen[1]	kurzfristiges Fremdkapital[2]
flüssige Mittel	

Zur Bilanzanalyse werden die absoluten Zahlen der aufbereiteten Bilanz in Prozentzahlen zur Bilanzsumme umgerechnet (Bilanzsumme = 100 %).

Beispiel

Das folgende Schlussbilanzkonto ist zur Bilanzanalyse aufzubereiten.

Soll		**Schlussbilanzkonto**	Haben
Gebäude	950.000,00	Eigenkapital	700.000,00
TA u. Maschinen	270.000,00	langfristige Bankverbindlichk.	1.450.000,00
Betriebs- und Geschäftsausstattung	210.000,00	Verbindlichkeiten a. LL	340.000,00
Vorräte	640.000,00	passive Rechnungsabgrenzung	20.000,00
Forderungen a. LL	250.000,00		
Kasse	20.000,00		
Postbank	70.000,00		
Kreditinstitute	90.000,00		
aktive Rechnungsabgrenzung	10.000,00		
	2.510.000,00		2.510.000,00

1 Die Position „Forderungen" enthält die aktiven Rechnungsabgrenzungsposten (= fiktive Forderungen).
2 Die Position „kurzfristiges Fremdkapital" enthält die passiven Rechnungsabgrenzungsposten (= fiktive Verbindlichkeiten).

5567338

Lösung

Aktiva	aufbereitete Bilanz				Passiva
	€	%		€	%
A. Anlagevermögen	1.430.000,00	56,97	A. Eigenkapital	700.000,00	27,89
B. Umlaufvermögen			B. Fremdkapital		
Vorräte	640.000,00	25,50	langfr. FK	1.450.000,00	57,77
Forderungen	260.000,00	10,36	kurzfr. FK	360.000,00	14,34
flüssige Mittel	180.000,00	7,17	Σ Fremdkapital	1.810.000,00	72,11
Σ Umlaufverm.	1.080.000,00	43,03			
	2.510.000,00	100,00		2.510.000,00	100,00

Bilanzanalyse

Nach der Aufbereitung der Bilanz werden zur Bilanzanalyse so genannte Bilanzkennzahlen ermittelt, die Aussagen machen über

- den Vermögensaufbau,
- den Kapitalaufbau,

} vertikale Auswertung

- die Deckung des Anlagevermögens (Investierung) und
- die Deckung des kurzfristigen Fremdkapitals (Liquidität).

} horizontale Auswertung

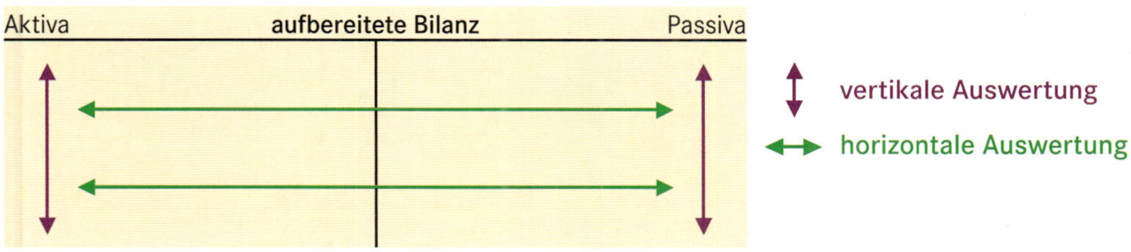

Vermögensaufbau (vertikale Auswertung)

Zur Beurteilung des Vermögensaufbaus werden folgende Kennzahlen herangezogen:

Kennzahlen des Vermögensaufbaus		im Beispiel (Seite 338)
Konstitution	$= \frac{\text{Anlagevermögen} \cdot 100}{\text{Umlaufvermögen}}$	$\frac{1.430.000 \cdot 100}{1.080.000} = 132{,}41\ \%$
Anlagenintensität	$= \frac{\text{Anlagevermögen} \cdot 100}{\text{Gesamtvermögen}}$	$\frac{1.430.000 \cdot 100}{2.510.000} = 56{,}97\ \%$
Umlaufintensität	$= \frac{\text{Umlaufvermögen} \cdot 100}{\text{Gesamtvermögen}}$	$\frac{1.080.000 \cdot 100}{2.510.000} = 43{,}03\ \%$
Vorratsintensität	$= \frac{\text{Vorräte} \cdot 100}{\text{Gesamtvermögen}}$	$\frac{640.000 \cdot 100}{2.510.000} = 25{,}50\ \%$
Forderungsintensität	$= \frac{\text{Forderungen} \cdot 100}{\text{Gesamtvermögen}}$	$\frac{260.000 \cdot 100}{2.510.000} = 10{,}36\ \%$
Intensität der flüssigen Mittel	$= \frac{\text{flüssige Mittel} \cdot 100}{\text{Gesamtvermögen}}$	$\frac{180.000 \cdot 100}{2.510.000} = 7{,}17\ \%$

Aus der Konstitution und aus der Gegenüberstellung von Anlagenintensität und Umlaufintensität ist die grundsätzliche Vermögensstruktur erkennbar.

Industriebetriebe sind in der Regel *anlagenintensiv* mit einer relativ hohen Konstitutionskennzahl und Anlagenintensität.

Handelsbetriebe sind *vorratsintensiv* mit einer relativ geringen Konstitutionskennzahl und einer relativ hohen Umlaufintensität.

Zur **Anlagenintensität** ist generell festzustellen:

Der **Vorteil anlagenintensiver Betriebe** liegt in ihrem hohen Grad an Rationalisierung und damit in den **geringen variablen Stückkosten.** Dies ist häufig eine Voraussetzung, um überhaupt konkurrenzfähig zu sein (Autoindustrie).

Der **Nachteil anlagenintensiver Betriebe** ist der **hohe Fixkostenblock** (Abschreibungen, Zinsen, Versicherungsprämien). Bei einem Absatzrückgang geraten anlagenintensive Betriebe daher schnell in die Verlustzone. Darüber hinaus können sich anlagenintensive Betriebe häufig aufgrund des feststehenden, relativ starren Produktionsapparates schlecht an veränderte Marktverhältnisse anpassen (gilt für Industriebetriebe).

Vergleichbar sind nur die Kennzahlen des Vermögensaufbaus von Unternehmungen desselben Wirtschaftszweiges.

Eingeschränkt wird die Vergleichbarkeit und die Aussagefähigkeit der Kennzahlen z. B. durch verschiedene Abschreibungsverfahren, unterschiedliches Alter der Anlagen, Anlageneigentum zum einen oder Anlagenmiete zum anderen sowie durch unterschiedliche Kapazitätsauslastung.

Kapitalaufbau (vertikale Auswertung)

Aus den folgenden Kennzahlen wird der Kapitalaufbau ersichtlich:

Kennzahlen des Kapitalaufbaus			im Beispiel (Seite 338 f.)
Finanzierung	=	$\frac{\text{Eigenkapital} \cdot 100}{\text{Fremdkapital}}$	$= \frac{700.000 \cdot 100}{1.810.000} = 38{,}67\ \%$
Verschuldungskoeffizient	=	$\frac{\text{Fremdkapital} \cdot 100}{\text{Eigenkapital}}$	$= \frac{1.810.000 \cdot 100}{700.000} = 258{,}57\ \%$
Eigenkapitalintensität (= Eigenkapitalanteil)	=	$\frac{\text{Eigenkapital} \cdot 100}{\text{Gesamtkapital}}$	$= \frac{700.000 \cdot 100}{2.510.000} = 27{,}89\ \%$
Fremdkapitalintensität (= Fremdkapitalanteil)	=	$\frac{\text{Fremdkapital} \cdot 100}{\text{Gesamtkapital}}$	$= \frac{1.810.000 \cdot 100}{2.510.000} = 72{,}11\ \%$

Ein hoher Eigenkapitalanteil und ein niedriger Fremdkapitalanteil bedeuten hohes Haftungskapital und damit gute Kreditwürdigkeit. Die finanzielle Stabilität von Unternehmungen mit einer derartigen Kapitalausstattung sichert gegen Umsatzeinbrüche ab.

Umgekehrt führen ein hoher Fremdkapitalanteil und ein niedriger Eigenkapitalanteil zu einem größeren Risiko für Kreditgeber und Warenlieferanten. Zudem steigt mit dem Fremdkapitalanteil die Zins- und Tilgungsbelastung.

Die Kapitalausstattung einer Unternehmung muss immer im Zusammenhang mit der **Rentabilität** gesehen werden. Es gelten folgende zwei Grundsätze:

- Liegt die Verzinsung des Gesamtkapitals (Gesamtkapitalrentabilität) **über** der Verzinsung des Fremdkapitals, so erhöht der Fremdkapitalanteil die Verzinsung des Eigenkapitals (Eigenkapitalrentabilität). In diesem Fall ist eine Fremdkapitalaufstockung anzuraten.

Beispiel

Der Eigenkapitalanteil einer Unternehmung beträgt 500.000,00 €, der Fremdkapitalanteil 1.000.000,00 €. Die Gesamtkapitalrendite beträgt 12 %.
Es soll ein Darlehen über 200.000,00 € zu 7 % aufgenommen werden.

Errechnung der Eigenkapitalrentabilität vor der Aufnahme des Darlehens:

Kapitalertrag $= \frac{1.500.000 \cdot 12}{100} = 180.000{,}00\ €$

Eigenkapitalrentabilität $= \frac{100 \cdot 180.000}{500.000} = \underline{\underline{\mathbf{36\ \%}}}$

Errechnung der Eigenkapitalrentabilität nach der Aufnahme des Darlehens:

Ertragssteigerung $= \frac{200.000 \cdot 12}{100} = 24.000{,}00\ €$

– Aufwandssteigerung (= Zinsaufwendungen) $= \frac{200.000 \cdot 7}{100} = 14.000{,}00\ €$

Gewinnsteigerung $= \underline{\underline{10.000{,}00\ €}}$

Neuer Kapitalertrag = 180.000,00 € + 10.000,00 € = 190.000,00 €

Eigenkapitalrentabilität $= \frac{100 \cdot 190.000}{500.000} = \underline{\underline{\mathbf{38\ \%}}}$

Die Eigenkapitalrentabilität ist durch die Aufnahme des Darlehens um 2 % gestiegen.

- Liegt die Verzinsung des Gesamtkapitals (Gesamtkapitalrentabilität) unter der Verzinsung des Fremdkapitals, so mindert der gesamte Fremdkapitalanteil die Verzinsung des Eigenkapitals (Eigenkapitalrentabilität). Ein weiterer Zuwachs an Fremdkapital würde die Eigenkapitalrentabilität noch weiter herabsetzen.

Beispiel

Die Daten des obigen Beispiels sind wie folgt zu ändern:
Gesamtkapitalrendite: 8 %; Darlehenszinsen: 10 %.

Errechnung der Eigenkapitalrentabilität vor der Aufnahme des Darlehens:

Kapitalertrag $= \frac{1.500.000 \cdot 8}{100} = 120.000{,}00\ €$

Eigenkapitalrentabilität $= \frac{100 \cdot 120.000}{500.000} = \underline{\underline{\mathbf{24\ \%}}}$

Errechnung der Eigenkapitalrentabilität nach der Aufnahme des Darlehens:

Ertragssteigerung $= \frac{200.000 \cdot 8}{100} = 16.000{,}00\ €$

– Aufwandssteigerung (= Zinsaufwendungen) $= \frac{200.000 \cdot 10}{100} = 20.000{,}00\ €$

Gewinnminderung $= \underline{\underline{4.000{,}00\ €}}$

Neuer Kapitalertrag = 120.000,00 € – 4.000,00 € = 116.000,00 €

Eigenkapitalrentabilität $= \frac{100 \cdot 116.000}{500.000} = \underline{\underline{\mathbf{23{,}2\ \%}}}$

Die Eigenkapitalrentabilität ist durch die Aufnahme des Darlehens um 0,8 % gesunken.

Deckung des Anlagevermögens (Investierung) (horizontale Auswertung)

Zur Beurteilung der Deckung des Anlagevermögens werden folgende Kennzahlen herangezogen:

Kennzahlen der Deckung des Anlagevermögens	im **Beispiel** (Seite 338 f.)
Anlagendeckung 1 $= \frac{\text{Eigenkapital} \cdot 100}{\text{Anlagevermögen}}$	$= \frac{700.000 \cdot 100}{1.430.000} =$ 48,95 %
Anlagendeckung 2 $= \frac{(\text{EK + langfr. FK}) \cdot 100}{\text{Anlagevermögen}}$	$= \frac{2.150.000 \cdot 100}{1.430.000} =$ 150,35 %

Anlagevermögen ist langfristig gebundenes Vermögen. Es sollte deshalb auch durch langfristiges Kapital, also durch Eigenkapital (Anlagendeckung 1), in jedem Fall aber durch Eigenkapital und langfristiges Fremdkapital (kleine Tilgungsraten) (Anlagendeckung 2) gedeckt sein (goldene Bilanzregel).

Auf diese Weise ist gewährleistet, dass kurzfristige Tilgungsverpflichtungen (z. B. Liefererschulden) nicht durch den Verkauf von Anlagegegenständen finanziert werden müssen.

Nicht erkennbar aus den Kennzahlen ist, inwieweit Anlagegegenstände ohne Schädigung der Funktionsbereitschaft des Betriebes z. B. aufgrund von Überkapazitäten verkauft werden und so als Liquiditätsreserve dienen könnten.

Deckung des kurzfristigen Fremdkapitals (Liquidität) (horizontale Auswertung)

Aus den folgenden Kennzahlen wird die Deckung des kurzfristigen Fremdkapitals ersichtlich:

Kennzahlen der Deckung des kurzfristigen Fremdkapitals	im **Beispiel** (Seite 338 f.)
Liquidität 1. Grades $= \frac{\text{flüssige Mittel} \cdot 100}{\text{kurzfr. FK}}$	$= \frac{180.000 \cdot 100}{360.000} =$ 50,00 %
Liquidität 2. Grades $= \frac{(\text{flüssige Mittel + Ford.}) \cdot 100}{\text{kurzfr. FK}}$	$= \frac{440.000 \cdot 100}{360.000} =$ 122,22 %
Liquidität 3. Grades $= \frac{\text{Umlaufvermögen} \cdot 100}{\text{kurzfr. FK}}$	$= \frac{1.080.000 \cdot 100}{360.000} =$ 300,00 %

Die Liquiditätskennzahlen drücken die grundsätzliche Zahlungsbereitschaft der Unternehmung zum Zeitpunkt der Bilanzerstellung aus.

Die Kennzahlen der Liquidität 1. bis 3. Grades besagen, wie viel Prozent des kurzfristigen Fremdkapitals zum Bilanzstichtag

- durch flüssige Mittel (Liquidität 1. Grades) bzw.
- durch flüssige Mittel und Forderungen (Liquidität 2. Grades) bzw.
- durch Umlaufvermögen (Liquidität 3. Grades)

gedeckt sind.

Erfahrungsregeln besagen, dass zur Aufrechterhaltung der Zahlungsfähigkeit

- die Liquidität 1. Grades mindestens 20 %,
- die Liquidität 2. Grades mindestens 100 % und
- die Liquidität 3. Grades mindestens 200 %

betragen sollen.

Würden zur Rückzahlung kurzfristiger Schulden die eisernen Bestände (betriebsnotwendiges Umlaufvermögen) oder das Anlagevermögen angegriffen, so verlöre die Unternehmung an Funktionsbereitschaft und an Substanz.

Andererseits bringt eine Überliquidität den Nachteil einer zu hohen Kapitalbindung, verbunden mit einem Zinsentgang. In einem solchen Fall sollten die überschüssigen Mittel renditebringend, z. B. durch den Kauf von Wertpapieren, oder aufwandsmindernd, z. B. durch Entschuldung, umgeschichtet werden.

Die Aussagefähigkeit der Liquiditätskennzahlen wird insbesondere dadurch eingeschränkt, dass

- einerseits zahlreiche kurzfristige Zahlungsverpflichtungen, die nach dem Bilanzstichtag fällig sind, wie z. B. Zinszahlungen, Steuervorauszahlungen, Lohn- und Gehaltszahlungen, Zahlungen der Miete, der Leasing-Raten usw., nicht aus der Bilanz hervorgehen sowie
- andererseits nach dem Bilanzstichtag ausstehende Einnahmen aus Barverkäufen und nicht ausgenutzte Überziehungskredite ebenfalls aus der Bilanz nicht ablesbar sind.

Zudem ist eine exakte fristgerechte Terminierung von Zahlungsverpflichtung und Zahlungsbereitschaft erforderlich. Über die zeitpunktbezogene (statische) Bilanzanalyse hinaus ist eine zeitraumbezogene (dynamische) Betrachtung und Abstimmung unerlässlich. Dies geschieht im Finanzplan.

Auswertung der Gewinn- und Verlustrechnung

Die Auswertung der Gewinn- und Verlustrechnung besteht in einer **Analyse der Aufwands- und Ertragsstruktur.**

Einzelne Aufwands- bzw. Ertragsarten werden in Prozent von den Gesamtaufwendungen bzw. Gesamterträgen ausgedrückt.

Innerbetriebliche Entwicklungen können aufgezeigt und Branchenvergleiche durchgeführt werden.

Zur Auswertung der Gewinn- und Verlustrechnung werden insbesondere folgende Kennzahlen herangezogen:

Intensität des Wareneinsatzes $= \frac{\text{Wareneinsatz} \cdot 100}{\text{Gesamtaufwendungen}}$

Intensität der Personalkosten $= \frac{\text{Personalkosten} \cdot 100}{\text{Gesamtaufwendungen}}$

Intensität der Abschreibungen $= \frac{\text{Abschreibungen} \cdot 100}{\text{Gesamtaufwendungen}}$

Intensität des Umsatzes $= \frac{\text{Umsatz} \cdot 100}{\text{Gesamterträge}}$

Rentabilität

Zur Beurteilung der Rentabilität wird der Unternehmensgewinn in ein prozentuales Werteverhältnis zum Eigenkapital, Gesamtkapital und Umsatz gesetzt.

Dabei muss bei einigen Unternehmungsformen der buchhalterisch ausgewiesene Unternehmensgewinn noch korrigiert werden.

Die mitarbeitenden Gesellschafter erhalten bei Einzelunternehmungen und bei Personengesellschaften – im Gegensatz zu den Kapitalgesellschaften – kein Gehalt. Bei diesen Unternehmungsformen muss daher der Gewinn noch um einen Unternehmerlohn gemindert werden. Auf diese Weise wird – wie bei den Kapitalgesellschaften – eine Arbeitsvergütung für die Geschäftsführer als Aufwand erfasst.

Dieser Teil des Gewinns wird durch die persönliche Leistung der mitarbeitenden Gesellschafter und nicht durch den Einsatz des Eigenkapitals erwirtschaftet.

Die Höhe des anzusetzenden Unternehmerlohnes bemisst sich am Gehalt eines leitenden Angestellten in vergleichbarer Position.

Eigenkapitalrentabilität (Unternehmerrentabilität)

Die Eigenkapitalrentabilität zeigt das prozentuale Werteverhältnis von Erfolg zu Eigenkapital auf. Sie gibt an, wie sich das in der Unternehmung angelegte Eigenkapital verzinst.

$$\textbf{Eigenkapitalrentabilität} = \frac{(\text{Gewinn} - \text{Unternehmerlohn}^{1}) \cdot 100}{\text{Eigenkapital}}$$

Beispiel

Eigenkapital (Anfangsbestand)[2]	650.000,00 €
Gewinn	178.000,00 €
Unternehmerlohn (Jahresgehalt)	100.000,00 €

$$\text{Eigenkapitalrentabilität} = \frac{(178.000 - 100.000) \cdot 100}{650.000} = 12\ \%$$

Zu vergleichen ist die Eigenkapitalrentabilität mit dem landesüblichen Zinssatz für langfristig angelegtes Kapital.

Da eine langfristige Kapitalanlage zum landesüblichen Zins im Gegensatz zu einer unternehmerischen Tätigkeit kein Wagnis in sich birgt, hat der Überschuss der Eigenkapitalrentabilität das Risiko des Unternehmers auszugleichen.

Geht man im obigen Beispiel von einem landesüblichen Zinssatz von 7 % aus, so beträgt die **unternehmerische Risikoprämie** 5 % (= 12 % – 7 %).

Gesamtkapitalrentabilität (Unternehmungsrentabilität)

Die Gesamtkapitalrentabilität zeigt das prozentuale Werteverhältnis von Erfolg zu Gesamtkapital auf. Sie gibt an, wie sich das in der Unternehmung tätige Gesamtkapital verzinst.

Das Fremdkapital wird – wie das Eigenkapital – als **kostenneutral** betrachtet. Im Gewinn berücksichtigte Fremdkapitalzinsen würden bei unterschiedlichen Fremdkapitalausstattungen Vergleiche verfälschen. Deshalb werden die Fremdkapitalzinsen **nicht** als Aufwendungen in die Betrachtung einbezogen. Folglich müssen sie zum Gewinn, den sie ja zunächst gemindert haben, wieder hinzugerechnet werden.

$$\textbf{Gesamtkapitalrentabilität} = \frac{(\text{Gewinn} - \text{Unternehmerlohn}^{1} + \text{Fremdkapitalzinsen}) \cdot 100}{\text{Eigenkapital} + \text{Fremdkapital}}$$

Beispiel

Eigenkapital[2]	600.000,00 €
Fremdkapital	1.000.000,00 €
Gewinn	200.000,00 €
Unternehmerlohn	120.000,00 €
Fremdkapitalzinsen (8 % von 1.000.000,00 €)	80.000,00 €

$$\text{Gesamtkapitalrentabilität} = \frac{(200.000 - 120.000 + 80.000) \cdot 100}{600.000 + 1.000.000} = 10\ \%$$

Im obigen Beispiel übersteigt die Gesamtkapitalrentabilität (10 %) den Fremdkapitalzinssatz (8 %). In einem solchen Fall führt eine Aufstockung des Fremdkapitals zu einem höheren Gewinn und damit zu einer höheren Eigenkapitalrentabilität[3].

1 Entfällt bei Kapitalgesellschaften (s. Erklärung oben).

2 Da während des Geschäftsjahres Privatentnahmen bzw. Privateinlagen das Eigenkapital ständig verändern, ist vom durchschnittlich während des Geschäftsjahres gebundenen Eigenkapital auszugehen. Zur Vereinfachung wird hier und in den folgenden Beispielen von der Berechnung eines durchschnittlich gebundenen Eigenkapitals abgesehen.

3 s. Seite 341

Umsatzrentabilität

Die Umsatzrentabilität gibt das prozentuale Werteverhältnis von Erfolg zu Umsatz an.

$$\textbf{Umsatzrentabilität} = \frac{(\text{Gewinn} - \text{Unternehmerlohn}^{1}) \cdot 100}{\text{Umsatzerlöse}}$$

Beispiel

Umsatzerlöse	2.000.000,00 €
Gewinn	240.000,00 €
Unternehmerlohn	140.000,00 €

$$\text{Umsatzrentabilität} = \frac{(240.000 - 140.000) \cdot 100}{2.000.000} = 5\ \%$$

Cashflow-Analyse

Der Cashflow (= Liquiditätszufluss) zeigt den Finanzüberschuss einer Unternehmung auf.

In der betrieblichen Praxis und in der Fachliteratur gibt es unterschiedliche Methoden, den Cashflow zu ermitteln. Meistens wird er folgendermaßen errechnet:

	Gewinn/Verlust (Jahresüberschuss/Jahresfehlbetrag)	
+	Abschreibungen	nicht ausgabewirksame Aufwendungen
+	Zuführungen zu Rückstellungen	
=	**Cashflow**	

Der Cashflow steht für ◆ Gewinnausschüttung, ◆ Investitionen und ◆ Schuldentilgung frei zur Verfügung.

Hauptsächlich wird der Cashflow für finanzwirtschaftliche Analysen verwendet. Der **absolute Wert** des Cashflow zeigt den „finanziellen Spielraum“ eines Unternehmens auf.

Darüber hinaus werden Cashflow-Kennzahlen errechnet:

- Cashflow-Umsatzrate

$$\textbf{Cashflow-Umsatzrate} = \frac{\text{Cashflow} \cdot 100}{\text{Umsatz}}$$

Die Cashflow-Umsatzrate zeigt auf, wie viel Prozent des Umsatzes dem Unternehmen als Cashflow zufließen.

- Cashflow-Eigenkapitalrentabilität

$$\textbf{Cashflow-Eigenkapitalrentabilität} = \frac{\text{Cashflow} \cdot 100}{\text{Eigenkapital}}$$

Die Cashflow-Eigenkapitalrentabilität zeigt das prozentuale Werteverhältnis von Cashflow zum Eigenkapital auf.

1 Entfällt bei Kapitalgesellschaften (s. Erklärung oben).

◆ Cashflow-Investitionsrate

$$\text{Cashflow-Investitionsrate} = \frac{\text{Cashflow} \cdot 100}{\text{Sachanlageinvestitionen}}$$

Die Cashflow-Investitionsrate gibt an, wie viel Prozent der Sachanlageinvestitionen aus dem Cashflow-Zufluss finanziert werden können.

Beispiel

	Jahr 1	Jahr 2	Jahr 3
Gewinn/Verlust	– 200 T€	– 300 T€	+ 500 T€
+ Abschreibungen	280 T€	320 T€	350 T€
+ Zuführungen zu Rückstellungen	30 T€	20 T€	40 T€
= Cashflow	110 T€	40 T€	890 T€
Umsatz	15.000 T€	13.000 T€	17.000 T€
Eigenkapital	4.800 T€	4.600 T€	4.500 T€
Sachanlageinvestitionen	200 T€	300 T€	500 T€

Errechnen Sie für die drei Jahre
1. die Cashflow-Umsatzrate,
2. die Cashflow-Eigenkapitalrentabilität und
3. die Cashflow-Investitionsrate.

Werten Sie die Ergebnisse aus.

Lösung

Cashflow-Kennzahlen	Jahr 1	Jahr 2	Jahr 3
Cashflow-Umsatzrate $= \frac{\text{Cashflow} \cdot 100}{\text{Umsatz}}$	$\frac{110 \cdot 100}{15.000}$ = **0,73 %**	$\frac{40 \cdot 100}{13.000}$ = **0,31 %**	$\frac{890 \cdot 100}{17.000}$ = **5,24 %**
Cashflow-EK-Rentabilität $= \frac{\text{Cashflow} \cdot 100}{\text{Eigenkapital}}$	$\frac{110 \cdot 100}{4.800}$ = **2,29 %**	$\frac{40 \cdot 100}{4.600}$ = **0,87 %**	$\frac{890 \cdot 100}{4.500}$ = **19,78 %**
Cashflow-Investitionsrate $= \frac{\text{Cashflow} \cdot 100}{\text{Sachanlageinvestitionen}}$	$\frac{110 \cdot 100}{200}$ = **55,00 %**	$\frac{40 \cdot 100}{300}$ = **13,33 %**	$\frac{890 \cdot 100}{500}$ = **178,00 %**

Schon die absoluten Werte des Cashflow machen deutlich, dass die finanzielle Ausstattung des Unternehmens in den drei Jahren recht unterschiedlich ist.

Das **Jahr 1** weist schlechte bis akzeptierbare Cashflow-Kennzahlen auf. Die flüssigen Mittel gemessen am Umsatz (= Cashflow-Umsatzrate) sind mit 0,73 % sehr gering.

Die Cashflow-Eigenkapitalrentabilität von nur 2,29 % dürfte die Kapitalgeber nicht zufrieden stellen.

Lediglich die Cashflow-Investitionsrate von 55 % ist annehmbar.

Das **Jahr 2** ist das „Krisenjahr". Alle Cashflow-Kennzahlen sind denkbar schlecht ausgefallen, so können beispielsweise nur 13,33 % der Sachanlageinvestitionen aus dem Cashflow-Mittelzufluss finanziert werden.

Ganz anders sind die Kennzahlen des **Jahres 3** zu beurteilen. Die betriebswirtschaftliche Situation des Unternehmens hat sich grundlegend geändert.

Insbesondere die Cashflow-Eigenkapitalrentabilität (19,78 %) und die Cashflow-Investitionsrate (178 %) sind ausgesprochen gut.

Die vorgenommenen Investitionen können zu 100 % aus dem Cashflow-Mittelzufluss bezahlt werden. Darüber hinaus steht noch ein erheblicher finanzieller Überschuss für andere Verwendungen zur Verfügung.

5567346

Aufgaben

Aufgabe 1: Errechnung der Bilanzkennzahlen
Aufgabe 2: Verständnisfragen zur Konstitutionskennzahl
Aufgaben 3 und 4: Kapitalausstattung und Rentabilität
Aufgabe 5: goldene Bilanzregel
Aufgabe 6: Verständnisfragen zur Liquidität
Aufgaben 7 bis 9: Auswertung GuV
Aufgabe 10: Einführung Rentabilität
Aufgabe 11: Unternehmerlohn bei Einzelunternehmungen und Personengesellschaften
Aufgaben 12 bis 14: Verständnisfragen zu den Rentabilitätskennzahlen
Aufgaben 15 und 16: Verständnisfragen zum Cashflow

1 Es liegt das folgende Schlussbilanzkonto vor:

Soll		**Schlussbilanzkonto**	Haben
Gebäude	430.000,00	Eigenkapital	830.000,00
TA u. Maschinen	150.000,00	langfristige Bankverb.	950.000,00
Geschäftsausstattung	130.000,00	Verbindlichkeiten a. LL	330.000,00
Waren	980.000,00	passive Rechnungsabgrenzung	30.000,00
Forderungen a. LL	230.000,00		
Kasse	10.000,00		
Postbank	50.000,00		
Kreditinstitute	150.000,00		
aktive Rechnungsabgrenzung	10.000,00		
	2.140.000,00		2.140.000,00

a) Bereiten Sie das Schlussbilanzkonto nach dem Bilanzgliederungsschema zur Ermittlung der Bilanzkennzahlen auf.

b) Errechnen Sie die folgenden Kennzahlen: Konstitution, Anlagenintensität, Umlaufintensität, Finanzierung, Eigenkapitalintensität, Anlagendeckung 1, Anlagendeckung 2, Liquidität 1. Grades, Liquidität 2. Grades und Liquidität 3. Grades.

2 a) Machen Sie eine generelle Aussage über die Konstitutionskennzahl bei Industriebetrieben und bei Handelsbetrieben.

b) Nennen Sie Vor- und Nachteile von anlagenintensiven Industriebetrieben.

c) Nennen Sie Gründe für ein Wachsen und für ein Sinken der Konstitutionskennzahl.

d) Wodurch wird die Vergleichbarkeit von Konstitutionskennzahlen verschiedener Betriebe eingeschränkt?

3 a) Welche Nachteile bringt ein hoher Fremdkapitalanteil grundsätzlich?

b) Nennen Sie Gründe für ein Wachsen und für ein Sinken des Eigenkapitalanteils.

c) Nennen Sie Gründe für ein Wachsen und für ein Sinken des Fremdkapitalanteils.

d) In welchem Fall empfiehlt es sich, unter Renditegesichtspunkten den Fremdkapitalanteil zu erhöhen?

4 Der Eigenkapitalanteil beträgt 400.000,00 €, der Fremdkapitalanteil 600.000,00 €.

Die Gesamtkapitalrendite beträgt 10 %.

Es soll ein Darlehen zu 6 % über 250.000,00 € aufgenommen werden.

Begründen Sie aufgrund der zu erwartenden Änderung

- des Kapitalertrages und
- der Eigenkapitalrentabilität,

ob die Aufnahme des Darlehens zu empfehlen ist.

5 Erklären Sie, weshalb das betriebsnotwendige Anlagevermögen durch Eigenkapital, in jedem Fall aber durch Eigenkapital und langfristiges Fremdkapital abgedeckt sein sollte (goldene Bilanzregel).

6 a) Nennen Sie Gründe für eine Liquiditätsverbesserung bzw. Liquiditätsverschlechterung.

b) Welchen Nachteil bringt eine Überliquidität mit sich?

c) Was ist für den Fall einer Überliquidität zu empfehlen?

d) Begründen Sie, weshalb die Bilanz lediglich einen relativ groben Eindruck über die Zahlungsfähigkeit einer Unternehmung vermittelt.

7 Ordnen Sie zu:

A	B
1. Automobilwerk	1. hohe Intensität der Personalkosten
2. Textilgroßhandlung	2. hohe Intensität der Abschreibungen
3. Gebäudereinigungsbetrieb	3. hohe Intensität des Wareneinsatzes

8 Welche Gefahr kann sich für einen Betrieb mit einer besonders hohen Intensität einer einzelnen Kostenart ergeben?

9 a) Errechnen Sie für die unten stehenden Gewinn- und Verlustkonten (1. und 2. Jahr) der Textilgroßhandlung ***Spindler KG*** die Intensität des Wareneinsatzes, der Personalkosten und der Abschreibungen.

Soll	GuV (1. Jahr)		Haben
3010	3.980.000,00	8010	5.360.000,00
4000	545.000,00		
4100	118.000,00		
4200	18.000,00		
4800	187.000,00		
4900	355.000,00		
0610	157.000,00		
	5.360.000,00		5.360.000,00

Soll	GuV (2. Jahr)		Haben
3010	4.230.000,00	8010	5.804.000,00
4000	321.000,00		
4100	115.000,00		
4200	22.000,00		
4800	196.000,00		
4900	760.000,00		
0610	160.000,00		
	5.804.000,00		5.804.000,00

b) Aus welchem Grund hat sich die Intensität der Lohnkosten und der Abschreibungen verändert?

10 Warum hat der absolute Gewinn eines Unternehmens wenig Aussagekraft?

11 a) Warum ist bei Rentabilitätsbetrachtungen bei Einzelunternehmungen (e. K.) und bei Personengesellschaften (OHG, KG) – im Gegensatz zu Kapitalgesellschaften (AG, GmbH) – der Gewinn um den Unternehmerlohn zu mindern?

b) Woran wird der Unternehmerlohn bemessen?

12 a) Was sagt die Kennzahl „Eigenkapitalrentabilität“ aus?

b) Wie ist in rentabel arbeitenden Betrieben das Verhältnis zwischen Eigenkapitalrentabilität und landesüblichem Zinssatz für langfristig angelegtes Kapital?

13 a) Was sagt die Kennzahl „Gesamtkapitalrentabilität“ aus?

b) In welchem Fall erhöht eine Aufnahme von Fremdkapital die Eigenkapitalrentabilität?

14 Was sagt die Kennzahl „Umsatzrentabilität“ aus?

15 a) Wie ist der Cashflow definiert? (Frage verbal und formelmäßig beantworten.)

b) Für welche Zwecke kann der Cashflow verwendet werden?

16 Alle unter A aufgeführten Definitionen passen zu einer der unter B aufgeführten Cashflow-Kennzahlen. Ordnen Sie zu.

A Definitionen

1. Die Kennzahl misst den buchhalterischen Erfolg am Eigenkapital (= erfolgswirtschaftliche Betrachtung).
2. Die Kennzahl misst den finanzwirtschaftlichen Überschuss am Umsatz (= finanzwirtschaftliche Betrachtung).
3. Die Kennzahl misst den finanzwirtschaftlichen Überschuss am Eigenkapital (= finanzwirtschaftliche Betrachtung).
4. Die Kennzahl misst den buchhalterischen Erfolg am Umsatz (= erfolgswirtschaftliche Betrachtung).

B Cashflow-Kennzahlen

1. Umsatzrentabilität
2. Cashflow-Eigenkapitalrentabilität
3. Cashflow-Umsatzrate
4. Eigenkapitalrentabilität

Aktionen

1 Es liegt folgende für das Berichtsjahr und das Vorjahr aufbereitete Bilanz vor:

Aktiva	aufbereitete Bilanz								Passiva
	Berichtsjahr		Vorjahr			Berichtsjahr		Vorjahr	
	T€	%	T€	%		T€	%	T€	%
A. Anlagevermögen	940	27,57	950	31,88	A. Eigenkapital	610	17,89	690	23,16
B. Umlaufvermögen					B. Fremdkapital				
Vorräte	1.890	55,42	1.430	47,99	langfr. FK	1.580	46,33	1.710	57,38
Forderungen	510	14,96	340	11,41	kurzfr. FK	1.220	35,78	580	19,46
flüssige Mittel	70	2,05	260	8,72	Σ Fremdkapital	2.800	82,11	2.290	76,84
Σ Umlaufverm.	2.470	72,43	2.030	68,12					
	3.410	100	2.980	100		3.410	100	2.980	100

a) Die obige Bilanz enthält bereits einige Kennzahlen des Vermögens- und Kapitalaufbaus. Berechnen Sie für beide Jahre
   1. zur Beurteilung des Vermögensaufbaus
      - die Konstitution,
   2. zur Beurteilung des Kapitalaufbaus
      - die Finanzierung,
   3. zur Beurteilung der Investierung
      - die Anlagendeckung 1, - die Anlagendeckung 2,
   4. zur Beurteilung der Liquidität
      - die Liquidität 1. Grades, - die Liquidität 2. Grades, - die Liquidität 3. Grades.

b) Ergründen Sie als Außenstehender die Ursachen der Veränderung (Berichtsjahr gegenüber Vorjahr)
   1. des Vermögensaufbaus,
   2. des Kapitalaufbaus,
   3. der Investierung und
   4. der Liquidität.

c) Welche Maßnahmen zur Verbesserung der Unternehmenssituation sind zu empfehlen?

2 Es liegt die folgende aufbereitete Bilanz der Textilgroßhandlung ***Spindler KG*** vor. Zum Vergleich sind Branchenrichtwerte gegenübergestellt.

Aktiva	aufbereitete Bilanz						Passiva
	Spindler KG		Branche		*Spindler KG*		Branche
	T€	%	%		T€	%	%
A. Anlagevermögen	650	21,24	40	A. Eigenkapital	1.260	41,18	20
B. Umlaufvermögen				B. Fremdkapital			
Vorräte	1.580	51,63	30	langfr. FK	890	29,08	60
Forderungen	540	17,65	20	kurzfr. FK	910	29,74	20
flüssige Mittel	290	9,48	10	Σ Fremdkapital	1.800	58,82	80
Σ Umlaufverm.	2.410	78,76	60				
	3.060	100	100		3.060	100	100

a) Stellen Sie die wesentlichen Abweichungen von den Branchenrichtwerten heraus.

b) Welche Nachteile können sich aus den unter a) genannten Abweichungen ergeben?

c) Zeigen Sie Möglichkeiten zur Annäherung an die Branchenrichtwerte auf.

3 Die Textilgroßhandlung ***Spindler KG*** entnimmt ihrer Buchführung folgende Daten:

	Umsatz	Fremdkapital	Eigenkapital	Gewinn
1. Jahr	3.380.000,00	2.000.000,00	820.000,00	267.600,00
2. Jahr	3.000.000,00	1.500.000,00	1.320.000,00	307.600,00
3. Jahr	2.900.000,00	1.950.000,00	900.000,00	275.085,00
4. Jahr	2.000.000,00	1.700.000,00	1.100.000,00	188.000,00
5. Jahr	2.600.000,00	1.000.000,00	1.800.000,00	202.000,00

Unternehmerlohn pro Jahr: 100.000,00 €
Zinssatz für Fremdkapital: 8 %

a) Errechnen Sie für jedes Jahr die Umsatzrentabilität.

b) Nennen Sie mögliche Ursachen für das Wachsen und für das Sinken der Umsatzrentabilität.

c) Errechnen Sie für jedes Jahr die Eigenkapitalrentabilität.

d) In welchen Jahren ist die Textilgroßhandlung ***Spindler KG*** mit ihrer Eigenkapitalrentabilität zufrieden bzw. unzufrieden? Begründen Sie Ihre Meinung. (Landesüblicher Zinssatz für langfristig angelegtes Kapital: 7 %.)

e) Errechnen Sie für jedes Jahr die Gesamtkapitalrentabilität.

f) Erklären Sie für das erste bis dritte Jahr die Entwicklung der Eigenkapitalrentabilität in Zusammenhang mit der Entwicklung der Gesamtkapitalrentabilität. Ziehen Sie bei Ihrer Betrachtung auch die absoluten Zahlen (Eigenkapital, Fremdkapital, Gewinn) heran.

g) Welche Auswirkung auf den Gewinn hat der Fremdkapitalanteil im 4. Jahr?

h) Wie wirkt der Fremdkapitalanteil im 5. Jahr auf den Gewinn und auf die Eigenkapitalrentabilität?

4

	Jahr 1	Jahr 2	Jahr 3
Gewinn/Verlust	– 250 T€	– 375 T€	+ 625 T€
Abschreibungen	350 T€	400 T€	430 T€
Zuführungen zu Rückstellungen	37 T€	25 T€	50 T€
Umsatz	18.000 T€	15.600 T€	20.300 T€
Eigenkapital	5.760 T€	5.520 T€	5.400 T€
Sachanlageinvestitionen	240 T€	360 T€	590 T€

Errechnen Sie für die drei Jahre
1. den Cashflow,
2. die Cashflow-Umsatzrate,
3. die Cashflow-Eigenkapitalrentabilität und
4. die Cashflow-Investitionsrate.

Werten Sie die Ergebnisse aus.

5567350

Zusammenfassung

Auswertung der Bilanz	Auswertung der Gewinn- und Verlustrechnung	Rentabilität	Cashflow-Analyse
◆ Kennzahlen des Vermögensaufbaus ◆ Kennzahlen des Kapitalaufbaus ◆ Kennzahlen der Deckung des Anlagevermögens ◆ Kennzahlen der Deckung des kurzfristigen Fremdkapitals	◆ Intensitätskennzahlen	◆ Eigenkapitalrentabilität (Unternehmerrentabilität) ◆ Gesamtkapitalrentabilität (Unternehmungsrentabilität) ◆ Umsatzrentabilität	◆ Cashflow-Umsatzrate ◆ Cashflow-Eigenkapitalrentabilität ◆ Cashflow-Investitionsrate

- Weist der Vermögensaufbau ein relativ hohes Anlagevermögen auf, so hat dies den Nachteil hoher Fixkosten, andererseits aber den Vorteil geringer variabler Stückkosten (hoher Grad an Rationalisierung).
- Weist der Kapitalaufbau ein relativ hohes Eigenkapital auf, so ist die Unternehmung in höherem Maße kreditwürdig, gegen Umsatzeinbrüche geschützt und mit weniger Zins- und Tilgungszahlungen belastet.
- Das Anlagevermögen sollte als langfristig gebundenes Vermögen durch Eigenkapital, in jedem Fall aber durch Eigenkapital und langfristiges Fremdkapital gedeckt sein (goldene Bilanzregel).
- Kurzfristige Schulden sollten aus dem relativ liquiden Anteil des Umlaufvermögens tilgbar sein.

  Eine zu hohe Überliquidität ist allerdings nicht erstrebenswert, weil sie einen Zinsentgang mit sich bringt.

- Die Intensitätskennzahlen des Gewinn- und Verlustkontos geben den prozentualen Anteil einzelner Aufwands- bzw. Ertragsarten an den Gesamtaufwendungen bzw. Gesamterträgen an.
- Zum Ausgleich des unternehmerischen Risikos sollte die Eigenkapitalrentabilität den landesüblichen Zinssatz für langfristig angelegtes Kapital in angemessener Höhe übersteigen.
- Übersteigt die Gesamtkapitalrentabilität den Fremdkapitalzinssatz, so bringt das in der Unternehmung angelegte Fremdkapital Gewinn. In diesem Fall ist die Fremdkapitalaufnahme rentabel und erhöht die Eigenkapitalrentabilität.
- Die Summe aus dem Gewinn/Verlust und den nicht ausgabewirksamen Aufwendungen ergibt den Cashflow (= Liquiditätszufluss).
- Der Cashflow gibt an, wie viele flüssige Mittel dem Unternehmen aus den Einnahmen und Ausgaben verbleiben.
- Die Kennzahlen für die Cashflow-Umsatzrate, für die Cashflow-Eigenkapitalrentabilität und für die Cashflow-Investitionsrate dienen der betriebswirtschaftlichen Auswertung.

11.9 Wir lernen die Ergebnistabelle kennen

Einstieg

Der Geschäftsführer der ***Spindler KG***, Gerd Spindler, ist seit fünf Jahren an einem Import-Export-Handelsunternehmen in Hamburg beteiligt. Da ihm die Aufwendungen des Unternehmens zu hoch und der Gewinn zu gering erscheinen, überlegt er, ob er aus dem Unternehmen ausscheiden soll.

Die GuV-Rechnung des Import-Export-Handelsunternehmens hat folgendes Aussehen:

Soll		Gewinn- und Verlustkonto	Haben
Wareneingang	5.165.320,00	Warenverkauf	6.841.736,00
Warenverlust durch Brand	265.500,00	Provisionserträge	42.300,00
Personalkosten	662.400,00	betriebsfremde Erträge	45.000,00
Miete	138.630,00	Erträge aus Beteiligungen	9.200,00
Steuern, Beiträge, Versicherungen	23.624,00		
Allgemeine Verwaltung	195.650,00		
Verluste aus Wertpapiergeschäften	166.860,00		
Abschreibungen	316.750,00		
Reingewinn	3.502,00		
	6.938.236,00		6.938.236,00

Versetzen Sie sich in die Rolle von Herrn Spindler. Treffen Sie eine Entscheidung über die weitere Beteiligung an dem Import-Export-Handelsunternehmen.

Informationen

Abgrenzung zwischen Geschäftsbuchführung und Kosten- und Leistungsrechnung

Im Lernfeld 4 haben wir die **Geschäftsbuchführung (auch Finanzbuchführung)** kennen gelernt, deren **Erfolgsrechnung** (Erfolgskonten) in die Gewinn- und Verlustrechnung mündet und deren **Bestandsrechnung** (Bestandskonten) in die Bilanz fließt.

Geschäftsbuchführung (Finanzbuchführung)
beinhaltet Bestandsrechnung und Erfolgsrechnung

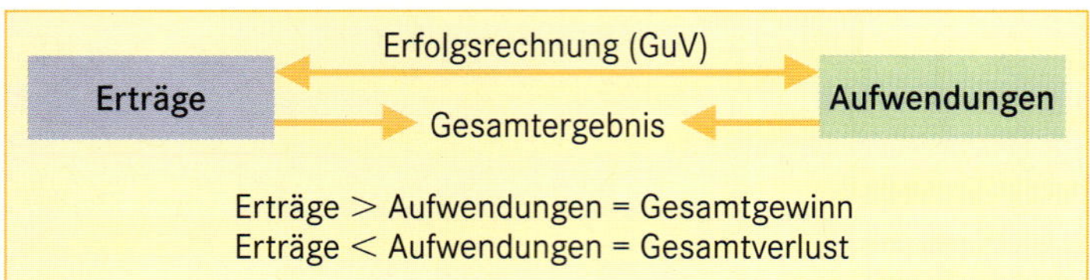

Die Erfolgsrechnung der Geschäftsbuchführung wird entscheidend von steuerrechtlichen und handelsrechtlichen Vorschriften (z. B. Abschreibungs- und Bewertungsvorschriften) bestimmt. Den Anforderungen einer betriebswirtschaftlichen Betrachtung wird die Erfolgsrechnung nicht gerecht.

Die positiven und negativen Erfolgselemente der Gewinn- und Verlustrechnung heißen **Erträge** und **Aufwendungen.** Die Gegenüberstellung von Erträgen und Aufwendungen im Gewinn- und Verlustkonto ergibt das **Gesamtergebnis,** einen **Gesamtgewinn** (Erträge > Aufwendungen) oder einen Gesamtverlust (Erträge < Aufwendungen).

Wie die Geschäftsbuchführung kann die **Kosten- und Leistungsrechnung** kontenmäßig nach dem Prinzip der Doppik gestaltet werden. Man bezeichnet sie dann als **Betriebsbuchführung.**

Die positiven und negativen Erfolgselemente der Kosten- und Leistungsrechnung (Betriebsbuchführung) sind **Leistungen** und **Kosten.**

Definition **Leistungen sind betriebsbedingte Erträge, die sich aus dem Wertzuwachs und der Veräußerung betrieblicher Sachgüter oder Dienstleistungen ergeben.**

Kosten umfassen den Werteverzehr, der zur betrieblichen Leistungserstellung erforderlich ist.

Die Gegenüberstellung von Leistungen und Kosten ergibt das **Betriebsergebnis,** einen **Betriebsgewinn** (Leistungen > Kosten) oder einen **Betriebsverlust** (Leistungen < Kosten).

Kosten- und Leistungsrechnung (Betriebsbuchführung)

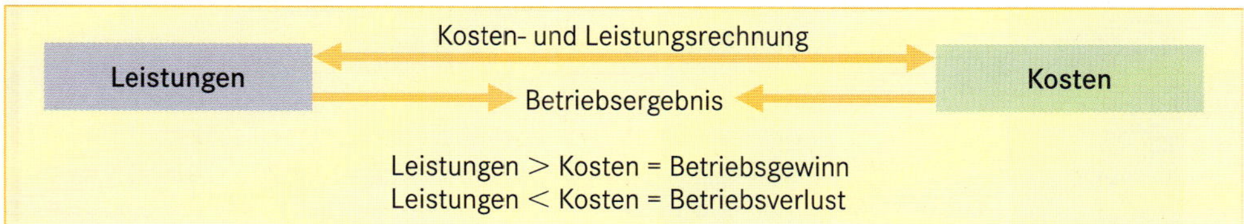

Die Kosten- und Leistungsrechnung orientiert sich an betriebswirtschaftlichen Erfordernissen. Sie bildet die Basis für Planungen und für unternehmerische Entscheidungen.

In der betrieblichen Praxis werden Kosten und Leistungen in der Regel **nicht kontenmäßig,** sondern **tabellarisch in Ergebnistabellen** (siehe unten) erfasst. Die tabellarische Kosten- und Leistungsrechnung ist weniger arbeitsaufwändig und übersichtlicher.

Ergebnistabelle

In jedem Unternehmen findet ein Leistungsprozess statt, der einen Gewinn erwirtschaften soll.

In einem Industriebetrieb werden Waren hergestellt und an den Handel geliefert. Der Großhandelsbetrieb kauft die Waren ein, lagert sie und verkauft sie im unveränderten Zustand an den Einzelhandel. Dieser wiederum stellt den Verkaufskontakt zum Endverbraucher her.

Um die Wirtschaftlichkeit eines Unternehmens zu ermitteln, gilt es, speziell für den *betrieblichen Leistungsprozess (= operatives Geschäft)* einen Gewinn oder Verlust festzustellen. Dies geschieht in der Kosten- und Leistungsrechnung durch die Errechnung des *Betriebsergebnisses.*

Das Betriebsergebnis wird in der kaufmännischen Praxis meistens mithilfe einer **Ergebnistabelle** ermittelt.

Eine Ergebnistabelle weist den auf der folgenden Seite dargestellten Aufbau auf.

Im linken Teil enthält die Ergebnistabelle die **Erfolgsrechnung der Geschäftsbuchführung** (Rechnungskreis I). Hier wird nach **handelsrechtlichen und steuerrechtlichen Vorschriften** ein **Gesamtergebnis**[1] ermittelt. Für die Kosten- und Leistungsrechnung ist dieses Gesamtergebnis unbrauchbar.

Der rechte Teil der Ergebnistabelle beinhaltet die **Kosten- und Leistungsrechnung** (Rechnungskreis II). Dieser wird unterteilt in den **Abgrenzungsbereich** und in den **Kosten- und Leistungsbereich.**

1 auch: Unternehmensergebnis

<table>
<tr><th colspan="4">Rechnungskreis I</th><th colspan="6">Rechnungskreis II</th></tr>
<tr><th colspan="4">Geschäftsbuchführung</th><th colspan="6">Kosten- und Leistungsrechnung</th></tr>
<tr><th colspan="4">Erfolgsbereich</th><th colspan="4">Abgrenzungsbereich</th><th colspan="2">Kosten- und Leistungsbereich</th></tr>
<tr><td rowspan="2">Kto.-Nr.</td><td rowspan="2">Konten</td><td rowspan="2">Aufwendungen</td><td rowspan="2">Erträge</td><td colspan="2">Unternehmensbezogene Abgrenzungen</td><td colspan="2">Kostenrechnerische Korrekturen</td><td rowspan="2">Kosten</td><td rowspan="2">Leistungen</td></tr>
<tr><td>Aufwendungen</td><td>Erträge</td><td>Aufwendungen</td><td>Erträge</td></tr>
<tr><td rowspan="3"></td><td rowspan="3"></td><td colspan="2" rowspan="3">Gesamtergebnis</td><td colspan="2">Ergebnis aus unternehmensbezogenen Abgrenzungen</td><td colspan="2">Ergebnis aus kostenrechnerischen Korrekturen</td><td colspan="2" rowspan="2">Betriebsergebnis</td></tr>
<tr><td colspan="4">Abgrenzungsergebnis</td></tr>
<tr><td colspan="6">Gesamtergebnis</td></tr>
</table>

Im **Abgrenzungsbereich** werden **unternehmensbezogene Abgrenzungen** (s. unten) und **kostenrechnerische Korrekturen** (s. Seite 351 f.) vorgenommen. Entsprechend ergibt sich hier ein Ergebnis aus unternehmensbezogenen Abgrenzungen[1] bzw. aus kostenrechnerischen Korrekturen. Die Summe dieser Ergebnisse ist das **Abgrenzungsergebnis.**

Abgrenzungsergebnis = Ergebnis aus unternehmensbezogenen Abgrenzungen + Ergebnis aus kostenrechnerischen Korrekturen

Im **Kosten- und Leistungsbereich** wird aufgrund von Kosten und Leistungen ein **Betriebsergebnis** ausgewiesen.

Die Addition von Abgrenzungsergebnis und Betriebsergebnis ergibt das **Gesamtergebnis,** das auch in der Geschäftsbuchführung ermittelt wird.

Gesamtergebnis = Abgrenzungsergebnis + Betriebsergebnis

Die Kosten- und Leistungsrechnung weist im Gegensatz zur Geschäftsbuchführung die Ergebnisse differenziert aus.

Unternehmensbezogene Abgrenzungen in der Ergebnistabelle

Die Ausgangsdaten der Ergebnistabelle liefert die Erfolgsrechnung (GuV-Rechnung) der Geschäftsbuchführung.

Einige dieser Ausgangsdaten sind Erfolgsgrößen, die sowohl in der Geschäftsbuchführung als auch in der Kosten- und Leistungsrechnung in **gleicher Höhe** in Ansatz gebracht werden können. Diese Erfolgselemente passieren den Abgrenzungsbereich unverändert. Sie erscheinen in gleicher Höhe als **Aufwendungen und Erträge in der Geschäftsbuchführung** und als **Kosten und Leistungen im Kosten- und Leistungsbereich.**

In der Spalte mit der Überschrift „Unternehmensbezogene Abgrenzungen“ werden **neutrale Aufwendungen und Erträge** abgefiltert. Als neutral ist eine Erfolgsposition anzusehen, wenn auf sie mindestens eines der folgenden Merkmale zutrifft:

- **betriebsfremd**
  Die Erfolgsposition hat nichts mit der betrieblichen Tätigkeit zu tun, z. B.:
  - Nebenerlöse aus Vermietung und Verpachtung
  - Verluste aus dem Abgang von Vermögensgegenständen
  - Zinserträge

1 auch: neutrales Ergebnis

- **untypisch**
  Die Erfolgsposition ist außergewöhnlich hoch oder fällt unregelmäßig an, z. B.:
  - außerordentliche Aufwendungen und Erträge gemäß § 277 Abs. 4 HGB[1]
- **periodenfremd**
  Die Erfolgsposition bezieht sich nicht auf den Abrechnungszeitraum, z. B.:
  - Steuernachzahlungen
  - Erträge aus der Herabsetzung von Rückstellungen

Beispiel[2]

Geschäftsbuchführung				Kosten- und Leistungsrechnung					
Erfolgsbereich				Abgrenzungsbereich				Kosten- und Leistungsbereich	
Kto.-Nr.	Konten	Aufwendungen	Erträge	Unternehmensbez. Abgrenzungen		Kostenrechnerische Korrekturen		Kosten	Leistungen
				Aufwendungen	Erträge	Aufwendungen	Erträge		
2010	Außerord. Aufw.	300		300					
2030	Periodenfremde Aufw.	400		400					
2040	Verluste a. d. A. v. AV	100		100					
2420	Betriebsfremde Erträge		400		400				
2600	Zinserträge		100		100				
3010	Wareneingang	24.000						24.000	
4020	Gehälter	9.000						9.000	
4040	Ges. soz. Aufw.	1.500						1.500	
8010	Warenverkauf		36.900						36.900
		35.300 2.100	37.400	800	500 300			34.500 2.400	36.900
		37.400	37.400	800	800			36.900	36.900
		Gesamtgewinn 2.100	=	Verlust aus unternehmensbezogenen Abgrenzungen – 300				Betriebsgewinn + 2.400	

Anmerkung: Der Vollständigkeit halber beinhaltet diese Ergebnistabelle auch die Doppelspalte „Kostenrechnerische Korrekturen“, obwohl hier zunächst noch keine Eintragungen erfolgen (s. unten).

Kostenrechnerische Korrekturen in der Ergebnistabelle

Kalkulatorische Kosten

Grundkosten, Zusatzkosten und Anderskosten

Man unterscheidet drei Kostenbegriffe:

- Grundkosten (auch: Zweckaufwendungen)
- Anderskosten
- Zusatzkosten

1 Hierunter (Konten 2010, 2410) fallen z. B. Gewinne und Verluste aus der Veräußerung ganzer Betriebe oder wesentlicher Betriebsteile, außerplanmäßige Abschreibungen aufgrund von Betriebsstilllegungen oder Enteignungen oder Katastrophen, außergewöhnliche Schadensfälle aufgrund betrügerischer Machenschaften, Entlassungsentschädigungen bei Massenentlassungen (Sozialpläne), Steuererlasse, einmalige staatliche Zuschüsse.

2 Alle Beträge in T€.

Definition **Die Grundkosten sind die Kosten der Geschäftsbuchführung, die unverändert in die Kosten- und Leistungsrechnung übernommen werden können. Man spricht hier auch von aufwandsgleichen Kosten.**

Beispiele

Zu den Grundkosten rechnet man z. B. Personalaufwendungen, Mieten und Pachten, Allgemeine Verwaltungskosten usw.

Darüber hinaus gibt es auch **aufwandsungleiche** Kosten. Diese Kosten werden in der Geschäftsbuchführung erfasst; ihre Höhe ist aber für die Kosten- und Leistungsrechnung unbrauchbar. Sie müssen kalkulatorisch **anders** erfasst werden. Man spricht hier von **Anderskosten.**

Definition **Anderskosten sind aufwandsungleiche Kosten, deren Werteverzehr in der Kosten- und Leistungsrechnung anders erfasst werden muss als in der Geschäftsbuchführung.**

Beispiele

Zu den Anderskosten zählen die kalkulatorischen Abschreibungen, die kalkulatorischen Zinsen für das Fremdkapital und die kalkulatorischen Wagnisse.

Nun gibt es außerdem Kosten, denen keine Aufwandsbuchungen in der Geschäftsbuchführung zu Grunde liegen. Dennoch müssen sie in der Kosten- und Leistungsrechnung berücksichtigt werden. Man nennt diese Kosten **Zusatzkosten.**

Definition **Den Zusatzkosten gehen keine Aufwandsbuchungen in der Geschäftsbuchführung voraus.**

Beispiele

Zu den Zusatzkosten gehören der kalkulatorische Unternehmerlohn in Einzelunternehmungen und in Personengesellschaften sowie die kalkulatorischen Zinsen für das Eigenkapital.

Zusatzkosten und Anderskosten werden unter dem Oberbegriff **kalkulatorische Kosten** zusammengefasst.

<table>
<tr><td colspan="3">Aufwendungen gemäß Geschäftsbuchführung</td><td></td></tr>
<tr><td>betriebsfremde, periodenfremde, untypische Aufwendungen
= neutrale Aufwendungen
= Nichtkosten</td><td colspan="2">betriebsbedingte Aufwendungen</td><td></td></tr>
<tr><td rowspan="2"></td><td rowspan="2">aufwandsgleiche Kosten
= Grundkosten
(Zweckaufwand)</td><td>aufwandsungleiche Kosten
= Anderskosten</td><td>Zusatzkosten</td></tr>
<tr><td colspan="2">kalkulatorische Kosten</td></tr>
<tr><td></td><td colspan="3">Kosten im Sinne der Kosten- und Leistungsrechnung</td></tr>
</table>

5567356

Erfassung der kalkulatorischen Kosten in der Kosten- und Leistungsrechnung

Die Erfassung der kalkulatorischen Kosten in der KLR ermöglicht:	Begründung:
◆ Wirtschaftlichkeitsbetrachtungen ◆ eine alle Kosten umfassende und keinen Schwankungen unterliegende Preiskalkulation ◆ innerbetriebliche Wirtschaftlichkeitsvergleiche (Zeitvergleiche) ◆ außerbetriebliche Wirtschaftlichkeitsvergleiche (Betriebsvergleiche)	◆ Aus steuerlichen Gründen vorgenommene überhöhte Abschreibungen werden durch konstante kalkulatorische Abschreibungen ersetzt. ◆ Bei Einzelunternehmungen und bei Personengesellschaften wird ein kalkulatorischer Unternehmerlohn berücksichtigt. ◆ Die gesamten betriebsbedingten Zinsen auf der Basis des betriebsnotwendigen Kapitals (auch Zinsen für das Eigenkapital) werden einbezogen. ◆ Kosten für betriebsbedingte Wagnisse, die nicht durch Fremdversicherungen ausgeschlossen werden können, werden zur Erreichung einer gewissen Beständigkeit in der Kostenstruktur gleichmäßig über einen längeren Betrachtungszeitraum verteilt.

Die kalkulatorischen Kosten werden in der Ergebnistabelle in der Spalte „Kosten- und Leistungsbereich" als Kosten erfasst. Damit **mindern** sie das **Betriebsergebnis.**

Im Abgrenzungsbereich (kosten- und leistungsrechnerische Korrekturen) werden sie als Erträge ausgewiesen. Dadurch **verbessern** sie das **Abgrenzungsergebnis.**

Auf das **Gesamtergebnis** (= Betriebsergebnis + Abgrenzungsergebnis) haben die kalkulatorischen Kosten **keinen Einfluss.**

Kalkulatorischer Unternehmerlohn

Bei **Kapitalgesellschaften** erhalten die Vorstandsmitglieder von Aktiengesellschaften bzw. die Geschäftsführer von GmbHs für ihre leitende Tätigkeit Gehälter, die in die Kosten- und Leistungsrechnung eingehen.

Unternehmer, die in **Einzelunternehmungen** (e. K.) und **Personengesellschaften** (OHG, KG) leitend tätig sind, dürfen dagegen aus steuerrechtlichen Gründen keine Gehälter beziehen. Ihre Lebensführungskosten decken sie durch Privatentnahmen.

In der Kosten- und Leistungsrechnung müssen alle Kosten berücksichtigt werden, die aus dem leistungsbedingten Verzehr von Sachgütern und Dienstleistungen resultieren. Hierzu gehört auch die dispositive Arbeit des Unternehmers in Einzelunternehmungen und Personengesellschaften.

Die planenden und leitenden Arbeitsleistungen des Unternehmers werden deshalb als **kalkulatorische Zusatzkosten** in die Kosten- und Leistungsrechnung einbezogen.

Die Höhe des **kalkulatorischen Unternehmerlohnes** bemisst sich am Gehalt eines mit einer vergleichbaren Tätigkeit beauftragten **leitenden Angestellten.**

Beispiel

Der **kalkulatorische Unternehmerlohn** in einer OHG (drei Gesellschafter) beträgt im Mai **20.000,00 €**.

Der **kalkulatorische Unternehmerlohn** findet folgendermaßen in der Ergebnistabelle Berücksichtigung:

Geschäftsbuchführung				Kosten- und Leistungsrechnung					
Erfolgsbereich				Abgrenzungsbereich				Kosten- und Leistungsbereich	
Kto.-Nr.	Konten	Aufwendungen	Erträge	Unternehmensbez. Abgrenzungen		Kostenrechnerische Korrekturen		Kosten	Leistungen
				Aufwendungen	Erträge	Aufwendungen	Erträge		
⋮	⋮	⋮	⋮	⋮	⋮	⋮	⋮	⋮	⋮
	Kalkulatorische Kosten								
	◆ **Kalkulatorischer Unternehmerlohn**						20.000,00	20.000,00	
⋮	⋮	⋮	⋮	⋮	⋮	⋮	⋮	⋮	⋮

Man sieht, dass der kalkulatorische Unternehmerlohn in die Kosten- und Leistungsrechnung einmal als negatives Erfolgselement (Kosten in der Spalte „Kosten- und Leistungsbereich") und einmal als positives Erfolgselement (Ertrag in der Spalte „Kostenrechnerische Korrekturen") einfließt. Damit verschlechtert er das „Betriebsergebnis" (Kosten- und Leistungsbereich) und verbessert im gleichen Maß das „Ergebnis aus kostenrechnerischen Korrekturen". Auf das „Gesamtergebnis" in der Kosten- und Leistungsrechnung (Rechnungskreis II) wirkt der kalkulatorische Unternehmerlohn erfolgsneutral.

Der kalkulatorische Unternehmerlohn stellt Zusatzkosten dar.

Kalkulatorische Zinsen

Die Eigen- und Fremdkapitalausstattung von Unternehmen ist sehr unterschiedlich. Bei Betriebsvergleichen würde sich daher ein falsches Bild ergeben, wenn lediglich die Fremdkapitalzinsen in der Kosten- und Leistungsrechnung ihren Niederschlag fänden. Außerdem würde der **Zinsentgang für das eingesetzte Eigenkapital** in der **Preisgestaltung**[1] nicht berücksichtigt werden.

Aus diesen Gründen werden die gesamten **betriebsbedingten Zinsen,** die auf der Basis des **betriebsnotwendigen Kapitals** (also unter Einbeziehung des Eigenkapitals) ermittelt werden, in der Kosten- und Leistungsrechnung erfasst.

Für die **kalkulatorischen Zinsen** wird der **landesübliche Zinssatz für langfristige Darlehen** zu Grunde gelegt.

Durch die Festsetzung eines über einen längeren Zeitraum konstant bleibenden kalkulatorischen Zinssatzes wird die Kostenrechnung von zufälligen Zinsschwankungen auf dem Kapitalmarkt befreit.

Das betriebsnotwendige Kapital ergibt sich folgendermaßen:

	Unternehmensvermögen[2] (= Anlagevermögen + Umlaufvermögen)
–	nicht betriebsnotwendiges Vermögen[3]
=	betriebsnotwendiges Vermögen
–	zinsfreies Fremdkapital[4]
=	betriebsnotwendiges Kapital

1 *Hinweis:* In die Preiskalkulation fließen die Kosten der KLR ein und nicht die in der Geschäftsbuchführung gebuchten Aufwendungen.
2 Es wird vom tatsächlichen Betriebsvermögen unter Berücksichtigung der kalkulatorischen Abschreibungen (s. Seite 359) ausgegangen.
3 z. B. Wohnhäuser, Beteiligungen, Wertpapiere, Edelmetalle
4 z. B. Verbindlichkeiten a. LL, Anzahlungen von Kunden

5567358

Beispiel

Im Betrachtungsmonat sind **5.000,00 € tatsächlich angefallene Fremdkapitalzinsen** in der Geschäftsbuchführung gebucht worden.

Das betriebsnotwendige Kapital (k) beträgt 1.000.000,00 €. Der landesübliche Zinssatz (p) für langfristige Darlehen beläuft sich auf 9 %. Betrachtungszeitraum (t): 1 Monat (= 30 Tage).

Errechnung der monatlichen **kalkulatorischen Zinsen:**

$$z = \frac{k \cdot p \cdot t}{100 \cdot 360} = \frac{1.000.000 \cdot 9 \cdot 30}{100 \cdot 360} = \underline{\underline{7.500,00\ €}}$$

Die in der **Geschäftsbuchführung tatsächlich gebuchten Fremdkapitalzinsen** und die **kalkulatorischen Zinsen** fließen folgendermaßen in die Ergebnistabelle ein:

Geschäftsbuchführung				Kosten- und Leistungsrechnung					
Erfolgsbereich				Abgrenzungsbereich				Kosten- und Leistungsbereich	
Kto.-Nr.	Konten	Aufwendungen	Erträge	Unternehmensbez. Abgrenzungen		Kostenrechnerische Korrekturen		Kosten	Leistungen
				Aufwendungen	Erträge	Aufwendungen	Erträge		
⋮	⋮	⋮	⋮	⋮	⋮	⋮	⋮	⋮	⋮
2120	**Zinsaufwendn.**	5.000,00				5.000,00			
⋮	⋮	⋮	⋮	⋮	⋮	⋮	⋮	⋮	⋮
	Kalkulatorische Kosten ◆ Kalkulatorische Zinsen						7.500,00	7.500,00	
⋮	⋮	⋮	⋮	⋮	⋮	⋮	⋮	⋮	⋮

Folgendes wird deutlich:

- In der Spalte „Kostenrechnerische Korrekturen" werden die in der Geschäftsbuchführung gebuchten Fremdkapitalzinsen für den „Kosten- und Leistungsbereich" abgefiltert. Sie finden nun im „Kosten- und Leistungsbereich" keinen Niederschlag.
- Die kalkulatorischen Zinsen gehen als negative Erfolgselemente (Kosten) in das „Betriebsergebnis" (Spalte: „Kosten- und Leistungsbereich") und im gleichen Maß als positive Erfolgselemente in das „Ergebnis aus kostenrechnerischen Korrekturen" ein. Auf das Gesamtergebnis der Kosten- und Leistungsrechnung (Rechnungskreis II) haben die kalkulatorischen Zinsen keinen Einfluss. Die positive und negative Erfassung gleicht sich aus.

Die kalkulatorischen Zinsen auf das Eigenkapital stellen Zusatzkosten, die kalkulatorischen Zinsen auf das Fremdkapital Anderskosten dar.

Kalkulatorische Abschreibungen

In der Kosten- und Leistungsrechnung werden **kalkulatorische Abschreibungen** in Ansatz gebracht. Sie weichen in folgenden Punkten von den **bilanzmäßigen Abschreibungen** der **Geschäftsbuchführung** ab:

- Die bilanzmäßigen Abschreibungen der Geschäftsbuchführung werden vornehmlich nach **steuerlichen Gesichtspunkten** (Minderung des steuerpflichtigen Gewinns durch Abschreibung) vorgenommen. Die **tatsächliche Wertminderung** des Anlagevermögens soll hingegen in der Kosten- und Leistungsrechnung erfasst werden.

  In der Kosten- und Leistungsrechnung wird nach Leistungseinheiten und linear abgeschrieben.

  Die **Leistungsabschreibung** berücksichtigt den Werteverzehr des Anlagevermögens durch technische Abnutzung am besten.

Für die **lineare Abschreibung** legt das Bundesministerium der Finanzen in Abschreibungstabellen Richtgrößen für die Nutzungsdauer einzelner Wirtschaftsgüter fest. In der betrieblichen Praxis weicht die tatsächliche Nutzungsdauer jedoch häufig von diesen Vorgaben ab. In der Kosten- und Leistungsrechnung wird der tatsächliche Werteverzehr erfasst. Deshalb wird hier von der tatsächlichen Nutzungsdauer der Anlagegüter ausgegangen und nicht von den Richtgrößen der Abschreibungstabellen.

- In der Geschäftsbuchführung gilt das **Nominalprinzip.** Für die Abschreibungen bedeutet dies, dass sie von den **Anschaffungs-** oder **Herstellungskosten** berechnet werden.

  In der Kosten- und Leistungsrechnung hingegen herrscht das **Substanzerhaltungsprinzip** vor. Am Ende der Nutzungsdauer eines Anlagegutes wird ein gleichwertiges Anlagegut gekauft. Die Neuanschaffung muss über die Höhe der Verkaufspreise[1] der verkauften Waren erwirtschaftet werden. Da in der Regel Anlagegüter Preisschwankungen unterliegen, müssen sich die Abschreibungen in der Kosten- und Leistungsrechnung – mit der Zielsetzung der **Substanzerhaltung** – an den **Wiederbeschaffungskosten** orientieren.

- Im Gegensatz zur Geschäftsbuchführung werden in der Kosten- und Leistungsrechnung nur Abschreibungen auf **betriebsnotwendige Anlagegüter** vorgenommen. Abschreibungen auf vermietete Wohnhäuser gehen so beispielsweise nicht in die Kosten- und Leistungsrechnung ein.

Beispiel

Gemäß Abschreibungstabelle des Bundesministeriums der Finanzen wird in der Geschäftsbuchführung eine maschinelle Anlage mit Anschaffungskosten von 480.000,00 € mit 20 % linear abgeschrieben. Der **bilanzielle Abschreibungsbetrag** beträgt folglich **96.000,00 €**.

Es wird mit Wiederbeschaffungskosten von 525.000,00 € gerechnet. Die tatsächliche Nutzungsdauer wird mit sieben Jahren angesetzt. Der lineare Abschreibungsprozentsatz beträgt daher in der Kosten- und Leistungsrechnung 14 2/7 %. **Kalkulatorisch** werden also **75.000,00 €** abgeschrieben.

Die **bilanziellen Abschreibungen** von **96.000,00 €** und die **kalkulatorischen Abschreibungen** von **75.000,00 €** gehen folgendermaßen in die Ergebnistabelle ein:

Geschäftsbuchführung				Kosten- und Leistungsrechnung					
Erfolgsbereich				Abgrenzungsbereich				Kosten- und Leistungsbereich	
Kto.-Nr.	Konten	Aufwendungen	Erträge	Unternehmensbez. Abgrenzungen		Kostenrechnerische Korrekturen		Kosten	Leistungen
				Aufwendungen	Erträge	Aufwendungen	Erträge		
⋮	⋮	⋮	⋮	⋮	⋮	⋮	⋮	⋮	⋮
4910	**Abschreibungen**	**96.000**				**96.000**			
⋮	⋮	⋮	⋮	⋮	⋮	⋮	⋮	⋮	⋮
	Kalkulatorische Kosten ◆ **Kalkulatorische Abschreibungen**						**75.000**	**75.000**	
⋮	⋮	⋮	⋮	⋮	⋮	⋮	⋮	⋮	⋮

1 *Hinweis:* In die Preiskalkulation fließen die Kosten der KLR ein und nicht die in der Geschäftsbuchführung gebuchten Aufwendungen.

Folgendes wird deutlich:

- In der Spalte „Kostenrechnerische Korrekturen“ werden die in der Geschäftsbuchführung gebuchten bilanzmäßigen Abschreibungen für den „Kosten- und Leistungsbereich“ abgefiltert. Sie finden nun im „Kosten- und Leistungsbereich“ keinen Niederschlag.
- Die kalkulatorischen Abschreibungen gehen als negative Erfolgselemente (Kosten) in das „Betriebsergebnis“ (Spalte: „Kosten- und Leistungsbereich“) und im gleichen Maß als positive Erfolgselemente in das „Ergebnis aus kostenrechnerischen Korrekturen“ ein. Auf das Gesamtergebnis der Kosten- und Leistungsrechnung (Rechnungskreis II) haben die kalkulatorischen Abschreibungen keinen Einfluss. Die positive und negative Erfassung gleicht sich aus.

Die kalkulatorischen Abschreibungen stellen Anderskosten dar.

Kalkulatorische Wagnisse

Das **allgemeine Unternehmerwagnis,** das sich z. B. aus Verlusten

- infolge eines konjunkturell bedingten Absatzrückganges,
- infolge einer strukturellen Nachfrageverschiebung (Modewechsel, technischer Fortschritt, Marktsättigung) oder
- infolge eines Betriebsstillstandes aufgrund politischer Unruhen

ergeben kann, wird durch den **Gewinn** abgegolten und kann daher in der Kosten- und Leistungsrechnung nicht berücksichtigt werden.

Im Gegensatz zum allgemeinen Unternehmerwagnis können besondere **betriebsbedingte Einzelwagnisse** in die Kosten- und Leistungsrechnung einbezogen werden, soweit sie nicht durch eine **Fremdversicherung** abgedeckt sind. Hierzu gehören (nach Mellerowicz):

- das **Beständewagnis** (Verlustgefahr durch Diebstahl, Schwund, Verderb usw.)
- das **Anlagewagnis** (Verlustgefahr durch Explosion, Brand usw.)
- das **Gewährleistungswagnis** (Verlustgefahr durch Garantieübernahmen gegenüber den Abnehmern)
- das **Vertriebswagnis** (Verlustgefahr durch Forderungsausfälle, Währungsverluste usw.)

Die **tatsächlich eingetretenen betriebsbedingten Wagnisverluste** werden in der Geschäftsbuchführung erfasst.

Sie fallen in schwankenden Höhen und in unregelmäßigen Zeitabständen an und sind somit unter dem Gesichtspunkt der Stetigkeit des Kostenansatzes für die Kosten- und Leistungsrechnung unbrauchbar.

Um eine gewisse Konstanz beim Kostenansatz in der Kosten- und Leistungsrechnung zu erreichen, werden hier für die kalkulatorischen Wagnisse Durchschnittswerte angesetzt. Diese werden aufgrund von tatsächlich in den vorausgegangenen Jahren eingetretenen Wagnisverlusten errechnet.

Beispiel

- **Beständewagnis:** In den letzten sechs Jahren betrug der Verlust durch Diebstahl und Schwund 4 % des durchschnittlichen Lagerbestandes. Für das kommende Geschäftsjahr wird mit einem durchschnittlichen Lagerbestand von 500.000,00 € gerechnet. Das Beständewagnis des kommenden Geschäftsjahres beträgt: 4 % von 500.000,00 € = ... 20.000,00 €
- **Gewährleistungswagnis:** In den letzten sechs Jahren beliefen sich die Gewährleistungskosten auf 2 % vom Umsatz. Der Umsatz des kommenden Geschäftsjahres wird auf 6.000.000,00 € geschätzt. Das Gewährleistungswagnis des kommenden Geschäftsjahres beträgt: 2 % von 6.000.000,00 € = ... 120.000,00 €
- **Vertriebswagnis:** In den letzten sechs Jahren machten die Forderungsausfälle 1,5 % vom Umsatz aus. Der Umsatz der kommenden Rechnungsperiode wird auf 6.000.000,00 € geschätzt. Das Vertriebswagnis des kommenden Geschäftsjahres beträgt: 1,5 % von 6.000.000,00 € = ... 90.000,00 €

Summe der zu kalkulierenden Wagniskosten: .... 230.000,00 €

Die kalkulatorischen Wagnisse stellen Anderskosten dar.

In der Ergebnistabelle werden die kalkulatorischen Wagnisse wie die übrigen Anderskosten behandelt.

Kalkulatorische Miete

Bei Unternehmen, die eigene Geschäfts-, Lager- und Fabrikgebäude besitzen, fallen statt Mietzahlungen folgende Aufwendungen an:

- Abschreibungen auf Gebäude
- Aufwendungen für Gebäudereparaturen
- Grundsteuerzahlungen
- Hypothekenzinsen
- Versicherungsprämien
- Kaminkehrgebühren, Müllabfuhrgebühren, Straßenreinigungsgebühren usw.

In die Kosten- und Leistungsrechnung sollte aber ein **Mietwert** eingehen, der vergleichsweise für **gemietete Gebäude** hätte bezahlt werden müssen.

Der kalkulatorische Mietwert stellt Anderskosten dar.

Da nun aber die wesentlichen Bestandteile der Gebäudekosten, nämlich die Gebäudeabschreibungen durch die kalkulatorischen Abschreibungen und die Hypothekenzinsen durch die kalkulatorischen Zinsen, bereits in die Kosten- und Leistungsrechnung eingeflossen sind, wird – zur Vereinfachung – in den meisten Betrieben, die eigene Geschäfts-, Lager- und Fabrikgebäude besitzen, auf die Erfassung einer kalkulatorischen Miete verzichtet.

Ansatz von Verrechnungspreisen

In der **Geschäftsbuchführung** eines Handelsbetriebes werden die Wareneinkäufe zu **Anschaffungskosten** bewertet. Diese unterliegen häufig Veränderungen.

Um nun die **Kosten- und Leistungsrechnung** von zufälligen Preisschwankungen auf den Beschaffungsmärkten zu bereinigen (Grundsatz der Stetigkeit des Kostenansatzes), wird hier der Wareneinsatz zu **Verrechnungspreisen** erfasst. Die Verrechnungspreise ergeben sich aus den durchschnittlichen Anschaffungskosten der vergangenen Abrechnungsperioden.

In der Ergebnistabelle wird der Wareneinsatz (bewertet zu **Verrechnungspreisen)** in der Spalte „Kosten- und Leistungsbereich" kostenmäßig und – zur ergebnismäßigen Neutralisation – in der Spalte „Kostenrechnerische Korrekturen" als Ertrag gebucht. Der in der Geschäftsbuchführung erfasste Wareneinsatz (bewertet zu **Anschaffungskosten)** wird in der Spalte „Kostenrechnerische Korrekturen" ausgegrenzt.

Beispiel

In einem Handelsbetrieb beträgt der Wareneinsatz im Betrachtungszeitraum 100 Stück.

Die **Anschaffungskosten** belaufen sich auf 900,00 € pro Stück.

Der **Verrechnungspreis** ist 850,00 € pro Stück.

In der Geschäftsbuchführung werden nun für den Wareneinsatz **90.000,00 €** (= 100 · 900) und in der Kosten- und Leistungsrechnung **85.000,00 €** (= 100 · 850) angesetzt.

Geschäftsbuchführung				Kosten- und Leistungsrechnung					
Erfolgsbereich				Abgrenzungsbereich				Kosten- und Leistungsbereich	
Kto.-Nr.	Konten	Aufwendungen	Erträge	Unternehmensbez. Abgrenzungen		Kostenrechnerische Korrekturen		Kosten	Leistungen
				Aufwendungen	Erträge	Aufwendungen	Erträge		
.	.	.	.	.	.	.	.	.	.
3010	Wareneingang	90.000				90.000			
.	.	.	.	.	.	.	.	.	.
	Verrechnungspreise ◆ Wareneinsatz						85.000	85.000	
.	.	.	.	.	.	.	.	.	.

Der Wareneinsatz, bewertet zu Verrechnungspreisen, geht in die Kosten- und Leistungsrechnung als Anderskosten ein.

Periodengerechte Kostenverteilung

Viele Ausgaben für Kosten fallen für einen **längeren Zeitraum** an.

Zu nennen sind hier: Weihnachtsgeld, Urlaubsgeld, Werbekosten, Versicherungsprämien, Betriebssteuern usw.

Für die Kosten- und Leistungsrechnung sind diese stoßweise anfallenden Ausgaben **gleichmäßig auf die Abrechnungszeiträume** (meistens Monate) zu verteilen.

Beispiel

Im Juli werden 60.000,00 € Urlaubsgeld ausgezahlt.

In einer monatlich erstellten Kosten- und Leistungsrechnung werden nun 5.000,00 € (= 60.000 : 12) in Ansatz gebracht.

Bei den vor dem Auszahlungsmonat Juli liegenden Monaten wird eine **Vorverteilung** und bei den nach dem Auszahlungsmonat Juli liegenden Monaten eine **Nachverteilung** der Kosten vorgenommen.

In der Ergebnistabelle des Monats Juli werden die 60.000,00 € Urlaubsgeld, die in der Geschäftsbuchführung erfasst wurden, in der Spalte „Kostenrechnerische Korrekturen" abgefiltert.

In der Spalte „Kosten- und Leistungsbereich" werden die anteiligen 5.000,00 € Urlaubsgeld als Kosten und – zur ergebnismäßigen Neutralisation im Rechnungskreis II – in der Spalte „Kostenrechnerische Korrekturen" als Ertrag gebucht.

Auswertung der Ergebnistabelle

Die Auswertung der Ergebnistabelle besteht in einer Analyse der **Kosten- und Leistungsstruktur.**

Einzelne Kosten bzw. Leistungen werden in Prozent von den Gesamtkosten bzw. Gesamtleistungen ausgedrückt.

Es gelten hier folglich analog die Ausführungen des Abschnitts „Auswertung der Gewinn- und Verlustrechnung" (s. Seite 343). In den Kennzahlen werden lediglich die negativen und positiven Erfolgselemente „Aufwendungen" und „Erträge" der Geschäftsbuchführung durch die negativen und positiven Erfolgselemente „Kosten" und „Leistungen" der KLR ersetzt:

$$\text{Intensität des Wareneinsatzes} = \frac{\text{Wareneinsatz} \cdot 100}{\text{Gesamtkosten}}$$

$$\text{Intensität der Personalkosten} = \frac{\text{Personalkosten} \cdot 100}{\text{Gesamtkosten}}$$

$$\text{Intensität der Abschreibungen} = \frac{\text{kalkulatorische Abschreibungen} \cdot 100}{\text{Gesamtkosten}}$$

$$\text{Intensität des Umsatzes} = \frac{\text{Umsatz} \cdot 100}{\text{Gesamtleistungen}}$$

Auch die Umsatzrentabilitätskennziffer (s. Seite 345) kann zur Auswertung des Betriebsergebnisses herangezogen werden.

$$\text{Umsatzrentabilität} = \frac{\text{Betriebsgewinn}^{1} \cdot 100}{\text{Umsatzerlöse}}$$

1 *Hinweis:* Im Betriebsgewinn ist der kalkulatorische Unternehmerlohn bereits berücksichtigt. (Er muss deshalb nicht noch abgezogen werden.)

Aufgaben

Aufgaben 1 bis 5:	Einführung in die Thematik	*Aufgabe 15:*	Kalkulatorische Wagnisse
Aufgabe 6:	Errechnung der einzelnen Ergebnisse	*Aufgaben 16 und 17:*	Ergebnistabellen (mit kalkulatorischen Kosten)
Aufgaben 7 und 8:	Ergebnistabellen (ohne kostenrechnerische Korrekturen)	*Aufgabe 18:*	Analyse einer Ergebnistabelle
Aufgaben 9 und 10:	Verständnisaufgaben zu den kalkulatorischen Kosten	*Aufgabe 19:*	Verständnisaufgabe zum „Ansatz von Verrechnungspreisen“ und zur „periodengerechten Kostenverteilung“
Aufgabe 11:	Kalkulatorischer Unternehmerlohn	*Aufgabe 20:*	Ansatz von Verrechnungspreisen
Aufgabe 12:	Kalkulatorische Zinsen	*Aufgabe 21:*	periodengerechte Kostenverteilung
Aufgaben 13 und 14:	Kalkulatorische Abschreibungen		

1 Ordnen Sie zu

A	B
1. Ausgaben	1. negative Erfolgselemente der Geschäftsbuchführung
2. Einnahmen	2. positive Erfolgselemente der Kosten- und Leistungsrechnung
3. Aufwendungen	3. negative Erfolgselemente der Finanzrechnung
4. Erträge	4. negative Erfolgselemente der Kosten- und Leistungsrechnung
5. Kosten	5. positive Erfolgselemente der Finanzrechnung
6. Leistungen	6. positive Erfolgselemente der Geschäftsbuchführung

2 Welche Aussagen sind richtig bzw. falsch? Begründen Sie Ihre Meinung.

a) In der Geschäftsbuchführung bzw. Finanzbuchführung erfolgt die Kosten- und Leistungsrechnung.

b) Die Kosten- und Leistungsrechnung ist entscheidend von steuerrechtlichen und handelsrechtlichen Vorschriften (z. B. Abschreibungs- und Bewertungsvorschriften) geprägt.

c) Die Geschäftsbuchführung wird den Anforderungen einer betriebswirtschaftlichen Betrachtung gerecht. Sie liefert die Daten für betriebswirtschaftliche Entscheidungen und Planungen.

d) Die Geschäftsbuchführung wird auch als Finanzbuchführung bezeichnet.

e) Die positiven und negativen Erfolgselemente der Geschäftsbuchführung sind die Erträge und die Aufwendungen.

f) Wie die Geschäftsbuchführung muss auch die Kosten- und Leistungsrechnung kontenmäßig nach dem Prinzip der Doppik gestaltet werden.

g) Die Erfolgsgrößen der Kosten- und Leistungsrechnung sind Aufwendungen und Erträge.

h) Kosten umfassen den Wertezuwachs, der zur betrieblichen Leistungserstellung erforderlich ist.

i) Aus dem Saldo von Kosten und Leistungen ergibt sich das Betriebsergebnis.

j) Die Kosten- und Leistungsrechnung, die nach dem Prinzip der Doppik gestaltet ist, bezeichnet man auch als Betriebsbuchführung.

k) In der Kosten- und Leistungsrechnung ergibt sich das Gesamtergebnis aus der Summe von Abgrenzungsergebnis und Betriebsergebnis.

3 Entscheiden Sie, ob die folgenden Erfolgspositionen unternehmensbezogen abgegrenzt werden. Begründen Sie Ihre Entscheidung.

a) Warenverkauf

b) Erträge aus Beteiligungen

c) Steuernachzahlungen

d) Aufwendungen für Energie

e) außerordentliche Erträge gemäß § 277 Abs. 4 HGB (z. B. einmalige staatliche Zuschüsse)

f) Zinserträge

g) Löhne

h) Privatentnahme von Waren bei Einzelunternehmungen (e. K.) und Personengesellschaften (OHG, KG)

i) Verluste aus dem Abgang von Anlagevermögen[1]

j) Abschreibungen auf Sachanlagen

k) Zahlungseingang auf eine im vergangenen Jahr abgeschriebene Forderung

l) Bürobedarf

m) außerordentliche Aufwendungen gemäß § 277 Abs. 4 HGB (z. B. Entlassungsentschädigungen bei Massenentlassungen)

n) Nebenerlöse aus Vermietung und Verpachtung

o) Beiträge zur Berufsgenossenschaft

p) periodenfremde Aufwendungen

4 Welche unternehmerische Initiative müsste ergriffen werden, wenn sich der Gesamtgewinn über einen langen Zeitraum aus einem Gewinn aus unternehmensbezogenen Abgrenzungen und aus einem Betriebsverlust ergibt?

5 Warum achten die Finanzämter nicht auf eine korrekte unternehmensbezogene Abgrenzung?

6 a) Errechnen Sie das Betriebsergebnis.

1. Gesamtgewinn ... 450.000,00 € — Gewinn aus unternehmensbezogenen Abgrenzungen ... 200.000,00 €
2. Gesamtgewinn ... 300.000,00 € — Verlust aus unternehmensbezogenen Abgrenzungen ... 100.000,00 €
3. Gesamtverlust ... 200.000,00 € — Gewinn aus unternehmensbezogenen Abgrenzungen ... 50.000,00 €
4. Gesamtverlust ... 250.000,00 € — Verlust aus unternehmensbezogenen Abgrenzungen ... 350.000,00 €

b) Errechnen Sie das Gesamtergebnis.

1. Betriebsgewinn .. 300.000,00 € — Gewinn aus unternehmensbezogenen Abgrenzungen ... 50.000,00 €
2. Betriebsgewinn .. 200.000,00 € — Verlust aus unternehmensbezogenen Abgrenzungen ... 150.000,00 €
3. Betriebsverlust ... 250.000,00 € — Gewinn aus unternehmensbezogenen Abgrenzungen ... 100.000,00 €
4. Betriebsverlust ... 100.000,00 € — Verlust aus unternehmensbezogenen Abgrenzungen ... 50.000,00 €

c) Errechnen Sie das Ergebnis aus unternehmensbezogenen Abgrenzungen.

1. Gesamtgewinn ... 500.000,00 € — Betriebsgewinn .... 600.000,00 €
2. Gesamtgewinn ... 50.000,00 € — Betriebsverlust .... 150.000,00 €
3. Gesamtverlust ... 250.000,00 € — Betriebsgewinn .... 400.000,00 €
4. Gesamtverlust ... 450.000,00 € — Betriebsverlust .... 200.000,00 €

7[2] A Erstellen Sie aufgrund des unten stehenden GuV-Kontos die Ergebnistabelle (mit Ausweis der einzelnen Ergebnisse).

Soll	T€	GuV Haben	T€
2010 Außerordentl. Aufwendungen	150	2420 Betriebsfremde Erträge	300
2030 Periodenfr. Aufwendungen	300	2610 Zinserträge aus kurzfr. Ford.	60
2040 Verluste a. d. A. v. AV[1]	200	8010 Warenverkauf	30.390
3010 Wareneingang	18.000		
4020 Gehälter	9.000		
4040 Ges. soz. Aufwendungen	1.500		
4810 Bürobedarf	100		
Gesamtgewinn	1.500		
	30.750		30.750

1 Vermögensgegenstände wurden unter Buchwert verkauft.
2 Bei dieser Aufgabe sind die kostenrechnerischen Korrekturen (s. Seite 355 f.) noch nicht vorzunehmen.

8[1] **A** Erstellen Sie die Ergebnistabelle mit Ausweis des Gesamtergebnisses, des Ergebnisses aus unternehmensbezogenen Abgrenzungen und des Betriebsergebnisses.

	a)[2]		b)[2]	
Konten	**Soll**	**Haben**	**Soll**	**Haben**
2010	1.000	–	1.180	–
2020	300	–	–	–
2030	500	–	300	–
2040[3]	–	–	600	–
2410	–	–	–	500
2420	–	–	–	300
2430	–	700	–	600
2510	–	–	–	200
2520	–	150	–	100
2610	–	100	–	30
2710[4]	–	500	–	–
3010	31.600	–	33.500	–
4010	2.500	–	3.200	–
4020	8.600	–	7.900	–
4040	1.500	–	1.580	–
4100	–	–	500	–
4260	400	–	–	–
4400	600	–	–	–
4500	–	–	200	–
4620	100	–	–	–
4710	500	–	–	–
4730	20	–	–	–
4810	300	–	200	–
8010	–	47.300	–	47.900

9 Ordnen Sie zu

A

1. Grundkosten (Zweckaufwand)
2. neutrale Aufwendungen
3. Anderskosten
4. Zusatzkosten

B

1. kalkulatorischer Unternehmerlohn
2. kalkulatorische Abschreibungen
3. Gehälter
4. Verluste aus dem Abgang von Vermögensgegenständen[3]

10 Welche Aussagen sind richtig bzw. falsch? Begründen Sie Ihre Meinung.

a) Alle Kosten sind zugleich Aufwendungen.

b) Bei Einzelunternehmen und Personengesellschaften zählt der kalkulatorische Unternehmerlohn zu den Anderskosten.

c) Der Arbeitgeberanteil zur Sozialversicherung gehört zu den Zusatzkosten.

d) Die betriebsfremden Aufwendungen werden auch als Anderskosten bezeichnet.

e) Grundkosten nennt man auch Zweckaufwendungen.

f) Anderskosten sind aufwandsungleiche Kosten.

g) Zusatzkosten und Anderskosten sind kalkulatorische Kosten.

h) Die kalkulatorischen Kosten zählt man zu den Zusatzkosten.

i) Zusatzkosten sind aufwandsgleiche Kosten.

1 Bei dieser Aufgabe sind die kostenrechnerischen Korrekturen (s. Seite 355 f.) noch nicht vorzunehmen.
2 Beträge in T€
3 Vermögensgegenstände wurden unter Buchwert verkauft.
4 Vermögensgegenstände wurden über Buchwert verkauft.

j) Kalkulatorische Wagnisse gehören zu den Anderskosten.

k) Die Erfassung der kalkulatorischen Kosten in der Ergebnistabelle verändert im Rechnungskreis II das Gesamtergebnis.

l) Die kalkulatorischen Kosten finden im Betriebsergebnis ihren Niederschlag.

m) Kalkulatorische Zinsen zählen zu den Grundkosten.

n) Die Höhe des kalkulatorischen Unternehmerlohnes bemisst sich am Gehalt eines mit einer vergleichbaren Tätigkeit beauftragten leitenden Angestellten.

o) Die kalkulatorischen Zinsen werden vom betriebsnotwendigen Kapital berechnet.

p) In der Geschäftsbuchführung wird nach dem Substanzerhaltungsprinzip von den Wiederbeschaffungskosten abgeschrieben.

q) Unter dem Gesichtspunkt der Stetigkeit des Kostenansatzes werden für die kalkulatorischen Wagnisse Durchschnittswerte aus tatsächlich eingetretenen Wagnisverlusten angesetzt.

11 Die Ergebnistabelle weist folgende Zwischensummen für den Monat Mai auf:

Geschäftsbuchführung				Kosten- und Leistungsrechnung					
Erfolgsbereich				Abgrenzungsbereich				Kosten- und Leistungsbereich	
				Unternehmensbez. Abgrenzungen		Kostenrechnerische Korrekturen			
Kto.-Nr.	Konten	Aufwendungen	Erträge	Aufwendungen	Erträge	Aufwendungen	Erträge	Kosten	Leistungen
	Zwischensummen ❶	820.000,00	910.000,00	90.000,00	110.000,00	80.000,00	50.000,00	760.000,00	860.000,00
	Zwischensummen ❷	780.000,00	930.000,00	120.000,00	130.000,00	90.000,00	100.000,00	710.000,00	840.000,00
	Zwischensummen ❸	690.000,00	640.000,00	70.000,00	80.000,00	70.000,00	50.000,00	580.000,00	540.000,00

Noch nicht berücksichtigt ist der monatliche kalkulatorische Unternehmerlohn von ❶ 10.000,00 €, ❷ 8.000,00 €, ❸ 13.000,00 €.

Wie hoch ist (jeweils für ❶, ❷ und ❸)

a) das Betriebsergebnis,

b) das Ergebnis aus kostenrechnerischen Korrekturen,

c) das Ergebnis aus unternehmensbezogenen Abgrenzungen und

d) das Gesamtergebnis,

wenn der kalkulatorische Unternehmerlohn zusätzlich in die Ergebnistabelle eingeht?

12 A

	❶	❷	❸
I. Angaben zur Berechnung des betriebsnotwendigen Kapitals:			
Anlagevermögen	3.000.000,00	4.000.000,00	4.400.000,00
Umlaufvermögen	1.000.000,00	1.500.000,00	1.700.000,00
Im Anlagevermögen ist ein vermietetes Wohnhaus enthalten	900.000,00	1.200.000,00	1.400.000,00
Im Umlaufvermögen sind Wertpapiere enthalten	200.000,00	250.000,00	320.000,00
Zinsfreies Fremdkapital	400.000,00	300.000,00	410.000,00
II. Landesüblicher Zinssatz	9 %	8 %	6 %
III. Lastschrift der Bank für tatsächlich gezahlte Fremdkapitalzinsen im Mai ..	10.000,00	15.000,00	12.000,00

a) Errechnen Sie die monatlichen kalkulatorischen Zinsen (jeweils für ❶ bis ❸).

b) Gehen Sie von den Zwischensummen ❶ bis ❸ der Ergebnistabelle der Aufgabe 11 aus. Noch nicht berücksichtigt sind in den Zwischensummen die tatsächlich gezahlten Fremdkapitalzinsen und die kalkulatorischen Zinsen.
Nehmen Sie die Buchungen für die tatsächlich gezahlten Fremdkapitalzinsen und für die kalkulatorischen Zinsen in der Ergebnistabelle vor (jeweils für ❶ bis ❸).

c) Errechnen Sie (jeweils für ❶ bis ❸):
- das Betriebsergebnis
- das Ergebnis aus kostenrechnerischen Korrekturen
- das Ergebnis aus unternehmensbezogenen Abgrenzungen
- das Gesamtergebnis

13 A

	❶	❷	❸
I. Bilanzmäßige Abschreibungen			
▪ auf Fuhrpark, 20 % linear, Anschaffungskosten	240.000,00	312.000,00	225.000,00
▪ auf Betriebs- und Geschäftsausstattung, 20 % linear, Anschaffungskosten	144.000,00	180.000,00	114.000,00
II. Kalkulatorische Abschreibungen			
▪ auf Fuhrpark, 8 Jahre linear, Wiederbeschaffungskosten	288.000,00	384.000,00	268.800,00
▪ auf Betriebs- und Geschäftsausstattung, 7 Jahre linear, Wiederbeschaffungskosten	151.200,00	210.000,00	117.600,00

a) Errechnen Sie für den Monat Mai (jeweils für ❶ bis ❸)
- die bilanzmäßigen Abschreibungen und
- die kalkulatorischen Abschreibungen.

b) Gehen Sie von den Zwischensummen ❶ bis ❸ der Ergebnistabelle der Aufgabe 11 aus. Noch nicht berücksichtigt sind in den Zwischensummen sowohl die bilanzmäßigen als auch die kalkulatorischen Abschreibungen. Nehmen Sie die Buchungen für die bilanzmäßigen und für die kalkulatorischen Abschreibungen in der Ergebnistabelle vor (jeweils für ❶ bis ❸).

c) Errechnen Sie (jeweils für ❶ bis ❸):
- das Betriebsergebnis
- das Ergebnis aus kostenrechnerischen Korrekturen
- das Ergebnis aus unternehmensbezogenen Abgrenzungen
- das Gesamtergebnis

14 Ein Anlagegut mit Anschaffungskosten von 80.000,00 € wird bilanzmäßig mit 20 % linear abgeschrieben.

Die tatsächliche Nutzungsdauer des Anlagegutes beträgt 9 Jahre. Die Teuerung des Anlagegutes wird auf jährlich 3 % geschätzt.

a) Errechnen Sie den bilanzmäßigen jährlichen Abschreibungsbetrag.

b) Errechnen Sie die Wiederbeschaffungskosten des Anlagegutes am Ende seiner (9-jährigen) Nutzungsdauer.

c) Errechnen Sie den kalkulatorischen jährlichen Abschreibungsbetrag.

d) Erklären Sie, weshalb bei den kalkulatorischen Abschreibungen
1. von der tatsächlichen Nutzungsdauer und
2. von den Wiederbeschaffungskosten ausgegangen wird.

15 ◆ **Beständewagnis:** In den letzten fünf Jahren betrug der Verlust durch Diebstahl und Schwund 3,5 % des durchschnittlichen Lagerbestandes. Der durchschnittliche Lagerbestand wird für das kommende Geschäftsjahr auf 700.000,00 € geschätzt.

- **Anlagewagnis:** In den letzten fünf Jahren belief sich die Wertminderung der maschinellen Anlagen durch Brand und Explosion auf insgesamt 100.000,00 €.
- **Gewährleistungswagnis:** In den letzten fünf Jahren betrugen die Gewährleistungskosten durchschnittlich 3 % vom Nettoumsatz. Der Nettoumsatz des kommenden Geschäftsjahres wird auf 5.600.000,00 € geschätzt.

a) Errechnen Sie die Summe der jährlichen kalkulatorischen Wagniskosten.

b) Erklären Sie, weshalb die tatsächlich eingetretenen, in der Geschäftsbuchführung erfassten Wagnisverluste für die Kosten- und Leistungsrechnung unbrauchbar sind.

c) In welche Ergebnisse der Abgrenzungstabelle fließen die tatsächlich eingetretenen Wagnisverluste und die kalkulatorischen Wagnisse ein?

16[1] A In der Geschäftsbuchführung sind im Monat März folgende Beträge erfasst worden:

	a)		b)	
Konten	**Soll (T€)**	**Haben (T€)**	**Soll (T€)**	**Haben (T€)**
2010	40	–	20	–
2040[2]	30	–	10	–
2120	50	–	30	–
2410	–	50	–	40
2420	–	20	–	30
2610	–	12	–	15
2710[3]	–	10	–	8
3010	3.800	–	3.880	–
4010	200	–	180	–
4020	900	–	800	–
4040	130	–	110	–
4100	100	–	120	–
4910	200	–	180	–
8010	–	5.800	–	5.450

Ansätze der Kosten- und Leistungsrechnung:

- Der kalkulatorische Unternehmerlohn beläuft sich auf monatlich a) 10 T€, b) 12 T€.
- Das betriebsnotwendige Kapital beträgt a) 12.000 T€, b) 10.000 T€. Der kalkulatorische Zinssatz ist a) 8 %, b) 6 %.
- Die kalkulatorischen Abschreibungen belaufen sich auf monatlich a) 120 T€, b) 100 T€.

Erstellen Sie die **monatliche** Ergebnistabelle mit Ausweis des Gesamtergebnisses, des Ergebnisses aus unternehmensbezogenen Abgrenzungen, des Ergebnisses aus kostenrechnerischen Korrekturen und des Betriebsergebnisses.

17[1] A Erstellen Sie aufgrund der in der Geschäftsbuchführung erfassten Beträge die **jährliche** Ergebnistabelle mit Ausweis der einzelnen Ergebnisse.

Ansätze der Kosten- und Leistungsrechnung:

- Der kalkulatorische Unternehmerlohn (zwei geschäftsführende Gesellschafter) beläuft sich jährlich auf a) 180 T€, b) 220 T€.
- Die kalkulatorischen Zinsen betragen jährlich a) 600 T€, b) 800 T€.
- Die kalkulatorischen Abschreibungen belaufen sich jährlich auf a) 800 T€, b) 1.200 T€.

1 Bei dieser Aufgabe ist der „Ansatz von Verrechnungspreisen" (s. Seite 362) noch nicht zu berücksichtigen. Es wird empfohlen, diese Aufgabe zunächst manuell im Arbeitsheft und erst danach am PC auf dem EXCEL-Arbeitsblatt zu lösen.
2 Anlagegüter wurden unter Buchwert verkauft.
3 Anlagegüter wurden über Buchwert verkauft.

Beträge der Geschäftsbuchführung:

	a)		b)	
Konten	**Soll (T€)**	**Haben (T€)**	**Soll (T€)**	**Haben (T€)**
2010	20	–	50	–
2040[2]	50	–	40	–
2120	200	–	120	–
2410	–	12	–	8
2420	–	900	–	800
2430	–	100	–	200
2520	–	8	–	10
2610	–	80	–	100
2760	–	9	–	7
3010	21.900	–	15.300	–
4010	3.000	–	4.000	–
4020	10.000	–	11.000	–
4040	1.900	–	2.500	–
4100	800	–	700	–
4700	1.000	–	1.000	–
4910	1.500	–	1.600	–
8010	–	42.680	–	35.250

18 Die Ergebnistabelle der Aufgabe 17 a) liegt Ihnen zur Analyse vor.
Sind die folgenden Aussagen richtig oder falsch? Begründen Sie Ihre Meinung, gegebenenfalls auch rechnerisch.

a) Die bilanziellen Abschreibungen betragen 800 T€.

b) Es wurden im vorausgegangenen Geschäftsjahr zu hohe Rückstellungen gebildet.

c) Die Umsatzrentabilität des Kosten- und Leistungsbereiches beträgt 4,5 %.

d) Die Wirtschaftlichkeit im Kosten- und Leistungsbereich wird erhöht, wenn eine Rationalisierungsinvestition vorgenommen wird, bei der die Löhne und die anteiligen Lohnnebenkosten stärker sinken, als die kalkulatorischen Abschreibungen steigen.

e) Die kalkulatorischen Abschreibungen verschlechtern das Ergebnis der Geschäftsbuchführung um 800 T€; die bilanziellen Abschreibungen verschlechtern das Betriebsergebnis um 1.500 T€.

f) Die Wirtschaftlichkeit im Kosten- und Leistungsbereich steigt, wenn die „Warenverkäufe“ steigen.

19 Welche Aussagen sind richtig bzw. falsch? Begründen Sie Ihre Meinung.

a) Um die Kosten- und Leistungsrechnung von zufälligen Preisschwankungen auf den Beschaffungsmärkten zu bereinigen, wird hier der Wareneinsatz zu Anschaffungskosten bewertet.

b) Der in der Geschäftsbuchführung erfasste Wareneinsatz wird in der Ergebnistabelle in der Spalte „Kostenrechnerische Korrekturen“ für den „Kosten- und Leistungsbereich“ abgefiltert.

c) Der Wareneinsatz bewertet zu Verrechnungspreisen geht in die Kosten- und Leistungsrechnung als Zusatzkosten ein.

d) Stoßweise anfallende Ausgaben für Kosten werden in der Kosten- und Leistungsrechnung gleichmäßig auf die Abrechnungszeiträume verteilt.

e) Liegt der Auszahlungszeitpunkt für die aufzuschlüsselnde Ausgabe nach dem Verrechnungszeitraum, so wird eine Kostennachverteilung vorgenommen.

f) In der Ergebnistabelle werden die auf die Verrechnungszeiträume aufgeschlüsselten Kosten in der Spalte „Kostenrechnerische Korrekturen“ als Aufwand gebucht.

5567370

20 A Die Ergebnistabelle weist folgende Zwischensummen für den Monat März auf:

Geschäftsbuchführung				**Kosten- und Leistungsrechnung**					
Erfolgsbereich				**Abgrenzungsbereich**				**Kosten- und Leistungsbereich**	
Kto.-Nr.	Konten	Auf-wen-dungen	Erträge	Unternehmens-bez. Abgrenzungen		Kostenrechnerische Korrekturen		Kosten	Leis-tun-gen
				Aufwen-dungen	Erträge	Aufwen-dungen	Erträge		
	Zwischen-summen ❶	900.000,00	980.000,00	98.000,00	112.000,00	70.000,00	50.000,00	8[illegible]0.000,00	896.000,00
	❷	870.000,00	990.000,00	89.000,00	98.000,00	60.000,00	48.000,00	700.000,00	823.000,00
	❸	790.000,00	900.000,00	71.000,00	85.000,00	50.000,00	40.000,00	750.000,00	856.000,00

Der Wareneinsatz beträgt im Monat März 120 Stück.

Die Anschaffungskosten belaufen sich auf
❶ 700,00 € pro Stück, ❷ 600,00 € pro Stück, ❸ 800,00 € pro Stück.

Der Verrechnungspreis beträgt
❶ 780,00 € pro Stück, ❷ 530,00 € pro Stück, ❸ 700,00 € pro Stück.

In den Aufwendungen des Erfolgsbereiches (Summen ❶ bis ❸) ist der Wareneinsatz zu Anschaffungskosten bewertet.

a) Errechnen Sie den Wareneinsatz, bewertet zu Anschaffungskosten, und den Wareneinsatz, bewertet zu Verrechnungspreisen (jeweils für ❶ bis ❸).

b) Gehen Sie von den Zwischensummen ❶ bis ❸ der Ergebnistabelle aus. Noch nicht berücksichtigt ist in den Zwischensummen der Wareneinsatz, bewertet zu Anschaffungskosten, und der Wareneinsatz, bewertet zu Verrechnungspreisen. Nehmen Sie die entsprechenden Buchungen vor (jeweils für ❶ bis ❸).

c) Errechnen Sie (jeweils für ❶ bis ❸):
- das Betriebsergebnis
- das Ergebnis aus kostenrechnerischen Korrekturen
- das Ergebnis aus unternehmensbezogenen Abgrenzungen
- das Gesamtergebnis

21 A Gehen Sie von den Zwischensummen ❶ bis ❸ der Ergebnistabelle der Aufgabe 20 aus.

Im Monat **Dezember** wird ein 13. Monatsgehalt bezahlt. Die Gehaltszahlungen erhöhen sich in diesem Monat um

❶ 72.000,00 €, ❷ 96.000,00 €, ❸ 60.000,00 €.

a) Buchen Sie in der Ergebnistabelle des Monats **März** die periodengerecht aufgeteilten Kosten für die 13. Monatsgehälter.

b) Errechnen Sie (jeweils für ❶ bis ❸):
- das Betriebsergebnis
- das Ergebnis aus kostenrechnerischen Korrekturen
- das Ergebnis aus unternehmensbezogenen Abgrenzungen
- das Gesamtergebnis

c) Erklären Sie, wie im Monat **Dezember** (Zahlungsmonat für die 13. Monatsgehälter) verfahren wird.

Aktionen

1 A In der Geschäftsbuchführung sind im Monat Mai folgende Beträge erfasst worden:

	a)		b)	
Konten	**Soll (T€)**	**Haben (T€)**	**Soll (T€)**	**Haben (T€)**
2010	60	–	50	–
2040[1]	50	–	40	–
2120	20	–	30	–
2410	–	40	–	30
2420	–	50	–	30
2610	–	10	–	12
2710[2]	–	20	–	40
3010	3.400	–	3.900	–
4010	100	–	150	–
4020	900	–	1.000	–
4040	178	–	207	–
4100	80	–	70	–
4910	70	–	90	–
8010	–	5.000	–	5.700

Ansätze der Kosten- und Leistungsrechnung:

- Der kalkulatorische Unternehmerlohn beläuft sich monatlich auf a) 8 T€, b) 10 T€.
- Die kalkulatorischen Zinsen betragen monatlich a) 30 T€, b) 50 T€.
- Die kalkulatorischen Abschreibungen belaufen sich monatlich auf a) 40 T€, b) 60 T€.
- Der Wareneinsatz, bewertet zu Verrechnungspreisen, beläuft sich im Mai auf a) 3.550,00 T€, b) 3.880,00 T€.
  Der Betriebsstoffverbrauch, bewertet zu Verrechnungspreisen, beläuft sich im Mai auf a) 350 T€, b) 580 T€.
- Zusätzlich zu den in der Geschäftsbuchführung erfassten Lohnzahlungen sind periodengerecht aufgeteilte Urlaubslöhne von (monatlich) a) 50 T€, b) 60 T€ zu berücksichtigen (Auszahlungsmonat der Urlaubslöhne: Juli).
  Zusätzlich zu den in der Geschäftsbuchführung erfassten Gehaltszahlungen sind die periodengerecht aufgeteilten 13. Monatsgehälter von (monatlich) a) 8 T€, b) 12 T€ zu berücksichtigen (Auszahlungsmonat der 13. Monatsgehälter: Dezember).

Erstellen Sie die Ergebnistabelle und ermitteln Sie:

- das Betriebsergebnis
- das Ergebnis aus kostenrechnerischen Korrekturen
- das Ergebnis aus unternehmensbezogenen Abgrenzungen
- das Gesamtergebnis

2 A

a) Erstellen Sie aufgrund der in der Geschäftsbuchführung erfassten Beträge die Ergebnistabelle für das Vorjahr und für das Berichtsjahr.

b) Errechnen Sie jeweils für das Vorjahr und für das Berichtsjahr:
- die Intensität des Wareneinsatzes
- die Intensität der Personalkosten
- die Intensität der kalkulatorischen Abschreibungen
- die Umsatzrentabilität

c) Analysieren Sie die unter b) errechneten Kennziffern und die Betriebsergebnisse der beiden Jahre.

1 Anlagegüter wurden unter Buchwert verkauft.
2 Anlagegüter wurden über Buchwert verkauft.

Konten	Vorjahr Soll (T€)	Vorjahr Haben (T€)	Berichtsjahr Soll (T€)	Berichtsjahr Haben (T€)
2010	25	–	23	–
2040[1]	48	–	50	–
2120	180	–	360	–
2410	–	15	–	10
2420	–	850	–	910
2430	–	120	–	105
2520	–	10	–	9
2610	–	85	–	75
3010	22.500	–	21.700	–
4010	2.000	–	1.100	–
4020	9.800	–	8.800	–
4040	2.360	–	1.980	–
4100	830	–	795	–
4700	1.100	–	1.050	–
4910	4.600	–	5.600	–
8010	–	43.400	–	43.500

Ansätze der Kosten- und Leistungsrechnung:

- Der kalkulatorische Unternehmerlohn beträgt im Vorjahr und im Berichtsjahr jeweils 200 T€ (zwei geschäftsführende Gesellschafter).
- Die kalkulatorischen Zinsen betragen a) im Vorjahr 580 T€, b) im Berichtsjahr 910 T€.
- Die kalkulatorischen Abschreibungen betragen a) im Vorjahr 3.850 T€, b) im Berichtsjahr 4.450 T€.

Zusammenfassung

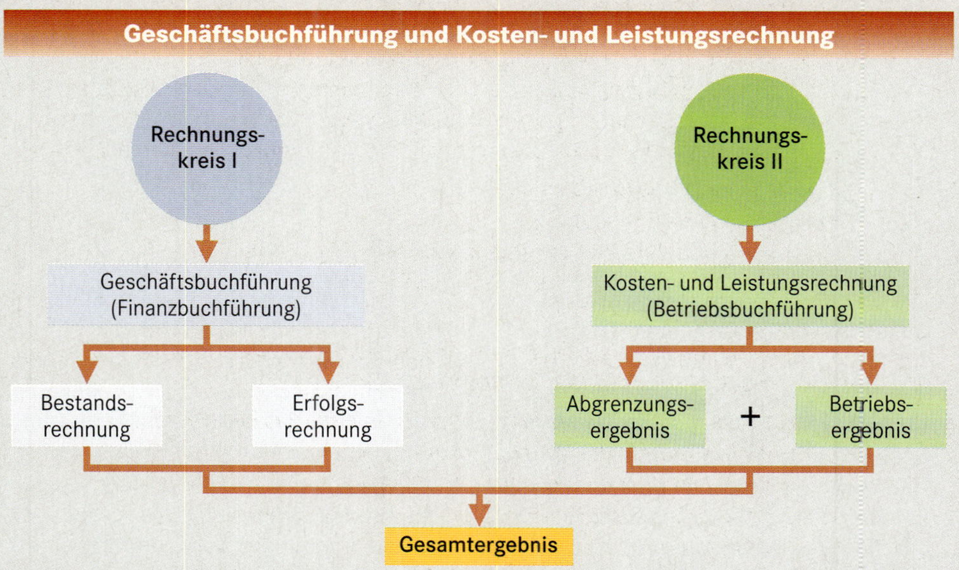

- Die Geschäftsbuchführung ist nach handels- und steuerrechtlichen Vorschriften ausgerichtet.
- Die Kosten- und Leistungsrechnung wird nach betriebswirtschaftlichen Gesichtspunkten erstellt. Sie liefert die Daten, auf denen unternehmerische Planungen und Entscheidungen basieren.

1 Anlagegüter wurden unter Buchwert verkauft.

Kalkulatorische Kosten

Kalk. Unternehmerlohn	Kalk. Zinsen	Kalk. Abschreibungen	Kalk. Wagnisse	Kalk. Miete
Zielsetzung: kostenmäßige Berücksichtigung der Arbeitsleistung der Gesellschafter in Einzelunternehmungen und Personengesellschaften	**Zielsetzung:** Ausgleich unterschiedlicher Eigen- und Fremdkapitalausstattungen von Unternehmen, Berücksichtigung einer Verzinsung des Eigenkapitals	**Zielsetzung:** Erfassung der tatsächlichen Wertminderung des betriebsnotwendigen Anlagevermögens (Eliminierung steuerlicher Aspekte)	**Zielsetzung:** gleichmäßige Verteilung tatsächlich eingetretener Wagnisverluste auf die einzelnen Geschäftsjahre (Stetigkeit des Kostenansatzes)	**Zielsetzung:** Ausgleich unterschiedlicher Eigentumsverhältnisse (Miete, Eigentum) von Unternehmen an den Geschäftsgebäuden
Höhe: Gehälter von leitenden Angestellten mit einer vergleichbaren Tätigkeit	**Berechnungsbasis:** betriebsnotwendiges Kapital **Höhe des Zinssatzes:** landesüblicher Zinssatz für langfristige Darlehen	**Berechnungsbasis:** Wiederbeschaffungskosten des betriebsnotwendigen Anlagevermögens **Abschreibungsmethode:** linear (nach der tatsächlichen Nutzungsdauer) oder nach Leistungseinheiten	**Höhe:** Durchschnittswerte (mehrerer Jahre) von tatsächlich angefallenen Wagnisverlusten	**Höhe:** ortsübliche Miete **Praxisrelevanz:** Auf die Erfassung wird i. d. R. verzichtet, weil die Gebäudeabschreibungen und die Hypothekenzinsen bereits kalkulatorisch erfasst werden.
Zusatzkosten	**Anderskosten** (kalk. Zinsen auf Fremdkapital) **Zusatzkosten** (kalk. Zinsen auf Eigenkapital)	**Anderskosten**	**Anderskosten**	**Anderskosten**

- Die kalkulatorischen Kosten werden in Zusatzkosten und Anderskosten unterteilt.
- Den Zusatzkosten gehen keine Aufwendungen voraus. Hierzu zählen der kalkulatorische Unternehmerlohn in Einzelunternehmungen und in Personengesellschaften sowie die kalkulatorischen Zinsen für das Eigenkapital.
- Anderskosten sind aufwandsungleiche Kosten, die dadurch entstehen, dass der gleiche Werteverzehr in der Kalkulation anders erfasst werden muss als in der Buchführung. Hierzu zählen die kalkulatorischen Zinsen für das Fremdkapital, die kalkulatorischen Abschreibungen und die kalkulatorischen Wagnisse.
- Auf die Erfassung einer kalkulatorischen Miete wird in den meisten Betrieben, die eigene Immobilien besitzen, verzichtet.

5567374

Ergebnistabelle

	Rechnungskreis I Geschäftsbuchführung				Rechnungskreis II Kosten- und Leistungsrechnung					
	Erfolgsbereich				Abgrenzungsbereich				Kosten- und Leistungsbereich	
					Unternehmensbez. Abgrenzungen		Kostenrechnerische Korrekturen			
	Kto.-Nr.	Konten	Aufwendungen	Erträge	Aufwendungen	Erträge	Aufwendungen	Erträge	Kosten	Leistungen
1. Direkte Verrechnung zwischen GB und KLR (s. S. 354 f.)		Erfolgsgrößen genügen den Vorschriften der GB und den Anforderungen der KLR.	aufwandsgleiche Kosten →	betriebsbedingte Erträge →					→ (aufwandsgleiche Kosten)	→ (betriebsbedingte Erträge)
2. Unternehmensbez. Abgrenzungen (s. S. 354 f.)		Neutrale Erfolgsgrößen werden abgegrenzt und gelangen nicht in den KL-Bereich.	neutrale Aufwendungen →	neutrale Erträge →	→ (neutrale Aufwendungen)	→ (neutrale Erträge)				
3. Kostenrechnerische Korrekturen durch Berücksichtigung kalkulatorischer Kosten (s. S. 355 f.)		a) **Kalk. Zusatzkosten** werden in der KLR erfolgsneutral erfasst.						← kalkulatorische Zusatzkosten	kalkulatorische Zusatzkosten ←	
		b) **Kalk. Anderskosten** werden in der KLR erfolgsneutral erfasst. Die entspr. Aufwendungen aus der GB werden abgegrenzt und gelangen nicht in den KL-Bereich.	→				→	← kalkulatorische Anderskosten	kalkulatorische Anderskosten ←	
4. Kostenrechnerische Korrekturen zur periodengerechten Kostenverteilung und zur Erfassung von Verrechnungspreisen (s. S. 362 f.)		Kostenrechnerische Korrekturen zur periodengerechten Kostenverteilung und zur Erfassung von Verrechnungspreisen werden in der KLR erfolgsneutral gebucht. Die entspr. Aufwendungen aus der GB werden abgegrenzt und gelangen nicht in den KL-Bereich.	→ →				→ →	← periodengerecht aufgeteilte Kosten ← Verrechnungspreise	periodengerecht aufgeteilte Kosten ← Verrechnungspreise ←	

11.10 Wir lernen die Budgetierung kennen

Einstieg

Zur Aufstellung eines Plans von **zukünftigen,** erwarteten Einnahmen und Ausgaben (= Budget) soll die Abteilung Rechnungswesen einen **Liquiditätsplan** (kurzfristiger Finanzplan) aufstellen.

Da Anja Kruse mit dieser Materie überhaupt nichts anfangen kann, erklärt ihr Herr Schwarz die grundlegende Zielsetzung:

Herr Schwarz: „Die Planung der Liquidität hat zum Ziel, die Zahlungsfähigkeit der ***Spindler KG*** zu jedem Zeitpunkt aufrechtzuerhalten. Diese *Planzahlen* sind Teil des kurzfristigen Unternehmensplans, der das Geschäft für das **kommende Geschäftsjahr** abbildet."

Anja: „Und welchen Sinn macht das alles?"

Herr Schwarz: „Unsere Finanzplanung soll die Liquidität und die Stabilität unseres Unternehmens aufrechterhalten. Insofern stellen Einzahlungen und Auszahlungen die zentralen Werte des Finanzplans dar.

Es ist also von der Geschäftsleitung zu überlegen, ob die Zukunft des Unternehmens unter Beibehaltung der Zahlungsfähigkeit finanzierbar ist. Dazu muss man planen, welche Finanzmittel wann in den Planjahren benötigt werden und woher diese wann kommen sollen. Bestehende oder zu erwartende Finanzierungslücken werden durch einen Finanzplan also aufgedeckt.

Damit hat der Finanzplan üblicherweise folgende Grundstruktur, wobei aus Gründen der **Kontrolle** Plan- und Istwerte erfasst werden:

	Januar		Februar		März		
	Plan	Ist	Plan	Ist	Plan	Ist	
Anfangsbestand an Zahlungsmitteln							
+ Einzahlungen							
– Auszahlungen							
= Endbestand an Zahlungsmitteln							

Der Finanzplan, der in unserem Unternehmen auch als **Finanzbudget** erstellt wird, besitzt dann **Vorgabecharakter.**"

Anja: „O. k., ich glaub', ich hab's einigermaßen verstanden. Nehmen wir einmal den *Verkauf von Waren auf Ziel:* In der Finanzbuchhaltung führt dieser Geschäftsfall zu einer Erhöhung der Forderungen aus Lieferungen und Leistungen. Es wird hier ein Ertrag und somit eine Einnahme gebucht, ohne dass tatsächlich eine Einzahlung (verstanden als Zunahme des Zahlungsmittelbestandes) vorliegt. Ein solcher Geschäftsfall verbessert die Ertragslage, nicht aber die Liquiditätslage des Unternehmens, und darf somit in der Finanzplanung (noch) nicht berücksichtigt werden."

Herr Schwarz: „Richtig erkannt, Anja! Und darüber hinaus hat die Budgetierung u. a. den Zweck, aus der Vorgabe von Soll-Größen und der Gegenüberstellung mit dem Ist-Zustand Planabweichungen frühzeitig zu erkennen und zu analysieren."

Anja macht sich nun weitere Gedanken über das neue Aufgabengebiet.

1. Erfassen Sie daher gemeinsam mit Anja Kruse Einzahlungen und Auszahlungen, die durch laufende Geschäftsfälle hervorgerufen werden, sowie auch solche, die keinen unmittelbaren Bezug zu den laufenden Geschäften haben.
   Da der Finanzplan auch zukunftsorientierte Daten enthalten soll, müssen Sie bei der Erstellung dieses unternehmerischen Teilplanes auch langfristige Überlegungen (Prognosezeitraum: ein Jahr) einfließen lassen.
2. Erklären Sie, welche weiteren Zwecke die Budgetierung hat.

Informationen

Definition **Eine Budgetierung ist die Zusammenfassung aller unternehmerischen Maßnahme-, Strategie- und Zielplanungen in Wert- und/oder Mengeneinheiten.**

Zu Beginn einer jeden Budgetierung sind die erreichbaren/angestrebten unternehmerischen kurz-, mittel- und langfristigen Ziele zu beschreiben und in der Regel in **quantitativen Planzahlen,** dem **Budget,** festzulegen.

Eine Budgetierung in einem kaufmännischen Betrieb besteht in jedem Fall aus **zwei Säulen:**

- dem **Erfolgsbudget** (budgetierte Betriebsergebnisermittlung in einer Plan-Ergebnistabelle)
- dem **Finanzbudget** (budgetierte Einnahmen- und Ausgabenrechnung)

Diese beiden Budgets werden aus mehreren Teilbudgets erstellt.

Im Erfolgsbudget werden die einzelnen Kosten- und Leistungsbudgets gegenübergestellt. Als Saldo ergibt sich im Erfolgsbudget das **geplante Betriebsergebnis:**

Erfolgsbudget (budgetierte/geplante Betriebsergebnisermittlung)	
Kostenbudgets	Leistungsbudgets
◆ Budget für den Wareneinsatz ◆ Budget für die Personalkosten ◆ Budget für Steuern und Beiträge ◆ Budget für Energie und Betriebsstoffe ◆ Budget für Werbe- und Reisekosten ◆ Budget für die Verwaltung ◆ Budget für die kalk. Abschreibungen, usw.	◆ Budget für die Warenverkäufe ◆ Budget für weitere betriebliche Leistungen, usw.

Im Finanzbudget werden die einzelnen Ausgaben- und Einnahmenbudgets gegenübergestellt. Als Saldo ergibt sich im Finanzbudget der **geplante Einnahmen- bzw. Ausgabenüberschuss:**

Finanzbudgets (budgetierte/geplante Einnahmen-Ausgabenrechnung)	
Ausgabenbudgets	Einnahmenbudgets
◆ Budget für die Wareneinkäufe ◆ Budget für die Personalkosten ◆ Budget für Steuern und Beiträge ◆ Budget für Energie und Betriebsstoffe ◆ Budget für Werbe- und Reisekosten ◆ Budget für die Verwaltung ◆ Budget für die geplanten Investitionen ◆ Budget für die Privatentnahmen (bei e. K., OHG, KG) ◆ Budget für die Fremdkapitaltilgungen, usw.	◆ Budget für die Warenverkäufe ◆ Budget für weitere betriebliche Einnahmen ◆ Budget für außerordentliche Erträge ◆ Budget für Zinserträge ◆ Budget für Miet- und Pachteinnahmen ◆ Budget für Einnahmen aus Beteiligungen, usw.

Bei normalem Betriebsablauf haben die einzelnen Budgets **Norm- und Vorgabecharakter.**

Am Ende des Planungszeitraumes werden die geplanten Soll-Größen den tatsächlich angefallenen Ist-Größen gegenübergestellt **(Soll-Ist-Vergleich).**

Diesen Soll-Ist-Vergleich betrachten wir beispielhaft für das Personalkostenbudget (Kostenstelle „Lager") und für das Warenverkaufsbudget (Verkaufsartikel „Jeans Poker").

Das gesamte Personalkostenbudget ergibt sich aus den Einzelbudgets der verschiedenen betrieblichen Kostenstellen.

Das gesamte Warenverkaufsbudget ergibt sich aus den Verkaufsbudgets der einzelnen Artikel des Sortiments.

Beispiel

1. Beispiel (Personalkostenbudget für die Kostenstelle „Lager")

Zum 31. August ergibt sich für die Kostenstelle „Lager" der unten stehende Soll-Ist-Vergleich beim Personalkostenbudget:

Kostenstelle: Lager									31. August ..
Mitarbeiter	Anzahl der Mitarbeiter, 31. Aug.			Personalkosten (€), Aug.			Σ Personalkosten (€), 1. Jan.–31. Aug.		
	Budget, Sollwerte	Istwerte	Abweichungen	Budget, Sollwerte	Istwerte	Abweichungen	Budget, Sollwerte	Istwerte	Abweichungen
Abteilungsleiter	1	1	0	5.100,00	5.125,00	25,00	40.800,00	41.000,00	200,00
Sachbearbeiter	3	2	-1	8.568,00	5.740,00	-2.828,00	68.544,00	66.010,00	-2.534,00
Lagerarbeiter	9	11	2	22.950,00	28.187,50	5.237,50	183.600,00	205.000,00	21.400,00
Auszubildende	2	3	1	1.224,00	1.845,00	621,00	9.792,00	10.455,00	663,00
				37.842,00	40.897,50	3.055,50	302.736,00	322.465,00	19.729,00

2. Beispiel (Warenverkaufsbudget für den Verkaufsartikel „Jeans Poker")

Zum 31. Oktober ergibt sich für die hochwertige Jeans „Poker" der unten stehende Soll-Ist-Vergleich beim Warenverkaufsbudget:

Jeans „Poker", Artikel 5794												31. Oktober ..
Kunden	verkaufte Stückzahlen, Okt.			Preis (€), Okt.			Umsatz (€), Okt.			Σ Umsätze (€), 1. Jan.–31. Okt.		
	Budget, Sollwerte	Istwerte	Abweich.	Budget, Sollwerte	Istwerte	Abweich.	Budget, Sollwerte	Istwerte	Abweich.	Budget, Sollwerte	Istwerte	Abweich.
Kaufhäuser	500	467	-33	45,00	43,00	-2,00	22.500,00	20.081,00	-2.419,00	225.000,00	201.465,00	-23.535,00
Einzelhandel	280	244	-36	50,00	47,00	-3,00	14.000,00	11.468,00	-2.532,00	140.000,00	122.678,00	-17.322,00
Export	450	533	83	51,00	52,00	1,00	22.950,00	27.716,00	4.766,00	229.500,00	272.401,00	42.901,00
	1230	1244	14				59.450,00	59.265,00	-185,00	594.500,00	596.544,00	2.044,00

5567378

Beim in der Regel monatlich durchzuführenden Soll-Ist-Vergleich werden die Abweichungen analysiert.

Es sind zu unterscheiden:

- Mengenabweichungen
- Preisabweichungen[1]

Mengenabweichungen auf der Beschaffungsseite sind Verbrauchsabweichungen. Sie entstehen durch den Mehr- oder Minderverbrauch von Gütermengen und Dienstleistungen (z. B. Material, Energie, Arbeitskraft usw.).

In den Kostenstellen ist auf die sparsame Verwendung der Verbrauchsmengen zu achten.

Die Kostenstellenleiter haben Verbrauchsabweichungen (= Mengenabweichungen auf der Beschaffungsseite) zu verantworten.

Mengenabweichungen auf der Verkaufsseite ergeben sich durch – gegenüber der Budgetierung – gestiegene bzw. gesunkene Absatzmengen. Die Gründe (z. B. falsche Markteinschätzung) sind zu analysieren und zu beheben.

Fortsetzung der Beispiele **(Analyse der Mengenabweichungen)**

1. Beispiel (Analyse der Mengenabweichungen beim Personalkostenbudget für die Kostenstelle „Lager")

Beim Personalkostenbudget für die Kostenstelle „Lager" des obigen Beispiels hat der Kostenstellenleiter monatlich die Verbrauchsabweichung, in diesem Fall die Aufstockung und auch die Abnahme des Personalbestandes, zu rechtfertigen.

Bis zum August ist der Absatz unerwartet gestiegen, was eine höhere Lagerhaltung erforderlich machte. Dadurch wurde wiederum eine Personalaufstockung bei den Lagerarbeitern unumgänglich.

Bei den Sachbearbeitern konnte im August eine Stelle – gegenüber der Budgetierung – abgebaut werden. Der entsprechende Sachbearbeiter wurde durch den im Budget nicht eingeplanten Auszubildenden, der im August eingestellt wurde, vollwertig ersetzt.

2. Beispiel (Analyse der Mengenabweichungen beim Warenverkaufsbudget für die Jeans „Poker")

Bei den Kaufhäusern und beim Einzelhandel konnten die budgetierten Verkaufsmengen (Sollwerte) im Oktober nicht realisiert werden. Verantwortlich hierfür ist die Kaufzurückhaltung der Konsumenten auf dem Inlandsmarkt.

Der Export hingegen „boomt". Im Ausland konnten 83 Jeans „Poker" mehr als geplant verkauft werden.

Preisabweichungen ergeben sich aus Differenzen zwischen den Planpreisen und den Istpreisen der **bezogenen bzw. veräußerten Güter** und **Dienstleistungen.**

Preisabweichungen der **bezogenen bzw. veräußerten Güter** können sich durch geänderte Marktbedingungen ergeben. Sie können aber auch darin begründet liegen, dass die Einkaufs- bzw. Verkaufsabteilung die in der Planung unterstellten Preise nicht erreichen konnte.

Preisabweichungen bei den **bezogenen Dienstleistungen** können durch unerwartete Tariflohnerhöhungen hervorgerufen werden.

Die Kostenstellenleiter haben Preisabweichungen nur dann zu verantworten, wenn sie Einfluss auf die Preise/Tarife haben. Dies ist in den meisten Fällen nicht gegeben.

1 Auf Beschäftigungsabweichungen, die durch die Fixkostenprogression und die Fixkostendegression entstehen, wird hier nicht eingegangen. Sie spielen in Industriebetrieben eine größere Rolle.

Fortsetzung der Beispiele (Analyse der Preisabweichungen)

1. Beispiel (Analyse der Preisabweichungen beim Personalkostenbudget für die Kostenstelle „Lager")

Beim Personalkostenbudget für die Kostenstelle „Lager" des obigen Beispiels wurde bei der Budgetierung (Planung) der Sollwerte von einer Tariflohnerhöhung von 2 % ausgegangen. Tatsächlich haben die Gewerkschaften Tariflohnerhöhungen von 2,5 % durchgesetzt. Hierauf ist ein Teil der gestiegenen Personalkosten (Istwerte) zurückzuführen. Der Kostenstellenleiter der Kostenstelle „Lager" hat auf die Tarifverhandlungen keinen Einfluss. Folglich ist er auch nicht für den aus der unerwartet hohen Lohntariferhöhung resultierenden Personalkostenanstieg verantwortlich.

2. Beispiel (Analyse der Preisabweichungen beim Warenverkaufsbudget für die Jeans „Poker")

Der Verkaufspreis der Jeans „Poker" ist auf dem Inlandsmarkt durch den Verkaufspreis der Konkurrenz vorgegeben. Insofern hat der Kostenstellenleiter die Preissenkung im Oktober von 2,00 € bei den Kaufhäusern bzw. 3,00 € beim Einzelhandel nicht zu vertreten.

Beim Exportgeschäft wurde die prognostizierte Verkaufszahl übertroffen. Hier konnte sogar ein Preisanstieg von 1,00 € am Markt durchgesetzt werden.

Aufgaben

1 Ordnen Sie zu:

A	B
1. Kostenbudget	1. Mehr- oder Minderverbrauch von Gütermengen
2. Ausgabenbudget	2. Zusammenfassung aller unternehmerischen Maßnahme-, Strategie- und Zielplanungen in Wert- und/oder Mengeneinheiten
3. Einnahmenbudget	3. Budget für die Wareneinkäufe
4. Budgetierung	4. Budget für den Wareneinsatz
5. Verbrauchsabweichung	5. unerwartet hohe Tariflohnerhöhung
6. Preisabweichung	6. Budget für Miet- und Pachteinnahmen

2 Erklären Sie, weshalb der Kostenstellenleiter

a) Verbrauchsabweichungen zu verantworten hat,

b) Preisabweichungen in der Regel nicht zu verantworten hat.

5567380

Aktion[1]

A Sie sind Mitarbeiter/-in in der Controllingabteilung der Fahrradgroßhandlung „Fahrrad Bremer KG“.

a) Im abgelaufenen Geschäftsjahr wurden für die drei Kostenträger „Stadtrad SR5“, „Trekkingrad TR3“ und „Mountainbike MB7“ folgende Absatzmengen und Verkaufspreise erzielt:

	Stadtrad SR5	Trekkingrad TR3	Mountainbike MB7
Absatzmenge (Stück)	23 600	18 400	16 900
Verkaufspreis (€)	200,00	220,00	350,00

Für das neue Geschäftsjahr liegen Ihnen aus der Marketing- und Kalkulationsabteilung folgende prognostizierte/kalkulierte Absatz- und Preiserwartungen vor:

	Stadtrad SR5	Trekkingrad TR3	Mountainbike MB7
Absatzerwartung	– 20 %	+ 10 %	+ 15 %
Preiserwartung	+ 10 %	0 %	+ 4 %

Stellen Sie tabellarisch für jeden Kostenträger

- die Absatzmengen,
- die Verkaufspreise,
- die Umsätze

des alten Geschäftsjahres (Ist-Zahlen) und des neuen Geschäftsjahres **(Absatzbudget)** dar.

b) Für das neue Geschäftsjahr rechnet die Einkaufsabteilung mit unveränderten Bezugspreisen (Einstandspreisen):

	Stadtrad SR5	Trekkingrad TR3	Mountainbike MB7
Bezugspreis (€)	125,00	130,00	220,00

Errechnen Sie für das neue Geschäftsjahr in einer tabellarischen Übersicht für jeden Kostenträger:

- den geplanten jährlichen Wareneinsatz
- den geplanten jährlichen Warenrohgewinn

(Budgetierung von Wareneinsatz und Warenrohgewinn)

c) Im neuen Geschäftsjahr sollen die Lagerbestände reduziert werden.
Die unten stehende Übersicht gibt den tatsächlichen Lagerbestand am Anfang und den geplanten Lagerbestand am Ende des neuen Geschäftsjahres wieder:

	Stadtrad SR5	Trekkingrad TR3	Mountainbike MB7
Ist-Lageranfangsbestand (Stück)	3 680	1 960	4 790
Plan-Lagerendbestand (Stück)	500	500	1 000

Errechnen Sie in einer Tabelle für jeden Kostenträger **(Beschaffungsbudget):**

- die geplanten jährlichen Einkaufsmengen
- die geplanten jährlichen Ausgaben für die einzukaufenden Waren (= Plan-Bezugsausgaben)

1 Wegen der vorgegebenen Tabellen empfiehlt es sich, bei dieser Aufgabe die Lösung im Arbeitsheft und/oder auf den EXCEL-Arbeitsblättern vorzunehmen. Eine komplette betriebliche Situation kann nicht simuliert werden. An einigen Stellen wird vereinfacht.

d) Für das alte Geschäftsjahr liegt Ihnen die unten stehende Ergebnistabelle vor (siehe folgende Seite). Für das neue Geschäftsjahr sind die geplanten/zu erwartenden Änderungen der einzelnen Ertrags- und Aufwandspositionen prozentual in der Spalte hinter der unten stehenden Ergebnistabelle aufgeführt. Erstellen Sie ein **Kostenbudget.**

e) Erstellen Sie für das neue Geschäftsjahr eine Ergebnistabelle mit den geplanten Daten **(Plan-Ergebnistabelle).**

f) Die Geschäftsführung hat für das neue Geschäftsjahr folgende Zielvorgaben formuliert:

- Der Betriebsgewinn soll mindestens 800.000,00 € betragen.
- Die Umsatzrendite soll mindestens 5,5 % betragen.

Stellen Sie als Controller/-in fest, ob die o. g. Zielvorgaben der Geschäftsführung für das neue Geschäftsjahr voraussichtlich erreicht werden **(Überprüfung der betriebswirtschaftlichen Zielvorgaben).**

g) Für das neue Geschäftsjahr sind Investitionen in Höhe von 4,0 Mio. € geplant. Diese sollen zu 75 % aus flüssigen Mitteln und zu 25 % aus einer Eigenkapitalaufstockung finanziert werden.

Die Gesellschafter planen für das kommende Geschäftsjahr Privatentnahmen von 80.000,00 €.

Die Fremdkapitaltilgungen werden sich voraussichtlich auf 200.000,00 € belaufen.

Der Jahresanfangsbestand an liquiden Mitteln (einschl. der Forderungen) beträgt 1.400.000,00 €.

Erstellen Sie ein **Finanzbudget,** in dem Sie den Jahresendbestand an liquiden Mitteln (einschl. der Forderungen) errechnen.

Lösungshinweis: Berücksichtigen Sie dabei:

- *die geplanten Einnahmen [aus der Plan-Ergebnistabelle von e)]*
- *die geplanten Ausgaben [aus der Plan-Ergebnistabelle von e)]*
- *die geplanten Investitionen*
- *die geplanten Privatentnahmen*
- *die geplanten Fremdkapitaltilgungen*

h) Im neuen Geschäftsjahr werden für die drei Kostenträger „Stadtrad SR5", „Trekkingrad TR3" und „Mountainbike MB7" folgende Absatzmengen und Verkaufspreise tatsächlich erzielt:

	Stadtrad SR5	Trekkingrad TR3	Mountainbike MB7
Absatzmenge (Stück)	20 000	19 500	19 440
Verkaufspreis (€)	213,00	226,00	362,00

Stellen Sie tabellarisch für jeden Kostenträger den Ist-Absatzzahlen (Ist-Absatzmenge, Ist-Verkaufspreis, Ist-Umsatz) die Plan-Absatzzahlen (Plan-Absatzmenge, Plan-Verkaufspreis, Plan-Umsatz) gegenüber.

Errechnen Sie dabei in der Tabelle die jeweiligen Abweichungen **(Soll-Ist-Vergleich beim Absatzbudget).**

In der betrieblichen Praxis müssten nun für jeden Kostenträger die Mengen- und Preisabweichungen analysiert werden. Hierauf wollen wir aus Vereinfachungsgründen verzichten. Nennen Sie jedoch für jeden Kostenträger denkbare Gründe für die Umsatzabweichungen [siehe dazu Tabelle Aufgabe i) (tatsächlich erzielte Bezugspreise)].

5567382

Ist-Ergebnistabelle, altes Geschäftsjahr

Geschäftsbuchführung				Kosten- und Leistungsrechnung						
Erfolgsbereich				Abgrenzungsbereich				Kosten- und Leistungsbereich		prozentuale Änderungen
				Unternehmensbez. Abgrenzungen		Kostenrechnerische Korrekturen				
Kto.-Nr.	Konten	Aufw.	Erträge	Aufw.	Erträge	Aufw.	Erträge	Kosten	Leistungen	
2010	Außerordentliche Aufwendungen	10.000		10.000						0
2120	Zinsaufwend. für langfr. Verb.	100.000				100.000				+ 2 %
2410	Außerordentliche Erträge		6.000		6.000					0
2420	Betriebsfremde Erträge		485.000		485.000					+ 5 %
2620	Zinserträge aus langfr. Ford.		44.000		44.000					+ 4 %
3010	Wareneingang	8.900.000						8.900.000		
4010	Löhne	1.100.000						1.100.000		+ 5 %
4020	Gehälter	2.200.000						2.200.000		+ 4 %
4040	Gesetzl. soziale Aufwendungen	780.000						780.000		+ 5 %
4100	Mieten, Pachten, Leasing	350.000						350.000		+ 3 %
4810	Bürobedarf	50.000						50.000		+ 10 %
4910	Abschr. auf Sachanlagen	750.000				750.000				+ 4 %
8010	Warenverkauf		14.683.000						14.683.000	
	Kalkulatorischer Unternehmerlohn						90.000	90.000		+ 5 %
	Kalkulatorische Zinsen						300.000	300.000		+ 3 %
	Kalkulatorische Abschreibungen						400.000	400.000		+ 2 %
		14.240.000	15.218.000	10.000	535.000	850.000	790.000	14.170.000	14.683.000	
		978.000		525.000			60.000	513.000		
		15.218.000	15.218.000	535.000	535.000	850.000	850.000	14.683.000	14.683.000	
		Gesamtgewinn		Gewinn aus unternehmensbez. Abgrenzungen		Verlust aus kostenrechnerischen Korrekturen		Betriebsgewinn		
		978.000		525.000		- 60.000		513.000		

i) Im neuen Geschäftsjahr werden für die drei Kostenträger „Stadtrad SR5“, „Trekkingrad TR3“ und „Mountainbike MB7“ folgende Bezugspreise (Einstandspreise) tatsächlich erzielt:

	Stadtrad SR5	Trekkingrad TR3	Mountainbike MB7
Bezugspreis (€)	121,00	134,00	219,00

Stellen Sie tabellarisch für jeden Kostenträger dem jährlichen Ist-Wareneinsatz den jährlichen Plan-Wareneinsatz sowie dem jährlichen Ist-Rohgewinn den jährlichen Plan-Rohgewinn gegenüber. Errechnen Sie dabei in der Tabelle die jeweiligen Abweichungen **(Soll-Ist-Vergleich beim Wareneinsatz und beim Warenrohgewinn).**

j) Im neuen Geschäftsjahr werden für die drei Kostenträger „Stadtrad SR5“, „Trekkingrad TR3“ und „Mountainbike MB7“ folgende Einkäufe tatsächlich getätigt:

	Stadtrad SR5	Trekkingrad TR3	Mountainbike MB7
Bezugsmenge (Stück)	17 000	18 400	15 600

Stellen Sie tabellarisch für jeden Kostenträger den Ist-Bezugszahlen (Ist-Bezugsmenge, Ist-Bezugspreis, Ist-Bezugsausgaben) die Plan-Bezugszahlen (Plan-Bezugsmenge, Plan-Bezugspreis, Plan-Bezugsausgaben) gegenüber.

Errechnen Sie dabei in der Tabelle die jeweiligen Abweichungen **(Soll-Ist-Vergleich beim Beschaffungsbudget).**

In der betrieblichen Praxis müssten nun für jeden Kostenträger die Mengen- und Preisabweichungen analysiert werden. Hierauf wollen wir aus Vereinfachungsgründen verzichten. Nennen Sie jedoch für jeden Kostenträger denkbare Gründe für die Mengen- und Preisabweichungen.

k) Die Lagerbestände werden durch eine Bestandsfortschreibung ermittelt (permanente Inventur).

Errechnen Sie, ob bei den drei Kostenträgern die geplanten Lagerendbestände erreicht wurden [siehe unter c)] **(Soll-Ist-Vergleich der Lagerendbestände).**

l) Für das neue Geschäftsjahr liegt Ihnen die unten stehende Ergebnistabelle vor (siehe folgende Seite).

Stellen Sie als Controller/-in tabellarisch die Ist-Kosten den Plan-Kosten gegenüber und ermitteln Sie die Kostenabweichungen **(Soll-Ist-Vergleich beim Kostenbudget).**

In der betrieblichen Praxis müsste nun bei jeder Kostenart festgestellt werden, ob die Kostenabweichungen aus Preis-, Beschäftigungs- oder Verbrauchsabweichungen resultieren. (Die Kostenstellenleiter haben nur Verbrauchsabweichungen zu verantworten.) Aus Vereinfachungsgründen wollen wir hier auf eine Abweichungsanalyse verzichten.

Nennen Sie jedoch (denkbare) Gründe für den Anstieg des Wareneinsatzes, der Personalkosten und der Mieten und Pachten.

m) Stellen Sie fest, ob die von der Geschäftsführung angestrebten Ergebnisse [siehe unter f)] im neuen Geschäftsjahr erzielt wurden **(Soll-Ist-Vergleich beim Ergebnisbudget).**

Wird die Geschäftsführung mit dem Ergebnis zufrieden sein?

5567384

Ist-Ergebnistabelle, neues Geschäftsjahr

		Geschäftsbuchführung		Kosten- und Leistungsrechnung					
		Erfolgsbereich		Abgrenzungsbereich				Kosten- und Leistungsbereich	
				Unternehmensbez. Abgrenzungen		Kostenrechnerische Korrekturen			
Kto.-Nr.	Konten	Aufw.	Erträge	Aufw.	Erträge	Aufw.	Erträge	Kosten	Leistungen
2010	Außerordentliche Aufwendungen	9.000		9.000					
2120	Zinsaufwend. für langfr. Verb.	101.000				101.000			
2410	Außerordentliche Erträge		5.900		5.900				
2420	Betriebsfremde Erträge		506.825		506.825				
2620	Zinserträge aus langfr. Ford.		46.640		46.640				
3010	Wareneingang	9.290.360						9.290.360	
4010	Löhne	1.177.000						1.177.000	
4020	Gehälter	2.354.000						2.354.000	
4040	Gesetzl. soziale Aufwendungen	826.800						826.800	
4100	Mieten, Pachten, Leasing	370.000						370.000	
4810	Bürobedarf	52.000						52.000	
4910	Abschr. auf Sachanlagen	780.000				780.000			
8010	Warenverkauf		15.704.280						15.704.280
	Kalkulatorischer Unternehmerlohn						95.000	95.000	
	Kalkulatorische Zinsen						308.000	308.000	
	Kalkulatorische Abschreibungen						410.000	410.000	
		14.960.160	16.263.645	9.000	559.365	881.000	813.000	14.883.160	15.704.280
		1.303.485		550.365			68.000	821.120	
		16.263.645	16.263.645	559.365	559.365	881.000	881.000	15.704.280	15.704.280
		Gesamtgewinn		Gewinn aus unternehmensbez. Abgrenzungen		Verlust aus kostenrechnerischen Korrekturen		Betriebsgewinn	
		1.303.485		550.365		– 68.000		821.120	

n) Die geplanten Investitionen [s. unter g)] wurden vorgenommen. Entgegen der Planung verursachten sie lediglich Ausgaben von 3.800.000,00 €. Wie geplant wurden die Investitionen zu 75 % aus flüssigen Mitteln und zu 25 % aus einer Eigenkapitalaufstockung finanziert.

Die Privatentnahmen betrugen im neuen Geschäftsjahr 90.000,00 €.

Die Fremdkapitaltilgungen betrugen 190.000,00 €.

Stellen Sie dem Soll-Finanzplan [bei g) erstellt] den Ist-Finanzplan gegenüber (**Soll-Ist-Vergleich beim Finanzbudget**).

Wird die Geschäftsführung mit dem Ergebnis zufrieden sein?

Zusammenfassung

Budgetierung basiert auf

Erfolgsbudget

Einzelbudgets

z. B.

- Budget für Personalkosten
- Budget für den Wareneinsatz
- Budget für Werbe- und Reisekosten
- Budget für die Warenverkäufe

usw.

Finanzbudget

Einzelbudgets

z. B.

- Budget für Investitionen
- Budget für Privatentnahmen
- Budget für Fremdkapitaltilgungen
- Budget für Warenverkäufe
- Budget für Einnahmen aus Beteiligungen

usw.

- Eine Budgetierung (Planung) besteht aus zwei Säulen: dem Erfolgsbudget und dem Finanzbudget.
- Im Erfolgsbudget wird in einer Planergebnistabelle das budgetierte (geplante) Betriebsergebnis (Betriebsgewinn bzw. Betriebsverlust) ermittelt.
- Im Finanzbudget wird in einer Plan-Einnahmen- und Ausgabenrechnung das budgetierte (geplante) Finanzergebnis (Einnahmen- bzw. Ausgabenüberschuss) ermittelt.
- Die Budgets (Planungen) haben Norm- und Vorgabecharakter.
- In einem Soll-Ist-Vergleich sind die Abweichungen zu analysieren.

5567386

Einstieg in das Lernfeld 12

Berufsorientierte Projekte durchführen

Lernsituation

Nina Kröger ist mittlerweile im dritten Jahr ihrer Ausbildung. In ihrer Berufsschulklasse will man gerade ein Projekt durchführen. Die Klasse hat sich auf das Projektthema „Kleine Großhandlungen vor dem Aus? Marketing kann hier helfen!“ geeinigt.

1. Stellen Sie Merkmale eines Projekts dar.
2. Begründen Sie, warum Projekte in der Wirtschaft eine immer größere Rolle spielen.
3. Unterscheiden Sie Wirtschafts- von Schulprojekten.
4. Führen Sie die Vorteile eines Schulprojekts auf.
5. Skizzieren Sie kurz einen möglichen Verlauf eines Projekts „Kleine Großhandlungen vor dem Aus? Marketing kann hier helfen!“. Aufgeführt werden sollten mindestens:
   a) evtl. Phasen
   b) evtl. Instrumente
   c) evtl. Ergebnisse eines solchen Projekts

12.1 Wir führen ein Projekt in einem Unternehmen durch

Einstieg

Auf ihrer wöchentlichen Sitzung analysiert die Geschäftsleitung der *Spindler KG* die Unternehmenssituation. Man ist sich einig, dass die Steuerung des Unternehmens im Rahmen der herkömmlichen Aufbauorganisation vor dem Hintergrund komplexer und unübersichtlicher Marktsituationen nicht mehr optimal zu bewältigen ist. Um flexibel und schnell auf Entwicklungen reagieren zu können, möchte die ***Spindler KG*** in Zukunft wichtige Fragen und Probleme vermehrt im Rahmen von Projekten bearbeiten. Die Personalabteilung wird deshalb beauftragt, eine Stelle für die Koordination des Projektmanagements auszuschreiben.

Spindler KG Textilgroßhandlung

Für die Leitung verschiedener Projekte in unserem Unternehmen suchen wir einen engagierten

Beauftragten (m/w) für das „Projektmanagement"

Mit einem Team aus erfahrenen Mitarbeitern steuern und koordinieren Sie in den jeweiligen Projekten die Realisierung der in den Pflichtenheften definierten Anforderungen, überwachen die vereinbarten Ziele bzw. Maßnahmenpakete und leiten entsprechende Korrekturmaßnahmen bei auftretenden Abweichungen ein. Dazu erkennen und fördern Sie die Realisierung von Synergieeffekten bei abteilungs- und bereichsübergreifenden Projekten.

Für diese anspruchsvolle Tätigkeit erwarten wir eine Ausbildung im Groß- und Außenhandel. Erfahrung im Bereich Projektmanagement setzen wir voraus. Sie beherrschen die notwendigen Projektmanagementtools und besitzen gute englische Sprachkenntnisse. Persönlich zeichnen Sie sich durch Ihren dynamischen und zielstrebigen Arbeitsstil, Ihre Kommunikations- und Teamfähigkeit sowie Ihre Eigeninitiative aus. Darüber hinaus verfügen Sie über entsprechende Führungserfahrung bzw. Führungspotenzial.

Wenn Sie an dieser Stellenbeschreibung interessiert sind, bewerben Sie sich bitte schriftlich bei unserer Personalabteilung in Hannover.

Spindler KG
Textilgroßhandlung
Goseriede 41
30159 Hannover

1. Erläutern Sie den Begriff „Projekt".
2. Stellen Sie Unterschiede zwischen der Arbeit in Projekten und der normalen Arbeit in einer Abteilung heraus.
3. Führen Sie auf, in welchen Phasen ein typisches Unternehmensprojekt abläuft.

Informationen

Projekte

Projekte gibt es in vielen Bereichen des Lebens, so z. B. auch in der Wirtschaft und in der Schule. Gerade in der Wirtschaft, die heute durch einen ständigen Verbesserungsprozess der Unternehmen gekennzeichnet ist, kommt Projekten ein immer höherer Stellenwert zu: Mit ihnen können nämlich komplexe und komplizierte Vorhaben der Betriebe zielgerichtet und effektiv abgewickelt werden.

Ein Projekt liegt vor, wenn Folgendes gilt:

- Das Vorhaben ist zeitlich durch einen Anfangs- und einen Endtermin bestimmt.
- Es liegt eine eindeutige, überprüfbare Zielvorgabe vor.
- Oft geht es um die einmalige Lösung eines Problems.
- Das Vorhaben macht eine eigene Organisationsform notwendig.
- Das Vorhaben hat eine große Bedeutung für die Unternehmenspolitik.
- Es stehen im Unternehmen nur begrenzte Ressourcen zur Verfügung.
- Das Vorhaben ist in der Regel abteilungsübergreifend.
- Es werden besondere Methoden bzw. Arbeitstechniken eingesetzt, da im Vorhaben komplexe und verzahnte Arbeitsabläufe stattfinden.

Projekte flexible Abwicklung von Aufträgen zur Lösung komplexer, meist neuartiger Aufgaben	
Wirtschaftsprojekte (Unternehmensprojekte)	**Unterrichtsprojekte**
◆ Es zählt das Projektergebnis. ◆ Erreichung und Umsetzung der gesteckten Ziele	◆ Von großer Bedeutung ist der Arbeitsprozess selbst. ◆ Im Vordergrund steht der Zuwachs an fachlicher, methodischer und sozialer Kompetenz der Lernenden.

Unter Projekten versteht man also zeitlich befristete Vorhaben, in denen umfangreiche und vielschichtige Aufgabenstellungen behandelt werden. Verschiedene Personen – also Unternehmensmitarbeiter oder die Schüler einer Gruppe – arbeiten während eines Projekts zusammen.

Beispiel

Projekte sind nicht neu, im Gegenteil, es hat sie schon immer gegeben. Der Bau der Pyramiden, die Errichtung des Eiffelturms, die Organisation einer Olympiade oder auch einer Betriebsfeier sind Beispiele für Leistungen mit Projektcharakter.

Projekte in der Wirtschaft

In der betrieblichen Praxis hat sich für die Bewältigung umfangreicher und neuartiger Probleme die Arbeit in Projekten durchgesetzt. Im Rahmen herkömmlicher Abteilungsstrukturen können die dazu notwendigen Arbeiten nicht durchgeführt werden. Viele Aufgabenstellungen können heute daher nur noch *fach- und bereichsübergreifend* gelöst werden. Aus diesem Grund werden bspw. größere Entwicklungsvorhaben von Unternehmen immer mehr in Form von Projekten geplant und realisiert. Das Know-how einzelner Spezialisten wird zusammengeführt.

In der Wirtschaft unterscheidet man zwei Arten von Projekten:

- Bei ***internen Projekten*** wird der Anstoß zur Durchführung eines Projekts dadurch gegeben, dass im Unternehmen besondere Maßnahmen durchgeführt werden. Die Initiative zur Durchführung eines Projekts kommt aus dem Unternehmen selbst.

Beispiel

Die ***Spindler KG*** hat die in Baden-Württemberg operierende kleine Textilkette Gutkauf übernommen. Ein Projektteam bekommt die Aufgabe, die erfolgreiche Integration der bisherigen Gutkauf-Filialen in die Familie der ***Spindler KG***-Niederlassungen vorzunehmen.

- Bei ***externen Projekten*** kommt der Anstoß zur Projektgründung von außen. Ein Kunde außerhalb des Unternehmens fordert Unternehmensleistungen ab, für die es noch keine Standardlösungen gibt.

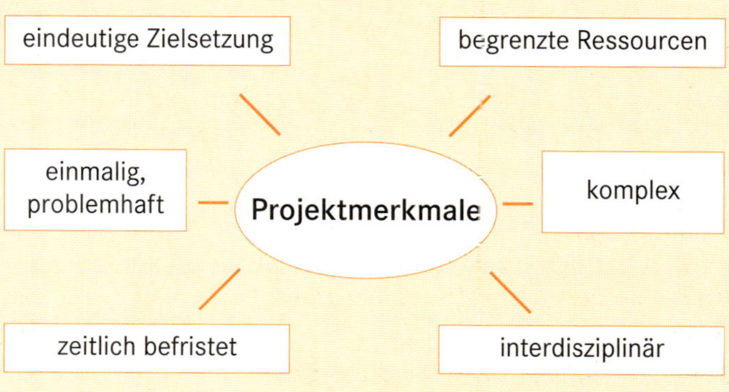

Projektmerkmale nach DIN 699 01

Projekte in der Wirtschaft unterliegen vor dem Hintergrund der Gewinnmaximierung einem großen Erfolgsdruck. Sie werden reglementiert durch Kosten- und Zeitvorgaben. Die verstärkte Anwendung des Projektmanagements im Großhandel verändert die Anforderungen an die Mitarbeiter: Diese müssen in der Planung und Durchführung von Projekten qualifiziert und erfahren sein.

Projektphasen

Üblicherweise verläuft ein Projekt in vier Phasen:

Projektstart

Durch Problemzwänge oder durch die (Veränderungs-) Wünsche eines Auftraggebers kann es zu der *Projektidee* kommen.

Beispiel

Absatzrückgänge in einem Großhandelsunternehmen lassen die Unternehmensleitung darüber nachdenken, was die Ursachen für die wirtschaftlichen Probleme sein könnten. Als eine Ursache erkennt man schnell die veralteten Vertriebsstrukturen. Man ist sich auch darüber im Klaren, dass sich bei Beibehaltung der Vertriebsstrukturen die Situation sogar verschlechtern wird.

Die Entscheidung zur Durchführung eines Projekts kommt dann zustande, wenn das zu lösende Problem so komplex und übergreifend ist, dass auch Mitarbeiter anderer Abteilungen hinzugezogen werden müssen: Die gesamte Problemlösung kann nicht mehr isoliert in den einzelnen Abteilungen von dem dortigen Personal im Rahmen der normalen Tätigkeiten (bzw. zusätzlich dazu) erledigt werden. Das Projekt wird realisiert, wenn die Fragen nach der Durchführbarkeit und dem Durchführungswillen positiv beantwortet werden können: Für eine bestimmte Zeit (nämlich die Projektlaufzeit) wird eine Organisation eingerichtet, die die Zusammenarbeit der daran Beteiligten regelt.

In der Phase des Projektstarts wird das Ziel der vom Projektteam zu lösenden Aufgabe genau festgelegt und formuliert. Dazu erfolgt eine Analyse der zu lösenden Probleme. Es wird dann in eindeutiger Weise schriftlich festgehalten,

- welche Ergebnisse in welcher Form erwartet werden,
- in welcher Zeit diese vorzuliegen haben,
- welche Rahmenbedingungen (z. B. Kosten, Organisation usw.) zu beachten sind,
- wie der Erfolg des Projekts zu überprüfen ist.

Der Projektstart beginnt häufig mit einer so genannten ***„Kickoff"-Sitzung:*** Dort werden die Projektteammitglieder bekannt gemacht. Vorgestellt und diskutiert werden Projektziele, -inhalte, -termine und -rahmenbedingungen. Nachdem Inhalte und Ziele festgelegt wurden, können die „Ärmel hochgekrempelt" werden – die eigentliche Arbeit beginnt.

Beteiligte an einem Projekt

Projektauftraggeber
- wünscht die Durchführung
- erwartet ein Ergebnis

Projektcoach
- Berater des Projektleiters

Projektmitarbeiter im Projektteam
- Übernahme der operativen Arbeit

Projektleiter
- gesamtverantwortlich für die erfolgreiche Durchführung
- lenkt das Projekt
- Zusammenstellung des Projektteams
- Kommunikation, Steuerung, Marketing
- verantwortlich für die richtige Einteilung von Ressourcen (Zeit, Sachmittel, Personal)

Projektplanung

Innerhalb dieser Phase wird die Projektarbeit inhaltlich und terminlich genau strukturiert. Das Projektteam erstellt einen ***Projektplan.*** Es legt also fest, auf welchen Wegen und mit welchen Mitteln die einzelnen Teilziele erreicht werden können. Auch die Termine, zu denen Ergebnisse vorliegen müssen, werden definiert. Das Projektteam durchdenkt also zukünftige Arbeiten im Projekt. Dabei werden wesentliche Zwischenziele – die so genannten ***Meilensteine*** – formuliert, die dafür Verantwortlichen werden festgelegt. Geplant werden auch die ***Arbeitspakete,*** die nötig sind, um die Meilensteine zu erreichen.

Projektrisiken

Projekte sind außergewöhnliche Vorhaben. Solche außergewöhnlichen Vorhaben sind durch drei Risiken gekennzeichnet:

- ***Qualitätsrisiko:*** Es besteht die Gefahr, dass die Projektziele nicht in vollem Umfang erreicht werden können.
- ***Kostenrisiko:*** Es besteht die Gefahr, dass das Projekt teurer wird als geplant.
- ***Terminrisiko:*** Es besteht die Gefahr, dass das Projekt nicht rechtzeitig abgeschlossen wird.

Diese drei Risiken bestehen – in unterschiedlichem Ausmaß – bei jedem Projekt. Um sie zu minimieren, müssen die kritischen Faktoren des Projekts bereits im Vorfeld erkannt und ggf. Gegenmaßnahmen geplant werden. Dabei geht man am besten in drei Schritten vor:

1. Projektrisiken erkennen
2. Projektrisiken hinsichtlich der Kategorien Eintrittswahrscheinlichkeit und Auswirkungen auf das Projekt bewerten
3. Gegenmaßnahmen planen

Projektdurchführung

In dieser Phase wird die Erreichung der Projektziele sichergestellt: Während der Projektdurchführung werden die Arbeitspakete in der festgelegten Reihenfolge unter Beachtung der Zeitvorgaben planmäßig abgearbeitet. Entscheidungen im Projektablauf werden kontinuierlich dokumentiert. Es erfolgt eine ständige Kontrolle zwischen dem erreichten (IST-Zustand) und den am Anfang formulierten Zielen (SOLL-Zustand). Abhängig von der Qualität der erreichten Zwischenziele kann das Projekt auf unterschiedliche Weise vorangetrieben werden.

Teamarbeit während der Projektdurchführung

Teams werden in der Regel dann gebildet, wenn eine bestimmte Aufgabe erledigt werden muss, die eine Zusammenarbeit von Spezialisten aus verschiedenen Wissensgebieten verlangt. Ein Team stellt somit eine institutionalisierte Arbeitsgruppe auf Zeit dar, die durch einen bestimmten Arbeitsstil gekennzeichnet ist.

Jeder kann mit jedem in persönlichen Kontakt treten, es herrschen nach einiger Zeit gemeinsame Normen – es entsteht ein Wir-Gefühl – und die einzelnen Mitglieder nehmen unterschiedliche Rollen und damit verschiedenartige Funktionen im Team wahr.

Mit steigender Komplexität des anstehenden Problems steigt die Wichtigkeit der Koordination und Kooperation verschiedener Spezialisten im Team. Damit die Teamarbeit funktioniert, sollten folgende Mindestvoraussetzungen für die Teamarbeit beachtet werden:

- eine gut funktionierende Gruppenkommunikation
- die Bereitschaft und der Wille jedes Einzelnen, sich in der Gruppe zu engagieren
- die Bereitschaft und der Wille jedes Einzelnen, die eigenen Fähigkeiten zu erproben

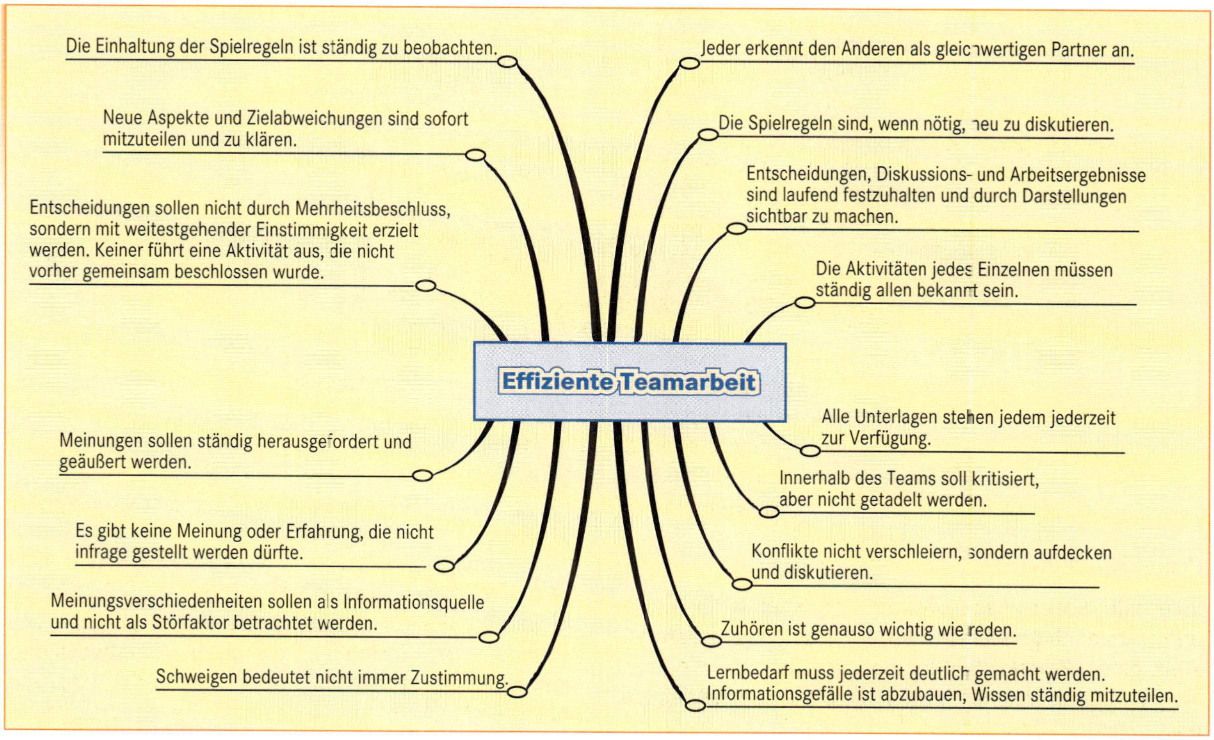

Konflikte während der Projektdurchführung

> „Wenn zwei Menschen immer wieder die gleichen Ansichten haben, ist einer von ihnen überflüssig!“ *Winston Churchill*

In der Projektarbeit treten immer wieder Konflikte auf: Solche Spannungen und Auseinandersetzungen zwischen einzelnen Projektmitarbeitern, Arbeitsgruppen und Abteilungen können durch wirkungsvolles Projektmanagement – vor allem des Projektleiters – früher erkennbar, überschaubarer und leichter handhabbar werden.

Konflikte werden oftmals als Störfaktoren gesehen. Aus diesem Grund wird häufig versucht Konflikte eher zu leugnen und unter den „Teppich zu kehren“, als sie zu lösen.

Konflikte und Widerstände können jedoch auch als Motor von Dynamik und Weiterentwicklung gesehen werden: Wo keine Auseinandersetzung stattfindet, gibt es auch keine Veränderung. Das Problematische ist daher nicht der Konflikt selbst, sondern die mangelnde Fähigkeit, ihn vernünftig auszutragen. Im Team sollten die Chancen von Konflikten und Widerständen in der Projektarbeit genutzt werden.

Negative Auswirkungen von Konflikten	Positive Auswirkungen von Konflikten
◆ Konflikt ist ein Zeitfaktor. ◆ Konflikte vergiften das Arbeitsklima. ◆ Konflikte nehmen die Arbeitsfreude. ◆ Konflikte blockieren die Kreativität. ◆ Projekt wird teurer.	◆ Missstände und Missverständnisse werden deutlich. ◆ Ideen und Problemlösungen werden angestoßen. ◆ Verbesserungen werden entwickelt und ausprobiert. ◆ Neue Kommunikationsformen werden gefunden. ◆ „Reinigende Gewitter“ klären die Luft.

Vorgehensweise im allgemeinen Konfliktfall:	
Wahrnehmen	◆ Der Konflikt muss natürlich erst einmal erkannt werden. ◆ Welche direkten oder indirekten Parteien befinden sich in welcher Eskalationsstufe? ◆ Wer ist direkt, wer indirekt betroffen und wer fühlt sich betroffen?
Austragen	◆ Der Konflikt darf nicht verschwiegen, sondern muss offen angegangen werden. ◆ Der Konflikt sollte geregelt ausgetragen werden, sonst besteht die Gefahr der späteren Konfliktsteigerung.
Lösen	◆ Keine der Parteien sollte mit dem Gefühl der Unterlegenheit aus dem Konflikt hervorgehen. ◆ Eine kooperative Problemlösung sollte angestrebt werden.
Nacharbeiten	◆ Eine nachträgliche Konfliktanalyse zeigt evtl. ständig bestehendes Konfliktpotenzial oder zumindest Parallelen auf. ◆ Die Parteien müssen sich an die Vereinbarungen halten. ◆ Ein Lerneffekt sollte folgen.

Ist ein Konflikt festgestellt worden, stehen unterschiedliche Strategien zur Konfliktbewältigung zur Verfügung:

- Um einen Konflikt richtig bewältigen zu können, ist er zunächst einmal gründlich zu analysieren. Es ist festzustellen:
  - Wer ist alles am Konflikt beteiligt?
  - Um welchen Konflikt handelt es sich?
  - Wie wichtig ist die Streitfrage?

  Je früher ein Konflikt erkannt wird, desto besser können Gestaltungs- und Steuerungsmaßnahmen ergriffen werden.
- Nachdem die Konfliktursache festgestellt worden ist, muss entschieden werden, wie man den Konflikt löst. Es gibt dabei drei grundlegende Möglichkeiten:
  - Der Konflikt kann unterdrückt werden.
  - Der Konflikt kann vermieden werden.
  - Der Konflikt kann aktiv angegangen werden.

Es geht also darum, entweder abzuwarten, was passiert, oder den Konflikt bewusst zu bewältigen.

Der Konflikt sollte nicht nur vom eigenen Standpunkt aus betrachtet werden. Durch einen perspektivischen Wechsel ist ein Verständnis sowohl für die eigene Situation als auch für die Situation des Konfliktpartners zu erreichen.

Projektabschluss

Im Rahmen des Projektabschlusses wird dem inner- oder außerbetrieblichen Auftraggeber das Projektergebnis präsentiert. Weiterhin wird der Ablauf der Projektphasen analysiert: Es werden Stärken und Schwächen der Projektentwicklung dokumentiert.

Ursachen für erfolglose Projekte		
fehlendes Gesamtkonzept	kein Phasenkonzept (bestimmte Phasen werden nicht sauber durchgeführt)	fehlende Kommunikation zwischen den Beteiligten
keine klare Aufgabenstellung	schlechtes Projektmanagement und -controlling	unklare Verteilung von Verantwortung
keine eindeutige Aufgaben- und Kompetenzabgrenzung	keine bzw. unzureichende Dokumentation	keine methodische Vorgehensweise

Die Ablauforganisation in Projekten

Ziele der Ablauforganisation

Bei der Gestaltung von Arbeitsprozessen können unterschiedliche Schwerpunkte gesetzt werden:

- **Durchlaufverbesserungen**
  Hierzu zählen z. B. die Verkürzung der Bearbeitungs- und Wartezeiten und die Verbesserung des innerbetrieblichen Transportwesens.

- **Kapazitätsausnutzung**
  Die Ablauforganisation zielt darauf ab, Engpässe und Leerkapazitäten abzubauen.
- **Wirtschaftlichkeit**
- **Arbeitsbedingungen**
  Die Ablauforganisation versucht Arbeitsplätze und -abläufe ergonomisch zu gestalten. Die Arbeitsbedingungen sollen human sein.
- **Produktqualität**
  Die Ablauforganisation soll durch Einschalten von Qualitätskontrollen sicherstellen, dass die Verfolgung der vorgenannten Ziele nicht zulasten der angestrebten Qualität geht.

Elemente der Ablauforganisation

Die Ablauforganisation kann nach verschiedenen Gesichtspunkten erfolgen:

- **Inhaltsorientierte Ablaufplanung**
  Im Rahmen der Aufgabenanalyse legt die Aufbauorganisation einzelne betriebliche Teilaufgaben fest. Die Ablauforganisation untersucht anschließend,
  - welche Einzeltätigkeiten zur Erfüllung der Aufgabe notwendig sind,
  - in welcher Reihenfolge die Einzeltätigkeiten ausgeführt werden sollen,
  - wie die Einzeltätigkeiten miteinander zu verbinden sind.

Beispiel

Die Aufgabe „Einstellung von Mitarbeitern" wird von der Aufbauorganisation festgestellt. Die Ablauforganisation ermittelt nun die Art und Reihenfolge der zur Erfüllung dieser Aufgabe notwendigen Einzeltätigkeiten:

1. Bewerbungsausschreibung
2. Prüfung der eingegangenen Bewerbungen
3. Vorauswahl
4. Vorstellungsgespräche
5. Ärztliche Untersuchung
6. Entscheidung über den/die einzustellende(n) Mitarbeiter/-in
7. Arbeitsvertrag an den/die ausgewählte(n) Bewerber/-in schicken

- **Raumorientierte Ablaufplanung**
  Die räumliche Anordnung und die Raumausstattung können erheblichen Einfluss auf die Arbeitsleistung ausüben. Die Ablauforganisation bringt Betriebsmittel (Maschinen,

Hilfs-, Roh- und Betriebsstoffe) und Räumlichkeiten in die jeweils günstigste Anordnung. Sie versucht die einzelnen Arbeitsplätze möglichst optimal zu gestalten.

Beispiel

Im Zentrallager eines Großhandelsunternehmens wurde von Herrn Kramer festgestellt, dass die durchschnittlichen Durchlaufzeiten bei der Zusammenstellung der Waren im Vergleich zu Mitbewerbern zu hoch sind. Daraufhin werden die Lagerartikel, die am häufigsten nachgefragt werden, in die Nähe der sich auch im Lager befindenden Versandabteilung gelegt. Als Folge sinkt die durchschnittliche Zeit für die Zusammenstellung der Sendungen erheblich.

- **Zeitorientierte Ablauforganisation**
  Der Zeitfaktor ist ein wesentlicher Aspekt beim Arbeitsablauf. Durch die zeitorientierte Ablauforganisation wird der termingerechte Einsatz von Arbeitsmitteln und -kräften geplant.

Phasen der Ablauforganisation

Wenn festgestellt wird, dass ein Arbeitsprozess nicht optimal ist, erfolgt die Reorganisation der Arbeitsabläufe in den folgenden Schritten:

1. Erfassung des IST-Zustandes

Zunächst einmal wird der momentane Arbeitsablauf ermittelt. Es werden dabei unter anderem untersucht:

- die Häufigkeit von Vorgängen
- die Dauer von Vorgängen
- die für die Tätigkeit erforderlichen Arbeitsmittel
- Kosten
- Wege

2. Darstellung des IST-Zustandes

Anschließend werden die gegenwärtigen Arbeitsprozesse in verbaler oder grafischer Form dargestellt. Vor allem die grafischen Darstellungsmöglichkeiten

- Arbeitsablaufbogen,
- Balkendiagramm,
- Flussdiagramm und
- Netzplantechnik

lassen durch ihre Übersichtlichkeit Zeitverzögerungen, Doppelarbeiten und andere Schwachstellen erkennen.

3. Bewertung des IST-Zustandes

Aufgaben

1 Was sind Projekte?

2 Nennen Sie Beispiele für Projekte.

3 Wodurch unterscheiden sich interne und externe Projekte in der Wirtschaft?

4 Führen Sie die vier Phasen eines Projekts auf.

5 Welche Tätigkeiten werden in der Phase des Projektstarts durchgeführt?

6 Was ist eine Kick-off-Sitzung?

7 Definieren Sie den Begriff Meilenstein.

8 Führen Sie Regeln für eine effiziente Teamarbeit auf.

9 Warum können Konflikte in einem Projekt auch positive Auswirkungen haben?

10 Wie sollte man bei einem Konflikt vorgehen?

Aktionen

1
a) Rufen Sie die Internetadresse www.ibl.uni-stuttgart.de/03studium/html/mindmaps/grundfach/netzplantechnik/ auf.
b) Untersuchen Sie die dort aufgeführten Informationen zur Netzplantechnik.
c) Bereiten Sie sich darauf vor, einen Vortrag zur Netzwerktechnik zu halten.

2
Der Zeitfaktor ist ein wesentlicher Aspekt beim Projektablauf.

Arbeitsabläufe im Rahmen von Projekten können sehr schön mithilfe von Balkendiagrammen visualisiert werden. Diese ermöglichen eine einfach zu erstellende Terminplanung von Arbeitspaketen und Meilensteinen, die in Form von Balken über eine Zeitskala dargestellt werden.

5567394

Beispiel

In der Finanzbuchhaltung eines Großhandelsunternehmens haben die verschiedenen Mitarbeiter ihre Urlaubswünsche angemeldet:

Dies sind der Abteilungsleiter Müller, sein Stellvertreter Meier und die Sachbearbeiter Schulze, Brunotte und Gutfried. Der Urlaub soll in einer Zeit von 8 Wochen genommen werden. In der Personalabteilung wird daraufhin zunächst der gewünschte Urlaubsplan als Balkendiagramm erstellt. Balkendiagramme eignen sich besonders für die Terminplanung. Die Balkendauer gibt die Zeitdauer eines Vorganges an.

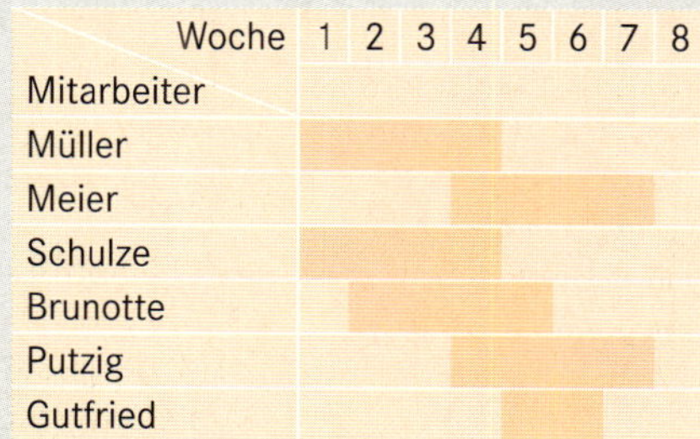

Müller und Schulze haben Kinder und können daher ihren Urlaub nur in den Schulferien (1. bis 6. Woche) nehmen. Die Unternehmensleitung gibt zudem die Anweisung, dass immer ein Vorgesetzter und möglichst die Hälfte der Sachbearbeiter im Betrieb anwesend sein sollen. Daraufhin erstellt die Personalabteilung das folgende Diagramm:

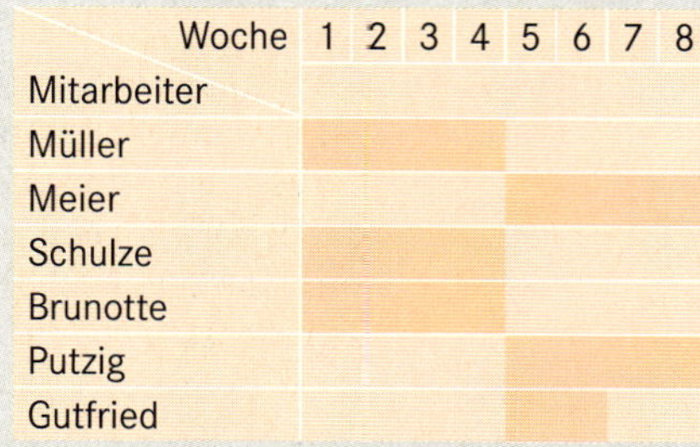

Die *Spindler KG* plant in Österreich eine Filiale aufzumachen. Dazu wird ein Projektteam gebildet. Nachdem in einem Wiener Gewerbegebiet ein Grundstück gefunden wurde, soll nun das Betriebsgebäude errichtet werden. Das Projektteam plant die Zeit bis zur Fertigstellung:

Für Ausschachtarbeiten werden 2 Wochen eingerechnet. Der Rohbau wird mit 11 Wochen eingeplant. Ist dieser hochgezogen, werden die Installationsarbeiten (8 Wochen) vorgenommen und gleichzeitig der Dachstuhl (2 Wochen) aufgesetzt und dann die Dachdeckerarbeiten (1 Woche) ausgeführt. Erst wenn diese drei Arbeiten vorgenommen wurden, können Fenster und Türen eingesetzt werden (1 Woche). Anschließend können der Innenputz (2 Wochen) und der Außenputz (3 Wochen) parallel angebracht werden. Ist dies geschehen, werden gleichzeitig die Zufahrt zur Rampe erstellt (1 Woche) sowie die Malerarbeiten (2 Wochen) vorgenommen.

2 Wochen werden letztlich noch für die Tätigkeiten der Betriebseröffnung (Beschicken des Lagers, Einzug) benötigt.

Erstellen Sie für dieses Projekt ein Balkendiagramm.

3 Vor allem bei größeren Projekten wird die **Netzplantechnik** – in der Regel unter EDV-Einsatz – zur Darstellung von Projektabläufen angewandt.

Ein Netzplan ist hervorragend dazu geeignet, bei einer größeren Anzahl an Arbeitspaketen eines Projekts die inneren Abhängigkeiten zwischen den einzelnen Arbeitspaketen abzubilden. Aus einem Netzplan können die Projektbeteiligten Folgendes ablesen:

- Wie lange wird das ganze Projekt dauern? Welche Risiken treten dabei auf?
- Welche kritischen Aktivitäten des Projekts können das gesamte Projekt verzögern, wenn sie nicht rechtzeitig fertig werden?
- Ist das Projekt im Zeitplan, wird es früher oder später fertig?
- Wenn das Projekt früher fertig werden soll, was ist am besten zu tun?
- Wie kann man eine Beschleunigung des Projekts mit den geringsten Kosten erreichen?

Der Grundgedanke der Netzplantechnik liegt in der Erkenntnis, dass wenige Tätigkeiten, die den längsten Pfad durch das Netzwerk bilden, den Erfolg des gesamten Projekts beeinflussen können. Werden diese „kritischen“ Aktivitäten frühzeitig erkannt, können die Projektbeteiligten frühzeitig Gegenmaßnahmen ergreifen.

Der Netzplan erlaubt eine

- Konzentration auf die kritischen Tätigkeiten,
- Umplanung unkritischer Vorgänge, ohne dass das gesamte Projekt negativ beeinflusst wird.

I. Für die Erstellung eines Netzplans werden alle Vorgänge eines Projekts in einer Vorgangsliste mit dem jeweiligen unmittelbaren Vorgänger und Nachfolger erfasst:

Vorgangs-nummer	Vorgang	Unmittelbarer Vorgänger	Unmittelbarer Nachfolger
1	Ausschachten	–	2
2	Rohbau	1	3, 4
•	•	•	
•	•	•	•
•	•	•	•

II.

Aus der Vorgangsliste kann der eigentliche Netzplan erstellt werden. Dabei wird zunächst jeder einzelne Vorgang durch einen Vorgangsknoten dargestellt:

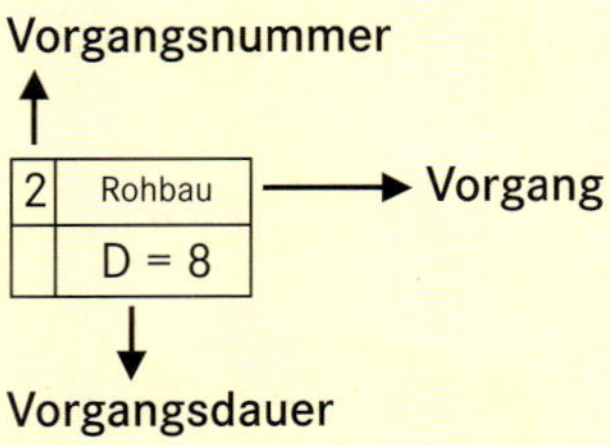

III.

Ein Pfeil kennzeichnet im Netzplan die Beziehung zwischen Vorgänger und Netzplan:

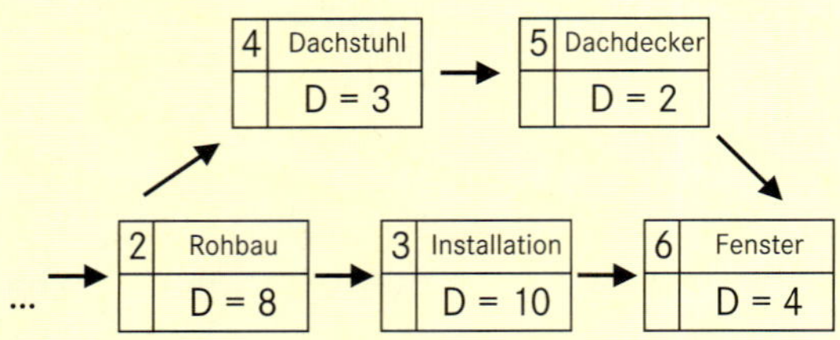

(Ausschnitt aus einem Netzplan)

IV.

Man ermittelt zunächst für jeden Vorgangsknoten den jeweiligen *frühesten Anfangszeitpunkt* (FAZ) und *frühesten Endzeitpunkt* (FEZ). Der FAZ gibt an, wann jeder einzelne Vorgang jeweils beginnen kann. Der FEZ informiert über den Zeitpunkt, wann der Vorgang frühestens beendet sein kann. Der FAZ wird am Vorgangsknoten oben links, der FEZ oben rechts eingetragen.

Anschließend wird der *späteste Anfangszeitpunkt* (SAZ) und der *späteste Endzeitpunkt* (SEZ) des jeweiligen Vorgangsknotens unten links bzw. unten rechts eingetragen. Der SAZ gibt an, wann der Vorgang spätestens zu beginnen hat, damit die Gesamtprojektdauer nicht gefährdet wird. Der SEZ informiert darüber, bis wann ohne Beeinträchtigung des Projekts der Vorgang spätestens beendet sein muss.

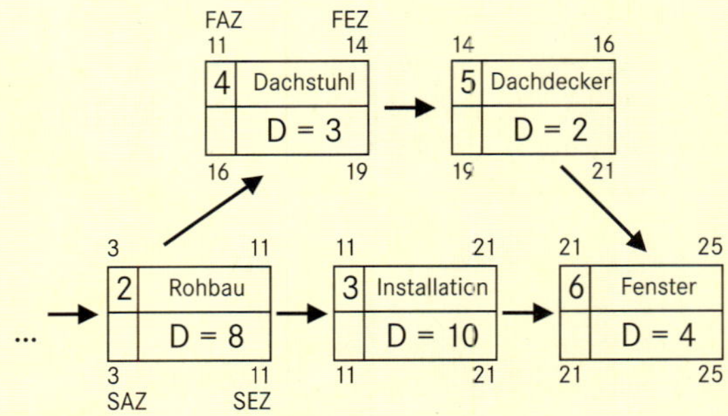

(Ausschnitt aus einem Netzplan)

Bei der Berechnung der Werte gelten die folgenden Regeln:

- Bei der Ermittlung von FAZ und FEZ beginnt man beim ersten Vorgang und geht dann vorwärts zu den nächsten.
- Der erste Vorgang erhält den FAZ 0.
- Der FEZ ergibt sich dann immer nach der folgenden Formel: FAZ + Vorgangsdauer = FEZ
- Der FEZ des letzten Vorgangs bestimmt die Dauer des gesamten Projekts.
- Man beginnt bei der Bestimmung von SEZ und SAZ beim letzten Vorgang und geht dann rückwärts zum jeweils letzten Vorgang.
- Der FEZ des Endvorgangs entspricht dem SEZ des Endvorgangs.
- Der SAZ wird dann jeweils ermittelt nach der Formel: SAZ = SEZ – Vorgangsdauer

V.

Für jeden Vorgang berechnet man nach der Formel

Gesamtpufferzeit = SAZ – FAZ

Ist diese größer als null, hat man eine entsprechende Zeitreserve. Entspricht jedoch der SAZ dem FAZ (die Gesamtpufferzeit ist gleich null), ist der Vorgang *kritisch:* Da man *keine* Zeitreserven hat, führt jede Verzögerung dieses Vorgangs zu einer Verlängerung der Gesamtprojektdauer.

In einem Projekt wird also besonders auf den kritischen Weg geachtet. Diesen erhält man, wenn alle kritischen Vorgänge verbunden werden.

Im obigen Ausschnitt aus einem Netzplan gehören die Vorgänge 2, 3 und 6 zum kritischen Weg.

Das Projektteam „Neue Filiale in Österreich“ (s. Aktion 2) entscheidet sich den Verlauf des Projekts mit einem Netzplan darzustellen.

a) Erstellen Sie Vorgangsliste und Netzplan.

b) Bestimmen Sie den kritischen Weg.

4 a) Sammeln Sie mithilfe eines Brainstormings mögliche Projektrisiken. Stellen Sie sich die Frage: Was könnte alles schief gehen? Halten Sie die gefundenen Projektrisiken fest.

b) Untersuchen Sie die Internetadresse www.software-kompetenz.de/?5781

Sammeln Sie alle Gegenmaßnahmen für die dort aufgeführten Projektrisiken. Halten Sie diese auf einem Medium Ihrer Wahl fest.

c) Bereiten Sie sich auf eine Präsentation zu dem Thema „Projektrisiken und Gegenmaßnahmen“ vor.

Zusammenfassung

Projekt

- Zusammenarbeit von Spezialisten aus mehreren Bereichen bzw. Abteilungen
- zeitlich begrenzt
- Das Vorhaben weist eine gewisse Einmaligkeit auf.
- Das Vorhaben hat ein definiertes Ziel.
- Das Vorhaben unterliegt einem gewissen Risiko.

Phasen eines Projekts

Projektstart → **Projektplanung** → **Projektdurchführung** → **Projektabschluss**

Projektstart
- Projektidee
- Entscheidung zur Durchführung
- Zielfestsetzung
- Kick-off-Sitzung

Projektplanung

Festlegung von Meilensteinen und Arbeitspaketen in einem Projektplan

Projektdurchführung

Abarbeitung der Arbeitspakete zur Erreichung der Projektziele

Projektabschluss
- Präsentation des Projektergebnisses
- Analyse der Projektphasen zur Dokumentation von Stärken und Schwächen der Projektdurchführung

12.2 Wir führen ein Projekt in der Schule durch

Einstieg

Die ***Spindler KG*** kommt trotz der derzeit angespannten wirtschaftlichen Lage ihrer gesellschaftlichen Verantwortung nach und stellt regelmäßig Ausbildungsplätze zur Verfügung. Von den ständigen Berichten über die „schlechten" Leistungen der Schulabgänger verunsichert beschließt die Unternehmensleitung, das Unternehmen einer größeren Anzahl potenzieller Bewerber vorzustellen. So soll gesichert werden, dass auch in Zukunft gut qualifizierte Auszubildende gefunden werden.

Um dieses Ziel zu erreichen, scheint der Unternehmensleitung der ***Spindler KG*** ein Auftritt auf der regionalen Berufsbildungsmesse in Stuttgart bestens geeignet. Weitere Ziele, die dort angestrebt werden, sind:

- eine Erhöhung des Bekanntheitsgrades
- die Verbesserung des öffentlichen Ansehens
- Werbung für die eigenen Waren und Dienstleistungen

Die Auszubildenden der ***Spindler KG*** erhalten den Auftrag, im Rahmen eines Projekts die Darstellung ihres Unternehmens auf dieser Messe vollständig vorzubereiten und in Form eines Vortrags, der durch ein Plakat bzw. eine Wandzeitung visuell unterstützt wird, umzusetzen. Der Geschäftsleitung sollen die Ergebnisse eine Woche vor dem festgesetzten Messetermin präsentiert werden.

1. Führen auch Sie ein ähnliches Projekt durch: Stellen Sie Ihr Ausbildungsunternehmen auf einer (im Klassenzimmer stattfindenden) Messe dar.
2. Klären Sie, in welchen Phasen in einem Schulprojekt gearbeitet wird.
3. Stellen Sie fest, welche Ziele mit Projekten in der Schule verfolgt werden.

Informationen

In der Schule können in der Regel keine Unternehmensprojekte durchgeführt werden. Um sich dennoch auf die in der Arbeitswelt vorherrschende Projektarbeit vorzubereiten, kann in der Schule mit Unterrichtsprojekten gearbeitet werden. Unternehmens- und Unterrichtsprojekte sind in vielen Merkmalen identisch, unterscheiden sich jedoch in einigen Aspekten.

Vorteile bietet die Arbeit in Unterrichtsprojekten,

- weil der Projektunterricht häufig mehr Chancen bietet als andere Unterrichtsformen,
- um auf Projekte in der Wirtschaft vorzubereiten.

Das ausgewählte Thema – das sich nicht durch Fächergrenzen beschränken lassen sollte – muss sehr komplex und vielschichtig sein und gleichzeitig die Schülerinnen und Schüler interessieren: Es darf der Klasse also nicht aufgezwungen werden. Ein Projekt kann nur effizient durchgeführt werden, wenn sich alle daran beteiligen. Dabei steht die Selbstverantwortung und Selbstorganisation durch die Klasse im Vordergrund. Die Schülerinnen und Schüler müssen die gesamte Organisation selbst leisten. Wichtigste Voraussetzungen in diesem Zusammenhang sind Kooperation und Arbeitsteilung. Letztlich muss das Projekt immer zu einem Ergebnis führen, das anderen mitgeteilt wird.

5567398

Was heißt eigentlich Projektunterricht?

Eine Klasse, Parallelklassen, mehrere Klassen, die ganze Schule, klassenübergreifende Gruppen

Schüler/-innen und Lehrer/-innen

Eine Gruppe von Lernenden nimmt sich ein Thema vor,

Zusammenhang mit der Lebenswirklichkeit innerhalb und außerhalb der Schule, Berücksichtigung der Schüler/-inneninteressen

Von Lehrer/-innen und Schüler/-innen gemeinsam formulierte Projektziele bilden die Grundlage für die weitere Arbeit. Es ist wichtig, sich schon zu Beginn darüber zu verständigen, was mit dem Projekt erreicht werden soll.

setzt sich ein Ziel,

Lehrer/-innen und Schüler/-innen planen die Arbeit gemeinsam. Je nach Erfahrungsgrad mit sozialen Unterrichtsformen wird die Planungstätigkeit stärker auf Lehrer/-innen- oder auf Schüler/-innenseite liegen. Das Ziel ist die Selbstständigkeit der Gruppe.

Eine genaue Festlegung von Aufgabenbereichen und Verbindlichkeiten ist anzustreben.

verständigt sich über Unterthemen und Aufgaben,

Die Schule öffnet sich, die außerschulische Wirklichkeit wird mit einbezogen.

Schüler/-innen lernen nicht nur Neues über das Thema, sondern auch geeignete Arbeitsformen in Gruppen zu entwickeln, Interessen aufeinander abzustimmen, Probleme zu definieren und Lösungen zu finden.

entwickelt gemeinsam das Arbeitsfeld,

Während der eigentlichen Arbeit am Projekt ist es besonders wichtig, immer wieder in kurzen Reflexionsphasen den Verlauf des Projekts und die Zufriedenheit der Teilnehmer/-innen zu überprüfen.

führt vorwiegend in Kleingruppen die geplanten Arbeiten durch

Es kann sinnvoll sein, die Ergebnisse zu präsentieren (anderen Klassen, Eltern, der Öffentlichkeit). Schüler/-innen werden von Konsument/-innen zu Produzent/-innen und zu Vermittler/-innen von Wissen und lernen öffentlich zu handeln und zu wirken.

Das Ergebnis des Projekts kann ein gemeinsames „Produkt" sein: ein hergestellter Gegenstand, eine Projektzeitung, ein Videofilm, eine Ausstellung oder einfach eine klasseninterne gegenseitige Information. In vielen Projekten werden auch reale Veränderungen in und außerhalb der Schule angestrebt. Den Abschluss eines jeden Projekts bildet eine Evaluationsphase mit einer ausführlichen gemeinsamen Reflexion des Gruppenprozesses.

und schließt das Projekt für die Gruppe und die soziale Umwelt sinnvoll ab.

In Anlehnung an: Grundsatzerlass zum Projektunterricht, Österreichisches Bundesministerium für Bildung, Wissenschaft und Kultur, Wien 2001

In einem Unterrichtsprojekt planen die Mitglieder einer Klasse selbst, was sie tun und erreichen wollen. Sie beraten die verschiedenen Vorschläge. Dabei verständigen sie sich über das, was sie tun wollen. Sie führen den Plan selbst aus. Die Mitglieder der Klasse lernen dabei, realistische Ziele zu setzen, mit der Zeit umzugehen, Probleme arbeitsteilig anzupacken und ein Vorhaben zu Ende zu bringen. Am Ende des Projekts werten die einzelnen Arbeitsgruppen (bzw. die Klassenmitglieder) das Projekt aus. Die Lehrkraft steht während des Projekts überwiegend nur als Berater zur Verfügung.

Ein Unterrichtsprojekt ist gekennzeichnet durch:

- Schülerorientierung
- Wirklichkeitsorientierung
- Produktorientierung

Ein solches Unterrichtsprojekt

- erzieht zu planvollem Arbeiten und zur Teamarbeit,
- dient dem Abbau hierarchischer Arbeitsstrukturen,
- bricht das Schubladendenken bei Schülern und Lehrern durch fachübergreifende Thematiken auf.

Ziele von Unterrichtsprojekten:

Learning to know:
Erwerb von intelligentem Wissen

Learning to do:
Erwerb von anwendungsfähigem Wissen

Learning to live together:
Erwerb sozialer Kompetenzen (Gruppenverhalten)

Learning to be:
Erwerb von Wertorientierungen

Learning to understand:
Erwerb von variabel nutzbaren Schlüsselqualifikationen (anwendungsfähiges Wissen)

In Anlehnung an Lernfähigkeit: Unser verborgener Reichtum. UNESCO-Bericht zur Bildung für das 21. Jahrhundert. Hrsg. von der Deutschen UNESCO-Kommission. Neuwied; Kriftel; Berlin: Luchterhand, 1997

Der Verlauf eines Projekts in der Schule ähnelt den Projekten in der Wirtschaft. Es lässt sich in fünf Phasen untergliedern, die wie folgt dargestellt werden:

Projektinitiative

Die Projektinitiative ist Ausgangspunkt für das Projekt: Das Projekt beginnt mit einer offenen Ausgangssituation. Sowohl Lehrer als auch Schüler können durch eine Idee ein Projekt anregen. Im Idealfall geht das Projekt komplett von den Schülerinnen und Schülern aus. Im Normalfall wird jedoch oft die grobe Themenauswahl von der Lehrkraft vorgenommen. Die Schüler sollen und können aber ihre Vorstellungen und Kreativität einbringen. Die Phase der Projektinitiative versteht sich also als Angebot an die Klasse und dient der Themenfindung: Es wird erst einmal abgeklärt, was die Klasse überhaupt tun will. In dieser Phase prallen nicht selten die unterschiedlichsten Vorstellungen in der Klasse aufeinander. Die Themenfindung kann bereits zum Stolperstein eines Projekts werden.

In vielen Prozessen der Ideenfindung haben sich als Methode das Brainstorming und das Mindmapping durchgesetzt. Es ist in dieser Projektphase wichtig, dass alle Vorschläge

- zugelassen,
- nicht kommentiert
- und nicht als gut oder schlecht bewertet werden.

Vermieden werden soll zunächst eine vertiefende Diskussion. Als Ergebnis dieser Phase sollten alle Vorschläge gut sichtbar dargestellt werden.

Die Projektinitiative versteht sich also als Angebot. Ob daraus ein Projekt entsteht, entscheidet sich in der folgenden Phase.

Projektskizzierung

Die Projektskizzierung besteht im Wesentlichen aus dem Sammeln von Ideenvorschlägen, aber auch kritischen Anmerkungen und Bedenken bezüglich des angestrebten Projekts. Nach den ersten Ideenvorschlägen sollten sich die Teilnehmer – also Schüler und Lehrer – mit dem Thema näher auseinander setzen. Das Thema wird jetzt endgültig festgelegt. Für einen erfolgreichen Arbeitsprozess muss sich die Klasse als Gruppe in dem gewählten Thema wiederfinden. In dieser Phase wird also eine einschränkende Auswahl getroffen.

5567400

Die Schüler nehmen zur Projektinitiative Stellung und bringen damit auch ihre Bedürfnisse, insbesondere ihre Betätigungswünsche, zum Ausdruck. Die Teilnehmer des Projekts setzen sich mit dem zeitlichen Rahmen und den Spielregeln für den Umgang miteinander auseinander. Gegen den Willen eines Teils der Klasse sollte ein Projektthema nicht durchgesetzt werden. Ein solcher Versuch führt häufig zu Enttäuschungen sowohl auf Seite der Schülerinnen und Schüler als auch bei den Lehrkräften. Entscheidend ist hier also, dass die Idee von allen Schülern angenommen wird. Anschließend wird die Projektskizze gestaltet, auf die sich alle einigen können.

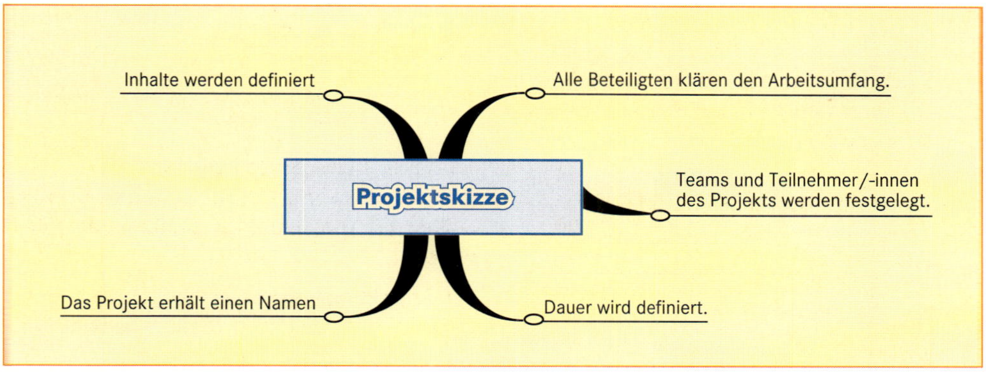

Die Parallelklasse von Nina Kröger führt ebenfalls ein Projekt durch. Die Klasse hat sich auf das Thema „Aspekte der Umwelt- und Gesundheitsverträglichkeit im Großhandel" geeinigt. Anschließend stellt man die folgende Projektskizze auf:

Auszug aus der Projektskizze des Projekts „Aspekte der Umwelt- und Gesundheitsverträglichkeit im Großhandel" (Durchführung März bis Juni):

1.	Start (Kick-off)	12.03.
2.	Internetrecherche und erste Materialanalyse	12.03. – 23.03.
3.	Endgültiger Projektplan	23.03.
4.	Abstimmung mit Steuerungsperson und Aufgabenverteilung	25.03.
5.	Recherche (u. a. Anfragen bei Umweltschutzverbänden)	ab 25.03.
6.	Expertengespräch mit Verbraucherschützer (Verbraucherzentrale)	02.04.
7.	Expertengespräch mit Vertretern eines Vereins für Fairen Handel	16.04.
8.	Treffen mit Steuerungsperson (Zwischenergebnisse)	21.04.
9.	Ausarbeitung und Präsentationsvorbereitung	ab 23.04.
10.	Treffen mit Steuerungsperson	11.05.
11.	Probepräsentation	27.05.
12.	Präsentation	02.06.
13.	Evaluation	09.06.

Von der Projektidee zur Projektskizze

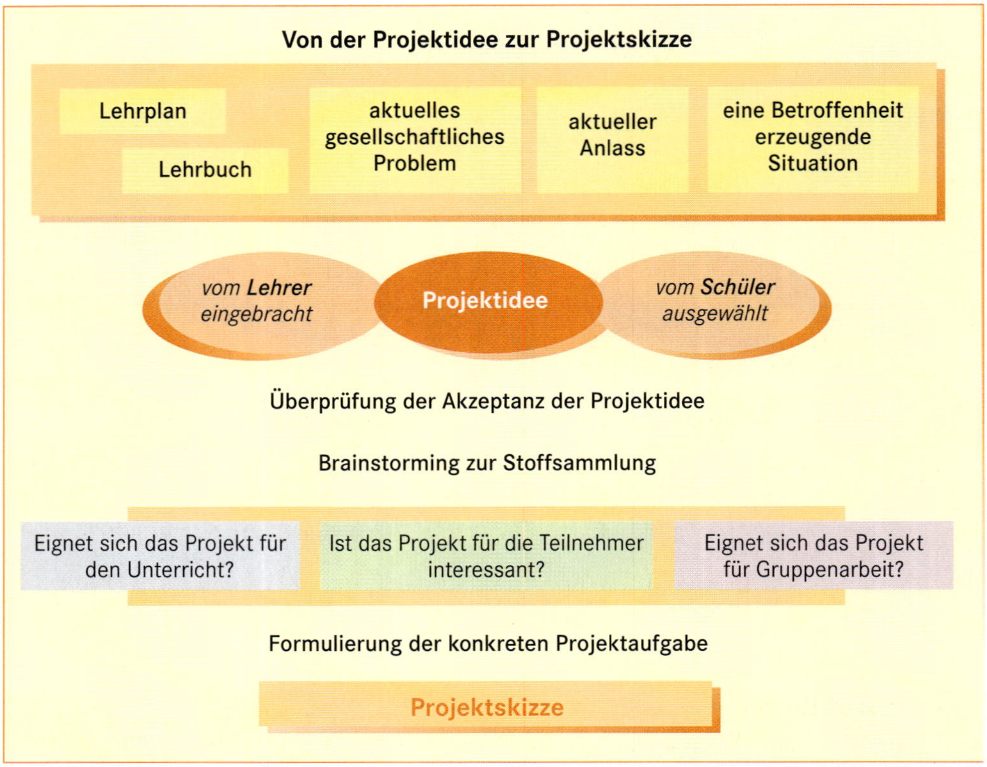

Projektplanung

In dieser Phase entsteht aus der Projektskizze ein konkreter Projektplan. Mit dem Projektplan wird das Betätigungsfeld genau festgelegt. Er dient während der Projektarbeit als Orientierungshilfe: Arbeitsschritte und -formen werden geplant, die notwendigen Ressourcen (Personen, Zeit, Materialien, Medien) ermittelt. Diese Phase kann auch genutzt werden, um sich auf ein Endprodukt zu konzentrieren (z. B. Präsentation, Videofilm, Ausstellung).

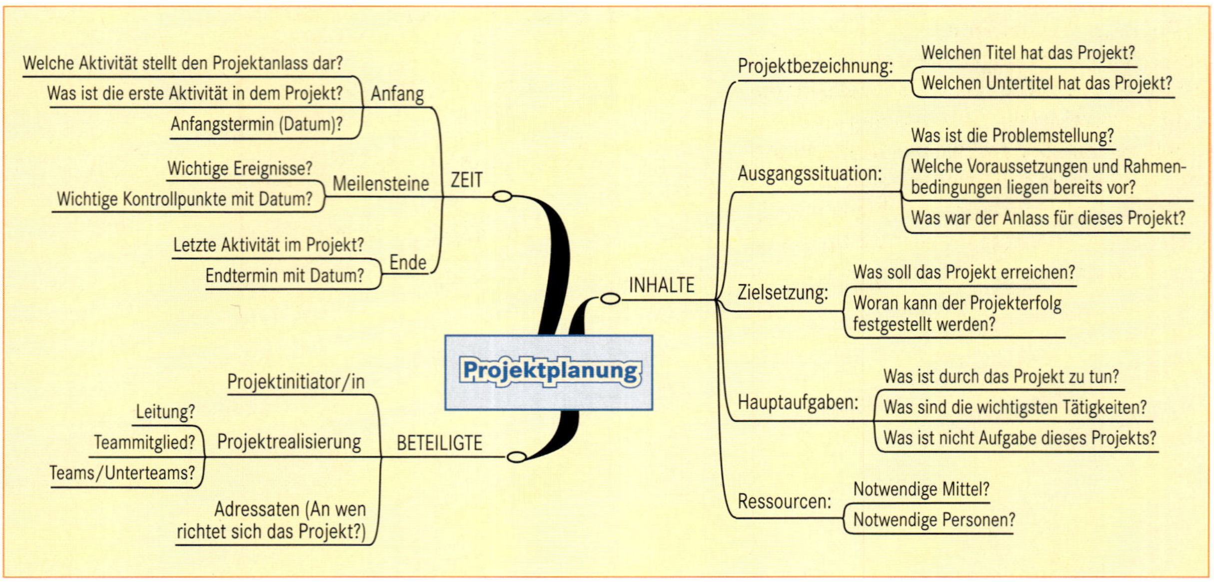

Projektplanung von Unterrichtsprojekten

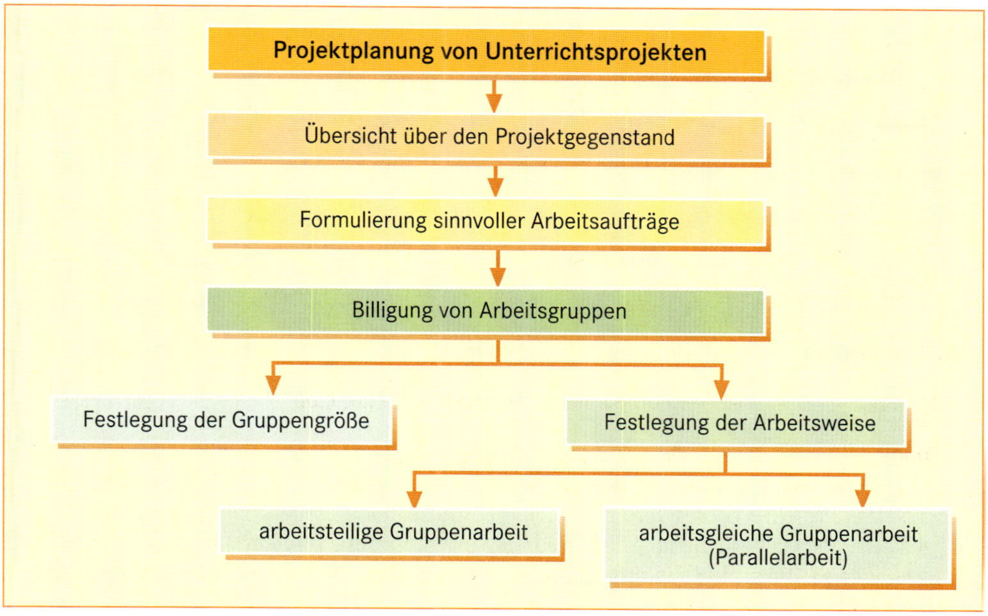

Projektdurchführung

Die Projektdurchführung orientiert sich am festgelegten Projektplan und ist das Herzstück eines Projekts.

Die Projektteilnehmerinnen und -teilnehmer setzen sich nun aktiv mit ihrem Arbeitsgebiet auseinander: Hier wird das angestrebte Projektergebnis erarbeitet. Dazu müssen Informationen gesammelt, aufbereitet, festgehalten und weitergegeben werden. Während dieser Phase besteht – zumindest potenziell – die Gefahr, dass das Projekt aus dem Ruder läuft. Als Lösungsmöglichkeit bietet es sich an, so genannte „Fixpunkte“ einzubauen, um Planungskorrekturen zwischen den Gruppen vornehmen zu können. Beispielsweise unterbrechen die Projektmitglieder bei Bedarf ihre Arbeit, um Fragen zu klären, sich gegenseitig zu informieren, nächste Arbeitsschritte zu planen oder um vorläufige Resultate mitzuteilen.

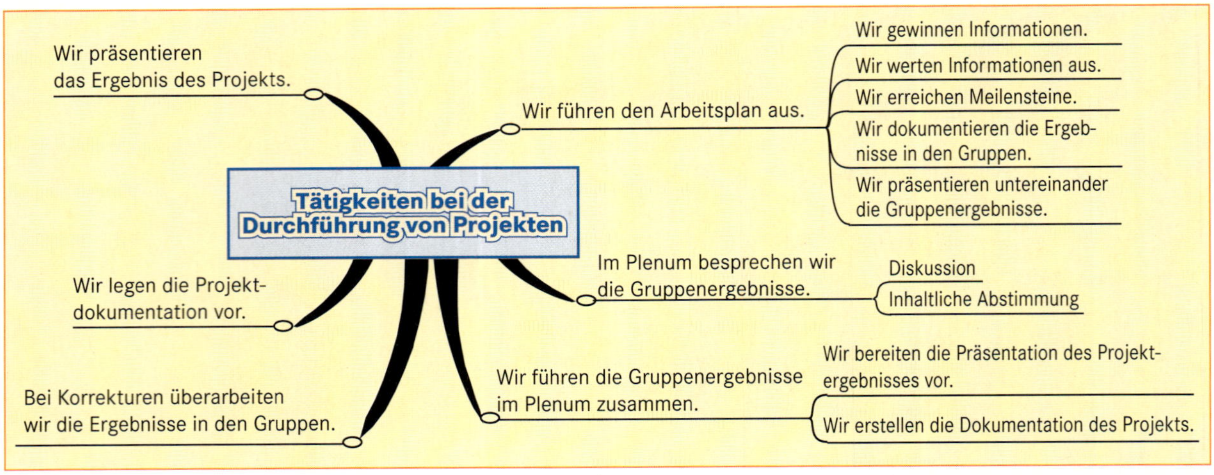

Die Phase der Projektdurchführung ist durch einen klar erkennbaren Abschluss gekennzeichnet: Das Projektergebnis wird einer „Öffentlichkeit“ vorgestellt. Dazu müssen die Schüler wichtige Präsentations- und Visualisierungstechniken anwenden. Dabei müssen immer die zwei folgenden Fragen beachtet werden:

- Welche Zielgruppe soll vom Projektteam angesprochen werden?
- Was will das Projektteam mitteilen bzw. erreichen?

Beispiele

Die normale Präsentation ist die Vorstellung der Arbeitsergebnisse durch die einzelnen Projektgruppen und eine evtl. anschließende Diskussion. Denkbar sind jedoch u. a. auch die Präsentation:

- einer Ausstellung
- einer Informationsbroschüre oder eines Readers
- eines Videos
- eines Theaterstücks
- einer Internetseite (Homepage)

Die geplanten Vorhaben werden von den Schülerinnen und Schülern selbstständig durchgeführt. Die Lehrkraft beschränkt sich auf die Rolle als

- Koordinator,
- Experte und ggf.
- Konfliktmanager.

Am Ende des Projekts steht ein sichtbares Ergebnis, sei es in Form eines Produkts oder einer Dienstleistung.

Neben dem Projektergebnis wird eine Projektdokumentation erstellt. Die Dokumentation ist eine wesentliche Grundlage für die Präsentation, aber auch die Reflexion und Evaluation des Projekts. Sie sollte daher Informationen über alle wichtigen Ergebnisse, Stadien des Arbeitsprozesses und Erfahrungen der Projektmitarbeiter/-innen liefern.

Dokumentation

- wichtig für die Koordination und das Controlling **während des Projekts**
- von großer Bedeutung für die auf Außenwirkung oder die gegenseitige inhaltliche Information ausgerichtete Projektpräsentation **zum Ende des Projekts**
- einerseits Grundlage für die das Projekt abschließende Projektevaluation, andererseits als Unterstützung für **spätere Projektvorhaben**

Die Dokumentation sollte folgende Punkte beinhalten:

- Gesamtergebnisse
- Teilergebnisse
- Projektverlauf
- ggf. Reflexion der Zusammenarbeit mit externen Partnern/-innen
- Anregungen zur Weiterentwicklung
- Darlegung der verwendeten Methoden und Vorgangsweisen z. B. in Form einer Übersicht
- Stimmen der Beteiligten
- ggf. Fotos
- ggf. Reaktionen der „Öffentlichkeit“
- schon vorhandene Evaluierungsergebnisse

Eine Abschlussdokumentation ist einfach zu erstellen, wenn während der gesamten Projektdauer konsequent alle relevanten Unterlagen gesammelt werden.

Beispiel

- Planungsunterlagen
- Protokolle
- persönliche Notizen
- Arbeitsblätter usw.

Projektabschluss

Diese Phase dient der Überprüfung der Projektergebnisse und der Weiterentwicklung der Qualität künftiger Projekte. Grundlage für die Zielformulierungen in der Planungsphase waren die Fragestellungen: Was wollen wir zu welchem Zweck und mit welchen Mitteln erreichen?

Prozessbegleitend und am Ende des Projekts werden diese Ziele auf Basis der gesammelten Daten hinsichtlich ihrer Erreichung bzw. Umsetzung systematisch bewertet.

In den Phasen der Projektreflexion werden die Erfahrungen der Beteiligten und die laufenden Prozesse besprochen. Die Projektreflexion ist ein unabdingbares Element der Evaluation. Sie erfolgt grundsätzlich durch die Projektteilnehmer selbst. Um Betriebsblindheit zu vermeiden, ist es jedoch in manchen Bereichen der Evaluation unerlässlich, auch Außenstehende einzubeziehen.

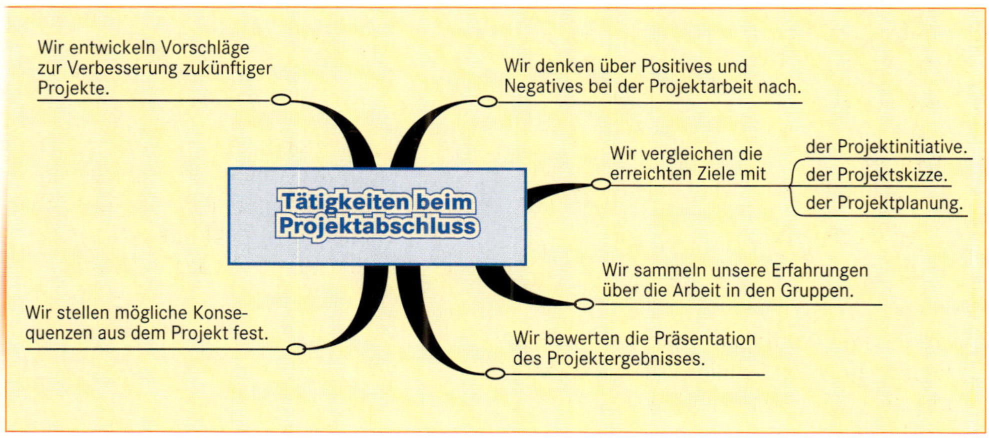

Eine Reflektion des Projekts hilft

- Fehler aufzudecken bzw. deren Ursachen zu erkennen,
- sich Probleme der Arbeitsgruppen (z. B. hinsichtlich der Effizienz der Teamarbeit) klar zu machen,
- den Mitgliedern der Arbeitsgruppen jeweils die eigenen Stärken oder Schwächen zu zeigen,
- zukünftige Projekte besser durchzuführen.

Insgesamt wird die Projektkompetenz jedes Klassenmitglieds gestärkt.

Mögliche Projektverläufe in der Schule:

Projektverlauf 1	Projektverlauf 2	Projektverlauf 3
Phase 1 Einfälle äußern ↓ Phase 2 Ideen erklären ↓ Phase 3 Wünsche prüfen und werten ↓ Phase 4 Bedürfnisse veranschaulichen ↓ Phase 5 Vorstellungen beurteilen ↓ Phase 6 Entscheide fällen ↓ Phase 7 Ausführung planen ↓ Phase 8 Vorhaben verwirklichen ↓ Phase 9 Verwirklichung erfahren ↓ Phase 10 Projekt überdenken	Auftrag von außen entgegennehmen ↓ in der Gesamtgruppe diskutieren ↓ Teilgruppe prüft rechtliche Aspekte ↓ Arbeit in Teilgruppen ↓ ↓ **Denkmodelle entwerfen** / **Geldmittel klären** ↓ mögliche Probleme auflisten ↓ Plenumsdiskussion ↓ Einsetzen einer Planungsgruppe ↓ Metadiskussion ↓ Arbeitsverteilung ↓ Arbeit in den Gruppen ↓ Produkte austauschen ↓ mit Auftraggeber diskutieren ↓ Retrospektive	Auswählen eines Gebiets „finden“ ↓ eingrenzen ↓ verschiedene Aufgaben ↓ ↓ ↓ ↓ Arbeit in kleinen Gruppen ↓ → ● ← gemeinsam nachdenken ↓ ● Fixpunkte einlegen Einzel- und Gruppenarbeit ↓ ↓ ↓ ↓ Berichte Arbeitsergebnisse ▲ Diskussion der Ergebnisse, Maßnahmen planen, Manöverkritik

in Anlehnung an Frey: Die Projektmethode, Weinheim 1995

Aufgaben

1 Warum können in der Schule keine Unternehmensprojekte durchgeführt werden?

2 Welche Vorteile bieten Unterrichtsprojekte?

3 Wie kann es zur Projektidee kommen?

4 Welche Punkte umfasst eine Projektskizze?

5 Welche Aspekte werden in der Projektplanung genau festgelegt?

6 Führen Sie Tätigkeiten bei der Durchführung von Projekten auf.

7 Welche Tätigkeiten werden beim Abschluss von Unterrichtsprojekten durchgeführt?

8 Warum ist es sinnvoll, eine Dokumentation zu erstellen?

9 Führen Sie Gründe für die Reflexion von Projekten auf.

5567406

Aktionen

1 Für die erfolgreiche Durchführung eines Projekts müssen Sie in relativ kurzer Zeit eine Vielzahl von Methoden und Arbeitstechniken einsetzen. Sie haben bisher eine Reihe von Methoden kennen gelernt, die in den einzelnen Phasen eines Projekts Anwendung finden können.

a) Überprüfen Sie in Ihren Arbeitsgruppen, ob Sie noch die wichtigsten Merkmale der jeweiligen Methode beherrschen und diese ohne Schwierigkeiten auch anwenden können. Bei Problemen ziehen Sie bitte den Grundstufenband, eigene Aufzeichnungen und/oder das Internet heran. Auch Ihr(e) Lehrer(in) wird Ihnen sicher gern helfen.

Erstellen Sie in Gruppenarbeit für Auszubildende des ersten Jahres einen Reader „Wichtige Methoden für das Arbeits- und Berufsleben".

b) Halten Sie sich dabei an die Vorgehensweise in den einzelnen Phasen eines Projekts.

c) Bereiten Sie sich darauf vor, diesen Reader – evtl. sogar den Schülerinnen und Schülern einer Grundstufe – zu präsentieren.

2 Sie sollen ein Unterrichtsprojekt durchführen. Wählen Sie im Klassenverband dazu aus der folgenden Liste ein (oder mehrere) die gesamte Klasse interessierende(s) Projektthema/Projektthemen aus.

Vorschläge für mögliche Projektthemen:

- Die Auszubildenden des dritten Lehrjahres wollen sich gezielt, systematisch und effizient auf die Abschlussprüfung vorbereiten.
- Im Rechnungswesen sind neue Mitarbeiter zur Führung der Konten einzuarbeiten. Dazu ist ein Handbuch zum Zahlungsverkehr zu erstellen.
- Mehrere Kunden sind unzufrieden mit dem Unternehmen. Dies führt dazu, dass die Unternehmensleitung ein Konzept zur Kundenzufriedenheit entwickeln lassen möchte.
- Unser Großhandelsunternehmen führt einen Tag der offenen Tür durch. Dieser muss gestaltet werden.
- Demnächst kommen die neuen Auszubildenden. Bereiten Sie deren erste Tage im Großhandelsunternehmen vor.
- Demnächst kommen neue Mitarbeiter. Bereiten Sie deren erste Tage im Großhandelsunternehmen vor.
- Die Geschäftsleitung beauftragt ein Projektteam mit der Erstellung eines ökologischen Konzepts für das Großhandelsunternehmen. Herausgearbeitet werden sollen Verbesserungen vor dem Hintergrund des Umweltschutzes.
- Die Geschäftsleitung beauftragt ein Projektteam mit der Erstellung einer Internetseite, die die ***Spindler KG*** vorstellt.
- In der ***Spindler KG*** steht demnächst wieder einmal das alljährliche Betriebsfest an. Dieses muss vorbereitet werden.
- Die ***Spindler KG*** möchte alle Beschäftigten systematisch über die Weiterbildungsmöglichkeiten für Großhändler informieren. Dazu wird ein Projektteam gebildet, das alle Informationen sammelt und diese später präsentiert.
- Die Geschäftsleitung möchte sich auf zukünftige Trends im Großhandel vorbereiten. Sie beauftragt ein Projektteam, eine kleine Studie „Großhandel 2020" vorzulegen.
- Die Personalabteilung ist mit dem Auswahlverfahren von Mitarbeitern unzufrieden. Ein Projektteam zur Entwicklung eines Assessmentcenters wird gebildet.

a) Analysieren Sie das vorgeschlagene Thema.

b) Legen Sie die folgenden Rahmendaten fest:

I. Anzahl der Projektsitzungen

II. Projektdauer und Endtermin

III. Projektmitglieder

IV. Projektleitung

c) Geben Sie dem ausgewählten Projekt durch einen Projektplan eine deutliche Struktur.

Der Projektplan enthält die Termine, an denen wichtige Ereignisse vorgelegt oder präsentiert werden müssen (vgl. S. 390). Diese Termine sind von allen Projektteilnehmern unbedingt einzuhalten, da Verschiebungen das gesamte Projekt gefährden können.

d) Fertigen Sie für jede Projektsitzung ein Protokoll an.

Jeder sollte in Ihrer Projektgruppe mindestens ein Protokoll anfertigen.

Protokollieren

Ein Protokoll ist ein Tagungs- oder Sitzungsbericht. Auch in anderen Veranstaltungen wie Konferenzen, Besprechungen, Projekten und im Schulunterricht werden Protokolle angefertigt.

Es gibt vier verschiedene Protokollarten:

- Ein *Verlaufsprotokoll* hält den Ablauf einer Sitzung und das Zustandekommen von Ergebnissen und Beschlüssen mit allen wesentlichen Details fest.

  Aufgeführt werden z. B. alle Meinungen und Gegenmeinungen im Verlauf einer Diskussion.
- Ein *Ergebnisprotokoll* führt nur die Ergebnisse z. B. einer Sitzung auf.

  Meinungen und Gegenmeinungen im Vorfeld der Entscheidung kommen nicht ins Protokoll. Die gefassten Beschlüsse werden dafür genau, vollständig und unmissverständlich niedergeschrieben.
- Ein *Kurzprotokoll* ist die Wiedergabe des wesentlichen Inhalts einer Besprechung in knapper, gedrängter Form.
- Ein *wörtliches Protokoll* enthält wortwörtlich die Ausführung jedes Redners.

Für den Aufbau eines Protokolls sollte folgende Gestaltungsform gewählt werden:

- **Protokollüberschrift**
- **Kopfteil,** der Angaben enthält zum
  - Termin (Wann?)
  - Ort (Wo?)
  - Teilnehmer bzw. Teilnehmerkreis (Wer?)
  - Anlass (Was?)
  - Thema (Tagesordnung?)
- **Textteil,** der Auskunft gibt über Verlauf und/oder Ergebnisse einer Veranstaltung
- **Schlussteil,** der die Daten und die Unterschriften enthält, durch die der Protokollinhalt rechtswirksam wird. Zusätzlich können ein Anlagen- und Verteilervermerk aufgeführt werden.

Bei der Anfertigung eines Protokolls sollten Sie beachten:

- Bilden Sie einfache, überschaubare Sätze.
- Verwenden Sie keine Phrasen oder umständliche Formulierungen.
- Gebrauchen Sie Fremdwörter nur, wenn diese als Fachausdrücke nicht ersetzt werden können.

Beispiel für ein Verlaufsprotokoll (Ausschnitt)

Protokoll
Besprechung der Unternehmensleitung mit dem Betriebsrat

Datum: Montag 19. Aug. 20.. Ort: Tagungsraum Zeit: 12:00 – 14:00 Uhr

Teilnehmer: Herr Treuend (Sitzungsleiter), Herr Spindler, Frau Lutzke, Herr Kalweit (EDV-Abteilung), Frau Müller (Protokollführerin)

Tagesordnung:
1. Anschaffung neuer Computer
2. Rationalisierungsmaßnahmen
3. Personaleinstellungen
4. Verschiedenes

Herr Treuend eröffnet die Sitzung.

TOP 1: Anschaffung neuer Computer
Herr Kalweit stellt den Anschaffungsbedarf vor. Er erläutert das Angebot der Firma edv-factory. Frau Lutzke weist auf die veralteten, schwer zu bedienenden Computer im Lager hin und stellt die Frage, wann dort die EDV-Ausstattung erneuert wird.

Hildesheim, 19. Aug. 20..

Sitzungsleiter Protokollführer

Anlagen:
1 Angebot der Fa. edv-factory

Verteiler:
Unternehmensleitung
Betriebsrat

Beispiel für ein Ergebnisprotokoll (Auszug)

Ergebnisprotokoll

wie Verlaufsprotokoll

TOP 1: Anschaffung neuer Computer

Alle Teilnehmer stimmen der Anschaffung neuer Computer zu. Es werden daher von der EDV-Abteilung 14 PCs bei der Firma edv-factory zu Preisen und Konditionen laut beiliegender Anlage bestellt.

wie Verlaufsprotokoll

In Anlehnung an: Jecht/Sgonina: Lernen und arbeiten in Ausbildung und Beruf. Methodenheft für den handlungsorientierten Unterricht, Darmstadt 1998

e) Erstellen Sie für das gesamte Projekt eine Projektdokumentation in schriftlicher Form.

Eine leicht zu realisierende Form einer Projektdokumentation ist der Projektordner. Dieser kann z. B. enthalten:

1. ein übersichtliches, ggf. auch kreatives *Titelblatt.* Es sollte mindestens über die Klasse, die Mitglieder der Projektgruppe, den Titel des Projekts sowie das Datum der Projektdurchführung informieren.
2. das *Inhaltsverzeichnis*
3. eine klare *Gliederung,* die Themen bzw. Beiträge in einer logischen Reihenfolge aufführt
4. verwendete *Materialien* jeglicher Art (sowohl durch die Lehrkraft im Unterricht verteilte als auch selbst beschaffte)
5. die *Protokolle* der Projektsitzungen
6. das *Produkt* (Ergebnis) des Projekts
7. den *Abschlussbericht,* der die Ergebnisse der Reflexion wiedergibt (z. B. die Frage beantwortet: Was hat uns das Projekt gebracht?)
8. *Literatur-/Quellenangaben*

f) Präsentieren Sie das Projektergebnis.

g) Reflektieren und evaluieren Sie Ihr Projekt. Halten Sie auch die Ergebnisse der Projektsitzung(en) in einem Protokoll fest.

3 Falls Sie in Ihrer Klasse ein anderes Thema als in Aktion 2 vorgeschlagen interessant finden, bearbeiten Sie dieses in einem Projekt.

Zusammenfassung

EIn Unterrichtsprojekt

- ist eine praktische Tätigkeit mit Aufgabencharakter.
- verlangt und beinhaltet die Planung, Leitung und Ausführung durch Schüler.
- verlangt die Anwendung verschiedenster Hilfsmittel, Arbeitstechniken und Methoden.
- bereichert die Erfahrungswelt der Schüler.
- wird durch das Interesse der Schüler angestoßen bzw. ermöglicht.

Erarbeitet wird

- ein zu präsentierendes Projektergebnis.
- eine Projektdokumentation.

5567410

Sachwortverzeichnis

K

L

M

N

O

5567414

V

W

Z

Bildquellenverzeichnis

Kurt Ausfelder, Berlin Titelbild

Bildarchiv Steffens 389

Bildagentur Schapowalow, Hamburg Titelfoto

Deutscher Factoring-Verband e. V. 221

ESPRIT Unternehmensberatung AG, Bad Vilbel 226

Flix (Felix Görmann), Berlin 8, 12, 18, 28, 33, 40, 54, 56, 59, 61, 78, 80, 86, 92, 95 (5), 102 (3), 107, 117, 124, 135, 139, 154, 176, 184, 186, 194, 211, 218, 225, 232, 240, 249, 255, 295, 315, 316, 326, 338, 357 (2), 376, 387, 390, 393, 398, 400, 408

Globus Infografik GmbH, Hamburg 30, 48, 79, 90, 172, 173 (2), 213, 228, 246

Grafikdesign Claudia Hild, Angelburg 5, 24, 29, 82, 89, 92, 143 (2), 145 (2), 151, 182, 190, 193, 199, 200, 212, 221, 226, 234, 253, 387

GründerZeiten 182, 235

Hartwig Heinemeier, Hannover 13, 15 (4), 23, 25, 46 (2), 71, 76 (2), 82, 84 (3), 88, 100, 103, 111, 118 (3), 119 (3), 127, 131, 151, 169, 179, 180, 194, 195, 211, 224, 227, 308, 323

Institut der Deutschen Wirtschaft, Köln 190, 193, 228

Institut für Wirtschaftsforschung, München 212

Kraft Foods Deutschland GmbH, Bremen 83

Erich Schmidt Verlag, Berlin 45, 121

Stiftung Warentest, Berlin 103 (2)

Transit-Fotoagentur (Tom Schulze), Leipzig 153

Layout Christiane Potthast, Eppertshausen

5567416

Kontenklasse 3

Wareneinkaufskonten[2]
Warenbestandskonten

30 Sammelkonto Waren
- 3010 Wareneingang
- 3020 Warenbezugskosten
- 3050 Rücksendungen an Lieferanten
- 3060 Nachlässe von Lieferanten
- 3070 Lieferantenboni
- 3080 Lieferantenskonti

31 Warengruppe I

32 Warengruppe II

33 Warengruppe III

34 Warengruppe IV

35 Warengruppe V

38 Wareneingang aus innergemeinschaftlichem Erwerb
- 3800 Wareneingang aus innergemeinschaftlichem Erwerb

39 Warenbestände
- 3910 Warengruppe I
- 3920 Warengruppe II
- 3930 Warengruppe III
- 3940 Warengruppe IV
- 3950 Warengruppe V
- 3960 Warengruppe VI

Fortsetzung Kontenklasse 2

- 2630 Diskonterträge
- 2640 Zinsähnliche Erträge
- 2650 Erträge aus Kursdifferenzen
- 2660 Dividendenerträge aus UV

27 Sonstige betriebliche Erträge
- 2700 Erlöse aus Anlageabgängen
- 2710 Erträge aus dem Abgang von AV
- 2720 Erträge aus dem Abgang von UV (außer Vorräte)
- 2730 Erträge aus Zuschreibungen
- 2740 Erträge aus abgeschriebenen Forderungen
- 2750 Erträge aus der Auflösung von Wertberichtigungen zu Forderungen
  - 2751 Auflösung von Einzelwertberichtigungen zu Forderungen
  - 2752 Auflösung von Pauschalwertberichtigungen zu Forderungen
- 2760 Erträge aus der Auflösung von Rückstellungen
- 2780 Entnahme von sonstigen Gegenständen und Leistungen

Kontenklasse 4

Konten der Kostenarten

40 Personalkosten
- 4010 Löhne
- 4020 Gehälter
- 4030 Aushilfslöhne
- 4040 Gesetzliche soziale Aufwendungen
- 4050 Freiwillige soziale Aufwendungen
- 4060 Aufwendungen für Altersversorgung
- 4070 Vermögenswirksame Leistungen
- 4080 Übrige sonstige Personalaufwendungen

41 Mieten, Pachten, Leasing
- 4110 Miete
  - 4111 Gebäude
  - 4112 Pkw
- 4120 Pacht
- 4130 Leasing

42 Steuern, Beiträge, Versicherungen
- 4210 Gewerbesteuer
- 4220 Kfz-Steuer
- 4230 Grundsteuer
- 4240 Sonstige Betriebssteuern
- 4260 Versicherungen
- 4270 Beiträge
- 4280 Gebühren u. sonst. Abgaben

43 Energie, Betriebsstoffe
- 4310 Heizung
- 4320 Gas, Strom, Wasser
- 4330 Treib-, Schmierstoffe
- 4340 Kraftstoffe

44 Werbe- und Reisekosten
- 4400 Werbe- und Reisekosten

45 Provisionen
- 4500 Provisionen

46 Kosten der Warenabgabe
- 4610 Verpackungsmaterial
- 4620 Ausgangsfrachten
- 4630 Gewährleistungen

47 Betriebskosten, Instandhaltung
- 4710 Instandhaltung
- 4730 Sonstige Betriebskosten

48 Allgemeine Verwaltung
- 4810 Bürobedarf
- 4820 Porto, Telefon, Telefax
  - 4821 Porto
  - 4822 Telefonkosten
- 4830 Kosten der Datenverarbeitung
- 4840 Rechts- und Beratungkosten
- 4850 Personalbeschaffungskosten
- 4860 Kosten des Geldverkehrs

49 Abschreibungen
- 4910 Abschreibungen auf Sachanlagen
  - 4911 Abschreibung auf Sammelposten (WG ab 150,00 € bis 1.000,00€)
  - 4912 Außerplanmäßige Abschreibungen auf Sachanlagen
- 4930 Abschreibungen auf Finanzanlagen des AV
- 4940 Abschreibungen auf Wertpapiere des UV

Kontenklasse 5

Konten der Kostenstellen

Für die Konten der Kostenstellen sind betriebs- und branchenbedingt unterschiedliche Aufteilungen möglich.
Die nachfolgende Untergliederung nach Funktionen ist beispielhaft aufgeführt:

– Einkauf	– Verwaltung
– Lager	– Fuhrpark
– Vertrieb	– Be-/Verarbeitung

Kontenklasse 6

Konten für Umsatzkostenverfahren

Kontenklasse 7

frei

Kontenklasse 8

Warenverkaufskonten[2]
(Umsatzerlöse)

80 Sammelkonto Waren
- 8010 Warenverkauf
- 8050 Rücksendungen von Kunden
- 8060 Nachlässe an Kunden
- 8070 Kundenboni
- 8080 Kundenskonti

81 Warengruppe I

82 Warengruppe II

83 Warengruppe III

84 Warengruppe IV

85 Warengruppe V

87 Sonstige Erlöse aus Warenverkäufen
- 8710 Entnahme von Waren
- 8720 Provisionserträge

88 Ausfuhrerlöse
- 8810 Ausfuhrerlöse (Drittländer)
- 8820 Warenverkauf aus steuerfreier innergemeinschaftlicher Lieferung

Kontenklasse 9

Eröffnungs- und Abschlusskonten

9100 Eröffnungsbilanzkonto

9300 Gewinn- und Verlustkonto
- 9310 Ergebnisverwendungskonto

9400 Schlussbilanzkonto

ullen auf **vier** Stellen ergänzt worden.
I, die Kontengruppe 32 bzw. 82 auf die Warengruppe II usw.